KB237342

현상학과 정치철학

현상학과 정치철학

현대의 지성 104
현상학과 정치철학

초판 1쇄/ 1999년 10월 30일
초판 2쇄/ 2000년 2월 15일

지은이/ 김홍우
펴낸이/ 김병익
펴낸곳/ ㈜문학과지성사
등록번호/ 제10-918호(1993. 12. 16)

서울 마포구 서교동 363-12호 무원빌딩(121-210)
편집/ 338)7224~5 FAX 323)4180
영업/ 338)7222~3 FAX 338)7221
유니텔 · 천리안 · 하이텔/ mjline
인터넷/ www. moonji. com

ⓒ 김홍우, 2000. Printed in Seoul, Korea
ISBN 89-320-1122-2

현대의 지성 104

현상학과 정치철학

김홍우

문학과지성사

1999

나에게 정치철학을 가르쳐주신 유진 밀러 Eugene F. Miller 교수님과 나에게 현상학을 깨우쳐주신 프레드 달마이어 Fred R. Dallmayr 교수님께 이 책을 바칩니다.

머리말
― '생각한다'는 것

　우리말 가운데 '～한다'는 말이 꽤 많다. 예컨대 '말한다' '노래한다' '행동한다' '생각한다' 등등.

　어린 시절, 나는 말하는 것은 나의 '입'이라고만 믿었다. 그러나 나이가 들면서 말은 나의 '입'만이 하는 것이 아니라는 것을 점차로 깨닫게 되었다. 나는 말할 때마다 과연 내 몸의 어떤 부분이 말하는 부분이고, 어떤 부분이 말하지 않는 부분인지 구별하기 어렵다는 것을 알게 되었다. 마침내 말하는 것은 나의 '입'만이 아니라 나의 몸 전체라고 믿게끔 되었다.

　실제로 우리말에서도 나의 '입'이 말한다 하지 않고 '내'가 말한다고 한다. 나의 '입'이 노래한다 하지 않고 '내'가 노래한다고 한다. 나의 '팔' 또는 '다리'가 행동한다 하지 않고, '내'가 행동한다고 한다. 나의 '머리'가 생각한다 하지 않고, '내'가 생각한다고 한다. 우리는 몸 전체로써 노래하고 몸 전체로써 행동하고 몸 전체로써 생각한다고 말한다. 이런 의미에서 우리는 몸 전체로써 삶을 살아가고 있으며, 또 우리의 삶이란 우리의 몸 전체, 우리의 존재 전체가 투입되는 사건이라 할 수 있다.

　로댕의 「생각하는 사람」은 한 사람의 벌거벗은 몸뚱이를 보여준다. 로댕은 생각하는 몸의 일부를 보여주는 것이 아니라 생각하는 사람의 몸 전부를 그대로 보여준다. 여기서 로댕은 생각이란 단순히 몸의 일부분만 움직여서 하는 것이 아니라는 점을 일깨워준다. 그는 우리가 머리로써 생각하는 것이 아니라 우리의 벌거벗은 살아 있는 몸으로 생각한다는 것을, 이런 점에서 우리는 몸의 한 부분에 의해서가 아니라 몸 전체로써 생각할 수밖에 없다는 것을 보여준다.

우리는 몸 전체로써 말하고, 몸 전체로써 노래하고, 몸 전체로써 행동하고, 몸 전체로써 생각한다. 그 결과 우리는 말이 되고, 노래가 되고, 행동이 되고, 생각이 된다. 진정한 의미에서 말한다는 것은 말을 하는 것이 아니라 말이 되는 것이며, 노래를 하는 것이 아니라 노래가 되는 것이며, 행동을 하는 것이 아니라 행동이 되는 것이며, 생각을 하는 것이 아니라 생각이 되는 것일 게다.

*　　*　　*

이 책이 나오기까지 수고한 여러분께 이 자리를 빌려 감사의 말을 드린다. 먼저 보잘것없는 글들을 모아 읽고, 정리하고, 토론하면서 한 권의 책이 되어 나오도록 자극과 격려를 아끼지 않은 서울대학교 정치학과의 여러 대학원생들에게 깊이 감사한다. 특히, 이 책은 김영수 박사, 김갑천 박사, 박현모 박사, 전인권군, 이원택군, 최진홍군, 유범상군, 그리고 이병택군의 열의와 관심에 크게 힘입었음을 밝혀둔다. 또 영문으로 된 글들을 꼼꼼히 번역한 이성화 박사, 한규선 박사, 이동수 박사, 박현모 박사, 김대영군, 이병택군, 은종훈군의 수고에 고마움을 느낀다.

특히 알프레드 슈츠의 탄생 100주년 기념학술회의(동경 와세다 대학, 1999년 3월 26일~28일)에서 발표할 수 있도록 기회를 준 히사시 나쓰(那須壽) 교수에게 깊은 감사를 드린다. 필자에게는 이 발표가 슈츠를 새롭게 발전시키고 또 최근의 경향을 배울 수 있었던 유익한 기회였다. 또 이 학술회의를 통해 알게 된 엠브리 Lester Embree 교수

6

에게도 감사를 드린다. 그는 귀중한 슈츠의 유고들을 보내주었으며, 이것은 슈츠의 정치학적 관련성을 이해하는 데 결정적인 도움이 되었다.

또 항상 따뜻한 친형처럼 관심과 애정을 부어주시고 좋은 글로써 한결같은 감동과 영감을 일깨워주시는 미국 모라비안 대학 Moravian College의 정화열(鄭和烈) 교수님과 사모님께 깊은 감사와 은혜의 정의(情誼)를 표한다.

이 책이 출판되기까지 모든 궂은일을 자청했던 박현모 박사와 무더운 더위와 싸워가면서 암호문이나 다름없는 필자의 원고들을 해독하고 입력해준 이승호군, 그리고 언제나 세심한 배려와 따끔한 충고를 아끼지 않은 나의 외우(畏友) 정문길(鄭文吉) 교수에게 특별히 감사를 드린다. 또한 우리 경제의 어려움에도 불구하고 한결같은 마음으로 일을 추진시키고 결실을 맺기까지 힘을 다해 밀어주신 문학과지성사 대표 김병익 선생님께 고마운 마음을 다 표현할 길이 없다.

끝으로 이 책의 이면에는 흩어졌던 생각들을 다시 모으고 이지러진 글귀들을 이어가는 표현의 힘겨운 과정을 지켜보면서 연구에 전념할 수 있도록 뒤에서 수고와 헌신을 아끼지 않은 나의 사랑하는 아내의 말없는 뒷받침이 가득히 배어 있음을 부기해둔다.

1999년 10월
관악 연구실에서
김 홍 우

현상학과 정치철학 | 차례

제1부

말문을 열기 위한 생각들

정치행태론 비판 1

1. 행태과학의 이념

현대 사회과학에 있어서의 정치행태론(政治行態論)은 전통적 정치
학에 대한 반성에서 나타난 경험주의 운동이며, 오늘날 미국 정치학
은 이러한 운동의 대표적인 예로 들 수 있다. 율로 Heinz Eulau에 의하
면, 행태주의는 특정의 "분야"라기보다는 하나의 "접근" "방법" "정
향(定向)" 또는 "무드"를 의미한다.[1] 그것은 인간의 정치적 경험의
근원, 즉 "행태 behavior"로 되돌아가는 것이며, 이들을 현대적 분석
방식과 타당성의 기준, 그리고 연구 방법에 초점을 맞추어 궁극적으
로 정치적 지식에 대한 오랜 추구를 완성시키려는 야심에 찬 노력이
다.[2] 달 Robert A. Dahl도 율로와 유사한 입장에서 행태주의를 "행태적
무드"라 부른다. "행태적 무드"의 밑바닥에는 "항거의 무드" "회의의
무드" "재래의 정치학의 업적에 대한 불만의 무드" "특히 역사적·철
학적·기술적·제도적 접근에 대한 불만의 무드"가 흐르고 있는 반
면, 이와 동시에 "개혁의 무드" "과학적 조사와 분석 방법을 신뢰하

---

1) H. Eulau, "The Behavioral Movement in Political Science: A Personal Document,"
   Social Research XXX(1968), p. 16.
2) H. Eulau, *The Behavioral Persuasion in Politics* (New York: Random House, 1963),
   pp. 7, 35.

는 무드, 정치학 연구 방법을 개선할 수 있다는 낙관적 무드," 즉 "정치학에도 검증된 명제와 이념을 제공할 경험과학적 방법을 도입할 수 있다는 믿음"이 서로 엇갈려 흐르고 있다는 것이다.[3] 여기서 달은 행태주의를 주로 두 가지의 "무드"에서 설명한다. 하나는 회의주의적 무드이며, 다른 하나는 낙관주의적 무드이다. 먼저 달은 행태주의를 재래의 정치학 연구에 대한 회의주의적 무드로 본다. 동시에 그는 행태주의를 현대 자연과학에 대한 낙관주의적 무드로 본다. 행태주의는 공법(公法), 중앙 정부, 지방 정부, 국제 정치 등 재래의 정치학 연구 분야에 새로이 추가되는 또 하나의 분야이거나 전문 영역이 아니라, 단순히 "정치학의 과학적 능력을 높이려는 시도"이며 그러한 "무드"이다. 행태주의자들은 경험적 지식에 초점을 맞추어 재래의 정치학에 새로운 원칙과 방법을 적용하고 경험과학적 견해에 따라 정치학을 새로이 시작한다는 것이다. 요컨대 행태주의자들의 과학적 활동을 지도하는 견해는 경험주의이며, 달은 이 점을 다음과 같이 집약한다: 행태주의는 "근대 경험과학의 강령 canons과 규범과 가정에 비추어 수긍할 만한 방법과 이론과 증명의 기준을 토대로 정치 생활에 있어서의 경험적 측면을 설명하려는 노력이며, 한마디로 정치에 대한 이해를 높이려는 시도이다."[4] 그러나 우리는 행태주의가 제기하는 문제점을 밝히기 위하여, "경험주의의 기본 가정이 무엇인가"를 물어야 한다.

경험주의자들에 의하면, 과학은 누구나 접근할 수 있는 공통된 경험에 기반을 두고 있다. 감각 sense-perception은 모든 인간에 공통된 경험이며, 따라서 이것은 "과학적 판단의 기반이 되는 최대의 경험적 공통 분모이다." 이러한 경험주의자들의 가정은 "과학으로부터 일체

---

3) R. A. Dahl, "The Behavioral Approach in Political Science : Epitaph for a Monument to Successful Protest," *American Political Science Review* LV(Dec., 1961), p. 766.

4) 같은 글, p. 767.

의 초감각적 경험 trans-sensory human experience은 배제되어야" 한다
는 주장에 기반을 두고 있다. 직관적이고 신비한 인사이트나 철학적
비전은 개인적이며 불확실한 것으로서 배격되어야 한다. 이러한 인
사이트나 비전은 주관적이고 반복할 수 없는 것이며 지각할 수도, 증
명할 수도 없다. 이들은 그 본질에 있어 형이상학적인 질적 존재이
다. 인사이트나 비전은 광범하고 일반적인 비교나 주장 또는 예보
forecast는 할 수 있으나, 부정확하고, 막연한 근사치에 불과하며, 대
부분이 그럴싸하게 꾸며진 말뿐이다. 이들 인사이트나 비전은 정확
하고 항구적인 분석 개념과는 거리가 멀며, 더군다나 양적인 측정이
나 계량과는 무관하다. 반복 가능하고 증명 가능한 지식은 모든 인간
에 공통된 감각과 관찰에 입각한 경험과학에서 비롯되며, 또 이러한
지식만이 개개인의 주관이나 편견으로부터 자유로운 객관적 지식일
수 있다.

정치행태론자들은 바로 이와 같은 경험주의의 기본 가정을 바탕으
로 새로운 정치학의 기틀을 마련하였다. 첫째로 정치행태론자들은
직관적이고 신비한 인사이트나 철학적 비전 대신에 공통적이며 누구
나 반복할 수 있는 감각적 관찰 sense-observation을 판단의 근거로 수
락하였다. 이들은 트루먼 David Truman이 지적한 바와 같이 정부의
현상을 관찰된, 그리고 관찰할 수 있는 인간의 행위라고 생각하였
다.[5] 따라서 감각적 관찰이 불가능한 가치 판단이나 초감각적 경험
은 과학의 영역에서 제외되었다. 둘째로 정치행태론자들은 정치적
지식이 질적이고 기술적이고 개괄적 plausible인 수준에서 계량적이고
증명 가능하며, 정밀성을 요구하는 수준으로 이행되어야 한다고 보
았다. 이들은 과학적 연구가 가설에 대한 정확한 진술과 명증성에 입
각한 엄격한 자료 처리에서 출발하여야 하며 가능한 한 계량적이어

---

5) D. Truman, "The Implications of Political Behavior Research," *Item*(Dec., 1951), pp.
37~39.

야 한다고 주장하였다.[6] 이스턴 David Easton의 "행태주의 신조(信條) behavioral credo"[7]나 소미트 Albert Somit와 타넨하우스 Joseph Tanenhaus의 "행태주의자의 신앙 고백"[8]은 바로 감각적 관찰과 계량적 지식이라는 두 개의 기본 주장을 부연한 데 지나지 않는다.

지금까지 행태주의가 전제하는 경험주의의 입장을 일별하였다. 그러나 정치행태론은 전통적 정치학에 대한 반성과 비판의 과정으로 전개되었음을 간과할 수 없다. 이것은 행태주의를 올바르게 이해하기 위해서는 행태주의가 전통적 정치학을 어떻게 이해하였으며, 이러한 이해는 경험주의로의 전환에 어떠한 계기가 되었는가를 밝혀야 함을 뜻한다. 놀랍게도 전통적 정치학에 대한 행태주의자들의 이해는 대부분이 이차적 문헌에 입각해 있으며, 체계적 비판이라기보다는 감정적 규탄에 가깝다는 것을 부인할 수 없다. 이런 점에서 도이치 Karl W. Deutsch는 하나의 예외로 볼 수 있다. 아마도 초기의 정치행태론의 주창자로서 도이치만큼 전통적 정치학을 일관성 있게 비판한 사람도 없을 것이다. 우리는 도이치의 전통적 정치학에 대한 비판을 재구축함으로써 행태주의 운동의 기본 모티프를 밝힐 수 있다. 이것은 행태과학의 입장을 근원적으로 찾아가는 길이기도 하다.

도이치에 의하면, 전통적 정치학의 특징은 질적인 데 있다. 플라톤으로부터 시작하여 아리스토텔레스, 홉스, 로크, 마르크스, 베버에 이르기까지 그리고 최근의 셸링, 그린 P. Green, 마르쿠제, 립셋 S. M. Lipset, 헤링턴 M. Harrington, 레인 R. Lane에 이르는 전통적 정치학도

---

6) 같은 글, 같은 쪽.

7) D. Easton, "The Current Meaning of 'Behavioralism'," James C. Charlesworth, ed., *Contemporary Political Analysis* (New York: The Free Press, 1968), pp. 16~17; D. Easton, *A Framework for Political Analysis* (Englewood Cliffs, N. J.: Prentice-Hall, 1965), pp. 6~8.

8) A. Somit and J. Tanenhaus, *The Development of American Political Science* (Boston: Allyn and Bacon, 1967), pp. 176~80.

들은 "질적 판단"과 심지어는 "심미적 판단"마저 발동하였다.[9] 이들은 지각할 수도 증명할 수도 없는 인간과 사회의 이미지를 추구하였다. 이들은 사회적 · 정치적 세계에 있어서 "이념" "목적 telos" "형상" "질서" "전체" "게슈탈트" "맥락" 또는 "규범"이 무엇인지 묻고,[10] 이러한 형이상학적 · 비물리적 이미지에 대한 물음은 선택된 소수의 "비분석적 · 전체적 심리 과정," 다시 말하면 공유할 수 없는 직관적 · 신비적 인사이트나 철학적 비전에 의존한다고 보았다. 여기서 도이치는 전통적 정치학이 특정한 개인, 계급 또는 종족의 우월성을

9) K. W. Deutsch, "Mechanism, Organism, and Society: Some Models in Natural and Social Science," *Philosophy of Science* XVIII(July, 1951), p. 244; K. W. Deutsch, *The Nerves of Government* (London: Free Press of Glencoe, 1963), p. 36; K. W. Deutsch, "Scientific and Humanistic Knowledge in the Growth of Civilization," H. Brown, ed., *Science and the Creative Spirit* (Toronto: Univ. of Toronto Press, 1958), p. 15; K. W. Deutsch, "Theoretical Basis of Data Programs," R. L. Merritt and S. Rokkan, eds., *Comparing Nations: The Use of Quantitative Data in Cross-National Research* (New Haven, Conn.: Yale Univ. Press, 1966), p. 27; K. W. Deutsch, "The Impact of Complex Data Bases on the Sciences," R. L. Bisco, ed., *Data Bases, Computers, and the Social Sciences* (New York: Wiley-Interscience, 1970), p. 19; K. W. Deutsch, "On Political Theory and Political Action," *American Political Science Review* LXV(March, 1971), p. 21.

10) K. W. Deusch, "Some Notes on Research on the Role of Models in the Natural and Social Sciences," *Synthese* VII(1948~1949), pp. 507, 515, 518, 530; K. W. Deutsch, "Higher Education and the Unity of Knowledge: An Operational Approach to the History of Thought," Lyman Bryson & et als., eds., *Goals for American Education* (New York: Harper & Brothers, 1950), pp. 73, 88, 116, 128; K. W. Deutsch, "Nationalism, Communication, and Community: An Interim Report," in Lyman Bryson & et als., eds., *Perspective on a Troubled Decade, 1939~1949* (New York: Harper & Brothers, 1950), p. 348; K. W. Deutsch, "Mechanism, Teleology, and Mind," *Philosophy and Phenomenological Research* XII(Dec., 1951), pp. 188~89, 191, 200; K. W. Deutsch, "Scientific and Humanistic Knowledge in the Growth of Civilization," 앞의 책, pp. 3~4, 7, 17; K. W. Deutsch, "Recent Trends in Political Theory and Political Philosophy," *Annals* (July, 1965), pp. 139~40; K. W. Deutsch, "Theoretical Basis of Data Programs," 앞의 책, p. 27.

옹호하는 이데올로기로부터 결코 자유롭지 못하다고 주장하게 되었다.[11]

도이치에 의하면, 플라톤은 "철학적 비전이 보다 직접적으로, 보다 정확하게 진리에 도달하는 길이라고 확신하였다." 그는 불변하는 이념으로서의 세계의 비전은 직접적으로 획득된다고 믿었다. 이와 같이 지식의 획득을 신비한 인사이트에 의존하는 플라톤은 "가변적·감각적 경험"이나 "감각적 명증성"을 불신하게 되었다.[12] 플라톤은 실재하는 세계를 관찰하지 않고도 보다 낫게, 보다 직접적으로 그 본질을 알 수 있는 길을 추구하였다.[13] 그는 피상적이고 단순한 사회 생

11) K. W. Deutsch, "Higher Education and the Unity of Knowledge: An Operational Approach to the History of Thought," 앞의 책, pp. 77, 96, 116; K. W. Deutsch, "Mechanism, Organism, and Society: Some Models in Natural and Social Science," 앞의 책, p. 244; K. W. Deutsch, "Some Notes on Research on the Role of Models in the Natural and Social Sciences," 앞의 책, p. 518; K. W. Deutsch, "Communication in Self-Governing Organizations: Notes on Autonomy, *Freedom, and Authority* (New York: Harper & Brothers, 1953), p. 277; K. W. Deutsch, "Scientific and Humanistic Knowledge in the Growth of Civilization," 앞의 책, pp. 17, 43; K. W. Deutsch, "The Limits of Common Sense," *Psychiatry: Journal for the Study of Interpersonal Processes* XXII(May, 1959), pp. 106~07; K. W. Deutsch, "Toward an Inventory of Basic Trends and Patterns in Comparative and International Politics," *American Political Science Review* (March, 1960), pp. 37~38; K. W. Deutsch, J. D. Singer, and K. Smith, "The Organizing Efficiency of Theories: The N/V Ratio as a Crude Order Measure," *American Behavioral Scientist* IX(1965), p. 30; K. W. Deutsch, "Nation and World," Ithiel de Sola Pool, ed., *Contemporary Political Science: Toward Empirical Theory* (New York: McGraw Hill, 1967), p. 207; K. W. Deutsch, *How People Decide Their Fate* (Boston: Houghton Mifflin Company, 1970), p. 204; K. W. Deutsch, "On Political Theory and Political Action," 앞의 책, pp. 13, 23; K. W. Deutsch, "Problems of Justice in International Territorial Disputes," Lyman Bryson & et als., eds., *Approaches to Group Understanding* (New York: Harper & Brothers, 1947), p. 237.

12) K. W. Deutsch, "Scientific and Humanistic Knowledge in the Growth of Civilization," 앞의 책, p. 27.

13) 같은 글, 같은 쪽.

활만이 계량화와 측정이 가능하며, 표면에 나타나지 않는 본질적인 표상들은 계량화와 정량적 분석이 미칠 수 없는 영역으로 구분해놓았다. 측정할 수 없는, 따라서 계량 분석의 대상이 될 수 없는 특유의 현상들은 그들 자체로서 이미 독자적 법칙이라는 것이다.[14] 도이치는 이와 같은 플라톤의 관념론을 철학적 급진주의로 규정하고, 이것은 관찰의 세계를 환상적이고 순간적이며 근본적으로 지엽적인 현상의 집합체로 일축하려는 경향이라고 비판한다. 뿐만 아니라 이것은 치밀한 감각적 관찰에 수반되는 수많은 노력과 주의를 도외시하는, 기본적으로는 과학의 요청과 상치되는 경향으로서 배격한다. 도이치에 의하면 플라톤 이후의 일반적 추세는 관찰과 관찰할 수 있는 현상으로부터의 후퇴라는 경험과학의 쇠퇴기로 이어진다.[15]

도이치는 관찰과 경험적 연구로부터의 후퇴는 인간 지식의 새로운 단계를 뜻한다고 본다. 이것은 양적 지식의 단계에서 질적 지식의 단계로의 전환이며, 변화하는 현실을 예측하기 위한 도구로서의 이념이 시공을 초월하는 변치 않는 영원한 형상의 의미를 갖게 되는 단계로 본다. 과학적 사유는 점차 자연에서 도시국가로, 급기야는 개인의 자족적 행위로 전락되며, 실험은 사라지고, 분석은 무용해지며, 마술적 미신은 과학의 영역을 또다시 사로잡고, 아르키메데스나 히에로 Hiero에서처럼 과학은 고작 군사적 노리개나 무기의 생산술에 그치게 된다.[16] 이러한 변화에 따라 과학적 관심은 개별적 사실의 수집이

---

14) K. W. Deutsch, "Mechanism, Organism, and Society: Some Models in Natural and Social Science," 앞의 책, p. 244.

15) K. W. Deutsch, "Scientific and Humanistic Knowledge in the Growth of Civilization," 앞의 책, p. 27.

16) K. W. Deutsch, "Higher Education and the Unity of Knowledge: An Operational Approach to the History of Thought," 앞의 책, p. 88; K. W. Deutsch, "Toward an Inventory of Basic Trends and Patterns in Comparative and International Politics," 앞의 책, p. 37.

나 분석보다는 이론과 보편적 개념 및 기본 가정이나 방법의 문제로 전환된다.[17] 고전 철학의 주요 관심은 전체이며 전체에 대한 규명에 있다. 그 방법 역시 기술적 · 표현적 · 예술적 또는 문학적이며, 계량적 측정이나 예측과는 전연 무관하다는 것이다. 도이치가 보는 고전 철학은 "직접적 · 질적 그리고 인간적" 사유 형태로서 "사변적 · 규범적 성격"이 그 본질을 이룬다.[18]

우리는 전통 철학에 대한 도이치의 비판 속에서 새로운 정치학의 이미지가 무엇인가를 찾아야 한다. 도이치에 의하면, 모든 지식은 "증명될 수 있고, 또 증명된 지식만이 의미 있다"고 한다. 따라서 모든 질적 지식은 "물리적 상응이나 조응 physical correspondences or matchings"을 거쳐야 한다. 다시 말하면 도이치는 "물리적 증명 과정" 또는 "물리적 조응 과정"이라고도 불리는 "현실 검증 reality-testing"을 모든 지식의 의미의 기반으로 설정한다.[19] "어디" 또는 "무엇"에 대한 단순한 "질적 인지 작용 qualitative recognition"만으로는 지식과 정보의 객관성을 주장할 수 없다. 모든 의미 있는 지식 또는 정보는 증명이라는 물리적 복합 과정에서 정상적인 인간에게 통신할 수 있고 증명할 수 있어야 하며, 이때야 비로소 최초의 관찰자의 개인적 성향이나 주관에서 독립된 객관성을 획득한다.[20] 도이치는 시(詩)나 문학

---

17) K. W. Deutsch, "Communication Theory and Social Science," *American Journal of Orthopsychiatry* XXII(1952), p. 469; K. W. Deutsch, *The Nerves of Government*, pp. 3~4.

18) K. W. Deutsch, "Toward an Inventory of Basic Trends and Patterns in Comparative and International Politics," 앞의 책, pp. 37~38; K. W. Deutsch, "Scientific and Humanistic Knowledge in the Growth of Civilization," 앞의 책, pp. 3~4, 43; K. W. Deutsch, "Nation and World," 앞의 책, p. 207.

19) K. W. Deutsch, "Mechanism, Organism, and Society: Some Models in Natural and Social Sciences," 앞의 책, p. 230; K. W. Deutsch, *The Nerves of Government*, pp. 19~20.

20) K. W. Deutsch, "Problems of Justice in International Disputes," 앞의 책, p. 237.

에서도 지식의 증명은 가능하다고 본다.[21] 여기서 증명된 지식은 물리적으로 검증되었다는 점에서 "경험적"이며, 증명된 지식은 비인격적으로 증명되었기 때문에, 다시 말하면 특정인의 개성이나 주관에 관계없이 공적으로 증명되었고 또 누구나 공유할 수 있기 때문에 "객관적"이라 한다.[22] 이와 동시에 증명된 지식은 물리적이고 객관적이고 비인격적인 증명의 과정에서 "확인 confirm" 또는 "부인 disconfirm"되었기 때문에 "의미 있는 meaningful" 지식이 된다. 요컨대 도이치는 모든 "의미"를 "진실"과 "거짓"으로 구분하고, 이것은 물리적·객관적 또는 비인격적 증명 과정에서 "확인" 또는 "부인"된 결과라고 말한다. 따라서 도이치에 의하면 증명되지 않은 지식이나 명제는 "진실"도 "거짓"도 아닌 무의미한 언어에 불과하다.

모든 의미를 진실과 거짓으로 양분하고, 증명된 지식만을 "과학적 지식"으로 보는 도이치의 입장은 논리실증주의의 입장을 방불케 한다. 사실상 도이치는 논리실증주의의 "증명 가능성의 원칙 Verifiability Principle"을 새로운 정치학의 기초로 받아들이고 있음을 알 수 있다. 우리는 논리실증주의의 대표적 이론가인 카르나프 Rudolf Carnap를 중심으로 이 점을 밝혀볼 수 있다.

카르나프에 의하면 "논리" 또는 "합리적 분석"은 철학 고유의 과제이며, "철학"은 바로 "과학의 논리"를 뜻한다.[23] 카르나프는 이어서

---

21) K. W. Deutsch, "On Political Theory and Political Action," 앞의 책, p. 16.

22) K. W. Deutsch, "Mechanism, Teleology, and Mind," 앞의 책, pp. 186, 197, 217, 222; K. W. Deutsch, "Mechanism, Organism and Society: Some Models in Natural and Social Sciences," 앞의 책, p. 360; K. W. Deutsch, *Nationalism and Social Communication*(Cambridge, Mass.: MIT Press, 1966), pp. 26, 73; K. W. Deutsch, *Political Community and the International Level* (New York: Doubleday-Random House, 1954), p. 47; K. W. Deutsch, *The Nerves of Government*, pp. 8~90, 80, 141.

23) R. Carnap, *Philosophy and Logical Syntax* (London: Kegan Paul, Trench, Trubner & Co., 1935), pp. 9, 35; C. Morris, "Pragmatism and Logical Empiricism," P. A. Schilpp, ed., *The Philosophy of Rudolf Carnap* (La Salle, Ill.: Open Court, 1963), p. 96.

모든 의미 있는 문장을 "진실된 것"과 "거짓된 것"으로 양분하고, 진
위의 문제는 궁극적으로 언어 외적인 지각적 경험과의 관계에서 결
정될 의미론Semantics의 문제로 본다: "특정의 언어적 체계가 갖는
문장 가운데에는 〔……〕 진문장과 위문장이 존재한다. 그러나 우리
는 '진'과 '위'의 술어term[24]를 구문학syntax을 바탕으로 정의할 수

------

24) 박우희 교수는 "term"을 "원어"라고 번역한다(박우희, 『경제 원리 탐구: 경제학의
   과학 및 철학적 기초와 모델 빌딩』〔이하 『경제 원리 탐구』〕, 서울대학교 출판부,
   1998, pp. 509, 513). 박교수는 이 책과 그리고 다른 곳에서 "근대 경제학의 철학
   적 기반" 역시 "논리실증주의"라고 밝히면서, "경제 이론에 논리실증주의적 기반
   을 강력히 요구"한 대표적 경제학자로서 허치슨T. W. Hutchison과 사무엘슨P. A.
   Samuelson, 그리고 프리드먼M. Friedman 등을 든다(같은 책, pp. 495, 621; 박우
   희, 『과학, 철학과 한국 경제의 인식』, 한국경제신문사, 1986, pp. 81~85). 허치슨
   은 『경제 이론의 의의와 기본 조건』(1938)에서 "칼 포퍼 Karl Popper의 반증 가능
   성"을 소개하였으며, 사무엘슨은 『경제 분석의 기초』(1947)에서 "경제 분석의 목
   적"을 " '유의미한 정리(定理)'를 이끌어내는" 데 있다고 보았다. 또 프리드먼은
   『실증 경제학 방법론에 관한 에세이』(1953)에서 "모든 학문의 방법론을 실증적인
   것과 규범적인 것으로" 양분하면서, "경제학을 실증적인 부문에 포함"시켰다(박
   우희, 『경제 원리 탐구』, p. 665; 박우희, 『과학, 철학과 한국 경제의 인식』, p. 81).
     박교수의 설명에 따르면, 논리실증주의는 논리주의 — "수학을 논리학으로 환
   원"시키거나 또는 "논리학으로부터 수학을 도출하는" 논리주의 — 와 경험주의가
   결합된 것으로서, "과거의 경험론에 있어서는 경험은 감각적 경험인 데 비해" 논
   리실증주의에서는 "경험을 표현으로 나타내는 차원의 경험, 즉 언어(언어적 경
   험)로 취급된다." 이어서 박교수는 이렇게 말한다: "논리실증주의에서의 수학은
   논리학의 한 분과이고 언어적 경험 그 자체이며 따라서 그 본성으로부터 경험을
   표현하기 위한 유일 최고의 수단이 된다"(『경제 원리 탐구』, pp. 548~50). 여기서
   박교수는 논리실증주의의 영향을 받은 "현대 경제학에서"의 "수학의 지위"는 단
   순한 이론의 "보조"가 아닌 " '이론의 내용 그 자체'로, 나아가서는 이론의 '본래
   의 상태'를 규정하는 것으로 사용되"기에 이르렀다고 지적하면서, 이것은 수학이
   "단순한 수단이 아니라 방법으로서, 나아가 방법론으로서의 의미를 갖게 된," 이
   른바 "수학주의(數學主義)"에 다름이 아니라고 논한다(같은 책, p. 534). 그러나
   박교수는 아이크너 A. S. Eichner의 견해에 따라, "일반적으로 수학적 기법은 '과
   도한 연역 overly deduction,' 즉 너무 지나치게 연역해버리는 경향이 있다"고 경고
   한다(같은 책, p. 538).
     박교수는 또한 "지금까지의 수학의 대부분"은 "물리학에서 유추된 수학이었으
   며," 어떤 점에서 " '물리학은 자기에게 알맞는 수학을 만듦으로써 정밀 과학이 되

었다'고" 설명한다. 그러나 "물리학이 만든 수학을 사용"하는 "다른 과학은, 결과적으로 엄밀성이라는 점에서 물리학보다 뒤떨어"질 수밖에 없다는 것은 "오히려 당연하다"고 말하면서, 그 한 예로써 경제학에서 "관측된 수량"은 "공간적 · 시간적 한계를" 지니므로 "언제 어떤 경우에서도 같은 의미를 가진다고 말할 수 없"고 그런 "의미에서 그것은 물리적인 양과 다른 것"이라고 논한다. 그리고 박교수는 이렇게 덧붙인다: "소위 수리 경제학"의 "형식적 이론은 겉보기로는 매우 일반적인 것처럼 보이면서도, 현실의 경제를 모델화하는 것으로는 현저하게 일면적이다"; "숫자는 경제라는 사회 현상에 대해 늘 일면의 진실을 말하는 것에 불과하다"; "예컨대 가격은 수량이면서 동시에 하나의 질이다. 즉 자신을 자신으로서 다른 것으로부터 구별하는 규정성을 지닌다. 따라서 질적 규정이 우선 존재하고 수량이 그 하나의 측면으로 존재하며, 따라서 질적 규정 자체의 구명이 우선 필요하다. 또 질이란 단독으로 존재하는 것이 아니라 다른 질과의 구별 및 연관으로서 존재하고 다른 질과의 관계에서 처음으로 존재하는 특질을 갖는다. 또한 그 관계는 제연관이 이행적 혹은 전개적으로 통일되어 있는 형태로 존재하며, 개개의 질은 이 전개 전체의 일환으로서 처음으로 의미를 가진다"; 따라서 계량화된 경제 현상을 "일면적인 것으로 알고," 숫자를 "적절하게 사용하는 것, 그것이 중요하다"; 만일 이와 같은 "일면성"을 도외시할 경우, 내용 없는 "양 환원주의"로 빠질 것은 명백하며, "내용이 공동화한 경제학에 남는 것은 수량 관계=함수 관계에 의한 정밀 과학의 표방"이며, 이것은 마침내 "기호 경제학"으로 귀결된다는 것이다; 다시 말해서 "대상"에 대한 "실체 규정이 없어지"게 되면, "인과 관계의 제규정"도 빠져나가게 되고, 결국은 기호화된 "함수 관계"의 경제학, 즉 "기호 경제학"만이 남는다고 박교수는 말한다(같은 책, pp. 530~31, 533~34, 540, 547~49, 680, 744).

여기서 그는 수리 경제학 전반에 대해 강도 높은 비판을 제기한다: "경제 수량은 어디까지나 '경제' 수량이고 '수량 일반'은 아니다. 반면 수학에 있어서 수량은 모든 질적 제약을 벗어난 수량 일반이다. 수학에서 나타난 수량적 제관계가 곧바로 경제 현상 그 자체를 규율하는 것은 논리적 비약이다. 경제 수량은 일반적으로 수량 일반으로서의 성격을 갖는 것이 아니기 때문에 수학적 방법은 통용될 수 없다"; "수학 그 자체는 경제적인 개념을 사상(捨象)한 것이다"; 물론 "질적인 것이 수학적 방법"을 "완전히 배제하는 것은 아니지만," 적어도 "경제적으로 질적인 것"이 "수학적 방법"에 "기초"를 두고 있는 한 "경제 현상에 내재하는 본래의 의미에서의 질은 사상되거나 혹은 수학적 방법에" 의해 "특수한 것으로 변형되거나" 하게 된다. 예컨대 산업 연관 분석의 경우 부문 생산물간의 물량적 · 기술적 관계는 있지만 사회적 생산물의 각 계층으로의 분배 관계 ── '경제표' 혹은 '재생산 표식'의 중요한 계기 ── 는 없다. 경제적으로 질적인 것의 하나는 물(物)과 물 사이의 관계로서 현상하는 인과 인(人) 사이의 관계가 그것이다." 요컨대, "수학 모델"은 아인슈타인이 적절히 지적한 대로, "실재를 언급하는 한 확실하지 않고, 그것이 확실하다면 실재를 가리키지 않는" 태생적 한계를 안고 있다는 것이다(같은 책, pp. 541~42, 680, 709).

더욱이 경제학이 수학의 "공리적 방법을 최상의 방법으로 신봉하는 것은 스스로의 대상 그 자체에 충실해야" 할 "과학으로서의 행동 방식을 배반함은 물론, 대상을 보다 깊이 파악함으로써 방법의 풍부화"를 기할 수 있는 "기회까지도 스스로 포기하는 것이 된다"(같은 책, p. 548). 물론 박교수는 "수량적 방법"이 "사회과학에 있어" 아직도 "여전히 일정한 한도 내에서 유효성을 지니며," 오늘날 "문제가 되고 있는 공해·환경·자원 문제 등에 대해서도 '수와 양의 척도'를 사용함이 실속 있는 구체적인 결과를 얻는 데 불가결하다"고 생각한다. 그러나 "중요한 것은 형식적으로 정밀한 '수학적 기교'를 쓰는 '고도한' '엄밀한' 이론을 전개하는 것이 아니라, 구체적 숫자를 사용하여, 중요한 사실과 사실간의 인과 관계를 하나씩 하나씩 분명히하는 일"이며, "이러한 의미에서 구체적인 문제에 관한 '수량적' 파악의 의미"를 정확하게 인식하는 것이다. 다시 말하면, 박교수는 사회과학 내지는 경제학에 있어서, 이른바 "수학주의"에 대해서는 강력하게 반대하면서도, "수량주의"는 적극적으로 옹호하는 입장을 나타낸다. 여기서 박교수는 "수량적인 것과 수치적인 것을 조심스럽게 구분하면서," "경제학의 수량적 측면을 강조한 슘페터 J. A. Schumpeter"의 입장을 일단은 수용하고 있는 것으로 보여진다(같은 책, p. 359). 이제 박교수의 비판의 핵심을 다시 정리해보면, 그 자신도 지적하고 있듯이, "수학이 경제학에 도움이 된다는 사실을 부정하는" 데 있는 것이 아니라, "수학의 매력"이 경제학을 점점 더 추상적이고 형해화된 "기호 경제학"으로, 말하자면, "경험적으로 텅 빈" 매력 없는 경제학으로 변질시킨다는 데에 놓여 있는 것이다. 이런 점에서 "대부분의 사람들은 소련이나 중국, 브라질, 이집트, 인도, 일본 등의 경제뿐 아니라 자기 나라 경제의 전통조차 모른다"는 그의 지적은 다시 한번 음미해볼 충분한 가치가 있다고 생각한다(같은 책, pp. 394, 743~44).

이상과 같은 반성으로부터, 박교수는 올바른 경제 원리의 탐구를 위한 방법으로서 "문제"와 "이론"과 "자료"를 모두 균형 있게 결합시킬 "변증법"의 필요성을 강조한다: "우리는 변증법을 문제(현실)·이론(상향)·자료(하향)의 혼합으로 이해할 수도 있다. 〔……〕 우리는 문제와 이론 모두를 계속해서 명심하고 자료를 연구해야 한다. 이러한 우리의 지식 체계의 세 가지 구성 요소들을 명확하게, 균형 있게, 또 통일되게 할 필요가 있다." 그는 또 이렇게 부언한다: "이론을 망각하고 문제와 자료만을 사용할 때 우리가 하는 일은 '계량 경제학 저널리즘'이 된다. 그것은 흥미로울 수는 있지만, 특히 자료가 이론과 양립 불가능한 방식으로 수집되었을 땐 오류를 가져올 수도 있다. 문제와 자료를 망각할 때 우리는 경제학이 아닌 수학을 하고 있는 것이다. 자료를 망각하고 문제와 이론만을 사용하면 보통 경제학자들이 하고 있는 일, 즉 조작이 된다. 경제학자들이 정책 문제에 대해 믿고 있는 것 중 99.9%는 사회적·관습적으로 조작된 이론에 근거한다. 잘 봐줘도 99%이다. 이론을 조작하고 주문만 외우고 있으면서 우리는 우리의 양심을 조작

없다. 왜냐하면 특정 문장의 진위는 일반적으로 문장의 구문의 형식뿐만 아니라 경험과도 관련이 있기 때문이다. 말하자면 언어 외적인 어떤 것something extra-linguistic과 관련되기 때문이다."[25] 여기서 중요한 것은 과학적 세계에 존재하는 모든 명제가 현재 지각되고 있는 경험에 대한 주장이든가 아니면 과거의 경험에 대한 주장이라는 점이며, 따라서 모든 언어적 명제는 현재 또는 과거의 지각과 경험에

한다. 〔……〕 대부분의 경제학자들은 자료 없이도 꽤 잘 해나가고 있지만, 그것은 잘못이다. 검증이 경제학자들의 믿음에 직접 물리적 영향을 끼칠 수 있게 되어야 한다"(같은 책, pp. 637~38, 679). 특히 박교수는 "변증법"에 관한 한 어떠한 강력한 주장도 불사한다는 인상을 준다. 그는 이렇게 말한다: "변증법은 〔……〕 사유 그 자체의 법칙이 아니면 안 된다. 우리의 인식은 변증법적이지 않으면 안 된다"(같은 책, pp. 701~02).

끝으로 박교수는 "우리"의 경제 현실에 비추어 현대 경제학의 수정 내지는 구조 조정은 불가피한 것으로 내다본다. 그는 이렇게 말한다: "현대 경제학의 밑바탕에 깔려 있는 경제 현실과 사상이 우리와 다를 때 과연 수량화 · 미적분화 · 극대화 · 합리화를 도구로 하는 기존 이론이 현실적이 될 수 있을는지 의문을 가져야만 한다. 나이지리아나 파푸아뉴기니, 피지와 같은 원시 정글 경제에 계량 경제학이 강의되고 고급 미시 · 거시 이론이 발표되는 난센스와는 물론 다르겠지만, 기존 여러 현대 경제 이론 중 어느 것이 맞고, 어느 것이 수정되어야 하며 어느 것이 버려져야 할 것인지를 깊이 생각하지 않으면 안 된다"; "한국 경제의 현실을 개선하고 나아지게 할 수 있는 정책, 그런 현실적 정책에 도움이 되는 이론, 그것이 가급적 객관적이고 과학적이 되도록 노력하면서, 유용한 지식으로서의 한국 경제학을 그 속에서 찾지 않으면 안 된다. 과학을 지향하면서도 철학, 그 중에서도 가치(케인스가 말하듯)와 사회(슘페터도 생각하듯), 역사와 제도, 동태와 불균형을 아는 '한국 경제학'이 되어야만 할 줄 생각된다." 박교수는 특히 "경제를 인식하는 능력"과 "경제를 보는 시각"의 중요성을 강조하면서, "한국의 경제학"이 "옛날에 버렸던 철학을 다시 음미하는 경제학으로 모습을" 탈바꿈할 것을 강력히 요구한다: "한국의 경제학은 고전 물리학의 좁은 과학에서 좀더 넓은 과학, 즉 현대 물리학으로, 나아가 옛날에 버렸던 철학을 다시 음미하는 경제학으로 모습을 달리했으면 한다. 남의 이론을 그대로 이식하는 비현실적인 이론 유희를 이젠 지양해야 한다." 여기서 박교수는 아마도 "경제학은 본질적으로 정신과학mental science이며, 자연과학과 달리 내관(內觀)과 가치 판단을 필수로 한다"는 케인스의 "주장"을 떠올리고 있는지도 모른다(박우희, 『경제 원리 탐구』, pp. 699, 763, 768, 771: 박우희, 『과학, 철학과 한국 경제의 인식』, pp. 156, 160, 162, 166).

25) R. Carnap, *Philosophy and Logical Syntax*, pp. 47~48.

의하여 증명될 수 있어야 한다는 것이다. 마찬가지로 미래적 지각에 대한 명제 역시 이미 증명된 다른 명제들로부터 연역된다.[26] 우리가 "안다"는 것은 "진실" 또는 "거짓"을 아는 것이며, "진실" 또는 "거짓"은 증명에 의해 밝혀진다. 그러므로 특정 문장의 의미를 알기 위해서는 그것이 어떤 조건하에서 인지적 cognitive · 사실적 의미를 갖는지를 알아야 하며, 그 결과 우리는 문장의 진위의 의미를 결정하게 된다. 여기서 카르나프는 "명제에 이론적 의미를 부여하는 것은 그것에 수반하는 이미지 image나 생각에 있는 것이 아니라, 그 명제로부터 지각적 명제 perceptive proposition를 연역할 수 있는 가능성, 바꾸어 말하면, 증명 가능성에 있다"[27]고 본다. 결론적으로 카르나프는 의미의 문제는 증명의 문제와 같다고 본다. 다시 말하면 특정 문장이 의미 있는 것은 그 문장의 진위를 증명할 수 있음을 뜻하며, 진위를 증명할 수 있다는 것은 증명할 수 있는 방법이 있다는 것으로, 말하자면 의미는 곧 증명의 방법이라는 것이다. 카르나프는 이것을 "증명 가능성의 원칙 Verifiability Principle"이라 부른다.[28]

그러나 카르나프는 후기에 이르러 절대적 증명은 불가능하며, 다만 상대적 확증 confirmation만이 가능하다고 봄으로써, 스스로 "증명 가능성의 원칙"을 수정하여 "확증 가능성 confirmability"으로 전환하였다. 말하자면 카르나프는 시간 – 초월적 time-independent 절대적 "증명"의 원칙에 대신하여 시간 – 의존적 time-dependent 상대적 "확증"의 개념으로 입장을 바꾸었다. 카르나프에 의하면 완결된 증명은 있을 수 없다. 왜냐하면 어떠한 명제도 미래의 경험에 의해 번복될 수 없을 만큼 절대적 확실성을 가질 수 없기 때문이다. 가능한 것은

---

26) 같은 책, pp. 13, 44.

27) 같은 책, p. 14.

28) R. Carnap, *Testability and Meaning* (New Haven, Conn.: Graduate Philosophy Club, Yale Univ. Press, 1950), pp. 420~21.

명제에 대한 점진적 확증뿐이며, 시공에 제한된 단계적 확실성의 증대이다.[29]

필자는 여기서 증명 가능성의 중요한 의의를 과소평가할 의도는 조금도 없다. 증명 가능성의 원칙은 과학으로부터 형이상학을 추방한 무기였음은 물론, 명제의 의미를 증명의 과정과 밀접히 관련시킴으로써 과학적 명제의 사실적 맥락을 분석하는 데 공헌하였다.[30] 증명 가능성의 원칙은 의미를 사실적 의미cognitive or factual meaning로 한정하였고, 비사실적 · 형이상학적 내지는 문학적 · 표현적 언어를 과학의 영역에서 일소하였다. 증명 가능성의 원칙이 가지는 의의는 한마디로 언어의 의미를 경험 가능한 대상에 결부시켰다는 데 있다.[31] 카르나프는 "사실적 의미"의 입장에서 과학적 명제와 형이상학

---

29) 같은 책, pp. 420~26; R. Carnap, *Philosophy and Logical Syntax*, pp. 9~13; R. Carnap, "Truth and Confirmation," Herbert Feigl and Wilfrid Sellars, eds., *Readings in Philosophical Analysis* (New York: Appleton-Century-Crofts, 1949), pp. 119~20. 포퍼의 "반증 가능성falsifiability"은 카르나프의 상대적 "확증 가능성"의 연장선상에 위치한다고 볼 수 있다. 포퍼는 이렇게 말한다: "Theories are never empiricilly verifiable. These considerations suggest that not the verifiability but the falsifiability of a system is to be taken as a criterion of demarcation. [……] it must be possible for an empirical scientific system to be refuted by experience" (Karl R. Popper, *The Logic of Scientific Discovery*, New York: Science Edition, Inc., 1961, pp. 40~41). 실증주의 경제학자 프리드먼도 그의 『실증 경제학 방법론에 관한 에세이』에서 "증명 가능성의 원칙"에 대한 카르나프의 수정을 보다 더 극단적으로 밀고 간 것으로 보여진다. 그는 이 책에서 "학문에는 확실이라는 것은 없다. 또한 가설을 옹호하는 혹은 반대하는 증거가 결코 완전히 객관적으로 평가될 수도 없다고 보고, 따라서 "가정은 현실적일 필요가 없으며 오히려 그렇지 않은 것이 훨씬 유익하"며, 심지어 "가정은 잘못 묘사되어야 한다고까지" 주장함으로써, 기존의 이른바 "가정의 '현실주의'"에 정면으로 도전한다(박우희, 『과학, 철학과 한국 경제의 인식』, pp. 81~87에서 재인용).

30) R. Carnap, *Testability and Meaning*, pp. 420~21.

31) 박우희 교수도 "논리실증주의로부터 지적 정직성, 명료성, 스스로의 단점 지적 등을 배울 수 있"으며, 또 "인지과학Cognitive Science"은 "논리실증주의에서 많은 것을 답습한다"고 지적한다(박우희, 『경제 원리 탐구』, p. 686). 인지과학과 관련

적 명제를 구분하여, "형이상학적 명제들은 표현적 기능은 있으나 지칭적 기능representative function은 없다"고 지적한다. "이들은 진실도 거짓도 아니다"; "이들은 웃음과 서정시 또는 음악과 같이 표현적"이며, 여기서는 사실적 의미를 찾을 수 없다.[32] 이와는 달리 "과학적 명제는 단지 말이나 표현이 아니라 기초적 경험으로 환원될 수 있는 개념이다. 이것은 대상과 속성과 종class과 외연 또는 내포의 관계에 대한, 그리고 상태와 사건 또는 있는 것과 없는 것에 대한 진술이다." 이처럼 카르나프는 인식의 "대상"과 과학의 "개념"을 동일시하고, 하나의 개념에 하나의 대상이 속해 있다고 본다. "모든 개념에는 하나의 대상이, 그리고 오직 하나의 대상이 속해 있다. 즉 그 개념이 지칭하는 대상이 속해 있다. 〔……〕 보편적 개념조차 대상을 갖는다."[33]

이상과 같은 설명에서 우리는 행태주의와 논리실증주의간의 유사점을 발견할 수 있다. 행태주의는 사실과 가치를 구분하고, 과학을 사실의 분석에 한정시킨다. 이런 점에서 행태주의는 모든 의미를 사실적 의미로 한정하는 논리실증주의와 일치한다. 뿐만 아니라 논리실증주의의 증명 가능성의 원칙 역시 그 고전적 형태로서 행태주의에 계승되고 있다. 행태주의에 있어 사회적 분석의 도구라 할 "조작적 개념operational concept"은 바로 카르나프가 대상과 동일시한 "개념"과 일치한다. 조작적 개념은 추상적 언어가 경험적 실재로 조작화operationalization된 결과이며, 순수한 개념적 세계를 실재 세계와 막바로 잇는 매개적 고리이기도 하다. 그러나 여기서는 단지 "조작적

하여서는 이정모 외, 『인지과학: 마음 · 언어 · 계산』(민음사, 1989)을 참조할 수 있다.

32) R. Carnap, *Philosophy and Logical Syntax*, pp. 15~31.

33) R. Carnap, *The Logical Structure of the World*, tr. by R. A. George(Berkeley and Los Angeles: Univ. of Calif. Press, 1967), pp. 5, 10, 108, 120~21.

개념"이 카르나프의 "개념"과 동일한 것임을 지적하는 데 그치고, 후술할 "과학적 설명"과 관련하여 이를 좀더 상론키로 하겠다.

지금까지 행태주의 운동의 기본 모티프를 밝히기 위하여 도이치를 중심으로 새로운 정치학의 입장을 살펴보았다. 그리고 이것을 논리 실증주의와 비교하였다. 결론적으로 도이치에 의하면, 전통적 정치학은 "인간" "사회" 및 "정치"에 대한 그들간의 심각한 견해의 대립에도 불구하고 전적으로 하나의 사고 유형, 즉 질적 사고 유형에 속한다. 이러한 질적 사고는 한 가지 종류의 지식을 생산할 뿐이다. 그것은 "어디"와 "무엇"에 대한 지식이며 "같음에 대한 판단judgment of sameness"[34]이다. 그러나 질적 지식은 "그럴듯한 plausible" 지식이거나 "부정확"한 지식에 지나지 않는다. 반면 도이치는 새로운 정치학의 사유 방식을 관찰과 계량을 토대로 한, 정확한 지식 exact knowledge 을 생산하는 "양적 사고"로 특징짓는다.

2. 심리학주의

누구든지 오늘날의 행태주의를 관심 있게 추구한다면, 이것이 후설 Edmund Husserl의 이른바 "심리학주의 psychologism"로 귀결되리라는 데 이의를 제기하지 않을 것이다. 왜냐하면 과학 이론으로서의 "심리학주의"는 경험주의의 최종적 단계가 되기 때문이다. 후설에 의하면, 경험적 심리학의 발달과 더불어 모든 지식이 심리적 법칙에 순응한다는 주장이 점차로 표면화된다. 여기서 이성의 지적 행위는 단순한 심리 현상으로 이해된다. 모든 과학적 활동은 감각적 활동이며

---

34) K. W. Deutsch, "Higher Education and the Unity of Knowledge: An Operational Approach to the History of Thought," 앞의 책, p. 81.

심리적 현상으로 간주된다. 소위 말하는 지식의 형태는 의식의 기능적 형태를 말하며, 이러한 형태를 지배하는 법칙은 심리적 법칙을 뜻한다. 인간의 사고 과정은 심리적 법칙으로 수렴되는 논리 법칙에 따라 지배되며, 개념·정의·가설·추리·이념 등은 심리학의 범주에 속하는 사실적 문제이다. 진리란 하나의 심리적 사건이며 사실이다.[35] 따라서 과학적 방법론을 심리학의 한 분과로 봄은 당연하다. 옳게 아는 방법의 문제는 심리학적으로 결정될 학습의 문제이다. 여기서 심리학은 넓게는 논리학의, 좁게는 방법론의 기초 과학적 입장에 서게 되며, 궁극적으로는 모든 과학을 정초하는 기본 과학 Grund-wissenschaft으로 수락되기에 이른다. 후설이 규정하는 이른바 "심리학주의"는 이와 같이 심리학을 과학의 종학(宗學)으로 보는 견해이며, 모든 과학의 근거를 심리학에서 구하는 입장이다.

현대 사회과학의 심리학주의적 경향은 파슨스Talcott Parsons에서도 일례를 찾아볼 수 있다. 파슨스는 정신분석학과 사회과학의 통합이라는 입장에서, 이들 양자간에는 하나의 공통된 준거체가 존재한다고 본다. 그는 사회과학이 인간의 행태 또는 행동에 관한 과학이며 그 준거체는 정신분석학의 그것에 포용된다고 믿는다. 파슨스는 이 점을 다음과 같이 기술한다: "행동과학의 관심의 초점은 유기체의 내적 구조나 과정, 바꾸어 말하면 해부학과 생리학에 있지 않고 행태 behavior에 있으며, 여기서 말하는 행태는 환경과 상황 가운데 존재하는 대상과의 어떤 관계를 뜻한다. 이러한 견해는 초기 프로이트의 리비도 이론이 나타난 시기로 소급되며, 이때부터 말하자면 행태적 견해가 심리학의 각종 분야 중에서 특히 정신분석학적 이론을 지배하였다. 이러한 정향은 무엇보다도 사회과학과의 통합을 위한 중요

---

35) Hong Woo Kim, *David Hume and Edmund Husserl: A Comparative Study of Their Epistemological Foundations for Political Inquiry* (M. A. Thesis in the Univ. of Georgia, 1972), pp. 68~69.

한 발돋움이 되었다."[36] 심리학이 현대 사회과학에 미친 영향은 오늘날 사용되는 전문 술어에서도 발견된다. "행태"라는 어휘가 전문 술어로 사용되기 시작한 것은 재래의 정신주의적 · 내성적(內省的) 심리학mentalistic or introspective approaches to the human mind에 반대한 실험심리학의 등장과 때를 같이한다. 그러나 이것이 오늘날 사회과학의 전문 술어임은 누구나 잘 알고 있는 사실이다. "관찰 가능한 행태"는 "조작적 개념" 및 "통계학"과 아울러 현대 사회과학의 주요한 분석적 도구이다.

정치학의 경우, 라스웰Harold D. Lasswell은 심리학주의의 경향을 나타내는 대표적 인물이다. 라스웰의 정치 분석은 가치 박탈과 보상이라는 심리적 메커니즘에 입각한다. 그는 정치학을 "권력과 권력자power and the powerful"에 대한 연구로 규정하고,[37] 인간의 권력 추구적 행위를 가치 박탈에 대한 보상 행위로 이해한다. 라스웰에 의하면 "권력"은 "저하된 자아의 가치"를 높이는 능력으로서, 이와 같은 권력은 자아의 속성 또는 자아가 속한 환경적 속성을 변경한다. 라스웰이 보는 정치 생활은 가치 박탈과 보상이라는 두 개의 범주로 요약되는 심리 과정이며, 기대되는 가치 박탈을 보상하는 과정들의 연속이다.[38]

심리학주의적 경향은 경제학의 경우에도 예외가 아니라고 생각된

---

36) T. Parsons, "Psychoanalysis and Social Science," *Twenty Years of Psychoanalysis: A Symposium in Celebration of the Twentieth Anniversary of the Chicago Institute for Psychoanalysis*, ed. by F. Alexander and H. Ross(New York: W. W. Norton & Company, 1953), p. 189; T. Parsons and E. Shils, eds., *Toward a General Theory of Action* (Cambridge, Mass.: Harvard Univ. Press, 1951), pp. 31, 37.

37) H. D. Lasswell, *Politics: Who Gets What, When, How* (Cleveland and New York: The World Publishing Company, 1968), 이곳저곳.

38) H. D. Lasswell, *Power and Personality* (New York: W. W. Norton & Company, 1948), pp. 9~58; 김홍우, 「민병태 『정치학』의 이해: 슈미트와 라스키의 논의를 중심으로」, 『한국 정치 연구』 7호(1997), pp. 49~56.

다. 예컨대 박우희 교수가 말하는 왈라스Leon Warlas의 "경제학과 역
학"은 바로 이와 같은 심리학주의를 대표하는 것으로 보여진다. 박교
수에 의하면 왈라스는 "경제 현상 전체를 역학(특히 고전적 정력학〔靜
力學〕)의 균형 체계로 가정하"고, "경제학이 이론 역학 및 천체 역학
과 동일한 구조를 갖는다고 강조"하면서, "수량적 사실을 외부적"인
것, 즉 "물리적"인 것과 "내부적"인 것, 즉 "심리적"인 것으로 "나누
고, 전자의 연구를 물리 수학적 과학"으로, "후자의 연구를 심리 수
학적 과학이라고 부르"면서, "경제학을 후자에 포함시"킨다는 것이
다. 실제로, 박교수는 실증 경제학의 이론이 "행복과 선호의 만족을
동일시하"는, 일종의 심리적 환원주의(또는 후설이 말하는 심리학주
의)에 토대를 두고 있다고 본다. 구체적으로 말하면, "효용 극대화로
'선택'을 설명하는 경제학은" 다분히 "통속 심리학의 설명 방식과"
크게 다르지 않다는 것이다. "다만 경제학자들"은 "선호 혹은 효용이
라는 용어를 쓰며, 행위자들이 완전한 지식을 가지고 있다고 가정함
으로"써,[39] 통속 심리학에서 말하는 "믿음"과 "욕구"를 "명시적으로

---

39) 이 "가설"은 자본주의가 처음으로 등장한 이후 오늘에 이르도록 조금도 변치 않
    고 지속되고 있는 가설이라고 생각된다. 예컨대, 마르크스는 그의 『자본론』에서
    이렇게 말한다: "부르주아 사회에서는 누구나 상품 지배자로서 상품에 관한 백과
    사전적 지식을 가지고 있다는 법적 가설이 지배하고 있다"(K. 마르크스, 『자본론
    I(上)』, 김수행 역, 비봉출판사, 1990, p. 44, 각주 5). 그러나 하이에크Friedrich A.
    von Hayek는 이와 같은 "완전 경쟁"의 "모델"에 대해 비판적이다: "완전 경쟁 모
    델에서는, 사람들은 경제 활동을 하기 위해 필요한 사실에 대해 완전한 데이터,
    즉 완전한 지식을 지니고 있다고 전제한다. 그러나 경쟁이 의미를 지니는 것은 사
    람들이 경제 활동의 결과에 대해 미리 알고 있지 않기 때문이다." 이런 점에서
    "경쟁은 데이터의 연속적 변화"의 "과정"이라고 할 수 있다. 여기서 하이에크는
    "경쟁이란 각각의 경제 주체가 불완전하게밖에 지니지 못하는 지식을 현실적으로
    일어나고 있는 사실의 변화에 대하여 그 조절을 보장하는 프로세스라고" 규정한
    다. 하이에크는 반복해서 경쟁에 있어서 "완전 지식"이 아닌 "불완전 지식"을 강
    조한다: "경쟁이 사람들이 지니는 지식이 완전하지 않은 곳에서 그 중요한 의미
    를 지니는 것이라면 사회 환경이 복잡화되고 불완전하게 되면 될수록 경쟁의 중
    요성은 더욱 커지게 된다. 그렇게 되면 광고나 세일즈맨의 설득, 경제 잡지, 기타

이야기하지 않을 뿐"이라는 것이다. 또 "사이먼 H. Simon이 극대화보다 만족화로 개인 선택 이론을 전개한 것"도 따지고 보면 "믿음과 욕구로 선택을 설명한" 심리학주의로 해석된다.[40] 최근에 크루그만 Paul Krugman도 아시아의 경제 위기를 논하는 글에서, 심리학주의적 경향이 "경제학 텍스트들을" 강의실 "창문 밖으로" 밀어내고 있다고 비판한 바 있다.[41]

이와 같은 심리학주의적 경향은 박교수 자신에게서도 발견된다. 그는 경제학의 "복잡한 모델"과 "가설"의 "검증"이 "풍부한 행태적 가정들을 전제한 상태에서 이루어져야 한다"고 강조하면서, "보다 광범한 행태적 가정을 도입하기 위해서는 심리학 등 여타 학문의 성과

여러 가지 정보(기관)의 역할이 증대"된다. 왜냐하면 "광고나 세일즈맨의 설득, 경제 잡지, 기타 정보 수단에 의해 각 경제 주체는 보다 확실한 지식과 그것에 의해 생기는 보다 큰 가능성을 획득할 수가 있"기 때문이다; "경쟁은 일방으로는 각 경제 주체가 지니고 있는 지식의 불완전성을 보완해가는 과정이나, 타방 이익을 구하려는 그들의 이기적 동기를 서로 조절해가는 과정이기도 하다"; "경제 활동에 필요한 지식은 개별적·구체적 지식이다. 그러나 사람들이 지니는 그러한 지식은 단편적이고 불완전하다. 경쟁은 그러한 사람들의 불완전한 지식을 각자의 목적에 적합하도록 보완하는 여러 가지 지식을 발견해가는 과정에 불과하다." 여기서 하이에크는 "발견적 방법으로서의 경쟁 competition as a discovery procedure"을 주장하는 한편, 지식의 "전달, 수집"과 "이용"의 장으로서의 "시장"을 강조하게 된다. 즉 "시장은 사회에 널리 분산되어 존재하는 지식을 전달, 수집하여 그 효과적인 이용을 행하는 곳"이다(박우희, 『경제 원리 탐구』, pp. 338~40).

40) 박우희, 『경제 원리 탐구』, pp. 540, 572~73, 684.

41) 크루그만은 이렇게 말한다: "because crises can be self-fulfilling, sound economic policy is not sufficient to gain market confidence; one must cater to the perceptions, the prejudices, and the whims of the market. Or, rather, one must cater to what one hopes will be the perceptions of the market. In short, international economic policy ends up having very little to do with economics. It becomes an exercise in amateur psychology, in which the IMF 〔……〕 and the Treasury Department try to convince countries to do things they hope will be perceived by the market as favorable. No wonder the economic textbooks went right out the window as soon as the crisis hit"(P. Krugman, "The Confidence Game," in *The New Republic*, Oct. 5, 1998, p. 25).

를 도입하는 방안도 무시할 수 없다"고 논한다. 물론 그는 경제학이 심리학과 다르다는 점을 분명히 지적한다:

> 인간이라는 동물이 왜 어떤 물건에 대하여 어떤 가치를 부여하느냐의 문제는 우리가 논할 성격의 것이 아니며 이는 심리학자들이나 생리학자들이 다루어야 할 문제이다. 경제학자들이 관심을 가질 문제는 어디까지나 '선호(選好)의 배열 가능성(配列可能性)'이다. 이 근본 가정으로부터 도출된 다양한 정리들은 다른 방식을 통해서는 결코 설명될 수 없는 많은 사회적 행동들을 설명할 수 있다. 이러한 설명 능력은 그들이 어떤 심리학을 가정해서가 아니라, 심리학이 연구하는 대상들을 연역의 바탕이 되는 주어진 데이터로 간주했기 때문이다.

그러나 이어서 박교수는 "심리학적" 요소를 고려하지 않고서는 경제 현상의 설명은 사실상 불가능하다고 결론짓는다:

> 우리가 〔……〕 오로지 눈에 보이는 현상 — 가령 가격 — 만을 경제학의 대상으로 삼는다 해도 어떤 주관적이거나 심리학적 본성을 감안하지 않는 한 필경 그 현상을 설명하지 못할 경우가 생긴다. 가령 '사람들이 어떻게 미래의 가격을 예상하는가'의 문제를 제외하고서 어떻게 가격의 움직임이며 수요 곡선의 현상 등을 설명할 수 있겠는가? 이러한 예상은 당연히 관측되기 어려운 것이다. 그러나 나이트 F. Knight 같은 사람들은, 경제 현상의 변화 메커니즘을 조금이라도 이해하려면 그러한 기대의 문제를 반드시 고려해야 한다고 주장했던 것이다. 더욱이 모든 가격 현상(독점 가격, 경쟁 가격 등)을 이해하려면 역시 기대를 고려하는 것이 필수적이다. 이렇듯 심리적 요인을 무시할 수 없는 것이 바로 사회과학이 자연과학과 구분되는 점이다. 〔……〕 우리가 채택한 합리성이라는 가정〔도 따지고 보면: 필자〕 심리학적 분

석에 대한 수많은 가정의 하나일 뿐이다.

이와 관련하여 박교수는 밀J. S. Mill의 다음과 같은 말을 상기시킨다.
즉 "경제 법칙은 심리학과 자연과학에 의해 귀납적으로 확립"된다.[42]
　이상에서 간단히 현대 사회과학의 심리학주의적 경향을 지적하였
다. 심리학주의는 인간의 행위를 감각의 산물로 보는 경험주의의 당
연한 귀결이다. 심리학주의적 경향은 과학을 이해하는 입장에도 나
타난다. 여기서 과학은 감각 기관sensory organ의 활동으로, 그리고
감각 기관에 저장된 활동의 흔적으로 이해된다. 진리 · 이성 · 규범 ·
지식 및 일체의 경험은 감각 기관에서 발생하는 심리 현상이며, 본질
적으로는 물질 작용으로 환원되는 물리 현상이다. 도이치는 이를 다
음과 같이 설명한다:

　추상화 작용은 개개인의 체내에서 시작된다. 흔적은 감각 기관이 외
계와 접촉하는 독특한 방식에 따라 자동적으로 추상화된다. 이러한 흔
적들은 유기체 내에 보관되며, 일반적으로 외계에 존재하는 형태에 유
사하게 신경 작용 형태로 전환된다. 시각의 경우, 눈에 가장 강한 인상
을 주는 것은 경계선이다. 〔……〕 그것이 받는 이미지는 선을 그리는
것과 비교된다. 이처럼 시각 · 청각 및 기타 감각 기관에 인상으로 전
달된 외곽 형태는 인지되고, 축적되며, 급기야는 개인적 시각의 차이

---

42) 박우희, 『경제 원리 탐구』, pp. 351~53, 594, 620. 김완진 교수에 의하면, "밀은
　　〔……〕 벤담의 공리주의가 가정하고 있는 인간의 본성과 행복의 요소에 대한 비
　　판을 통해 새로운 인간관을 확립"한 수정주의적 심리학주의에 속한다: "밀에 의
　　하면 인간은 단지 쾌락을 추구하고 고통을 피하는 동물적 본능을 가진 존재가 아
　　니"라 "지능 · 감정 · 상상력, 그리고 도덕 감정의 충족이 보다 높은 가치를 갖는"
　　존재이다. 따라서 인간에게는 특정한 "종류의 쾌락은 양의 많고 적음에 관계없이
　　다른 쾌락보다 더 우월하고 바람직하며 가치 있는 것이 될 수 있다"(金完鎭, 「J. S.
　　밀의 자유주의론」, 『경제론집』, 1996년 9월, p. 293).

를 넘어 유사성에 대한 사회적 동의를 형성한다. 추상성은 합리성의 기반이다. 사고는 상징의 추상화이며, 저장이며, 재조합이며, 행동에의 재적용이다. 의식이란 이와 같은 사고의 기능을 수행하는 모든 유기적·전기적·사회적 실체의 어느 것에나 붙일 수 있는 일반적 명칭이다.[43]

그러나 과학은 단순한 감각적 활동으로 볼 수 없다. 과학은 식물이 갖는 성장 활동vegetative act도, 동물이 갖는 신체적 활동vital act도 아니다. 과학은 인간의 마음이 갖는 이성적 활동이며, 이성 속에서, 이성에 의해, 이성적으로 이루어지는 이성의 자기 활동이다. 과학은 헤겔이 지적했듯이 이성이 스스로를 계발하려는 이성의 자기 육성 활동이라고도 할 수 있다. 의견doxa에 대립되는 지식episteme으로서의 과학은 감각의 반응 작용도, 모방 행위도 아니다. 과학은 인간의 이성이 자기를 구성하고, 자기를 드러내고, 자기를 교육하는 행위이다. 과학이 끊임없이 스스로의 의미와 그 의미의 근거를 밝히는 것은 바로 이러한 이유 때문이다. 오늘날 행태주의가 갖는 문제 중의 하나는 스스로를 문제의 대상으로 삼고 있지 않다는 데 있다.

어떤 의미에서 행태과학은 스스로를 과학적 연구의 대상으로 삼을 수 없다. 행태과학의 개념적 구조와 방법론적 문제는 행태적 물음의 영역에 속하지 않으며, 행태과학이 설정한 사실적 기준에 따라 해답될 수 없다. 행태주의는 그 자신의 입장을 행태적으로 정당화할 수 없으며, 행태주의를 설명하기 위하여 행태주의에 의존할 수도 없다. 그것은 행태주의가 입각한 과학의 이념이 행태적인 것이 아니라는 자명한 이유 때문이다. 같은 이유에서, 경험주의는 스스로를 경험적으로 정당화할 수 없으며, 증명 가능성의 원칙을 실증적으로 증명할

---

43) K. W. Deutsch, "Higher Education and the Unity of Knowledge: An Operational Approach to the History of Thought," 앞의 책, pp. 76~77.

수도 없다. 이들은 본질적으로 과학적 연구를 특정한 방향으로 이끌
어가기 위한 하나의 규범으로서, 그 자체가 행태적이거나 경험적이
거나 증명 가능한 것은 아니다.

　과학에서 과학의 규범이 배제될 수 없다는 말은 경험과학과 규범
과학의 구분이 사실상 불가능하다는 말이며, 무의미하다는 뜻이다.
동시에 이것은 오늘날 실증적 사회과학에서 말하는 사실과 가치의
구분이 비현실적이라는 점과, 아울러 모든 과학은 가치의 선언이며
가치에 대한 코미트먼트라는 데 주의를 환기시키려는 것이다.[44]

---

44) 과학을 경험과학과 규범과학으로 나누는 2분법은 오늘날 사회과학의 일반적 패러
　다임으로 통용되고 있다. 특히 실증주의의 뿌리가 페티 W. Petty의 『정치산술』이
　출판된 1690년에까지 소급되는 경제학의 경우, 과학에 대한 2분법적 구분은 확고
　부동한 전통으로 굳어져 있다고 보여진다. 그러나 그 동안 국내에서 출판된 경제
　학에 관한 저작들의 대부분은 경제학의 학문적 성격에 대해 명확한 언급을 기피
　하는 경향을 보여왔다. 이런 점에서 최근의 여러 저작들 속에서 경제학의 학문적
　성격을 비교적 명시적으로 규정하고 또 이해하려는 시도는 분명히 하나의 새로운
　발전으로 보여진다.
　　이와 같은 새로운 시도의 일례로서 이승훈 교수의 『경제학 입문』(영지문화사,
　1995)을 들 수 있다. 그는 「과학적 이론의 구성」이라는 장에서 "실증 경제학과 규
　범 경제학"을 구분하는 한편, 이들간의 상호 관련성도 밝혀주고 있다. 이교수는
　"실증 경제학"이 특히 포퍼의 "반증 가능성 falsifiability"에 토대를 두고 있음을 명
　백히 밝히고 있다. 그는 이렇게 말한다: "실증 경제학(實證經濟學)positive
　economics은 경제 현실을 제대로 설명할 목적으로 가장 많은 수의 경제학자들이
　사용하고 있는 이론 구성의 방법이다. [……] 실증 경제학은 객관성을 생명으로
　내세운다. 객관적인 근거를 제시하여 그 이론이 틀렸음을 보일 수 있으면, 그리고
　그 경우에 한하여, 그 이론은 틀렸다고 판단하는 것이 실증 경제학의 기본 원칙이
　다. 이 말은 틀렸음을 객관적으로 보일 수 없는 이론은 폐기 대상이 아님을 뜻한
　다. 실증 경제학이 정설로 받아들이는 이론은 수집된 자료에 비추어 그것이 틀렸
　음을 객관적으로 증명할 수 없는 이론인 것이다. [……] 바로 어제까지 불변의 진
　리처럼 받아들여지던 정설이라고 하더라도 오늘 새로이 관찰된 객관적 증거에 의
　하여 틀렸음이 드러난다면 즉시 이론의 적용 범위를 그만큼 줄이거나 아니면 아예
　폐기 처분하는 것이 실증 경제학의 태도인 것이다"; 다른 한편, "현실 경제의 바
　람직하지 못한 면을 인지해내고 이것을 개선하기 위한 구체적 방법을 설계하는 경
　제학을 규범 경제학(規範經濟學)normative economics이라 한다. [……] 규범 경
　제학은 먼저 경제 생활의 소망스러운 정도를 평가할 수 있는 가치 기준 evaluation

행태과학은 행태적 규범에서 비롯되며, 경험과학은 경험적 규범에서 비롯된다. 이러한 규범적 원칙은 궁극적으로 사유 speculation의 결과이며 또 그 결정일 뿐, 실증적으로 증명된 결과는 아니다. 개별적인 연구 research가 규범과 무관할 수 없다는 사실은 토마스 쿤에 의해서도 지적되고 있다. 쿤에 의하면, 개별적 연구는 과학적 규범을 구체적으로 실현하는 과정이며, 이것을 표명하고 명세화(明細化)한다. 쿤은 이러한 연구 활동의 일단을 가리켜 "정상과학 normal science"이라 하였고, 이들을 지도하는 규범 체계를 "패러다임 paradigm"이라 하였다.[45] 경험주의가 비경험적 규범에 의존할 수밖에 없다는 점은 레오 스트라우스에 의해서도 지적되었다. 그는 행태주의에 대한 비판에서 "경험주의는 경험적으로 성립될 수 없으며, 지각의 유일한 대상이 감각적 자료 sense data라는 판단은 감각적 자료에 의해 얻어진 것

criterion을 설정하여야 한다. 〔……〕 효율성과 공평성은 이 기준의 가장 중요한 핵심을 이룬다. 효율성과 공평성에 기초하여 경제 현실을 평가한 뒤에 이 평가에 의하여 개선 작업이 지향하여야 할 목표를 설정하는 것이다. 물론 이 목표는 현실적으로 달성될 수 있는 것이라야 하며, 결코 이루어질 수 없는 환상적인 것이어서는 안 된다. 〔……〕 제대로 된 규범 경제학적 처방을 얻기 위해서는 제대로 된 실증 경제학의 지식이 필요한 것이다"(이승훈, 『경제학 입문』, pp. 198~99).

현대 경제학의 이와 같은 실증주의적 경향과 관련하여 한 가지 지적할 것은 일찍이 밀러 Eugene F. Miller 교수가 지적했던 견해, 즉 "실증주의는 철학적 운동으로서는 사실상 죽은 것"이라는 말이다. 이와 같은 주장은 자칫 오늘날 사회과학 내에서 아직도 견고하게 뿌리를 내리고 있는 실증주의적 "분위기"를 과소평가하거나 간과해도 좋다는 인상을 줄 수 있다. 경제학의 경우에는 특히 그렇다고 할 수 있다. 밀러 교수는 이렇게 말한 바 있다: "It is fair to say that the political scientists who fashioned the behavioral approach vastly overestimated the standing of logical positivism or logical empiricism both in philosophy generally and in the philosophy of science in particular. By 1950, positivism was virtually dead as a philosophical movement. It had come under strong attack even in the philosophy of science"(Eugene F. Miller, "Positivism, Historicism and Political Inquiry," in *The American Political Science Review*, Sept., 1972, p. 796).

45) Thomas S. Kuhn, *The Structure of Scientific Revolutions* (Chicago: University of Chicago Press, 1962), 이곳저곳.

이 아님"을 지적한다. 이어서 "경험주의의 문제점은 경험주의를 경험적으로만 이해할 수 없고, 경험주의가 불신하는 입장을 다시 붙들지 않을 수 없다는 데 있다"[46]고 부연한다. 다시 말하면, 경험주의는 경험주의를 넘어섬으로써 스스로를 이해할 계기를 발견할 수 있다는 것이다. 이것은 마치 증명 가능성의 원칙이 이것이 견지하고 있는 사실적 의미의 지평을 넘어섬으로써, 비로소 스스로를 이해하게 되고 또는 그러한 길을 열 수 있는 것과 같다. 여기서 우리는 하나의 역설에 도달하게 된다. 그것은 경험주의가 경험주의를 넘어서는 데서, 따라서 스스로의 무의미성을, 또는 소크라테스적 의미에서의 "무지"를, 자각하는 데서 비로소 경험주의의 올바른 이해가 성립된다는 역설이다.

3. 과학적 설명

이상에서 제기된 행태과학의 문제점은 "과학적 설명"의 문제로 재론될 수 있다. 행태론자들이 보는 "과학"은 "설명과 예측의 과학 science of explanation and prediction"이며, 이것은 주어진 현실을 "만일-그러면 if-then"의 증명성–예측성 명제로 재구성함으로써 달성된다. 행태과학자들은 현실 세계에서 발생하는 사건의 원인을 밝히고, 이것으로 현실을 설명하고 예측한다. 설명과 예측은 행태과학의 기본 목표 또는 "핵심적 목표"[47]이며, 이스턴이 선언하는 "행태주의 신조(信條)"[48]의 제1조이기도 하다. 먼저 행태적 의미의 "과학적 설명"

---

46) Leo Strauss, "An Epilogue," *Essays in the Scientific Study of Politics*, ed. by Herbert J. Storing(New York : Halt, Reinhart and Winston, 1962), p. 316.

47) 김웅진, 『방법론과 정치적 실존 : 경험과학 연구의 재성찰』(인간사랑, 1996), p. 16.

48) D. Easton, "The Current Meaning of 'Behavioralism'," in James C. Charlesworth, ed., *Contemporary Political Analysis* (New York : The Free Press, 1968), p. 16 ; D. Easton, *A Framework for Political Analysis* (Englewood Cliffs, N. J. : Prentice-

을 고찰하고, 이것과 관련된 행태과학의 문제점을 논하기로 하자.

첫째로 설명 explanation이란 무엇인가? 행태주의자들에 의하면, 설명이란 인과적 관계의 결정이며, 이러한 결정의 진술이다. 다시 말해서 사건에 대한 설명이란 사건 발생의 과정을 보편적 인과 관계 속에서 진술함이며, 사건을 인과적으로 풀이함이다. 따라서 인과적 관련성은 사실 수집과 선택을 지도하는 기준이 된다. 행태주의자들은 인과 관계의 모델을 형성하고, 불규칙한 사건들을 규칙적인 하나의 단순한 관계로 설명한다. 이런 점에서 김웅진 교수는 행태주의적 "연구방법"은 어쩔 수 없이 "실증적 자료 수집과 분석을 통한 인과 관계의 도출이라는 틀에 맞추어 짜여지게 마련"[49]이라고 밝힌다. 이스턴의

Hall, Inc., 1965), p. 7. 박우희 교수는 프리드먼 역시 경제 이론에 있어서 "예측"의 중요성을 강조한다고 지적하면서, "이론이 작동하는지의 여부"는 "그것이 충분히 정확한 예측을 하는지의 여부에 의해 대답될 수 있을 뿐"이라는 그의 말을 인용한다. 그러나 박교수는 "단지 예측력에만 기초해서 경제 이론을 평가할 수는 없다"고 잘라 말한다. 그렇게 되면 "경제 이론의 적정성 여부는 무너지게 된다"고 본다. 박교수는 이렇게 부연한다: "예측적 능력을 가지고 있는 경우라 할지라도 항상 믿을 만한 것은 아니다. 이것의 고전적인 예는 16세기에 프톨레미 Ptolemy의 지구 중심적 우주관이 젊은 도전자인 코페르니쿠스의 태양 중심적 우주관에 비해 더 높은 예측력을 가졌다는 점을 들 수 있다." 사실 코페르니쿠스가 "프톨레미의 지구 중심 천문학"에 대항하여 새로운 "대안을 찾을 때, 천체의 위치 예측이 부정확했기 때문이 아니라 진실이 아니었기 때문"이었다. 비록 "프톨레미의 천문학"이 "잘못된 것이긴 하지만, 항해할 때 대단히 유용하다는 것이다." 이런 이유에서 "소위 '맞추기 게임 fitting game'에 열중하는 것은, 예측의 목적에 심히 잘못된 결론을 도출할 우려가 있다"고 박교수는 경고한다(박우희, 『경제 원리 탐구』, pp. 565~66, 661, 691~93).

49) 김웅진, 앞의 책, p. 27. 이어서 김교수는 이렇게 말한다: "방법론적 측면에서 보면, 인과 관계의 추론 causal inference을 근간으로 한 일반화와 통칙화 generalization야말로 경험과학 지식의 화석화를 초래하는 제일차적 원인이라고 볼 수 있다. 즉 일반화의 방법은 연구 대상의 다양하고도 개별적인 실존 양태의 원형적 환원을 지향함으로써 그러한 현상이 생성되는 고유한 공간적·역사적 맥락의 제거를 초래하게 된다. 다시 말해서 연구 대상의 '보편적' 제일성(齊一性)을 중심 이미지로 상정하고 있는 경험과학의 연구 방법은 결국 구체성 specificity의 논리적 소거 방법이다." 여기서 김교수는 "정치적 실존을 이해하기 위해서는 그 속에 일반화될

"정치 체계political system"는 바로 인과적 모델을 정치 현상의 설명에 적용한 대표적인 사례라고 생각된다.

이스턴은 복잡한 정치 생활을 하나의 단순한 인과 관계로 파악함을 알 수 있다. 그는 정치 생활을 정책이 끊임없이 생산되고 재생산되는 과정으로 보고, 이러한 과정을 인과 관계로 재구성한다. 1) 이스턴에 의하면, 정치 생활은 사회 전체에 미치는 가치의 권위적 배분이며, 정책은 이러한 배분의 구체적 표현이다. 정확하게 말해서, 정치 생활은 권위적 사회 정책authoritative social policy의 생산과 재생산의 과정이며, "권위적 사회 정책"은 바로 정치 생활이 전체적으로 표현된 실체이다. 여기서 행위의 "권위성authority"은 정치적 행위를 사회적 행위와 구별하는 지표가 된다.[50] 2) 정치 생활은 경험적으로 분석 가능한 인과 관계의 집합이다. 이스턴이 말하는 정치 생활은 권위적 사회 정책을 중심으로 이루어지는 2인 이상의 상호 작용이며, 상호 작용하는 각 개인 또는 정치적 단위들이 권위적 사회 정책을 결정하고, 집행하고 또는 이러한 결정과 집행에 영향을 주는 행위의 체계이다. 정치 생활의 전과정은 특정한 산출output, 즉 권위적 사회 정책을 생산하는 과정으로 집약되며, 이러한 산출은 특정의 투입input, 즉 요구와 지지에서 발생한다. 이스턴은 그의 "정치 체계"를 정책에 직접·간접으로 관여하는 모든 행태의 체계로 주장하나, 이것은 본질적으로는 특정한 심리적 작용, 즉 요구와 지지에 반응하는 심리적

수 있는 (결정론적인) 법칙뿐만 아니라 인간의 창조성·적응성 문제 해결 의도와 같은 고유 성향, 즉 비결정론적 속성"도 함께 "내재되어 있다는 사실을 인정해야 한다"고 강조하면서, 알몬드G. Almond와 젠코S. Genco의 다음의 말을 인용한다. 즉 "원인은 결과를 산출하고 결과의 존재는 원인을 설명한다. 이처럼 포괄 법칙적 설명 모형에 따라 협소하게 규정된 원인-결과의 세계는 예외가 전혀 없는 세계이다. 그러한 세계는 경이(驚異)와 혁신의 잠재성이 내재되어 있는 정치의 세계와는 완전히 동떨어진 세계이다"(김웅진, 같은 책, pp. 33, 35).

50) D. Easton, *The Political System: An Inquiry into the State of Political Science*, 2nd ed.(New York: Alfred A. Knopf, 1971), pp. 132, 134~36, 192.

체계와 구별될 수 없다. 결과적으로 이스턴은 정치 세계를 투입과 산출에서 형성되는 인과 관계의 세계로 보고 정치 생활을 이러한 인과 관계의 순환 과정 feed back으로 규정함을 알 수 있다.

우리는 인과과학이 행태과학의 지배적 견해임을 의심할 수 없다. 엄격한 인과과학은 행태주의가 추구하는 과학의 궁극적 이념 ideal이며, 막스 베버 Max Weber의 "가치 중립 value-freedom"도 결국은 이러한 인과과학적 이념의 철저화로 이해된다.[51]

베버는 인간의 행태를 목적과 수단이라는 범주에서 이해할 수 있으며, 또 이것은 인과 관계로 치환된다고 본다. 베버에 의하면, 목적-수단의 관계는 원인-결과가 도치된 관계로서, "x는 y의 수단"이라는 명제는 "y는 x의 결과"라는 명제와 동일하다. 따라서 목적-수단의 문제는 인과 관계의 문제이며, 인간의 행태는 인과적 설명의 대상이 된다. 그러나 목적-수단의 명제가 원인-결과의 명제로 전환되고 $y=f(x)$의 함수 관계로 표시되기 위해서는 특정한 목적에 대한 정확한 진술을 필요로 한다.[52] 목적은 임의적 가치 판단의 문제이며, 인과

---

51) M. Weber, *The Methodology of Social Sciences*, trs. by Edward Shils and Henry Finch, with a Foreword by Edward A. Shils(Glencoe, Ill.: The Free Press, 1949), pp. 44, 52~53, 123~24.

52) 막스 베버, 같은 책, p. 35. 특히 같은 쪽의 주 6). 이와 같은 주장에 대해 박우희 교수는 i) "인과 관계와 함수 관계"를 준별할 것을 강조한다: "함수는 관계로서 양적인 반면 인과는 질적이고, 전자는 후자보다 질적으로 빈약한 것이라는 점에서, 함수는 인과 관계를 표현할 수 없다"는 것이다. 무엇보다도 박교수는 "함수를 이루는 제변수는 원인 혹은 결과로 구별되어 표현되지 않으며 단지 상호 의존 관계"를 나타낼 "뿐"이라고 말한다; 예를 들면 "기체의 법칙 PV=kT는 이 등식 속의 어떤 한 변수, 예를 들어 V가 원인이며, V를 제외한 다른 변수들은 V의 결과라는 사실을 전혀 나타내고 있지 않다. 따라서 PV=kT는 어떠한 하나의 인과 관계를 표현"한다고 볼 수 없고, 단지 제변수들간의 "의존 관계"를 나타낼 뿐이다. 이런 점에서 "함수는 인과 관계에 있어서 '하나가 다른 것을 낳는다'라는 ── 일반적인 의미에서 ── 생성적 연관을 나타낼 수 없다. 역학, 혹은 경제학에서도 함수는 주로 미분 방정식의 형식을 사용하면서 시간을 도입하지만 그것은 비가역적인 것이 아니라 가역적인 관계를 가진다." 다시 말하면 "함수 관계는 인과 관계"의 "생

관계에서 추출될 문제가 아니다. 다시 말하면 목적은 인과적 설명의
대상일 수 없다. 인과적 설명은 이미 주어진 명백한 목적을 전제로
이루어지는 행위에 대한 설명일 뿐이며, 이것은 목적의 호·불호를
따지는 가치에 대한 판단과 다르다. 물론 인과적 설명은 목적이 선택
되는 사건을 하나의 심리적 사실로 다룰 수 있다. 그러나 이러한 설
명으로 가치 판단을 대신할 수는 없다. 이와 같은 베버의 가치 중립
주의는 어쩌면 현대 경제학에서 가장 적나라하게 그 모습을 드러내
고 있다고 보여진다. 예컨대 로빈스Lionel Robbins는 이렇게 말한다:

성적 연관, 즉 질적인 자기 전화 내지 발전을 표현할 수 없다"; 왜냐하면 "질적 전
화라는 과정은 그 하나의 표현으로서 시간상의 불가역성을 갖는" 반면, "시간을"
도입한 "미분 방정식은 가역적인 성격을 갖"기 때문이다(박우희, 앞의 책, pp.
543~44, 580).

ii) 박교수는 위와 같은 이유에서 "인과 관계"를 "수학적 함수 관계로 엄밀하게
표현하는 것은 불가능하다"고 선언한다. 보다 구체적으로 말하면 "인과성
causality의 유효성 effectiveness과 비대칭성 unsymmentry"은 "수학적 함수로 표현
되기가 어렵"다는 것이다; 이처럼 "수학적 함수 관계는 인과 관계를 나타내기에
부족하며, 함수 관계의 정확도를 측정하는 검증법 역시 참된 인과 관계를 보장할
수 없다"; 특히 이러한 어려움은 "수학적 관계가 어떤 단일한 인과 관계를 포착할
수 없을 경우 더욱 명백하게 드러난다"; 예를 들면, "주어진 어떤" 시점 "t_0"에서
의 "통화 공급과 또 다른 시점 t_1에서의 인플레이션율 사이의 수학적 관계는 통화
공급에 영향을 준 관계일 수도 있"고, "반대로 인플레이션율이 통화 공급에 영향
을 준 관계일 수도 있다. 또 통화량과 인플레이션율은 상호 종속적일 수도 있으
며, 양자 모두가 어떤 제3의 요인에 의해 발생한 결과일 수도 있다"(같은 책, p.
580).

iii) 박교수는 "그러나 사회과학의 현재 수준에서는 정책 결정에 있어서 인과 관
계에 대한 지식이 필수적이란 사실을" 감안하여, 다음과 같은 차선책을 제안한다.
즉 "만약 이론가들이 자신의 수학 모델이 정책 결정에 현실적인 함의를 줄 수 있
기를 바란다면, 그들은 어떤 인과론적 주장을 하기에 앞서서, 어떻게 자신의 모델
을 사용해야만 하는지 이 점을 먼저 명시해야만 할 것이다. 불행히도, 특히 경제
학에 있어서 수학적 방정식과 인과론적 주장을 어떻게 연결시킬 것인지에 대해서
는 거의 논의된 바 없으며, 이러한 논의의 부족에 따른 혼란만이 존재한다." 박교
수는 그러한 혼란의 단적인 예로서 "수학 모델"을 "최초로 구성한 사람"조차도
"그것의 진정한 의미를 오해하고 있는 경우가 종종 있다"는 점을 들고 있다(같은
책, pp. 580~81).

"경제적인 목표란 존재하지 않는다. 다만 어떤 주어진 목표를 달성하기 위한 경제적인 방법과 비경제적인 방법이 존재할 뿐이다. 목표에 대한 평가는 윤리적인 문제이며 경제적이라느니 비경제적이라느니 하는 식의 개념을 적용할 수 없다."[53] 이런 점에서 임종철 교수는 "행태주의가 부분적으로나마 결실을 거둔 곳이 경제학 분야"[54]임을 인정한다. 요컨대 베버의 가치 중립주의는 임의적·주관적 가치 판단의 문제를 과학의 영역에서 배제하려는 데 목적을 두고 있으며, 순수한 인과과학의 영역을 확보하기 위한 동기에서 출발한다.

과학적 설명에 관한 행태주의자들의 관점과 관련하여 한 가지 주의해야 할 것은, "존재"와 "당위"의 명제를 구분한 최초의 사람은, 몇몇 저자들이 주장하듯이, 흄이 아니라 아리스토텔레스라는 사실이다. 그는 『토피카 *Topica*』에서 "물리적 문제들"로부터 "윤리적 명제들"을 분리한다. 그리고 이들 외에도 제3의 명제류가 존재한다고 본다. 그것은 "논리적" 명제이다. 여기서 아리스토텔레스는 세 가지 다른 종류의 "명제들과 문제들"을 분류하게 된다. 이들은 "윤리적" "논리적" "물리적" 명제들이다. 그의 설명에 의하면, "윤리적 명제들은 '부모와 법이 서로 상이하다면 어느 것에 복종해야 하는가?'와 같은 명제들이다." "논리적 명제들이란 '반대되는 것들에 대한 앎은 동일한 것인가 아닌가?'와 같은 것이고," "물리적 문제들은 '우주는 영원한가 아닌가?'와 같은 유형의 것이다."[55] 아리스토텔레스의 윤리적·논리적·물리적 "명제들과 문제들"은 그 후 스토익과 에피쿠로스에 의해 명제의 "3원소 triad"로 정형화되었고, 다시 중세 스콜라 철학자

---

53) 같은 책, p. 356에서 재인용.

54) 이정복, 「해방 39년, 한국 사회과학의 흐름: 이우성·임종철·신용하 교수와의 좌담」, 이정복, 『한국의 정치적 과제』(서울대학교 출판부, 1997), p. 36.

55) Aristotle, *Topica*, tr. by E. S. Foster(Cambridge, Mass.: Harvard Univ. Press, 1938), p. 307(105b~29).

들의 학문의 3분법 속에, 다시 말하면 "신학" "3학 trivium" "4학 quadrivium"의 체제 속에 이어졌으며, 근일에 이르러서는 "신학"과 "3학"을 합친 "규범과학"과 4학에 해당하는 "자연과학" 또는 "경험과학"이라는 보다 단순화된 형태로 이분화되었다.[56]

이러한 관찰은 현대 행태주의자들의 과학에 대한 견해가 어느 정도 아리스토텔레스와 유사하다는 논의를 야기할 수 있다. 사실 어떤 논자들은 인과적 과학에 대한 행태주의자들의 생각과 이론theoria에 대한 아리스토텔레스의 생각은 상당히 접근한다고 본다. 아리스토텔레스는 이론이 "놀라움wonder"으로부터 시작한다고 말한다. 그것은 왜 사물들이 현재와 같은 방식대로 존재해야만 하는가라는 아주 자명한 사실에 대한 놀라움이다. 그리고 이러한 놀라움을 경험하는 자는 "왜?"라는 질문을 제기한다. 이제 사물은 그 사물의 원인을 아직 지각하지 못한 사람에게 하나의 당혹스러운 놀라움으로 나타난다. 그리고 아리스토텔레스는 이론의 점진적 과정이 마침내 우리가 처음 탐구를 시작할 때와는 상반된 조망에 이르게 된다고 말한다: "놀라워하는 자는 이론을 통해 놀라워한 사물의 원인을 발견한다."[57]

앞서 제기된 논의에 따르면 현대의 행태주의에 대해서도 비슷한 관점을 적용할 수 있다. 즉 행태주의자들은 연구가 일련의 퍼즐로부터 시작된다고 주장한다; 퍼즐들은 연구 활동의 초점을 이룬다; 그리고 이런 연구 활동은 설명되어야 할 사물의 필요 충분 조건들과 원인들을 확인하는 데 이른다; 다시 말하면 연구는 모종의 설명에 이르게 된다; 이런 점에서 행태주의자들은 멀포드 시브리 Mulford Q. Sibley

---

56) F. R. Dallmayr, "Political Science and 'Two Cultures'," in *Journal of General Education*, Vol. 19(Jan., 1964), pp. 272~73.

57) Aristotle, *Metaphysics* I~IX, tr. by Trenndenick(Cambridge, Mass.: Harvard Univ. Press, 1961), pp. 13(982b~24), 15~17(983a~21); *Metaphysics* X~XIV(1962), p. 167.

가 말하는 "일반적인 삶의 경험 general life-experience"이나 레오 스트라우스가 말하는 "전-과학적 이해"를 단순히 부정한다고 말할 수 없다; 그들 역시 연구가 과학적 탐구 자체로부터 연역될 수는 없으나, 그럼에도 불구하고 과학적 조작들을 한정하고, 수정하고, 뒤집고, 부정하는 과학 이전의 관심에 의해 이끌어지는 합목적적 활동임을 인정한다. 행태주의자들이 "이론적 원형 theoretical primitives"이라고 부르는 것은 전-과학적 통찰 혹은 직관과 동일한 것들이다.[58]

그러나 이러한 논의에서 주의해야 할 것은 현대의 행태주의자들이 적어도 한 가지 결정적인 점에서 아리스토텔레스와는 다르다는 점이다. 그것은 아리스토텔레스에 있어 정치학은 본질적으로 이론과학이 아닌 실천과학에 속한다는 사실이다. 정치학의 목적은 "용기가 무엇인가, 정의가 무엇인가를 아는 데" 있는 것이 아니라, "용기 있게 되"고, "정의롭게 되는 데" 있다. 아리스토텔레스에게 있어 정치학의 목적인(目的因)은 행위자 안에 행위를 생산하는 것이고, 정치학 연구자의 행위 가운데 도덕적 자질을 활성화시키는 것이다.[59] 정치학이란, 그것이 추구하는 삶의 형태가 그것을 추구하는 사람 자신의 고유한 영혼 속에서 활성화되도록 해야 한다는 점에서 실천적 학문이다. 반면 현대의 행태주의자들에게 설명은 모든 실천에 선행한다. 설명의 과학으로서의 정치학은 그 목적을 연구자 자신의 삶과 관계없이 객관적 세계에서 일어나는 정치적 현상의 원인과 결과의 분석, 그리고 여기에 입각한 설명과 예측에 국한시켜야 한다. 그 결과 행태과학은

---

58) Robert T. Holt and John M. Richardson, Jr., "Competing Paradigms in Comparative Politics," in Robert T. Holt and John E. Turner, eds., *The Methodology of Comparative Research* (New York: The Free Press, 1972), pp. 26, 70.

59) Aristotle, *The Eudemian Ethics*, tr. by H. Rackham(Cambridge, Mass.: Harvard Univ. Press, 1952), pp. 217(1216b23), 231(1218b12~15); Aristotle, *Nichomachean Ethics*, tr. by H. Rackham(Cambridge, Mass.: Harvard Univ. Press, 1962), p. 75 (1103b27~29).

“정치 사회 현상의 주체로서의 창조적 임기응변적 인간을 반응적 인간responsive man이라는 추상화된 원형(原形)으로 환원”[60]시키게 된다. 다시 말하면, 행태주의자들에게 정치학 연구는 행동의 주체가 행동을 산출하는 데 목적이 있는 것이 아니라, 단지 행동에 대한 검증 가능하고 반복 가능한 진술을 산출하는 데 있다.

현대의 행태주의자들은 너무 엄격하게 이론에 의존한다. 행태주의자들은 심지어 아리스토텔레스가 “실천praxis”이라고 부르는 것까지도 이론 속으로 통합시키려 한다. 이런 점에서 달마이어 교수는 “행태주의”를 “사회적·정치적 탐구를 ‘이론적’(혹은 과학적) 지식의 한 분과로 변형시키려는 결연한 노력”[61]이라고 집약한다. 행태주의자들이 “실천”을 이론에 통합시키는 방식은 이론을 경험적 토대 위에 수립하는 것이다. 경험적 자료들은 이론이 “실천”과 만나는 연결고리nexus가 된다.

어떤 진술이 경험적 진술로 재구성되면, 이론은 실재에 영향을 미친다. 경험적 이론은 실재 세계를 설명하고 예측한다. 그리고 이론은 실재 세계에 대한 설명과 예측을 통해 “정치학, 경제학, 심리학, 도덕, 종교, 심지어 시(詩) 쓰기”에도 적용 가능한 “신중한 행동의 규칙들”을 정립하고 또 이러한 “규칙들”을 축적하게 된다. 이것은 또한 도이치가 현대 사상에 대해 인정하는 점이기도 하다.[62] 그리고 이런 행동의 규칙들을 수단으로 사회적 이론은 사회적 실천과 만나며, 사회과학은 사회공학social engineering으로 전환된다. 설명과 예측은 말하자면 경험적 자료를 매개로 “실천”을 수행한다. 경험적 이론은 우리가 시민적·도덕적, 그리고 정신적 결정들을 하는 데 지침을 주며,

---

60) 김웅진, 앞의 책, p. 28.

61) F. R. Dallmayr, “Political Science and ‘Two Cultures’,” 앞의 책, p. 284.

62) K. W. Deutsch, “Mechanism, Organism and Society: Some Models in Natural and Social Science,” in *Philosophy of Science*, Vol. 18(July, 1951), p. 235.

우리의 행동을 지도한다. 이런 점에서 설명과 예측은 "과학 연구의 핵심적 목표"[63]라는 김웅진 교수의 주장에는 조금도 지나침이 없다고 말할 수 있다.

둘째로 과학적 증명은 현상에 대한 인과적 진술임과 아울러 물리적 진술existential statement을 뜻한다. 과학적 설명은 물리적 현실 material reality을 물리적 언어로 진술함이며, 조작적 개념은 바로 이와 같은 물리적 언어에 해당된다. 물리적 현실은 과학적 설명의 대상이며, 동시에 그 술어predicate이기도 하다. 다시 말하면 행태론자들은 물리적 현실을 과학적 설명의 필요 충분 조건으로 본다. 행태론자들에 의하면 과학적 설명은 언어words 또는 상징의 의미를 대상으로 하는 의미론적 설명semantic explanation과 구별된다.[64] 행태론자들이 보는 과학적 설명은 물리적 현실에 대한 설명이며, 물리적으로 주어진 세계에서 발생하는 경험적 사건과 사상(事象)state of affairs에 대한 설명이다. 물리적 현상은 개별적인 관찰자의 기분whims과 관계없이 항상 "거기에 있는there is" 객관적 존재로서, 이것은 바로 동일한 현실을 지칭하는 물리적 언어에 의해 과학적으로 설명된다.

일반적으로 과학적 설명은 두 개의 요소로 구성된다. 하나는 엑스프라난explanan(설명하는 요소)이며, 다른 하나는 엑스프라난둠 explanandum(설명되는 요소)이다. 엑스프라난과 엑스프라난둠은 물리적 언어로 전환되어야 하며, 이것은 개념의 조작화operationalization of concept에 의해 달성된다. 조작적 개념은 관찰할 수 있는 현상의 지표indicator를 명시하고, 현실을 사실적으로 지시한다. 조작적 개념은 언어 또는 상징을 의미화signification하는 데 투입되는 물리적 장치들physical facilities을 분리하고, 이러한 물리적 장치들의 양적 가치

---

63) 김웅진, 앞의 책, p. 16.

64) Abraham Kaplan, *The Conduct of Inquiry: Methodology for Behavioral Science* (Scranton, Penn.: Chandler Publishing Company, 1964), pp. 327~28.

를 측정 가능한 방식으로 정의한다. 조작적 개념은 정치적·사회적 현실을 분석적이고, 양적이며, 측정 가능한 실체로 전환하여, 이를 계량적으로 설명하고 예측한다. 결과적으로 조작적 개념은 의식적으로 통제 가능한 사회공학의 길을 열어준다. 그것은 외부 세계에 대한 사실적이고 계량적인 표상 또는 지형map으로서, 과거에 일어났던 사건들로부터 규칙성과 유형들을 찾아내고, 이것들을 미래 세계에 투사함으로써, 외부 세계에서 일어날 사태들을 임의로 저지 또는 촉발시킬 수 있는 길, 다시 말하면 외적으로 "개입intervention" 또는 "공작engineering"할 수 있는 길을 열어준다.

지금까지 말한 과학적 설명은 두 가지로 요약된다. 첫째, 행태주의자들이 보는 과학적 설명은 현상에 대한 인과적 진술이며, 현실에 대한 물리적 진술이다. 조작적 개념은 추상적 언어의 조작화의 결과이며, 객관 세계를 지시하는 물리적 언어이다.[65] 둘째, 행태주의자들이 말하는 과학적 설명은 필연적으로 "사회공학" 또는 "사회 공작social

---

65) 이것은 도이치의 다음과 같은 논문을 토대로 한 서술이다: *The Nerves of Government* (London: Free Press of Glencoe, 1963), p. 87; "Mechanism, Organism and Society: Some Models in Natural and Social Science," in *Philosophy of Science*, Vol. 18, p. 244; "Higher Education and the Unity of Knowledge: An Operational Approach to the History of Thought," Lyman Bryson, et. al., eds., *Goals for American Education* (New York: Haper & Brothers, 1950), pp. 82, 84, 116; "Shifts on the Balance of Communication Flows: A Problem of Measurement in International Relations," *Public Opinion Quarterly* (Spring, 1951), p. 145; "Scientific and Humanistic Knowledge in the Growth of Civilization," in H. Brown, ed., *Science and the Creative Spirit* (Toronto: Univ. of Toronto Press, 1958), pp. 3, 16; "Nationalism, Communication and Community: An Interim Report," in Lyman Bryson et. al., eds., *Perspective on A Troubled Decade, 1939~1949* (New York: Harper & Brothers, 1950), p. 342; "Problem of Justice in International Territorial Disputes," in Lyman Bryson et. al., eds., *Approaches to Group Understanding* (New York: Harper & Brothers, 1947), p. 237; "Some Notes on Research on the Role of Models in the Natural and Social Sciences," in *Synthesis*, Vol. 7(1948~1949), p. 518.

engineering"을 지향한다. 이것은 포퍼Karl R. Popper와 같은 자유주의
자의 경우도 예외가 아니다.[66]

---

66) 여기서 필자는 포퍼가 말하는 이른바 "piecemeal social engineering"도 기본적으
로는 "social engineering"의 한 범주라는 점과 대부분의 이른바 "utopian social
engineering"이라는 것도 처음에는 이러한 "piecemeal social engineering"을 보완
하려는 동기에서 출발한다는 점을 상기할 필요가 있다고 본다. K. R. Popper, *The
Open Society and It's Enemies*, Vol. I, New York: Harper & Row Publishers, 1962;
Vol. II, London: Routledge & Kegan Paul, 1966, 이곳저곳). 이런 점에서 필자는
박우희 교수가 포퍼의 입장에 따라 "경제학은 부분 공학의 영역에 속한다"고 주
장한 데 대해 주목한다(박우희, 앞의 책, pp. 668, 674). 어떤 점에서 이것은 애덤
스미스의 "하나의 보이지 않는 손invisible hand"을 "엔지니어의 강철 같은 하나
의 손an iron hand of the engineer"으로 보다 강화시켰다고도 생각된다. 실제로
박교수의 저작은 이러한 방향으로 전개되고 있음을 우리는 다음과 같은 구절 등
에서 감지하게 된다: "경제학은 여태껏 제어공학의 이론에서 많은 개념 장치를
차용했다. 1960년대 후반 대유행했던 경제 성장 이론은 구소련 경제학자인 폰드
리야 긴의 극대 원리에 크게 도움받았다. 그 후 원래의 제어공학 세계에서는, 집
권적 시스템의 제어에서 자율 분산형 시스템의 제어 문제로, 관심의 초점이 이행
되었다. 〔……〕 시장 경제는 자율 분산형 시스템의 좋은 예다. 〔……〕 정부의 시
장 개입의 바람직한 방법을 모색하려 할 때, 자율 분산형 시스템의 제어 이론은
아주 적절한 이론적 틀을 제공할 수 있다. 〔……〕 이 제어 이론은 네오케인지안
의 '국제 협조'의 도식을 그리는 데도 아주 유효한 지침을 제공할 수 있을 것으로
본다." 또 박교수는 이렇게 말한다: "경제학자들은 경제학과 물리학의 유사성에
만 관심을" 둔다. 그러나 "베리안H. Varian은 경제학은 물리학보다 공학과 더 비
슷하다고 말한다. 물리학에서는 법칙이 하나이고 그 법칙으로 현실을 설명하고
결론을 내린다. 그러나 공학에서는 하나가 아닌 여러 가지 방법으로 견고한 결론
을 기대한다. 경제학을 사회물리학social puysics보다 공학으로 보는 이유가 거기
에 있다"; "경제학자들은 이론의 적용을 발전시키는 데 관심이 있지, 이론 그 자
체에 관심이 있는 게 아니다. 이러한 의미에서 경제학은 물리학보다 화학이나 공
학에 더 가깝다"(박우희, 앞의 책, pp. 678~79, 682, 698).

정치행태론 비판 2

1. "상응 이론"과 "구성 이론"

앞에서 검토한 행태과학의 이념과 과학적 설명은 하나의 인식론적 입장으로 수렴된다. 이 점은 일찍이 밀러 교수의 "이스턴의 정치 이론"에서도 지적된 바 있다. 그는 행태주의가 상응 이론에 입각해 있음을 다음과 같이 지적한다: "경험주의 및 실증주의 전통을 따르는 필자들은 현상의 세계에는 규칙성이 있다는 점과 이론의 제원칙들은 현상의 세계와 상응할 경우에만 타당성을 갖는다는 하나의 정형화된 입장을 보인다. 이와 같은 이론과 현실간의 상응은 경험적 사실과의 관계에 의해 결정된다."[1] 다음에 행태주의자들이 전제하고, 또 당연시하는 상응 이론에 대해 좀더 자세히 살펴보기로 하자.

먼저 과학적 설명은 주체를 대상으로부터 분리된 것으로, 그리고 진리를 분리된 주객의 일치 또는 상응의 결과로 본다. 과학적 설명은 인식을 인식의 대상으로부터, 지각을 지각의 대상으로부터 분리시키고, 이러한 분리를 의심의 여지없는 당연한 사실로 받아들인다. 뿐만 아니라 과학적 설명은 인식 작용이 그것으로부터 분리된 대상에 도달하는 것을 하나의 명백한 아프리오리로 받아들인다. 인지적 작용

---

1) E. F. Miller, "David Easton's Political Theory," in *The Political Science Reviewer*, Vol. I(Fall, 1971), p. 218.

이 지각 또는 기억하는 물리적 사물은 정신적인 인지 작용이나 의식 행위 안에 내재해 있지 않다. 왜냐하면 물리적 사물은 인지 작용의 부분이 아니기 때문이다. 그것은 인지 작용과는 별도로 존재하는 이른바 그 자체로서 있는 존재, 즉 "절대적 즉자absolute Sein-an-Sich"로서 의식과 경험으로부터 독립되어 있는 객관적 실재 또는 현실적 존재이다. 그러나 인식 작용은 대상 또는 사물 그 자체에 도달함으로써, 대상을 인식하게 된다. 보다 정확하게 말하면 주체는 그의 인식 행위 속에서 그것과는 분리되어 있고, 또 그것에 대해 독립적으로 존재하는 객체에 도달한다.[2] 소칼Alan D. Sokal은 이와 같은 근대 과학의 세계관을 세 가지 주장으로 집약한다: 1) "하나의 외적 세계가 존재한다. 이 세계의 속성은 개개의 인간과 전체로서의 인류와는 독립

---

2) Hong Woo Kim, *David Hume and Edmund Husserl: A Comparative Study of Their Epistemological Foundations for Political Inquiry* (M. A. Thesis in the Univ. of Georgia, 1972), pp. 14~44, 46~51, 80~88; E. Husserl, *The Idea of Phenomenology*, tr. by Dorion Cairns(Hague: Martinus Nijhoff, 1969), pp. 161, 164, 268; E. Husserl, *The Crisis of European Sciences and Transcendental Phenomenology: An Introduction to Phenomenological Philosophy*, ed. by David Carr(Evanston: Northwestern Univ. Press, 1970), pp. 54, 76, 83. 이후 *The Crisis*로 줄여 표기함; E. Husserl, *Logical Investigations*, tr. by J. N. Findlay(New York: The Humanities Press, 1970), Vol. I, pp. 264, 351; Vol. II, p. 595; E. Husserl, *Husserliana Band IV: Ideen zu einer Reinen Phänomenologie und Phänomenologischen Philosophie II*, ed. by M. Biemel(Haag: Martinus Nijhoff, 1952), p. 218; E. Husserl, *Husserliana Band VII: Erste Philosophie I*, ed. by R. Böhm(Haag: Martinus Nijhoff, 1956), pp. 248, 400; E. Husserl, *Erste Philosophie II, Husserliana Band VIII*, p. 246; E. Husserl, *Husserliana Band IX: Phänomenologischen Psychologie*, ed. by W. Biemel(Haag: Martinus Nijhoff, 1962), p. 191; E. Husserl, *Husserliana Band XI: Analysen zur Passiven Synthese*, ed. by M. Fleischer(Haag: Martinus Nijhoff, 1966), p. 215; E. Husserl, *Ideas: General Introduction to Pure Phenomenology*, tr. by W. R. Boyce Gibson(New York: The Macmillan Company, 1952), 이곳저곳; E. Husserl, "Phenomenology," *Encyclopedia Britannica* (14th ed., 1938), Vol. 17, p. 700; E. Husserl, *The Paris Lectures*, tr. by Peter Köstenbaum(Haag: Martinus Nijhoff, 1970), p. 17.

되어 있다"; 2) "이러한 속성들은 '영원한' 물리적 법칙 속에 암호 문자로 씌어져 있다"; 3) "인간은 '객관적' 절차와 이러한 절차가 제시하는 인식론적 틀에 꿰어맞춤으로써 by hewing to, 비록 불완전하고 잠정적인 수준에서나마, 이러한 법칙에 관한 신뢰할 만한 지식을 획득할 수 있다."[3]

---

3) A. D. Sokal, "Transgressing the Boundaries: Towards a Transformative Hermeneutics of Quantum Gravity," in *Social Text* 46/47, Vol. 14, Nos. 1 and 2(Spring / Summer, 1996), p. 217.

　　박우희 교수 역시 이와 동일한 "자연관"을 피력한다. 그는 이렇게 말한다: "자연이란 의식에서 독립하여 절대적 한계 없이 서로 변화하면서 운동하는 개체적 존재로 규정된다"; "자연 또는 물질은 인간의 의식 이전부터 있었고 이후에도 있을 것이다. 그래서 인간 의식의 외에 있고 내에 있는 것이 아니다. 인간 의식의 내에는 객관적으로 존재하는 것의 반영이 있을 뿐이다. 그래서 우리는 다음과 같은 질문에 대해 명확한 태도를 취해야 한다. 즉 전자(電子), 에테르 등은 인간의 의식 외에 객관적 실재로서 존재하는가 존재하지 않는가라는 것이다. 이에 대해 자연과학자는 주저 없이 답해야 한다. 그래서 인간과 유기적 물질보다 앞서 자연이 존재함을 주저 없이 설명해야 되고, 다시 틀림없이 그렇다고 답을 해야만 한다. 왜냐하면 물질의 개념은 인식론상으로 보면 객관적으로 인간의 의식에서 독립해서 존재하며 인간의 의식에 의해서 모사된 실재 이외의 어떤 것도 의미하지 않기 때문이다. 물질은 인간의 의식 외에 객관적으로 실존한다. 물질 그 자체의 자연과학적 성질은 과학의 발전과 더불어 더욱 정밀하게 구체적으로 규정되어나간다. 그것이 끝까지 정밀하게 규정되더라도 의식 외에 객관적으로 존재한다는 성질에는 아무 변함이 없다"(박우희, 『경제 원리 탐구: 경제학의 과학 및 철학적 기초와 모델 빌딩』, 서울대학교 출판부, 1998, pp. 700~01).

　　그러나 박교수의 이와 같은 주장은 고전 물리학의 자연관을 그대로 대변한다는 점을 상기할 필요가 있다. 하이젠베르크는 이와 같은 고전 물리학에 대항하여, "객관적 세계는 저 혼자 뚝 떨어져 존재하는 게 아니라 항상 관찰자의 주관(主觀) 안에 포함된다"는 도전적 반론을 제기하였고, 이것은 오늘날 양자론으로 발전하였다(김재희, 「새로운 자연과 영원한 생명: 신과학이 발견한 영성」, 정문길 외, 『삶의 정치: 통치에서 자치로』, 대화출판사, 1998, p. 40).

　　여기서 박교수는 고전 물리학과 여기에 입각한 고전 경제학에 대해 강력하게 비판함에도 불구하고, 바로 이들이 금과옥조로 받들고 있는 자연관으로부터 자신의 경제학과 사회 인식의 출발점을 찾는 모순에 빠져 있음을 보여준다. 박교수는 먼저 "현실적으로 우리의 의식에서 독립되면서 존재하고 운동하는 제현상은 다양한 구성의 통일체"라고 전제한 다음, 경제와 사회 현상에 대해 이렇게 기술한다: "우리 앞에는 경제란 잡다한 현상이 놓여 있다. 그것은 우리의 의식에서 독립된 객관적 존재이다. 이 점을 포착해야만 한다"; "사회는 우리의 사유에서 독립되면서 객관적으로 존재하는 것이기 때문에 사유는 그 독특한 방법으로 이것을 '이해'하는 것뿐이다. 이와 같이 이해하는 것을 우리는 '논리적'이라 말한다"; "논리는 인간의 사고 형식이다. 그렇기 때문에 논리적으로 사고되지 않는 과학이란 없다. 우리들의 논리적 추구가 쌓여져서 변화와 발전을 생각하게 된다. 또 논리는 '역사'와 결합한다. 자본주의의 역사성의 인식은 역사성 위에 전개되는 경제 논리를 철저하게 추구하는 것이다. [……] 이와 같이 경제의 역사성의 인식과 그 역사성의 논리의 추구라는 의미에서 역사적 논리적이다"(박우희, 같은 책, pp. 705, 707~08).

또 박교수는 인간의 영혼에 대해서도 소박한 유물론의 입장을 보여준다: "인간은 누구나 죽으면 원소로 분해되지만 그와 동시에 인간의 의식도 소멸된다. 의식이란 육체적으로 존재하는 뇌수의 산물이기 때문이다. 또 인간이 육체적으로 출생되지 않으면 의식은 발생할 수 없다. [……] 인간이 육체의 소멸과 동시에 인간의 의식이 소멸하는 것을 부정하는 것은 인간이 죽는다는 것을 부정하는 것이 된다"(박우희, 같은 책, p. 700). 박교수의 이와 같은 주장은 영혼에서 자연을 본 것이 아니라 자연에서 영혼을 본 당연한 결과로서, 근대 서구에서는 각종의 "환원주의" 또는 "감각주의 sensualism"로 전개되었다. 최근에는 "자연"도 "영혼"도 아닌, 살아 있는 "몸"에서부터 출발하는 "신체론"적 입장이 크게 주목을 받고 있다. 필자의 생각으로는, "신체론"의 효시는 로크 Locke이며, 후설도 이러한 전통을 이어받고 있다고 본다. 그러나 신체론을 본격적인 철학적 주제로 발전시킨 사람은 메를로-퐁티 Maurice Merleau-Ponty라고 생각한다.

사람들은 흔히 후설의 현상학을 자연에서 의식을 바라보는 이른바 "심리학주의 psychologism"에 반대되는, 의식에서 자연을 바라보는 "초월적 관념론 transcendental idealism"으로 규정한다. 그러나 그의 현상학의 전개, 특히 그의 "초월적 환원 transcendental reducion"을 보다 자세히 검토해보면 전구성적으로 주어진 "몸"에 정초해 있음을 알 수 있다. 그는 *Cartesion Meditations*에서 이렇게 말한다: "Among the bodies belonging to this 'Nature' and included in my peculiar ownness, I then find my animate organim as uniquely singled out — namely as the only one of them that is not just a body but precisely an animate organism: the sole object within my abstract world-stratum to which, in accordance with experience, I ascribe fields of sensation(belonging to it, however, in different manners — a field of tactual sensations, a field of warmth and coldness, and so forth), the only object 'in' which I 'rule and govern' immediately, governing particularly in each of its 'organs'"(*Cartesion Meditations: An Introduction to Phenomenology*, tr. by Dorion Cairns, The Hague: Martinus Nijhoff, 1960, p. 97). 그는 특히 "몸"이 "전구성적"이라는 점에서 "독특한 초재성," 즉 "내재성 속에 들어 있는 초재성 a transcendency of a peculiar kind — one which is not constituted — a transcendency within

이처럼 주객의 분리를 전제하고 있는 현대 과학에서 증명이란 분리된 이들 두 실체들을 다시 맞추어보는 행위로 이해된다. 다시 말하면 증명이란 분리된 두 실체들이 일치 또는 상응하는지를 맞추어보는 물리적 과정이라는 것이다. 이 과정에서 특정한 상징이나 사물의 세트가 사용되며, 동일성 또는 차이성의 정도가 측정된다. 진리는 이와 같은 물리적 상응 과정의 결과로 나타난다.[4] 특히 동일성과 차이

---

immanency"을 갖는다고 보고(*Ideas Pertaining to a Pure Phenomenology and to a Phenomenological Philosophy. First Book. General Introduction to a Pure Phenomenology*, tr. by F. Kersten, Dordrecht: Kluwer Academic Publishers, 1982, p. 133. 이하에서는 *Ideas-First Book*으로 줄여 표기함), 이 독특한 "몸"에 정초하면서도 자연과학이나 자연주의적 술어로부터 자유로운 과학, 이런 점에서 새로운 과학이라 할 수 있는 "초월적 현상학transcendental phenomenology"의 가능성을 추구한다.

다른 한편 김광웅 교수는 "몸"의 중요성을 인정하면서도 기존의 주·객 이원주의에서 크게 벗어나지 못하는 "혼합주의"적 경향을 나타낸다: "과학적 인식의 주체는 곧 조작적 행위를 하는 주체이며, 인식은 의식에 있어서 성립하는 것이 아니라 '몸'의 행위에 있어서 비로소 성립한다는 것을 거듭 강조해야 할 것이다": "주관과 객관은 대립적으로 통일되어 조작적 행위의 핵을 이루는데, 이것을 의식 내에서 성립한다고 생각하는 것이 아니라 역동적으로 결합하는 변증법적 존재인 '몸'이라고 하는 것의 행위에 의하여 성립한다고 생각한다." 이와 같은 "몸"의 강조에도 불구하고, 김교수는 결국 이원주의로 복귀한다. 그는 이렇게 말한다: "현대 과학에 있어서 객관의 의미는 주관에 대하여 병립하는 것이 아니라, 주체를 통해서 인식되어야 하는 것이다. 다만 주체로부터의 독립성이 인정되는 전제 아래서다"(김광웅, 『방법론 강의: 기초·원리·응용』, 박영사, 1996, p. 297).

4) K. W. Deutsch, "Higher Education and the Unity of Knowledge: An Operational Approach to History of Thought," Lyman Bryson & et als., eds., *Goals for American Education* (New York: Harper & Brothers, 1950), p. 81; K. W. Deutsch, "Mechanism, Organism, and Society: Some Models in Natural and Social Science," *Philosophy of Science* XVIII(July, 1951), p. 244; K. W. Deutsch, *The Nerves of Government* (London: Free Press of Glencoe, 1963), p. 87; K. W. Deutsch, "Toward An Inventory of Basic Trends and Patterns in Comparative and International Polities," *American Political Science Review* (March, 1960), p. 37; K. W. Deutsch, "On Political Theory and Political Action," *American Political Science Review* LXV(March, 1971), p. 22.

성을 확인 또는 부인하는 "가설 검증"은 통계적인, 그러나 궁극적으로는 임의성을 배제할 수 없는 규칙이나 관행에 따라 이루어진다.[5]

---

5) 박우희 교수는 오늘날의 "통계학적 분석의 수법"과 "이해"가 갖는 "결함"에 대해 이렇게 논한다: "전체 모델은 본질적으로 편의적이며, 근사적이다. 그러나 통계적 수법은 모델이 절대 정확한 것처럼 전개되고 있다. 신뢰 구간, 예측 구간 등등은 모두 모델의 절대적 정확함을 전제해서 만들어진다. 이 점은 종종 결론의 현실 타당성에 대해 잘못된 인상을 주며, 수리 통계학에 하나의 중요한 과제를 제기한다. 우리는 모델의 근사적 성격을 고려한 이론 체계를 구성함이 필요하며, 통계적 수법의 한계를 정확하게 인식해서 계산 결과를 이용할 필요가 있다"(박우희, 앞의 책, p. 661).

아울러 박교수는 대학에서의 통계학 교육의 문제점도 지적한다: "통계 자료의 사용은 학생들의 현실 접근을 도와준다. 그러나 불행히도 흔히 가르치는 통계적 방법은 도움이 되지 않고 어쩌면 방해가 될 수도 있다. 학생들에게 자료의 평가와 사용 등을 가르치기보다 호기심을 자극하고 오래된 도구를 가진 박물관이 될 뿐이게 할 수도 있다. 문제나 예제에서의 암묵적 가정은, 자료는 확실히 믿을 만하다는 것이지만, 이것은 목공일을 배우면서 나무의 여러 가지 유형이 있다는 것을 무시하는 것과 같다. 학생들의 관심은 점점 문제의 핵심에서 멀어져간다. 자료에 대해 무비판적으로 되고 이런 자세가 계속 쌓여간다. 여러 가지 주제의 오차와 편차에 대한 이론적 특성을 주의하지 않게 된다. 〔……〕 통계를 가르치는 두번째의 결점은 〔……〕 해석하기보다 조작하는 것을 배우게 되는 것이다"(같은 책, p. 745).

박교수가 특히 우려하는 것은 경제학의 "학부"와 "대학원 교육"이다. 그에 의하면, 경제학의 과학화에도 불구하고 경제학 교육은 점점 편협하고 편향적으로 되어가고 있으며, 이러한 경향은 대학원 과정에서조차도 특별한 반성이나 비판의 대상이 되지 못한 채, 당연한 것으로 수용되고 또 강행됨으로써 경제학을 점점 현실로부터 유리된 "추상적" 학문으로 몰아가고 있다는 것이다. 박교수는 이렇게 말한다: "자연과학으로서의 경제학에서의 결과는 신기술의 신비에 과장된 기대를 갖게 한다. 교과서에 나타난 모습은 거부감 없이 받아들여진다. 학생들은 경제학 교과서에서 전문 도서의 매력을 발견한다. 대학을 졸업하기 전까지 학생들은 편협을 깨지 못하고 현대 경제의 현실을 느끼지 못하기 때문에 대학원에 들어와 숭배하던 기술의 함정에 빠진다. 만약 내용이 불명확하면 학생들은 형식을 찾게 되고 거기에 고무된다. 경제학은 현실적이라기보다 추상적으로 되어간다; 또 보웬 H. B. Bowen은 '대학원생은 여러 개념, 기법, 세련된 이론을 접하게 된다. 무차별 곡선, 굴절 수요 곡선, 교차 탄력성, 한계 소비 성향, 유동성 선호, 순국민 생산, 표본 오차, 선형 계획 등의 새로운 세상에 살게 된다. 그들은 대부분의 시간을 이런 개념들과 친숙하게 하는 데 쓰고 대학원생으로서의 성공의 척도는 이런 것을 얼마나 잘 이해하고 사용하는가에 달려 있다고 생각한다'라고 말한다." 여기서 박교수는 조작적 개념은 이와 같은 증명의 과정을 가능하게 해주는 개념으로서, 사실 또는 반복적 현상을 재현할 수 있는 절차를 명시한다. 만일 이러한 절차에 따라 현실을 재현할 경우, 최초의 질적 인지 작용은 객관적 현실에 비추어 검증이 가능하며, 뿐만 아니라 반복적으로 재현할 수 있기 때문에 보다 엄밀하게 재검증할 수 있다.

그러나 이와 같은 상응 이론은 의식의 구성적 행위를 도외시하는 데 문제가 있다. 후설 역시 주체와 분리된 객체란 불가사의한 수수께끼라고 말하면서, 그의 독특한 구성 이론을 전개한다. 다른 한편 후설의 구성 이론의 난점은 "명확한 정의가 내려져 있지 않다"는 점과 핑크Eugen Fink의 말대로 "남용"되고 "오용"되어왔다는 점이며,[6] 따라서 일의적으로 규정되기 힘든 다의성을 지니고 있다는 점 등이다. 다음에 후설이 전개하는 "구성"의 여러 의미들 중 특히 "통일적" 또는 "전체적 구성"에 초점을 맞추어 살펴보기로 한다.

후설이 말하는 "구성"은 이 작용을 수행하는 의식의 측면에서 보면, 단일한 전체를 형성하는 "종합적" 또는 "통일적 구성"을 의미한다. 후설에 의하면, 모든 의식은 "필연적으로 상호 관련된 것 the necessary relatedness to one another"[7]으로서, 언제나 하나의 흐름을 구성한다. 또는 단일한 흐름을 구성하지 않는 의식이란 존재할 수 없다. 왜냐하면, "지속적인 정신적 과정은 단일한 하나의 사건과 지속성을 계속적인 흐름 안에서 구성하지 않고서는 불가능하"기 때문이

"추상"의 늪으로부터 경제학을 구출해낼 수 있는 구명줄은 "실제 자료"와 대면하고 이것과 대화하는 것뿐이라고 강조한다. 그는 이렇게 충고한다: "대학은 현실을 경험하는 수습 기간을 짧게 해준다. 이것은 실제 자료, 예를 들어 농업이나 공업의 센서스 자료 등을 이용하여 연구 과제를 수행하는 것을 의미한다. 이때 학생들은 여러 가지 문제에 직면한다. 만약 자료의 질이 분석을 결정한다는 점이 강조된다면 그 기법에 대한 사용은 줄어들 것이다"(같은 책, pp. 743, 745).

6) 차인석, 「현상학에 있어서의 지향성과 구성」, 한국현상학회 편, 『현상학이란 무엇인가?』(심설당, 1983), pp. 51~52에서 재인용.

7) E. Husserl, *Ideas-First Book*, pp. 191, 283.

다. 보다 정확하게 말하면, "모든 정신적 과정"——후설에 의하면, "모든 정신적 과정은 본질적으로 자기 안에 다른 정신적 과정들을 함축하고 있는 연결" 또는 "연쇄 concatenation"의 통일성이다——은 "필연적으로 지속성을 갖는 과정"으로서 "무한한 지속의 연속선상에 위치하기 finds its place in an infinite continuum of duration" 때문이다.[8]

물론 개별적 정신적 과정들, 예컨대 "즐거움"이라는 정신적 과정은 시작과 끝이 있는 한정된 과정이다. 그러나 정신적 과정의 흐름 그 자체는 시작도 끝도 있을 수 없는 하나의 무한성을 갖는 전체이다. 이 전체로부터, 그리고 이 전체의 무한한 흐름의 연속성으로부터, 어떠한 현실적 정신적 과정도 벗어날 수 없다. 말하자면 "즐거움"이라는 현실적 정신적 과정은 "파지 retention"와 "예지 protention"에 의해 필연적으로 "하나의 무한한 '정신적 흐름' 속에" 구성적 부분으로 편입된다.[9]

한 가지 주의할 것은 "정신적 과정의 흐름 그 자체는 시작도 끝도 없다"는 점이다. 후설에 의하면, "새롭게 시작된 어떠한 정신적 과정에도 반드시 그것보다 시간적으로 선행하는 정신적 과정들이 있"게 마련이며, 또 "어떠한 정신적 과정도 종식의 의식 없는, 그리고 이미 종식되었다는 의식 없는 종식은" 있을 수 "없다"; 그리고 이러한 의식도 따지고 보면 "새롭게 충전된" 의식의 "현재"일 뿐이다 No mental process can cease without there being consciousness of the ceasing and of the having ceased, and that is a newly filled out Now. 여기서 후설은 의식의 흐름을 "하나의 통일적 무한성 an infinite unity"으로, 또는 "본질적으로 통일된, 그리고 철저하게 자기 함축적인 정신적 과정들의 시간성의 흐름으로서의 전체 the whole, essentially unified and strictly self-contained stream of temporal unities of mental processes"[10]로 파악

---

8) 같은 책, p. 194.
9) 같은 책, p. 194.

하고 있음을 알 수 있다.

이와 같은 "전체"의 관점에서, 그리고 전체를 일관성 있게 형성하는 "구성"의 관점에서 후설은 흄의 "다발 이론," 즉 의식이란 원자적 요소로 분해되는 "상이한 지각들의 다발 또는 묶음a bundle or collection of different perceptions"에 불과하다는 흄의 견해[11]에 반대한다. 후설은 "의식"을 " '심리적 복합체 psychical complexes'이거나 융합된 '내용들,' 아니면 감각의 '다발' 또는 흐름에 붙여진 이름"에 불과하다는 흄[12]에 대해 이렇게 반박한다: "가령 우리는 저기에 있는 '바로 그' 나무를 지적하면서, 그것이 다양하게 변화하는 가운데 나타나는 방식들을 그 나무로부터 구분한다. 그러나," 흄에 의하면, "내재적인 이유에 있어서는 거기에 이러한 '나타남의 방식들' 이외에는 아무것도 존재하지 않는다. 그것은 감각 자료들의 복합이며, 그때마다 매번 다시 되풀이되는 다른 감각 자료들의 복합이다. 물론" 흄은 "이것들[이] 상호간에 연상association에 의해서 규제되고 '결합되어' 있으며, 어떤 것을 동일한 것으로 경험하는 착각은 이 연상을 통해 설명될 수 있다고 주장한다. 그리고 이것은 인격에 대해서도 똑같이 적용된다"고 본다. "즉 동일한 '자기'는 결코 감각의 자료가 아니라, 감각 자료가 끊임없이 변[화]하는 다발인 것이다. [그러므로] 동일성이란 하나의 심리학적 허구인 것이다." 흄은 "또한 필연적인 계기(繼起)인 인과율도 이러한 종류의 허구에 속한다"고 본다. "내재적인 경험은 단지 '이것 다음에 post hoc'라는 사실만 가리킨다. 계기의 필연성인 '이것에 의해서 propter hoc'라는 사실은 허구적으로 대체된

---

10) 같은 책, pp. 195~96.

11) D. Hume, *A Treatise of Human Nature*, ed. by A. Selby-Bigge(London: The Clarendon Press, 1955), p. 207.

12) 같은 책, pp. 207~08. 후설의 입장은 흄뿐만 아니라 "주자학"의 입장, 즉 혼백이 죽으면 흩어지고 정성을 다하여 공경하면 다시 불러모을 수 있다는 "주자학"의 입장과도 대비된다.

것이다. 이와 같이 해서 흄의 저술 『인간본성론 *A Treatise on Human Nature*』에서는 세계 일반, 동일한 물체들의 우주인 자연, 동일한 인격들의 세계, 따라서 이것들을 그들의 객관적인 진리로서 인식하는 객관적 학문 역시 허구로 변〔형〕된다. 이러한 입장의 일관된 귀결로서 우리는 이성, 인식, 그리고 참된 가치들과 윤리적인 것도 포함하는 모든 종류의 순수한 이상(理想)들——이 모든 것들이 허구라고 말하지 않을 수 없게 된다." 그러나 후설은 이와 같은 흄의 입장을 "사실상"의 "객관적 인식의 파산"으로 보며, "근본에 있어서 결국 하나의 독아론Solipsismus으로 귀착한다"[13]고 공격한다. 여기서 후설은 의식의 "지향성 intentionality," 즉 모든 의식은 "무엇 '의' 의식 consciousness 'of' someting"이라는 주장과 아울러 구성론을 전개한다: "지각은 어떤 것의 지각, 말하자면, 어떤 물리적 사물의 지각이며, 판단은 술어적으로 형성된 사태-복합체의 판단이며, 가치 평가는 술어적으로 형성된 가치-복합체의 평가이며, 기원(祈願)은 술어적으로 형성된 기원-복합체의 기원 등등이다. 작용은 작업에, 행동은 행위에, 사랑은 사랑받는 것에, 기쁨은 기쁜 것 등등을 향해간다. 모든 활동적 코기토는 순수 자아로부터 이것과 상관 관계에 있는 '대상'에, 여기서는, 물리적 사물이나 사태-복합체 또는 기타 등등에 그 시선을 던지고, 바로 이들의 의식을 일으킨다."[14] 특히 차인석 교수는 "지향성"을 "기능하는 지향성"으로 파악해야 한다고 주장하면서 이렇게 부연한다: "의식은 언제나 무엇에 대한 의식으로서 결코 공허한 의식이 아니라 대상을 가지고 있으며, 생각되어진 것 없는 생각이나, 판단되어진 것 없는 판단, 느껴질 것 없는 느낌은 있을 수 없다"; "의식은 그 스스로 안에 폐쇄된 고도(孤島)가 아니라 대상의 표상을 그것의 내용

---

13) 후설, 『유럽 과학의 위기와 선험적 현상학』, 이종훈 옮김(이론과실천사, 1993), pp. 125~26.

14) E. Husserl, *Ideas-First Book*, p. 200.

으로 포함한다."[15] 여기서 후설은 의식이 "본질상 자신 안에 의미를 지니는, 말하자면, '영혼' '정신' '이성'의 정수"로서, 흄의 감각과는 아주 판이한 의미의 원천이라고 못박는다. 되풀이 말하면, "'모든 의식의 근본 성격'은 '의미를 가짐, 즉 어떤 것을 〈의미에서 가짐〉'에 있다."[16] 따라서 후설은 의식이 단지 "의미 없는 비이성적 질료"이거나 또는 "모든 이성과 비이성, 모든 정당성과 비정당성, 모든 현실과 가공, 모든 가치와 비가치, 모든 행실과 비행"에 붙여진 단순한 "이름"이기보다는, 이러한 이름들이 의도하는 의미의 "원천"으로서 이러한 여러 의미들은 "차라리 의식을 통해서만 존재한다"고 선언한다.[17]

지금까지 우리는, 후설이 보는 의식 또는 "정신적 과정들의 흐름"이란 "통일적인 하나의 흐름the unity of one consciousness"으로서, 말하자면 내적 시간 형태로서 하나의 전체를 끊임없이 구성해가는 의식임을 살펴보았다: "정신적 과정들은 그 본질상 상호간에 아무리 이질적이라 하더라도, 하나의 현상학적 시간의 구성 부분으로서, 완전한 하나의 시간적 흐름으로 구성된다."[18] 특히 후설은 이와 같은 의식의 "종합적" 또는 "통일적 구성 작용"이 "초월적 환원"에 의해 밝혀진다고 지적한다.[19]

뿐만 아니라 후설은 의식이 그 내용으로서 "의미"를 지니며, "이 의미 속에서 또는 그것을 통해서" 대상과 만난다고 본다.[20] 보다 정확하게 말하면, 의식은 구성된 대상의 "의미 속에서 또는 그것을 통해서" 대상과 만난다. 이것을 차인석 교수의 표현을 빌려 말하면, 의

---

15) 차인석, 앞의 글, pp. 47, 45.

16) 한전숙, 『현상학』(민음사, 1996), p. 170.

17) E. Husserl, *Ideas-First Book*, pp. 207~08.

18) 같은 책, p. 283.

19) 같은 책, pp. 111, 115, 127, 134, 193~94.

20) 같은 책, p. 309.

식은 "의식이 스스로에 '대(對)'해서" 세운 "상(象)"을 통해서 대상과 만난다.[21] 여기서 후설이 말하는 "종합적" 또는 "통일적 구성"은 단순히 구성 작용을 수행하는 "노에시스noesis의 통일"에만 국한되지 않고, 구성되는 대상, 즉 노에마noema에까지 확장된다. 그에 의하면, 어떠한 사물도 그 자체로는 "자립성"이 결여되어 있다. "사물의 질서와 연결ordo et connexio rerum"은 "의식의 질서와 연결ordo et connexio idearum"에 의존한다. 그러나 이 말의 진정한 의도를 생각해 보면, 후설도 지적했듯이, 양자간의 필연성 또는 "맹목적 규칙성a blind regularity"[22]보다는 이들간의 관계를 바라보는 관점의 전환을 촉구하려는 데 있다고 보여진다. 다시 말하면, "대상"의 "사물thing"로서의 속성보다는 "현상appearance"의 측면을 강조함으로써, 대상을 이해하는 방식에 근본적인 관점의 변화를 촉구한다. 예를 들어 후설은 우리가 무엇을 안다고 할 때의 인식 작용과 그 무엇을 의식적으로 구성하는 구성 작용은 분리될 수 없다고 본다. "안다는 것"은 "대상을 인식하는 것"이고, "대상을 인식함"이란 대상을 의식 안에서 구성하고, 의식에 대해서 대상적 존재의 의미나 의의를 부여함이다. 이때 후설은 대상 인식을 의식 밖에 있는 외적인 것을 비어 있는 의식의 빈 그릇 속으로 들여오는 것과는 판이한 것으로 파악한다. 의식은 의

---

21) 차인석, 앞의 글, p. 46. 그러나 여기서 주의할 것은 차교수가 말하는 "상"이 후설이 말하는 "의미"가 아닌 "그림picture"이라면, 후설의 견해와는 판이하다는 것이다. 후설은 이렇게 말한다: "Frequently the picture theory is attacked with zeal and a sign theory substituted for it. Both theories, however, are not only incorrect but countersensical. The spatial physical thing which we see is, with all its transcendence, still something perceived, given 'in person' in the manner peculiar to consciousness. It is not the case that, in its stead, a picture or a sign is given. A picture-consciousness must not be substituted for perception. Between perception, on the one hand, and depictive-symbolic or signitive-symbolic objectivation, on the other hand, there is an unbridgeable essential difference"(E. Husserl, *Ideas-First Book,* pp. 92~93).

22) E. Husserl, 같은 책, pp. 112~13, 243.

식에 앞서 존재하는 대상을 의식의 문을 열고 의식 안으로 들여오는 방식으로, 따라서 그 대상이 의식 안에서 의식을 향해 자기의 모습을 보여줌으로써, 의식이 수동적으로 대상을 경험하는 것이 아니라, 능동적으로 대상을 구성하고, 의식 안에서 그리고 의식에 "대해서" 의식이 대상의 의미를 부여하는 방식, 즉 능동적 방식으로 대상과 만난다.

이를 보다 일반화시켜 말하면, 의식에 주어진 대상은 현상으로서 의식의 흐름을 구성한다. 이때 의식의 흐름이란 "규칙성을 갖는 현상들의 계열series"[23]로서 구성된 흐름이며, 또 현상들은 대상 그 자체이거나 대상을 포함하는 것이 아닌 순수한 의식의 내용으로서 대상의 의미가 된다. 현상은 의식의 흐름을 구성함과 동시에, 의식은 대상에게 의미를 부여하며, 이러한 의미를 통해서 대상을 대상으로 경험한다. 이제 "인과 관계"나 "자연" 또는 모든 "초재성들transcend-encies"은 "의식에 고유한 방식으로in the manner peculiar to conscious-ness" 구성된 것들로서 "규칙적인 의식의 연쇄 속에서 구성된 존재들"이며, 따라서 이러한 의식의 맥락 속에서만 "의미"를 가질 수 있는 존재들, 즉 "의존적" 존재들로 이해된다.[24]

여기서 모든 "대상," 모든 "현실"은 의식을 구성하는 "현상"임과 동시에 의식이 구성한 "의미들"로서, 주체와 객체는 이와 같은 의식의 구성 행위 속에서 분리될 수 없는 통일성unity으로 인식된다. 아울러 한 가지 주의할 것은, "현상학이 추구하는 '사상(事象)자체zu den Sachen selbst'"는 칸트적 "물(物)자체Ding an Sich"와는 다르다는 점이다. 이것은, 말하자면, "우리의 의식의 피안에 있는 초월적 존재가 아니라 의식의 대상으로 인식된 것으로"서, 의식에 의해 구성된 "존재자들"이다. 이런 점에서 현상학은 "사상 자체"가 "언제나 우리의 의식 안에 주어진 양식에 달려 있다는 것"을 일깨워준다고도 말할 수

---

23) 같은 책, p. 362.
24) 같은 책, pp. 116, 122~23.

있다.[25] 요컨대 후설의 구성은 구성하는 노에시스뿐만 아니라, 구성되는 노에마도 모두 포괄하는, 그리고 이들을 하나의 통일적 의식으로 엮어가는, 말 그대로의 "전체적 구성"임을 알 수 있다. 이때 구성적 의식은 구성하는 노에시스적 층the noetic strata of consciousness과 구성되는 노에마적 층the noematic strata of consciousness으로 양분되면서도 전체로서는 하나의 통합적 또는 통일적 의식을 형성해간다는 것에 유의해야 할 것이다. 이런 점에서 "구성"이란 "노에시스와 노에마의 형성 the fashionings of noeses and noemata"이다.[26]

이와 더불어 후설에 있어서의 구성은 부분적이거나 일면적인 구성에 머무르지 않고, 끊임없이 "완전한 구성 the full constitution"[27]을 지향한다는 점에 주목할 필요가 있다. 물론 그는 "음영짓기 adumbration"를 통하지 않고서는 어떠한 사물도 지각될 수 없음을 인정한다. 예컨대 "물체 지각"의 경우, 어떠한 "물체"도 "그 전체를 보이지 않으며 언제나 한 측면만을 나타낸다. 우리가 보는 나무는 내가 서 있는 곳에서 한 면만을 보여준다. 내가 걸어서 나무 둘레를 돌면 지금까지 보였던 측면은 그늘로 들어가고 새로운 면이 빛을 본다. 물체 지각에서 한 물체가 이렇게 보이는 것을" 후설은 "음영짓기"라 부른다.[28] 그럼에도 불구하고 그는 "'우리의' 지각은 그러한 음영짓기를

---

25) 차인석, 앞의 글, pp. 56~57.

26) E. Husserl, *Ideas-First Book*, pp. 347, 369. 마찬가지 이유에서 차인석 교수가 지적한 점, 즉 "지향성의 양면 구조는 물체 지각이 수동적이냐 창조적이냐 하는 물음을 무의미하게 만든다"는 말은 아주 적절한 것으로 생각한다. 물체 지각은 노에시스의 층에서 볼 때 '창조적'인 활동인 반면, 노에마의 층에서 볼 때 '수동적'이기 때문이다"(차인석, 앞의 책, p. 57). 그러나 차교수의 다음과 같은 언명, 즉 "현상학적 반성에서 코기토와 코기타툼은 지향적 의식 과정의 양측면을 이루지만 코기타툼은 의식 밖에 있는 실재 나무이다"라는 언명은 이와는 상충되는 것으로 생각된다(같은 글, p. 48).

27) E. Husserl, *Ideas-First Book*, p. 363.

28) 차인석, 앞의 글, p. 49.

통해서 사물 그 자체에 도달할 수 있다"[29]고 주장한다. 여기서 후설
은 바로 "완전한 구성"을 염두에 두고 있음을 상기할 필요가 있다.
필자는 차인석 교수가 주장하는 "함께 세우기 Zusammenstellung"도
"모두 세우기"와 같은 뜻으로 해석할 수 있다면, 후설이 말하는 "완
전한 구성"과 크게 다르지 않다는 견해이다.[30] 실제로 차교수는 이러
한 견해에 상당한 시사점을 던져준다. 그에 의하면,

　　후설은 '대상이 의식 안에서 스스로를 구성한다'는 식의 표현을 자
주 썼다. 감각을 통해서 주어지는 여러 형태의 질료가 서로 맞추어 하나
의 객관적 통일성을 이룸으로써 한 물체가 인식되는 것이 한 대상이
의식 안에서 스스로 구성한다는 것을 가리킨다. 또 의식의 대상화 작
용도 이 구성 아래서 이해되어야 한다.[31] 〔강조는 필자의 것임〕

　필자는 위의 인용문 중 특히 "여러 형태의 질료"를 "모든 형태의
질료"라는 말로 바꾸어 표현할 수 있다면, 지각의 구성은 다음과 같
이 정의된다고 본다. 즉 구성이란 감각을 통해서 주어지는 모든 형태
의 질료들을 함께(모두) 세워서, 이들을 서로 맞추어 하나의 객관적
통일성을 이룩하는 일이다. 또 "모두 세우기"로서의 "완전한 구성"이
라는 말 가운데는 구성의 "엄밀성"이 함축되어 있는 것으로 보인다.
이런 점에서 필자는 대상"에 대한" 구성보다는 대상"의" 구성이 후설
의 "본의"에 더 근접한 표현으로 생각한다.
　후설은 여러 곳에서 "완전한 구성을 실현시키기 위한 구성 단계의
확대를 주장한다. 먼저 그의 구성은 독아론적(獨我論的) 구성에서 출
발한다. 그러나 이것은 곧 상호 주관성의 구성으로 이행되며, 다음에

---

29) E. Husserl, *Ideas-First Book*, p. 90.
30) 차인석, 앞의 글, p. 51.
31) 같은 글, pp. 50~51.

는 일관성 있는 조화성 harmony의 구성으로부터 일관성이 없는 상충성 conflict의 구성으로까지 확대된다. 후설은 "완전한 구성"을 통한 "'진정한 현실성'의 현상학 phenomenology of 'true actuality'"의 이상을 이렇게 피력한다:

계속적인 조화의 종합에 대립해서 상충성의 종합들, 오해의 종합들, 그리고 다른 여러 이름으로 불리는 기타의 종합들도 정당하게 다루어져야 한다: '진정한 현실성'의 현상학을 위해서는 '무화적(無化的)인 환상 nullifying illusion'조차도 불가결한 것이다.[32]

후설의 구성은 "단계"에서뿐만 아니라 "영역" 면에서도 확장된다. 처음에는 "대상성 objectness"에서, 다음에는 물리적 자연으로, 그리고 심리적 주체로, 마침내는 "의식 형성의 모든 수준과 층을 총망라한 완벽한 체계"의 구성으로 확대된다. 필자는 후설의 "완전한 구성" 논의와 관련하여 "객관적 사실성을 중시하는" 한전숙 교수의 구성 논의도 함께 검토할 필요가 있다고 생각한다.

한교수는 후설과 칸트의 "구성"이 "아주 비슷하면서도 엄연히 다르다"는 점을 강조한다. 그는 후설이 칸트의 'Konstruktion'과 비슷한 'Konstitution'이라는 용어를 사용하고 있으나, 칸트의 "Konstruktion"은 "덮어씌우는 식으로 〔……〕 멋대로 꾸며댐"인 반면, 후설의 "Konstitution"은 "이미 주어져 있는 것을 〔……〕 밝혀내는" 작용으로서, 양자간에는 현격한 차이점이 존재한다고 본다.[33] 한교수의 논의

---

32) E. Husserl, *Ideas-First Book*, p. 363.

33) 한전숙, 『현상학』, pp. 165~66, 203~05. 한교수는 칸트와 후설의 차이점을 다음과 같이 설명한다: "칸트에서 주관은 주어진 질료를 주관이 아프리오리하게 구비하고 있는 형식에 따라서 자발적으로 구성한다. 그런데 이때 질료는 전적으로 잡다 mannigfaltig하고, 무질서하다. 여기서 '잡다'니 '무질서'니 하는 것은 우리가 이해할 수 있도록 되어 있지 않다는 뜻이다. 인식, 즉 구성 작용이란 이 잡다한 질

는 대체로 세 가지로 집약된다: 1) 후설의 구성은 주관 위주의 구성
이기보다는 "질료"가 "응분의 발언권을 가지고 있"는, 따라서 "객관
적 사실성"이 강하게 "자리잡고 있"는 구성이다; 2) 이런 점에서 "주

<hr>

료를 정리하고 질서짓는 것을 말한다. 이때 이 구성은 주관이 구비하고 있는 형식
대로, 이런 의미에서 주관의 뜻대로 이루어지는 것이다. 다시 말해서 구성된 대상
의 모습은 오로지 주관의 형식에만 의존하는 것이다. 질료는 대상 구성에서
〔……〕 미약한 존재이다. 물론 칸트에서도 질료 없이는 구성 작용이 이루어질 수
없다. 그러나 질료는 소재로서 제공될 뿐 대상의 형성에서 그 이상의 아무런 역할
도 담당하지 않는다. 그러므로 칸트에서 질료는 주어져 있다는 사실만으로 충분
하며, 따라서 그것이 어떻게 주어지는가는 물을 필요도 없다.

　　그러나 후설에서 질료는 이렇게 무성격하지 않다. 질료는 그 자신의 선구조(先
構造)를 가지고 주관에 주어진다. 따라서 노에시스의 대상 구성 작용은 주관의 뜻
대로만 되는 것이 아니다. 주관이 능동적으로 작용하기에 앞서서 질료는 그것대
로의 역사를 가지며 그 나름의 질서를 갖춘다. 그러기에 질료는 대상 형성에서 응
분의 발언권을 가지고 있는 셈이다. 그것도 칸트에서와 같이 그저 소재로서 불가
결이라는 소극적인 의미에서가 아니라 장차 형성될 대상의 모습에 영향을 미칠
어떤 것을 가지고 제공되는 것이다. 그러므로 칸트에서 구성은 주관의 아프리오
리한 형식을 질료에 덮어씌우는 식으로 이루어지는 데 대해서 후설에서는 질료로
서 이미 주어져 있는 것을 우리가 알 수 있는 형태로 밝혀내는 것, 그런 의미에서
의 대상화 작용, 객관화 작용을 말한다.

　　후설〔이〕 〔……〕 선험적 현상학에서 주관 작용을 그렇게 강조할 때에도 그는
Konstitution이라는 말만 쓰고 Konstruktion은 대개의 경우 '멋대로 꾸며댐'이라는
뜻으로만 쓴다. 그뿐만 아니라 Konstitution의 동사형을 쓸 때에도 주관을 주어로
하지 않고 대상을 주어로 하여 sich konstituieren이라고 재귀형으로 쓰고 있음을
흔히 본다. 이것은 대상 형성, 인식이 칸트식으로 주관 작용 위주로만 이루어지는
것이 아님을 나타내는 데 그치지 않는다. 질료는 어디까지나 주관에 주어지는 것
인데, 주어진다는 말은 주관 밖에서부터 주관의 능동 작용의 개입이 없이 무언가
가 제공된다는 뜻이다." 한교수는 뒤에 가서 다시 이렇게 부연한다: "구성
Konstitution은 칸트에서처럼 주관이 질료를 마음대로 질서짓는 것이 아니라 '이
미 현존하고 있는 것이 주관에 의해서 재현됨 Restitution, insofern als vom Subjekt
restituiert wird, was schon da ist'을 말한다. 우리가 위에서 본 바와 같이 질료는 그
나름의 질서를 가지고 주관에 제공된다. 다만 이 질서는 아직 아무런 이름도 붙여
지지 않은 잠세적(潛勢的) 질서에 불과하다. 그것은 이른바 수동적 종합에 의해
서 선구성된 질서요, 이것을 그대로 밝혀내는 것 Restitution이 구성이다. 그러므로
구성이란 '존재자를 알려질 수 있도록 맞아들임'이다"(같은 책, p. 260).

관은 임의로 의미를 구성할 수" 없으며, 항상 그의 구성에 있어서 "대상의 본질에 대해서 의존적이다." 말하자면 주관이 "마음대로 할 수 있는" 대상"에 대한" 구성이기보다는 "주관이 마음대로 할 수 없는nicht mächtig"[34] 대상"의" 구성이라는 것이다; 3) 이와 같은 한교수의 해석은 "충실한 구성"을 지향하는 후설의 이상과도 일치할 뿐만 아니라, "엄밀성"을 확인해주는 언명으로 이해된다.[35] 또 한교수는 구성의 이와 같은 특성을 고려해볼 때, 후설의 현상학에 대한 그 동안의 인식은 "그의 본의를 그대로 옮긴 것"으로 보기 어렵다는 점도 지적한다:

이렇게 보아오면 후설의 선험적 관념론을 피히테식의 절대적 관념

---

34) 같은 책, p. 259.

35) 후설의 구성을 한마디로 말한다면, "시간 구성 속에서 이루어지는 모든 의식 작용"을 뜻한다. 이런 점에서 펄Jed Perl의 "시간을 통한 봄 seeing-through-time"은 이러한 구성의 의미에 가장 근접한 표현으로 생각된다(J. Perl, "Seeing and Time," in *The New Republic*, Aug. 3, 1998, pp. 31~37). 또 한전숙 교수는 "구성"을 "모아지는 과정, 쌓여가는 과정"(한전숙, 앞의 책, p. 216)이라고도 말하는데, 이때의 "모아짐"이나 "쌓여감"은 어떤 공간에서의 "모아짐"이나 "쌓여감"이 아니라 시간 속에서, 그리고 시간을 통한 "모아짐" 또는 "쌓여감"으로 이해해야 할 것이다. 아울러 constitution과 construction에 관한 한교수의 구분을 한걸음 더 발전시킨다면, 다음과 같이 도표화할 수 있다:

Husserl	Constitution	구성 (내재적 구성)	밝히는 것	이 해	발견	1차적	대상 '의' 구성
Kant	Construction	구축 (외재적 구축)	덮어 씌우는 것	정당화	발명	2차적	대상에 '대한' 구축

후설에 의하면, 모든 의미의 구축물meaning construct들은 의식의 구성적 획득물constituting accomplishment에 속한 것으로서 구성의 관점에서 이해될 수 있는 반면, 모든 구성물들은 구축의 관점에서 접근할 수 없다고 말한다(E. Husserl, *The Crisis*, pp. 113~14, 153).

론의 방향으로만 해석하는 것은 그의 본의를 그대로 옮긴 것이라고 하기 어렵다. 그의 현상학에는 절대적 관념론에 담지 못할 객관적 사실성이 한쪽에 자리잡고 있다.[36]

2. 행태주의 비판

앞에서도 지적한 바와 같이, 후설의 구성론은 "'인과 관계'나 '자연' 또는 '초재성들'"을 "'의식에 고유한 방식으로' 구성된 '의존적' 존재들"로 보며, 또 "의식의 맥락 속에서만 '의미'를 가질 수" 있는 것으로 이해한다. 일단 이와 같은 구성의 관점을 수용하게 되면, 진리는 객관적 대상간의 "상응"이기보다는 의식적 구성의 산물로 나타나게 되며, "인과 관계"나 객관적 대상들간의 관계 역시 인식의 주체와 독립된 객관적 세계 속의 사물이거나 이러한 사물의 속성이기보다는 인식 주체의 의식 작용에 의해 구성된 관계로서 파악된다. 이와 같은 견해는 일찍이 흄에 의해 제시된 바 있다.

흄은 인과 관계—또는 후설이 말하는 "필연적인 계기 necessary succession"—란 의식이 만들어낸 허구 또는 가공에 다름아니라고 말하면서, 인간의 의식은 그것이 "좋아하는 대로"—다시 말하면, 그것이 "지향하는 바에 따라"—지각을 연상 또는 연합한다고 본다. 이와 같은 연상 또는 연합 작용에 의해, 의식은 대상들을 관련짓거나 또는 그들간의 결합을 결정한다. 여기서 흄은 인과 관계를 대상 그 자체에 속한 속성이 아니라 전적으로 인간의 상상력에 의해 만들어진 의식 작용의 산물[37]이며, 또는 김효명 교수의 표현에 따르면, "자

---

36) 같은 책, p. 205.

37) Hong Woo Kim, *David Hume and Edmund Husserl: A Comparative Study of Their Epistemological Foundation for Political Inquiry*, pp. 14~44, 80~88; D. Hume,

신의 것을 밖으로 투사하고 project 객체화 objectfication시키려는 인간 마음의 성향"으로부터 생겨난 일종의 "자연적 믿음"이라고 주장한다.[38] 흄은, 말하자면, 인과 관계에 관한 의식의 구성적 관점을 최초로 제시했던 것이다.[39]

또 구성론의 최근의 예로서 미국에서 대두되고 있는 국제 정치의 새로운 경향인 "구성주의 constructivism"를 들 수 있다. "국제 정치의 양대 이론인 현실주의와 자유주의는 모두 국제 질서를 이미 '형성된 것'으로" 본다. "그러나 구성주의는 국제 질서나 타국에 대한 이미지는 이미 형성된 것이 아니라 변화해갈 수 있다"고 본다.[40] 신욱희 교수도 그의 최근의 논문에서 웬트 Alexander Wendt, 크라토크빌

A Treatise of Human Nature, Book I, 이곳저곳.

38) 김효명, 「흄의 필연성론에 대한 비판적 고찰」, 『철학사상』 1호(서울대학교 철학사상연구소, 1991), pp. 148, 164.

39) 정대현 교수도 이것을 다음과 같이 지적한다: "흄은 반사실적 구성을 통하여 우연이건 고의이건 법칙적 또는 필연적 성격을 부각한 최초의 철학자로 생각된다"(정대현, 『필연성의 문맥적 이해』, 이화여자대학교 출판부, 1994, p. 22).

　　여기서 정교수는 흄의 입장을 "심리적 해석"으로서, "그 후 유명론적 입장의 기초가 되었다"고 밝히면서, 플란팅카 Alvin Plantinga의 "실재론"과 대비시킨다. "필연성" 또는 "필연적 인과 관계성에 대한 실재론적 입장은 필연성이 사물의 성질이다"라는 입장이다. 사물들이 필연적 성질로서 본질을 가지고 있다는 것이다. 그러나 정교수는 "필연성에 대한 실재론적 이해나 유명론적 접근은 필연성에 대한 일면적 이해 방식"이라고 비판하고, "필연성은 일차적으로 언어적(對言的, de dicto)이고, 그리고 그러한 조건하에서 실재적(對物的, de re)일 수 있다"고 논하면서, "필연의 대물성"과 "필연의 대언성"의 양면을 주장한다. 그리고 그는 이와 같은 "종합적 이해 방식을" 가리켜 "필연성에 대한 '문맥적' 접근"이라고 칭한다 (같은책, pp. 20∼30).

　　사족으로 후설과 흄간의 구성론의 차이점을 생각해보면, 후설의 구성이 노에시스와 노에마를 모두 포괄하는 것이라면, 흄의 그것은 노에마에 국한된 것으로 생각된다.

40) 서동만·구갑수, 「북·미 핵외교사 정리 '미국은…' 분석 대담」, 동아일보 '책의 향기,' 1999년 9월 18일, p. B4. 엄밀한 의미에서 "constructivism"은 "구축주의"로 번역해야 한다. 그러나 이 분야의 기존의 관행을 존중하는 의미에서 "구성주의"로 표기하도록 한다.

Friedrich Kratochwill, 그리고 오너프 Nicholas Onuf 등 일련의 구성주의적 constuctive 국제 정치 이론가들을 소개하고 있다. 신교수에 의하면, 웬트는 "근대 국가 체제의 거시적이고 미시적인 기본틀이 존재론적으로 고정된 것이 아니라 역사적/간주관적으로 구성되어온 것이며 지속적으로 변화하는 것이라는 구성주의적 견해를 대변"한다; 웬트는 "국가도 인간과 마찬가지로 행위를 통해 그들이 존재하는 체제를 재생산하고 변화시키는 의도적인 행위자"로 인식하고, "국제 체제는 이러한, 행위자들의 상호 작용에 구조적인 영향을 미치는 사회적인 관계로 이루어져 있다"고 주장한다; 그는 또 "자구 self-help와 무정부성 anarchy의 원칙"이 "구조가 아닌 과정(상호 작용과 학습)에서 연유하는 것"으로, 다시 말하면 "행위자들이 일련의 과정을 통해 '만들어낸' 것"으로 설명하면서, 이들은 "그 자체가 〔……〕 하나의 '제도'에 해당한다"고 논한다; 여기서 웬트는 "국제 체제를 형성하는 주체와 구조 사이에 존재하는 상호 구성적인 속성 mutually constitutive nature에 주목"하는 한편, "이러한 분석을 위한 '구조적-역사적 structural-historical' 연구 방법"을 강조한다.[41]

또 크라토크빌은 "사회적 구성의 과정에서 언어와 규범, 그리고 규칙의 중요성"을 지적하면서, 특히 행위자들간의 "상호 작용이 규칙에 의해 제어되는 방식"과 "그 결과에 대한 고찰이 필요하다고" 강조한다; 예컨대 그는 "근대적 의미의 '국가 이익 national interest'에 대한 역사적 고찰"에서 "구조와 행위자 자체가 아니라 구조의 형성과 행위자의 결정을 유도하고 합리화시키는 규범"과 "규칙"에 "분석의 초점"을 맞춘다; 이와 같은 "규칙"의 강조는 오너프에게서도 동일하게 찾

---

41) 신욱희, 「구성주의 국제 정치 이론의 의미와 한계」, 『한국 정치학회보』(1998년 여름), pp. 151, 153; 신욱희, 「분석 수준과 분석 단위에 관한 새로운 논리」, 김달중·박상섭·황병무 공저, 『국제 정치학의 새로운 영역과 쟁점』(나남출판사, 1995), p. 30.

아볼 수 있다; 그는 "하버마스의 언어 이론과 기든스의 구조화 개념을 원용"하여, "국제 정치적 현실이 사회적으로" 어떻게 구성되는지를, 특별히 "규칙"이 여기에 어떤 영향을 미치는지를 밝혀낸다; 오너프에 의하면, "'국제 관계를 포함하는' 사회 관계들은 모두"가 "규칙에 의해 짜여"진 "사례들"로서, "규칙 rules과 규칙을 통한 이익의 불균등한 배분의 결과"로서 "지배 rule"가 나타난다; "이와 같은 규칙과 지배의 다양한 형태가 국제 정치적으로 표현"된 것이 "바로 패권 hegemony과 위계 질서 hierarchy와 타율성 heteronomy"이다; 또 오너프에 의하면, "국제 정치의 변화"는 "주체와 규칙, 그리고 제도가 상호 작용하면서 지배의 형태를 계속해서 '재구성'"하는 방식으로 전개된다; "이 과정에서 중요한 것은 〔……〕 주체성의 역할이다"; "주체"는 "규칙을 통해 제도를 만들고, 이러한 제도"는 "다시 새로운 주체성을 갖게" 된다; 그러나 그는 "주체와 구조의 그 어느 하나에 대한 일방적인 입장을 지양하면서 규칙이 갖는 양방향의 성격과 그 사회적 기능에 주목"한다.[42]

요컨대 신교수는 구성주의 constructivism가 한편으로는 "국제 정치적 현실을 '주어진' 것이 아니라 행위자 actor와 구조 structure의 상호 작용을 통해 '구성되었고, 재구성되어질'" 것으로, 말하자면 끊임없이 "유동적인 패러다임 operative paradigm"으로 파악한다는 점에서, 다른 한편으로는 "주체와 객체, 개인과 사회, 미시적 수준과 거시적 수준이" 외적인 병존 관계 속에서 "'이원적'으로 존재하는 것이 아니라 '상호적'으로 서로를 구성한다는 것"에서 기존의 국제 정치학의 접근 방식과는 다르다고 보고, 그 특징을 세 가지 측면으로, 다시 말하면, 1) "현실의 사회적 구성"이라는 인식론적 측면과 2) "주체와 구조의 상호 구성"이라는 존재론적 측면과 3) "정체성과 이익의 재구

---

42) 신욱희, 「구성주의 국제 정치 이론의 의미와 한계」, 앞의 책, pp. 151~54.

성"이라는 비판 이론적 측면으로 구분해볼 수 있다고 말한다.[43]

끝으로 신교수는 이러한 구성주의적 분석이 "냉전적 현실 Cold War reality이 만들어지고 붕괴되는 과정" 등과 같은 "역사적" 연구에서 크게 각광을 받고 있다고 지적하면서,[44] 한국 학계에서도 "비록 구성주의라는 용어가 직접적으로 사용되지"는 않고 있다 하더라도 상당히 일반화되고 있는 것으로 분석한다: "예를 들어 조인원은 제도적 구조와 선택이라는 틀에서 4공화국의 중화학 공업 정책을 설명하고 있"으며, "정진영은 세계화와 국가의 문제를 양자간의 상호 작용의 맥락에서 파악"하며, "20세기 국제 관계에 대한 이해를 위해 이삼성이 강조하는 '기억의 정치'"나 "한국 전쟁의 기원에 대한 고찰에서 박명림이 사용하는 '대쌍 관계의 동학'도 구성주의의 인식론과 존재론에 연관된다"; 또 웬트가 강조하는 "행위자와 구조의 분석틀"은 백학순의

---

43) 같은 글, pp. 148, 152, 156.

44) 예컨대 웬트는 이렇게 말한다: "The Cold War was a social structure in virtue of which the United States and the USSR had certain identities. These were embodied in 'national security worldviews'(in terms of which each defined self and other) and in role positions in a social structure"; "The Cold War was fundamentally a discursive, not a material, structure"; "the social world is constituted by shared meanings and significations, which are manipulable by rhetorical practices"; "When leaders of the G-7 hold annual but substantively trivial meetings to discuss economic policy, when European statesmen talk about a 'European identity,' when Gorbachev tries to end the Cold War with rhetoric of 'New Thinking' and a commom European home, when Third World states develop an ideology of 'nonalignment, or when the United States demonizes Saddam Hussein as 'another Hitler,' states are engaging in discursive practices designed to express and/or to change ideas about who 'the self' of self-interested collective action is. These practices may ultimately serve an instrumental or strategic function, but they cannot be understood from a strictly rationalist standpoint, since they are at base about redefining identity and interest"(A. Wendt, "Collective Identity Formation and the International State," in *A. P. S. R*(June, 1994), pp. 386, 389, 391). 그러나 웬트의 구성 이론의 가장 큰 문제점은 'construction'(구축)과 'constitution'(구성)을 구분하지 않은 데 있다.

"통일 문제의 논의에서도 자주 등장"한다.[45]

최근 들어 김학노(金學魯) 박사 역시 "신기능주의적 구성주의"의 입장에서 EC와 같은 "초국가적 정치체 supranational polity"의 통합 문제에 접근한다. 김박사는 특히 "행위자의 자기 이익 인지는 고정되어 항상 명확한 것이 아니"라 "다른 행위자들과의 상호 행위 과정 속에서 '학습'을 통하여 형성되거나 수정"된다고 보며, 또 "그들이 속한 제도에 의해서"도 "제약되고 구성된다"고 주장한다. 그러나 김박사는 "행위자를 구성하는 제도의 영향이" 일방향적인 것이 아니라 "그 제도에 대한 행위자들의 적극적인 의미 규정과 재규정을 통해서 발휘된다"고 말한다. 이런 점에서 그는 초국가적 정치 공간에서는 행위자 상호간에, 그리고 "행위자들과 제도적 구조 사이에" 일종의 "상호 구성적 관계"가 형성된다는 점을 지적한다.[46]

그러나 무엇보다도 필자가 주목하는 것은 기초적인 연구 단계에서 봉착하게 되는 구성의 문제이다. 행태주의자들이 제기하는 자료의 문제는 이러한 기초적 구성 문제들 가운데 대표적인 예라 할 수 있

---

45) 신욱희, 「구성의 국제 정치 이론의 의미와 한계」, 앞의 책, p. 161의 각주 42). 또 신교수는 구성주의가 정치학 분야뿐만 아니라 타분야에서도, 특히 과학사회학 논의에서도 발견된다고 본다. 신교수는 이들 과학사회학자들이 "과학을 일정한 규범이 지배하는 하나의 사회적 제도로 간주하거나 또는 초사회적 지식 체계로서의 과학 기술의 존재를 부정하면서 특정한 시기의 사회적 맥락의 영향을 강조"한다고 부연한다(같은 글, p. 157). 필자는 또한 김환석 교수의 최근의 논문, 「과학 기술의 민주화」론도 좋은 예라고 생각한다. 김교수는 "과학 기술"을 "시대와 문화에 따라 다양하게 구성될 수 있는 사회문화적 산물"로 이해하면서, "시민 참여를 통한 과학 기술의 민주적 재구성"의 방안을 개진한다. 그는 특히 과학 기술의 "전문성"이 "보다 개방적으로 민주화"되지 않을 경우, 울리히 벡 Ulrich Beck이 말하는 "위험 사회"에 이를 것이라는 인식하에 "전문성 자체의 재구성"을 위한 "시민 지식 lay knowledge의 유용성"에 대해 관심을 환기시킨다(김환석, 「과학 기술의 민주화: 왜? 그리고 어떻게?」(미발표 논문, pp. 1~8).
46) 김학노, 「신기능주의 통합 이론의 구성주의적 재구성」, 『한국 정치 연구』(1999), pp. 449, 452~53.

다. 특정한 자료가 일단 수집되면, 제일 먼저 제기되는 물음은 수집된 자료와 또 이러한 자료의 집적을 통해 주어진 현실을 얼마나 신뢰할 수 있느냐이다. 이것을 흔히 "신뢰성reliability"의 문제라 부른다.

행태주의자들은 모든 자료들——"지각된 정보"[47]로서의 자료들——이 예외 없이 각각의 한계와 편차bias를 갖는 것으로 본다. 이와 같은 한계와 편차는 모든 사람들이 동일한 사물을 동일하게 지각할 수 없다는 엄연한 사실에 기인한다. 김광웅 교수의 보다 엄밀한 정의에 따르면, "신뢰성"이란 "둘 이상의 관찰자가 각기 관찰해서 동일한 결과를 얻을 수 있는 정도"를 말한다.[48]

그러나 불행히도 사람들은 동일한 사물의 일부만을 선택적으로 지각할 수밖에 없다. 따라서 동일한 사물에 대해 상이한 의미를 부여하게 되고, 또 상이한 자료들은 동일한 연구 주제에 상이한 정보를 제공한다. 그 결과 연구의 시각은 자료에 따라 달라지게 된다.

이런 점에서 옥센버그Michael Oksenberg는 모든 연구자들은 다양한 출처의 자료가 "제공하는 시각들의 포로들captives of the perspectives"이라고 말한 바 있다. 그는 모든 출처의 자료들이 "시각과 편차들"을 잉태하며, 또 일정 정도로 정상 분포로부터 벗어난 "왜도(歪度)skewed"를 나타내기 때문에, 어떻게 이러한 자료들로부터 객관성을 확보할 것이냐 하는 신뢰성의 문제는 모든 경험적 연구가 당면하는 기본적인 방법론의 문제로 본다. 이제 옥센버그가 제기하는 "신뢰성"의 문제를 정리해보면 다음과 같은 물음으로 요약된다: 모든 자료에 내재해 있는 한계와 편차를 상쇄시킬 방법은 무엇인가?[49]

---

47) 김광웅, 『방법론 강의: 기초·원리·응용』, p. 281. "지각"의 문제는 이 책의 「메를로-퐁티에 있어서의 '보는 것'의 의미」의 장에서 보다 자세히 다루겠다.

48) 같은 책, p. 304.

49) M. Oksenberg, "Sources and Methodological Problems in the Study of Contemporary China," in *Chinese Communist Politics in Action*, ed. by Doak Barnett (Seattle: University of Washington Press, 1969), pp. 577~606.

이것은 결국 인간 경험의 주관적이고 상대적인 측면을 표준화하고 객관화시킬 방법의 구성 문제로 귀착되며, 예컨대 김광웅 교수가 기술하는 "표준화 절차"는 이와 같은 구성 문제의 실제를 보여주는 일례라 할 수 있다. 그는 이렇게 말한다:

첫째, 측정 도구를 형성하는 각 문항을 가능한 한 명백히 표시한다.

둘째, 측정 도구 자체가 신뢰성이 없다고 생각되면 종류와 질이 같은 많은 문항을 추가한다.

셋째, 측정 도구를 분명히하고 표준화한다.

넷째, 측정 도구의 문항을 작성할 때 측정의 차원이 다르거나 또는 동일 차원을 정반대의 입장에서 측정할 수 있도록 배려한다.[50]

여기서 김교수가 강조하는 문항의 "명료화"나 "추가" 또는 기타의 "배려" 등은 의미의 양의성을 극복하고 단일하고 표준적 의미를 구성하기 위한 전략과 구체적 방안들로 볼 수 있다.

옥센버그가 제기한 자료의 신뢰성과 같은 맥락에서 길레스피John V. Gillespie는 자료의 "비교 가능성 comparability"의 문제를 제기한다. 그는 자료의 "비교 가능성"의 문제가 특히 "국가간 연구cross-national research"의 열쇠라고 본다. 국가간 연구에서는 상이한 출처로부터, 상이한 기준과 절차에 따라 산출된 자료들을 많은 사람들을 동원하여 수집하게 된다. 그러나 의미 있는 비교는 동일한 방식이나 기준에 의해 산출된 자료들에 의해서만 가능하다.

만일 자료의 산출이 동일한 방식이나 기준에 의거하지 않을 경우, 비교의 타당성 validity에 대한, 다시 말하면 비교하려는 것을 정확하게 비교했는가에 대한 의문이 제기된다. 아울러 길레스피는 의미 있

---

50) 김광웅, 『방법론 강의: 기초 · 원리 · 응용』, pp. 305, 310.

는 비교를 위한 "지표indicator"의 동일성에 대해서도 의문을 제기한다. 예컨대 한 정치 체제에 있어서의 폭동이나 쿠데타가 다른 정치 체제에 있어서의 폭동이나 쿠데타와 반드시 동일한 것인가라는 문제이다. 여기서 우리는 길레스피가 자료의 "비교 가능성"의 문제를 두 가지 관점에서 접근함을 알 수 있다: 1) 어떻게 동일한 자료 산출의 절차를 규정할 것인가? 2) 어떻게 동일한 지표를 작성할 것인가?[51]

필자는 이상에서 말한 신뢰성과 비교 가능성이라는 자료 문제는 본질적으로 지식의 구성 문제에 속한 것으로서, 보다 심도 있게 이 문제에 접근하기 위해서는 의식이 수행하는 의미의 구성 작용에 대한 이해를 필요로 한다고 본다. 경험적인 것은 사실적인 것으로 주어진다. 그러나 모든 사실적인 것이 반드시 객관적인 것은 아니다. 왜냐하면 객관성은 원래부터 주어진 감각적인 것이 아니라 방법에 의해 획득된, 다시 말하면 "수학적-물리적 술어들 mathematical-physicalistic predicates"[52]로 재구성된 결과이기 때문이다. "동일한 특성 identical charactesistics"이라는 의미의 객관성은 우연적이고 주관적인 요소를 정화시키고 합리화시키는 "공통된 방법 common method"을 통해서만 만들어지는, 말하자면 방법적 산물이다. 이와 같은 이유에서 로즈노James N. Rosenau는 『정치의 드라마 The Drama of Politics』에서 "자료 수집 data collection"이라는 말 대신에 "자료 만들기 data-making"라는 표현을 사용하였다.[53] 김광웅 교수도 로즈노의 입장을

---

51) J. V. Gillespie, "An Introduction to Macro-Cross-National Research," in John V. Gillespie and Betty Nesvold, eds., *Macro Quantitative Analysis* (Sage Publications, 1971), pp. 18~21.

52) E. Husserl, *Ideas Pertaining to a Pure Phenomenology and to a Phenomenological Philosophy-Second Book: Studies in the Phenomenology of Constitution*, trs. by Richard Rojcewicz and André Schuwer (Dordrecht/Boston/London: Kluwer Academic Publishers, 1989), p. 394. 이후 *Ideas-Second Book*으로 줄여 씀.

53) Hwa Yol Jung, "The Crisis of Political Understanding: An Insight into Subjectivity in Political Inquiry" (prepared for a Caucus for a New Political Science Panel at 1974

좋아 "자료 만들기"라는 용어를 최근의 저작에서 사용하고 있으나, 그의 저작 어디에서도 "자료 수집"에 대신하여 "자료 만들기"라는 용어를 사용해야 할 이유나 정당성에 대해 밝히고 있지 않다. 다만 문맥상으로 보아, 자료 만들기란 7가지 유형으로 구분되는 일종의 "지적 활동intellectualization"으로서, 단순한 "지각 활동"과 다르다는 점을 암시할 뿐이다. 그가 열거하는 7가지 활동은 넓은 의미의 계량화 방법을 가리킨다. 즉 1) 계산 counted; 2) 분류 sorted; 3) 측정 measured; 4) 가중치 weighted; 5) 위치지음 located; 6) 배열 arranged by magnitude; 7) 값 scaled and assigned an index value[54] 등이다.

Annual Meeting of the American Political Science Association, Palmer House, Chicago, Illinois, August 29~September 2, 1974), p. 29에서 재인용함.

54) 김광웅, 『방법론 강의: 기초 · 원리 · 응용』, pp. 281~82. 김광웅 교수는 1976년에 출판된 『사회과학 연구 방법: 조사 방법과 계량 분석』(박영사)에서는 "자료 수집"이라는 용어를 사용하고 있다. 그 후 20년이 지난 1996년에 나온 『방법론 강의: 기초 · 원리 · 응용』에서는 "자료 수집"이라는 용어와 아울러 "자료 만들기"라는 새로운 용어를 추가하고 있다. 그러나 왜 이러한 용어를 써야만 하는지 또 쓸 수 있는지에 대해서는 일언반구의 언급도 없이 침묵으로 일관하고 있다.

박우희 교수가 언급한 경제학자 하벨모Havelmo의 경우에도 자료의 구성 문제를 또 다른 측면에서 제기한 것으로 풀이된다. 박교수에 따르면, "하벨모는 그의 1944년 논문에서 데이터를 이론에 맞추려는 기존의 태도와 아울러 이론을 주어진 데이터에 맞추려는 시도를 해야 한다"고 지적하면서, "이론과 데이터는 둘 다 통계적 계측과 검증이 가능하도록 적당한 유연성을 지녀야" 함을 주장했다는 것이다(박우희, 『경제 원리 탐구』, p. 642). 이것은 하벨모가 데이터를 이론에 맞추려는 종전의 이른바 "데이터에 대한 구성"론에 반대하고, 보다 엄밀한 현실 분석의 길을 열어줄 "데이터의 구성"론을 제시한 것으로 해석된다.

뿐만 아니라 박교수가 최근에 펴낸 『경제 원리 탐구』도 따지고 보면 한국 경제학의 새로운 구성을 위한 제안의 성격을 강하게 풍기고 있다. 그는 첫째, "경제 이론"을 "경제와 경제가 기능하는 방식에 대한 신념의 집합sets"으로 이해하고, 둘째 이러한 신념 또는 이념의 차이에서 다양한 경제 이론이 "구성"——박교수의 표현에 따르면 "구축"——된다고 주장한다. 즉 "시장 기구를 만능시하는 것도 하나의 이념이고, 시장의 한계를 인정한 뒤 정부의 역할을 중시하는 것도 하나의 이념이다. 수량적 조정만으로 대처하려 하는 것도 하나의 이념이고, 구조 조정이 불가피하다고 보는 것도 하나의 이념이다. 어떤 이념을 기제로 하는가에 따라 구축된 필자는 행태과학의 방법과 관련하여, 계량적 방법 또는 수학의 구성적 성격도 밝혀야 한다고 본다. 이것은 특히 행태주의의 비판을 위해 필요하다고 생각되기 때문이다. 후설은 일찍이 그의 『유럽 과학의 위기와 선험적 현상학』에서, 계량적 방법 또는 수학이 생활 세계의 "의미에 대한 기술적 구축물들all technical constructions of meaning" 중의 하나라고 말한 바 있다.[55]

필자는 후설이 『유럽 과학의 위기와 선험적 현상학』에서 수행한 수학의 해체와 재구성의 과정들을 추적해봄으로써, 수학의 의미를 그 내부에서부터 이해할 수 있을 것으로 기대한다.[56]

이론이 다종다양하게 된다." 셋째로 박교수는 "한국의 경제학"이 종전의 "고전 물리학의 좁은 과학에서" 벗어나 "좀더 넓은 과학"으로 "즉 현대 물리학으로, 나아가 옛날에 버렸던 철학을 다시 음미하는 경제학으로" 재구성될 것을 촉구한다(박우희, 같은 책, pp. 501, 677, 779).

특히 박교수는 고전 물리학과 경제학의 깊은 관련성에 대해 언급하면서 이를 비판한다: "실제 고전파나 신고전파의 경제학을 창시한 사람들 가운데는 전에 물리학이나 의학을 공부한 뒤 경제학으로 옮긴 사람들이 많았다. 케네와 페티 같은 의학 출신자들에게는 인체와의 유추analogy로 경제를 보는 시각이 배어 있었고, 빅셀, 마샬, 사무엘슨 같은 물리학 출신자들이 창립한 경제 이론은 고전 역학적으로 '사물을 보는 시각'이 농후하게 반영되고 있었다. 신고전파 경제학의 초창기 연구자의 관심은, 경제 현상의 '설명'에 물리학의 개념과 논법이 어떻게 사용되는가가 주된 것이었고, 그런 설명이 깊게 침투되었다. 그러나 물리학의 원리에서 독립된, 그리고 경제 현상의 고유한 '원리'를 체계화하는 패러다임을 구축하는 데까지는 이르지 못하고 있었다"(박우희, 같은 책, pp. 664~65).

이와 같은 "구성론"의 입장에서 볼 때, 박교수의 다음과 같은 언명, 즉 "우리 앞에는 경제란 잡다한 현상이 놓여 있다. 그것은 우리의 의식에서 독립된 객관적 존재이다"(주 3) 참조)에는 상당한 문제점이 있다고 생각된다.

55) E. Husserl, *The Crisis*, p. 59. 후설은 수학과 관련하여서는 "constitution"보다는 "construction"이라는 용어를 자주 사용한다. 이 두 용어간의 차이에 대해서는 앞서 밝힌 바 있다. 일반적으로 모두 "구성"이라고 말할 수 있으나, 엄밀을 요하는 경우에는 constitution을 "구성"으로, construction을 "구축"으로 번역하는 것이 좋다고 생각한다. 그러나 이하에서 인용하는 번역판에서는 이들 모두를 "구성"으로 표현하고 있기 때문에 몇몇 특별한 경우를 제외하고는 번역자의 표현법에 따랐다.

56) 후설은 *The Crisis* 에서 이렇게 묻는다: "What is the meaning of this

후설은 첫째 계량적 방법을 객관성을 획득하기 위한 수단으로 보고, 이것을 넓은 의미의 수학과 동일한 것으로 이해한다.

그에게 계량적 방법 또는 수학이란 순수한 객관적 지식을 획득하기 위한 목적에서 고안된 것이다. 그것은 끊임없이 변화하는 감각적 자료들로부터 동일성과 동일한 것으로 결정될 기저 sub-strate를 구축한다. 이런 점에서 계량적 방법 또는 수학이란 "동일한 것"을 결정하고 수립하기 위한 방법이다. 예컨대 "수, 양, 연속체, 기하학적 형태 등과 같은 수학적 개념들"은 목격의 방식으로 주어져 있는 것들을 방법상 필연적으로 이념화한 것들"로서 "동일성"이라는 공통된 속성을 나타낸다.[57] 그리고 방법적으로 이념화된 "동일한 것"들은 어떠한 경험적 주체에 의해서도 반복적으로 파악되고 결정되고 확인되어야 한다. 계량적 방법이나 수학은 이와 같은 동일한 것과 동일한 경험들을 주관적이고 상대적인 현상으로부터 구축할 필요성에 의해서 만들어진 방법이다. 이들은 주관적-상대적으로 주어진 경험적인 것들을 합리화시키기 위하여 절대적 의미의 동일성을 이념적으로 규정 또는 구축하고, 이것에 맞추어 경험적 자료들을 측정한다. 이런 점에서 "이념화라는 개념적 방법 The conceptual method of idealization"은 과학적 방법의 기초가 된다. 그리고 과학적 이론의 객관성과 객관적 내용들은 모두가 이와 같은 계량적 방법 또는 수학에 의해 이념적으로 구축된 객관성들로서, 말하자면 계량적 방법 또는 수학의 구축물들이다.[58]

---

mathematization of nature? How do we reconstruct the train of thought which motivated it?" 이어서 그는 이렇게 대답한다: "In this connection it is necessary to go more concretely into the first beginnings of the enactment of Galileo's physics and of the development of its method" (같은 책, pp. 23, 43).

57) "그러나 흄의 의미에서 이러한 것들은 허구들이며, 더 나아가 이와 마찬가지로 필증적이라고 추정된 수학 전체가 허구들이다"(후설, 『유럽 과학의 위기와 선험적 현상학』, 이종훈 옮김, p. 125).

58) Hong Woo Kim, *David Hume and Edmund Husserl: A Comparative Study of Their Epistemological Foundations for Political Inquiry*, pp. 51~63; E. Husserl, *The Crisis,*

둘째, 후설은 계량적 방법 또는 수학을 이상에서 말한 바와 같이 객관성을 구축하기 위한 방법으로 볼 뿐만 아니라, 그 자체가 의식의 구성적 산물임을 강조한다. 특히 후설은 근대 수학이 갈릴레이 Galileo Galilei에 의해 물리학의 방법으로, 그리고 급기야는 "자연의 논리학a logic of nature"[59]으로 재구축되었다고 밝힌다.

후설에 의하면, "유클리드 기하학과 고대의 수학 일반은 단지 유한한 과제들, 말하자면 유한적으로 완결된 아프리오리만을 알"았으며, 이런 점에서 "아리스토텔레스의 삼단논법" 역시 예외가 아니라고 본다. 다시 말하면 "고대가 도달한 것은" 유한성까지였으며 "무한한 과제의 가능성"에까지는 "결코 도달하지 못"했다는 것이다. 그러나 "근대 초기에" 오면서 "무한한 수학의 지평을 실제로 획득하"려는 "작업이 시작"되었고, "대수학, 연속체 Kontinua 수학, 해석 기하학" 등은 그러한 노력의 성과들인 것이다. 그리고 이와 같은 "합리적이고 무한한 존재 전체와 이것을 체계적으로 지배하는 합리적인 학문"으로서의 수학의 이념은 곧바로 "자연과학"도 "파급되"어 "수학적 자연과학" 또는 "갈릴레이식의 자연과학"이라 불리는 새로운 수학을 탄생시켰다.[60]

셋째, 그러면 "갈릴레이식의 자연과학"의 핵심은 무엇인가? 그것은 "감각적 질료들 sense-qualities"에 대한 "간접적 수학화 indirect mathematization"로 집약된다:

1) 먼저 갈릴레이는 수학을 "물체들"과 "물체적 세계"만을 다루는 방법으로 재구축하였다; 그는 감각적 사물들의 순수 형태만을 대상으로 하는 기하학의 관점에서, 세계로부터 자연적 삶을 이끌어가는 주체들과 모든 정신적 존재들, 그리고 모든 문화적인 것들을 사상하

---

p. 221.

59) E. Husserl, *The Crisis*, p. 94.

60) 후설, 『유럽 과학의 위기와 선험적 현상학』, pp. 45~47.

였다; 그 결과 순수한 물체적 사물들과 이들로 구축된 세계만이 남게 되었고, 이러한 세계 위에서 갈릴레이는 "기하학적 이념화"와, 한걸음 더 나아가 "수학적 이론화" 작업을 수행하였다. 이에 대해 후설은 다음과 같이 논평한다:

갈릴레이에 의해 비로소 그 자체로 완결된 실재적 물체 세계로서의 자연의 이념이 명백히 나타난다고 말하는 것은 적절하다. 그것은 너무도 빨리 자명한 것이 되어버린 수학화와 일치하여 모든 사건이 일의적이고 미리 결정되는 그 자체로 완결된 자연의 인과성이 그 결과로 나타나게 된다. 이것에 의해 곧바로 데카르트에게서 나타나는 2원론도 명백하게 미리 준비되었다.[61]

그러나 여기서 주의할 것은 수학이 대상으로 하는 "물체들"과 "물체적 세계"란 경험적으로, 또는 후설의 표현에 따르면 "경험적인 감각적 직관"에, 주어진 "물체들"과 "물체적 세계"가 아닌, "추상적 형태"로 이념화된 "물체들"과 "물체적 세계"라는 점이다; 보다 정확하게 말해서, 수학적 "물체들" 또는 "물체적 세계"란 이념적인 "극(極)으로써," 형태에 관한 사유의 "길잡이 역할을 담당"할 "순수 '이념적' 극한 형태"로 추상화된 "물체들"과 "물체적 세계"라는 것이다. 후설은 이 점을 다음과 같이 말한다:

순수 수학 전체는 단순한 추상 작용에서 물체들이나 물체적 세계, 즉 오직 시간·공간에서의 추상적 형태들에, 게다가 순수 '이념적' 극한 형태로서의 이러한 형태들에만 관계한다.[62]

---

61) 같은 책, pp. 90~91; E. Husserl, *The Crisis*, p. 227(국문 번역본이 미진할 경우, 영어 번역본을 참조하였다).
62) 후설, 『유럽 과학의 위기와 선험적 현상학』, p. 55.

2) 갈릴레이가 재구축한 물체들의 세계는 다시 두 개의 영역으로 구분된다. 하나는 "형태"의 영역이고, 다른 하나는 "질료적 충족"의 영역이다; 후설의 보다 엄밀한 표현에 따르면, "구체적 물체들의 세계는 단지 형태의 무한성뿐만 아니라, 질료적 충족의 무한성도 지"닌다[63]; 그러나 "갈릴레이에게 주어"졌던 수학은 "형태"에 국한된 "기하학"이었다; 그것은 앞서 말한 바와 같이 "시간적·공간적 형태를 취하는 것들에 관해 물체들의 세계를 이념화"함으로써 "가장 먼저 본래의 의미에서 객관적 세계를 만들었다"; 다시 말하면, "오랜 전통으로서 갈릴레이에게" 주어졌던 "기하학, 즉 형태수학"은 "방법적으로, 그리고 전체적·보편적으로 모든 사람에 대해 일의적이고 규정될 수 있는 이념적 대상성들"을 구축함으로써 "주관적-상대적이고 단지 모호한 보편적 표상 속에서만 생각된 대상성"을 "아프리오리하게 모든 것을 포괄하는 방법으로 객관적으로 규정될 수 있고 그 자체로 규정된 것으로서 실제 생각될 수 있다는" 가능성을 "처음으로 보여주었다"[64]; 그리고 이와 같이 형태적 측면에서 의식적으로 구축된 "기하학적 공간에서 이념적으로 '존재하는'" 형태들은 "그 모든 규정성들을 통해 미리 일의적으로 결정되어 있"기 때문에 "우리의 필증적 사유는 개념들, 명제들, 추론 등, 증명들에 따라 단계적으로 무한히 진행하면서 이미 존재하는 것, 즉 그 자체로 이미 진리 속에 있는 것만을 단지 발견"하기만 하면 된다[65]; 또 "사람들은 그때그때 주어지거나 측정된 형태의 사건들에 근거하여 알려지지 않았거나 직접적 측정으로는 결코 도달할 수 없는 형태의 사건을 이론의 여지없는 필연성에서 '계산'할 수 있다"; 이와 더불어 지금까지 "세계"로부터 유리

---

63) 같은 책, p. 66.

64) 같은 책, p. 58.

65) 같은 책, p. 46.

되었던 "이념적 기하학은 '응용' 기하학"으로 발전하게 되었고, "정밀한 물리학의 의미 기반"이 되었고 "기술의 수단이 되었으며 〔……〕 기술의 길잡이가 되었다"; 뿐만 아니라 기하학은 "극한 형태들을 향한 '접근Approximation'으로 끊임없이 고양됨으로써 객관적 형태 규정에 대한 측정의 방법론을 체계적으로 형성시"켜나갔고, 마침내는 "실재성에 관한 인식의 보편적 방법"으로 수락되는 데 이르렀다.[66]

3) 다른 한편 이상과 같이 직접적으로 측정이 가능하고 수학화가 가능한 형태의 영역과는 달리, 물체의 "질료적 충족들materielle Fülle," 예컨대 차가움과 뜨거움, 껄끄러움과 매끄러움, 밝음과 어둠 등등은 추상적인 분리가 불가능하며, 직접적인 측정이나 수학화가 원리적으로 불가능한 영역에 속한다; 다시 말하면, 이른바 "질료적 충족들" 또는 "감각적 성질들"은 그 크기나 정도의 차이를 측정할 방법도, 또는 그 방법의 "정밀성"을 제고시킬 어떠한 것도 없다"[67]; 후설은 이 점을 다음과 같이 보다 상세히 기술한다:

순수하게 이 감각 성질들 속에 기초된 질적인 배치Konfiguration들은 결코 시간적·공간적 형태들과 유사하지는 않으며, 그들 특유의 세계 형식 속에 편입된 것들도 아니다. 이러한 성질들의 극한 형태들은 이와 유사한 의미로 이념화될 수 있는 것도 아니고, 구성될 수 있는 세계, 즉 이미 이념성 속에서 객관화된 세계에 상응하는 이념성들에 그것들을 측정하는 것들('평가들')을 관련지을 수도 없다. 그리하여 여기에는 '접근'이라는 개념도 수학화될 수 있는 형태들의 영역에서와 같은 유비적 의미, 즉 객관화하는 작업 수행Objectivierende Leistung이라는 의미를 갖는 것은 아니다.[68]

---

66) 같은 책, pp. 49, 52, 59.
67) 같은 책, pp. 60~61.
68) 같은 책, pp. 61~62.

4) 그럼에도 불구하고 "실재적 물체들에 있어서 사실적 형태들은 사실적 질료적 충족들을 요구하"며, "그 역"도 마찬가지다; 즉 "사실적 질료적 충족들은 사실적 형태들을 요구한다"; 왜냐하면 이 두 영역은 "추상적으로만 분리될" 뿐, "결코 실재적으로 분리될 수 없"기 때문이다[69]; 뿐만 아니라 이 두 영역, 즉 형태와 질료의 영역 사이에서 일어나는 변화는 "경험적으로" 서로 연관되어 있다; 다시 말하면, "시간·공간의 위치에 따른, 그리고 형식의 성질들과 〔질료적〕 충실의 성질에 따른 변화들은 우연적-임의적인 것이 아니고 감각적-유형적 방식으로 경험적으로 서로 의존하고 있다"[70]; 따라서 "모든 변화"는 "그것이 형태의 계기에 관계하든지 혹은 질료적 충족에 관계하든지간에 〔……〕 그 어떤 인과성들에 따라 경과하고 있다는 것"은 확실하며,[71] 이를 토대로 다음과 같이 추론할 수 있다: 질료적 성질들이 비록 형태와 같은 방식으로 "직접적으로 수학화"되지는 않더라도 "간접적"인 방식으로 "수학화"될 수 있다.[72]

이와 같은 "간접적 수학화"의 착상은 갈릴레이에서 비롯된 것으로서, 후설은 이를 다음과 같이 집약한다:

감각적 성질들을 통해 표명되는 모든 것은 형태의 영역 ——이것은 이념화된 것으로 이미 생각되었다—— 에 속한 사건들 속에서 수학적 지표를 얻어야 한다는 것과 또 이것으로부터 간접적 수학화의 가능성이 완전한 의미에서 드러나야 한다. 다시 말하면 질료적 충족의 영역에서 일어나는 모든 사건들은(비록 간접적이고 특수한 귀납적 방법에

---

69) 같은 책, p. 62.
70) 같은 책, p. 56.
71) 같은 책, p. 62.
72) 같은 책, p. 60.

의해서이지만) 주어진 것으로부터 ex datis 구축할 수 있어야 하고 또 객관적으로 규정할 수 있어야 한다.[73]

갈릴레이가 말하는 "간접적 수학화"란 단적으로 말해서 "물체들에서 경험"되는 "종(種)적 감각 성질들('질료적 충족을')"이 "본질적으로 그들"이 속해 있는 "형태들과 아주 특별한 방식으로 규칙화되어 밀접히 관련된다는," 말하자면 형태와 질료간에 "보편적 인과성이 성립"함을 의미한다[74]; 그리고 이와 같은 "간접적 수학화"의 가능성으로부터 "사실적 형태들"의 영역과 아울러 "질료적 충족들"의 영역도 모두가 하나의 "보편적 인과성"의 그물망 속에 편입되게 되며, 이에 따라 "인과성이 지배하는 구체적 우주로서의 무한한 자연 전체"는 "하나의 독특한 응용 수학[의 대상]이" 된다; 이제 자연은 "가설들을 세우고 귀납 추리를 하며, 현재와 과거나 미래의 알려지지 않은 것에 대해 예견할 수 있도록 해"주는 일종의 "수학적 다양체"로 된다.[75]

---

73) E. Husserl, *The Crisis*, p. 37.

74) 후설, 『유럽 과학의 위기와 선험적 현상학』, p. 62. 그러나 후설은 이러한 "인과성"이 선험적인 인과율을 뜻하는 것이 아니라 가설 검증과 같은 귀납성의 형태로, 이런 점에서 "독특한 보편적 귀납성 the peculiar universal inductivity"으로 존재한다고 본다(같은 책, pp. 63, 66~67).

75) 같은 책, pp. 48, 57, 64, 67. 잠시 갈렐레이의 말을 직접 들어보도록 하자: "내 견해로는 철학의 진정한 목표는 자연을 이해하는 것이요, 그리고 이것은 다만 주의 깊은 관찰과 계획되고 잘 분석된 실험에 의해서만 얻어질 수 있는 것이며, 이 법칙들은 오직 수학의 도움으로만 표현될 수 있는 것입니다": "자연에 대한 물리학적 가정은 수학의 정리와 같은 방법, 즉 몇 개의 공리(公理)로부터 논리적 단계를 거쳐서 연역하는 방법으로는 절대로 증명될 수 없습니다. 자연에 관한 가정은 그것 자체가 공리입니다. 그리고 수학에서도 공리는 증명될 수 없는 것입니다. 우리는 기하학의 공리를 증명할 수 없습니다. 이것이 옳다는 것은 그것에 근거한 기하학이 우리가 살고 있는 공간을 정확하게 나타내고 있기 때문입니다. 일반적으로 물리학의 가정은 형식적인 방법으로 증명될 수 없습니다. 우리가 할 수 있는 것은 관찰할 수 있고 실험으로 조정할 수 있는 것들에 대한 가정들로부터 결론을 끌어낸 다음 이 결론들을 증명하는 것입니다. 그러나 우리의 가정들로부터 나온 결론

갈릴레이에서 비롯된 수학적 물리학은 이후 일상적으로 경험하는 "색깔, 소리, 따뜻함, 그리고 무게" 등을 "당연히" "물리적인 것"으로, 다시 말해서, "소리의 진동"이나 "따뜻함의 진동" 등과 같은 "형태들의 세계에서 일어나는 순수한 사건들"로 표시하게 되며, 이와 함께 "수학자들이나 수학적 물리학자들의 사고"도 "직관에서 이탈된 기호 체계Symbolik에 의해 움직이"게 된다; 뿐만 아니라 이들의 "주된 관심"은 사유 작용 그 자체보다는, 그것을 통해서 "획득된 혹은 앞으로 획득되어야 할 공식들"로 초점이 모아진다; 후설은 이 점을 다시 부연한다: "자연 탐구자의 열정적 관심은 〔……〕 공식들에 집중하였으며, '자연과학적 방법' 즉 '참된 자연 인식의 방법'이란 명칭 아래 그 공식들을 획득하고 이것을 모든 사람들에 대해 논리적 필연성으로 정초지을 수 있는 이러한 기술적 방법에 집중하였다"; 뿐만 아니라 후설은 이와 같은 공식에 대한 관심은 현대의 물리학자들에 의해서도 그대로 반복·답습되고 있다고 본다; 심지어 그는 "아인슈타인의 혁명들"조차도 "이념화되고 소박하게 객관화된 자연physis이 다루어지게 되는 공식들에 관계"할 뿐, 이러한 "'공식들 일반이나 수학적 객관화 일반이 어떻게 해서 생활과 직관적으로 주어진 환경 세계의 근본 토대 위에서 의미를 부여받게 되는가' 하는 문제에 대해 우리는 아무것도 경험하지 못한다"[76]고 비판한다.

의 추론은 수학적 방법으로 합니다. 그러므로 우리는 가정들을 공리로 사용하여 이것으로부터 수학적으로 엄밀한 결론을 내립니다": "자연의 기본 법칙들은 그 자체가 수학의 공식을 이용하지 않으면 표현될 수가 없습니다. 대자연이라는 책은 그것이 씌어진 언어를 아는 사람만이 읽을 수 있습니다. 그 언어는 수학입니다. 〔……〕 우리가 그 언어를 알지 못하면 그것이 말하는 것을 이해할 수 없습니다"(알프레드 레니이, 『수학의 발견: 소크라테스식 대화를 통하여』, 趙天/奇宗錫 譯, 과학과인간사, 1979년 재판, pp. 110~11).

76) 후설, 『유럽 과학의 위기와 선험적 현상학』, pp. 72, 375~76. 후설의 "기하학의 기원"(같은 책, pp. 399~429)은 이와 같은 "공식" 위주의 과학에 대한 반경향의 예로 읽을 수 있을 것이다.

여기서 목격의 방식으로 주어진 사물들은 진정한 사물들의 "단순한 주관적 현상"에 불과한 것으로 간주되고,[77] 이를 대신하여 참된 수학적 세계가, 다시 말하면 "수학적 이론들의 상징의 옷Kleid der Symbole"으로 치장된 얼개가 인간의 "일상적 생활 세계"를 "대체"한다; 후설은 "수백 년"을 지배해온 "자연과학"의 "가정"을 이렇게 집약한다:

자연은 그것이 존재하는 그 자체로 존재하며, 우리가 수학에 관해 알든지 모르든지간에 그 자체로 수학적이다. 이 모든 것은 순수 수학으로서, 그리고 자연 자체로서 미리 결정되어 있다. 이와 같은 것이 수백 년 동안 자연과학을 이끌어왔던 지배적 가정이다.[78]

특히 주목을 끄는 것은 이러한 "대체"가 "어떻게" 일어났는지를 밝혀내는 과정에서 후설이 도달한 결론이다. 후설은 다음과 같이 선언한다: "학문 이전의 목격된 자연을 이념화된 자연으로 대체하는 것은 바로 갈릴레이와 더불어 시작한다"; 이런 점에서 "갈릴레이는 발견의 천재인 동시에 은폐의 천재 zugleich entdeckender und verdeckender Genius이다."[79]

물론 "고대의 피타고라스 학파"에서도 "소리의 높이가 진동하고 있는 현(絃)의 길이에 기능적으로 의존한다는 관찰에 고무되었다"; 그리고 "이와 유사한 종류의 그 밖의 많은 인과 관계들도 매우 잘 알려져 있었다. 〔……〕 친숙한 환경 세계에서 구체적 목격의 방식으로 일어난 모든 사건의 경과 속에서 질료적 충족의 사건들이 형태의 영

---

77) 후설은 이렇게 말한다: "갈릴레이적 자연과학의 의미에서는 수학적-물리학적 자연이 객관적으로 참된 자연이다"; "이 학설은 그 후 곧이어 홉스에 의해 감각적으로 직관적인 자연과 세계 일반의 구체적인 현상들 전체는 주관성이라는 학설로서 일관성 있게 파악되었다"(같은 책, pp. 83~84, 283).

78) 같은 책, p. 329.

79) 같은 책, pp. 48~49, 63~64, 76, 79, 81~82.

역에서 일어난 사건들에 의지하고 있음을 쉽게 알 수 있다. 그러나 일반적으로," 고대인들에게는 이들간의 "인과적 종속성들의 관련을 분석하면서 목표로 삼는 태도를 취할 만한 동기는 없었다. 규정되지 않은 모호한 그들의 상태에서 인과적 종속성들의 관련은 어떠한 관심도 불러일으킬 수 없었다"; 게다가 "형태의 측면에서 명백히 함께 변화되는 모든 것이 고대로부터 형성된 측정 방법에 의해 측정할 수 있는 것"도 "아니었다"; 이와 같은 상태하에서 질료적 성질의 "모든 사건이 정확히 상응하는 형태들의 배치와 사건을 지표들로서 지시하는" 보편적 인과성과 "가설에의 길은 아직도 요원하였다"; 그러나 후설은 "르네상스 시대의 사람들" 즉 "도처에서 대담하게 일반화하는 경향을 지녔고 이에 상응하는 극단적 가설에 대해서도 민감하게" 반응을 보인 "르네상스 시대의 사람들에" 이르러서는 "그 길이 그토록 먼 것이 아니었다"고 말한다; 그는 특히 "수학"이 "갈릴레이"와 그리고 "그 이전에도 '근대적' 인간을 이끄는 철학적 세계 인식과 합리적 실천에 대한 관심의 초점이었다"고 밝히면서, 실제로 갈릴레이는 고대로부터 인간이 추구했던 "철학" 또는 "참된 인식 Episteme"의 이념이 "순수 수학"에서 실현될 것을 믿었다고 말한다. 또 그는 이와 같은 갈릴레이의 신념이 "엄밀한 의미의 사실과학, 다시 말하면 진정으로 합리적인 자연과학"을 탄생시킨 추동력이었다고 본다. 후설은 이렇게 말한다:

철학은 그 고대의 기원에서 '학문' 즉 모호하고 상대적이며 일상적인 인식—주관적 의견 doxa—이 아니라, 합리적 인식—참된 인식 episteme—이라는 존재자의 우주에 관한 보편적 인식이 되고자 하였다. 그러나 고대의 철학은 합리성의 참된 이념과 이것과 관련하여 보편적 학문의 참된 이념에는 아직 도달하지 못하였다는 것이 근대를 정초한 사람들의 확신이었다. 새로운 이상(理想)은 새롭게 형성된 수

학과 자연과학을 모범으로 삼음으로써만 가능하였다.[80]

엄밀한 의미의 사실과학, 즉 진정으로 합리적인 자연과학은 자연에 관한 순수과학의 독립적인 구축의 토대 위에서 비로소 가능하게 되었다.[81]

그러나 후설은 "생활 세계"[82]의 "주관적인 것" 또는 "상대적인 것"과 순수 수학에 토대를 둔 "'객관적,' '참된' 세계 사이"에는 본질적 차이가 존재함을 상기시킨다: "생활 세계적으로 우리에게 매우 친숙한 물체들은 현실의 물체들"이며, "물리학의 의미에서의 물체들은 아니다"[83]; "말하자면 후자[객관적, 참된 세계]는 원리적으로는 결코 지각될 수 없는 것, 즉 원리적으로는 그것에 고유한 자기 존재에서 경험할 수 없는 이론적-논리적 구축물인 반면, "생활 세계"의 "주관적인" 또는 "상대적인" 사물들은 어디까지나 "실제로 경험할 수 있는" 것으로서 "직접적 현전 Präsenz을 통해 '그 자체 es selbst'"로서 "지각"되거나 "기억"되는, 따라서 "결코 사고의 구축물"에 속하지 않는 것들이다[84]; 후설은 이와 같은 차이가 "수학" "물리-수학"에서뿐만 아니라, 인간이 구성한 이론적-이념적 성취물 모두에게 적용된다고 본다. 후설은 이렇게 말한다:

객관적 학문의 이론들이나 논리적 형성물들은 돌들 · 집들 · 나무들

---

80) 같은 책, p. 97.

81) E. Husserl, *Ideas-Second Book*, p. 410.

82) 후설에 의하면, "생활 세계"는 "인간"이 "주체"가 되는 세계이며, "유일한 실제적 세계"이며, "지각을 통해 현실적으로 주어진 세계"이며, 또한 "언제나 경험되거나 경험할 수 있는 세계"이다(후설, 『유럽 과학의 위기와 선험적 현상학』, pp. 78, 83). "생활 세계"의 문제는 제2부 「후설의 생활 세계와 정치철학적 의미」장의 §5에서 보다 자세히 다루겠다.

83) 후설, 『유럽 과학의 위기와 선험적 현상학』, p. 190.

84) 같은 책, pp. 175~76.

과 같은 생활 세계적 사물들은 아니다. 이것들은 궁극적인 논리적 요소들로부터 성립된 논리적 전체들이거나 논리적 부분들이다. 볼자노 Bolzano식으로 말하면, 이것들은 '표상들 그 자체,' '명제들 그 자체,' 추론과 증명 '그 자체'이며, 그것의 논리적 이념성이 '진리 그 자체'라는 자신의 목표를 규정하고 있는 이념적 의미의 통일성들이다.[85]

그러나 오늘날 행태주의자들은 객관성의 이와 같은 구축의 측면을 이해하지 못하며, 따라서 객관성을 문제로서 제기할 수 없다. 앞서 지적한 바와 같이 행태주의자들은 인식론적으로 상응 이론에 입각해 있으며, 객관성을 과학의 자명한 근거로 당연시한다. 행태주의자들은 말하자면 객관성을 영원히 타당한 과학의 범주로 간주한다. 반면 필자는 객관성에 관한 무비판적 수용이야말로 경험과학 이론상의 부조리의 원천이라고 본다. 왜냐하면, 객관성에 관한 견해 속에는 경험주의를 부정하는 요소가 함축되어 있다고 생각되기 때문이다.

객관성은 단순한 방법이 아닌, "공통된" 방법, 즉 사람들 사이에서 "공통적으로" 반복할 수 있는 방법을 전제하며, 여기서 얻어진 결과는 "공통적인 것"으로, 따라서 "객관적인 것"으로 수락된다. 이와 같은 이유 때문에 객관성의 정도는 사물의 관찰·분석·검증에 사용된 방법의 공통성의 정도에 따라 결정되며, 원(元)관찰자와 독립적으로 존재하는 다른 사람들 사이에서도 그 결과물들이 공유된다. 이것은 객관성이 기본적으로 개별적 사물로부터 독립되어 있음을 의미하며, 개별적 사물에 의해 영향과 통제를 받지 않음을 뜻한다. 보다 정확하게 말하면, 한 사물의 객관성이란 이 사물에 속한 것이기보다는, 이 사물과 본질적으로 다른, 이 사물로부터 독립해서 존재하는 전체성의 범주에 속한 것임을 뜻한다. 객관성은 바로 이와 같은 전체성의

---

85) 같은 책, p. 178.

범주와 관련해서만 이해될 수 있다.

그러나 전체성의 범주는 경험적 개념이 아니며, 초월적 혹은 초경험적 관념이다. 후설도 "개별적 자기 의식"을 넘어서는 "상호 주관적 의식"은 "불가분적 전체성"에 속한다고 보고, 이런 점에서 "상호 주관성의 의식은 초월적 문제가 되어야만 한다 The consciousness of intersubjectivity, then, must become a transcendental problem"[86]고 지적한 바 있다. 경험주의는 개별적 사물들과 독립되어 있는 혹은 그것들로 환원될 수 없는 초월적인 어떤 것도——특별히 주의할 것은 "초재적transcendent"인 것이 아니라 "초월적 transcendental"이라는 표현이다——받아들일 수 없다. 여기서 객관성은 경험주의와 상충하게 되며, 이런 점에서 정화열 교수의 "정치적 행태주의"에 대한 비판은 정곡을 찌른다: "개념적 엄밀성, 개념적 청소, 혹은 개념적 틀을 강조하는 '경험주의'로서 스스로를 자부하는 정치적 행태주의가 정치적

---

86) 후설은 이렇게 말한다: "Is it not the lesson of a deeper and not natural istically blinded reflection that everything subjective is part of an indivisble totality?"; "The consciousness of intersubjectivity, then, must become a transcendental problem"; "just as there is a sole universal nature as a self-enclosed framework of unity, so there is a sole psychic, a total framework of all souls, which are united not externally but internally, namely through the intentional interpenetration [Ineinander] which is the communalization of their lives"; "there is no separation of mutual externality at all for souls in their own essential nature"; "All souls make up a single unity of intentionality with the reciprocal implication of the life-fluxes of the individual subjects, a unity that can be unfolded systematically through phenomenology; what is a mutual externality from the point of view of naive positivity or objectivity is, when seen from the inside, an intentional mutual internality"(E. Husserl, *The Crisis*, pp. 220, 202, 255, 257). 그러나 "전체성 Allheit" 과 "통일성 Alleinheit"은 구별되어야 한다고 본다. 전자는 현상학적 환원에 의해 (보다 엄밀하게 말하면 초월적 환원에 의해) 획득될 수 있지만 후자는 소통에 의해서만 달성된다. 후설은 이렇게 말한 바 있다: "Kommunikation schaft Einheit"(E. Husserl, *Zur Phänomenologie der Intersubjektivität-Zweiter Teil: 1921~1928, Husserliana Band XIV*, p. 199).

이론화의 경험적 기반——즉 객관성의 기반——"을 의식하지 못하거나 망각하는 것은 "경험의 자살empiricide"이다."[87]

행태과학의 또 다른 문제점은 계량적 접근이 "정확한" 지식이 아닌 "개연적" 지식만을 산출한다는 점이다. 계량적 접근의 의도 중의 하나는 정확한 지식을 확보하려는 데 있다. 계량적 접근은 단지 "그럴 듯한" 지식을 얻는 질적 접근과는 달리 "정확한" 지식의 산출을 목적으로 한다. 그러나 행태과학이 실제로 산출하는 것은 "정확한" 지식이 아닌 "개연적" 지식에 불과하다.

행태주의자들은 모든 양적 인지 작용들이 물리적 실재와 짝을 맞추고 그것에 의해 검증될 것을 요구한다. 그러나 이미 카르나프가 지적한 바와 같이, 절대적 검증은 불가능하다. 진리의 명백하고도 최종적인 검증과 절대적 확실성은 확보될 수 없다. 왜냐하면 사례들은 무수한 반면 우리의 관찰은 유한하기 때문이며, 미래에 부정적 사례들이 발견될 가능성은, 비록 그 개연성이 아무리 적다 할지라도, 항상 열려져 있기 때문이다. 단적으로 말해서 어떠한 명제도 완전히 검증될 수 없으며, 또 이들 명제들은 끊임없는 검증에도 불구하고 항상 "가설"의 지위에 머물 수밖에 없다. 가능한 것은 오직 주어진 사례들과 예들에 입각한 제한된 확실성뿐이다.

이런 점에서 개연성은 행태과학이 얻을 수 있는 지식의 전부라 할 수 있다. 감각적 지각이 지식을 얻는 유일한 통로인 행태과학에서, 개별적 경험들과 이들 경험들에 대한 개연성 이상의 보편적 지식은 원칙적으로 불가능하다. 아리스토텔레스도 이미 지적했듯이, "지식은 감각적 지각에 의해서는 획득될 수 없다"; "감각적 지각은 보편적인 것들에 대해 어떠한 것도 우리에게 말하지 않기" 때문이다.[88] 되

---

87) Hwa Yol Jung, 앞의 책, p. 21.

88) Aristotle, *Posterior Analystics*, tr. by Trenndenick(Cambridge, Mass.: Harvard Univ. Press, 1960), pp. 157~59(87b28~88a3).

풀이 말하면, 행태과학은 개연성에 만족할 수밖에 없다. 뿐만 아니라 개연성은 우리가 일상적 삶에서 의존하는 의견과 구분될 수 없다. 개연성의 정도, 보다 정확하게 말해서, 개연성의 충분한 정도를 결정하는 규칙들은 객관적으로 발견된 자연적인 것이 아니라, 구체적인 삶의 실제와 필요에 의해 만들어진 "관행적"인 것이기 때문이다. 카르나프도 이 점을 인정한 바 있다. 그는 확실성의 정도를 결정하는 것은 "관행적 요소conventional component"라고 토로하였다.[89] 여기서 필자는 어떻게 양적인 "개연적" 지식이 질적인 "그럴듯한" 지식을 넘어설 수 있는지에 대해 의구심을 가지지 않을 수 없다.

끝으로 행태과학은 그 첫번째 행위부터 문제가 된다. 행태과학은 사실을 과학적 진리의 확립을 위한 최초의 자료로 간주한다. 그러나 행태과학의 바로 이러한 행위는 엄밀한 과학의 관점에서 문제가 된다. 왜냐하면 사실을 최초의 자료로 간주하는 행위 그 자체는 과학적 행위가 아닌 전(前)-과학적 행위이기 때문이며, 전-과학적 태도와 사고에서 수행된 과학 이전의 행위이기 때문이다. 그것은 어떤 의미에서 자아 속에 포함될 수 없고, 초자아에도 포섭될 수 없는 프로이트의 무의식과 같은 것이며, 또는 항상 사물의 근거에 있으면서 이 사물에 속하거나 이 사물 속에 존재하지 않는, 말하자면 비사물no-thing적이고 이런 점에서 무적인nothing 하이데거의 "존재Being"와 같은 것이다. 또는 쿤이 말하는 "정상과학"의 실천을 지탱시켜주는 패러다임에 대한 코미트먼트나, 또는 스트라우스가 말하는 인간적 사물에 대한 "전-과학적" 또는 "상식적 이해" —— 보다 정확하게 말하면, "사

---

89) R. Carnap, *Testability and Meaning* (New Haven, Conn.: Graduate Philosophy Club, Yale Univ. Press, 1950), pp. 420~27; R. Carnap, *Philosophy and Logical Syntax* (London: Kegan Paul, Trench, Tribuner & Co., Ltd., 1935), pp. 7~15; R. Carnap, "Truth and Confirmation," in Herbert Feigl and Wilfrid Sellars, eds., *Readings in Philosophical Analysis* (New York: Appleton-Century-Crofts, Inc., 1949), pp. 119~20.

회과학에서 배우는 어떤 것에 의해서도 결코 변하거나, 세련되거나, 영향받지 않는" 전-과학적 또는 상식적 이해[90] ── 와 같은 것이다. 사실들을 최초의 자료로 받아들이는 행위는 과학에 포함될 수 있고 과학적 활동에 포섭될 수 있는 과학적 행위가 아니라, 처음부터 미리 주어진 것으로서, 공통된 근거로서, 그리고 진리의 의심할 수 없는 명백한 토대로서 과학이 당연시하는 행위이다. 사실들을 과학적 연구의 기본 자료로 간주하는 행위는 한마디로 전-과학적 세계에서 수행되는 전-과학적 생활 실천 life-praxis에 속한 행위이다. 과학이 맨 처음으로 수행하는 행위는 역설적으로 과학적인 행위가 아니라 본질상 의견의 영역에 속한 독단적 doxic 행위이다. 후설도 과학과 과학이 전제하는 전-과학적 세계간의 관계에 대해 이렇게 말한 바 있다:

> [실증과학의] 모든 인식들, 모든 물음과 답변, 모든 전제와 확증은 미리 주어진 세계의 토대 위에 있거나, 이 토대 위에서 움직인다.
>
> 세계는 끊임없는 전제이[다.] [……] 세계는 [……] 실증과학에 대해서만 전제들이 의미를 갖는 것과 같은 의미에서 하나의 전제는 아니다. 실증성에서의 모든 전제들은 세계라는 '전제'의 토대 위에 있는 전제들이며, 이 세계라는 전제에 대해 실증과학과 동일한 의미에서 정초하고자 추구하는 것은 배리이리라.[91]

90) Leo Strauss, "Political Philosophy and the Crisis of our Time," in *The Post-Behavioral Era: Perspectives on Political Science*, ed. by George J. Graham Jr., and George W. Carey(New York: David Mckay Company, Inc., 1971), pp. 225~26.

91) 후설, 『유럽 과학의 위기와 선험적 현상학』, pp. 325~26. 후설은 같은 문제를 "아인슈타인"과 관련하여 이렇게 부연한다: "예를 들면 아인슈타인 A. Einstein은 마이켈슨 A. Michelson의 실험이나 마이켈슨의 것을 모사한 실험 장치를 갖고, 동시에 일어난 것을 측정하거나 확인하는 등에 속한 모든 것을 갖고 그 밖의 다른 탐구자들이 그것들을 추후적으로 시험하는 것을 이용한다": 그러나 여기서 주의할 것은 "아인슈타인"이 "객관적 존재에 대한 마이켈슨의 이론적 · 심리학적-심리물리학적 구조를 이용할 수"는 없었다는 것이며, 단지 "학문 이전의 세계 속에 있는

　지금까지 필자가 논한 정치행태론에 대한 비판을 한마디로 요약하면 다음과 같다: 행태주의 정치학은 "독단적 견해", 또는 보다 간단히, "의견"에 입각한, 과학이다. 행태주의 정치학은 과학에 대한 자신의 주장에도 불구하고 독단적으로 행동한다. 그것은 외적 자연에 관한 지식의 가능성을 의심의 여지없는 "당연한 것"으로 간주한다; 모든 자료는 의식 행위에 앞서 주어져 있으며, 모든 대상들은 실재로 존재한다. 또 그것은 아직 해명되지 않고 근거가 밝혀지지 않은 과학에 관한 선입견으로부터 출발한다; 그것은 과학에 대한 경험적 개념이 참된 것이라고 믿는다. 그 결과 그것은 절대적으로 명백한 시작을, 그리고 진정으로 타당하고 필연적으로 모든 단계를 정당화할 시작을——후설의 표현을 빌리면, "심문되지 않은 어떠한 물음도, 이해되지 않은 어떠한 자명성도 존재할 수 없는 궁극적 통찰과 절대적 보

모든 사람과 같이 단적인 경험의 대상으로서, 그가 접근할 수 있었던 그 인간〔마이켈슨〕을 이용할 수 있었을 뿐"이라는 점이다. 이런 뜻에서 "공동 생활 세계 속에서 이렇게 생생하고 활동적으로 성과를 올리고 있는 그 인간의 존재는 언제나 실로 마이켈슨의 실험에 관련된, 아인슈타인이 제기한 모든 객관적-학문적 문제들, 계획들, 작업 수행들에 대한 전제이다. 그것은 물론 아인슈타인이나 그 밖의 모든 탐구자도 자신이 인간으로서——또한 탐구하는 자신의 모든 행위 가운데—— 그 속에 살고 있음을 아는 하나의, 모두에게 공통된 경험 세계이다. 다른 한편 바로 이러한 세계와 그 속에서 일어나는 모든 것은 학문적 목적이나 그 밖의 다른 목적을 위한 필요에 따라 이용될 것이지만 〔……〕 '단순히 주관적-상대적'이라는 각인을 갖는다. 〔……〕 이 '주관적-상대적인 것'은 '극복되어야' 할 것이다": 그럼에도 불구하고, "주관적-상대적인 것은 어쨌든 그 자연과학자에 대해서는 가령 하찮은 통과점으로서가 아니라 모든 객관적 검증에 대해 이론적-논리적 존재 타당성을 궁극적으로 정초하는 것으로 기능하고 있으며, 따라서 명증성의 원천, 검증의 원천으로서 기능하고 있다. 보여진 계량계나 눈금 등은 실제로 존재하는 것으로 사용되고 있으며, 결코 환상으로서 사용되고 있는 것은 아니다. 따라서 타당한 것으로서 실제로 생활 세계적으로 존재하는 것은 하나의 전제이다"(같은 책, pp. 173~74). 여기서 후설은 "근대의 물리학적 객관주의뿐 아니라 모든 객관주의 철학도, 그것이 이전 시대의 것이든 이후에 다가올 시대의 것이든간에, '선험적 소박성'으로 특징지어진다"고 결론을 짓는다(같은 책, p. 254).

편성에 입각한"⁹²⁾ 시작을——결여한다.

뿐만 아니라 행태주의 정치학은 실증성의 관점에서 스스로를 정당화할 과학의 의미에 대해 무지하기 때문에, 자신의 원리에 의해 자신의 과학을 이해시킬 수 없다. 다시 말하면 그것은 경험과학을 경험주의적으로 정당화하지 못하며, 행태과학을 행태적으로 설명하지 못한다; 또 그것은 검증 가능성의 원리를 검증할 수도 없다; 그것은 "경험적인 것" "행태적인 것" 또는 "검증 가능한 것"이 어째서 "과학적인 것"이 될 수 있는지에 대해 침묵한다.

행태주의 정치학은 본질적으로 후설이 말하는 자연주의적 과학에 속한다고 생각된다. 후설에 의하면, 자연주의적 과학은 세계와 대상에 빠져 있는, 따라서 자신에 대해 무관심한 "자연적 태도"⁹³⁾로부터 유래한다. 행태주의 정치학은 소박하게 과학에 대한 미리 확립된 관념을 타당한 것으로 간주하고, 사실적으로 사용되는 방법들을 "과학적인 것"으로 받아들인다. 여기서 필자는 지금까지의 정치적 삶을 다룬 주류 정치학의 태도에 있어 일대 전환이 필요하다고 보며, 후설의 "철학적 과학"은 이러한 전환을 위한 바람직한 방향을 제시한다고 확신한다.

그러면 후설이 말하는 "철학적 과학"은 어떤 과학을 뜻하는가? 철학적 과학은 책임에 무관심한 독단적 과학을 유보하고, 인간의 문제에 관심을 기울이고 반응을 보이는 책임 있는 과학으로의 전환에 초점이 있다. 한마디로 철학적 과학은 과학의 책임성 또는 "학문적 양심"을 확보하려는 데 그 특징이 있다. 여기서 말하는 "학문적 양심"이란 "보편적이고 철저한 성찰을 통해서" 비로소 우리에게 말하는 그런 양심이며, 또한 이러한 성찰이 "최상의 자기 책임에서 수행되었을 때 스스로 현실적이며 최상의 진리가 되어야만" 하는 그런 양심이

---

92) 같은 책 p. 330.

93) 자연주의적 태도와 자연적 태도간의 근본적인 차이점은 전자가 이론적 태도임에 반하여 후자는 전이론적 태도라는 데 있다.

다.[94] 이런 이유에서 철학적 과학은 현상의 "실증성 positivity"보다는 현실 문제에 대한 "민감성 sensitivity"을 우선시하며—이것을 "민감성의 우선성 primacy of sensitivity"이라 불러도 좋을 것이다—또한 같은 이유에서 실증과학의 무감각성과 무책임성에 대해 끊임없이 비판한다. 철학적 과학은 말하자면 "'독단적 꿈'에 사로잡힌 채"[95] 현실 문제에 무감각해진, 그리고 오직 방법의 문제에만 골몰하는 철학자들과 수학자들의 "몰책임성"을 비롯하여 모든 실증과학자들의 독단주의에 도전하는 한편, 생활 세계의 제반 문제, 다시 말하면 영혼의 문제뿐만 아니라 일상인의 꿈 의견doxa의 모든 양상how들에 대해 적극적인 관심을 기울이고, 반응을 보이고, 또 철저하리만큼 책임에 "민감한" 과학, 곧 현상학을 주창한다. 후설이 말하는 "무전제성"도 따지고 보면 "사상 그 자체"에 대한 "민감성"을 확보하려는 데에 뿌리박고 있다.

후설이 보는 현대 과학의 가장 큰 문제점은 과학이 만들어낸 과학적 방법이 그 원래의 의미와 함께 전승되지 않는 데 있다. 이러한 의미는 "가장 내적인 추동력 its innermost moving force에 따라 역사적 발전을 매우 깊숙이 파고들어"갈 때에만 비로소 드러날 수 있는 것으로서, 단지 "논리적 방법"에만 "몰두"하는 "학문적 삶"에서는 숨겨질 수밖에 없다.[96] 후설에 의하면, 논리적 관심은 "논리적 방법"을 발전시키는 데는 "도움이 되[겠]지만, 그러나 더 근원"적인 문제들로부

---

94) 후설, 『유럽 과학의 위기와 선험적 현상학』, p. 258. 이런 점에서 conscience는 결국 science가 된다.

95) 같은 책, pp. 130, 254.

96) 같은 책, p. 83. 방법에는 방법을 만들게 된 동기가 있게 마련이다. 그러나 이 동기는 방법과 함께 전승되지 않으며, 대부분의 경우 망각된다. 이러한 동기를 가리켜 방법의 "원래적 의미"라고 말할 수 있으며, 이 의미를 찾기 위해서는 이를 탄생시킨 생활 세계로 "깊숙이 파고들어"가야만 한다. 후설은 이러한 행위를 가리켜 "환원 reduction"이라 부르며, 이것을 "행태주의적 환원 behavioristic reduction"과 구분하기 위해 "현상학적 환원 phenomenological reduction"이라고도 부른다 (같은 책, pp. 311~12).

터[는] 멀리 벗어나게 되며, 근원의 문제, 따라서 학문 전체의 고유한 존재 의미와 진리 의미에 무감각하게 만든다.[97] 여기서 후설은 철학자들이 "철학적 전문가 philosophical literati"가 아닌 "인류의 공복 functionaries of mankind"임을 강조하면서, 인간의 삶에 대한 "책임"을 통감해야 할 것을 촉구한다. 그는 먼저 "철학이란 실천의 모든 맹목성들을 제거하기 위해 존재한다"[98]고 선언하면서 다음과 같이 천명한다: "우리는 우리의 철학함을 통해 인류의 공복들이다. [……] 우리들 인격의 깊은 곳에서부터 사명감을 지닌 철학자들인 우리 자신의 참된 삶에 대한 인격적 책임 전체는 동시에 인간의 참된 존재에 대한 책임을 그 속에 포함하고 있다"; "철학은 철두철미하게 이성주의 Rationalismus 이외에 다른 것이 아니다. [……] 이 철학은 그 이성을 통해 애매하게 됨 속에서, 드러내 밝힘 속에서, 명백한 자기 이해의 운동 속에서 무한한 과정인 것으로서의 절대적 상호 주관성의 발견이다. [……] 더 나아가 그 자신의 인간적 존재에 대해 책임을 지는 것으로서 인간의 궁극적 자기 이해, 단지 추상적이고 통상적인 의미에서의 필증적 학문을 수행하는 것이 아니라 필증적 자유 apodictische Freiheit를 통해 자신의 구체적 존재 전체를 필증적 존재, 그 이성—이 이성 속에서의 그것은 인간성이다—의 활동적인 모든 삶 속에서의 존재로 실현되는 필증성 속의 삶에로 소명을 받은 존재로서의 자신의 자기 이해에 주어진다. [……] 이성은 '이론적' '실천적' '미학적' 등의 그 어떤 구별도 허용하지 않[는다]."[99]

이와 같은 인간의 삶에 대한 민감성과 책임성의 관점에서 필자는 정운찬 교수가 최근에 발표한 글에 주목할 필요가 있다고 본다. 정 교수는 한국 경제학의 문제점을 논하는 대목에서 이렇게 말한다:

---

97) 같은 책, pp. 415~16.

98) E. Husserl, *The Crisis*, p. 226.

99) 후설, 『유럽 과학의 위기와 선험적 현상학』, pp. 40, 335~37.

사회과학 연구의 출발점은 사회가 안고 있는 특수한 상황에 대한 문제 의식이다. 이때 특수한 상황의 일반화는 내적 정합성 확보를 위한 중요한 요소이다. 현재 한국 경제학계를 풍미하고 있는 주류의 방법론은 이러한 내적 정합성 확보를 금과옥조로 삼고 있다. 그러나 이것에 너무 지나치다 보면 다음의 두 가지 오류를 범하기가 쉽다.

첫째, 지나친 내적 정합성의 추구는 기존의 문제 의식을 불분명하게 만들 우려가 크다. 일반적으로 특수성에 대한 문제 의식을 일반화된 이론에서 지속적으로 관철시키기란 매우 힘들기 때문이다. 그래서 때로는 내적 정합성을 충족시키기 위하여 기존의 문제 의식이 변질되는 경우를 우리는 쉽게 찾아볼 수 있다.

둘째, 지나친 내적 정합성의 추구는 외적 정합성의 희생을 낳기 쉽다. 신고전파 경제학[이] 형식논리학을 중시하는 방법론에 너무 경도되면, 현실을 설명해야 하는 사회과학 본연의 임무와는 무관하게, 자기 충족적인 이론에 머물기 쉬워진다는 말이다. 즉 신고전파 경제학의 분석 대상에는 비경제적인 요인들에 대한 고려가 미흡한 내적 한계가 있기 때문에 내적 정합성은 충족될지라도 현실을 전혀 설명할 수 없는 결과를 낳을 수 있다는 점이다.[100] [강조는 필자의 것임]

삶의 문제에 대한 민감성과 책임성은 1998년도 노벨 경제학상을 수상한 아마르티야 센 Amartya K. Sen 교수의 학문적 삶에서도 읽어볼 수 있다. 동아일보는 그에 대해 이렇게 적고 있다: "그는 9세의 어린 나이에 큰 충격을 받았다. 극심한 인플레 속에서 수만 명이 굶어 죽어가는데 부유한 가정에서 자랐던 그는 배고픔을 몰랐다. 성장하면서 이 기억은 그를 죄책감에 사로잡히게 했고, 결국 기아 문제 해결

---

100) 정운찬, 「사회과학의 한국적 패러다임을 위한 기초 연구: 경제학 분야 중간 보고서」(미발표 논문), p. 13.

에 평생을 바칠 결심을 하게 했다."[101] 마찬가지로 70년대와 80년대의 정치적 민주화 운동에 크게 기여했던 "해방신학"도 따지고 보면 인간의 삶을 짓누르는 "부조리와 빈곤"에 대한 "기존의 기독교의 '무관심'"을 비판하면서 제기된 것임을 상기할 필요가 있다.[102]

이런 점에서 독자들은 앞으로 전개될 논의의 방향이 객관적 사실에 대한 "실증과학"으로부터 현장의 상황에 "민감한 과학sensitive science"으로, 다시 말하면 "실증성"으로부터 "민감성"으로의 전환에 있음에 유의해주기 바란다. 필자는 후설이 "철학적 과학"의 기치 아래 실현하고자 했던 "현상학"이야말로 오늘의 세계가 절실히 요구하는 삶의 현장에 "민감한 과학"이라고 믿는다. 엔지니어링engineering에 익숙해버린, 그리고 정보 교환에만 몰두할 뿐 의사 소통을 기피하는 "실증과학"은 이제는 더 이상 민주주의와도 양립할 수 없게 되었다. "실증성"은 이제 과감히 "민감성"[103]으로 전환되어야 할 단계에 이르렀다.

---

101) 동아일보, 1998년 10월 16일; 12월 29일.

102) 서병훈, 「해방신학의 정치경제론: 남미와 한국의 비교 분석」, 『한국 정치학회보』 (1989), pp. 186~87.

103) 모든 "민감성"은 동시에 "실증성"을 수반하지만, 모든 "실증성"이 반드시 "민감성"을 함축하는 것은 아니라는 점에 유의할 필요가 있다. 또 이러한 "민감성"은 공동체에 대한 "반응" 작용일뿐만 아니라 공동체를 "구성"하는 기능을 수행한다. 반면 "무감각한insentive" 실증과학은 공동체를 해체하는 원인이기도 하다. 이와 관련하여 마이클 월저Michael Walzer의 다음과 같은 말을 상기해볼 필요가 있다: "The sharing of sensibilities and intuitions among the members of a historical community is a fact of life" (Michael Walzer, *Spheres of Justice*, Basic Books, 1983, p. 28). 최근에 "무감각성"으로 빚어진 해체적 반응의 한 예로서 지난번 "경기도 화성군 시랜드 청소년수련원 화재 참사로 아들 도○○(6)를 잃은 뒤 훈장을 반납했던 전 필드 하키 여자 국가 대표 김순덕씨" 부부를 들 수 있다. 그들은 반년도 채 안 되어서 다시 "청소년 55명의 목숨을 앗아간 인천 인현동 호프집 화재 참사의 소식"을 접하자 "뉴질랜드로 영구 이민" 계획을 앞당겨 실행하기로 결심했다. 그들은 당국의 "무감각성insensitivity"에 대해 다시 한번 이렇게 질타한다: "지금처럼 정신차리지 못하는 어른들이 있는 한 어이없는 사고로 인한 어린 생명의 희생은 앞으로도 계속될 수밖에 없다" (동아일보, 1999. 11. 3.).

메를로-퐁티에 있어서의 '보는 것'의 의미

1

　오늘날의 과학을 실증과학이라 부른다. 이것은 "사실"만을 다루는 과학이라는 말이다. 실증과학은 첫째, "사실"과 "가치"를 구분하고, 둘째, 과학을 "사실의 분석"에만 국한시킨다. 그 결과, 과학은 "가치"의 문제, "윤리"의 문제, "실천"의 문제 등 "실생활"의 문제를 사실상 추방하기에 이르렀다.

　"현상학phenomenology"은 이와 같은 과학주의에 대한 반성으로서 나타났다. 현상학은 인간의 생활, 그 중에서도 특히 "매일매일의 인간 생활"을 이해하려는 동기에서 과학 이전의 인간의 "생활 세계life-world"를 문제삼는다. 우리가 매일매일 살고, 존재하고, 움직이는 생활 세계는 과학적인 세계가 아니다. 그것은 처음부터 기하학적인 공간도, 또는 수학적인 함수의 세계도 아니다. 상대적이고, 주관적이며, 그러면서도 실재하는[1] 생활 세계[2]는 과학 이전에 있었던 세계이

---

1) 일찍이 리케르트는 "현실적인 것everything real"은 "이질적"이고 "연속적"이라는 뜻에서 "이질적 연속체heterogeneous continuum"론을 주장한 바 있다(Heinrich Rickert, *Science and History: A Critique of Positivist Epistemology*, tr. by George Reisman, ed. by Arthur Goddard, Princeton, N. J.: D. Van Nostrand Company, Inc., 1962, pp. 33~145). 오늘날 데리다는 이를 다시 "차연différance"이라는 말로 표현하고 있다(Jacques Derrida, "Différance," *Margins of Philosophy*, tr. with additional

며, 과학이 소멸된 이후에도 계속해서 존재하는 세계이다.

모리스 메를로-퐁티의 현상학은 생활 세계를 "지각의 세계"라고 보는 데서 출발한다. 그에 의하면, 생활 세계는 무엇보다도 우리가 직접적으로 지각하고, 또 이러한 지각을 통해 끊임없이 주어지는 세계이다. 반면에 과학이나 과학적 세계는 이와 같은 지각 세계와는 구별된다. 말하자면 일차적 지각 세계에 대한 "이차적 표현the second-order expression"에 해당된다. 메를로-퐁티는 이 점을 다음과 같이 기술하고 있다 :

> 과학의 전(全)세계는 직접적으로 경험된 세계 위에 세워져 있다. 만일 과학 그 자체를 엄격하게 검토하여 과학의 의미와 범위에 대한 정확한 평가에 도달하기를 원한다면 우리는 세계에 대한 기본 경험을 다시 일깨우는 일부터 시작해야 한다. 과학은 이러한 세계에 대한 이차적 표현이다. 과학은 그 본질상 우리가 지각하는 세계와 똑같은 형태의 존재 의미를 갖지 못하고 또 갖지 못할 것이다. 그것은 과학이 세계

---

note, by Alan Bass, Chicago: The Univ. of Chicago Press, 1982, pp. 1~27). 그는 특히 *Edmund Husserl's Origin of Geometry: An Introduction* (tr. with a preface and afterword, by John P. Leavey, Jr., Lincoln and London: University of Nebraska Press, 1989, p. 153)의 말미에서 다음과 같은 주목할 만한 말을 하고 있다: "The impossibility of resting in the simple maintenance[nowness] of a Living Present, the sole and absolutely absolute origin of the De Facto and the De Jure, of Being and Sense, but always other in its self identity; the inability to live enclosed in the innocent undividedness[indivision] of the primordial Absolute, because the Absolute is present only in being deferred-delayed[différant] without respite, this impotence and this impossibility are given in a primordial and pure consciousness of Difference. Such a consciousness, with its strange style of Unity, must be able to be restored to its own light. Without such a consciousness, without its own proper dehiscence, nothing would appear."

2) "생활 세계"에 관해서는 제2부의 마지막 장 「후설의 생활 세계와 정치철학적 의미」의 §5에서 상세히 논할 것이다.

에 대한 이론적 근거 rationale 또는 설명에 불과하다는 단순한 이유 때
문이다.

모든 지식은 지각에 의해 열린 지평 안에서 이루어진다.[3]

한마디로 지각 세계에 대한 이해 없이는 여기에 근거를 두고 있는
과학 또는 과학적 세계에 대한 이해는 불가능하다는 것이 메를로-퐁
티의 일관된 입장이며, 따라서 지각론은 과학의 본질을 묻는 모든 진
지한 철학적 논의에 선행되어야 할 근본 문제라는 것이다.

필자는 이러한 메를로-퐁티의 지각론에 직접적인 영향을 미친 것
은 후설보다는 거비치 Aron Gurwitsch라고 생각한다.[4] 특히 거비치가
"현실 문제에 우선하는 접근 문제의 일차성 the primacy of the question
of access over the question of reality"을 주장한 점과 또 이와 관련하여
"표현 지각의 일차성 the primacy of the perception of expression"[5] ——
보다 정확하게 말하면 셸러 Scheler와 카시러 Cassirer가 전개한 "표현
지각의 일차성"에 대한 그의 재해석 ——을 강조한 점 등은 메를로-퐁

---

3) M. Merleau-Ponty, *Phenomenology of Perception*, tr. by Colin Smith(London：
Routledge & Kegan Paul, 1978), pp. viii, 207.

4) 최재식, 「메를로-퐁티의 현상학에 있어 형태 개념에 의거한 사회성 이론(1)」, 한국
현상학회 편, 『현상학과 실천철학』(철학과 현실사, 1993), pp. 248~49(각주 3)；
Kerry H. Whiteside, *Merleau-Ponty and the Foundation of an Existential
Politics* (Princeton, N. J.： Princeton Univ. Press, 1988), pp. 21~22. 거비치에 비해
볼 때, 후설의 지각이 일차적으로 "물리적 사물의 지각"을 가리킨다는 점은 명백하
다. 특히 그의 *Ideas*의 제1권의 §1~§52는 "물리적 사물 physical thing"의 지각을
주로 다룬다： E. Husserl, *Ideas Pertaining to a Pure Phenomenology and to a
Phenomenological Philosophy. First Book. General Introduction to a Pure
Phenomenology*, tr. by F. Kersten(Dordrecht： Kluwer Academic Publishers, 1982),
pp. 51~124.

5) A. Gurwitsch, *Human Encounters in the Social World*, by Alexandre Métraux tr. by F.
Kersten(Pittsburg: the Duquesne Univ. Press, 1979), pp. 177 footnote 157：27~33,
58~66, 166. 앞으로 *Human Encounters* 로 줄여 표기함.

티 현상학의 근간이 되었다고 본다. 따지고 보면, 메를로-퐁티는 현상학이 "코기토cogito" 중심의 "의식 현상학phenomenology of consciousness"임을 깨닫고, 이를 비판한 지각 현상학phenomenology of perception을 1945년에 발표하였다. 이 저작에서 그는 "객관적 지각과 구분되는" 독특한 "형태의 지각"을, "이지적 의미와 구분되는" 독특한 "유형의 의미"를, 그리고 "순수한 '그 무엇의 앎'이 아닌 지향성"[6] 등을 강조하고 있다. 이러한 주장들의 단초는 1930년 이후 거비치가 제기한 "의식 현상학"과 "지각 현상학"의 구분에서 비롯된다고 본다.[7] 거비치는 1931년경에 탈고한 교수 자격 논문인 『공동 세계에서의 인간의 만남 *Die Mitmenschlichen Begegnungen in der Milieuwelt*』[8]에서 이렇게 말한다:

타인에 대한 지각의 구성 요소에 대한 전통적 기술(記述)은 예외 없이 물리적 성질과 그들의 변화만을 인정한다. 〔따라서〕 우리는 빛난 얼굴에 일반적으로 내재해 있다고 말하는 기쁨이나 행복은 지각하지 않는다. 지각은 예외 없이 오직 물리적인 것에 대해, 또는 물리적인 것 내의 변화들을 향해 있다: 우리는 우리 자신 내의 정신적인 사건과 상태에 대해서만 안다. 원래적인 방식으로만 타동료인들이 주어지는 지각 속에는 타인의 어떠한 정신적 사건도 함축되어 있지 않다. 우리는 우리 자신의 '내적 경험'과 '자기 관찰'을 통해서만 정신적인 무엇이 어쨌든 주어진다는 것과 그것이 어떻게 구성된다는 것을 알며, 다양하고 상이한 정신적 과정들과 사건들이 주어진다는 것과 그들이 어떤 것

---

6) M. Merleau-Ponty, *Phénoménologie de la Perception* (Paris: Gallimard, 1945), p. 183.

7) A. Gurwitsch, *Human Encounters*, pp. 3, 5~9, 13, 21, 29, 47, 52, 56.

8) 이 논문은 우여곡절 끝에 1977년에야 출판되었고, 1979년에 영역되었다. A. Gurwitsch, *Die Mitmenschlichen Begegnungen in der Milieuwelt*, ed. by Alexandre Métraux(Berlin und New York: Walter de Gruyter, 1977).

인지를 안다. 그러나 타인에 관한 경험에 의해서는 우리는 어떠한 정신적인 것도 알지 못한다. 동료인들에 대한 지각을 아무리 확장한다 하더라도 우리는 물리적 성질과 변화의 영역 너머로 나가지 못한다; 지각을 통해 우리는 타인의 정신적 삶과 결코 만나지 못한다.

그러나 이러한 의식 현상학은 우리들의 일상적 삶의 관행에 부합되지 않는다. 일상적 삶 가운데서, 빛난 얼굴을 한 어떤 사람이 우리에게 무언가에 대해 말할 때, 우리는 입의 움직임과 함께 안면 근육의 독특한 변화에 수반되는 어떤 지적으로 인지 가능한 것에 대한 지식의 편린을 체험하는 것이 아니다. 타인의 말에서 우리는 즉각적으로, 그리고 공공연하게 그의 기쁨을 목격하고 그의 얼굴에서 그것을 직접 확인한다.[9]

여기서 거비치는 "의식 현상학"에 의존하는 한 "타인의 의식" 문제는 "접근할 희망이 없는 문제a hopeless problem of access"라고 못박는다.[10]

---

9) 위의 인용은 영문 번역본에 의한 것임. A. Gurwitsch, *Human Encounters*, p. 3.

10) 같은 책, p. 52. 또 거비치는 서구 철학에서 타인의 의식 문제가 제기된 것은 데카르트 이후부터라고 말한다(같은 책, p. 167의 각주 7). 이에 반해 메를로-퐁티는 데카르트 철학이 타인 문제에 대한 걸림돌이었다고 비판한다. 그는 이렇게 말한다: "Hitherto the Cogito depreciated the perception of others, teaching me as it did that the I is accessible only to itself, since it defined me as the thought which I have of myself, and which clearly I am alone in having, at least in this ultimate sense" (M. Merleau-Ponty, *Phenomenology of Perception*. tr. by Colin Smith, p. xii). "의식의 현상학"에 대한 보다 강력한 비판은 1943년에 출판된 사르트르의 『존재와 무 *Being and Nothingness*』에서도 제기되었다. 여기서 사르트르는 특히 후설을 가리켜 "현상학자a phenomenologist"가 아닌 "현상론자a phenomenalist"라고 공격하였다: "Husserl remained timidly on the plane of functional description. Due to this fact he never passed beyond the pure description of the appearance as such; he hes shut himself up inside the cogito and deserves—in spite of his denial—to be called a phenomenalist rather than a phenomenologist. His phenomenalism at every moment borders on Kantian idealism" (J.-P. Sartre, *Being and Nothingness*, tr.

메를로-퐁티의 현상학이 지각을 출발점으로 삼는 데는 이와 같은
거비치의 영향이 크게 작용했다는 점에 이론의 여지가 없다. 지각은
사유에 선행한다는 "지각의 일차성 the primacy of perception"은 이러
한 영향의 단적인 예로서, 앞서 말한 "접근 문제의 일차성"이나 "표
현 지각의 일차성"등과 그 맥을 같이한다.

메를로-퐁티는 지각을 "보는 것" "듣는 것" "느끼는 것"의 세 가지
형태로 구분하고, 특히 "보는 것"을 지각의 특권적인 형태로 중시한
다. 아마도 메를로-퐁티만큼 "본다"는 지각 현상을 철저하게, 그리고
집요하게 문제삼았던 철학자도, 근대 서구에서 데카르트 René
Descartes 이후 오늘에 이르기까지, 버클리 George Berkeley[11]를 제외한
다면, 아무도 없을 것이다. 메를로-퐁티는 그의 첫 저작, 『행동의 구조
The Structure of Behavior』(1942)[12]에서 비롯하여 마지막 저서 『보이는
것과 보이지 않는 것 The Visible and the Invisible』(1964)[13]에 이르는 대
부분의 저서에서 "보는 것"에 대한 놀라운 통찰을 보여주고 있다.

이 글에서는 먼저 메를로-퐁티의 지각론을 그가 말하는 "본다"의
의미를 중심으로 3단계로 나누어 밝혀보고자 한다. 첫째, 본다는 것
은 사유(또는 사유의 구성적 행위)와 구별된다; 둘째, 본다는 것은 세
계-안에-존재하는 "몰입 inherence"의 한 형태이다. 셋째, 본다는 것
은 사물 그 자체와의 직접적인 접촉이다. 결론에서는 이와 같은 지각
론 이 전제하는 메를로-퐁티의 신체론이 무엇을 의도하는지에 대해

---

and with an Intro. by Hazel E. Barnes, New York: Washington Square Press, 1973,
   p. 119).

11) G. Berkeley, "An Essay Towards a New Theory of Vision," in *Berkeley's
   Philosophical Writings*, ed. by David M. Armstrong(New York: Collier Books,
   1974), pp. 274~348.

12) Tr. by Alden L. Fisher and with a foreward by John Wild(Boston: Beacon Press,
   1967).

13) Ed. Claude Lefort and tr. by Alphonso Lingis(Evanston: Northwestern Univ. Press,
   1968).

간략하게 살펴볼 것이다.

2

메를로-퐁티에 의하면, 전통적으로 "본다"는 문제는 사유의 한 형
태로 다루어졌으며, 이러한 입장을 대표하는 철학자로서 데카르트를
들고 있다.[14] 데카르트는 『제일철학에 관한 성찰 *Meditations on the*

14) 특히 정화열 교수는 데카르트를 "시각중심주의 ocular centrism"의 효시로 보고,
    이에 대항하여 "듣는 것"을 강조한다. 정교수는 이렇게 말한다: "Cartesian
    metaphysics based on the Cogito is identifiable with, and epitomizes, the
    aristocracy of vision or sight as unambiguous. As a matter of fact, visual
    metaphysics goes hand in hand with the egocentrism of the Cogito, because unlike
    the other forms of the human sensorium(e.g., hearing), vision is not only isolating
    or distancing, but also anaesthetic in denying the sociability of the senses. There is
    a fundamental narcissism and social amnesia of and in all vision. Sounds tend to
    socialize, unify, and synthesize, whereas sight tends to isolate, divide, and analyze.
    In other words, in visual metaphysics there is an identity or isomorphism between
    the 'eye' and the 'I.' Just as vision demotes the other senses, so does the Cogito as
    visual thinking 'overlook' and 'theorize' away the other person. Heidegger
    maintains that the 'I'(or the 'eye') of the Cogito as thinking sub/stance(res
    cogitans) becomes the center of thought from which the 'I-viewpoint' and the
    subjectivism of the modern thought originate. In this Cartesian pro/position, the
    one who posits and thinks is the 'I'"; "the subjectivity of the subject is determined
    by the 'I-ness'(Ichheit) of the 'I think'"; "For Heidegger, in other words, the 'I-
    viewpoint' of the Cartesian Cogito coincides with the modern age as 'the age of the
    world picture'(Weltbild). Visual metaphysics and subjectivism are one and the
    same process that constitutes the problematic of modern epistemology in relation
    to the human sciences whose epicenter is, in contrast, the concept of sociality.
        In this connection, Jeremy Bentham's meticulous architectual plan in the last
    quarter of the eighteenth century for the Panopticon of the Inspection House
    should not be overlookd. For it is a Cartesian plot. The Panopticon is literally the
    prison-house of visualism. Its prisoners, who live in perpetual solitude in the
    'islands' of cells partitioned by impregnable walls, may he likened to the solitary

First Philosophy in which the Existence of God and the Distinction Between Mind and Body are Demonstrated』[15]에서, 물체는 보고 만져서 알 수

<hr>

confinement of the Cogito or espitemological subject as bodiless substance. Moreover, the Panopticon epitomizes the inextricable link between visualism and the ironclad network of what Michel Foucault calls disciplinay technologies"(Hwa Yol Jung, *Rethinking Political Theory*, Athens: Ohio University Press, 1993, p. 79).

최정운 교수의 「푸코의 눈: 현상학 비판과 고고학의 출발」(『한국 정치학회보』 29집 4호, 1995, pp. 181~214)도 "본다"는 문제를 사유의 관점에서 접근한 데카르트류의 시각론에 대한 비판이라고 볼 수 있다. 최교수는 이렇게 말한다: "푸코가 분석한 눈은 진리치를 주장하는 근대 과학의 눈, 특히 19세기초에 성립된 의학의 눈에 초점을 맞추고 있"으며, 이것이 어떻게 "판옵티콘의 눈"으로, 즉 "절대 시선"으로 변천했는지를 보여준다. 그러나 "푸코는 이 절대 시선이 우리를 보고 있음을 보여줌으로써 우리 눈을 비방하는 것이 아니라 오히려 우리 눈의 회복을 기대"한다. 여기서 최교수가 말하는 "우리 눈"이란 데카르트가 말하는 "사유하는 눈"이 아니라 메를로-퐁티가 말하는 "지각하는 눈"과 다를 바 없다고 생각된다. 또 최교수는 푸코가 "특정한 현상학자나 작품을 세세히 비판하지는 않았으나 그의 주장은 인간의 원초적인 인식을 사유의 출발로 삼는 현상학의 토대를 직접 공격한 것"이라고 강조한다. 그러나 최교수가 말하는 "현상학 비판"을 자세히 읽어보면, 필자가 모두에서 밝힌 "의식 현상학에 대한 비판"의 일환으로 볼 수 있다 (같은 글, pp. 183, 188, 202). 끝으로 최교수는 "푸코의 고고학"이 "언어의 문제와 언어 해석의 문제는 피하"면서 "언어를 이해하려는" 방법론이라고 주장한다(같은 글, p. 204). 이것도 후설의 "선술어적 생활 세계"를 연상시키기에 족하다.

그러나 최교수, 더 나아가 푸코는, "의식 현상학"과 "지각 현상학"을 구분하지 않음으로써 논의상에 일대 혼란을 보여준다. 단적인 예로서 최교수는 이렇게 말한다: "푸코에 의하면 현상학적 시선은 주체와 함께 근대에 태어난 것이다. 이 시선은 태초의 시선이 아니라 권력에 이끌려 복잡한 역사적 여정을 거쳐 특정한 장소에 유폐된 것이며 그곳은 결코 열린 공간이 아니다"; "현상학 비판에 관한 한 푸코는 후기에 입장을 바꾼 것이라 볼 수 없으며 다만 초기의 부정적 비판에서 한 발 더 나아가 눈의 역사의 원인을 제시하고 더욱 다양하고 입체적인 변화의 모습을 보여줌으로써 현상학을 대체하려 한 것이었다. 푸코는 눈의 분석을 통하여 현상학을 조목조목 비판한 것이 아니라 시간을 거슬러 올라가 감각적 인식의 현장을 사유의 출발로 삼는 현상학의 연원을 말살하려 한 것이다"(같은 글, pp. 210~11). 이와 같은 현상학에 대한 인식이 얼마나 그릇된 것인가를 납득하는 데 이 글과 이 책의 전체를 통한 논의가 도움이 될 수 있기를 기대한다.

15) *Great Books of the Western World: Descartes and Spinoza*, tr. by Elizabeth S. Haldane and G. R. T. Ross(Chicago: Encyclopedia Britannica, Inc., 1980), pp.

있는 것이 아니라, 이해를 통해서 알 수 있다고 말한다. 말하자면 감각이나 상상 능력faculty of imagination에 의해서 아는 것이 아니라, 오성 Understanding에 의해서 안다고 본다. 예를 들면, 내가 창문 너머로 길 가는 사람을 본다고 말할 때, 이것은 내가 실제로 사람을 본다는 말이 아니라, 다만 사람을 본다고 추리한다는 말이다. 어쩌면 나는 창문 너머로 모자와 코트를 입고 걸어가고 있는 자동 인형들을 보고 있는지도 모른다. 그러나 나는 이들이 사람이라고 판단한다. 여기서 데카르트는 물체를 보고 만지는 것은 눈이나 손이 아니라, 마음이라고 말한다. 데카르트의 표현을 빌리면, "지각은 보고 만지고 상상하는 행위가 아니라, 마음의 직관이다."[16] "나의 마음에 내재하는 판단 능력에 의해서만 나는 나의 육안으로 본 것을 알게 된다."[17]

메를로-퐁티에 의하면 데카르트는 지각의 문제를 지각에 대한 사유의 문제로 전환시킨 장본인이라 할 수 있다. 데카르트는 "내가 지각하는 물건들은 그 자체로서는 나와 무관한 것일지 모르지만 사유의 형태 modes of thought로는 내 속에 존재하고 있다는 것을 의심할 수 없다"라고 말한다.[18] 여기서 주의할 것은 첫째, 데카르트가 말하는 "사유의 형태" 속에는 지각 · 기억 · 상상…… 등 일체의 의식 활동이 포함된다는 점과 둘째로, "보여진 존재"가 의심스러워질 경우에도 "본다는 지각 행위"만은 사유의 한 형태로서 의심의 여지가 없는, 말하자면 절대적 확실성을 갖는다는 점이다. 그러나 메를로-퐁티는 데카르트의 이와 같은 성찰——즉 "보여진 존재"와 "본다는 지각 행위"의 확실성은 서로 구별되며 "보여진 존재"가 비록 의심스러워질 경우에도 "본다는 지각 행위"만은 결코 의심할 수 없다는 성찰——은

69~103.
16) 같은 책, p. 80.
17) 같은 책, p. 81.
18) 같은 책, p. 82.

받아들일 수 없는 것이라고 비판하다.[19]

　메를로-퐁티는 데카르트가 "나는 생각한다, 나는 존재한다 I think, I am"라고 말했을 때에, 이것은 사유와 존재를 동일한 것으로, 다시 말하면, "I think"와 "I am"이라는 두 문장을 동격으로 볼 때에만 성립될 수 있는 말이며, 만일 전자, 즉 사유가 후자, 즉 존재에 선행한다는 뜻이라면, 이것은 전적으로 받아들일 수 없는 것이라고 못박는다. 왜냐하면 나는 내가 존재한다고 생각하기 때문에 나의 존재를 확신하는 것이 아니라, 이와는 반대로 이러한 생각이 존재하고 있기 때문에 ── "진정으로 존재 genuine existence" 하기 때문에 ── 나의 생각에 대해 확신을 갖게 된다는 것이다. 다시 말하면 내가 생각한다는 것은 나의 생각이 존재한다는 것이며, 생각이라는 것은 생각이라는 존재 바로 그것이라는 것이다. 따라서 메를로-퐁티는 "나는 생각한다"와 "나는 존재한다"라는 말은 서로 동격이라고 말한다.[20]

　메를로-퐁티는 특히 생각한다는 것은 생각이 존재한다는 사실에 착안하여, 사유 과정은 사유하는 존재가 사유로서 일어나는 과정, 즉 사유의 초재화(超在化) 과정이라고 본다. 사유란 사유하는 행위 바로 그것이며, 사유하는 행위란 초재화하는 자신의 모습이라는 것이다. 메를로-퐁티는 이것을 "사유" ── 즉 "나는 생각한다" ── 가 "존재" ── 즉 "나는 존재한다" ── 의 "초재화 과정에 재통합되는 것"이라고 주장한다.[21]

　의식과 존재의 확실성은 서로 동격이라는 메를로-퐁티의 입장은 데카르트의 지각론에 대한 비판에서도 계속된다. 메를로-퐁티의 데카르트 비판은 한마디로, 지각하는 의식 행위와 지각된 존재는 동일

19) M. Merleau-Ponty, *Phenomenology of Perception*, p. 374.

20) 같은 책, pp. 382~83.

21) 같은 책, p. 383; Joseph Chiari, *Twentieth-Century French Thought : From Bergson to Levi-Strauss* (New York: Gordian Press, 1975), p. 71.

한 존재 양식, 동일한 확실성을 갖는다는 말로 요약할 수 있다.

메를로-퐁티에 의하면, 데카르트가 구분하고 있는 지각된 존재의 확실성과 지각에 대한 사유의 확실성간에는 "본다"는 본래적인 의미에 있어서는 결코 분리될 수 없는 동일성이 존재한다. 메를로-퐁티는 예컨대 저기에 있는 재떨이나 담뱃대의 존재에 대해서 확신할 수 없으면서, 어떻게 그 재떨이나 담뱃대를 보는 나의 지각 행위만은 확실하다고 생각할 수 있는지 반문한다. 만일 재떨이나 담뱃대의 존재를 확신할 수 없다면, 대상의 존재에 대한 의구심은 시각 그 자체에 대한 의구심을 불러일으키게 되며 결국 재떨이나 담뱃대를 보는 나의 지각 행위에 대해서도 확신할 수 없는 상태에 이른다. 바꾸어 말하면 재떨이나 담뱃대를 본다는 지각의 확실성 속에는 이미 이들 재떨이나 담뱃대의 존재에 대한 확실성을 전제하고 있다. 여기서 메를로-퐁티는 본다는 행위, 즉 지각의 확실성과 보여진 물건, 즉 존재의 확실성은 서로 분리될 수 없는 성질의 것으로 본다. 다시 말해서 메를로-퐁티는 존재의 확실성이 문제된다면 지각의 확실성 역시 문제될 수밖에 없다고 말한다.[22] 이런 의미에서 메를로-퐁티는 데카르트 이래로 당연시되어온 지각——즉 사유cogito의 한 형태로서의 지각——의 "확실성"에 대해 하나의 의문을 제기했다고 볼 수 있다.

메를로-퐁티는 사물의 존재와 그 사물의 지각에 대한 고찰에서 이들 모두는 동시적으로 확실성을 갖든가 또는 갖지 않을 수는 있어도 어느 하나만이 확실성을 가질 수 없다는, 그의 지각 이론의 근간이 되는 동일성을 주장한다. 그는 이 점에 대해 다음과 같이 말한다:

지각은 지각 행위 그 자체와 이 행위가 향하고 있는 목표물이 서로 분리될 수 없는 바로 그런 유의 행위이다. 지각은 지각하고 있는 것에

---

22) M. Merleau-Ponty, *Phenomenology of Perception*, pp. 374~77.

대한 의식과 분리될 수 없고, 뿐만 아니라 사물 그 자체에 도달한다는 의식과도 분리될 수 없기 때문에, 결국 지각과 지각된 것은 필연적으로 동일한 존재 양식을 갖게 마련이다.[23)]

지금까지 우리는 메를로-퐁티의 지각론을 데카르트에 대한 비판을 중심으로 살펴보았다. 메를로-퐁티에 의하면, 지각 행위와 지각된 존재는 지각 본래의 의미에 있어서 결코 분리될 수 없으며, 지각과 존재는 동일한 존재 양식, 동일한 확실성을 갖는다. 메를로-퐁티가 말하는 이와 같은 "동일성"은 이후 지각은 "몰입"이라는, 보다 정확하게 말해서 "지각 주체의 대상에의 몰입 inherence of the self in things"[24)]이라는 입장으로 발전한다. 다시 말하면 "지각"은 대상을 구성 constitution하는 것이 아니라, 대상 가운데 빠져버리는 것, 거기에 내재한다는 것이다. 지각을 "몰입"이라고 보는 메를로-퐁티의 입장은 데카르트와 칸트, 그리고 후설 등에서 찾아볼 수 있는 환원——즉 객관 세계를 일단은 주관 세계로, 또는 사실의 세계를 의식의 세계로 전환시키고 이것을 다시 자아의 "절대적 확실성 apodicticity"으로부터 재구성하기 위해 수행되는, 말하자면 "자기 반성과 태도 변경의 한 형태 a form of self reflection and change of attitude"로서의 환원[25)]——과

---

23) 같은 책, p. 374.

24) M. Merleau-Ponty, "The Film and the New Psychology," *Sense and Non-Sense*, tr. by Hubert L. Dreyfus and Patricia A. Dreyfus(Evanston: Northwestern Univ. Press, 1964), p. 58; M. Merleau-Ponty, *Phenomenology of Perception*, p. 351.

25) Hironao Harie, "'The Stock of Knowledge at Hand' as a Transcendental Concept," presented at The Legacy of Alfred Schutz International Conference at His Centennial sponsored by Waseda University at Waseda University International Conference Center, Tokyo(March 26~28, 1999), p. 4. 하리에는 또 이렇게 말한다: "Being in everydaylife, consciousness is in its performance 'oblivious of its own performance. The way to change this attitude, and to reveal the constitutional functioning of consciousness to consciousness itself is phenomenological

는 대조를 이루는 반면 "세계-안에-존재 Being-in-the-World"라는 하이데거Martin Heidegger의 입장 쪽으로 접근한다. 다음에 메를로-퐁티의 이와 같은 "몰입"의 관점을 그의 시각 현상에 관한 기술을 중심으로 보다 구체적으로 살펴보기로 한다.

3

메를로-퐁티에 의하면, 대상을 본다는 것은 "대상을 붙잡는 것 hold on,[26] grip with,[27] the object," "세계에 돌입하는 것 plunge into the world,"[28] 또는 "대상에 빠져버리는 것 surrender to,[29] abandon to,[30] being drawn into,[31] yield up to,[32] sucked into"[33]을 말한다. 본다는 것은 시선gaze이 존재의 세계로 뛰어들어가서[34] 거기에 뿌리를 박고anchorage,[35] 정착하는 것 inhabitation[36]이며, "보는 사람을 보이는 것에 끌어넣는 것 incorporation of the seer into the visible"[37]이다. 예컨

reduction"(같은 글, 같은 곳).

26) M. Merleau-Ponty, *Phenomenology of Perception*, pp. 253, 265, 277, 279, 306, 315: M. Merleau-Ponty, *The Visible and the Invisible*, p. 5.

27) M. Merleau-Ponty, *Phenomenology of Perception*, pp. 253, 279, 351.

28) 같은 책, pp. 68, 214, 238.

29) 같은 책, pp. 212, 227.

30) 같은 책, pp. 68, 214.

31) 같은 책, pp. 68, 214.

32) 같은 책, p. 226.

33) 같은 책, p. 238.

34) 같은 책, p. 68.

35) 같은 책, pp. 67, 278: M. Merleau-Ponty, "The Film and the New Psychology," 앞의 책, p. 52.

36) M. Merleau-Ponty, *Phenomenology of Perception*, p. 68.

37) M. Merleau-Ponty, *The Visible and the Invisible*, p. 131의 각주 1).

대 "내가 하늘의 푸른색을 본다"고 말할 때, 그것은

내가 마치 하나의 초우주적 자아처럼 하늘과 마주 대하거나, 또는 하늘의 비밀이라도 들춰내듯이 하늘을 향하여 어떤 푸른 색깔의 관념의 날개를 펼쳐보이는 것이 아니다. 그것은 나 자신을 하늘에 맡기고, 그 신비 속으로 나를 던져넣어, 하늘과 더불어 하나가 되는 것이다. 하늘 그 자체는 내 속에서 생각하며, 하늘은 〔즉자태(即自態) in itself로서가 아니라: 필자〕 대자태(對自態) for itself로서 존재하기 시작하며, 나의 의식은 무한한 푸른빛으로 포화 상태에 이른다.[38]

다시 말하면, 메를로-퐁티는 지각 현상을 "지각 주체의 대상에의 몰입"으로 이해한다. 여기서 "몰입"이란 다름아닌 사물 그 자체에 소속하려는 행위, 또는 하이데거의 표현을 빌려 말하자면, "세계-안-에-존재"[39]하려는 행위로서, 결국 메를로-퐁티의 강조점은 "내가 지각할 때, 나는 나의 관점에서 전체로서의 세계에 소속된다"[40]는 데 있다.

메를로-퐁티는 이와 같은 "몰입"의 관점에서 시각 현상——보다 정확하게 말하면 지각 현상 일반——에 관한 종전의 인과론적-해부학적 입장을 비판한다. 메를로-퐁티에 의하면, "망막에 투영된 그림으로 우리가 무엇을 보는지 판단할 수 없다."[41] 다시 말하면, 망막에 투영된 세계와 실재로 지각된 세계는 반드시 일치하지 않는다는 것이다. 예컨대 지평선에 걸려 있는 달이나 손끝에 놓여 있는 동전이 망막에

---

38) M. Merleau-Ponty, *Phenomenology of Perception*, p. 214.

39) M. Heidegger, *Being and Time*, tr. by John Macquarrie and Edward Robinson (New York and Evanston: Harper & Row Publishers, 1962), 이곳저곳.

40) M. Merleau-Ponty, *Phenomenology of Perception*, p. 329.

41) 같은 책, p. 255.

투영된 영상의 크기에 있어서 모두 같을지라도 달이 동전보다 항상 크게 보인다거나, 어떤 대상이 급격하게 다가오거나 멀어질 때, 망막에 생기는 변화가 실제로 지각에 미치는 영향은 극히 완만하다는 사실 등은 이를 실증한다.[42] 이와 같은 이유에서 메를로-퐁티는 여러 지각 현상——예컨대 가깝고 멀고, 크고 작은 것 또는 운동과 정지, 수직과 경사, 위·아래, 좌·우 등의 여러 지각 현상——을 단순히 신체의 해부학적 구조로만 설명하기 어려운 다른 측면이 있다고 본다. 다시 말하면, 시각 현상은 망막에 투영된 영상에 의존하기보다는, "몰입"의 여러 변용 modifications이라는 것이다.

메를로-퐁티에 의하면, 멀고 가까운 두 개의 거리 지각간의 차이점은 시선이 대상에 몰입하는 정도의 차이, 즉 시선이 대상에 매달리는 파지력(把持力: grip 또는 hold)의 정도에 있어서 차이라고 말한다. 따라서 보다 멀다는 것은 대상에 대한 시선의 파지력이 보다 약한 상태이며, 보다 가깝다는 것은 그것의 파지력이 보다 강한 상태이다. 또한 대상이 멀어진다는 것은 그것에 몰입한 시선의 파지력이 점점 약화되어가고 있다는 것으로서, 바꾸어 말하면, 대상이 시선의 강한 파지(把持)의 영향권에서부터 벗어나고 있다는 것이다.[43]

크다, 작다는 것 역시 시선이 대상을 파지할 수 있는 난이(難易)의 정도를 말한다. 따라서 크다는 것은 시선이 대상을 전체적으로 파지하기 어려운 상태이며, 작다는 것은 이것이 비교적 용이한 상태를 말한다.[44] 메를로-퐁티는 대상에 대한 파지의 능력이 증대하면, 선명하게 볼 수 있는 시계(視界)의 범위도 그만큼 확대되며, "심지어는 우리 자신의 배면(背面)을 본다"고 말한다.[45]

---

42) 같은 책, p. 260.

43) 같은 책, p. 261.

44) 같은 책, pp. 266~67, 303, 315.

45) 같은 책, p. 209.

116

메를로-퐁티가 주장하는 "몰입"의 가장 두드러진 예로서 특히 움직이는 물체에 대한 시각 현상을 들 수 있다. 두 대의 열차가 동시에 달리고 있을 때, 예를 들면 카드놀이 하는 승객은 자기가 탄 열차가 정지한 열차라고 보는 반면, 마주 보이는 열차는 움직인다고 말한다. 그러나 누군가를 찾으려고 맞은편 열차에 시선을 돌리게 되면, 그는 자신이 탄 열차가 다시금 움직이기 시작한다는 것을 지각한다. 메를로-퐁티는 이러한 운동 지각의 변화는 보는 사람의 시선이 어느 곳에 머무르는가에, 다시 말하면 어디에 몰입해 있는가에 달려 있다고 한다. "정지해 있다고 보이는 열차는 우리가 정착지로 선택한 열차이며, 당분간 우리의 환경이 되는 열차이다."[46] 메를로-퐁티는 모든 운동은 특정의 정착점 anchorage을 전제로 하며, 정착점의 변경은 운동 지각의 변경으로 이전된다고 한다. 여기서 정착점의 변경은 시지각의 경우, 시선의 변경을 뜻한다. 따라서 뾰족탑과 그 위에 떠 있는 구름은 보는 사람의 시선이 어디에 머무르는가에 따라, 때로는 구름이, 때로는 뾰족탑이 움직이게 되며, 해안선을 따라 항해하는 선박에 승선한 사람들은 그들의 시선을 어디에 두느냐에 따라, 때로는 해안이, 때로는 선박이 움직인다고 본다. 흐르는 강물은 다리 밑으로 흘러가지만, 우리의 시선이 강물에 머무를 때, 다리는 조용한 강물 위로 활주하듯 미끄러져간다.[47]

메를로-퐁티는 수직과 경사의 지각——뿐만 아니라 "위" "아래" 또는 "좌" "우" 등의 여러 공간 지각[48]——역시 몰입의 변용이라고 주장한다. 내가 탄 열차의 벽은 가파른 언덕길 위에서도 수직이 되는 반면, 차창 너머 언덕 위의 전나무들은 옆으로 기울어진다. 그러나 차창 밖의 넓은 세계를 응시하게 되면, 기울어진 전나무들은 똑바로 서

---

46) M. Merleau-Ponty, "The Film and the New Psychology," 앞의 책, p. 52.

47) M. Merleau-Ponty, *Phenomenology of Perception*, pp. 277~80.

48) 같은 책, p. 386.

고, 지금까지 똑바르던 열차의 벽은 오히려 기울게 된다.[49] 메를로-
퐁티는 이러한 "지각장(知覺場)의 수정 correction of the field" 현상은
감각의 "연상 작용 association"이나 또는 지적인 "사유 과정"의 결과
가 아니라, 지각 주체가 세계 내에 몰입한 결과라고 주장한다. 메를
로-퐁티는 스트래턴 Stratton 실험과 관련하여 이렇게 말한다: "지각장
은 스스로 수정된다. 나는 이것을 어떤 개념으로 인식하는 것이 아니
다. 〔……〕나는 거기에 살고 있고, 새로운 장면 속에 완전히 태어나
며, 말하자면 나는 나의 중력의 중심부를 지각장의 내부로 이동시켜
놓기 때문이다."[50]
  메를로-퐁티는 특히 운동과 정지의 지각이 지적 판단에 의해 정립
되는 posit 사유 현상이 아니라는 점을 다음과 같이 강조한다:

  운동과 정지는 우리의 사유가 임의로 구성한 가설에 따라서가 아니
  라, 우리 스스로가 이 세계 속에 정착하는 방식과 이 세계 속에서 우리
  의 몸이 취하는 입장에 따라 우리의 주위 환경에 배분된다. 〔……〕
  내가 보고 있는 대상이란 내가 거기에 거주하고 있는 대상을 말하며,
  이것은 항상 고정된 것으로 보일 것이다. 이와 같은 고정의 의미는 내
  가 다른 곳을 보지 않고는 그 대상으로부터 앗아버릴 수 없으며, 동시
  에 생각만으로 그런 의미를 부여할 수도 없다. 지각은 초보적 과학
  beginning science이 아니다. 다시 말하면, 지각은 사고의 기초 훈련
  an elementary exercise of the intelligence이 아니다.[51]

---

49) 같은 책, p. 280.

50) 같은 책, p. 251.

51) M. Merleau-Ponty, "The Film and the New Psychology," 앞의 책, p. 52: M.
  Merleau-Ponty, *Phenomenology of Perception*, p. 57. 사르트르가 말하는 사물의
  "resistance"나 "adversity" 또는 바슐라르와 관련하여 언급한 "coefficient of
  adversity"도 메를로-퐁티가 구분짓는, 지적 세계에 대한 지각적 세계의 또 다른
  특징의 예라 할 수 있다(J. -P. Sartre, *Being and Nothingnen: A Phenomenological*

앞서 말한 두 대의 달리는 열차나, 뽀족탑과 구름이나, 해안선과 배, 또는 강물과 다리의 예에서도 볼 수 있듯이 정착점의 선택은 사유에 의해서가 아니라 본다는 지각 행위에 의해서 이루어진다. 여기서 메를로-퐁티가 주장하는 것은, 본다는 지각 행위가 시각장(視覺場) visual field 과 일정한 관계에 들어가는, 즉 "몰입"의 행위라는 것과, 이러한 "몰입"의 과정 속에서 시각장은 대상과 배경으로 구분되며, 지각 세계에서 흔히 볼 수 있는 대상과 배경의 계속적인 자리 바꿈은 지적 판단의 결과가 아니라, 본다는 지각 행위의 결과라는 것이다.

메를로-퐁티에 의하면, 운동과 정지에 대한 지각이 지적 판단의 결과가 아닌 것과 마찬가지로 거리 지각 역시 지적 산물로 볼 수 없다. 다시 말하면 거리 지각은 어떤 대상의 외형적 크기나, 망막에 투영된 영상들의 차이나, 수정체의 적응이나, 두 눈의 다양한 집중 convergence 등, 여러 생리적 기호 sign들로부터 얻어진 지적 결론에서 나온 것이 아니다. 이와 같은 생리적 기호들은 지적 판단의 기초가 되리만큼 우리들의 의식에 분명하게 주어지는 것도 아니며, 또한 거리 지각은 이러한 기호들을 판독하거나 또는 이들의 의미를 간접적으로 추리함으로써 이루어지는 것도 아니다.[52] 거리 지각은 앞서 밝혔듯이 어디까지나 지각 주체가 대상에 몰입한 결과이다.

그러나 전통적으로 거리 지각은 기하학적 선과 각에 입각한 하나의 판단, 즉 사유 현상으로 설명되었다. 이런 점에서 메를로-퐁티의 시각론은 서구 철학의 뿌리 깊은 전통에 대한 하나의 중대한 수정이라고도 볼 수 있다. 어떤 의미에서 메를로-퐁티의 시각론은 버클리의 「신시각론고 An Essay Towards a New Theory of Vision」를 방불케 한

Essay on Ontology, pp. 427~28).

52) M. Merleau-Ponty, *Phenomenology of Perception*, p. 46.

다. 버클리는 1709년에 발표한 이 논문에서 선과 각에 입각한 기하학
적 시각 이론을 비판하면서 다음과 같이 말한다:

　　광학 이론가들이 지금까지 오해했다고 생각되는 문제는 이들이 마
　치 수학의 결론을 이끌어내듯, 사람들이 거리를 판단한다고 생각한 데
　있다. 〔……〕 그러나 사람들이 거리에 대해 내리는 즉각적인 판단은
　이와 같은 수학적 결론과 아주 다르다. 우리들은 짐승이나, 어린아이
　들, 그리고 성장한 이성적 사람들까지도 대상이 가까이 다가오거나 또
　는 멀리 떨어지는 것을 지각할 때 마치 기하학(幾何學)과 논증의 방식
　으로 판단한다고 생각하지 말아야 한다.[53]

　　결국 버클리는 거리 지각이 "눈"보다는 "귀"에, 즉 청각에 의존한
다고 보았다.[54] 이런 점에서 그는 거리 지각이 어디까지나 "시선"의
몰입 현상이라고 보는 메를로-퐁티와 입장을 달리한다.
　　메를로-퐁티가 주장하는 것은 지각과 사유의 엄격한 구분이다. 그
에 의하면, "지식은 결코 대상에 매달리지 않는다."[55] 다시 말하면,
사유는 대상에 몰입할 수 없다는 것이다. 여기서 "몰입"은 지각과 사
유를 구별하는 중요한 기준이 된다. 정확하게 말하면 지각은 "세계에
있음a presence to the world"[56] 또는 "세계 속에 개입 initiation into the
world"[57]인 반면, 사유는 "자아에의 있음 presence to self"[58]이다.
　　이와 같은 구분은 지각이 사유나 또는 사유의 구성적 행위
constitutive act에 의해서 대행될 수 없다는 주장을 의미한다. 메를로-

---

53) 같은 글, p. 290.
54) 같은 글, p. 302.
55) M. Merleau-Ponty, *Phenomenology of Perception*, p. 15.
56) M. Merleau-Ponty, "The Film and the New Psychology," 앞의 책, p. 52.
57) M. Merleau-Ponty, *Phenomenology of Perception*, p. 257.
58) 같은 책, p. 257.

퐁티는 분석적 성찰에서 주장하는 "모든 지각은 혼돈된 형태의 사고 every perception is a muddled form of intellection"라는 견해에 반대하고, 지각은 어디까지나 "지각 주체의 대상에의 몰입 inherence of the self in things"이라는 점을 강조한다.

지각과 사유의 구분은 또한 지각의 주체가 사유의 주체와는 달리 이미 세계 속에 개입되어 있는 존재라는 것이며, 따라서 세계를 앞에 놓고 관상(觀想)하는 관객과 같은 존재가 아니라는 점을 명백히한 것이라고 볼 수 있다.[59]

지금까지 논한 메를로-퐁티의 시각론은 다음과 같은 두 가지 점으로 집약된다: 첫째, 시지각의 대상은 지각하는 주체, 즉 "시선에 대하여 존재 a being-for-the-gaze"할 뿐이며, "사유하는 주체에 대하여 존재하는 것은 아니다 not a being-for-the-thinking-subject"; 둘째, 대상을 본다는 것은 "대상에 매달림 to take a certain hold upon it〔i. e., upon the object〕"이며, 대상을 구성하는 사유 작용이 아니다. 다시 말하면 본다는 지각 행위는 "대상이 놓일 수 있는 여러 가지 가능한 위치에도 불구하고 변함없이 순응할 어떤 구성의 법칙을 마음속에 그리는 것은 아니다."[60]

4

이상에서 "본다"는 지각 행위를 중심으로 메를로-퐁티가 구별하는 지각과 사유의 차이점에 관하여 살펴보았다. 그러나 메를로-퐁티의 근본적인 관심은 이와 같은 지각과 사유의 구별에 있기보다는, 오히

---

59) 같은 책, 이곳저곳; M. Merleau-Ponty, *The Primacy of Perception,* ed. with an Intro. by James Edie(Evanston: Northwestern Univ. Press, 1964), p. 12.
60) M. Merleau-Ponty, *Phenomenology of Perception*, p. 253.

려 다음의 결론——말하자면 세번째의 결론——에 있다고 말할 수 있다. 즉 우리의 "눈eye"이 보는 것은 사물의 "표상 representation"이 아니라, "사물 그 자체 thing itself"이다.

메를로-퐁티에 의하며, "눈"은 "사물이 투사되는 하나의 스크린이 아니"라, "사물과 접촉하는 특정의 힘"이다.[61] 다시 말하면, 눈은 사물 그 자체를 지각하는 "힘 power"이라는 것이다. 어떤 의미에서 메를로-퐁티의 이러한 주장은 앞서 말한 "동일성"——즉 지각과 존재는 동일한 존재 양식, 동일한 확실성을 갖는다는 입장——과 "몰입" 등 그의 시각론의 근본 전제가 된다.

"눈"은 사물 그 자체를 본다는 메를로-퐁티의 주장은 그의 여러 작품 가운데 나타나 있다. 예를 들면, "지각"이란 "사물 그 자체에 도달하는 행위"[62] "사물 그 자체에 도달한다는 의식과 분리될 수 없는 것"[63] "사물로 통하는 하나의 창"[64] "존재의 경험"[65] "존재의 포착"[66] "사물 그 자체의 소유"[67] 또는 "신체를 통한 어떤 것에의 임재"[68] 등등, 메를로-퐁티는 지각이 존재 그 자체와의 직접적인 접촉임을 강조한다. 다른 한편 "본다"는 하나의 특정한 지각 현상에 한정시켜보더라도, 이것은 "사물 그 자체를 보는 것"[69] "사물 그 자체로 가는 것"[70] 또는 "하나의 퍼스펙티브 속에 주어지면서도 그것을 넘어서는 사물 그 자

61) 같은 책, pp. 278~79; M. Merleau-Ponty, *Structure of Behavior*, p. 219.

62) M. Merleau-Ponty, *Structure of Behavior*, pp. 199~200.

63) M. Merleau-Ponty, *Phenomenology of Perception*, p. 374.

64) 같은 책, pp. 54, 313.

65) M. Merleau-Ponty, *Structure of Behavior*, p. 197.

66) 같은 책, p. 212.

67) M. Merleau-Ponty, *The Visible and the Invisible*, p. 7.

68) M. Merleau-Ponty, *Primacy of Perception*, p. 42.

69) M. Merleau-Ponty, *Structure of Behavior*, p. 188; M. Merleau-Ponty, *The Visible and the Invisible*, pp. 3, 37.

70) M. Merleau-Ponty, *Structure of Behavior*, p. 219; M. Merleau-Ponty, *Phenomenology of Perception*, pp. 67, 73, 129, 279; *The Visible and the Invisible*, p. 88.

체를 포착하는 것"[71] 등등 사물 자체의 지각이라는 점에서 지각 일반과 다를 바 없음을 역설한다. 여기서 주의할 것은 메를로-퐁티가 말하는 "사물 자체의 지각"은 어디까지나 "착각 illusion"의 가능성을 안고 있는 지각을 가리킨다는 점이다.

앞서 지적한 바와 같이 메를로-퐁티에 의하면 "본다"는 것은 사물 그 자체를 보는 것이며, 그와 유사한 어떤 "표상"이나 "영상 image"이나 "관념 idea" 또는 "모상 simulacrum"을 보는 것은 아니다. 그러나 다른 한편 이러한 "사물 자체에 대한 지각"은 지각 본래의 "미정성(未定性) indeterminateness"으로 말미암아 언제나 착각으로 변할 수 있다. 예컨대 두 개의 같은 크기의 직선이 서로 다른 방향의 보조선이 첨가됨에 따라 크기가 다르게 보이는 뮐러-라이어 착각 Müller-Lyer illusion[72]이라든가, "destruction"이라는 단어가 "deduction"으로 보이는 착각 현상 illusion of correction이라든가, 똑같은 달이 중천에 떠 있을 때보다는 지평선에 걸려 있을 때 더 커 보이는 달 착각 moon illusion이라든가, 두 개의 평행선이 서로 다른 보조선에 의해 사선으로 보이게 되는 죌너 착각 Zöllner illusion[73] 등을 예로 들 수 있다.

메를로-퐁티에 의하면, 이러한 착각 현상은 심리학에서 두 가지 서로 대립되는 입장에 따라 다르게 설명된다. 첫째는 합리주의에서 말하는 의식의 "주시(注視) 이론 theory of attention"이고, 다른 하나는

---

71) M. Merleau-Ponty, *Structure of Behavior*, p. 187; M. Merleau-Ponty, *Phenomenology of Perception*, p. 152.

72) 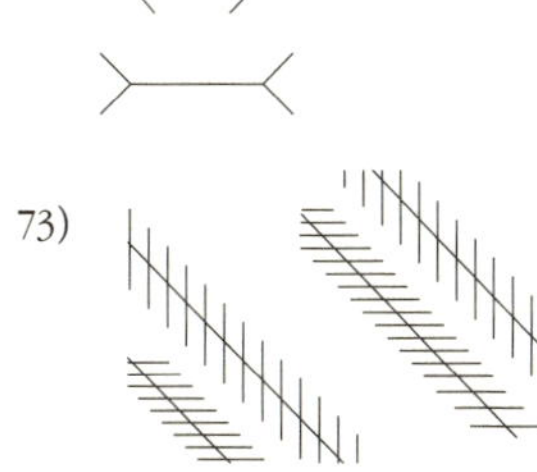

73)

경험주의에서 주장하는 감각의 "연상 이론theory of association"이다. "주시 이론"에 의하면, 착각은 의식이 대상을 "주시"하고 있는 한, 결코 일어날 수 없다. 의식은 주시를 통하여 대상을 투명하게 경험하며, 대상의 진리에 도달하며, 지식을 획득한다. 반면 부주의는 "준무감각"한 상태로서, 부정적인 방식으로 기술될 수밖에 없다. 다시 말하면, 부주의 상태하에서는 대상을 투명하게 경험할 수 없고, 대상의 진리에 도달할 수 없고, 지식을 획득할 수 없다. 뿐만 아니라 여기서는 대상이 일관성을 갖지 못한다. 따라서 앞서 예로 든 "달 착각"이나 "죌너 착각" 등에서 지평선의 달이 중천의 그것보다 더 커 보인다거나, 두 개의 평행선이 서로 다른 방향의 보조선에 의해 사선으로 보이게 되는 것 등은 단순히 "부주의" 때문이라는 것이다. 만일 어떤 도구를 사용해서——예를 들어 튜브나 망원경 등을 사용해서——달이나 두 평행선만을 주의 깊게 볼 수 있다면, 두 달의 지름은 같고, 두 직선은 평행임을 알게 된다.[74]

다른 한편 "연상 이론"에 따르면, 대상을 본다는 것은 현재의 자극과 이러한 자극이 유발하는 과거의 기억간의 연합을 의미한다. 빨간-색-헝겊-조각을 본다는 것은, 현재의 감각 자료인 빨간색과 헝겊, 그리고 이들 감각 자료들간의 일정한 형태가 유발하는 "조각patch"이라는 과거의 기억이 상호 연합함을 가리킨다.

연상 이론의 관점에서 착각은 현재의 감각과 과거의 기억간의 불투명한 연합 관계이다. 따라서 "destruction"을 "deduction"으로 읽는 것은 현재의 감각 자료인 d-e-s-t-r-u-c-t-i-o-n의 "s-t-r"을 과거의 기억인 "d"로 읽는 것이다. 바꾸어 말하면, 현재의 감각 자료 d-e-( )-u-c-t-i-o-n과 과거의 기억인 (d)가 연합한다는 말이다.[75] 여기서 메를로-퐁티는 연상 이론의 기본 착상을 이렇게 집약한다: "마치 한 채

<hr>

74) M. Merleau-Ponty, *Phenomenology of Perception*, pp. 26~51.
75) 같은 책, pp. 13~25.

124

의 집을 벽돌로 쌓아올리듯, 지각을 의식 상태 states of consciousness 로 쌓아올리고, 이들 자료를 하나의 복합적 전체로 화합할 일종의 정신화학 a mental chemistry(다시 말하면 연상 이론)을 끌어들인다."[76]

그러나 메를로-퐁티는 "주시 이론"이나 "연상 이론"이 한결같이 지각 본래의 "미정성 indeterminateness"을 간과하고 있는 데 공통된 문제점이 있다고 본다. 여기서 지각의 "미정성"이란 시각의 경우, "시각장"의 미정성을 뜻하는 것으로, 구체적으로는 시각장의 색깔 · 형태 · 크기의 미정성을 가리킨다.

전통적 심리학에서는, 관념론이나 또는 경험론을 막론하고, 주어진 세계를 일단은 이미 결정된 확고부동한 세계로 보았다. 따라서 색깔이나 형태 또는 크기 등 여러 속성이 미정된 세계란 생각조차 할 수 없었다. 그러나 버클리,[77] 흄[78]을 비롯하여 후설 및 그 후에 대두하기 시작하는 일련의 현상학자들에 이르면 이와 같은 "이미 결정된 확고부동한" 세계의 모습은 단지 하나의 관념 idea 또는 픽션 fiction으로 변모하게 되고, 오히려 "미정성"을 인간이 사는 세계의 참된 모습으로 받아들이게 된다. 특히 메를로-퐁티는 후설이 말하는 "생활 세계"[79]에 착안하여 "미정성"을 시각 세계, 나아가서는 지각 세계를 특징짓는 "두드러진 현상 a positive phenomenon"[80]이라고 보기에 이른다.

---

76) 같은 책, p. 21.

77) *The Principles of Human Knowledge, Great Books of the Western World: Locke, Berkeley, Hume* (Chicago: Encyclopedia Britannica, Inc., 1980), pp. 413~44.

78) *A Treatise of Human Nature*, ed. by L. A. Selby-Bigge(Oxford: Clarendon Press, 1968).

79) E. Husserl, *The Crisis of European Sciences and Transcendental Phenomenology: An Introduction to Phenomenological Philosophy*, tr. with an Intro. by David Carr (Evanston: Northwestern Univ. Press, 1970), pp. 48~53, 111~14, 121~57, 174~78, 219~20.

80) M. Merleau-Ponty, *Phenomenology of Perception*, pp. 6, 12.

그 한 가지 예로서 메를로-퐁티는 동일한 색깔이 상이한 태도에 따라 다른 색으로 변하는 색깔의 변용 현상을 든다. 책상 위에 널려 있는 흰색 종이는 햇빛 가운데 놓여 있는 것이나 그늘 속에 가려진 것이나 처음에는 모두 희게 보인다. 그러나 시선을 한곳에 집중하여 자세히 보거나 또는 성냥 뚜껑이나 축소 스크린 등을 사용해서 면밀하게 관찰하면, 그늘 속의 흰 종이는 두껍고, 경계가 뚜렷하지 않은 회색이나 쇳빛 청색으로 변한다. 다시 책상 전체를 응시하면 그늘 속에 있는 흰색과 햇빛 가운데 있는 흰색은 결코 서로가 같지도 않고, 또 객관적으로 다르지도 않다는 점을 알게 된다. 메를로-퐁티에 의하면, 그늘의 흰색은 흑·백의 척도로서 정확하게 분류할 수 있는 어떤 확정된 성질 definite quality을 갖지 않는다. 뿐만 아니라 축소 스크린이나 한쪽 눈을 감고 본 색깔은 엄밀한 의미에서 "대상의 색깔 object-colour" ——어떤 벽의 색깔이라든가 어떤 종이의 색깔이라는 의미에서 "대상의 색깔" ——이라고도 볼 수 없다. 이것은 차라리 특정의 밀도를 갖는 그러나 비현실적 동일 평면 가운데 막연히 자리잡고 있는 한갓 "채색된 표면 coloured area"에 불과하다.[81]

이와 유사한 예로서, 흰 접시에 조명의 정도를 달리해서 등불을 비출 경우, 조명 광선이 시각장 내의 하나의 대상으로 지각되는가 아닌가에 따라 접시의 색깔이 변한다. 즉 조명 광선이 하나의 대상으로 지각될 경우, 두 개의 접시는 모두 희게 보이며, 다만 하나가 다른 하나에 비해 보다 많은 조명을 받는 것으로 보인다. 다른 한편 조명 광선이 하나의 대상으로 지각되지 않도록 스크린의 구멍을 통해 접시를 보면, 하나는 흰색으로, 다른 하나는 회색으로 변한다. 황혼녘에 전등불을 켜면, 그 색은 처음에 황색으로 다음에 무특정색으로 변한다. 이에 따라 대상의 색깔도 처음에는 상당히 변형된 색으로, 그리

---

81) 같은 책, pp. 225~27, 304~05.

고 차츰 대낮에 가졌던 색깔에 비견할 형태로 변한다.[82]

메를로-퐁티는 시선이 하나의 대상에 집중하는가, 또는 여러 개의 대상들 가운데로 자유롭게 전전하는가, 또는 어떤 일에 전적으로 몰입하는가에 따라 동일한 색깔이 때로는 특정 공간에 위치해 있고 대상에 확대되는 표면색 Oberflächenfarbe으로, 또는 대상의 주변에 확산되는 분위기색 atmospheric colour이나 공간색 Raumfarbe으로, 또는 동일한 존재 형태로 몸에 전달되고 몸 속으로 완전히 침투되어 드디어 색깔이라 부를 수 없는 지경에 이르는 것 등 색깔의 미정성을 입증하는 여러 가지 예를 열거한다. 특히 흥미있는 사실은 가스등 속의 푸른색 종이를 광도계(光度計) photometer로 보면, 햇빛 속의 갈색 종이와 동일한 빛의 배합을 갖고 있음에도 불구하고 갈색 아닌 푸른색으로 보인다는 점이다.[83] 산의 경치를 볼 경우에도, 일상적 입장에서가 아니라 비판적 입장에서 장면의 한 부분만을 따로 떼어보면, 다시 말하면 초원의 녹색을 장면의 전체로부터 분리시켜보면, 두께나 색깔, 그리고 명암의 표준치 representative value를 잃고 변색한다.[84]

이와 같은 색깔의 미정성은 일찍이 후설 자신에 의해서도 지적된 바 있다. 그는 『파리 강의 The Paris Lecture』에서 색깔을 보는 태도의 변화가 색상에 미치는 영향에 대하여 다음과 같이 말하였다:

우리가 무비판적으로 색깔을 볼 때, 그것은 항상 동일하고 변치 않는 한 가지 색인 것 같지만, 그 나타나는 형태 mode를 성찰해보면 때로는 이런 색상으로, 때로는 저런 색상으로 수시로 변하고 또 그렇게밖에는 달리 생각할 길이 없다는 것을 알게 된다.[85]

---

82) M. Merleau-Ponty, "The Film and the New Psychology," 앞의 책, p. 51.

83) M. Merleau-Ponty, *Phenomenology of Perception*, pp. 306~07.

84) 같은 책, p. 313.

85) Tr. by Peter Köstenbaum(The Hague: Martinus Nijhoff, 1970), p. 16.

5

이상으로 메를로-퐁티가 말하는 시각장에 있어서의 색깔의 미정성에 대하여 살펴보았다. 그는 이와 같은 미정성이 비단 색깔에만 국한된 현상이 아니라고 말한다. 이것은 형태와 크기, 그리고 모든 지각 현상에 공통되게 나타나는 현상이라고 본다. 그는 형태의 미정성을 보여주는 예로서 다음과 같은 그림을 든다.

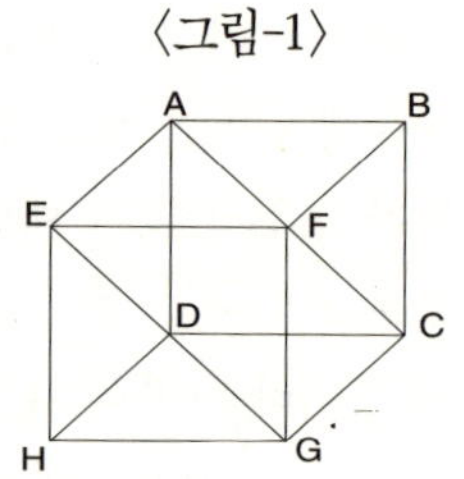

〈그림-1〉은 시선의 초점을 어디에 맞추느냐에 따라 세 가지 다른 형태로 변한다. 하나는 시선의 초점을 사각형 ABCD에 맞추는 경우로서, 이때 면(面) ABCD는 전면으로 나오고, 면 EFGH는 후면으로 물러나며, 밑에서부터 위로 올려다본 입방체의 모양으로 된다. 다음은 시선의 초점을 사각형 EFGH에 맞추는 경우로서, 면 EFGH는 전면으로 나오고, 면 ABCD는 뒷면으로 물러나며, 위로부터 내려다본 입방체로 변한다. 다시 점 D와 점 F 사이에 형성된 작은 사각형에 시선의 초점을 맞추면 입방체의 형태는 없어지고, 단지 수개의 삼각형과 한 개의 사각형의 모자이크로 이루어진 평면으로 변한다. 직선 EG 또는 AC는 보기에 따라 곧은 일직선으로 또는 굴절된 두 개의 직선으로 보인다.[86] 병상에 누워 있는 환자의 눈에 비친 벽지의 모양은 대상과 배경을 바꾸어 보는 데 따라 전혀 다른 형태로 보인다.[87] 옛 성터를 산책하다가 우연히 눈길을 끄는 성벽을 한참 주시하고 있노라면, 점차 옛 성벽의 모습은 없어지고 단지 전설도 이름도 없는 무의미한 돌멩이로 변모한다. 좀더 이 황색 돌 표면을 응시하고 있노라

---

86) M. Merleau-Ponty, *Phenomenology of Perception*, pp. 262~64.

87) M. Merleau-Ponty, "The Film and the New Psychology," 앞의 책, pp. 48~49.

면, 이윽고 돌멩이의 모습마저 사라지고 불특정한 어떤 질료 위에 노니는 빛의 작용만을 느낀다.[88] 우리의 몸을 그 주위 환경으로부터 분리시켜 아주 가까이 들여다보면, 살아 있는 몸의 모습이라기보다 달 표면과도 같은 이색감을 준다. 반대로 이것을 아주 멀리서 바라다보면 우리의 신체는 생동성을 잃은 하나의 인형이나 자동 기계처럼 보인다. 메를로-퐁티는 이와 같은 관찰을 토대로 신체의 크기와 형태에 대하여 이렇게 말한다: "생기 있는 신체가 그 자체로서 보이게 되는 것은 그것의 미시적 구조가 너무 크게 또는 너무 작게 보이지 않을 때이며, 이때야말로 그 신체의 진정한 크기의 형태가 결정되는 순간이다."[89]

형태의 미정성은 활동 사진에서도 찾아볼 수 있다. 퓨돕킨 Pudovkin은 영상 실험을 통하여 이것을 실증한 대표적인 사람이다. 그는 한 사람의 무표정한 모습을 클로즈업으로 촬영하여, 3개의 다른 화면에 각각 연결시켜보았다. 첫째 화면은 죽이 담긴 접시였고, 둘째 화면은 관 속에 놓여 있는 한 젊은 여인의 시신이었고, 셋째 화면은 장난감 곰을 갖고 노는 어린아이였다. 퓨돕킨은 이 실험에서 두 가지 사실을 발견하였다. 첫째는 클로즈업으로 찍은 사람의 모습이 죽이 담긴 접시나, 관 속에 있는 여자나 또는 놀고 있는 어린아이의 화면과 연결될 때, 모두 무엇인가 보고 있는 모습이었다는 것이다. 둘째로 무표정한 동일인의 모습이 첫번째 화면과 연결될 때는 생각에 잠겨 접시를 내려다보는 모습으로, 두번째 화면에 연결될 때는 슬퍼하며 관 속의 여자를 바라보는 모습으로, 세번째 화면에 연결될 때는 빙그레 웃으며 노는 아이를 바라보는 모습으로 각각 변용되었다는 점이다. 메를로-퐁티는 퓨돕킨의 이와 같은 실험을 토대로 두 가지 결론을 내린다: 첫째, "영화의 한 장면의 의미는 그것에 앞선 다른

---

88) M. Merleau-Ponty, *Phenomenology of Perception*, p. 293.

89) 같은 책, p. 302.

장면에 의존"한다는 것과, 둘째로 "장면의 연속은 이들의 단순한 합계와 구별되는 새로운 현실을 창조한다"는 점이다.[90] 다시 말하면, 영화의 한 장면은 어떤 고정된 의미나 독립된 형태를 갖는 것으로 볼 수 없다는 말이다.

이와 마찬가지로 대상의 "크기"에 대한 지각 역시 그 대상이 놓여지는 상황 또는 배경의 변화에 따라 달라진다고 본다. 그 예로서 "뮐러-라이어 착각"[91]과 "달 착각"을 든다.[92]

이상으로 메를로-퐁티가 말하는 시각장의 색깔·형태·크기 등의 미정성에 대하여 차례로 살펴보았다. 한마디로 메를로-퐁티가 말하는 시각장은 "미정성" 또는 "모호성 ambiguity"으로 특징지어지는 세계이다. 이것은 신체(여기서는 "눈")와의 상호 관계 속에서 수시로 착각 현상을 유발한다. 여기서 메를로-퐁티가 말하는 시각장과 신체의 상호 관계란 주인과 노예의 변증법적 관계를 가리키며, 착각은 다름 아닌 신체의 예속성의 산물이라는 것이다. 다시 말하면 착각은 신체가 시각장의 중심으로부터 이탈하거나, 또는 시각장의 주변으로 후퇴함으로써 시각장의 미정성이 지배적 우위에 놓인 결과이다.[93] 그러나 메를로-퐁티는 이와 같은 착각의 가능성에도 불구하고 우리의 "몸"은 사물 그 자체에 이르는 자연적 능력을 갖고 있다고 역설한다. 그는 특히 "눈"과 관련하여 이렇게 말한다: "나에게 눈이란 사물과 접촉하는 특정의 힘이며, 사물이 투사되는 하나의 스크린이 아니다."[94] 메를로-퐁티는 특히 『보이는 것과 보이지 않는 것』에서 "사물 자체의 지각"을 보다 웅변적으로 기술한다:

---

90) M. Merleau-Ponty, "The Film and the New Psychology," 앞의 책, p. 54.

91) M. Merleau-Ponty, *Phenomenology of Perception*, pp. 6~8, 11.

92) 기타 여러 가지 크기의 미정성에 대하여 같은 책, pp. 12, 256~61, 265~67, 275, 299~304, 308, 315, 325 참조.

93) M. Merleau-Ponty, *The Visible and the Invisible*, p. 8.

94) M. Merleau-Ponty, *Phenomenology of Perception*, pp. 278~79.

마치 어떤 사람이 손가락으로 돌멘 dolmen을 흔들 때와 마찬가지로, 내 몸의 움직임이나 내 눈의 움직임은 세계를 동요시키지만 세계의 근본적인 견고성을 깨뜨리지 않는다. 나의 속눈썹이 깜박일 때마다 커튼은 내려가고 올라가지만 나는 한 순간도 이런 변화가 사물 자체에서 일어난다고 생각하지 않는다. 내 앞의 넓은 공간을 스치고 지나가는 눈의 움직임은 순간적으로 사물의 모습을 뒤틀어놓지만 나는 이것마저 나 자신의 소행으로 돌린다. 내 눈을 멀리 있는 집에 고정시키고 한걸음씩 아스팔트 길을 걷노라면 몸 가까이 있는 것은 한바탕 흔들리고 나서, 곧 제자리로 되돌아간다. 이런 것들을 가리켜 '주관적 요소' 또는 '신체적 성분'이 사물 자체를 가려버린다고 말한다면, 이것은 정말 잘못된 표현이다. 사물 자체와 나 사이에 어떤 다른 층이나 막이 가로놓여 있을 수 없다. '현상'의 출현이 사물의 명증성을 파괴하지 않는다. 이것은 마치 외눈으로 본 이미지들이 두 눈의 공동 작용을 간섭하지 않는 것과 같다. 〔……〕 한 눈으로 지각한 것은 우리가 정상적인 시각을 회복하고 마치 진리의 햇빛으로 들어가듯 사물의 세계로 다시 들어가면 사라지고 마는 것이다. 〔……〕 이러한 시각의 회복은 바라봄으로써 by looking, 즉 세계를 향하여 깨어남으로써 이루어지는 것이지, 관객처럼 목격할 수 있는 것은 아니다. 〔……〕 내가 진정한 사물에 도달하는 것은 역시 나의 눈에 의해서이며, 바로 조금 전에 외눈의 이미지 monocular images를 일으킨 그 눈으로 바라봄으로써 달성된다. 〔……〕 때때로 나를 현상 가운데 머물게 하는 것도 나의 몸이지만, 사물 그 자체에 도달하게 하는 것도 나의 몸이다. 때때로 난무하는 현상을 만들어내는 것도 나의 몸이지만, 이것을 침묵시키고, 나를 완전히 세계 속으로 투신 project시키는 것도 나의 몸이다.[95]

---

95) M. Merleau-Ponty, *The Visible and the Invisible*, pp. 7~8.

결국 메를로-퐁티에 있어서 "사물 자체의 지각"은 "신체"의 문제
로 귀착되며, 이것은 다음과 같은 물음, 즉 그의 지각론 속에 담겨 있
는 신체론의 핵심은 무엇인가라는 물음을 제기한다.

6

메를로-퐁티의 지각론은 한마디로 말해서 "우리는 다름아닌 우리
의 신체 we are our body"[96]라는 전제를 깔고 있다. 여기서 말하는 신
체는 기본적으로 두 가지 운동을 수행한다. 하나는 "잡는 운동
Greifen"이고, 다른 하나는 "가리키는 운동 Zeigen"이다. "잡는 운동"
은 구체적 또는 구심적 운동이라 불리며, "가리키는 운동"은 추상적
또는 원심적 운동이라 불린다. 전자는 일차적 운동인 반면, 후자는
이차적 운동으로도 구분된다.[97] "본다"는 지각 현상을 기술하는 메를
로-퐁티의 용어들을 자세히 살펴보면 "가리키는 운동"보다는 "잡는
운동"을 나타내는 표현들이 대부분이라는 데에 놀라지 않을 수 없다.
예컨대 "집중 behold" "매달림 hold on, take a hold" "포착 grasp" "전유
appropriation" "소유 possession" "뿌리박음 anchorage" "정착함 inha-
bitating" "돌입 plunge" "몰입 inherence" "개입 initiation" "편입
incorporation," 그리고 "고수 adherence" 또는 "접착 viscosity" 등은 이
러한 예들이다. 그는 또 이렇게 말한다: "본다는 것은 색 또는 빛을
소유함이고, 듣는다는 것은 소리를 소유함이고, 감각한다는 것은 감
각적 질들을 소유함이다"; "가시적인 것은 눈으로 잡힌 것이고, 감각

---

96) 모니카 M. 랭어, 『메를로-퐁티의 지각의 현상학』, 서우석 · 임양혁 옮김(청하,
   1992), p. 121; M. Merleau-Ponty, *Phenomenology of Perception*, p. 206.
97) M. Merleau-Ponty, *Phenomenology of Perception*, pp. 103~24.

적인 것은 감각에 의해 잡힌 것이다"; "나의 시선은 〔대상들〕 위를 맴돌다가 그들을 점거한다."[98] 이러한 표현들이 일반적으로 "잡는 운동"과 친화성이 강하다는 점에 대해 이론의 여지가 없을 것이다. 특히 "감각적 경험이란 현상을 액면 그대로 받아들임 sense experience is taking appearance at its face value"[99]이라는 그의 말 가운데에는 독일어의 "지각"의 핵심적 의미인 'Wahr-nehmung' 즉 "잡는 운동"의 의미가 그대로 담겨 있다. 그는 또한 "습관"을 "잡는 운동"의 전형적인 예로 보고 이에 대해 상세히 기술한다.[100] 어떤 점에서 그의『지각의 현상학 Phenomenology of Perception』은 신체의 "잡는 운동"의 관점에서, 다시 말하면 신체의 원초적 또는 일차적 운동에서 기술된 "지각된 세계의 목록 the inventory of the perceived world"[101]이라고 말해도 지나치지 않다.

또한 메를로-퐁티에 의하면, 신체의 잡는 운동의 대상인 "세계"는 "맹목적"이거나 "이미 만들어져" 있거나 또는 "얼어붙은" 수동적인 세계가 아니다. 그것은 종종 "명랑"한가 하면 "슬프"기도 하고, "활기" 있는가 하면 "침울"하기도 하고, "우아"한가 하면 "거칠"기도 하고, "따뜻"한가 하면 "냉정"하기도 한 "표정을 지닌 세계 physi-ognomic world"이다. 그것은 사람에게 적극적으로 다가가고, 응시하고, 말하고, 따르고, 감싸주고, 자극하고, 꾀어내고, 강요하고, 저항하고, 거부하고 또는 밀어내는 세계이기도 하다. 그것은 자발적으로 스스로를 조직하고, 조절하고, 상호 작용하고, 동기 부여하며, 돌출하고, 처방하는 마력적 힘을 지닌 세계이다. 메를로-퐁티에 의하면, "하나의 대상은 까맣거나 푸른 색깔을 지닌 원 또는 네모이기 이전에

---

98) 같은 책, pp. 4, 6~7, 13.
99) 같은 책, p. 34.
100) 같은 책, pp. 142~47.
101) 같은 책, p. 25.

매혹적이거나 혐오스럽다"; 촛불에 손을 댄 어린아이에게 있어서 촛
불은 그의 손을 밀어내는 강력한 힘이다; 거대한 마분지 상자를 바라
보는 순간 내 손은 무게를 느낀다; 시각장 속에는 전체를 가로질러
은밀하게 각 부분을 연결시키는 "살아 있는 life" 힘 또는 "장력
tension" 또는 "힘줄 lines of force"이 존재한다; 상황 속에는 "경계선"
과 "방향"이 있으며, 이것은 "특정 형태의 결단" 또는 "작업"을 요구
한다. 그리고 사람들은 바로 이와 같은 표정을 지닌 세계를 매개로
타인과 만난다. 메를로-퐁티는 이렇게 기술한다: "나는 사람의 얼굴
에서 분노와 고통을 읽으며, 주저함과 삼가하는 행위 속에서 종교의
본질을 파악하며, 경찰관의 태도와 공공 건물의 스타일 속에서 도시
의 기분을 인지한다."[102] 신체를 둘러싼 세계는 원자적 인상들의 단순
한 합계로는 결코 환원되지 않은 의미와 상징, 그리고 메타포로 충만
한 "표정을 지닌 세계"이다. 이른바 "육화된 주관성"이라는 말 속에
는 "어떠한 명백한 입장을 취"하기에 "앞서서 이미 원초적으로, 의미
로 가득 찬 세계" 속에 존재함을 함축한다.[103] 우리는 이러한 세계에
"사로잡혀 있으며" 아무도 "이 세계로부터 빠져"나올 수 없다; 그러
나 이것도 따지고 보면, 지각의 "트릭"에 지나지 않는다; 이런 점에
서 인간은 결코 지각의 "트릭"──사물을 위해 자기 스스로를 망각케
하는 지각의 "트릭"──에서 벗어날 수 없다는 것이 메를로-퐁티의
결론이다.[104]

---

102) 같은 책, pp. 23~25, 34~35, 48~49, 79, 106, 112.

103) 모니카 M. 랭어, 『메를로-퐁티의 지각의 현상학』, p. 140.

104) M. Merleau-Ponty, *Phenomenology of Perception*, pp. 5, 57~58, 82. 그러나 정상적
인 사람은 이 세계에 전직으로 얽매이지 않는 "자유"를 갖는다는 데 특징이 있
다. 그는 반성적 능력에 의해 이 세계로부터 어느 정도 벗어나서 거리를 취할 수
있다. 반면 메를로-퐁티는 슈나이더 Schneider를 이러한 능력을 상실한 대표적인
예로 제시한다.

슈나이더는 2차 세계 대전중 "폭탄 파편으로 뒷머리에 손상을 입은 이후로 시각, 운동, 지적 활동의 장애들을 포함한 아주 다양한 장애로 고생한다." 그는 "이념적" 혹은 "일반적" 사용 가능성이 아니라 전적으로 "직접적" 혹은 "지금 그리고 여기에서의" 사용 가능성에 따라 대상에 접근한다. 물론 정상적인 사람도 "직접적 사용 가능성"의 기준에 근거하여, 예컨대 책상 위에 있는 이 구체적 망치가 이 주어진 못에 적합한가에 정향하여 도구에 접근한다. 그러나 이 기준은 곧 "이념적 사용 가능성"에 의하여 대체된다. 즉 망치 일반은 못 일반에 적합한 기준으로 대체된다. 정상적인 사람은 때때로 "직접적인 사용 가능성"을 기준으로 하여 대상들에 접근한다. 그러나 곧바로 "이념적인 사용 가능성"이 "직접적인 사용 가능성"을 대체한다. 또 정상적인 사람들은 여러 "관점들"로 혹은 "관점들"을 바꾸어가면서 대상에 접근한다. 그러나 슈나이더의 행위는 전적으로 도구의 조작에 정향되어 있다. 그에게 대상은 특정한 방식으로 다루어져야 할 도구일 뿐이다. 그는 상황에 대해 자유로움을 가지고 있지 않기 때문에 그 상황에 적용할 수 있는 관점이 없다. 그는 어떤 것을 다른 어떤 것으로 표상하면서 볼 수 없다. 그에게 대상은 전적으로 "조작적인 적실성"만을 가지며, 그는 이 적실성에 항상 매여 있으며 그것으로부터 빠져나올 수 없다. "그는 코를 푼다거나, 지갑 제조업자로서의 자신의 작업인 가죽 자르기 같은 구체적인 행동을 수행하는 데엔 아무런 어려움이 없"다. "심지어는 눈을 감고서도 그러한 일들을 수행할 수 있다. 그럼에도 불구하고 그는 실제로는 보이지 않는 대상들의 이미지를 구성하지 못하며," 예컨대 "(눈을 감고 지시에 의해 오른팔을 들어올리는 것과 같은) 추상적 운동을 수행하는 데 막대한 어려움을 겪는다." 그러나 "만약 그가 그의 팔을 볼 수 있[는 경우에는] [……] 그러한 추상적 운동을 수행할 수 있게 된다. 그는 자신의 팔의 위치를 기술할 수 없으며, 자신의 살과 맞대고 있는 대상들의 특성을 확인할 identify 수 없고 또한 자신의 몸의 어느 부분이 만져지고 있는지를 결정하지 못한다. 그럼에도 불구하고 그는 아무 어려움 없이 자신의 턱을 물어뜯고 있는 모기를 찰싹 때릴 수 있다. 만약 우리가 그 턱을 손으로 가리켜보라고 요구"하면, 그는 턱을 가리키지 못한다. 그러나 턱을 잡으라고 말하면 거침없이 그 지시에 응한다. 그는 물이 없는 컵으로 마시는 것을 상상할 수 없다. 그러나 컵에 물이 채워지면 즉각적으로 그 물을 마신다. "이상하게도 슈나이더는 자신이 그의 활동들의 장본인임을 느끼지 못한다. 오히려 그 활동들은 상황에 의해 '유발되는 triggered off' 것처럼 보인다." 그는 "자신과 그의 행동을 단지 '사건들의 전체 과정 속의 한 연결고리'로 경험한다."

"[……] 그의 입장에서는 어떠한 창조성도 배제되어버린다. 그는 세계를 그의 개인적 목표에 비추어 조직화하기 위해 실제의 상황 너머로 자기 자신을 투사하지 못한다. 왜냐하면 그에게 있어서 모든 것은 기성의 ready-made 것으로 경험되기 때문이다. 그가 자신의 몸의 일부를 잡거나, 작업을 위해 가죽을 자르는 데 성공하는 것은, 이러한 것들은 추상적인 움직임들과는 달리 여전히 주어진 것의 영역에 있기 때문이다. 슈나이더의 병의 요점은 〔……〕'투사' 능력의 결정적인 붕괴에 있다. 결국 슈나이더는 우리가 가능성을 상상하고 의미를 창조하고 우리의 상황을 형성할 수 있게 해주는 그러한 특수한 '인간적 공간'을 결여하고 있는 것이다.

앞서 말했듯이 "슈나이더는 자신이 자유롭게 활동하고 있음을 느끼지 못한다. 그와는 반대로 그는 자신의 행동이 세계에 의해 결정되고 있음을 경험한다. 〔……〕추상적인 운동들은 슈나이더에게는 순전히 지적인 개념이며 따라서 그가 그 운동들을 실현하기 위해 고군분투할 때 그것들은 그에게는 단순히 객관적 공간 속의 대상으로서 이해된 자신의 신체에 의해 수행되는 제3자적 과정이 되어버린다. 이와는 반대로 정상적인 사람은 구체적 행동에 있어서 강요됨을 느끼지도 않을뿐더러, 추상적 운동을 수행하기 위해 힘든 정신적 추론이나 맹목적인 신체의 운동을 요구하지도 않는다. 그들은 추상적·상상적 상황에 개방되어 있다. 〔……〕그들은 주어진 것을 초월할 수 있고 세계를 개인적인 계획에 따라 조직할 수 있으며, 그들의 신체를 자유롭게 상상의 영역으로 내보낼 수 있다. 요컨대 정상적인 사람은 그들 주변에 슈나이더가 결여하고 있는 그 인간적 공간을 투사한다."

슈나이더는 "문을 두드리는 방법을 알면서도 그 문에 손이 미치지 않을 경우 ─그 문을 똑바로 쳐다보고 있음에도 불구하고─지시에 의한 행동을 수행할 수 없"다. 그는 사고(思考)들과 단어들을 소유한다는 사실에도 불구하고 이것들을 자유롭게 사용하여 종교적이거나 정치적인 견해에 이르지 못하며, 즉흥적인 발언을 하지도 못한다. 그는 현재에 완전히 갇혀 있어서 자신의 과거를 하나의 전체로서 간주하지도 못하고, 자신의 미래를 현재의 '쭈그러든' 연장 이상의 그 무엇으로 상상할 수도 없다."

또 "우리는 〔슈나이더〕에게 음란한 그림들 혹은 누드 사진들을 보여줄 수 있고, 그에게 에로틱한 영화를 보여줄 수 있으며, 그에게 성욕에 대해 이야기해줌으로써 그에게 '성적인' 관념들을 제공할 수도 있다─그럼에도 불구하고 이러한 것들 모두가 그에게 성적 욕망을 불러일으키지 못한다. 〔……〕슈나이더는 예컨대 벗은 여자를 눈으로 보고 또한 그녀가 그에게 키스할 때 그녀의 입술의 접촉을 느끼지만 〔……〕그것들은 성적 의미성을 결여하고 있는 것이다. 여인의 육체는 더 이상 그의 마음을 끌지 못한다. 다시 말해 그는 그것을 매력appeal으로 이해하지 못한다. 이것은 정확히 슈나이더 자신의 신체적 존재가 더 이상 능동적 초월성이 되지 못한다는 사실로부터 일어나는 일이다. 〔……〕앞에서 본 바와 같이 슈나이더는 신체를 자유롭게 사용하여 자신을 그곳으로 내던질 수 있는 그런 상황들을 자신의 주변에 투사하는 능력을 상실했다. 그가 '성적인 상황에 자신을 밀어넣을 수 없기 때문에' 그는 그 상황 또한 이해할 수 없다." 그는 자신을 상상적이고 가능적인 상황에 던져넣지 못하며, 성적인 행동을 개시하지 initiate 못하고 가능한 미래의 경험을 언어를 사용해서 기술할 수 없으며, 종교적이거나 정치적인 주제에 관한 토의에 몰입할 수 없고, 말할 것을 준비하지 않았을 경우 말하지 못하며, 도대체 말해야 할 필요성을 경험하지 못한다. 〔……〕 그는 존재의 개방을 이루지 못하는데 그 이유는 그가 도구의 세계에 전적으로 살고 있고 그 세계를 초월하지 못하기 때문이다.

슈나이더는 구체적 상황에 전적으로 빠져 있고 그것으로부터 벗어나지 못하기 때문에 그는 완전히 도구와의 조작적 교섭의 세계에서 살고 있고, 그에게 다른 태도를 요구하면 그는 어찌할 바를 모르게 된다. 그는 구체적 상황에 대한 자유와 거리두기를 상실한 것으로서 원시적 수준으로 퇴행했다고 볼 수 있다. 그러나 정상적인 사람은 전적으로 상황에 예속되어 있는 것이 아니라 상황으로부터 자유로울 수 있는 능력을 가지고 있다(같은 책, pp. 103~32; 모니카 M. 랭어, 『메를로-퐁티의 지각의 현상학』, pp. 84~91, 96; 이병택, 「거비치의 사회세계론 연구: '공동 세계에서 인간의 만남'을 중심으로」, 서울대학교 석사학위 논문, 1998, 이곳저곳).

제2부
현상학과 정치철학 1

막스 베버의 사회과학론

1

막스 베버 Max Weber의 스승인 하인리히 리케르트 Heinrich Rickert
는 일찍이 후설을 "급진적 '경험주의자' radical 'empiricist'"로 규정하
면서, 그가 말한 현상학적 "기술 description"은 실현 불가능한 방법으
로, 따라서 "단순한 선언적 결의 the mere declaration of such a
resolution" 이상의 의미는 없는 것으로 일축한 바 있다.[1] 베버 역시

---

1) 리케르트는 이렇게 말한다: "someone could say that he did not want to achieve by
cognition anything but a faithful representation of things as they are. Science has to
'describe' the world as it really is, and whatever is not a description precisely
agreeing with reality has no scientific value whatsoever, but consists merely of
'constructions,' There seems to be a resurgence of these radical 'empiricist'
tendencies in so-called phenomenology." 이어서 리케르트는 "기술"의 "무용성"과
"불가능성"에 대해 부연한다: "To be sure, not much can be said against the mere
declaration of such a resolution. But one may raise the question whether it is also
possible to carry it into effect. One need only make an attempt to 'describe' reality
exactly 'as it is,' i. e., to achieve a conceptual representation of it faithful in all its
details, to realize very soon how futile such an undertaking is. Empirical reality
proves to be an immeasurable manifold which seems to become greater and greater
the more deeply we delve into it and begin to analyze it and study its particular
parts. For even the 'smallest' part contains more than any mortal man has the power
to describe. Indeed, the part of reality that man can include in his concepts, and
thus in his knowledge, is almost infinitesimally small when compared to what he

이와 같은 리케르트의 입장을 충실히 추종하여, 후설의 "무전제성 presuppositionlessness"에 대해 "문화과학"의 영역에서는 생각할 수 없는 무리한 주장이라고까지 반박하였다.[2]

그럼에도 불구하고, 베버의 "문화과학론" 내지는 "사회과학론"가

---

must disregard." 그리고 리케르트는 이렇게 결론을 내린다: "Accordingly, if in order to know reality we had to form a conceptual copy of it, we should be confronted with a problem that is essentially insoluble. Hence, if anything that has thus far been achieved may in any way claim to be considered knowledge, cognition will still have to be regarded, even by those who hold to an immanent rather than a transcendent conception of truth, not as a reflecting process by which 'phenomena' are faithfully transcribed, but as a process of reconstructing the data of immediate experience; and, we may add, it is always a process involving the simplification of the actual multiplicity of reality itself"(H. Rickert, *Science and History: A Critique of Positivist Epistemology*, tr. by George Reisman, ed. by Arthur Goddard, Princeton, N. J.: D. Van Nostrand Company, Inc., 1962, pp. 32~33). 여기서 한 가지 주의해야 할 것은 "기술"에 관한 리케르트와 후설간의 기본적인 차이점은 전자는 객관적인 즉자적 존재에 "대한" 기술인 데 비해, 후자는 대자적 존재 "의" 기술, 즉 주관에 주어진 것 "의" 기술이라는 점이다.

2) 베버는 우선 "기술"의 불가능성에 대해 논한다: "a description of even the smallest slice of reality can never be exhaustive." 이어서 그는 "문화과학"에 있어서 "무전제성"이란 상상할 수 없는 것으로 본다: "Empirical reality becomes 'culture' to us because and insofar as we relate it to value ideas. 〔……〕 We cannot discover, however, what is meaningful to us by means of a 'presuppositionless' investigation of empirical data. Rather perception of its meaningfulness to us is the presupposition of its becoming an object of investigation"; "The number and type of causes which have influenced any given event are always infinite and there is nothing in the things themselves to set some of them apart as alone meriting attention. A chaos of 'existential judgments' about countless individual events would be the only result of a serious attempt to analyze reality 'without presupposition'"; "Accordingly, cultural science in our sense involves 'subjective' presuppositions insofar as it concerns itself only with those components of reality which have some relationship, however indirect, to events to which we attach cultural significance"(M. Weber, *The Methodology of the Social Science*, trs. and eds. by Edward A. Shils and Henry A. Finch, with a Foreword by Edward A Shils, New York: The Free Press, 1949, pp. 76, 78, 82).

운데에는 후설과 깊은 친화성을 나타내는 일면도 엿보인다. 예컨대 베버는 "역사"와 "역사에 관한 이론"이 서로 혼동되고 있다고 지적하면서, 후자가 전자를 대체하고 있는 역사 연구의 현실에 대해 경고한다: "자연주의적 편견으로부터 나오는 이론과 역사의 혼동보다도 더 위험한 것은 없다. 이러한 혼동은 1) 역사적 현실의 '참된' 내용과 본질은 이론적 구축물들theoretical constructs 속에 표현된다는 믿음 가운데, 2) 이러한 구축물들이 역사를 억지로 짜맞추는 프로크루스테스Procrustes의 철침대와 같이 사용되는 데서, 3) 이와 같은 '이념들'이 사건 진행의 배후에서 작용하고 역사 속에서 스스로를 실현하는 현실적 '힘'과 '참된' 현실로 실체화hypostatization되는 데서 드러난다."[3] 역설적인 것은 베버의 바로 이러한 언급만큼이나 후설의 "무전제성"을 가장 정확하고, 또 간략하게 집약한 말도 없다는 것이다. 이런 점에서 베버의 경고——"역사"가 "역사에 관한 이론"에 의해 대체되는 것에 대한 경고——와 그의 후설에 대한 비판간에는 논리적 일관성이 결여되어 있다고 본다.

　필자는 후설의 "무전제성"이나 베버의 "가치 중립성"은 모두가 "판단 정지"를 요구한다는 점에서 근본적인 공통점을 갖는다고 본다. 단지 이들간의 차이점은 베버의 경우, "판단 정지"가 "실천의 영역"에만 국한되는 반면(이런 점에서 베버는 현대의 자연과학적 이론을 의문의 여지가 없는 것으로 받아들인 "소박성naiveté"에 빠졌다는 비판을 면할 수 없으며, 또 이런 이유에서 레오 스트라우스의 베버 비판은 어느 정도의 정당성을 갖는다고 본다), 후설은 "실천의 영역"뿐만 아니라 "이론의 영역"에까지도, 특히 자연주의적 태도에 입각한 모든 "이론"에 대해 "판단 정지"를 요구한 점에서 급진적 성격을 강하게 나타낸다. 어떤 점에서 후설의 "무전제성"은 베버의 "이념형ideal type"의

---

3) 같은 책, p. 94.

사용마저도 거부하는 것으로 이해된다.

이 글에서는 베버가 주장한 가치 판단의 배제가 가치 문제 그 자체의 추방이라기보다는 경험과학의 엄밀성을 확보하기 위한 방법론적인 조치, 보다 정확하게 말하면 후설이 "자기 반성과 태도 변경의 한 형태"로서 수행했던 "판단 정지"적 성격이 짙다는 점을 밝혀보려는 데 목적이 있다.

2

막스 베버의 방법론적 성찰은 실증주의[4]와 역사주의[5]라는 서로 배치되는 두 가지 경향이 교차되는 지점에서 찾아볼 수 있다. 베버의 주된 관심은 이 두 가지의 분명한 위험으로부터 역사과학 내지 문화과학의 순수성을 유지하려는 데 있었다. 그는 먼저 역사과학이나 문화과학을 자연과학의 피상적 기준에 맞추어 형성하려는 시도에 반대하였고, 다음으로 그는 역사주의의 재래식 규범에 따라 자연과학을 해석하려는 시도에 대해서도 저항하였다. 말하자면 베버는 두 개의 전선, 즉 실증주의 또는 "자연주의"(비록 그 자신도 실증주의자라는 의혹을 받고 있었지만)라는 하나의 전선과, 역사주의, 보다 구체적으로 말해서 인간 문화의 분야에서는 과학적 작업이 불가능하다는 반과학주의적 성향을 나타내는 또 하나의 전선에서도 전투를 해야만 했다.[6]

베버가 역사주의자와는 달리, 자연과학과 사회과학을 이분법적으로 분리하는 것에 반대했음은 명백하다. 그에 못지않게 베버는 가치

---

4) E. F. Miller, "Positivism, Historicism, and Political Inquiry," in *APSR* (Sept., 1972), p. 798.

5) 같은 글, pp. 799~800.

6) H. S. Hughes, *Consciousness and Society* (New York: Alfred A. Knopf, 1958), p. 302.

에 대한 주관적 연구에 비해 사실의 객관적 연구가 모든 점에서 더 중요하다거나 또는 후자가 전자를 대체할 수 있다고 주장하지 않았음도 분명한 일이다.[7]

베버는 단지 가치와 사실을 구분하려 했을 뿐, 결코 어느 하나를 차별하려 하지 않았다. 그는 실제와 당위 사이의 논리적 차이를 명확히함으로써 사회과학에서의 사이비 객관성을 제거하기를 원했을 뿐이다. 베버는 이렇게 말한다: "연구자나 교사가 경험적 사실(그가 연구하는 경험적 개체의 "가치 정향적" 행동을 포함하여)과 그 자신이 만족스럽거나 불만족스럽다는 사실에 대한 실천적 평가(그러나 연구의 대상이 되는 경험적 주체들이 행하는 평가들은 사실에 포함된다)를 조건 없이 분리시키는 것이야말로 간단하면서도 중요한 문제이다. 이 양자는 논리적으로 별개의 것이며, 이것을 똑같이 취급하는 것은 전혀 이질적인 문제들을 혼동하고 있음을 나타낸다."[8]

베버에 따르면 "경험과학에서 가치 판단을 배제하라는 요구"는 "평가에 대한 논의가 무모하다거나 무의미하다"는 것을 의미하지 않는다. "가치 평가적 성격에 대한 인식이야말로 이러한 종류의 모든

---

7) 베버는 사회과학, 특히 경제학에서 요구하는 것은 "정확한 exact" 법칙이 아니라, "적실한 adequate" 법칙이라고 말한다. 즉 "even in the case of all so-called 'economic laws' without exception, we are concerned here not with 'laws' in the narrower exact natural science sense, but with adequate causal relationships expressed in rules and with the application of the category of 'objective possibility'" (M. Weber, "'Objectivity' in Social Science and Social Policy," *The Methodology of the Social Sciences*, p. 80; T. S. Simey, "Weber's Sociological Theory of Value: An Appraisal in Mid-Century," in *The Sociological Review* (March, 1965), Vol. 13, p. 48). 레오 스트라우스는 베버를 일단은 "역사주의"로 분류하면서, 베버의 "역사주의에 대한 유보들은 반신반의적이며 또 그의 전반적인 사상의 흐름과도 일치하지 않는다"고 말한다(Leo Strauss, *Natural Right and History*, Chicago, Ill.: The Univ. of Chicago Press, 1953, pp. 36~37).

8) M. Weber, "The Meaning of 'Ethical Neutrality' in Sociology and Economics," *The Methodology of the Social Sciences*, p. 11.

유용한 논의의 전제가 된다."[9] 실제로 베버에 있어서 "경험적 현실의 분석"[10]은 그의 방법론적 가치 판단과 관련해서 행해졌다. 다음에서는 베버의 가치 판단에 관한 논의를 그가 검토한 역사적 연구와 사회과학의 문제와 관련시켜 살펴보기로 한다.

베버는 우선 "'역사적' 연구란 논리적으로 무엇을 의미하는가"[11]라고 질문한다. 이에 대한 대답을 위해 베버는 당시의 역사가의 한 사람인 마이어 E. Meyer의 저작에 주목한다. 마이어에 따르면 데이터를 "정적"이고 "체계적"으로 취급하는 것은 "역사의 원리와 정반대된다."[12] 일반적으로 "자유 의지"와 "우연"은 역사와 삶에 있어서 매우 중요한 역할을 수행한다.[13] 그는 역사에 있어서 "의지적 결정"은 본질적인 중요성을 갖는다고 강조한다: "자연과학에서는 다이너마이트에 불을 붙이면 폭발할 것이라고 말할 수 있다. 그러나 자연과학은 특정한 경우에 폭발이 일어날 것인지 아닌지, 그리고 언제 일어날 것인지에 대해, 그리고 그러한 경우 특정한 사람이 상처를 입을 것인지, 죽을 것인지, 구조될 것인지에 대해 예언한다는 것은 불가능하다. 왜냐하면 이것은 우연과 자유 의지에 의해 좌우되기 때문이며, 따라서 과학이 아닌 역사에 의해 다루어지기 때문이다"[14]; "제2차 카르타고 전쟁의 발발은 한니발의 의지적 결정의 결과였으며, 7년 전쟁은 프리드리히 대제의, 그리고 1866년의 전쟁은 비스마르크의 의지적 결정에 의한 것이었다. 그들은 전혀 다르게 결정을 내릴 수 있었으며, 다른 사람들이었다면 다른 식으로 결정했을 것이다."[15] 따라서

---

9) 같은 글, p. 11.
10) M. Weber, "'Objectivity' in Social Science and Social Policy," 앞의 책, p. 54.
11) 같은 글, pp. 116~15.
12) 같은 글, p. 161.
13) 같은 글, p. 117.
14) 같은 글, p. 118.
15) 같은 글, p. 164.

146

"우리는 그들로 하여금 그런 결정을 내리게 했던 동기를 밝혀내고자 하며, 그들의 결정이 옳았는지의 여부와 그들의 가치에 대해 판단해 보고자 한다."[16] 그리고 "순수하게 개별적인 요소는 그것의 참된 본질을 훼손시키지 않고는 결코 하나의 공식으로 환원될 수 없다."[17] 무엇보다도 "현실은 구체적이고 특수한 것으로 구성된다."[18] 여기서 마이어는 "역사 발전이란 과학에 의해 인과적으로만 이해될 수 있기 때문에 일정한 법칙에 따르는 과정으로 파악되어야 한다"[19]는 관점을 비판한다. 말하자면 마이어는 역사를 "체계적인 과학"이 될 수 없는 것으로 본다.

그러나 베버는 "마이어에 있어서는 인간 행동을 분석하는 윤리적 모델과 인과적인 모델 — '평가'와 '설명' — 이 서로 혼합되는 뚜렷한 경향을 보여준다"[20]고 논한다. "그들로 하여금 그런 결정을 내리게 한 동기를 찾아내고, 그들의 평가와 가치가 옳았는지를 발견해내는 것"이라는 말은 "마이어가 '역사적으로 작용하는' 인물에 관한 가치 판단이야말로 역사의 최대 과제로 간주한다"는 점을 보여준다. 그러나 베버에 따르면 어떤 역사적 사건을 개인의 구체적인 행위와 인과적으로 연결시키는 문제는 가치 판단의 문제와는 명백히 구분되어야 한다. 빈델반트의 명제, 즉 "책임성이라는 관념은 인과성의 관념과 무관하며, 윤리 의식의 규범적 가치의 실증적 기초를 이룬다"는 명제가 말해주듯이, "규범과 가치"의 세계는 인과적 분석의 영역으로부터 구분된다.[21] "인과적 분석"은 절대적으로 어떠한 가치 판단도 제시할 수 없으며, 가치 판단은 결단코 인과적 설명이 아니다. 베버

---

16) 같은 글, p. 120.

17) 같은 글, p. 124.

18) 같은 글, p. 129.

19) 같은 글, p. 116.

20) 같은 글, p. 122.

21) 같은 글, pp. 121~22.

에 따르면 "사건의 가치 평가는 인과적 설명과 전혀 다른 영역에서 발생한다. 바로 이 때문에 역사의 양심 앞에서 또는 신이나 인간의 법정에서 어떤 역사적 행위가 책임 있는 것이었는지를 판단하는 것, 그리고 '자유'에 관한 철학적 문제를 역사 속으로 도입하는 여러 가지 방식들은, 마치 인과적 연쇄 안에 기적을 집어넣을 때처럼 경험적 과학으로서의 성격을 유보하게 만든다." 방법론적 측면에서 볼 때 이와 같은 상이한 관점의 혼동은 지극히 치명적이다.[22]

이어서 마이어는 역사의 대상과 관련하여 다음과 같이 묻는다: "우리가 정보를 가지고 있는 사건들 중에서 어떤 것이 과연 역사적인가?" 이에 대해 그는 "결과가 있는 것으로서 발생했던 것이 바로 역사적인 것"이라고 답하는데, 이는 구체적인 개별적 상황에서 인과적으로 중요한 것이 "역사적"임을 뜻한다.[23] 말하자면 "역사가의 선택"이란 언제나 "문화의 역사적 작용성 effectiveness"을 우리로 하여금 파악할 수 있게 하는 "수단" 이상도 이하도 아닌 것이다. 따라서 "개인"은 그의 존재 전체가 아니라 역사적 상황에 인과적으로 적실한 것만이 역사 안으로 들어가게 된다. 말하자면 마이어는 인과적 요소로서 특정한 개인이 갖는 역사적 의의와 동일한 개인이 "내재적 가치"의 관점에서 갖는 "인간적" 의의는 서로 전혀 별개의 것으로서 구별되어야 한다는 입장이다. 역사적 관점에서 볼 때 문화적 내용의 분석은 단지 문화적 사건의 작용성만을 이해시킬 수 있을 뿐이다. 이 점에 대해 마이어는 다시 이렇게 강조한다: "현존하는 상황 그 자체로는 결코 역사의 대상이 아니다. 그것이 역사적 작용을 하게 될 때 역사의 대상이 된다." 마이어에 따르면 전기(傳記)는 "문학"이지 역사가 아니다. 왜냐하면 그것이 대상으로 삼는 특정한 개인은 내적 가치를 지닌 전체로서 주어진 것이며, 역사적으로 작용하는 요인으로서 주

---

22) 같은 글, pp. 123~24.
23) 같은 글, p. 131.

148

어진 것이 아니기 때문이다. 이것은 마라톤 전투나 페르시아 전쟁과 같은 "사건"의 경우에도 마찬가지다. 즉 어떤 사건이나 조건들이 역사적 인과 관계에 있어서 결정적으로 중요성을 가질 때 역사적인 서술에 포함된다.[24] 그러나 마이어는 이렇게 부언한다: "설령 결과를 낳는 것에만 관심을 기울인다 해도 개별적 사건들의 수는 여전히 무한대로 남아 있다." 그렇다면 "개별 역사가들로 하여금 이들 중에서 선택하게 하는 원칙"은 무엇인가? 이에 대해 마이어는 "역사적 관심"이라고 답한다. 역사가들은 "자기 자신 속에 내재해 있는 문제를 가지고 역사에 접근하며," 이들 문제는 역사가에게 "사물의 우선 순위를 정하는 지도 원리"를 제공하게 된다. 이런 점에서 "역사가 자신이 작업하고 있는 현재는 어떠한 역사적 진술로부터도 배제될 수 없는 하나의 요소다." 그러나 보다 중요한 것은 마이어의 다음과 같은 결론에 있다. 즉 역사적 관심에 관한 어떤 절대적 규범도 존재하지 않기 때문에, 우리는 "절대적이고 무조건적으로 타당한" 역사에 관한 지식을 "결코" 얻을 수 없다. 이러한 상황은 자연과학과 "별로 다를 것이 없다."[25]

이에 대해 베버는 "역사적인 것"은 곧 "작용적인 것"이라는 마이어의 인식이 잘못된 것이라고 말한다.[26] 이와 같은 과오는 마이어가 "역사적인 사실"과 관련하여 전혀 다른 두 개념을 혼동하고 있는 데에 기인한다. 첫째는 구체적인 개별성 속에서 "그 자체로 가치 있는" 현실의 요소를 관심의 대상으로 언급할 경우이고, 다른 하나는 "가치 있는" 요소의 인과적 결정을 이해하기 위해 관심을 기울일 수밖에 없는 현실의 구성 요소에 대해 언급할 경우이다 — 후자의 유형에 속한 "역사적 사실"은 마이어에게 있어서 역사적으로 "작용적인 effective"

---

24) 같은 글, pp. 137~38.
25) 같은 글, pp. 131, 152, 154, 159.
26) 같은 글, p. 159.

것으로, 말하자면 인과적 소급에 있어서 "원인"을 뜻한다. 전자를 "역사적 개인"이라 한다면, 후자는 "역사적(현실적) 원인"이라 할 수 있으며, 리케르트에 따라 "기본적인" 역사적 사실과 "부차적인" 역사적 사실로 구분할 수도 있다. 역사적 분석을 역사적 "원인"에, 즉 리케르트적 의미의 "부차적인" 사실이나 마이어적 의미의 "작용적인" 사실에 대한 것으로 엄격히 국한할 수 있는 경우란 역사적 개체들에 대해 명백한 인과적 설명이 배타적으로 가능한 경우뿐이다.[27] 모든 경험적 명제에서 볼 수 있는 것과 같이 원인 부여 imputation of causes 는 "객관적으로" 타당한 지식을 달성하려는 데 목표를 두고 있다. 데이터의 적실성이란, 원리의 문제가 아닌 전적인 사실의 문제로서, 오직 인과적 분석만이 이 목적을 달성할 수 있는지 여부를 결정할 것이다. 주관적인 것은 "역사적 원인"이 아니라 "역사적 개체"이다. 이런 의미에서 적실성 있는 가치는 결정적이며 그 가치들에 대한 개념 규정은 역사적 변화에 따라 좌우된다. "역사적인" 것에 대한 이상의 논의는 베버의 사회과학론을 이해하는 데 있어서 중요한 전제라 할 수 있다.

3

베버가 과학적 지식의 "의미"에 관하여 보다 명확한 입장을 나타낸 것은 실증주의자들의 도전, 즉 자연과학의 토대 위에서 역사 또는 문화과학을 정립하려는 실증주의자들의 도전에 대한 답변에서이다. 베버는 특히 「문화과학의 논리에 관한 비판적 연구 Critical Studies in the Logic of the Cultural Sciences」 「사회과학과 사회 정책에 있어서의 '객

---

27) 같은 글, p. 155.

관성' 'Objectivity' in Social Science and Social Policy」, 그리고 「사회학과 경제학에 있어서의 '윤리적 중립'의 의미 The Meaning of 'Ethical Neutrality' in Sociology and Economics」의 3편의 논문에서 자연주의 naturalism의 공격에 대해 비판한다. 베버의 자연주의 비판은 세 가지로 나누어볼 수 있다: 첫째, "현실적인 문제를 해결할 규범 norms을 명쾌하게 도출할 수 있는 실천적인 사회과학 practical social science을 위한 '원칙'을 과학적으로 타당하게 설정하고 설명할 수 있다고 믿는 것은 지극히 순진하다"[28]; 둘째, "과학적 작업의 이념이란 경험적 현실을 법칙으로 환원시키는 데 있다는 테제는 무의미하다"[29]; 셋째, "문화에 관한 절대적으로 '객관적인' 과학적 분석은 있을 수 없다."

우선 베버는 오늘날의 과학적 논의 속에서는 "실존적 지식, 즉 '존재 is'로서의 지식과 규범적 지식, 즉 '당위 should be'로서의 지식간의 논리적 구분"이 엄밀하게 이루어지지 않는다고 본다. 그 예로서 그는 "불변의 자연 법칙" 또는 "명백한 진화의 원칙"이 경제 생활을 지배한다는 주장이나 "규범적으로 옳은 것"은 "불변적으로 존재한다"거나 또는 "불가피하게 나타난다"는 주장 등을 들고 있다. 그러나 베버에 따르면, 과학적 지식의 기준은 결과의 "객관적" 타당성 속에서 발견되어야 한다. 그렇다면 그 타당성은 어떻게 확보될 수 있는가?[30]

베버가 간파한 바와 같이, 의미 있는 인간의 행동은 기본적으로 "목적"과 "수단"이라는 범주 안에 모두 포괄된다. 우리가 어떤 것을 추구할 때, 우리는 "그 자체 때문에" 원할 수도 있고, 또는 다른 어떤 것을 달성할 수단으로서 추구할 수도 있다. 주어진 목적을 달성하는 수단의 적합성 문제는 과학적 분석의 대상이 될 수 있다. 제시된 목적을 달성하기 위한 수단으로서 적합한가 아닌가를 결정할 수 있는

---

28) 같은 글, p. 56.
29) 같은 글, p. 80.
30) 같은 글, pp. 51~52.

특정한 가용 수단이 특정의 목적을 달성할 확률은 과학적으로 측정될 수 있다. 이러한 방식으로 우리는 목적 설정이 현실적으로 의미 있는지 또는 실제적 조건과 관련하여 무의미한 것인지에 대해 간접적으로 평가할 수 있다. 나아가 설정된 목적의 달성 가능성이 실제적인 것으로 나타나면, 그 수단이 생산하게 될 결과들에 대해서도 결정할 수 있다. 제시된 목적이 궁극적으로 달성될 것인지의 여부는 사용된 수단의 결과이다. 그러나 이러한 분석 방법을 결정 작성에 적용하는 것은 과학이 수행할 수 있는 과제라기보다는, 오히려 행동하고 의지를 가지고 있는 개인의 과제라 할 수 있다.[31]

엄격하고 철저한 경험적 분석은 절대적으로 명백하게 주어진 목적 실현에 적합한 수단이 문제인 경우에만 해결책을 제시할 수 있다. 가령 y를 달성하기 위해서 x는 유일한 수단이라는 말을 뒤집어보면 y가 x의 결과라는 말이 된다. 따라서 수단의 문제는 인과적 설명, 보다 정확하게 말하면, 전도된 인과 명제에 다름아닌 것이다.[32] 그러나 "수단과 목적"의 명제를 "원인과 결과"의 명제로 전도시키는 것은 그 목적이 구체적으로 진술되었을 때에만 가능하다. 따라서 어떤 목적에 대해 합의가 이루어지고 그 목적을 달성할 수단만이 논의되는 경우라면, 이러한 논의는 엄격한 경험적 방법으로 해결될 수 있다. 그러나 만약 전체적인 논의가 목적의 선택에 집중될 때, 즉 과학이 평가하기 시작할 때 인과적 분석은 거의 예외 없이 정지된다. 어떤 목적이 의식적이며 주관적인가 또는 객관적 타당성을 요구하는가에 관계없이 과학적 평가를 위한 필연적 토대란 존재하지 않는다. 이런 점에서 평가 문제는 궁극적으로 해결 불가능한 문제이며, 과학적으로 논의될 수 없는 문제다. 평가 문제는 어떠한 "과학"에 의해서도 논증되

---

31) 같은 글, pp. 52~53.

32) 그러나 박우희 교수는 "인과 관계와 함수 관계"를 엄격히 구분할 것을 강조한다
(이 책 제1부의 「정치행태론 비판 1」의 각주 51) 참조).

거나 논박될 수 없다는 것이다. 오히려 평가는 행위하고 의지하는 개인의 과제라 할 수 있다. 개인은 자신의 양심과 세계관에 따라 여러 가치들의 비중을 견주어보고 그 가운데서 선택한다. 과학은 행위하는 개인에게 그 사람의 행위의 바람직하지 않은 결과를 바람직한 결과에 비추어 견주어보거나 비교할 수 있는 능력을 제공한다. 그러나 선택 행위 자체는 행위자 자신의 책임하에 이루어진다.[33]

다른 한편, 베버는 이러한 주장이 곧 경험과학은 주관적 평가를 분석 주제로 삼을 수 없음을 뜻하는 것은 아니라고 말한다. 연구자는 자기 자신의 가치 평가를 하나의 "사실"로 보고 거기에서 결론을 도출해낼 수 있다. 특정한 가치 평가가 출현하고 지속되는 개별적·사회적 조건에 관한 경험적·심리학적 분석 및 역사적 분석은 인간 행위의 현실적이고 결정적인 동기를 수립하는 경험적 인과 분석에 있어서 매우 중요한 과학적 의미를 갖는다. 그것은 궁극적인 가치 공리를 부연하고 설명하는 것일 수도 있고, 가치 공리에 내재한 일정한 함의를 이끌어낼 수도 있고, 그리고/또는 어떤 실천적인 평가의 실현으로 나타난 사실적 결과에 대한 결정일 수도 있다. 그러나 결정 그 자체를 제공할 수 있는 과학적 절차란 어떤 형태로든 존재하지 않는다. 가치 판단의 문제를 제아무리 과학적으로 다룬다고 해도 그것은 규범을 만들어낼 수 없으며, 또는 "윤리적" 명령과 같은 일반적으로 구속력 있는 힘도 창조할 수 없다. "심리학적으로" 존재한다는 것과 윤리적으로 타당하다는 것은 동일시될 수 없다. 베버는 이 점을 다시 부연한다: "규범적으로 타당한 것이 경험적 탐구의 대상이 될 때 그것의 규범적 타당성은 무시된다. 연구자의 관심은 그것의 '존재 existence'에 있지 그것의 '타당성 validity'에 있지 않기 때문이다." 따라서 "가치 판단을 과학적으로 다룬다"는 것과 "과학적 가치 판단"은

---

33) M. Weber, 앞의 책, pp. 1, 8, 12, 17, 26~27, 33, 45~46, 53.

구별되어야 한다. 그리고 과학과 관련되는 한, 과학적 가치 판단이란 있을 수 없다. 왜냐하면 "직접적이고 실천적인 행동의 지침을 도출해 낼 수 있는 구속력 있는 규범과 이념을 제시하는 것은 결코 경험과학 의 과제가 될 수 없기 때문이다."[34]

둘째로, 어떤 구체적이고 직접적인 상황 속에서 이루어지는 삶에 대해 생각해보면, 삶이란 우리의 안과 밖에서 동시적으로, 그리고 계 속해서 명멸하는 무한한 다양성에 다름아님을 알 수 있다. 이 같은 무한한 다양성은 우리의 관심을 단일한 "대상"에 초점을 맞출 때에 도, 그리고 이들 "개별적 현상들"의 모든 구성 요소에 대한 인과적 설명은 차치하고서라도 단지 기술하려고 진지하게 시도하는 경우에 도 변함없다. 따라서 유한한 인간의 마음이 수행할 수 있는 현실에 대한 분석은 이 같은 무한한 현실의 극히 한정된 부분에 국한된다. 특히 여기에는 특정한 부분만이 과학적 탐구의 대상으로서 "알 만한 가치가 있다"는 의미에서 "중요하다"는 암묵적인 가정을 깔고 있다.

여기서 베버에 의하면 이러한 부분이 선택되는 기준이 무엇인가? 라는 문제가 제기된다. 문화과학의 결정적인 기준 역시 일정한 인과 적 관계(또는 법칙)의 "규칙적"인 반복에 있다고 생각된다. 무수한 사건들의 흐름 속에서 우리가 인지할 수 있는 "법칙" 속에는 과학적 으로 "핵심적인" 현실의 부분이 담겨 있어야 한다는 것이다. 그리고 설명되지 않은 요소들은 과학적으로 체계화되지 못한 잔여들로서, 장차 보다 완전한 "법칙" 체계의 출현을 기다리는 것으로 이해된다. 베버는 이러한 경향을 특징짓는 태도를 다음과 같이 집약한다: "문화

---

34) 같은 책, p. 39. 베버는 되풀이 이 점을 강조한다: "These evaluative ideas are for their part empirically discoverable and analyzable as elements of meaningful human conduct, but their validity can not be deduced from empirical data as such. [⋯⋯] the significance of the empirical data is derived from these evaluative ideas. But these data can never become the foundation for the empirically impossible proof of the validity of the evaluative ideas"(같은 책, p. 111).

과학을 포함한 모든 과학이 끝까지 추구해야 할 이념은 현실을 '연역'할 수 있는 명제들의 체계에 다름아니다."[35]

그러나 베버에 따르면 이러한 명제가 무의미한 것은 일반적으로 주장되어온 바와 같이 문화적이거나 정신적인 사건이 "객관적"이지 못해서가 아니라, 이와는 다른 다음의 두 가지 이유 때문이다: 1) 문화적 사건들의 지식은 현실의 구체적 형태가 개별적인 특정의 상황 속에서 우리에게 갖는 의미를 떠나서는 생각할 수 없기 때문이며, 2) 사회법칙적 지식은 사회적 현실에 관한 지식이라기보다는 그러한 목적, 즉 사회적 현실의 지식을 위해 우리의 마음이 사용하는 다양한 수단들 중의 하나라는 점 때문이다.[36]

베버는 우리의 관심의 대상이 되는 사회과학의 유형은 구체적 현실에 관한 경험적 과학이라고 말한다. 이러한 과학의 목적은 인과적 관점에서 현실을 설명하는 데 있다. 그러나 어떤 구체적인 현상이 현실 속에서 보여주는 모든 인과 관계를 남김없이 탐구한다는 것은 실제적으로 불가능할 뿐만 아니라 무의미하다. 어떤 주어진 사건에 영향을 미치는 원인의 수와 유형들은 언제나 무한하며, 또 사물 자체 속에는 그 중의 일부를 주목할 만한 가치 있는 것으로 구분시켜줄 어떠한 기준도 존재하지 않는다. 아무 전제 없이 실제를 분석하려는 모든 진지한 시도는 무수한 지각의 혼동을 초래할 뿐이다. 이러한 혼동은 구체적인 현실의 일부만이 현실 접근의 수단이 되는 문화적 가치와 관계되기 때문에 흥미있고, 중요하다는 조건하에서만 질서를 찾을 수 있다. 다시 말하면, 베버는 무한히 복잡한 구체적 현상 중의 특정한 측면만이, 즉 우리가 일반적 의의를 부여한 측면만이 알 가치가 있다고 본다. 그리고 그들만이 인과적 설명의 대상이 된다. 이런 점에서 문화과학의 방법론의 결정적 특징은 문화적 의미의 관점에서

---

35) 같은 책, pp. 72~73.
36) 같은 책, p. 80.

삶의 현상들을 분석한다는 데 있다. 그러나 "문화적 현상의 구조적 의미와 그 의미의 토대는 분석적 법칙이 아무리 완전하다 할지라도 그 법칙의 체계에 의해 도출되거나 인식될 수 없다. 왜냐하면 문화적 사건들의 의미는 그 사건들에 대한 가치 정향을 전제하고 있기 때문이다." 어떤 현상의 문화적 의미는 어떤 법칙에 의해 도출되는 것이 아니다. 바로 이런 이유에서 연구 목표는 법칙들의 단순한 진술로서 달성되지 않는다.[37]

예컨대 심리학 또는 다른 것에 의해 사회적 현상들의 모든 관찰된, 그리고 상상 가능한 관계들을 궁극적이고 기본적인 "요인들"로 분석하고 또 그것들의 행태에 관한 엄격하고 정확한 법칙들을 만들어내는 데 성공했다고 가정하자. 그러나 이러한 지식이 우리에게 무슨 의미가 있는가? 그 지식은 하나의 분석 도구로서 동·식물의 발생 양상을 이해하는 데 있어서 유기화학의 합성에 관한 교재만큼이나 유용하다. 그러나 어떤 경우에 있어서도 법칙이나 요인으로부터 구체적인 현실이 도출될 수는 없다. 이는 어떤 고차원적인 힘이 생명 현상에 내재하기 때문이 아니라, 현실 분석이란 역사적으로 의미 있는 문화 현상을 형성할 수 있도록 여러 요소들을 배열하는 데 있기 때문이다.

법칙 정립은 우리가 바라는 지식 유형에 도달하기 위한 많은 작용 중의 하나에 불과하다. 그러나 현실의 어떤 부분이 어떤 의미에서 또는 어떤 상황에서 우리에게 중요한가 하는 것은 법칙에 의해서 드러나지 않는다. 우리는 데이터의 조사에 의해 우리에게 의미 있는 것을 얻어낼 수 없다. 의미 있음meaningfulness은 법칙 그 자체와 처음부터 일치하는 것은 아니다. 그것은 사회 현상을 바라보는 가치 이념에 의해서만 결정된다. 법칙이 아닌 가치 이념만이 현실의 부분들에게 의

---

37) 같은 책, pp. 71, 76~78, 80.

미를 부여한다. 그러나 베버는 이 말이 규칙성에 대한 지식과 "법칙"을 수립하려는 시도가 문화과학에서 전혀 과학적 정당성을 가질 수 없다는 것을 뜻하지 않는다는 점을 강조한다. 사실 명백한 법칙의 형성은 우리가 직접 관찰할 수 없는 사건들에 접근할 수 있는 기회를 가져다 주는 유일한 방법이다. 따라서 최소한 근본적인 삶의 현상에 관한 한, 정밀한 자연과학에 흡사한 추상적이며 따라서 순수 형식적인 명제의 체계를 구성하는 것은 복잡한 사회 생활을 지적으로 분석하고 파악할 수 있는 유일한 수단이다. 그럼에도 불구하고 베버는 사회 생활의 의미는 "사실" 그 자체로부터 도출되지 않는다는 주장을 되풀이 강조한다. 법칙이 적용되는 현실은 어떤 경우에도 법칙으로부터 연역될 수 없는 존재로 남아 있다.[38]

셋째로, 베버에 따르면 사회과학은 문화과학 중의 하나이다. 문화과학이란 "인간사를 다루는 과학 those disciplines, which treat the events of human life을 가리키며, 사회과학은 이와 같은 문화과학에 속한다."[39] 그러나 베버는 "문화에 관한 절대적으로 '객관적인' 과학적 분석은 있을 수 없다"[40]고 주장한다.

"문화"는 무의미한 무한한 세계의 과정 가운데서 인간이 의미와 중요성을 부여한 한정된 부분이다. 인간은 세계에 대해 심사숙고하고, 그것에 중요성을 부여할 수 있는 능력과 의지를 부여받은 존재이다. 그가 부여하는 중요성이 무엇이든지간에, 인간은 인간 존재의 특정한 현상을 중요성에 비추어 판단하며 그 현상의 의미에 대해 반응하도록 만들어진 존재이다. 그리고 그 의미의 내용이 무엇이든지간에 과학적 관심은 그러한 의미에 의존한다.[41]

---

38) 같은 책, pp. 73, 75~76, 79~81, 87.
39) 같은 책, p. 67.
40) 같은 책, p. 72.
41) 같은 책, p. 81.

그렇다면 현실에 의미를 부여하는 것은 무엇인가? 베버에 따르면 그것은 가치 평가 또는 평가 이념Wertidee이다. 연구자의 평가 이념 없이는 주제의 선정에 대한 어떤 원칙도 있을 수 없으며, 구체적 현실에 대한 어떤 의미 있는 지식도 나올 수 없다. 특정한 문화적 사실의 의미에 관한 연구자의 확신 없이는 구체적 현실을 분석하려는 어떠한 시도도 의미를 가질 수 없으며, 반대로 개인적 신념의 방향과 심적 프리즘을 통해 나타나는 가치는 그의 작업에 방향을 제시한다. 그리고 과학의 천재가 자신의 연구 대상에 관련짓는 가치는 "가치 있다"고 생각되는 것뿐만 아니라, 의미 있거나 또는 의미 없는 것, "중요하거나" 또는 "중요하지 않은" 것에 대해 한 세기의 "개념"을 결정할 수도 있다. 그러나 "모든 평가 이념은 '주관적'이다."[42]

따라서 아무리 간접적이라 하더라도 우리가 문화적 의의를 부여한 사건과 관련되는 현실적 요소만을 대상으로 하는 한, 문화과학은 "주관적" 전제에 입각한다. 그리고 이러한 의미는 인간의 의식을 지배하고 있는 문화의 성격과 평가적 이념에 따라서 역사적으로 변한다. 인간을 움직이는 문화적 문제들은 스스로 늘 새롭게, 그리고 다른 색깔로 형성되고, 무한한 개별 사건들의 흐름 속에서 우리에게 의미 있는 영역의 범주는 항상 변화하며, 지적인 맥락 역시 끊임없이 바뀐다. 베버는 이렇게 말한다: "지적 생활이 중국식의 화석화 작용의 영향을 받아 영원히 소진되지 않는 삶에 대해 새로운 질문을 제기할 수 없는 상태로 인간이 변질되지 않는 한 문화과학의 출발점은 무한한 미래를 통해 늘 변한다."[43] 그렇다면 "사회문화적 현상과 관련된 분야들 중에서 일반적으로 '객관적으로 타당한 진리'가 있다는 것은 무슨 뜻인가?"[44]

---

42) 같은 책, pp. 81~83.
43) 같은 책, p. 84.
44) 같은 책, p. 51.

연구 대상의 선정이나 연구하려는 인과 관계의 폭과 깊이를 결정하는 것은 연구자와 그의 시대를 지배하는 평가적 이념들이다. 연구의 방법에 있어서도 지도적인 "관점"은 연구에 사용될 개념 체계의 "구축 construction"에 있어서 대단히 중요하다. 그러나 개념 체계의 구축은 그것의 "사용 use"과, 보다 정확하게 말하면, 이러한 개념 체계에 의거하여 이루어지는 현상 분석과 구별되어야 한다: "현실에 의미를 부여하는 가치에 종속되어 있는 인간의 관심사와 이런 점에서 문화적 가치에 좌우되는 현상의 선택과 우선 순위의 결정은 법칙과 일반적 개념에 의거하여 이루어지는 현실 분석과는 전연 별개의 것이다. 이 두 가지 유형 중 어느 것도 다른 것과 논리적으로 필연적 관계를 갖지 않는다. 이 두 유형들의 우연적 일치는 개인적 경우에는 가능할지 모르나, 그것들이 원칙적으로 분리되어 있지 않다고 생각한다면 그것은 중대한 잘못이다." 요컨대 사회과학의 문제는 대상이 되는 현상의 "가치 관련성 value-relevance에 의해 선택"된다. 그러나 이들 문제의 분석과 해결은 "비평가적으로 non-evaluatively," 다시 말하면 "가치 중립적 value-free"으로 이루어져야 한다. 문제의 분석과 해결은 문제의 선택과는 달리 평가의 문제가 아니기 때문이다. 바로 이 점에서 "사회과학의 체계적이고 정확한 과학적 증명은, 엄밀한 의미에 있어서 중국인까지도 정확한 것으로 인정해야만 한다. 또는 이러한 목적을 달성하기 위해 늘 끊임없이 노력해야 한다." 과학은 "진리를 추구하는 장소이자, 또한 단 한 사람의 중국인에게도 경험적 현실의 분석에 적합한 타당성을 주장할 수 있는" 장소이다. 베버에 따르면 바로 이것이 "과학적 객관성"의 진정한 의미이다. 다시 말하면 그것은 현실에 대한 평가 없는 분석을 뜻한다. 이러한 의미에서 문화과학적 지식도 자연과학과 동일한 인과적 지식에 해당된다.[45] 베버는

---

45) 같은 책, pp. 21, 58~59, 77, 82, 84.

이렇게 말한다: 사회과학이 "경험적 사회 현실에 대한 분석적인 체계화 the analytical ordering of empirical social reality"로 한정되는 한, "사회과학에 있어서 무조건적으로 타당한 지식의 유형도 가능하다."[46] 여기서 우리는 베버가 보는 과학이란 "경험적 현실에 대한 분석적 체계화"에 다름아님을 알게 된다.

4

베버에 따르면, 문화과학은 그 본질상 폐쇄적 체계일 수 없다. 그것은 당시대의 문화적 가치 이념에 대해 열려져 있다. 심지어 "가장 엄밀한 자연과학이나 수학과 같은 이론 과학의 가장 확실한 명제에 관한 지식조차도 인간 양심의 함양과 순화와 같은 문화적 산물이다."[47] 가치는 문제를 선정하고, 방법의 원칙을 설정하고, 분석 활동의 방향을 결정하는 데 있어서 결정적이다. 여기서 베버는 "가치 관련성" 또는 "가치 관계 value-relation"를 주장하게 된다. 그러나 이와 같은 "가치 관련성" 또는 "가치 관계"란 따지고 보면 "문화과학"의 외적 정합성을 지칭하는 것에 다름아니라고 말할 수 있다.

다른 한편 베버는 문화과학의 내적 정합성에 대해서도 논한다. 그가 보는 문화과학의 내적 정합성은 "심리적으로 실재하는 것과 윤리적으로 타당한 것"간의 혼동과 여기서 비롯된 경험적 분석과 가치 판단간의 혼동에 의해 가장 큰 위협을 받는다. 베버는 이러한 혼동이 "윤리적 진화론과 역사적 상대주의의 결합 a combination of ethical evolutionism and historical relativism"[48]으로 더욱 심각한 상태에 이른

---

46) 같은 책, p. 63.

47) 같은 책, p. 54.

48) 같은 책, pp. 44, 51.

다고 보고, 이와 같은 혼동을 극복하기 위한 방안으로서 경험적 분석에 있어서의 "가치 판단의 배제" 또는 "가치 중립성"을 요구한다. 베버는 이러한 요구가 한편으로는 과학이 자신의 내적 규범에 충실하기 위한 "자기 절제"이면서 동시에 "외적 통제로부터의 자유"를 뜻한다고 본다. 따라서 베버는 "비록 가치 문제를 다루도록 허용되어 있다손 치더라도 이에 대해 침묵하는 것만이 과학을 대표하는 자의 품위에 부합된다"[49]고 말한다.

그러나 문제는 다음과 같은 베버의 경고에 있다. 즉 "가치 배제" 또는 "가치 중립성"에 관한 "앞에서의 논의들은 이상과 같은 혼동," 다시 말하면 "가치 판단과 경험적 분석간의 혼동에" 대해 반대하는 것이지 토론 속에 자신의 이념을 명시적으로 도입하는 것에 반대하는 것은 아니다. 도덕적으로 무관심한 태도는 과학적 "객관성"과는 무관하다.[50] 이와 같은 베버의 전후상충되는 듯한 언명은 "가치 배제" 또는 "가치 중립성"을 정확하게 이해하는 데 장애물이 되어왔으며, 그를 해석하는 입장들이 다양한 갈래로 나누어진 원인이기도 했다.

베버에 관한 여러 견해들 중 특히 그를 "진정한 가치 체계의 존재"를 부인한 "허무주의자"로 본 레오 스트라우스[51]에 대해 필자는 반대한다. 먼저 스트라우스의 베버 비판의 전제가 되는 "자연권 natural right"의 의미부터 살펴보면, 그는 "natural rights"(복수)와 "natural right"(단수)의 차이를 밝히지 않은 채 논의를 전개하고 있다. 그러나 문맥상으로 보아, "natural rights"(복수)는 "생명, 자유, 행복 추구" 등과 같은 근대적 "자연권"의 의미로 사용되는 반면, "natural right"(단수)는 전통적 "자연법"의 의미로 사용된다. 그러나 경우에 따라서

---

49) 같은 책, pp. 4~6.

50) 같은 책, p. 60.

51) Leo Strauss, *Natural Right and History* (Chicago, Ill.: The Univ. of Chicago Press, 1953), pp. 41~42.

는 양자가 마치 동일한 것인 양 혼용되기도 한다.[52]

그러면 스트라우스가 의미하는 "natural right"(단수)는 무엇을 의미하는가? 그것은 첫째 옳고 그름에 대한 자연적 기준을 뜻한다. 그는 이렇게 말한다: "우리는 실증적인 옳음positive right으로부터 독립된 옳고 그름의 기준이 존재한다고 본다. 이러한 기준은 우리가 그것에 비추어 실증적 옳음을 판단할 수 있는 기준이라는 점에서 이러한 실증적 옳음보다 우위에 있다"; "인간의 내면에는 그가 속한 사회에 전적으로 예속되지 않는, 따라서 우리 자신의 사회뿐만 아니라 다른 사회의 이념을 판단할 수 있는 하나의 기준을 찾을 수 있고, 또 찾도록 의무를 부과하는 그 무엇이 존재한다."[53] 여기서 스트라우스가 사용하는 "자연nature"에는 특히 "불변적"이고 "고정적"이라는 뜻이 강하게 함축되어 있다. 둘째, "자연법natural right"은 보다 정확하게 말하면 옳고 그름에 대한 "이성적" 기준을 뜻한다.[54] 셋째, "자연법"은 다양성 또는 개별성과는 긴장 관계에 있다.[55] 넷째, "자연법"은 목적론적 우주관을 전제로 한다: "고전적 형태의 자연법은 목적론적 우주관과 연관되어 있다. 모든 자연적 존재자들은 어떤 형태의 작용이 좋은 것인지를 결정할 자연적 목적natural end, 자연적 운명natural destiny

---

52) 양자가 혼용되는 것으로는 다음의 예를 들 수 있다: "The majority among the learned who still adhere to the principles of the Declaration of Independence interpret these principles not as expressions of natural right but as an ideal, if not as an ideology or a myth"(Leo Strauss, *Natural Right and History*, p. 2); "The historical school emerged in reaction to the French Revolution and to the natural right doctrines that had prepared the cataclysm"(같은 책, p. 13); "The natural right of each individual was a right uniformly belonging to every man as man"(같은 책, p. 14); "All natural right doctrines claim that the fundamentals of justice are, in principle, accessible to man as man"(같은 책, p. 28).

53) 같은 책, pp. 2~3.

54) 같은 책, p. 7.

55) 같은 책, p. 5.

을 갖는다."[56] 이 부분은 특히 스트라우스의 "자연법"을 가장 잘 집약해주는 대목으로 생각된다. 여기서 핵심적인 용어는 "자연적 목적"과 "자연적 운명"이다. 한 가지를 더 추가한다면 "자연적 질서natural order"를 포함시킬 수 있을 것이다. 이것은 종종 "최선의 정치 질서 the best political order"라는 말로 표현된다. 그러나 다섯째, "자연법"은 숙명론 또는 맹목주의와 대립된다.[57] 여섯째, "자연법"의 부정은 허무주의로 귀결된다. 스트라우스에 의하면, 비역사적 "자연법"을 처음으로 부정한 것은 역사학파의 등장에서부터 비롯된다. 이 학파는 근대 실증주의의 영향을 받은 근대 사가들의 출현과 더불어 역사주의로 발전하였고, 역사주의는 다시 허무주의에 이르게 된다. 또 스트라우스는 초기 역사학파의 대표적 인물로 헤르더Herder를, 후기 역사주의의 대표적 인물로는 베버를 든다. 특히 스트라우스는 베버의 허무주의가 히틀러Hitler에게까지 그 영향을 미친 것으로 본다:

> 나는 베버의 테제가 필연적으로 허무주의로, 다시 말하면 모든 가치 선택preference은 아무리 사악하고, 비열하고 또는 광적일지라도, 이성의 법정 앞에서는 다른 모든 가치 선택과 마찬가지로 정당하다고 판단되어야 한다는 견해로 귀결된다고 주장한다. 〔……〕
> 이 점을 보다 명확하게 보기 위해서는, 동시에 왜 베버는 자신의 가치 교리의 허무주의적 결과를 자신으로부터 은폐할 수 있었는지를 보기 위해서는, 그의 생각을 단계적으로 추적해야만 한다. 이러한 움직임을 그 종국에까지 추적해보면 우리는 히틀러의 그림자로 어두워지는 단계로 옮겨가는 지점에 필연적으로 도달하게 될 것이다.[58]

---

56) 같은 책, p. 7.
57) 같은 책, pp. 4~6, 75.
58) 같은 책, p. 42.

그러나 필자는 베버의 논의가 단순히 허무주의로 단정짓기 어려운 요소들을 담고 있다고 본다. 예를 들면, 베버는 "궁극적 가치 문제가 개별적 상황에 따라 각자가 자신의 양심이 명하는 바에 의해 해결해야 할" 과학 이전의, 그리고 과학 이후의 "양심"의 문제로 보았다. 이것은 "과학의 한계"—보다 정확하게 말하면 "경험적 실증과학"의 한계—를 지적한 것으로 해석될 수 있다. 또 인간에 있어서 "양심" "순수 의지 pure will" 또는 "믿음의 윤리 ethics of faith"와 이에 따른 "책임성"을 강조하고, 뿐만 아니라 가치 중립적인 경험과학의 연구에 있어서조차 연구자의 "지적 정직성의 도덕적 의무 an imperative requirement of intellectual honesty"와 "지적 순수성 intellectual integrity"을 강조하는 베버를 단순히 허무주의자로 치부하는 데는 많은 문제점이 따른다고 본다.[59] 베버는 적어도 양심의 존재를 인정했다는 점에서, 이의 본유성을 부인한 니체나 하이데거와는 구분되어야 한다는 것이 필자의 견해다.[60]

뿐만 아니라 베버는 역사 속에서는 쉽게 절망할 수도, 또는 낙관할 수도 없다는 입장을 보여준다. 그에게는 해결의 가능성과 아울러 갈등의 심각성에 대한 양면적 인식이 나타난다. 이러한 베버의 역사 인식을 "허무주의"로 단순화하는 것은 부당할 뿐만 아니라, 지적으로도 부정직하다고 생각된다. 차라리 그랜트 하디 Grant Hardy의 표현에 따라 베버의 입장을 "신중한 불확정성"[61]이라고 부르는 것이 보다 적절할 것으로 보인다. 스트라우스가 베버의 "허무주의"를 특별히 "고결

---

59) M. Weber, *The Methodology of the Social Sciences*, pp. 2, 3, 16, 23.

60) F. Nietzsche, "'Guilt,' 'Bad Conscience' and the Like," in *On the Geneology of Morals and Ecce Homo*, tr. by W. Kaufmann(New York: Vintage Books, 1969), pp. 57~96; M. Heidegger, *Being and Time*, tr. by J. Macquarrie and E. Robinson (New York and Evanston: Harper & Row Publishers, 1962), pp. 315~48.

61) 그랜트 하디, 「고대 중국의 역사가가 근대 서구의 이론에 기여할 수 있는가?: 사마천의 복합 화법」, 『문학과사회』(1994년 가을), p. 1041.

한 허무주의noble nihilism"[62]라고 부르는 것도 어쩌면 베버의 이와 같은 특이성을 인식했기 때문일 것이다.

한걸음 더 나아가 필자는 베버가 언명한 "가치 판단의 배제"나 "가치 중립성"은 과학의 엄밀성을 확보하기 위해 후설이 제시한 "판단 정지"에 접근한다는 견해이다. 독자들은 이와 같은 "판단 정지"의 의미를 이미 앞에서 인용한 "과학자의 '자기 절제'"나 "침묵"과 같은 베버의 표현들 속에서 읽었을 것이다. 베버의 말을 좀더 자세히 인용해 보면 다음과 같다:

> 모든 직업상의 과제는 그것에 고유한 '내적 규범'을 갖고 있으며, 이것에 따라서 달성되어야 한다. 각 사람은 자신의 직업상의 책임을 수행하는 데 있어 스스로를 이러한 과제에 한정시켜야 하며, 이 과제에 속하지 않은 것들, 특히 그가 좋아하는 것들이나 미워하는 것들을 엄격히 배제하여야 한다. 〔……〕 개인적인 문제를 전문화된 사실 분석과 혼동하는 것은 나쁜 취미이다. 만약 우리가 요구되는 독특한 종류의 자기 절제를 수행하는 데 실패한다면, 우리는 '천직'이라는 말이 담지하고 있는 유일한 윤리적 의미를 박탈하게 된다.[63]

한 가지 분명한 것은 베버가 "천직" 또는 "직업"과 관련하여 말한 직업상의 "규범" 또는 "태도"는 후설이 주장한 "에포케"의 원형으로서, 이들은 말하자면 "습관적으로 수행되는 판단 정지"에 해당된다. 이에 비해 후설의 "판단 정지"는 "의도적으로 수행된다"는 차이점이 있을 뿐이다. 후설은 『유럽 과학의 위기와 선험적 현상학』에서 이렇게 말한다:

---

62) Leo Strauss, *Natural Right and History*, p. 48.

63) M. Weber, *The Methodology of the Social Sciences*, pp. 5~6.

우리는 어떤 종류의 직업적 태도를 갖고 어떤 특별한 '직업상의 근무 시간'에 속하는 어떤 특수한 습관적 관심의 방향만을 곧바로 우리 자신 속에 세운다. 〔……〕 만약 우리가 우리의 습관적 관심들 가운데 어느 하나를 현실화하고 이리하여 우리의 직업적 활동(업무 수행)을 행하고 있다면, 우리는 우리 삶의 다른 관심 ——그러나 여전히 이것은 우리에게 고유하고 계속 지속하는 삶의 관심이다—— 에 대해 판단 〔정〕지의 태도를 취하는 것이다. 모든 것들은 '각자의 시간'을 가지며, 우리는 가령 '자 이제 회의에 갈 시간이다' '지금은 투표하러 갈 시간이다' 등과 같이 활동들을 변경함에서 이러한 사실을 나타낸다. 〔……〕

여기에서 문제가 되고 있는 판단 〔정〕지를 기술함에 있어 제1차적인 것은 다음과 같은 것이다. 즉 그것은 이 판단 〔정〕지가 습관적으로 수행되는 판단 〔정〕지이며, 〔……〕 이러한 수행 작업의 배제가 개인적 주관성 속에서 계속 형성되며 계속 타당한 관심〔……〕을 아무것도 변경시키지 않으며, 곧바로 이러한 이유 때문에 이것과 동일한 의미에서 그 밖의 다른 시간에서는 항상 다시 현실화될 수 있다는 점이다.[64] (〔 〕는 '중지'를 〔정〕지'로 개역한 것임: 필자)

지금까지의 논의를 요약하면 다음과 같다: 베버의 "가치 판단의 배제" 또는 "가치 중립성"은 "허무주의"의 표현이기보다는 과학의 엄밀성을 확보하기 위한 방법론적 "쇄신 innovation"으로 보아야 하며, 이런 점에서 후설의 "판단 정지" ——의도적 "판단 정지"—— 와 동일한 의미를 지닌다고 생각된다. 필자는 다음에 계속될 몇 개의 장들을 통하여 후설과 그의 현상학에 대해 좀더 자세히 살펴볼 것이다.

---

64) 후설, 『유럽 과학의 위기와 선험적 현상학』, 이종훈 역(이론과실천사, 1993), pp. 185∼77.

후설의 현상학

후설에 따르면 현상학이란 "본질"의 과학이다. "사실"의 지식을 지향하는 "사실"과학과는 달리 현상학은 "전적으로 '본질의 지식(본질 인식)'을 확립하고자 하는" "본질적 존재"의 과학, 즉 "형상적 과학 eidetic science"이다. 그러므로 "순수 현상학의 이념"은 "사실"이 아닌 "본질"로부터 시작된다. 그리고 그 결과는 "초재적(超在的)인 것 transcendent"의 "초월적인 것 transcendental"으로의 전환에 있다. 좀더 엄밀하게 말한다면, "새로운 과학" 즉 현상학의 "영역에 접근하는 방법"은 초재적인 것을 "초월적인 것으로 환원하고 나아가 형상으로 환원 reduction to the Eidos"하는 것이다.[1] 따라서 현상학의 전체 이념은 초월적인 것과 초재적인 것[2]간의 비판적 "구분"에 있다. 이 구분은 "철학" "철학적 과학" "철학적 사고" 또는 "철학적 태도"와 "자연적 과학" "세간적 과학" "자연적 사고" 또는 "자연적 태도"간의 구분과 정확히 일치한다.[3] 그러면 "철학적인 것"과 구분되는 "자연적 과학" "세간적 과학" "자연적 사고" "자연적 태도"는 우선 무엇을 의미

---

1) E. Husserl, *Ideas: General Introduction to Pure Phenomenology,* tr. by W. R. Boyce Gibson(N. Y.: The Macmillan Company, 1952), pp. 9, 80. 이후 *Ideas*로 줄여 씀.

2) 같은 책, p. 213.

3) E. Husserl, *The Idea of Phenomenology,* tr. by W. P. Alston & G. Nakhnikian (The Hague: Martinus Nijhoff, 1964), pp. 1, 13, 19.

하는가? 후설에 의하면, 그것은 "자연적 과학" "세간적 과학" "자연적 사고" "자연적 태도"를 특징짓는 "자연적 인지"[4] 혹은 "자연적 유형의 인지"[5]이다.

과학적인 것이든 전(前)-과학적인 것이든 자연적 유형의 인지는 본질적으로 초재적이다. "모든 자연적 유형의 인지, 특히 전-과학적 인지는 그 대상을 초재적으로 만드는 인지이다."[6] 이것은 "객관적 과학, 자연과학, 그리고 문화과학(정신과학)에도 적용되며, 좀더 자세히 살펴보면 수학" 등[7] "자연적 태도"로부터 비롯되는 모든 자연적 유형의 과학에 적용된다.[8] 자연적 인지는 "대상을 존재하는 것으로 정립하고, '엄밀한 의미에서 자신에게 주어지지' 않은 '내재하지' 않은 사실들에 도달한다고 주장한다."[9] 그러한 인지의 대상은 "의식의 영역 내에서 발견되지 않는다."[10] 그것은 인지적 행위 속에 포함되어 있지 않다. 인지가 지각하거나 기억한다고, 말하자면 지향한다고 상정하는 물리적 사물은 인지적 행위 cogitatio 자체, 혹은 정신적 과정 속에서 발견되지 않는다: "물리적 사물은 인지 과정 내에 실재로 존재하는 어떤 것으로서, 그것의 참된 구체적 부분으로서 발견되지 않는다."[11] 오히려 그것은 그 자체로 존재하며,[12] "그 자체의 존재"를 갖는다.[13] 혹은 그것은 "내가 인지할 때 그것을 존재하는 것으로 간주하든 아니하든간에"[14] 그 자체로 있는 자신의 존재를 주장한다. 여기

---

4) 같은 책, pp. 8, 14, 18, 20~21.

5) 같은 책, pp. 8, 25, 27~28.

6) 같은 책, pp. 8, 27, 29.

7) 같은 책, p. 3.

8) 같은 책, p. 13.

9) 같은 책, p. 27.

10) 같은 책, p. 3.

11) 같은 책, p. 27.

12) 같은 책, p. 37.

13) 같은 책, p. 148.

서 그것은 "그 자체적인 어떤 것"[15] "즉자적인 것"[16] 혹은 단순히 의식 내에 있지 않는 자립적 존재이다. 그러므로 물리적 사물은 그것을 아는 "의식"이나 "경험" 밖에 있는[17] "실재적 존재"[18] 혹은 "현실적"[19] 대상이다. 초재적 존재는 궁극적으로 "즉자적 존재"라는 절대적 형태 속에서 발견된다.[20] 그러나 좀더 엄밀하게 말하면, 초재적이라는 것, 말하자면 "대상" 혹은 "물리적 사물"은 초재적으로 — 초월적이 아니라 — "정립"된 것이고 혹은 "어떤 가능한 지각에도, 일반적으로 어떤 가능한 의식에도 실재로 내재하는 것으로 주어질" 수 없게 정립된 것이다.[21] 그 결과 사물로서 정립된 바로 "이러한 존재 양상"으로 인해서 그 사물은 "내재적으로 지각될" 수 없는 것이 된다.[22] 그러므로 자연적 인지 행위는 자신의 인지 행위나 인지의 실재적 구성

---

14) E. Husserl, *Formal and Transcendental Logic,* tr. by Dorion Cairns(The Hague: Martinus Nijhoff, 1969), p. 268; E. Husserl, *The Idea of Phenomenolgy,* p. 37.

15) E. Husserl, *Formal and Transcendental Logic,* p. 164.

16) 같은 책, p. 161; E. Husserl, *The Crises of European Sciences and Transcendental Phenomenology: An Introduction to Phenomenological Philosophy,* ed. by David Carr(Evanston: Northwestern Univ. Press, 1970), pp. 54, 83. 이후 *The Crisis*로 줄여 씀.

17) E. Husserl, *Logical Investigations,* tr. by J. N. Findlay(N. Y.: The Humanities Press, 1970), Vol. I, p. 264.

18) 같은 책, p. 351.

19) 같은 책, Vol. II, p. 595.

20) E. Husserl, *Husserliana Band IV: Ideen zu Einer Reinen Phänomenologie und Phänomenologischen Philosophie II,* ed. by M. Biemel(Haag: Martinus Nijhoff, 1952), p. 218; E. Husserl, *Husserliana Band VII: Erste Philosophie I,* ed. by R. Böhm(Haag: Martinus Nijhoff, 1956), pp. 248, 400; E. Husserl, *Husserliana Band VIII: Erste Philosophie II,* p. 246; E. Husserl, *Husserliana Band IX: Phänomenologischen Psychologie,* ed. by W. Biemel(Haag: Martinus Nijhoff, 1962), p. 191; E. Husserl, *Husserliana Band XI: Analysen zu Passiven Synthese,* ed. by M. Fleischer(Haag: Martinus Nijhoff, 1966), p. 215.

21) *Ideas,* p. 133.

22) 같은 책, pp. 133~34.

에 포함되지 않는, 따라서 인지와 아무런 내적 연관성도 갖지 않는 "사물" 혹은 "사물 그 자체"에로 초재적으로 향할 수밖에 없다.[23] 자연적 인지는 단지 외적 "사물" 혹은 "공간적 사물"을,[24] 다시 말하면 "그것을 지각하는 것에 대해서 over against, 나아가 그것을 지시하는 의식에 대해서 over against" 바깥에 또는 "초재적으로" 있는 것으로 가정되는 "사물" 또는 "공간적 사물"을 지각하거나 가리켜야만 한다.[25] 간단히 말해서 사물을 지각하는 인지는 그 사물과 대립해 있다[26] : "지각과 지각된 사물은 비록 본질적으로 서로 연관되어 있다고 할지라도, 원리적으로나 필연적으로 실재적인 또는 본질적인 하나가 아니며 또 통합되어 있지도 않다."[27] 그것들은 서로 분리되어 있다. 그러므로 초재라는 것은 인지와 인지된 대상간의 분리, 지각과 지각된 사물간의 "분리"에 다름아니다. 이것은 어째서 "대상이 초재적인 것으로 존재하는 한"에 있어서 "인지와 그 대상이 실재적으로 분리되어 있는" 이유이다.[28] 그러면 이처럼 "분리되어" 있고 또 "초재적"인 사물 내지 대상은 이것을 인지하고 지각하는 것과는 어떻게 연관되는

---

23) 같은 책, p. 125.

24) 같은 책, pp. 133, 136, 177.

25) 같은 책, p. 133.

26) 같은 책, p. 129.

27) 같은 책, p. 133.

28) *The Idea of Phenomenology*, p. 30. 그러나 김형효 교수는 이와는 다르게 "transcendence"를 설명한다: "본디 서양어(불어의 경우)에서 'transcendance'는 보통 '초월' '선험'이라고 번역된다. '초월'이라고 할 때, 그 뜻은 종교적 · 형이상학적 의미로서 경험적인 유한한 세계를 넘어가는 그런 수직적 상승의 뜻을 지니고 있고, '선험'이라고 할 때의 그 뜻은 모든 경험을 가능케 해주는 근거의 뜻이 된다. 이 의미는 특히 칸트 철학 이후에 많이 쓰여진 것으로 종교적 의미를 배제하고 주로 인식론적 성격을 강하게 풍기는 그런 뉘앙스를 지닌다. 이 선험의 'transcendance'가 형용사로 쓰여지면 'transcendant'〔와〕'transcendental'의 두 가지로 나누어지는데, 전자는 종교적 · 형이상학적 의미에서 '초월적'으로 후자는 인식론적 의미의 '선험적'인 것으로 통상 구분하여 번역된다"(김형효, 『메를로-퐁티와 애매성의 철학』, 철학과 현실사, 1996, p. 19).

가? 즉 "초재적인 것과 그것을 아는 의식과의 관계"는 무엇인가?[29] 분명한 것은 자연적 인지에서는 어떻게 인지가 그 대상에 도달할 수 있는가에 대한 어려움이 있을 수 없다는 점이다. 자연적 인지는 그러한 인지 가능성을 당연한 것으로 간주한다.[30] 자연적 인지는 처음부터 자신이 대상에 도달한다는 것을 의심 없이 확신하기 때문에 인지 가능성에 대해 특별히 걱정할 아무런 이유가 없다.[31] 자연적 인지에 있어, 인지가 초재적인 것에 도달한다는 것은 "당연하고" "확실한" 일이며[32] "선험적인 a priori" 것이다. 따라서 "초재적이고 실재적인 대상이 어떻게 인지 행위에서 만날 수 있는가(그 본성을 알 수 있는가)"[33] 와 같은 질문은 자연적 인지에서는 처음부터 배제된다. 달리 말해서, 자연적 인지는 인지 비판에 대해,[34] "지금까지 존재한 모든 과학, 모든 세간적 과학의 인지적 근거"에 대한 비판에 대해, 또는 "모든 객관적 지식의 가장 하위층"에 대한 비판에 대해 관심을 두지 않는다.[35] 마찬가지로, 이러한 자연적 인지로부터 발전된 모든 자연적 유형의 과학도 "인식론적 혹은 회의적 문제들에 대해 무관심하다."[36]

　자연적 과학은 "사실"에 관한 과학이다. "그것은 자신이 다루고 있는 사실들의 원초적 소여성(所與性)으로부터 시작한다(그리고 자신의 이념들을 검증할 때 항상 이러한 사실들로 돌아간다)." 이런 종류의 과학에 있어, 지식의 자료는 "인식론적 반성이 그러한 자료의 존재 가능성에 대해 어떠한 어려움을 야기시킨다고 할지라도,"[37] "사실" 즉

---

29) *Ideas*, p. 130.

30) *The Idea of Phenomenology*, p. 18.

31) 같은 책, p. 25.

32) *Ideas*, p. 297.

33) *The Idea of Phenomenology*, p. 11.

34) 같은 책, p. 13.

35) *The Crisis*, p. 76.

36) 같은 책, p. 96.

37) *Ideas*, p. 96.

"존재"로서 있는 그대로 거기에 있다.[38] 이러한 과학의 "목적"은 처음부터 의문시되지 않은 자료를 객관적으로 타당하고, 엄밀하게 과학적인 방식으로 아는 것이다.[39] 여기서 자연적 유형의 과학은, "지식의 일반적 가능성과 같은 골치 아픈 문제에 신경쓰지 않으며, 또는 이런 가능성에 대해서 고대인들이 당면했던 어려움들을 어떻게 풀 것인가를 묻지 않고," 단지 객관성을 위한 "올바른 방법"에만 골몰한다.[40] 이런 종류의 과학은 엄밀하게 근거지어진 진리에 대한 요구를 "합리적 · 체계적인 일관된 방법에 의해서 도달된" "객관성"의 의미로서만 이해한다.[41] 이런 과학에 있어서 과학의 자기 충족적 근거로서 정확한 객관성이란 방법의 성취물에 지나지 않는다.[42] 말하자면 "객관화란 방법의 문제 objectification is a matter of method"라는 것이다.[43] 그러므로 완전한 의미에서 결코 달성될 수 없는 "정확한" 방법, "객관적" 혹은 "과학적" 방법을 발전시키고 향상시키는 것이 자연적 유형의 과학이 끊임없이 추구해온 관심사였다. 이제 이 객관적 방법에 대하여 좀더 자세히 살펴보기로 하자.

자연적 과학에서 객관적인 것은 주관적인 것에 대립된다. 주관적인 것은 "단지 객관적인 것을 가리키는 것으로" 혹은 "그 속에 어떤 객관적인 것이 나타나도록 가정된 것"으로 이해된다.[44] 보다 정확하게 말하면 객관적인 것, "객관적으로 참되게 있는 그 자체"[45] 혹은 "그 자체로 참된 실재"[46]는 결코 객관적인 형태로 주어지지 않고, "단

---

38) 같은 책, pp. 56, 60; *The Idea of Phenomenology*, p. 55.

39) E. Husserl, "Philosophy as Rigorous Science," in *Phenomenology and the Crisis of Philosophy*, tr. by Q. Lauer(N. Y.: Harper & Row Publishers, 1965), p. 85.

40) 같은 글, p. 95.

41) *The Crisis*, p. 12.

42) 같은 책, p. 345.

43) 같은 책, p. 348.

44) 같은 책, p. 336.

45) 같은 책, p. 319.

지 주관적인 현상appearence"[47]으로, "주관적으로 변화하는 현상의 방식으로 표명되는 것"[48]으로 간주된다. "사물 그 자체 또는 사물의 그 자체성은 우리에게 주어지지 않는다."[49] 객관적인 것은 적어도 이 세계에서 혹은 이 세계를 현상으로 상정하는 의식 행위에 있어서는 "원초적으로" 주어지지 않는다. 왜냐하면 사물들의 총체로서의 세계 혹은[50] 그렇게 상정된 세계는 "오직 현상을 통해서만" 주어지기 때문이다.[51] "원초적으로" "목격의 방식으로" 혹은 "직접적으로" 주어진 것[52]은 "단지 주관적 현상"이며, 또 이것은 관점에 따라서 변화한다.[53] 뿐만 아니라 자연적 유형의 과학과 유일하게 상관되는 것은 초재적 존재이다. 이와 같은 초재적 존재는 사물의 존재 방식이자 "순수한 사물 그 자체의 존재" 혹은 공간적인 "사물성"으로서, 이것은 "원칙적으로 관점에 따른 음영짓기에 의해서만 지각에 주어질 수 있고," 혹은 무한히 변화하는 지각의 연속 과정 속에서 끊임없이 변경되는[54] "특정의 정향(定向)에 따라서만 현상될 수 있다."[55] 요컨대, 자연적 유형의 과학에 있어서 순수 감각적 영상[56]이나 자유로운 상상에 의한 세계의 변형은 단지 상대적·주관적 해석으로 귀착된다.[57]

---

46) 같은 책, p. 310.

47) 같은 책, p. 321.

48) 같은 책, p. 310.

49) *Ideas*, p. 135.

50) 같은 책, pp. 22, 154.

51) 같은 책, pp. 135, 137~140, 165, 196, 226~27, 235, 283~84.

52) E. Husserl, "Philosophy and the Crisis of European Man," in *Phenomenology and the Crisis of Philosophy*, pp. 151, 186; *The Crisis*, pp. 29, 41, 43, 46~47, 50, 221, 348; *Ideas*, pp. 51~52, 80~81, 83~86, 101, 136, 164.

53) *Ideas*, pp. 128~29, 134, 139~40, 158, 162~63.

54) 같은 책, pp. 103, 105, 130~31, 133~34, 138, 140.

55) 같은 책, pp. 134, 137, 153, 165, 196.

56) 같은 책, p. 161.

57) *The Crisis*, pp. 29, 49.

따라서 객관적 혹은 "참된 존재"[58] 혹은 현상하는 존재 그 자체[59]는 "주어질" 수 있는 것이 아니라 사물의 가능한 현상들의 다양성으로부터 "규정"되어야 하는 것이다.[60] "정확한 객관적 특성들"을 가진 객관적 사물들은 "소박한 감각적 현상 속에 주어진 모호한 주관성"으로부터 규정적인 명확한 형태로 변형된 것들이다.[61] 그러나 아래와 같은 문제는 여전히 남는다. 즉 어떤 방법으로 "진정으로 객관적인 규정들"을 성취할 수 있는가?[62] "어떻게 객관적으로 타당한 경험적 판단들"의 결정에 이를 수 있는가?[63] 여기서 모든 자연적 또는 객관적 과학은 가장 중요한 방법론적 문제라 할 수 있는 "직접적으로 목격된 세계(여기서는 특히 경험적으로 목격된 물체들의 세계)"[64]를 객관화하는 문제를 풀도록, 그리고 그 세계의 "정확한 설명에 이르는 방법적 절차들"을 개발하도록 강요된다.[65] 한마디로 자연적 유형의 과학 또는 객관적 과학에 있어서 객관성은 "순전히 방법적으로 획득되어야만 하는"[66] 사물이다. 그리고 이런 방법 전체의 바탕이 되는 토대는 "이념화라는 개념적 방법"[67]이다. 이를 보다 정확하게 말하면, "'수학적 존재'를 창조하는 구축들을 통해서 객관적 이념성들을 규정하는 방법론이다."[68] 이런 이유 때문에 자연적 과학은

---

58) *Ideas*, p. 129.

59) 같은 책, p. 76.

60) 같은 책, pp. 25, 78, 129, 131, 140.

61) E. Husserl, "Philosophy as Rigorous Science," 앞의 책, pp. 102~03.

62) *The Crisis*, p. 39.

63) E. Husserl, "Philosophy as Rigorous Science," 앞의 책, p. 99.

64) *The Crisis*, p. 49.

65) E. Husserl, "Philosophy and the Crisis of European Man," 앞의 책, p. 51.

66) *The Crisis*, p. 133.

67) 같은 책, p. 221.

68) 같은 책, p. 49.

범위와 확실성의 관점에서 불완전하고 전-과학적인 지식을 완전한 지식으로 전환시킨다는 과제를 자신에게 부과한다. 이 경우 완전한 지식이란 그 자체로 확고하게 규정되어 존재하는 세계와 이 세계를 술어적으로 설명하는 진리들, 즉 이상적인 학문적 진리들('진리들 그 자체')이라는 당연히 무한히 먼 곳에 놓여 있는 상관적 이념에 따른 것이다. 완전성의 단계들을 체계적으로 거쳐감으로써, 즉 부단한 진보를 가능하게 하는 방법을 통해 이것을 실현하는 것, 이것이 바로 과제이다.[69]

그리고 이런 무한한 과학적 과제의 체계적 해결로서 수학이 출현하였다.[70] 이런 의미에서 수학은 "실재적인 것을 아는 일반적인 방법"

---

69) 같은 책, p. 111.

70) 같은 책, p. 52. 다른 한편 리케르트Heinrich Rickert는 수학에 대해 이렇게 말한다: "Everything is in flux. [……] We call this the theorem of the contiunity of everything real. [……] Everything is different from everything else. We can formulate this as the theorem of the heterogeneity of everything real. [……] We transform the heterogeneous continuum in everything real into a homogeneous continuum or into a heterogeneous discretum. In so far as this is possible, reality itself can be called rational. [……] The first method, which begins with the elimination of heterogeneity, is employed by mathematics. To be sure, mathematics does in part concern itself rather with a homogeneous discretum, such, for example, as is presented in the series of simple numbers. But it can also conceptually master the continuum by conceiving of it as homogeneous, and by this means it celebrates its greatest triumphs indeed, its 'apriority' could be connected with the homogeneity of its constructs. [……] For mathematics the world of homogeneous continua is the world of pure guantities, and for this reason it is absolutely 'unreal,' since the world accessible to sensory perception presents us only with qualitatively determined realities" (H. Rickert, *Science and History: A Critique of Positivist Epistemology*, tr. by George Reisman, ed. by Arthur Goddard, Princeton, N. J.: D. Van Nostrand Company, Inc., 1962, pp. 33~36).
　반면 후설은 수학의 이론적 토대의 취약점에 대해 비판한다: "Even the mathematician, the physicist and the astronomer need not understand the ultimate grounds of their activities in order to carry through even the most important scientific performances. Although their results have a power of rational persuasion

혹은 "진정으로 객관적인 지식"[71]을 획득하는 방법에 다름아니다.

　어떤 점에서 막스 베버가 말하는 "이념형 ideal type"도 여기서 말하는 "이념화 idealization"와 이러한 작업에 의해 만들어진 "이념성 ideality" 또는 "이념적 구축물 ideal construct"의 한 형태라 할 수 있다. 아니면 베버식으로 말해서, 후설이 말하는 "이념성"도 "여러 가지 가능한 '이념형' 가운데 하나"로 볼 수 있다. 베버는 이렇게 말한다: "합리적 구축은 정확한 인과 설정의 수단으로서 유용하다. 순수 경제학에서 볼 수 있는 엄밀하고 오차 없는 합리적 행동에 관한 '이념적' 구축들은 정확히 동일한 의미를 갖는다. 〔……〕 논리적 관점에서 볼 때, 이와 같은 합리적이고 '정확한' '유토피아' 또는 '이념'의 구축은 〔……〕 여러 가지 가능한 '이념형' 가운데 단지 하나일 뿐이다." 특히 베버는 경제학을 "이념형"에 입각한 가장 전형적인 "순수 이론"의 예로 든다: "경제 이론은 체계적인 법률학의 이론과는 논리적으로 상당히 다른 공준 체계의 학문 an axiomatic discipline이다. 〔……〕 순수 경제 이론은 과거와 현재의 사회 분석에 있어서 전적으로 이념형의 개념들을 사용한다. 경제 이론은 현실과 일치하기는 거의 불가능하

---

for themselves and others, yet they cannot claim to have demonstrated all the last premises in their syllogisms, nor to have explored the principles on which the success of their methods reposes. The incomplete state of all sciences depends on this fact. We do not here mean the mere incompleteness with which the truths in a field have been charted, but the lack of inner clarity and rationality, which is a need independently of the expansion of the science. Even mathematics, the most advanced of all sciences, can in this respect claim no special position. Though often still treated as the ideal of all science as such, how little it really is such is shown by the old, yet never finally composed disputes as to the foundations of geometry, or as to the justification of the method of imaginaries. The same thinkers who sustain marvellous mathematical methods with such incomparable mastery, and who add new methods to them, often show themselves incapable of accounting satisfactorily for their logical validity and for the limits of their right use." 이 점은 박우희 교수의 비판(이 책의 제1부 「정치행태론 비판 1」장의 각주 52)의 iii)을 상기시킨다.

71) *The Crisis*, pp. 33, 38.

지만 어느 정도 근접한 특정한 가설들을 세우고, 다음과 같이 묻는다: 만약 인간의 행동이 완전히 합리적이라면, 이러한 가정된 조건하에서 어떻게 행동할 것인가? 그것은 순수한 경제적 이해만이 지배한다고 가정하고 다른 정치적 또는 경제적 고려를 배제한다."[72]

요컨대 "구축적constructive 방법[73]의 필요"에서 발전한 수학은 이제 "현상appearence으로부터 동일한 것과 동일한 규정성들"을 구축해야만 한다.[74] 존재하는 실체, 또는 주어진 무한의 연속성, 또는 우연적 주관성을 "동일하게 규정할 수 있는지"의 문제에 직면하여[75] 수학 혹은 수학적 방법은 "경험적인 것을 합리화"하는 길로서,[76] 즉 경험적인 것을 측정하는 절대적 동일성의 기준으로서 이념적 형태들을 규정하려는 방향으로 발전된다.[77] 앞장에서 이미 지적했듯이 경험적인 것은 "현실에서 사실로 주어지지만" 그 자체로는 아직도 "객관성을 갖는 것은 아니다; 따라서 경험적인 것은, 상호 주관적으로 규정될 수 없고, 또 그러한 규정에 따라 모든 사람들과 소통할 수도 없다."[78] 더욱이, 목격된 혹은 감각적으로 경험할 수 있는 세계에서는, 즉 전-과학적인 생활 세계에서는 어떠한 것도 동일하지 않다; 보다 엄밀하게 말한다면, 동일한 것 또는 "절대적 동일성의 기저"를 구성하는 것[79]은 원칙적으로 이 생활 세계의 영역에서 지각될 수 없다.

---

72) M. Weber, *The Methodology of the Social Sciences*, trs. and eds. by Edward A. Shils and Henry A. Finch, with a Foreword by Edward A. Shils(New York: The Free Press, 1949), pp. 42~44.

73) 지금까지의 오랜 관행에도 불구하고 이 책에서는 가능한 한에서 constitution은 "구성"으로, construction은 "구축"으로 번역하였다.

74) *The Crisis*, pp. 30~31, 310.

75) 같은 책, p. 310.

76) 같은 책, p. 66.

77) *The Crisis*, p. 313.

78) 같은 책, p. 32.

79) 같은 책, pp. 27, 302.

"생활 세계에서 우리에게 친숙한 물체들은 현실적인 물체이지, 물리학[80]이나 기하학의 의미에서의 물체가 아니다. 즉 순수한 물체, 순수한 직선, 순수한 평면, 순수한 도형, 그리고 순수한 도형에서 일어나는 운동이나 변형과 같은 의미는 존재하지 않는다."[81] 경험적으로 "목격되는" 생활 세계에서 지각 가능한 것은 "재구축된 substructured" 참된 세계의 그것과는 대조적으로 "단지 개략적으로만 only in gradations 생각될 수 있는 것들, 예컨대 어느 정도 곧고, 평평하고, 둥근 것 등이다."[82] 경험되는 것 자체는 "전적으로 '모호하다 vague.' 그것은 예외 없이 완전성에 이를 수 없다는 본질적 법칙 아래에 놓여 있다."[83] 되풀이 말하면, 생활 세계의 변치 않는 특징은 단지 "개략적으로 경험되는 것 an empirical over-all style" "유형적인 것" 혹은 "근사적인 것"뿐이다.[84]

실제로 목격하도록 주어진 주위 세계의 사물들은 일반적으로, 그리고 모든 특성들에서 단지 유형적인 영역에서 변동한다. 왜냐하면 그것들의 자기 자신과의 동일성, 자기와 같게 있음, 그리고 같게 시간적으로 지속하는 것은 그것이 다른 사물들과 유사하게 있음과 같이 단지 근사치적이기 때문이다. 이것은 모든 변화에 들어맞고 그들의 가능한 같음이나 변화에도 들어맞는다. 〔……〕 이러한 근사치적 특성은 어느 범위에 있어서의 완벽성으로 특징지어질 수 있다.[85]

한마디로 전-과학적인 생활 세계에서의 "앎"이란 본질적으로 근사치

---

80) 같은 책, p. 139.
81) 같은 책, p. 25.
82) 같은 책, 같은 곳.
83) 같은 책, p. 309.
84) 같은 책, p. 31.
85) 같은 책, p. 25.

적인 앎이다. "여기서 우리가 획득하는 사물에 대한 지식은 아무리 동일하게 규정된 것이라 하더라도, 한결같이 근사치에 머물러 있는 것이다."[86] 다시 말하면, 전-과학적인 경험적 세계에서의 모든 앎은 단지 근사치적인 의미만을 갖는다. 그리고 근사치는 생활 세계의 영역에서 본래적으로 가능한 유일한 의미이다. 여기서 수학은 "감각적 사물들이 변하는 헤라클레이토스적 유동의 소여(所與)"[87]로부터 "동일성" 또는 "규정성의 기저," 또는 "공간-시간의 골간"[88]을 수립할 목적에서 도입된다. 이제 수학은 "무작위로 뽑은 감성적으로 목격할 수 있는 형태들을 조작하여"[89] "상호 주관적으로, 그리고 일의적으로 univocally 규정된" "동일성"을 구축한다.[90] 수학은 "감각할 수 있는 주위 세계를 일의적으로 규정하"고, 또 "이러한 방식으로 우리는 동일하고 비상대적인 진리에 도달한다."[91] 이와 더불어 "우리는 경험 세계에서 허용되지 않았던 것, 즉 '정확성'에 도달하게 된다."[92] 그러나 "엄밀한 동일성"은 단지 "이념성들ideals"에서만 가능하다. 후설은 이렇게 말한다:

한 대상은 그것의 규정들, 무엇임, 술어들을 통해서 존재한다. 그리고 대상은 자신에게 속한 이 무엇임이 동일하거나 이러한 속함이 속하지 않음을 완전히 배제할 때, 동일한 것이다. 그러나 오직 이념성들만이 엄밀한 동일성을 갖는다; 그 결과 어떤 개체가 참으로 동일한 어떤 것, 즉 실체인 것은 그것이 일반적 절대 이념에 대해 이념적으로 동일

---

86) 같은 책, p. 34.
87) 같은 책, p. 343.
88) 같은 책, p. 302.
89) 같은 책, pp. 307~08.
90) 같은 책, p. 27.
91) 같은 책, p. 29.
92) 같은 책, p. 27.

한 기저일 경우이다.[93]

　　따라서 수학은 어디에서나 "이념화" 작업을 수행하고 "객관적이고
일의적인 규정의 방식으로 이념화에 대응하는 순수한 이념성들
idealities"을 창조한다.[94] "사물의 속성들"과 "속성들의 동일화 가능
성"은 이념화된다.[95] 이러한 방법으로 수학은 "처음으로 진정한 의미
의 객관적 세계, 즉 모든 사람에게 일의적으로, 방법적으로, 보편적
으로 규정될 수 있는 이념적 대상들의 무한의 전체"를 수립한다.[96] 불
완전한 경험적 가능성을 "이념화함"으로써, 즉 목격된 표상으로부터
"이념적 대상들"을 구축함으로써 수학은 "완벽한 이념성"을 고안해
낸다.[97] 이러한 의미에서 수학이나 수학적 과학은 "이념들 ideas의
옷"이고, "상징들의 옷"이며,[98] "순수 이념성들의 과학"이다.[99] 이러
한 이념성들의 개념은 "사람들이 볼 수 없는" 것을 표현하는 "이념적
개념들"이고,[100] 그 방법은 이념성들을 조작하는[101] "상징적" 방법이
며,[102] 그 대상들은 "이념들에 의해서 규정"된 "가능한" 대상들이
다.[103] 그러나 이처럼 수학적으로 "순수한 이념성들을 주제화"[104]하는
활동은 궁극적으로 "동일한 것," 즉 어떤 경험적 주체에 의해서도
"반복적으로 거듭해서" 파악되고 규정되고 확증되어야 하는 "현실적

---

93) 같은 책, p. 313.

94) 같은 책, p. 27.

95) 같은 책, p. 348.

96) 같은 책, p. 32.

97) 같은 책, p. 348.

98) 같은 책, p. 51.

99) 같은 책, p. 24.

100) 같은 책, p. 83; *Ideas*, pp. 62, 199, 208, 225.

101) *The Crisis*, p. 49.

102) *Ideas*, p. 147.

103) *The Crisis*, p. 301; *The Ideas of Phenomenology*, p. 14.

104) *The Crisis*, pp. 36, 363.

인 속성들의 실체적인 동일성 the substantial unity of real properties"으로서의 동일한 것을 규정하거나 설립하기 위한 것이다.[105] 동시에 "동일한 것이란 동일화하는 행위와 상관되어 있다. 규정하는 것은 판단하는 것이고, 규정된 것 그 자체는 판단하는 행위와 상관되어 있다." 따라서 "동일한 것"의 규정 가능성은 "모든 규정들을 가로질러 흐르는 그러면서도 규정된 대상들의 동일성을 파괴하지 않는 사고 형식들의 동일성"의 가능성에 의존한다.[106] 동일성은 마침내 "심적 구조의 동일성"의 문제로 귀결되고, 결국은 심적 메커니즘의 동일한 기능의 문제로 환원된다. 그 결과, 자연적 유형의 과학은 "심적 메커니즘 mental mechanism"도 다루게 된다. 말하자면 "자연적 과학의 방법은 정신의 신비들도 포괄해야만 했다."[107] 이런 이유로 새로운 유형의 학문이 시급히 요구되었는데 여기서 나온 것이 바로 새로운 심리학이다. 그러나 "심리적 존재 psychic being의 보편적 과학"[108]으로서의 이 새로운 심리학은 마침내 "심리학의 기초 위에 철학을 건설해야 한다"는 "철학적 주장"을 하기 시작한다.[109] 그 결과 철학의 진정한 성격과 철학적 과학은 의문의 대상이 되었다. 이것은 철학의 위기이고 따라서 과학 자체의 위기이다. 그러므로 심리학에 대한 비판적 고찰이 필요하게 되었고, 특히 후설은 오직 심리학 비판의 방식으로만 순수 "철학" 혹은 "철학적 과학"의 본질을 밝힐 수 있고 과학의 위기도 극복할 수 있다고 본다.

후설에 따르면, 새로운 심리학은 처음부터 "자연과학" "실험적 학문" 혹은 "경험적" "객관적" "실증적" 과학으로,[110] 간단히 말해서,

---

105) E. Husserl, "Philosophy as Rigorous Science," 앞의 책, p. 110.

106) *The Crisis*, p. 302.

107) E. Husserl, "Philosophy as Rigorous Science," 앞의 책, p. 184.

108) *The Crisis*, p. 203. 여기서 말하는 "새로운 심리학"은 특히 홉스와 로크에 의해 시도된 "심리학"을 가리킨다(같은 책, pp. 62, 231).

109) *Ideas*, p. 16.

"자연적 유형의 과학"으로 성립되었다는 데 근본적 특징이 있다.[111] 심리학은 원래 "순수 영혼 일반의 보편적 과학"으로 생각되었고,[112] "내재적인 것의 관점에서 심리적인 것을 탐구하는 체계적 의식의 과학"으로 생각되었으며,[113] 그 대상 영역은 물체 현상과는 근본적으로 다른[114] "심리적 현상"의 영역으로 간주되었다. 그럼에도 불구하고, 새로운 심리학이 심리적이고 심리학적 "현상"으로 다룬 "현상"은 "자연에 속한" 것으로 생각되는 "의식의 사건들"이다.[115] 이러한 사건들은 인간과 동물의 유기체들과 의심의 여지가 없는 관련을 가지며, "객관적이고 시간적으로 규정할 수 있는 자연의 사건"으로 간주된다.[116] "영혼에 관련된 모든 형이상학적 추정들"을 거부함으로써[117] 새로운 심리학은 원리상 자연과 비슷한 "존재 유형"을 영혼에 귀속시키고,[118] 또한 "객관적인 시·공의 자연에 존재하는 물체에 속해 있는"[119] 외적으로 이해 가능한 의미를 영혼에 부여한다.[120] 이 새로운 심리학에 있어서, "심리적인 것"은 "자아 ego" 혹은 "자아의 경험" 또는 "경험적으로 물체라 불리는 어떤 물리적 사물에 묶여 있는 것으로

---

110) E. Husserl, "Philosophy as Rigorous Science," 앞의 책, pp. 84, 86, 91, 117; *The Idea of phenomenology*, p. 34; *The Crisis*, pp. 84, 126; *Ideas*, pp. 15~16; *Logical Investigations*, pp. 98, 189, 190~91, 213, 217, 249, 253, 263, 867; E. Husserl, *The Phenomenology of Internal Time-Consciousness*, ed. by M. Heidegger, tr. by J. C. Churchill(Bloomington: Indiana University Press, 1964), p. 23.

111) *The Idea of Phenomenology*, p. 25.

112) *The Crisis*, p. 252.

113) E. Husserl, "Philosophy as Rigorous Science," 앞의 책, p. 99.

114) *The Crisis*, p. 63, 215.

115) E. Husserl, "Philosophy as Rigorous Science," 앞의 책, p. 105.

116) 같은 글, p. 86.

117) *Logical Investigations*, p. 547.

118) *The Crisis*, p. 63.

119) E. Husserl, "Philosophy as Rigorous Science," 앞의 책, p. 91.

120) *Ideas*, p. 14; *The Crisis*, pp. 115, 212, 214.

182

드러나는" "사물적인 어떤 것"으로 주어진다. 그러므로 "심리적인 것은 대자적(對自的)인 세계를 구성하지 않는다."[121] 달리 말해, "정신은 신체성에 기반해 있으며 세계 속에 실재하고 객관적으로 존재한다."[122] 정신은 "물체와 함께 존재하면서 그것과 귀납적·심리물리적으로 육체와 통합을 이룬 현존하는 신체의 부속물로서 개별 주체 속에 분할되어 있다"[123]고 간주된다. 여기서 의식은 "경험적 의식" "자연의 총체 속의 하나의 경험적 존재,"[124] 다시 말하면 "이 세계 속에 예속되어 있는 현실적 사건"을 의미한다.[125] 따라서 "심리적 삶은 의식이라는 유사-공간 내에서 일어나는 자연에 흡사한 사건들의 흐름으로 간주된다."[126] 한마디로, 새로운 심리학의 "심리물리적 태도"는 심리적 현상을 현실의 총체 omnitudo realitatis라 할 수 있는 하나의 시·공의 세계에 속한 실재하는 주체에서 발생하는 "실재적 사건"으로 만든다.[127] 이러한 태도에서 심리적인 것은

물체에, 물리적 자연의 통일성에 정향된다. 내재적 지각으로 파악되고 본질적으로 그러한 성질로 해석된 것이 감각적으로 지각된 것과 그리고 결과적으로 자연과 관계를 맺는다. 오직 이러한 정향을 통해서만 심리적인 것은 간접적인 자연적 객관성을 획득한다. 다시 말하면 공간과 자연의 시간(우리가 시계로써 재는 종류의 것) 속에 간접적으로 위치지어진다. 아주 확정적이지는 않더라도 어느 범위까지는 물리적인 것에 의존하게 되는 경험으로부터 점진적으로 더 철저하게 심리물리

---

121) E. Husserl, "Philosophy as Rigorous Science," 앞의 책, p. 85.

122) E. Husserl, "Philosophy and the Crisis of European Man," 앞의 책, p. 184.

123) *The Crisis*, p. 232.

124) E. Husserl, "Philosophy as Rigorous Science," 앞의 책, p. 91.

125) *Ideas*, p. 164.

126) 같은 책, p. 24.

127) 같은 책, p. 44.

적인 관계를 상호 주관적으로 규정하는 수단을 발견하게 된다.[128]

여기서, 심리적 혹은 심리학적 사실은 "물리적인 것"에 의존 혹은
연계됨으로써,[129] 또는 "물리적 자연"과 동일한 존재로 정립됨으로
써[130] 불가피하게 동일한 객관성, 자연적 유형의 과학과 동일한 객관
적 방법에 종속된다. 다시 말하면 영혼은 "물체와 그리고 공간-시간
적 실재로서 물체와 연관된 존재와 조금도 다름없는 방식으로"[131] 취
급하는 방법에 종속된다. 여기서 후설은 이렇게 말한다: "심리학의
이름하에 늘 행해져왔던 것"은 "소박한 해석 속에서 심리학적으로 모
호했던 것을 객관적으로 타당하게 규정해야"[132] 하는 "객관적 과학의
의미를 갖는다."[133] 그러한 과학의 과제는 무엇인가? 그것은 심리적
인 것을 "자연의 심리물리적 연쇄(심리적인 것은 의문의 여지없이 이
러한 연쇄 속에서 발생한다) 속에서" 탐구하고, "그것을 객관적으로
타당한 방식으로 규정하고, 그것이 발전하고 변하고 생성하고 소멸
하는 법칙을 발견하는 것"이다.[134] 여기서 후설은 심리적 현상들이 처
음으로 물상화된다고 말한다. 즉 심리물리적 자연으로 혹은 "엄격한
법칙들에 의해 일의적으로 규정되는" 물리적으로 규정 가능한 심리

---

128) E. Husserl, "Philosophy as Rigorous Science," 앞의 책, p. 117.

129) 같은 글, pp. 79, 86, 117~18; "Philosophy and the Crisis of European Man," 앞의
    책, p. 184; *The Crisis*, pp. 63, 118, 228, 231, 323; *Ideas*, pp. 164, 250; *Logical
    Investigations*, pp. 93~94, 192, 265, 426~27, 565; E. Husserl, *Cortesian
    Meditations: An Intoduction io Phenomenology*, tr. by Dorion Cairns(The Hague:
    Martinus Nijhoff, 1960), pp. 97~99, 124, 134; E. Husserl, *The Paris Lectures*, tr. by
    P. Köstenbaum(The Hague: Martinus Nijhoff, 1964), p. 10.

130) E. Husserl, "Philosophy as Rigorous Science," 앞의 책, p. 86.

131) *The Crisis*, p. 214.

132) 같은 책, p. 126.

133) E. Husserl, "Philosophy as Rigorous Science," 앞의 책, p. 103.

134) 같은 글, p. 86.

로 변형되고, "자연의 정밀한 법칙들에 종속되고"[135] "특정의 경험적 방식으로" 규제된다.[136] 동일한 심리적 과정은 "합리적 인식 활동과 철학자·수학자·자연과학자 등의 지적 활동"에도 적용된다[137] :

　　모든 지식은 의식 현상으로서 인간 의식의 법칙들에 종속된다. 소위 지식의 형식들과 법칙들은 단지 의식의 기능적 형태들이거나, 그러한 기능적 형태들을 지배하는 법칙들, 즉 심리학적 법칙들이다.[138]

　　이러한 심리학적 법칙들은 심지어 우리의 "판단 현상"도 지배한다.[139] 이제 "우리의 사고 방식들"을 지배하는 논리적 규칙들은 심리학적 법칙들에 다름아니다.[140] 따라서, 개념·정의·삼단 논법·논증·증명·긍정·부정·전제·연역적—귀납적 추론·이론 등과 같은 "모든 논리에 있어서의 자료들"[141]은 "심리학의 영역에 속하는 실재적 사건들"[142]로 간주되며, 논리학은 "심리학적 분과" "심리학의 특수 분야"[143] 혹은 "심리학의 한 부분 또는 한 분과"[144] 또는 "심리학의 한 구성 요소"로 된다.[145] 논리학 일반과 과학 논리는 심리학에 의해

---

135) E. Husserl, "Philosophy and the Crisis of European Man," 앞의 책, p. 184; *The Crisis*, p. 231.

136) *The Crisis*, p. 250.

137) 같은 책, p. 67.

138) *Logical Investigations*, pp. 137, 164, 168.

139) 같은 책, p. 119.

140) *The Idea of Phenomenology*, p. 1; *Logical Investigations*, pp. 104, 122, 129, 157, 164, 180~81, 187.

141) *Logical Investigations*, pp. 42, 75, 78~79, 90, 92~94, 98, 117~18, 151~52, 323; *Formal and Transcendental Logic*, p. 154.

142) *Formal and Transcendental Logic*, p. 154.

143) *Logical Investigations*, p. 91.

144) 같은 책, p. 90.

145) 같은 책, p. 91.

서 비로소 과학적으로 해명된다.[146] 궁극적으로 철학은 심리학을 통해서 "과학적 기반"을 획득하게 되고,[147] 심리학은 "철학에 인식론적 기반"을 제공한다.[148] 특히 인지 과정 심리학은 모든 철학에 대한 기반을 제공해준다.[149] 심지어 립스 Th. Lipps는 "논리학"을 "사유(思惟)의 물리학 physics of thinking"에 지나지 않는다고 주장하기에 이른다.[150] 그 결과 "소위 심리학주의," 즉 심리학이야말로 "근본적 철학적 과학"이라는,[151] 또는 "구체적 인간과학들을 추상적 수준에서 궁극적으로 설명해주는 기본 과학"이라는 주장이 나타나게 된다.[152]

---

146) 같은 책, p. 42.

147) E. Husserl, "Philosophy as Rigorous Science," 앞의 책, p. 84.

148) *Logical Investigations*, p. 205.

149) 같은 책, p. 197.

150) *Logical Investigations*, p. 193에서 재인용. 김정오 교수도 보다 조심스럽게 이와 비슷한 견해를 피력한다: "현재 철학의 인식론이 제기한 여러 문제들이 인지심리학자들에 의해 심층적으로 다루어지고 있으며, 인간의 마음에 관한 사실들, 예컨대 선험적 구조에 관한 사실들이 밝혀지고 있다"(김정오, 「知覺心理學에서의 현상적 전통과 그 방법론」, 한국현상학회 편, 『현상학과 개별과학』(대학출판사, 1986, p. 67). 또 이정모 교수는 이를 좀더 부연하여 다음과 같이 말한다: "인간의 인지의 기본 문제는 표상의 문제이며 표상의 문제는 참조와 의미의 문제이다. 인간의 마음과 컴퓨터를 또 컴퓨터와 두뇌를 유추하거나 관련짓는 문제는 신신론(心身論)의 문제이다. 인지의 문제는 마음의 기능에 대한 개념화의 문제이며, 인지 현상의 설명 수준과 설명의 기본 과정 및 개념 정립의 문제는 과학이론의 문제이다": "이 모든 문제들을 전통적으로 다루어오던 철학은 이러한 인지과학의 기초 문제를 심리철학 또는 과학철학의 문제로서 재조명하여 밝혀주고 있다. 철학은 심리학·인공지능학·신경과학 들의 용어와 경험적 자료를 활용하여, 심신론의 문제, 표상과 계산과 지향성 intentionality 등의 개념 정립 문제, 표상의 의미 파생의 문제, 각종 심리적 기능과 과정의 분리-통일성의 문제, 인지와 행위, 인과 관계의 문제, 기타 인지과학의 개념적 기초 문제들을 다루며, 이들이 철학·심리학·인공지능학·언어학·신경과학 등의 공통의 문제임을 제시하였다"(이정모, 「인지과학 서설」, 이정모 외, 『인지과학: 마음·언어·계산』, 민음사, 1989, p. 23).

151) *The Crisis*, p. 18.

152) 같은 책, p. 4.

그러나 후설에 의하면, 새로운 심리학이 의식을 "감각 자료의 복합"으로 해석하고,[153] 정신을 "실재로서, 말하자면 신체에 종속된 실재하는 부속물로, 그리고 자연 속에서 공간적 - 시간적 존재를 갖는 것"으로 간주하여[154] "의식의 직접적이고 순수한 분석"을 제쳐두는 한,[155] 심리학은 결코 의식의 고유한 영역으로 진입할 수 없으며 단지 이해할 수 없는 것으로 끝날 것이다. 왜냐하면 정신은 "자신의 외화로부터 자신에게로 돌아와서 자기 자신에게, 그리고 순전히 자기 자신에게 집착할 때에만" 자기에게 적합하게 adequate 존재하기 때문이다.[156] 따라서 "자기 적실적 심리학 an adequate psychology,"[157] 즉 "진정한 심리적인 것의 과학"[158]이 되기 위해, 그리고 심리적 삶의 "본래적이고 순수한" 지식을 위해서는 판단 정지가 요구된다. 다시 말하면, 물체적 존재로서의 인간과 관련된 모든 심리물리적 질문들을 버리고[159] 정신의 경험으로부터 신체적 경험을 분리 또는 차단시킴으로써,[160] "영혼을 그 자신의 본질적인 고유한 의미에서"[161] 연구하여야

---

153) *The Paris Lectures,* p. 13.

154) E. Husserl, "Philosophy and the Crisis of European Man," pp. 184~85.

155) E. Husserl, "Philosophy as Rigorous Science," 앞의 책, p. 92.

156) 같은 글, p. 189.

157) 같은 글, p. 122.

158) *The Crisis,* p. 212.

159) *Ideas,* pp. 13~14.

160) E. Husserl, "Philosophy as Rigorous Science," 앞의 책, p. 94.

161) 같은 책, p. 187. 이에 대해 김정오 교수는 부정적으로 논평한다: "대부분의 경우, 우리의 지각 과정이 전의식적으로 빠르게 진행되므로 錯視圖, 현상학적 시범용 자극판이나 실험 조건이 아니면 관찰자가 자신의 의식 과정과 그 구조에 주목하여 분석하기 힘들다. 뿐만 아니라 한 대상에 대해 오랜 기간 동안 형성된 연상·신념·개념 등이 대단히 빨리 작용하므로 판단 중지 역시 힘들다. 따라서 논리적 사고·판단·해석 등이 개입하기 힘들고, 관찰자가 자신의 지각 과정과 표상을 분명히 인식할 수 있도록 하는 상황을 마련해야 한다. 이러한 경우에라야 현상학적 환원과 태도 변경이 매우 용이할 것이다": "현상에 대한 태도 변경을 요구하더라도 관찰자나 실험자가 오랫동안 형성한 대상에 대한 심적 태세가

한다. 이것이 바로 후설이 그의 순수 초월적 현상학에서 다루는 "순수 의식" 혹은 "순수 심리"이다.

그러면 첫째, "의식 그 자체" "정신으로서의 정신" 또는 "고유한 심리적인 것"이란 무엇을 말하는가? 둘째, 이런 순수한 정신적 영역을 "파악하고 다루기 위한 올바른 태도"는 무엇인가? 끝으로, 그러한 의식의 앎은 어떠한 과학에 의해 달성되는가? 우선 후설에 의하면, 심리적 존재는 "공간적 연장과 위치를 가지지 않는다"[162]; "심리적인 것은 그 순수한 본질에 있어서 물리적 자연이나, 이념화하고 수학화할 수 있는 즉자, 또는 자연 법칙과 같은 것을 가지지 않는다."[163] 그것은 전혀 자연적 존재가 아니며,[164] 자연의 부분도 아니다.[165] 간단히 말해서, 그것은 "자연"과 전적으로 다르다.[166] 그러므로 "물리적인 것의 길잡이가 될 수 있다는 의미에서"의 경험은 결코 불러들일 수가 없다.[167] 그렇다면 심리물리적인 관점이 아닌 순수한 관점에서 "심리적인 것"이란 무엇인가? "우리는 심리적인 것의 '존재'를 무엇에서 찾는가?"[168] 후설에 의하면, 그것은 "현상 phenomenon"이다. "심리적인 것 자체" 혹은 "내재적으로 심리적인 것"의 모든 구별 가능한 형태는 "현상"으로 존재한다.[169] "심리적인 존재"는 "그 자체 내적으로 보았을 때 바로 현상이고," 그것의 가장 특이한 "형태"는 "현상들

<hr>

간단히 변경되기 힘들다"; "말하자면, 선험적 환원에 의한 지향성 구조의 분석이 약한 심리적 현실성 weak psychological reality을 갖고 있을 가능성이 있다" (김정오, 앞의 글, pp. 58, 66, 68).

162) *The Crisis*, p. 216.

163) 같은 책, p. 222.

164) 같은 책, pp. 217~18.

165) E. Husserl, "Philosophy as Rigorous Science," 앞의 책, p. 106; *Ideas*, p. 155.

166) E. Husserl, "Philosophy as Rigorous Science," 앞의 책, p. 110.

167) 같은 글, p. 187.

168) 같은 글, p. 110.

169) 같은 글, p. 106.

의 흐름"이다.[170] 만약 자연을 "현상들" 속에서 드러나는 "존재"이거나 이러한 현상들 뒤에 놓여 있으면서, 이러한 현상들을 통해서 드러나는 존재라면, 심리적인 것은 "현상" 그 자체 또는 "드러남 그 자체 phenomenon itself or appearing itself"인 것이다.[171] 그것은 현상의 한 구체적 부분이고 의식 행위의 참된 부분이며,[172] "의식 밖에" 있지 않다.[173] 이런 의미에서 "심리적 영역에서는 현상과 존재, 혹은 현상과 현상되는 것" 사이의 구분이 없다.[174] 이에 대해 후설은 다음과 같이 말한다: "현상"으로서 심리적인 것은 "단순히 현상되는 어떤 것으로 경험되지 않는다"[175]; "그것은 나타나지만 구체적 존재로 파악되지 않는다"[176]; 그것은 "객관적으로 규정될 수 있는 지속적인 동일한 존재"처럼 경험되지 않는다.[177] 그것은 또한 자신을 원근적 관점에 따라 다른 모습으로 드러내지도 않는다[178]; "공간 속에 있는 존재"가 아닌 심리적인 것을 "변화하는 정향에 따라 상이한 관점으로부터, 그 관점마다 상이한 측면에서, 혹은 변형되는 현상과 관점의 음영을 통해서" 본다고 말하는 것은 무의미하다[179]; 심리적인 것은 "절대적인 자기 소여(所與)의 의미에서만" 주어진다.[180] 달리 말해서 "현상" 혹은 "순수 현상"으로서[181] 심리적인 것은 "절대적 소여" 혹은 자연적 요소가

---

170) 같은 글, p. 108.

171) *The Idea of Phenomenology*, p. 9.

172) 같은 책, pp. 11, 53.

173) 같은 책, p. 34.

174) E. Husserl, "Philosophy as Rigorous Science," 앞의 책, pp. 105~06.

175) 같은 글, p. 107.

176) *Ideas*, p. 59.

177) E. Husserl, "Philosophy as Rigorous Science," 앞의 책, pp. 107~06.

178) 같은 글, p. 132.

179) 같은 글, p. 134.

180) *The Idea of Phenomenology*, p. 33.

181) 같은 책, p. 35.

포함되지 않은 초월적 존재[182]로서 "내재적 본질을 드러낸다." 여기에 심리적인 것과 자연, 현상과 현상되는 것, 초월적인 것과 초재적인 것간의 근본적 차이점이 존재한다. 후설은 이렇게 부연한다:

> 현상들을 통해서 주어진 것[즉 자연: 필자]의 본질적 징표는 이것들 중 어느 것도 원근의 관점이 부재하는 '절대적인' 형태로 주어지지 않고 그 대신 어느 한 측면만을 제시하는 데 반해, 내재적으로 주어진 것의 본질적 징표는 여러 다른 측면들을 보일 수 없고 관점에 따라 변형시킬 수도 없는 절대적인 형태로 나타난다는 점이다.[183]

더욱이, 심리적인 것은 "본질적으로 흐르고[184] 혹은 사라지는 어떤 것"이다.[185] 그것은 "끊임없이 이미 있었음having been으로 가라앉는" "현상들의 흘러감flowing-off of appearances"[186] 또는 "명멸하는 현상running-off phenomenon"[187]이다. 심리적인 것은 참으로 "현상에서 현상으로 흘러가고 현상 이외의 다른 어떤 것으로는 결코 흘러가지 않는다.[188] 이런 점에서 그것은 라이프니츠의 단자(單子)처럼 심리적인 것 이외의 것에 대해서는 "창"이 없으며, 심리적인 것 상호간에는 감정 이입을 통해 "소통"한다.[189] 여기서 후설은 다음과 같은 문제를 제기한다: 만약 "그 자체" 혹은 "순수 현상"으로서의 심리적인 것이 "자연 · 공간 · 시간, 혹은 실체성 혹은 인과성과는 아무런 관련이

---

182) 같은 책, pp. 14, 18, 20~22, 170, 212, 236; *The Crisis*, pp. 97, 189, 192, 289, 400.

183) *Ideas*, pp. 139~40.

184) 같은 책, p. 140.

185) E. Husserl, "Philosophy as Rigorous Science," 앞의 책, p. 107.

186) *The Phenomenology of Internal Time-Consciousness*, p. 55.

187) 같은 책, p. 48.

188) E. Husserl, "Philosophy as Rigorous Science," 앞의 책, p. 108.

189) 같은 글, p. 106.

없고"[190] 단지 현상들의 단자적 흐름 속에서 특정한 현상에서 다른 현상으로 흘러간다면, 그럼에도 불구하고 "최초의 소여"로서 "그 자체로서의 현상에 주의를 집중해야" 한다면,[191] 그러면 어떻게 이 심리적 현상들은 서로의 관계를 형성할 수 있는가? "의식의 과학적인 본질적 앎을 추구하는" 연구나 탐구는 도대체 어떻게 가능할 수 있는가?[192] 후설에 따르면, 비록 심리적인 것은 자연의 속성을 갖고 있지 않더라도 목적론적 연관 혹은 통일성을 갖는다. 모든 의식은 "~의 의식consciousness of"으로서 지향성과 지향적 의미를 갖는다.[193] 의식은 바로 무엇"의" 의식으로서 그 자신 속에 "의미"를 은닉한다[194]; 의식은 의식으로서 항상 무엇을 향해 있으며, 무엇에 관련되어 있다; 그것은 "그것이 의식하고 있는 그 무엇을 가리킨다"[195]; 의식은 "무엇의 의식"이기 때문에 의식인 것이다.[196] 여기서 의식 행위의 방향 혹은 이러한 방향 속에 함축된 의식 행위의 "의of"는 의식의 지향함이다. 의식은 이와 같은 지향성으로 말미암아 "본성상 자신 안에 어떤 종류의 의미," "지향되어진 대상," "혹은 의식 속에서 의도했던 어떤 것을 가진다."[197] 달리 말하면, 지향은 지향된 대상과 더불어 주어진다.[198] 그리고 이러한 "지향적 대상"은 "객관적 의미를 갖는다."[199] 이 때문에 모든 의식은 "일반적으로 경험일 뿐만 아니라 의미로 채워져 있다." 한마디로 "모든 의식의 가장 두드러진 특징은 의미를 가지고

---

190) 같은 글, p. 108.

191) *The Phenomenology of Internal Time-Consciousness*, pp. 150, 122.

192) E. Husserl, "Philosophy as Rigorous Science," 앞의 책, p. 89.

193) 같은 글, p. 90.

194) 같은 글, p. 251.

195) 같은 글, p. 249.

196) 같은 글, p. 120.

197) 같은 글, pp. 257~58.

198) 같은 글, p. 263.

199) 같은 글, p. 261.

있다는 것 혹은 어떤 것을 마음에 두고 있다는 것이다."[200] 말하자면
의미 혹은 지향성은 모든 심리적인 것의 본질이라는 것이다: "모든 현
존하는 의식 행위cogito의 일반적 특징은 무엇의 의식이라는 것,"[201]
즉 "지향적"인 것 또는는 "의미 있는" 것이다. 그리고 바로 이 의미 혹
은 지향성이 "의식의 전체 흐름을 의식의 한 흐름인 동시에 한 의식
의 통일성으로 기술하는 것을 정당화해준다."[202]

　후설은 이상과 같은 자신의 논의를 다음과 같이 다시 정리한다: 심
리적인 것을 "그 자체로"서 살펴보면 "자연은 갖고 있지 않으나" 다
른 것에 의한 매개 없이 "직접적인 봄seeing을 통해서 파악할 수 있
고 적절히 규정할 수 있는" "본질," 즉 지향적 의미를 여전히 갖고 있
다.[203] 그러나 어떠한 실험도, 어떠한 경험적 분석도, 어떠한 종류의
자연적 과학도 이 "직접적 봄"의 길을 택하지 않기 때문에 의식 자체
의 본질을 주제화하거나 밝힐 수 없다. 그것들은 단지 대상 자체와
그러한 대상이 가지고 있는 속성과 성질에만 관심을 둔다. 그들은 대
상이 무엇이고 그 성질이 무엇인가에 너무 관심을 둔 나머지 의식 그
자체 — 이것을 통해서 세계와 세계에 담겨진 모든 것이 현존하고 나
타나는 의식 그 자체 — 의 행위를 반성하거나 보지 못한다. 그러나
현상학은 철학적 과학으로서, 보다 정확하게 말하면 비판적 자기 반
성의 방법에 의해 "정신의 절대적 자율성을 주장하는 과학"[204]으로서
감추어진 의식의 주관적 행위들에 대한 반성을 일깨우고, 세계와 모
든 존재자가 우리에게 제시되는 의식적 삶의 주관적 양상에 우리의
주의를 돌리게 한다.[205] 현상학은 모든 과학적 인식에 선행하는 세계

---

200) 같은 글, p. 262.
201) 같은 글, pp. 119, 242.
202) 같은 글, p. 242.
203) 같은 글, p. 110.
204) 같은 글, p. 71; "Philosophy and the Crisis of European Man," 앞의 책, pp.
　　188~91; *The Idea of Phenomenology*, p. 14; *The Crisis*, pp. 71~72.

192

의식의 주관적 구조 속으로 파고들어가[206] "세계 일반과 이 세계 내의
개별적 존재자들과, 그리고 모든 객관적 존재를 의식의 경험·행
위·작용과 생산 활동으로서 해명하고자" 한다.[207] 따라서 "현상학의
전체 범위를 모두 포괄하는 문제의 표제는 지향성이다."[208] 이런 점에
서 현상학이란 지향성의 주제화이며, 이것은 주관적인 것의 주제화
에 다름아니다.

---

205) A. Gurwitsch, "The Last Work of Edmund Husserl," in *Philosophy and Phenome-
nological Research* XVII(1956~1957), p. 379.

206) *Ideas*, p. 14.

207) A. Gurwitsch, 앞의 글, pp. 379~80.

208) *Ideas*, p. 404. 분석철학에서도 "지향성"을 주장한다. 예컨대 소흥렬 교수는 "심
리 현상"으로서의 "지향성"뿐만 아니라 "자연의 지향성"까지도 주장한다: "현재
우리 인간이 알고 있는 자연은 소립자의 차원에서부터 인간의 창조적 사고 차원
에 이르는 상향적 차원 이동을 가능하게 해주었다. 이러한 상향적 차원 이동을
하게 하는 자연의 상향은 곧 자연의 지향성이라고 할 수 있다. 이 자연적 지향성
에 의거한 상향적 차원 이동은 또한 단계적이라는 특징을 보여준다"; "이와 같
은 상향적·단계적 차원 이동이라는 개념을 받아들일 때, 인간 심리의 정의적
작용과 인지적 작용, 그리고 나아가서 창조적 작용까지도 소립자의 차원이나 그
이하의 차원에서 시작되는 상향적 차원 이동, 즉 자연의 지향성으로 설명할 수
있으리라고 생각된다. 만일 이러한 설명이 받아들여질 수 있다면, 이것은 어떻
게 심리 현상도 다른 물질적 자연 현상과 같이 그 자체로서 실재성을 가질 수 있
는가도 설명해줄 수 있을 것이다"; "문장을 만드는 작업, 논리적 추리를 하는 작
업, 예술적 창작을 구상하는 작업은 모두 차원 이동을 시도하는 두뇌의 일이다.
두뇌의 지향성이 작용하는 것이다. 그러므로 거기에는 에너지를 소모하는 동력
인이 있어야 하며, 문법적으로 옳은 문장 구조라든지, 논리적으로 정당한 논법
형식 및 예술적으로 가치 있는 구상의 원리를 따르려는 구조적 원인도 있어야
하는 것이다. 머리를 잘 쓴다는 것은 이와 같은 차원 이동을 잘 한다는 것이다"
(소흥렬, 「인과와 인지」, 이정모 외, 『인지과학』, pp. 113~14). 그러나 소교수의
문제는 "자연"과 "현상"을 엄격하게 구분하지 않았다는 점이다. 다시 말하면
"epoché"를 수행하지 않았다는 것이며, 결과적으로 "자연주의"에서 벗어나지
못했다는 것이다.

후설에 있어서 철학의 이념

1

후설 Edmund Husserl은 자연주의적 과학과 철학적 과학을 구분한다. 후설에 의하면, 자연주의적 과학은 자연적 태도에 기인하는 반면, 철학적 과학은 철학적 태도에서 비롯한다. 여기서 후설이 말하는 자연적 태도 또는 자연적 사유는 "세계와 사물에 대한 비반성적 삶"을 가리키는 데 반해, 철학적 태도 또는 철학적 사유는 "반성적 활동으로 특징지어지는 삶 reflective living"을 가리킨다. 자연주의적 과학의 태도는 그 스스로를 주제화하지 않는다는 뜻에서 "자연적"이다. 이와 같은 자연적 태도는 인식 가능성의 어려움에 대해 개의치 않는다. 후설에 의하면, 자연적 태도는 "인식 비판" 또는 보다 일반적인 의미에 있어 "이성 비판"에 대해 무관심하다. 자연적 태도는 언제나 그리고 당연히 그것에 주어진 외적 대상을 향한다. 그것은 끊임없이 지금 그리고 저기에 이미 존재하는 하나의 시간적·공간적 사실 세계 fact world를 발견한다. 그것은 이러한 사실 세계를 그것의 밖에 그리고 그것보다 앞서서 존재하는 그 무엇으로, 다시 말해서 모든 과학적 탐구 활동과 독립적으로 그리고 그것에 선행해서 있는 것으로 간주한다. 자연적 태도는 구체적으로 존재하는 것을 그것이 경험한 그대로 고정시킨다. 그리고 이와 같은 경험을 자연적 태도의 판단 근거로 삼는다. 자연적 태도에 의해 내려진 판단들은 이와 같이 미리 주어진 사실 세계와 관련된다. 후설의 설명에 따르면, 자연적 정신은 사물과 그들의 관계, 그리고 변화에 대해 또 그러한 변화들을 근본적으로 결정짓는 조건에 대해, 뿐만 아니라 그들의 변동 법칙에 대해 때로는 개별적인 때로는 보편적인 판단들을 내린다. 자연적 정신은 직접 경험한 것으로부터 경험하지 않은 것을 추론한다. 그것은 일반화할 뿐만 아니라 일반화된 지식을 특수한 경우에 다시 적용하며, 또는 일반화된 지식으로부터 분석적으로 새로운 일반화를 연역해낸다. 고립된 인식들은 상호 논리적 관계를 맺게 된다. 그들은 단순한 연속이 아닌 논리적 방식으로 연결되며, 상호 일관성 있게 결합되고 또 서로를 지지해줌으로써 자신들의 논리적 힘을 강화시키고, 발전시킨다. 자연적 지식은 처음부터 당연히 존재하는 현실을 그것의 범위와 내용, 요소와 관계, 그리고 법칙에 대해 상세히 연구함으로써 현실을 점진적으로 소유한다. 이로써 다양한 자연주의적 과학들 Natürliche Wissenschaften이 탄생하게 되고 또 번성하게 된다. 이들이 곧, 물리학·화학·심리학·문화과학·수학과 같은 자연과학들 Natur-wissenschaften이다.[1]

후설에 의하면, 자연주의적 과학 naturalistic science은 처음에는 설

---

1) E. Husserl, *The Idea of Phenomenology*, tr. by Dorion Cairns(The Hague : Martinus Nijhoff, 1969), pp. 1, 13~15 ; E. Husserl, *Ideas: General Introduction to Pure Phenomenology*, tr. by W. R. Boyce Gibson(New York : The Macmillan Company, 1952), pp. 62, 106. 이후 *Ideas*로 줄여 표기함 ; E. Husserl, *The Crisis of European Sciences and Transcendental Phenomenology: An Introduction to Phenomenological Philosophy*, tr. with an Intro. by David Carr(Evanston : Northwestern Univ. Press, 1970), pp. 143~47. 이후 *The Crisis*로 줄여 표기함 ; John Wild, "Husserl's Critique of Psychologism : Its Historic Roots and Contemporary Relevance," in Marvin Farber, ed., *Philosophical Essays in Memory of Edmund Husserl* (New York : Greenwood Press, Publishers, 1968), p. 23. "자연주의적 태도"와 "자연적 태도"의 기본적인 차이는 전자가 "이론적"인 태도임에 반해, 후자는 "전-이론적" 또는 "실천적 태도"라는 데 있다.

득력이 있고 매혹적이다. 자연주의적 과학에서 모든 사물은 명료하고 이해가 용이하다. 우리는 실재에 도달할 수 있는 믿을 만한 방법에 입각하여 객관적 진리를 소유한다고 확신한다. 그러나 인식 cognition과 실재reality간의 상관 관계를 검토해보면, 혼란과 오류, 불일치와 부조리는 항상 발견된다. 사물·사유 또는 판단 등이 파악되고 이해되는 경험적 행위를 반성해보면, 우리는 명백한 어려움과 자기 모순을 발견하게 된다. 여기서 후설이 주장하는 것은 자연주의적 과학이 "아무리 정확하다고 하더라도" 객관성의 어떠한 것에 대해서도 설명하거나 또는 어떤 경우에도 설명할 수 없다는 것이다. 자연주의적 과학은 "객관적인 물리적·화학적 구조물의 형태"를 "연역하고" "예측하고" "인식"하지만 "아무것도 설명하지 않으며 오히려 설명을 필요로 한다." 여기서 후설이 주장하는 것은 "객관성을 확보하자는 데 있는 것이 아니라 객관성을 이해하자는 데 있다."[2] 객관성을 이해한다는 관점에서 볼 때, 인식을 문제삼지 않고, 단지 인식 대상이 인식되도록 주어진다고 보는 자연적 태도란 수수께끼와 다름없는 불가해한 것이 된다. 후설에 의하면, 자연적 태도에서 지각된 사물은 직접적으로 주어진다고 간주된다. 지각하는 나의 눈앞에 사물이 존재한다. 나는 그것을 보고 대상을 손으로 잡는다. 그러나 지각한다는 것은 어디까지나 지각하는 주체의 주관적 과정일 뿐이다. 후설이 묻는 것은 다음과 같다: 나는 어떻게 나의 정신적 과정뿐만 아니라 이러한 정신적 과정이 파악하는 것이 실재함을 알 수 있는가? 어떻게 나는 인식에 대립해서 존재하는 어떤 것이 그 인식과 독립된 객관적 대상임을 알 수 있는가? 어떻게 나는 지식이, 다시 말하면 다양한 대상적 범주에 따라 질서지어진 인식이 스스로를 초월하여 인식 대상에 안전하게 도달한다고 말할 수 있는가? 어떻게 나는 지각이 사물에

---

2) E. Husserl, *The Crisis*, p. 189.

도달한다고 자신할 수 있는가? 어떻게 나는 주관적 지각과 지각된 객체가 일치함을 확신할 수 있는가? 나아가서, 사물 자체는 우리들의 사유 방식과 그러한 사유 방식을 지배하는 논리적 규칙에 대해 어떤 작용을 하는가? 어떻게 자연적이고 혼란된 경험이 스스로 과학적 경험이 될 수 있는가? 어떻게 경험들이 상호 배제하지 않으면서 보완적으로 정당화될 수 있고 교정될 수 있고 확인될 수 있는가? 이와 같은 반성은 자연적 과학이 이론적인 문제들로부터 완전히 벗어나 있지 못함을 보여준다. 지각은 이제 하나의 문제로 부각된다. 자연주의적 과학은 아직도 편견으로부터 자유롭지 못하며 궁극적 명료함에 이르지 못했음이 분명해진다. 아무리 자연주의적 과학의 성과가 그들 자신과 다른 사람들에 대해 합리적 설득력을 가지고 있다 하더라도, 그들이 전제하는 마지막 전제들에 대해 그들은 아직도 사람들을 납득시키지 못하고 있다. 이런 점에서 자연주의적 과학은 의심할 수 없이 명백한 토대 위에 절대적이며 편향되지 않은 과학의 정초라는 의미에서 "실증적 positive"이지 않다. 그들은 엄밀한 의미에서 아직 과학이 아니다. 결론적으로 후설은 완전히 다른 새로운 과학이 필요하다고 역설한다. 이 과학은 스스로가 과학임을 입증할 수 있어야 하며, 스스로에 대해 가장 근본적인 형태의 지식의 자율성을 제공해줄 수 있어야 한다. 후설은 철학적 과학 philosophical science이야말로 바로 이와 같은 새로운 과학이라고 본다.[3]

---

3) E. Husserl, *The Idea of Phenomenology*, pp. 1, 15~17; E Husserl, "Philosophy as Rigorous Science," in *Phenomenology and the Crisis of Philosophy*, tr. by Quentin Lauer(New York: Harper & Row Publishers, 1965), pp. 90, 99; E. Husserl, *Logical Investigations*, Vol. I, tr. by J. N. Findlay(New York: The Humanities Press, 1970), p. 58; E. Husserl, *Ideas*, p. 86; E. Husserl, *The Crisis*, p. 189.

2

후설에 의하면, 철학적 과학은 철학적 태도에서 비롯된다. 철학적 태도 또는 철학적 사유는 반성에 의해서 자연적 태도를 전환시킨 것이다. 자연적 태도는 직접적인 대상들, 그들의 속성과 특성에 관심을 가지며 사물들 속으로, 그리고 객체들objects 속으로 흡수된다. 그러나 세계와 그것이 담고 있는 모든 것이 우리에게 나타나고 주어지는 의식 작용 그 자체는 숨겨지고, 주제화되지 않으며, 은폐된다. 반면, 철학적 사유는 자연적 사유의 비반성적 태도와 결별하고 은폐된 의식의 주관적 작용에 대한 반성을 일깨운다. 철학적 사유는 사물 자체 또는 가치·목적·유용성, 그리고 다른 모든 형태의 의식의 "생산물"에 주목하는 대신 사물과 대상이 나타나는 의식의 생산적 "활동 activities" 자체, 주관적인 "경험 experiences" 자체 또는 다양하게 변천하는 의식의 "자발성 spontaneities"에 관심을 경주한다. 의식에 나타나는 것들은 현상들phenomena이며, 현상들의 본질은 실재하는 또는 실재하지 않는 대상들이 주어지는 "~의 의식 consciousness of"에 있다. 철학적 태도는 세계와 모든 존재하는 것들이 스스로 우리에게 드러나는 의식적 생활의 주관적 양상에 관심을 기울인다. 이것은 모든 과학적 지식에 앞선 의식적 생활의 주관적 구조에 침투한다. 그러나 이와 같은 주관성 subjectivity으로의 전환은 무엇보다도 자연적 태도의 근본적인 전환, 즉 모든 자연적인 소박한 타당성에 대한 판단 정지를 요구한다. 자연적 관점의 본질에 속한 이른바 자연적 태도의 일반 명제는 사용 정지되어야 하며, 판단 정지되어야 한다. 이를테면 무관심의 표지판이 붙여지거나, 또는 인식론적 영(零)의 값이 부여되어야 한다. 후설에 의하면, "판단 정지"란 "세계를 괄호 안"에 넣는 것이며 "괄호 안 bracketing으로부터 현상만을 추출하는" 것이다. 다시 말하면 판단 정지는 당연히 존재하는 객관적 세계를 주관적 영역으로부터 배제하고 그 대신 그렇게 경험된 · 인식된 · 기억된 · 판단된 · 생각된 · 평가된 세계를, 즉 "괄호쳐진" 세계를 그대로 제시한다. 판단 정지에서는 세계나 그 세계의 어떤 부분이 아닌 단지 "세계의 '의미 the sense of the world'"만이 나타난다. 현상학적 경험과 여기에 입각한 철학적 과학을 실현하기 위해 후설은 "자연적 태도에서 정립된 대상으로부터 그것들이 나타나는 다양한 양식들로, 즉 '괄호쳐진 bracketed' 대상으로 물러서지 않으면 안 된다"고 주장한다. 그리고 이러한 "물러섬 retreat"을 가리켜 "환원 reduction" 또는 "돌이킴 re-ductio(또는 'turn-back')"이라 부른다.[4] 후설에 의하면, 판단 정지 또는 괄호치기는 철학적 과학의 시작을 가리킨다.[5]

　"철학적 과학"에 대한 후설의 견해를 이해하기 위해 주목할 점은 그가 소크라테스와 플라톤에 의해 철학으로 이해되었고 발전된 "제일철학 First Philosophy"을 철학의 참된 뜻으로 받아들인다는 점이다.

---

4) James G. Hart, *The Person and the Common Life: Studies in a Husserlian Social Ethics* (Dordrecht / Boston / London: Kluwer Academic Publishers, 1992), p. 1. 좀더 부연하면, 환원을 "물러섬" 또는 "돌이킴"이라고 말할 경우, 첫째, 무엇으로부터의 "물러섬" 또는 "돌이킴"인가? 그것은 "자연적 태도"로부터의 "물러섬" 또는 "돌이킴"이다: 둘째, 무엇으로의 "물러섬" 또는 "돌이킴"인가? "괄호쳐진" 대상으로의 "물러섬" 또는 "돌이킴"이다.

5) E. Husserl, *Ideas*, pp. 11, 14, 98, 110; E. Husserl, *The Idea of Phenomenology*, p. 31; E. Husserl, "Phenomenology," in *Encyclopedia Britannica* (14th ed., 1938), Vol. 17, p. 700; E. Husserl, *The Crisis*, pp. 77, 97~98, 171; E. Husserl, *Logical Investigations*, Vol. I, p. 55; E. Husserl, "Philosophy as Rigorous Science," 앞의 책, pp. 145~46; A. Gurwitsch, "The Last Work of Edmund Husserl," in *Philosophy and Phenomenological Research* XVII (1956~1957), pp. 378~80; Quentin Lauer, *Phenomenology: Its Genesis and Prospect* (New York: Harper & Row Publishers, 1965), pp. 5~7; Helmut Kuhn, "The Phenomenological Concept of 'Horizon'," in Marvin Farber, ed., *Philosophical Essays in Memory of Edmund Husserl*, p. 107; James M. Edie, "Phenomenology as a Rigorous Science," in *International Philosophical Quarterly* (March, 1967), pp. 28~29.

후설에 의하면, 제일철학의 형태로서 철학적 과학의 원형은 소크라테스에서, 그리고 그것의 최초의 체계적 형태는 플라톤에서 발견된다. 소크라테스와 플라톤은 말하자면 제일철학이라는 하나의 몸에 붙어 있는 "두 개의 머리"와 같다. 용어상으로만 보면, "제일철학"은 아리스토텔레스의 형이상학에 그 근원을 두고 있다. 그러나 그것의 원형적 이념과 최초의 체계적 실현은 소크라테스와 플라톤의 철학으로 거슬러 올라간다. 후설은 이렇게 말한다: "인식 비판critique of cognition" 또는 "이성 비판critique of reason"은 철학적 과학의 출현을 위한 최우선적 전제 조건이다; 소크라테스는 직관적이고 선험적인 "이성 비판"을 시작하였다; 플라톤은 이와 같은 "이성 비판"에 참된 철학적 형식을 부여하였다; 소크라테스와 플라톤은 철학의 혁명을 수행하였다; 소크라테스는 소피스트의 회의주의에 대항하여 윤리적 실천 개혁가로서 대응하였다; 플라톤은 소크라테스에 의해 제기된 문제들을 철학의 보편적 문제로 전환하였다. 여기서 후설은 다음과 같이 선언한다: 현상학은 이 두 위대한 창시자, 즉 소크라테스와 플라톤이 구상했던 철학의 이념에 대한 최초의 근접한 철학이며, 아마도 그러한 근접을 부단히 시도하는 철학으로 남아 있을 것이다. 후설은 『제일철학 *Erste Philosophie*』에서 이 점을, 다시 말하면, 현상학은 제일철학에 근접한 시도라는 점을 되풀이해서 강조한다:

나는 새로운 초월적 현상학의 돌파를 통해서 참되고 진정한 제일철학의 최초의 돌파 작업이 이미 달성되었다고 확신한다; 그러나 이것은 어디까지나 최초의, 따라서, 아직도 불완전한 근접에 불과하다. 나는 프라이부르크 대학의 여러 강의에서 이러한 근접을 가능한 한 높은 단계에 이르도록, 또 그것을 이끌어가는 이념과 방법, 그리고 기초 개념들이 가능한 최대한으로 명석함에 이르도록 여러 방식으로 시도하였으며, 동시에 제일철학의 이념에 걸맞는 발전 형태를 부여하려는, 다시 말하면, 가장 근원적인 철학적 자기 의식의 형태 또는 시작의 철학이 스스로를 형성하는 데 요구되는 절대적 방법의 형태를 부여하려고 시도했다.[6]

"철학적 과학"을 발전시키는 데 있어 후설을 인도한 이념은 제일철학 또는 시작의 철학 Philosophy of Beginning이라는 이념이다. 이것은 다른 어떤 철학 또는 철학들로부터 시작하는 것이 아니라 사물들로부터, 그리고 이 사물들로부터 발생하는 문제들로부터 시작함을 뜻한다. 후설에 있어 철학은 "본질적으로 참된 시작, 근원, 뿌리 rizōmata pantōn의 과학"[7]이며, 이런 점에서 "시초에 관한 학(고고학)" 또는 "시원학(始原學)"[8]이라 불리기도 한다. 참된 철학은 제일철학 외에 다른 어떤 것도 의미하지 않는다. 후설이 철학자를 시작하는 자 또는 가장 근본적으로 시작하는 자라고 말하고, 이런 의미에서 철학은 어떠한 것도 미리 주어진 것으로 받아들이지 않으며, 어떠한 전통도 출발로 인정하지 않고, 철저하게 편견으로부터 자유로운 상태에서 절대적인 시작을 달성하려고 노력하는 자라고 본 것은 이상과 같은 제일철학의 관점에 근거한 때문이다. 같은 맥락에서 그는 자신을 "시작하는 사람"이라고 부른다. 다시 말하면 시작으로부터 나오는 문제들을 좇아갈 수 있는 사람, 문제 그 자체에, 그리고 이러한 문제로부터 발생하는 요구들에 스스로를 헌신함으로써 시작에 도달하려고 노력하는 사람이라고 부른다. 사실 후설의 "초월적 철학 transcendental

---

6) E. Husserl, *Erste Philosophie* I, ed. by R. Böhm(Haag: Martinus Nijhoff, 1962), pp. 3~17.

7) E. Husserl, "Philosophy as Rigorous Science," 앞의 책, p. 146.

8) 이영호, 「논리학의 심리학적 정초에 대한 비판적 고찰: 후설의 심리학주의 비판을 중심으로」, 한국현상학회 편, 『역사와 현상학: 여산 이영호 교수 화갑 기념 논문집』(철학과 현실사, 1999), p. 231(이후 『역사와 현상학』으로 줄여 씀).

philosophy"이란 따지고 보면 "제일철학"의 이념을 재진술한 것에 다름아니다. 후설이 말하는 "초월"은 궁극적 시초로부터의 시작인 "나 자신"을 뜻하며, "초월적 철학" 역시 같은 맥락에서 "제일철학"을 뜻한다. 『유럽 과학의 위기와 선험적 현상학』에서 후설은 "초월"의 의미를 "실제적, 그리고 가능한 앎"의 궁극적 시초로 찾아들어가는 "근원적 동기 original motif"라고 말한다. 이와 같은 이유에서 그가 말하는 초월에는 "나 자신"이라는 이름이 붙여진다. "초월"이라는 말은 철학자가 그 자신을 시초로서 기능하는 주체임을 명료하게 깨달을 때 비로소 철학은 자신의 실재적이고 참된 시작에 이른다는 필증적 "통찰"을 뜻한다.[9] 모든 근대 철학의 숨은 열망으로서의 "초월적 철학"은 그러므로 제일철학의 의미에 대한 진지한 탐구로부터 시작된다. 후설은 이렇게 말한다: "제일철학에 대한 사려 깊은 성찰로부터 모든 철학을 초월적 철학으로 재구성하려는 새 시대 전체를 관통하는 경향이 나타났다."[10] 한마디로, 후설이 생각한 철학의 이념은 소크라테스와 플라톤이 처음으로 이해했고 발전시킨 제일철학의 이념이다.

필자가 주목하고자 하는 점은 후설이 철학의 이념을 정립하는 데 있어 플라톤을 충실히 따랐다는 점이다. 후설은 여러 곳에서 데카르뜨, 흄 또는 칸트에 대해 언급한다. 그러나 그는 이들 근대 철학자들이 기본적으로 그들 자신의 의도에도 불구하고 철학 원래의 이념인 제일철학을 실현하는 데 실패했다고 본다. 그들은 시작의 첫 모두에서 제일철학을 포기하였던 반면, 후설의 현상학은 근대 철학사에서 처음으로 이러한 제일철학의 이념을 철저하게 수행하였다. 또한 후설이 말하는 판단 정지는 플라톤의 영향을 직접 반영하는 예 중의 하

---

9) E. Husserl, *The Crisis*, p. 99.
10) E. Husserl, *Erste Philosophie* I, p. 8.

나다. 거비치Aron Gurwitsch가 지적한 바와 같이 후설의 판단 정지란
고전적 의미의 "놀라움" 또는 "경외Thaumazein"를 재천명한 것이다.
거비치는 이렇게 말한다: "플라톤과 아리스토텔레스에 의하면, '놀
라움'은 철학의 시작을 나타낸다. '놀라움'은 후설에 의해 모든 실천
적 관심의 유보와 관망적인 초연한 관찰자unbeteiligter Zuschauer의
태도를 취하는 것으로 해석된다."[11] 후설과 플라톤간의 가장 놀라운
유사점은 "철학적 과학"에 대한 후설의 결론에서 찾아볼 수 있다.
『제일철학』의 제5강의, 「이념적 지식의 발견과 철학적 이성적 과학의
그리스적 시원」의 말미에서 후설은 "철학적 과학"의 개념을 플라톤
의 철학 이념의 관점에서 명시적으로 밝힌다: "플라톤적 철학 이념을
인식의 최상의 목적 이념으로 고수하는 한에서, 철학적 과학은 다음
과 같은 의미, 즉 절대적 정당성의 과학의 의미, 다시 말해서 모든 점
에서 자신의 인식을 정당화할 수 있는, 또는 어떠한 인식 구조에 대
해서도 과학자들이 생각할 수 있는 모든 관점에서 충분히 정당화할
수 있는 과학의 의미에서 벗어날 수 없다."[12] 한마디로 필자가 후설
에게서 듣는 것은 플라톤의 목소리다. 마찬가지로 필자는 플라톤에
게서 후설의 목소리를 듣는다. 『국가Republic』에서 소크라테스는 인
간의 모든 행위를, 다시 말해서 "앎" "경영" "지배" "생각" 그리고
"협동" 등을 영혼의 활동 안에 포괄한다. 소크라테스는 "산다는 것은
영혼의 활동"[13]이라고 말한다. 이것은 객관적 세계를 보편적 초월적

---

11) A. Gurwitsch, "The Last Work of Edmund Husserl," 앞의 책, p. 387.

12) E. Husserl, *Erste Philosophie* I, pp. 36～37.

13) Plato, *The Republic*, tr. by Allan Bloom(New York: Basic Books, Inc., 1968), p.
33〔353d〕. 이드는 "듣기"와 "읽기"는 서로 다름에도 불구하고, 때로는 읽도록 씌
어진 글 속에서 "소리"가 들리는 현상을 다음과 같이 기술한다: "A book is read
and its words are seen rather heard. There are vast differences between hearing
voice and reading words; yet the distance between the language embodied visually
and that which is heard is sometimes broached. Sometimes there is a 'signing' of

순수 의식으로 환원시키는 후설을 생각하게 한다. 이런 점에서 필자는
후설의 "초월 현상학의 이상주의transcendental phenomenological
Idealism"가 이미 플라톤에 의해 이해되었던 인간 생활의 원래적 의미
를 일깨우려는 데 목적을 두고 있다고 느낀다. 그리고 필자는 이와
같은 개인적 느낌을 정당화하기 위해 플라톤과 후설에 의해 구상된
철학의 이념을 보다 구체적으로 검토해볼 필요가 있다고 본다. 필자
의 결론을 먼저 말한다면, 플라톤과 후설에 있어 공히 영혼soul은 철
학의 중심 문제라는 것이다. 아래의 논의에서 필자는 플라톤과 후설
의 철학 이념이 어떠한 일치점을 보이는지를 검토할 것이며, 이러한
검토를 우선 플라톤으로부터 시작하고자 한다.

3

　플라톤에 의하면, 철학은 정신을 순화시키는 한 방법이다. 철학을
한다는 것은 정신을 육체로부터 분리하여 정신을 신체 밖으로 끌어
모으고 가능한 한 정신 그 자체만으로 사는 것이다. 달리 표현하자
면, 플라톤적 의미의 철학의 실천은 죽음을 실천하는 것이다. 철학함
이란 "말 그대로 죽음의 연습이며, 죽음의 실천이다."[14] 『파이돈
Phaedo』에서 소크라테스는 이 점을 명백히 언급한다: "신체를 가지

---

voice in writing. I have often been shocked at 'hearing' a friend's voice upon
reading his or her latest article or book. The other sounds through in an auditory
adherence to what is ordinarily soundless. The same phenomenon occurs with
trained musicians who can 'hear' the music they see when reading a score"(Don
Ihde, *Listening and Voice: A Phenomenology of Sound*, Athens, Ohio: Ohio Univ.
Press, 1976, p. x).

14) Plato, *Phaedo in Great Dialogues of Plato*, tr. by W. H. D. Rouse(New York: The
New American Library, 1956), p. 466[63A].

고서는 어떤 것도 순수하게 알 수 없다"; "어떤 것을 순수하게 알기 위해서는 신체를 배제해야 하며 실재의 사물을 영혼만으로 검토하여야 한다"; 진리는 신체를 통해 지각될 수 없다; 진리는 청각·시각과 같은 어떤 감각 가운데 존재하지 않는다; 누가 감각에 의해 정의·아름다움·선함·위대함·건강·힘 등, 요컨대 어떤 사물 속에 내재하는 자연을 파악할 수 있는가? 신체는 정신과 함께 결합되어 있을 때 진리와 지혜에 도달하려는 정신을 교란하고 방해한다; 육체적 감각은 기만적이며 정확하지도 명료하지도 않다; 진리는 모든 신체들로부터 영혼을 정화시킬 때에만 나타나며 또 외적 존재를 벗어나서 영혼을 그 자신에게로 모으는 기억 recollection의 방법으로, 다시 말하면 흩어진 영혼이 스스로를 하나로 결집하고, 그 자신 속으로 돌아가서, 그 자신 외의 것에 대해 신뢰하지 않고, 영혼이 자기 자신과 항상 같이 사는 기억의 방법에 의해서만 현현될 수 있다; 지혜는 정신을 정제하는 하나의 수단이다; 철학자의 주된 노력은 자신의 영혼을 신체로부터 정화하여 영혼이 완전히 자립적으로 있도록 하는 것이다; 철학한다는 것은 영혼을 향해 돌아서는 것, 다시 말하면 신체의 향락으로부터 영혼이 그 자신과 함께 있는 기쁨으로 향해 돌아서는 것이다; 이와 같은 의미에서 철학자가 된다는 것은 영혼을 사랑하는 사람 또는 지혜를 사랑하는 사람이 되는 것이며, 따라서 "철학자"는 신체를 사랑하는 사람인 Philo-soma[15)]와 대립된다.

비슷한 방식으로, 후설도 이렇게 말한다: "소박한 외재화 exteriorization로부터 정신 spirit 자체로 돌아와 그 자신에게 순수히 집착할 때에만"[16)] 정신은 그 자체일 수 있다; "순수 반성의 내면 세계로 전환

---

15) 같은 책, pp. 467~87[63B~83B]; Plato, *The Republic*, p. 165[485d]; G. W. F. Hegel, *The Phenomenology of Mind*, tr. by George Lichtheim(New York and Evanston: Harper & Row Publishers, 1967), pp. 807~08.

16) E. Husserl, "Philosophy and Crisis of European Humanity," *Phenomenology and the Crisis of Philosophy*, tr. by Quentin Lauer, p. 189.

하여 전적으로 내면 경험(좀더 상세히 말하자면, 자기 경험과 '공동 감정')에 따라 신체적 존재로서의 인간에 관련된 모든 물리심리적 psychophysical 질문들을 배제할 때, 나는 지각을 유일한 매개로 나자신으로부터 가장 근원적인 정보를, 다시 말하면 정신이 자기 자신의 모습으로 있는 심리적 생활에 대한 보다 근원적이며 순수한 기술적 지식을 획득한다[17]; 이것은 또한 물리학적 토대 위에서 인간 정신에 관한 실증과학을 수립한 근대 심리학modern psychology이 "고유한 심리학"이 될 수 없음을 뜻한다; 이러한 심리학은 "절대적이며 궁극적인 고유성"으로서의 심리psyche를 연구할 수 없다; 심리에 대한물리적 분석은 정신 생활의 활동과 그것에만 고유한 근본 문제에 도달할 수 없다; 그것은 "정신의 고유한 본질에 도달하는 데 조금도 성공하지 못한다"; 이런 점에서 근대 심리학에서 심리에 대한 순수 이해란 완전히 생소한 것이다. 여기서 후설은 현상학을 "근대 심리학의 자연주의적 의미를 뿌리째 뽑아버리는 최종적 형태의 심리학"으로서제시한다. 순수 또는 초월적 현상학transcendental phenomenology은 "순수 의식"과 "순수 심리"를, 다시 말하면, "영혼을 그것의 고유한의미에서" 명료화한다; 초월적 현상학은 자연적 자아에 대해 판단 정지함으로써, 또는 물리심리적 현상을 그것의 실재성으로부터 순화시키고, 정신적 경험으로부터 신체적 경험을 분리·제거함으로써 정신을 정신답게 복원시킨다.[18]

이제 문제는 어떻게 정신을 그 순수한 상태에서 전유할 수 있는가

---

17) E. Husserl, *Ideas*, pp. 13~14. 여기서 "공동 감정"은 종전의 "감정 이입empathy"을 개역한 것이다. 그 이유는 이 책의 「후설의 생활 세계와 정치철학적 의미」의장 각주 22)에서 밝힐 것이다.

18) Hong Woo Kim, *David Hume and Edmund Husserl: A Comparative Study of Their Epistemological Foundations for Political Inquiry* (M. A. Thesis, Athens, Ga.: The Univ. of Georgia, 1972), pp. 70~71; E. Husserl, "Philosophy and the Crisis of European Man," 앞의 책, pp. 187, 191; E. Husserl, *The Crisis*, pp. 70, 110.

이다. 플라톤에 의하면, 몸과 함께 있는 한 참으로 실재하는 것인 정신에 도달할 수 없고 파악할 수도 없다. 철학은 순수 영혼을 전유할 수 있는 가능성에 전적으로 의존한다. 그렇다면 이 세계에 살고 있는 자아는 어떻게 철학을 할 수 있는가? 만일 지식이 "신체"가 아닌 "정신"에서만 가능한 것이라면, 하이데거가 『존재와 시간 *Being and Time*』[19]에서 언급한 바와 같이 "세계-내 Being-in"로부터 결코 자유로울 수 없는 존재에게 어떻게 철학함이 가능할 수 있겠는가? 철학의 가능성은 순수 영혼을 해방시키고 그것을 신체와 세계로부터 분리시킬 수 있는 가능성에 달려 있다. 그러나 세계 속에서 살아야만 하며, 소크라테스가 『파이돈』에서 말한 바와 같이 어떤 필요가 자유롭게 하기 전까지 스스로를 해방시킬 수 없는 세간적 존재가 어떻게 영혼 자체의 순수한 본질을 향해 돌아설 수 있겠는가? 『파이돈』의 모두에서 세베스 Cebes는 바로 이에 대해 질문한다: "소크라테스여! 어떤 사람이 스스로를 위해하는 것이 적법하지 않다면 철학자가 자발적으로 죽음에 따른다는 것은 무엇을 뜻합니까?"[20]

---

19) M. Heidegger, *Being and Time*, tr. by John Macquarrie and Edward Robinson(New York and Evanston: Harper & Row Publishers, 1962), pp. 78~90.

20) Plato, *Phaedo*, pp. 464~66[61A~63A]. 과거에 소크라테스의 제자인 세베스가 그랬던 것처럼 오늘날 후설의 제자 핑크 Eugen Fink도 후설의 현상학에 대해 의문을 제기한다: "Essentially phenomenology is a product of the transcendental subject, whereas science in the ordinary sense is a product of the mundane subject. Yet phenomenology necessarily 'appears' as the product of the mundane subject"; "Scientific activity in the ordinary sense is directed upon absolute knowledge as a goal, but achieves and can achieve only relative knowledge, subject to further correction according to the further development in time of the irrational element essential to mundane facticity, and according to the corresponding extension of the factual society of scientists. This essential relativity is lacking in the case of phenomenological science"(D. Cairns, *Conversations with Husserl and Fink*, ed. by The Husserl-Archives in Louvain, with a Foreword by Richard Zaner, The Hague: Martinus Nijhoff, 1976, p. 93).

여기서 제일 먼저 지적해야 할 것은, 플라톤과 후설에 있어 공히 영혼은 철학의 출발점이라는 것이다. 두 사람 모두에게 영혼은 한편으로는 신적인 것으로도 다른 한편으로는 자연적 사물로도 환원될 수 없는 것이다. 영혼은 고대적 신화의 문제도 아니며 일상적 심리의 문제도 아니다. 영혼은 근본적으로 철학의 문제이다. 같은 맥락에서 스탠리 로젠Stanley Rosen은 플라톤과 관련하여 "철학은 심리의 조건이며 하나의 생활 방식"[21]이라고 적절히 지적한 바 있다. 철학의 가능성은 영혼으로의 적절한 복귀에 달려 있다. 그리고 오직 철학만이 영혼을 그 본질적 의미에서 이해할 수 있다. 플라톤과 후설에 있어 영혼은 일차적으로 철학적 문제이다. 두 사람 모두에게 있어 철학의 첫번째 과제는 영혼을 철학의 고유한 주제로서 정립하고 전유하는 일이다. 플라톤은 이와 같은 철학의 첫번째 과제를 착수하는 데 있어 소크라테스를 그의 대화의 중심에 놓고 대화를 마치 살아 있는 사람과 같이 몸체와 머리, 그리고 사지의 형태로, 또 이들의 중심과 말단 간에, 그리고 전체와의 적절한 관계를 갖도록 재구성하였고, 한걸음 더 나아가 이들을 살아 있는 사람을 경험할 때처럼 행동과 감정을 통해 알 수 있도록 하였다. 플라톤이 대부분의 대화편에서 소크라테스를 주인공으로 삼고 있다는 사실은 그가 "철학"을 살아 있는 "철학자" 소크라테스와 관련하여 이해하고 있음을 나타낸다. 플라톤은 무엇보다도 철학을 살아 있는 사람, 살아 있는 의식, 말하자면 자신이 말하고 생각하는 모든 행위 속에서 살며, 자신의 말을 듣고자 하는 모든 사람들에게 자신을 드러내는 살아 있는 의식과 관련하여 이해하고자 한다. 그러나 플라톤은 종종 소크라테스를 비철학적 인간과 직접적으로 대결시킨다는 점에서 특이하다. 필자는 이 점을, 즉 플라톤이 철학자와 비철학자간의 항구적인 대결 속에서 철학을 이해한다

---

21) S. Rosen, *Plato's Symposium* (New Haven: Yale University Press, 1968), p. xx.

는 점을 특히 강조하고자 한다. 플라톤은 철학을 깊은 철옹성 속에 가두어놓거나, 일상인들이 미칠 수 없는 곳에 격리시켜두지 않는다. 이와는 반대로 플라톤은 철학적 관점을 자연적 관점과 직접적으로, 그리고 심각하게 대립 상태에 빠지게 함으로써 철학을 조명한다.[22] 플라톤에 있어 철학이란 단지 이야기를 지껄이고 흥미있는 문제들에 대해 판단하는 것이 아니다. 그것은 또한 명제들을 적절하게 조합해 놓은 체계도 아니다. 철학은 바로 철학적 작업들 속에서 성장한다는 것이다. 이와 같은 뜻에서 철학이란 철학자가 실제로 알아가는, 그리고 구체적으로 경험하는 전과정에 대한 해명이라 할 수 있다. 플라톤의 대화는 이와 같은 실제적 경험의 상황을 극적으로 확대시킨 것이다. 플라톤의 대화는 아리스토텔레스의 삼단 논법과는 달리 "말과 행

---

22) 필자는 이와 관련하여 오늘날 우리나라의 학계와 특히 필자가 몸담고 있는 서울 대학교의 학문적 풍토에 대해 비판하지 않을 수 없다. 필자는 물론 "서울대학교가 무시할 수 없는 개개의 요소들로 구성되어 있다는 사실을" 부정하지 않는다. "그 러나 각 요소들은 연결의 길을 찾지 못한 채 고립되어 있고, 또 힘을 잃어가고 있 다는 느낌을 버릴 수 없다. '창문 없는 모나드 windowless monad의 집합' 과 같은 우리 자신의 모습을 애써 부인할 수만은 없을 것 같다. 일상적인 회합이나 행사 또는 여러 형태의 사회적 만남은 있을지 모르지만, 대화와 토론, 그리고 학문적인 논쟁이 활성화되지 못했던 것이 그 동안의 우리 대학의 역사가 아니었던가 생각 해본다. 결과 위주의 연구, 그 속에서 자라나는 폐쇄적인 연구 풍토로 인해 우리 는 대학을 하나의 유기적이고 살아 있는 연구 공동체로 만드는 데는 성공하지 못 했다"; "이제 50년의 지나간 역사를 마감하고 2천년대가 목전에 다가오는 이 시 점에서 우리 대학의 과제는 '소통' 을 되찾는 데로 모아져야 한다고 생각한다. 개 체는 서로 연결되어야 하며, 활성화되어야 하며, 또한 고무되어야 한다. 대학의 독특한 정신 세계는 '기하학적 정신' 만으로는" 파악될 수 없으며, "단순한 행정 명령이나 엔지니어링 또는 마케팅의 기법으로 재단되어서도 안 된다고 생각한다. 섬세하게 모든 세포들이 서로 연결되는, 바꾸어 말하면 어떠한 요소도 배제되지 않는, 그러한 공동체를 만들도록 노력해야 한다고 믿는다"; "지난 50년의 역사를 살펴보면서 필자에게 다가오는 한 가지 확실한 믿음은 '서로를 연결시켜보라! 거 기서 놀라운 폭발적 힘이 발생하리라' 는 것이다"(김홍우, 「정치학 50년: 정치학, 외교학, 행정학을 중심으로」, 『서울대학교 학문 연구 50년(I): 총람 · 인문 · 사회 과학』, 서울대학교 연구처, 1996, pp. 296~97).

위, 행동과 몸짓, 직접적 언명과 간접적 상징"[23]을 결합시킨, 로젠이
표현한 의미에서의 극(劇)이라 할 수 있다.

플라톤의 『변명 *Apology*』은 모든 극 중에서도 가장 극적인 것이다.
『변명』에서 놀라운 점은 소크라테스가 주로 "시인"을 대변하는 멜레
토스Meletos와 대결한다는 점이다. 소크라테스는 『파이돈』에서 시인
들을 "허구를 팔아먹는 사람 fiction-monger"이라 부른다. 소크라테스
는 "시인"이 "시인으로 존재하기 위해서는 허구를 만들어야만 한다"[24]
고 말한다. 소크라테스의 철학에 대한 마지막 공적 방어가 주로 시인
들, 즉 "허구를 팔아먹는 사람들"에게 초점이 맞추어졌다는 것은 단
순한 우연으로 보기 어렵다. 사실 필자는 플라톤의 시인들에 대한 끊
임없는 비판의 배후에는 후설의 "심리학" 비판과 같은 동기, 다시 말
해서 철학의 순수한 토대를 획득하기 위한 동기가 놓여 있다고 본다.
필자는 먼저 후설을 검토함으로써 이와 같은 비판적 관점을 명료히
하고자 한다. 후설의 심리학에 대한 비판은 철학에 대한 플라톤의 견
해를 연구하는 데 지침이 된다. 필자는 후설의 "심리학주의 psycho-
logism"를 재구성하고 둘째 이와 대비되는 플라톤의 시인에 대한 견
해를 검토하고자 한다.

후설에 의하면, 근대 심리학이란 "심리가 없는 심리학"[25]이다. 그
것은 "마음이 빠져" 있다. 그것의 궁극적 특성은 심리가 없는 심리물
리적 입장에 있다. 후설은 이 점을 다음과 같이 지적한다 : "근대 심
리학은 더 이상 '영혼'의 과학이기보다는 '신체와 관련'된 '심리 현
상 psychical phenomena'의 과학이기를 바란다." 근대 심리학은 영혼
에 대한 모든 형이상학적 가정들을 거부하고 동시에 원칙적으로는

---

23) S. Rosen, 앞의 책, p. xxi.

24) Plato, *phaedo*, p. 464(59B~60B).

25) E. Husserl, *Logical Investigations*, Vol. II, tr. by J. N. Findlay(New York: The
    Humanities Press, 1970), p. 547.

신체적 존재가 갖는 속성을 영혼에 부여한다. 근대 심리학에 있어 영혼은 객관적 시·공에 자리잡고 있는 자연의 하나인 신체에 부속되어 있다. 영혼은 신체와 병존하며, 귀납적으로, 그리고 물리심리적으로 신체와 결합되어 있다. 영혼은 신체의 부속물이다; 그것은 신체 내에 포함되어 있다. 이에 따라 심리 현상은 신체 또는 물리적 자연계와 동일한 방식으로 이해된다; 심리 현상은 경험적으로 드러나는 일종의 사물로 주어진다; 그 결과 심리의 물신화가 나타나며 심리적인 것은 물리적 현상으로 변형된다. 심리적 경험에 관한 자료와 신체적 경험에 관한 자료를 소박하게 등치시킬 때 이것은 필연적으로 심리의 물상화Verdinglichung를 가져온다. 여기서 인간으로서의 나 또는 인간 영혼으로서의 "나"는 "먼저 심리물리학과 심리학의 주제"[26]가 된다.

근대 심리학은 이처럼 인간을 실증적인 실재, 즉 물리적 실재와 관련지어 이해했다. 근대 심리학은 사실적 세계의 원초적 소여성으로부터 출발하며 영혼을 이러한 사실 세계 속에 실재하는 것으로 본다. 근대 심리학은 사전에 주어진 경험 세계에 입각하여 심리적인 것을 이 세계에 종속시킨다. 근대 심리학은 이 주어진 세계와 영혼을 관련지음으로써 그것에 대해 외적으로 이해할 수 있는 의미를 부여한다. 심리학이 심리적인 것으로서 취급하는 현상들은 인간과 동물의 의식에서 발생한 사건들이다. 그것들은 동물적 주체들 가운데 분포되어 있는 동물적 심성들이다. 심리적 현상들은 신체적 근원을 갖는다. 그들은 당연히 인간과 동물의 유기체들과 결합되어 있는 것으로 인지된다. 그들은 물리적 사물들에 예속되어 있으며 물체의 속성 corporeality 위에 토대를 두고 있다. 달리 말하면, 심리적인 것은 그 자신의 세계를 구성하지 않는다. 그것은 세계 내의 물리적 사건에 종

---

26) E. Husserl, "Philosophy as Rigorous Science," 앞의 책, pp. 99, 117; E. Husserl, *The Crisis*, p. 205.

속된다.

뿐만 아니라 심리적인 것은 자연에 속한 경험적 존재로서, 객관적인 시·공 속에서 결정될 수 있는 자연적 사실로 간주된다. 그러므로 자연과학의 객관적 방법은 영혼에도 적용되며, 심리적 현상들은 물체의 현상들과 같은 방식으로 객관화된다. 여기서 근대 심리학의 과제는 "심리학적으로 모호한 소박한 해석들을 객관적으로 타당한 규정들로 전이시키는 것이다." 심리학의 과제는 말하자면 심리적인 것을 "심리물리적인 자연의 맥락에서 과학적으로" 탐구하는 것이며, "심리적인 것이 발전하고 변하며, 발생하고 소멸하는 법칙들"을 발견하는 데 있다. 마침내 근대 심리학은 철학도 과학적으로 구축할 수 있다고 주장하기에 이른다. 심리학은 철학의 과학적 기초를 제공할 수 있으며, 철학은 심리학으로부터 객관적 기초를 제공받을 수 있다. 다시 말하면, 심리학은 사유의 자연 법칙을 연구함으로써 철학의 이론적 기초를 제공할 수 있다. 이와 같은 견해에 의하면, 철학은 의식 속에서 진행되는 심리적 사건이다. 철학은 정신에 의해 구축된 산물이다. "본질 essence" "이념 idea" 그리고 "형상 eidos" 등은 단지 "'소박한 심리학적 사실들'에 붙여진 거대한 철학적 이름"일 뿐이다. 특히 인지심리학은 철학에 인식론적 기초를 제공해줄 수 있다. 후설은 이와 같은 심리학의 주장—심리학은 철학의 기초 과학이라는 주장—을 심리학주의라 부른다.[27]

---

27) Hong Woo Kim, *David Hume and Edmund Husserl: A Comparative Study of Their Epistemological Foundations for Political Inquiry*, pp. 63~71; E. Husserl, *The Crisis*, pp. 4, 18, 63, 67, 93~94, 115, 118, 126, 187, 192, 212, 214~15, 231, 250, 262, 265, 323, 426~27, 565; E. Husserl, "Philosophy as Rigorous Science," 앞의 책, pp. 79, 84~86, 91~92, 94, 99, 103, 105, 117~18, 122, 189; E. Husserl, *Logical Investigations*, Vols. I, II, pp. 42, 75, 78~79, 90, 92~94, 98, 117~19, 137, 151~52, 164, 168, 191, 197, 205, 323, 547; E. Husserl, "Philosophy and the Crisis of European man," 앞의 책, pp. 184~85; E. Husserl, *Ideas*, pp. 13~14, 24, 44, 89~90, 164; E. Husserl, *Cartesian Meditations: An Introduction to Phenomenology*,

212

그러나 후설은 단호하게 선언한다: "심리학은 실증과학의 기초를
제공할 수 있을 뿐 결코 철학의 기초를 제공할 수 없다."[28] 후설에 의
하면, 철학의 올바른 시작은 모든 선입견들로부터 자유로운 무전제
성에 의존한다. 다시 말하면 철학을 시작하는 데 있어서는 철학이라
는 개념 자체를 포함하여 어떠한 전제들도 허용되어서는 안 된다. 심
지어 철학의 가능성조차도 하나의 선입견일 수 있기 때문에 이것마
저 전제되어서는 안 된다. 이와 관련하여 후설은 "과학의 정신"이란
"명백한 증거에 의해 충분히 검증될 수 없는 것은 어떠한 것도 과학
적이라 간주하지 않는"[29] 것을 뜻한다고 밝힌다. 또 여기에서 "증거
evidence"는 명석판명한 인지 가운데서 스스로 드러나는 "참된 존재"
를 가리킨다. 이것은 조금이라도 의심스럽다거나 필증적이지 않은
것은 모두 판단 정지되어야 함을 뜻하며, 물리적이며 심리물리적 자
연을 포함한 모든 인간적 자아는 물론 이와 관련된 객관적 사물을 연
구 대상으로 하는 모든 과학들을 망라한 자연 세계 전체에 대해 의문
을 제기해야 함을 뜻한다. 이와 더불어 이들의 존재와 여기에 부여된
타당성들은 불확실한 상태에 놓이게 된다. 후설은 이때에 비로소 철
학은 성장할 수 있다고 말한다. 철학은 판단 정지를 수행하는 주체로
부터 성장한다. 철학은 세계를 수락하고 그 세계 "내"에서 소박하게
생활하는 심리적 주체가 아닌 철학하는 주체로부터, 다시 말하면 세
계에 "대항해서" 그리고 철학하는 자신의 주체성에 "대항해서" 판단
정지를 수행하고, 또 그렇게 함으로써 절대적으로 타당한 철학의 질

---

     tr. by Dorion Cairns(The Hague: Martinus Nijhoff, 1960), pp. 97~98, 124, 134; E.
Husserl, *The Idea of Phenomenology*, p. 1; E. Husserl, *Formal and Transcendental
Logic*, tr. by Dorion Cairns(The Hague: Martinus Nijhoff, 1969), p. 154.

28) E. Husserl, *Ideas: General Introduction to Pure Phenomenology*, tr. by N. R. Boyce
Gibson(paperbound, New York: Collier Books, 1972), p. 10.

29) E. Husserl, *The Paris Lectures*, tr. by Peter Köstenbaum(The Hague: Martinus
Nijhoff, 1970), p. 6.

을 획득하고, 그 결과 모든 전제들로부터 자유로운 철학하는 주체로부터 탄생한다. 이와 관련하여 우리는 발덴펠스Bernhard Waldenfels가 일찍이 후설의 현상학을 "작업하는 철학 Arbeit Philosophie"[30]이라고 언급한 점을 떠올릴 필요가 있다. 그러나 후설이 무엇보다도 강조하는 것은 철학하는 주체는 심리학적 주체와 근본적으로 다르다는 점이다.[31] 심리적 주체는 세계 속에 빠져 있는 주체인 반면, 철학하는 주체는 초월적 자아transcendental ego이다. 후설에 따르면, "초월적 자아"는 "시간적" 존재이기보다는 "시숙하는" 존재이다.[32] 철학하는 주체는 사실로서의 실재 세계를 더 이상 당연한 것으로 수용할 수 없다. 세계는 더 이상 미리 주어져 있지 않다. 주어진 것은 오로지 자아

---

30) 발덴펠스, 『현상학의 지평』, 최재식 옮김(울산대학교 출판부, 1998), p. 13.

31) 후설의 "심리적 주체"와 "철학적 주체"의 구분과 같은 맥락에서 프레게Gottlob Frege 역시 "이념 idea"과 "사유 thought"를 각각 구분한다. 프레게는 먼저 "사유"에 대해 말한다: "one and the same thought can be grasped by many men. The constituents of the thought, and a fortiori things themselves, must be distinguished from the images [······] images that each man forms of things"; "[t]he thought, in itself immaterial, clothes itself in the material garment of a sentence and thereby becomes comprehensible to us"; "thoughts are neither things of the outer world nor ideas. [······] The work of science does not consist of creation but of the discovery"; "The truth of a thought is timeless."

　다른 한편 프레게는 "이념"에 대해 다음과 같이 말한다: "I have used the word 'idea' always in the psychological sense"; "An idea which someone has belongs to the content of his consciousness"; "ideas need a bearer"; "every idea has only one bearer; no two men have the same idea"; "[n]ot everything is an idea. Otherwise psychology would contain all the sciences within it or at least it would be the highest judge over all the sciences. Otherwise psychology would rule over logic and mathematics. But nothing would be a greater misunderstanding of mathematics than its subordination to psychology"(Robert C. Solomon, ed., *Phenomenology and Existentialism*, Lanham, M. D.: Univ. Press of America, Inc., 1980, pp. 96, 99~101, 103~05).

32) D. Cairns, *Conversations with Husserl and Fink*, ed. by The Husserl-Archives in Louvain, with a Foreword by Richard Zaner(The Hague: Martinus Nijhoff, 1976), p. 8.

뿐이다. 철학하는 자아는 세계에 앞서 있는 것으로 세계와 같은 존재일 수 없으며, 세계와 같은 유의 존재를 갖는 것으로 전제될 수 없다. 현실의 철학하는 주체는 이런 점에서 절대적 존재 Absolute Being이다. 다시 말하면, 철학하는 주체는 철학하는 자기 자신에 대한 판단 정지에도 불구하고 절대적으로 의심의 여지가 없는 또는 원칙적으로 모든 의심의 가능성을 배제하고 궁극적으로 남아 있는 유일한 존재라는 점에서 절대적이다.[33] 끝으로 철학하는 주체는 순수 의식으로서 자연적 존재나 실체성이나 또는 인과 관계를 갖지 않는다. 철학하는 주체는 공간적 외연과 위치를 가지지 않으며 물리적 자연이나 이념화 또는 수학화될 수 있는 즉자성도 없으며 자연 법칙에 흡사한 법칙들도 가지고 있지 않다. 철학하는 주체는 오로지 목적론적 연관성과 지향적 통일성을 가질 뿐이다. 그리고 이와 같은 연관성과 통일성은 클라인 Jacob Klein이 지적한 바와 같이 "기억 내에서의 반성 reflection과 '파지 retention,' 즉 '주어진 방식' 의 독특한 변화('변용')에 의해서만 재검토될 수 있다."[34] 결론적으로 후설은 현상학이 철학하는 주체의 고유성을 복원시킴으로써 철학의 첫 출발을 밝히는 과학이라고 말한다. 이런 점에서, 현상학은 "제일철학"이다. 현상학은 철학의 이념을 가장 엄밀하고 대담하게 수행한다. 현상학은 출발점에서 시작하여 종착점까지 간다. 현상학은 철학의 근본적인 출발점을 드러내고 자연 세계 전체를 이와 같은 출발점으로, 즉 나는 생각한다의 초월적 상태로 복원시킨다. 현상학은 존재하는 모든 것을 현상들로, 즉 초월적 주관성[35]에 의해 구성된 지향적 의미로 전환한다. 이상과 같

---

33) 이선관 교수는 "절대적"이라는 말의 의미를 "이제 더 이상 소급해갈 데가 없다는 의미"라고 부연한다(이선관, 「역사에서의 연속성」, 한국현상학회 편, 『역사와 현상학』, p. 46).

34) J. Klein, "Phenomenology and History of Science," in Marvin Farver, ed., *Philosophical Essays in Memory of Edmund Husserl*, p. 144.

35) 이선관 교수는 "초월적"을 "선험적"으로 번역하면서 "선험적 자아"에 대해 이렇

은 방식으로 현상학은 세계의 의미와 철학 자체의 의미에 대한 근본적인 성찰을 일깨운다.[36)]

근대 심리학주의에 대한 후설의 논의와 관련하여 살펴보아야 할 또 하나의 문제는 고대 심리학주의에 대한 그의 견해이다. 후설은 고대의 논리학과 윤리학 가운데, 비록 인식되지는 않았지만, 심리학주의가 이미 배태되어 있었다고 주장한다. 후설에 의하면, 이것은 아리스토텔레스의 영향 때문이다. 아리스토텔레스는 최초로 확립된 객관 과학의 영향을 받아 플라톤의 변증법 속에 담겨 있는 본래적인 급진적 정신을 약화시켰다. 후설에 의하면, "고대의 플라톤은 회의주의적 경향을 직시하고 이에 대한 적극적 해결책을 변증법의 이름으로 성찰하였고, 또 이러한 방법을 처음으로 적용하려고 시도했던 창시자였다. 그러나 이러한 급진주의적 운동은 〔……〕 아리스토텔레스 때부터 그 당시로는 처음으로 이룩된 객관적 과학의 영향으로 말미암아 약화되었다. 객관적 과학의 영향력이 너무나 강력하였기 때문에 회의주의가 갖고 있는 문제를 깊이 있고 진지하게 천착하려는 많은 경향을 무산시킬 수 있었다. 이에 따라 고대의 논리학과 윤리학에 침

게 기술한다: "선험적 자아는 어디로부터도 끌어내어질 수 없으며 unableitbar, 그런 한 창조적 schöpferisch이다": "또 그것은 스스로 자신을 규정한다는 의미에서 '존재 당위적 seinssollend' 인 성격을 가진다. '존재 당위적' 이란 '자신을 스스로 기투(企投)한다 entwerfen' 는 의미에서 이해될 수 있다. '기투함 Entwefen' 이란 기존의 가능성들에 대해 취하는 태도가 아니라, 스스로 '가능하게 함 Ermöglichung' 그 자체를 말한다"(이선관, 「역사에서의 연속성」, 『역사와 현상학』, p. 47).

36) Hong Woo Kim, 앞의 책, pp. 71~79; E. Husserl, *The Crisis*, pp. 71~72, 97, 139~40, 189, 192, 216~18, 222, 289, 400; E. Husserl, "Philosophy as Rigorous Science," 앞의 책, pp. 71~89, 90, 105~08, 110; E. Husserl, *Ideas*, pp. 14, 18, 20~22, 59, 119~20, 132, 134, 155, 170, 212, 236, 242, 249, 251, 257~58, 261, 263, 404; E. Husserl, *The Idea of Phenomenology*, pp. 9, 11, 14, 33~35, 53; E. Husserl, *The Phenomenology of Internal Time-Consciousness*, ed. by Martin Heidegger, tr. by J. C. Churchill(Bloomington: Indiana University Press, 1964), pp. 48, 55, 122, 150; E. Husserl, "Philosophy and Crisis of European Man," 앞의 책, pp. 188~91.

투된 심리학주의를 사람들은 거의 감지하지 못했다."[37] 이것은 아리
스토텔레스에 대한 후설의 비판으로서,[38] 후설과 플라톤의 공통점을
이해하기 위해서는 반드시 검토할 필요가 있다고 본다. 필자는 아리
스토텔레스의 『영혼론 *De Anima*』을 중심으로 그가 논한 "영혼"의 의
미를 살펴보고자 한다.

아리스토텔레스의 『영혼론』을 검토해보면, 후설이 지적한 대로
"영혼"에 관한 물리적 견해의 싹을 발견하게 된다. 아리스토텔레스는
먼저 정신mind or nous과 영혼soul or psyche을 구분하고, 정신은 몸
으로부터 분리될 수 있는 존재로 본다. 이와 동시에 그는 영혼이 정
신의 능력을 포괄하고, 또 이 영혼은 실재하는 사물들 가운데 존재한
다고 본다. 아리스토텔레스는 말하자면 영혼을 감각적으로 지각 가
능한 물리적 실재에 연계시킨다. 반면 아리스토텔레스는 정신을 본
질적으로 "가장 원초적이고 지배적인" 영혼의 능력이라고 말한다.
"영혼이 생각하고 판단하는" 정신은 생각하기 전에는 실재하지 않으
며, 생각할 때에는 생각 그 자체이다; 따라서 "생각하는 것과 생각되
어지는 것은 동일하다"; 이와 같은 이유로 정신은 "몸과 혼합될 수
없다는 것이 합리적 판단이다"; 정신은 "영혼 가운데 심겨진 독립적
실체substance이다"; 정신만이 "불멸이며 영원하여" 파괴될 수 없다;
정신은 물질matter이 아니라 형태form이다; "정신"은 마치 "손이 도
구들 중의 도구"이듯이 "형태들 중의 형태 form of forms이다"[39]; 다른

---

37) E. Husserl, *Erste Philosophie* I, p. 74.

38) 조관성 교수는 "후설의 도덕철학 또는 사회철학은 넓은 범위 안에서 플라톤 철학
   의 모형이 아니라 아리스토텔레스 철학의 모형을 따른다"는 필자와는 상반된 해석
   을 하고 있으나, 그 논거가 무엇인지 분명히 제시하지 않고 있다(조관성, 「후설 철
   학에서의 개체와 공동체 그리고 윤리적 사회성」, 『역사와 현상학』, p. 442).

39) Aristotle, *De Anima*, tr. by J. A. Smith, in *The Basic Works of Aristotle*, ed. and with
   an Introduction by R. McKeon(New York: Random House, 1970), pp. 548
   [408b1~35], 552[410b14], 554~56[412a~413a10], 589~96[429a~432a14].

한편 영혼은 존재의 조건으로서 몸을 필요로 한다; "영혼은 몸과 분리될 수 없다"; 그러므로 "영혼과 몸이 하나인가 아닌가"라는 물음은 "왁스와 그 위에 찍힌 스탬프가 하나인가 아닌가"라는 물음처럼 무의미하다; 영혼은 "자체 내에 잠재적으로 생명을 갖는 자연적 신체의 형태라는 의미에서 하나의 실체이다"; 영혼은 "신체의 현실태 the actuality of body"이다; 영혼은 특정한 형태로 신체를 현실화한다. 아리스토텔레스의 말을 다시 요약하면, "영혼은 특정한 종류의 신체적 현실태이다. 따라서 다음의 주장은 정당하다. 즉 영혼은 신체일 수는 없어도 신체 없이는 존재할 수 없다. 영혼은 신체가 아니지만 신체와 관계된 그 무엇이다. 이것이 어째서 영혼이 신체 안에 있고 특정한 종류의 신체 안에 있는 이유이다."[40] 아리스토텔레스에 있어서 신체는 영혼이 존재하기 위한 전제 조건이다. 아리스토텔레스는 정신의 불멸성과 신체로부터의 독립성에 대한 인식에도 불구하고 "정신의 능력"을 영혼 가운데 포함시키고, 정신은 "영혼 속에 심겨져 있다"고 말한다. 이어서 그는 몸과 영혼을 하나의 심리물리적 실재인 단일한 동물적 존재 속에 포괄한다. 한 가지 분명한 것은 아리스토텔레스가 영혼을 "자연과학"의 범주 안에 포함시켰다는 점이다. 아리스토텔레스는 "영혼에 대한 연구는 자연과학의 영역 안에 포함되어야 한다"[41] 고 말한다. 이런 점에서 아리스토텔레스는 분명히 플라톤이 『파이돈』에서 인식했던 본래적 의미의 영혼을 포기한 것으로 보인다. 『영혼론』에 관한 한 아리스토텔레스가 심리학주의의 경향을 보인다는 것은 의문의 여지가 없다. 그에게 영혼이란 "자연과학"의 여러 대상들 중의 하나일 뿐이다. 후설도 아리스토텔레스의 심리학주의의 경향을 다음과 같이 되풀이 지적한다: "아리스토텔레스는 미리 주어진 세계에 대한 지극히 자연적인 자명성 속에 빠져버림으로써 이와 더불어

---

40) 같은 책, pp. 554~59[412a1~414a28].
41) 같은 책, p. 537[403a23~30].

모든 급진적인 인식의 정초 작업을 포기하였다."[42] 이러한 아리스토텔레스에 대한 후설의 논의는 초월적 현상학이 세간적 현상학 mundane phenomenology으로 전환되는 후설 이후의 현상학에 대한 그의 개인적 반응으로도 간주된다. 후설의 후기 저작의 제목——『유럽 과학의 위기와 선험적 현상학 *The Crisis of European Sciences and Transcendental Phenomenology*』——에 명료히 나타나 있듯이 후설은 평생토록 "초월적 철학" 또는 "제일철학"의 이념을 결코 포기하지 않았다. 사실 후설은 "유럽 과학의 위기"가 "초월적 철학"의 이념을 포기한 데에 기인한다고 본다. 이른바 세간적 현상학이라 불려지는 현상학의 새로운 발전들은 후설의 "초월적 현상학"에 대한 반동으로 나타났으며, 그 대표적인 인물로서 하이데거와 알프레드 슈츠 Alfred Schutz를 들 수 있다.[43]

---

42) E. Husserl, *Erste Philosophie* I, p. 56. 아리스토텔레스의 영혼론을 근대 철학에서 다시 부활시킨 사람이 헤겔이다. 그는 『엔지클로패디』에서 이렇게 말한다: "Die Bücher des Aristoteles über die Seele mit seinen Abhändlungen über besondere Seiten und Zustände derselben sind deswegen noch immer das vorzüglichste oder einzige Werk von speculativem Interesse über diesen Gegenstand. Der wesentliche Zweck einer Philosophie des Geistes kann nur der sein, den Begriff in die Erkenntniß des Geistes wieder einzüführen, damit auch den Sinn jener aristotelischen Bücher wieder aufzuschließen"(Georg Wilhelm Friedrich Hegel, *Enzyklopädie der Philosophischen Wissenschaften im Grundrisse*, Gesammelte Werke Band 20, Hamburg: Felix Meiner Verlag, 1992, p. 380).

43) 반면 후설의 "초월적 현상학"을 가장 충실하게 계승한 사람으로서 거비치를 들 수 있을 것이다. 그는 이렇게 말한다: "The essence of man, therefore, does not lie in the corporeal because the human body is a res extensa like any other body. [……] The cogitare, the effecting of cogitationes, is characteristic of the being of man. What distinguishes man, what makes him first of all into man, is his facultas cogitandi: in cogitare and only in it inheres his being"(A. Gurwitsch, *Human Encounters in the Social World*, Pittsburgh: Duquesne Univ. Press, 1979, pp. 47~48). 그러나 최재식 교수에 의하면 "거비치는 하이데거의 기초 존재론을 출발점으로 해서 본격적으로 그의 사회존재론을 전개시키고 있다"고 말한다. 이에 대해 필자는 먼저 방금 인용한 거비치의 말이 과연 하이데거의 "기초 존재론을 출

4

　이제 후설을 정리해보면, 현상학은 철학의 시작을 주제화함으로써 철학의 의미를 밝혀나가는 과학이다. 현상학은 철학의 출발점으로 되돌아가서 그곳으로부터 철학을 시작한다. 이런 점에서 현상학은 "급진적"이다. "급진적"이라는 말의 어원인 "radical"이 뜻하듯이 현상학은 철학을 "뿌리로부터" 시작한다. 현상학은 어떠한 것도 당연한 것으로 간주하지 않으며, 어떠한 것도 미리 주어진 것으로 받아들이지 않는다. 그것은 편견으로부터의 완전한 자유를 획득하고 시원에서부터 철학은 시작하고자 시도한다. 현상학은 현존하는 과학들을 단일한 체계로 통합하거나 또는 관념적으로 종합한 결과물이 아니라 급진성으로부터 나온 과학이다. 이와 같은 급진성은 편견을 극복하기 위해 분투할 것과 원초적이고 직접적인 투명한 경험에 비추어 해명될 수 없는 것은 어떠한 것도 지식으로 수용하지 말 것을 철학하는 주체에게 부단히 요구함을 뜻한다. 후설의 급진주의는 플라톤의 급진주의와 공통점을 갖는다. 후설에 의하면, 플라톤의 급진주의는 그의 변증법적 투쟁 속에 깊숙이 침투되어 있으며, 그 속에서 역동적으로 작용한다. 플라톤의 변증법은 철학의 가능성이 본질적으로 부인

발점으로" 한 말인지 아니면 그와의 결별을 뜻하는 것인지를 최교수에게 묻고자 한다. 다음으로 최교수는 거비치가 "하나의 새로운 의식 현상학인 주제론적 현상학을 전개시키고" 있다고 말하고 있는데, 최교수는 이러한 "주제론적 현상학"과 "사회존재론"의 관계가 무엇인지를 좀더 충분히 밝혀야 할 것이다. 끝으로 최교수는 거비치의 "자연적 태도"에는 실천적인 측면보다는 이론적인 측면이 더 강하다는 점에 — 오히려 후설보다 더 강하다는 점에 — 주목해야 할 것이다. 최교수는 이와 관련하여 다음 장(「후설의 생활 세계와 정치철학적 의미」)의 각주 36)을 참조하기 바란다. 최재식, 「거비치와 하이데거: 행위와 타자의 문제를 중심으로」, 오인탁·최종욱 외, 『해석학과 정신과학적 교육학』(사회평론, 1996), pp. 174, 176.

되고, 이에 따라 모든 과학이 의문시되는 상황에서 제기되었다. "절대적인 기초 위에 정초된 순수 과학에 대한 플라톤의 이념은" 과학의 일반적 위기로부터 시작되었으며, 이러한 위기는 과학의 의미를 그 기초에서부터 흔들어놓았다. 후설에 의하면, 플라톤에게는 "이미 받아들여진 현실의 과학이나 현실 세계는 아직 존재하지 않았다."[44] 그의 변증법에서는 세계를 구성하는 특정한 요소나 현재 인정되는 특정한 과학들이 전제되지 않았다. 플라톤에 있어 원초적으로 주어진 것은 과학이 아니라 과학 그 자체를 제공하는 경험뿐이었다. 플라톤은 "경험 비판"에 호소하였고, 이러한 경험 비판을 통하여 시작의 절대적인 토대를 확보할 수 있는 방법을 밝혀야만 했다. 플라톤은 어떠한 주어진 과학에도 의존할 수 없었기 때문에 사실상의 과학보다 앞서 최초로 주어진 전-과학적 생활 경험 내에서 작업해야만 했다. 시작부터 어떠한 사실상의 과학도 인정하지 않은 플라톤은 곧바로 삶의 소박성으로 눈을 돌렸고, 자생적인 변증법의 경험 비판을 통하여 다른 모든 명증성에 선행하는 가장 원초적인 명증성을 발견하였다. 플라톤의 변증법은 철학의 출발점에 도달하고자 시도했던 가장 대담하고 급진적인 방법이었다.

후설에 의하면, 플라톤의 변증법은 기존의 모든 학문을 해체하고, 다시 건설한다. 그것은 전제들을 파기하고 논의의 첫 출발점으로 되돌아간다. 이렇게 해서 완성된 변증법은 결코 과학의 한 방법이 아닌 그 자체로서 완전한 과학임이 드러나게 된다. 변증법은 말하자면 과학이 자생적인 활동을 통해서 스스로 과학이 되는 과정이다. 이런 관점에서 후설은 플라톤의 변증법을 다음과 같이 요약한다: 플라톤의 변증법은 "'참된' 지식과 '참된' 과학의 본질적 요건을 탐색하고 따라서 자각적으로 완벽한 정당성을 목표로 하며, 그러한 과학의 규범

---

44) E. Husserl, *Formal and Transcendental Logic*, p. 223.

에 비추어 자각적으로 방법과 이론을 정당화하는 과학이 수립되는 곳이다."[45] 후설은 플라톤의 변증법에서 급진주의의 원형, 즉 비판적 자기-정당화의 정신을 발견한다.

그러나 플라톤의 변증법은 오랫동안 비판의 대상이 되었다. 그것은 철학사에 있어서 하나의 수수께끼였으며, 또한 조롱의 대상이었다. 플라톤의 변증법은 국외자들에게는 하나의 철학적 기괴함이었다. 변증법은 그 시작부터 속임수라고 비난받았다. 소크라테스의 동시대인들은 그를 "엄청난 교활한 말쟁이"라고 공격하였다. 이런 식으로 그들은 소크라테스 자신의 말과 그의 말하는 방법인 변증법을 폄하하였다. 그들의 견해에 의하면, 변증법은 진리와 무관하다는 것이었다. 변증법은 단지 "약한 논지를 강하게 하는"[46] 기만술일 뿐이었다. 플라톤의 철학 이념을 밝히기 위해서는 변증법에 대한 도시(都市)의 이와 같은 강력한 적대감을 보다 자세히 살펴볼 필요가 있다. 필자는 소크라테스와 그의 화법에 대해, 즉 변증법에 대해 비난하였던 사람들의 기본 성격을 검토함으로써 논의하고자 한다.

『변명』에서 소크라테스는 자신을 비난한 사람들을 구세대와 신세대의 두 부류로 나눈다. 여기서 소크라테스는 그가 구세대의 아테네 사람들뿐만 아니라 신세대의 젊은 아테네 사람들로부터도 고발당했음을 분명히 밝힌다. 사실 신세대는 소크라테스의 칠십 평생의 철학적 삶 가운데서 그를 처음으로 법정에 세워 결국 죽음을 당하게 한 장본인들이었다. 그러나 그에게 최종적으로 유죄 판결을 내린 것은 젊은 고발자들의 공식 진술서라기보다는 그들의 "편견과 미움"이었다고 소크라테스는 밝힌다. 소크라테스는 자신은 죄가 없으므로 자신을 더 이상 변호할 필요가 없다고 선언하면서 다음과 같이 말한다: "나는 당신들도 알다시피 사람들로부터 대단히 미움을 받고 있다. 나

---

45) 같은 책, p. 1.

46) Plato, "Apology," in *Great Dialogues of Plato*, pp. 423~24.

에게 유죄 판결을 내리는 것은 따라서 멜레토스Meletos나 아니토스 Anytos가 아니라 많은 사람들의 미움과 편견이다. 미움과 편견은 다른 많은 선한 사람들에게도 그래왔고 또 이번에도 그럴 것이다. 내가 예외일 가능성은 없다."[47] 이제 소크라테스의 말을 다시 요약해보면, 소크라테스의 진정한 고발자는 편견을 만들어서 퍼뜨린 사람이라는 것이며, 이런 점에서 "허구를 팔아서 먹고 사는" 시인이 바로 소크라테스의 진정한 고발자라는 것이다.

플라톤의 『변명』은 무엇보다도 "편견" 또는 의견doxa의 문제를 제기한다. 다음으로 그것은 철학과 시의 오랜 싸움을 보여준다. 필자는 "편견" 또는 의견의 문제와 철학과 시의 싸움이라는 『변명』의 두 논점을 분석함으로써 1) 도시 내에 변증법에 대한 적대적 양상을 밝히고, 이를 통해 2) 플라톤의 철학에서 영혼의 중심성을 집중적으로 조명하고자 한다. 필자는 먼저 "편견" 또는 의견의 문제로부터 시작하고자 한다. 플라톤의 변증법은 일상적인 편견들을 생산하고 재생산하는 의견의 세계에 대한, 그리고 여기에서 발생하고 서식하는 편견들에 대한 직접적인 도전이다. 처음에 플라톤은 다른 사람을 가르칠 수 있는 교사가 존재한다는 자명한 확실성을 거부한다. 그 다음으로 그는 변증법을 각자 스스로를 교육하는 하나의 방법으로 제시한다. 이런 점에서 플라톤의 변증법은 첫째 "스스로를 교육하는 방법"이며, 둘째 "경험 비판"이다. 이와 같은 의미에서 변증법은 고발자들이 주장하는 하늘 위의 것이나 땅 밑에 있는 것들과는 아무런 관련이 없다. 플라톤의 변증법은 인간적인 것 중에서도 가장 인간적인 것, 즉 영혼에 주목한다. 플라톤의 변증법은 특히 영혼이 지향하는 "선good"에 관심을 경주한다. 영혼의 선은 사물들을 아는 사람에게는 진리를, 선을 아는 사람에게는 능력과 덕을 부여한다. 플라톤에게 있

____

47) 같은 책, p. 434[24B~25E].

어 변증법은 영혼이 경험 비판을 통해서 스스로를 시험하며 스스로를 교육하는, 그리고 이와 같은 과정을 통해서 궁극의 선, 즉 영혼의 선[48]에 이르는 방법으로 착안된 것이다.

물론 대부분의 사람들은 다른 사람을 가르칠 수 있는 교사가 존재한다고 믿는다. 그러나 소크라테스는 이와 같은 견해를 의심한다. 소크라테스는 영혼에 내재하는 특정한 자질을 다른 사람들에게 나누어 준다는 의미에서의 가르침이라는 것이 가능할 수 있을지에 대해 회의한다. 소크라테스에게 덕에 대한 지식은 한 사람이 다른 사람들에게 임의로 전이할 수 있는 것이 아니라 오히려 자신의 영혼에 대하여 올바른 태도를 취할 때에만 스스로 획득될 수 있는 것이다. 먼저 소크라테스는 이렇게 묻는다: 교사란 과연 어떤 사람인가? 무슨 근거에서 우리는 교사가 존재한다는 확실성을 받아들일 수 있는가? 덕을 가르칠 수 있다고 공언하는 사람은 무엇보다도 먼저 자신의 영혼에 대한 근원적 이해에 도달하여야 한다. 덕을 조금이라도 가르치고자 도모하는 사람이 있다면, 자기 자신의 영혼과 특성에 대해 성찰하여야만 한다. 영혼의 본질에 대한 경험 없이 어떻게 덕이 무엇인지 알수 있으며, 하물며 덕을 가르칠 수 있겠는가? 자신의 정신 생활에 대한 경험 없이 정신 생활 일반을 어떻게 말할 수 있겠는가? 덕을 가르치고자 하는 사람은 그가 가르치고자 하는 것을 그 자신부터 알아야한다. 사람들에게 덕을 가르친다고 공언하는 사람이라면 순수한 반성 속에서 그 모습을 드러내는 영혼에 대한 근본적인 이해를 마땅히 가지고 있어야 한다. 영혼은 인간적인 것에 대한 모든 가르침과 언술의 전제가 된다. 그럼에도 불구하고 누구도 그와 같은 전제에 대해 진지하게 관심을 갖는 것 같지 않다. 사실 세상은 그 같은 일에 대해 아무런 관심도 없다. 세상은 그런 것을 당연한 것으로 간주할 뿐이

---

48) 같은 책, pp. 425~30[17C~23E]; Plato, *The Republic*, pp. 184~90[505A~509C].

다. 아니토스가 『메논 *Meno*』에서 지적했듯이, 어떠한 "아테네 시민"
도 사람들을 가르칠 수 있고 그들을 보다 낫게 만들 수 있다고 믿는
다.[49] 여기서 소크라테스의 "방랑"은 시작된다. 소크라테스는 혼란에
빠진다. 소크라테스의 혼란은 가장 인간적인 것, 즉 영혼에 대한 자
각과 동시에 자신의 영혼에 대한 무지로부터 촉발되었다. 소크라테
스는 자신의 존재, 즉 자신의 영혼에 대해서는 크고 작음을 막론하고
완전히 무지함을 깨닫게 되었다. 소크라테스는 엄청난 열정으로 자
신의 혼란을 해결하려고 노력하였다. 소크라테스는 젊은 사람과 늙
은 사람, 내국인과 외국인을 망라하여 만나는 모든 사람과 철저한 자
기 검토를 수행하였다. 그는 자기 스스로와 또 그가 만나는 모든 사
람을 시험하였다. 그러나 영혼을 알며 또 그 영혼을 안다고 공언하는
사람은 어디에 존재하는가? 물론 사람들은 소크라테스를 고르기아스
Gorgias나 프로디코스 Prodicos, 히피아스 Hippias나 유에노스 Euenos
와 같은 교사들 중의 한 사람으로 생각하였고, 또 그의 가르침이 젊
은 사람들을 부패시켰다고 믿었기 때문에 그를 제소하였던 것이 사
실이지만, 소크라테스는 그와 같은 고소를 일체 부인하였다. 소크라
테스에 의하면 이와 같은 고소는 허위라는 것이다. 왜냐하면 그 자신
은 어떤 것도 가르치지 않았기 때문이다. 무엇보다도 먼저 그는 무엇
을 안다고 공언한 바 없으며, 더군다나 다른 사람들을 가르치겠다고
말한 바 없기 때문이다. 소크라테스는 이렇게 말한다: "나는 결코 어
떤 사람에게도 교사가 된 적이 없다"; "만약 어떤 사람이 다른 모든
사람들이 듣고 배우지 않은 것을 사적으로 나에게서 듣고 배웠다고
말한다면, 나는 그가 진리를 말하지 않는다고 확언할 수 있다."[50] 소
크라테스는 인간적인 것과 정치적인 것의 덕목을 가르칠 수 있는 사

---

49) Plato, "Meno," in *Plato's Meno: Text and Criticism*, ed. by Alexander Sosenske and
　　Noel Fleming(Belmont, Calif. : Wordsworth Publishing Company, Inc., 1965), p. 29.
50) Plato, "Apology," 앞의 책, p. 439〔32B~34B〕.

람의 존재를 당연시하는 믿음, 그리고 이러한 믿음에 입각한 소박한
확실성에 대해 도전한다. 소크라테스는 도전적으로 이렇게 말한다:
누가 교사인지, 그리고 그가 어디에 있는지 나에게 말해주시오! 소크
라테스는 계속해서 탐문하였고, 교사를 찾기 위한 어떠한 수고도 달
게 받았다. 그러나 소크라테스는 우리가 알고 있듯이 성공하지 못하
였다. 소크라테스는 아테네와 같은 큰 도시에서조차 단 한 사람의 교
사도 발견할 수 없었다. 그러나 소크라테스는 의심할 수 없는 한 가
지 명백한 사실을 발견하였다. 그것은 사람들이 자신의 세계에 대해
서는 아주 명백하게 확신하면서도 자신의 존재, 즉 자신의 영혼에 대
해서는 불확실하고, 또 아주 무지하다는 것이었다. 그리고 인간의 무
지는 바로 이러한 사실에 대해서조차 무지한 데서 극치에 이른다고
보았다.

필자의 두번째 논점은 플라톤의 『변명』이 철학과 시의 오랜 싸움을
보여준다는 점이다. 멜레토스는 철학의 소용돌이와 어리석은 한담에
대항해서 소크라테스에 대한 소송에 앞장섰다. 말하자면 소크라테스
에 대항해서 소송을 제기한 사람은 공예가와 정치인을 대변한 아니토
스도 또는 웅변가를 대변한 리콘Lycon도 아닌 바로 시인의 대변자 멜
레토스였다는 점이다. 멜레토스는 마치 아리스토파네스Aristophanes
의 『구름 The Clouds』에 등장하는 스트렙시아데스Strepsiades가 그랬
던 것처럼 소크라테스의 몽상 학원Thinking School을 쓸어버리려는
아테네 시민들의 오랜 숙원을 실천하는 데 선봉에 나섰다.[51] 그러나
멜레토스는 그 싸움에서 승리하지 못했다. 배심원의 다수가 소크라
테스를 유죄로 보는 쪽에 표를 던졌음에도 불구하고 멜레토스는 이
싸움의 승자가 아닌 패자임이 드러났다. 소크라테스는 표결이 끝난
다음 그 이유를 아주 명료하게 설명한다: "지금 나는 멜레토스의 고

---

51) Aristophanes, *The Clouds*, tr. by A. D. Godley and C. Railey(Horace Hart, Oxford:
　　Oxford Univ. Dramatic Society, 1905), p. 91.

226

소로부터 완전히 풀려났다고 생각한다. 그뿐만 아니라 만약 아니토스와 리콘이 동조하지 않았다면 그는 투표의 오분의 일도 얻지 못한 이유로 일천 드라크마의 벌금을 내야 했을 것이다."[52] 우리는 플라톤의 『변명』에서 철학과 시의 최후의 대결이 결국 시의 몰락으로 끝남을 목격하게 된다. 필자는 철학과 시의 이와 같은 대결이 따지고 보면 "지식"과 "모방"간의 싸움에 다름아니라고 해석한다.

시란 말 그대로 "만듦"을 뜻하고 시인이란 "만드는 사람"을 뜻한다. 그러나 모든 종류의 만듦이 곧 시인 것은 아니며, 마찬가지로 모든 종류의 만드는 사람이 시인인 것도 아니다. 여러 종류의 만듦과 만드는 사람 가운데 "음악과 운문"에 관계된 것과 사람을 가리켜 보통 "시"와 "시인"[53]이라 부른다. 그러나 소크라테스에게 시는 만듦의 기술이 아니며 어떤 의미에서는 기술이라는 말조차 할 수 없는 단순한 모방의 기교일 뿐이다. 후설이 간명하게 덧붙이듯이 "기교란 완성품의 내적 원리에 대한 통찰"[54] 없이, 단지 남다른 실용적 안목을 뜻한다. 시의 요체는 모방에 있다. 시는 모방을 추구하며, 이러한 모방을 통해 만족감과 쾌락의 생산을 목표로 한다. 시에서 사람들은 모든 것을, 즉 "땅에서 자라는 모든 것" "모든 동물들" "땅과 하늘, 신들, 하늘에 있는 모든 것, 그리고 땅 밑의 지옥에 있는 모든 것" 등을 보게 된다. 예를 들면 호머 Homer―소크라테스는 그를 가리켜 "모든 시인들 가운데 최고의 신적인 시인"이라고 말한 바 있다―에서 사람들은 모든 종류의 담론들과 대면한다. 호머는 "약(藥)" "전쟁과 군대의 지휘, 그리고 도시의 통치" "인간의 교육" "선한 사람과 악한 사람, 기능인과 일반인" "신과 영웅들의 기원" "신과 사람, 그리고 여러 신들간의 관계" 등 모든 것에 대해 말한다. 이러한 시인들과 그들의

---

52) Plato, "Apology," 앞의 책, p. 441[34B~36B].

53) Plato, "Symposium," in *Great Dialogues of Plato*, p. 100[204B~C].

54) E. Husserl, *Formal and Transcendental Logic*, p. 3.

이야기들로부터 사람들은 시인이야말로 가장 지혜로운 사람이라고 믿게 된다. 그들은 시인들이 "모든 기술들과, 그리고 덕과 악덕에 관한 모든 인간적 일들과 모든 신적인 일들까지도 안다고 믿는다. 그들은 또한 시인이야말로 인간의 참 교사라고 믿으며, 인간사에 대한 경영과 교육을 위해서는 시야말로 공부할 가치가 있다고 보며, 자신들의 삶을 살아가는 데서도 시인들의 생활 방식을 따르는 것이 좋다고 믿는다. 그러나 소크라테스는 이렇게 묻는다: "훌륭한 시인들은 그들이 훌륭하게 말하는 것들을 많은 사람들의 의견대로 정말 알고 있는가?"

소크라테스에 의하면, 시인들이란 모방가들이다. 그들은 자신들이 모방하는 것들 가운데 말할 만한 가치가 있는 것들에 관하여는 전혀 아는 것이 없다. 그들은 자신이 모방하는 사물의 본질이나 원인에 대해 조금도 설명할 능력이 없다. 어떤 의미에서 시인들은 "여러 가지 훌륭한 말을 하지만 자신들이 하는 말을 이해하지 못하는 점술가나 신탁 예언자들과 같다." 시인들은 시를 기술과 지식이 아닌 신비한 교감과 능력에 의해 만든다. 시는 "지혜"와 "지성"으로 만들어지는 것이 아니라 "천부의 자질과 영감"에 의해 만들어진다. 『이온 *Ion*』에서 소크라테스는 바로 이 점을 지적한다: "시인은 영감을 받아 의식을 잃고 제정신이 아닐 때라야 비로소 시를 지을 수 있다." 시인은 자신이 만드는 것을 정말로 만들지 못한다. 시인은 만드는 것을 모방할 뿐이다. 만듦은 "무"에서 "유"가 되는 원인이다. 만든다는 것은 특정한 것을 존재케 한다는 뜻이다. 그러나 시인은 사물을 만들지 않는다. 보다 정확하게 말하면, 시인은 사물의 존재가 아닌, 사물의 외관을 만든다. 시인은 "이름과 어구들"로써 사물들을 만들고, 이들을 "운율과 율동, 그리고 조화"로써 윤색한다. 시인은 존재보다 외형에 관심을 기울인다. 시인은 존재의 외형을 모방한다. 시인은 감각에 드러난 사물, 특히 청각에 나타난 사물의 외형을 모방한다.

228

사실 모방이란 영혼의 비합리적 부분과 항상 결합되어 있다. 영혼의 합리적 부분은 "쉽게 모방할 수 없으며, 모방하더라도 쉽게 이해되지 않는다." 모방은 이성과 배치되는 이질적인 것이다. 쉽게 모방되는 것은 오로지 비합리적인 부분뿐이다. 모방적 시인은 자연히 비합리적 부분을 겨냥하게 된다. 모방적 시인은 정신의 비합리적 부분을 만족시킴으로써 정신 안에 열악한 체제를 생산한다. 시인은 비합리적 부분을 일깨우고 육성하며 강화시킴으로써 합리적 부분을 파괴한다. 소크라테스에 의하면, 시인은 또한 여러 가지 해로운 담론들의 원천들이다. 소크라테스는 『국가』에서 이렇게 말한다: "서정 시인들과 서사 시인들이 인간사의 가장 중요하다는 것들에 대해 하는 말은 그릇된 것이다. 즉 행복한 많은 사람들은 정의롭지 못하고, 대부분의 비참한 사람들은 정의로우며, 불의를 행하더라도 모면할 수만 있다면 사람을 이롭게 하고, 정의는 다른 사람들에게는 선이지만 자신에게는 손해이다." 당연한 결과로서 시는 선의 이념, 즉 영혼의 선 이념과 갈등하게 된다. 모방은 정신의 최상의 부분이 아닌 비합리적인 일상적 부분과 결합한다. 시인은 모방에 있어서 영혼을 눈에 보이는 외적인 것에 고정시키고, 또 이와 같이 "모조된 의사 외양"을 선의 근원으로 수용하도록 영혼을 강제한다. 시인들은 인간 정신의 고유한 특성에 대해 관심을 갖지 않는다. 그들은 인간의 영혼을 위해 무엇이 최선인지를 생각할 수 없다. 그들은 영혼의 순수 영역으로, 다시 말하면 영혼이 영원히 죽지 않고 변치 않는 영역으로 영혼을 이끌어갈 수 없다. 요컨대, 소크라테스가 본 시는 영혼을 가장 높은 단계에까지 끌어올릴 능력이 없다. 오로지 변증법만이 논쟁의 방법에 의해서 영혼 속에 내재하는 최선의 것을 해방시킬 수 있으며, 최선의 것, 즉 영혼 그 자체를 관조할 수 있도록 인도한다. 시는 모방에 의해 정신 속에 "환영"을 잉태시키고 이런 방법으로 사람들을 속인다. 반면, 변증법은 지성 활동을 불러내고 각성시키며 영혼으로 하여금 생성에서 존재로 날아오르도록 강제한다. 변증법만이 철학적 이해(理解)를 생산할 수 있고 항상 있는 존재를 드러낼 수 있으며, 진리 그 자체를 붙잡을 수 있다.[55]

5

　지금까지 필자는 플라톤과 후설이 인식한 철학의 이념을 살펴보았고, 또 양자간에는 상당한 공통점이 있음을 확인하였다. 필자는 플라톤과 후설 모두에게 영혼은 철학의 중심적 주제임을 상론하였다. 영혼은 철학의 고유한 문제이며 철학만이 정신을 그 본질적 의미에서 이해할 수 있다. 이와 관련하여 필자는 심리학이 일단 "모든 심리학주의로부터 정화되고 나면 하나의 철학적 방법이 될 수 있"[56]으며, 이러한 의미에서 "심리학은 항상 맹아적 상태에 있는 잠재적 철학"[57]이라는 메를로–퐁티 Maurice Merleau-Ponty의 말을 상기해본다. 필자는 후설과 플라톤의 심리학과 시에 대한 비판적 견해들을 각각 검토함으로써 영혼이 철학의 중심 문제임을 논증하였다. 필자는 플라톤의 시에 대한 일관된 비판으로부터 후설의 심리학 비판에 병행하는 동일한 동기, 즉 철학의 순수 기초를 전유하려는 동기를 발견하였다. 필자는 후설의 심리학 비판이 단순한 심리학 비판 이상의 의미를 갖

---

55) Plato, *The Republic*, pp. 41~42[363e2~365a2], 190~20[590d~541b], 277~91[595a~608b], 특히 p. 70[392b]; Plato, *Gorgias*, tr. by W. C. Helmbold (New York and Indianapolis: The Bobbs-Merrill Company, Inc., 1952), pp. 3~24[447A~465E], 75~76[502].

56) M. Merleau-Ponty, *Phenomenology of Perception*, tr. by Colin Smith(New York: The Humanities Press, 1966), p. 63.

57) M. Merleau-Ponty, *Consciousness and the Acquisition of Language*, tr. by Hugh J. Silverman(Evanston: Northwestern Univ. Press, 1973), p. 10.

고 있다고 생각한다. 그것은 사실상 근대 의식 그 자체, 즉 자연주의 naturalism에 대한 비판이라고 볼 수 있다. 마찬가지로 필자는 플라톤의 시에 대한 비판이 전통적 뮤즈의 권위, 다시 말하면, 도시의 주인으로서 도시의 의견을 지배하고 규범을 제공하는 뮤즈의 권위에 대한 하나의 도전이라고 본다. 이상과 같은 논의에 근거하여 필자는 다음과 같은 결론을 맺고자 한다: 플라톤과 후설에 있어 영혼은 철학의 중심 문제이다; 그들이 궁극적으로 추구했던 것은 철학의 순수한 기초, 즉 순수 영혼을 드러내고 전유하는 것이었다. 필자의 결론과 관련하여 후설이 『브리태니커 백과사전 Encyclopedia Britannica』에 기고했던 "현상학"의 마지막 언명을 다시 한번 상기하는 것이 좋을 것이다: "현상학적 철학의 모든 방법은 그리스 철학이 나타난 이후로 거기에 작용했던 방법적 의도를 순수하게 드러내는 것에 다름아니다."[58]

---

58) E. Husserl, "Vierte Fassung der Encyclopedia Britannica Artikel," in *Husserlian Band IX: Phenomenologische Psychologie* (Haag: Martinus Nijhoff, 1962), p. 301.

후설의 생활 세계와 정치철학적 의미

1

후설의 현상학은 철학 일반의 가능성에 대한 끊임없는 추구이다. 철학은 이미 주어져 있는, 또는 늘 소유할 수 있는 하나의 물건과 같은 것이 아니다. 철학은 철학 자체의 가능성에 대한 끊임없는 물음에서 나오는 묻는 자의 이야기라 할 수 있다.[1] 이 글에서는 정치철학의 가능성을 후설의 현상학 내에서 찾아보고자 한다. 이 글에서 필자가 제기하는 질문은 "후설의 현상학이 정치철학의 가능성에 대해 어떤 출발점을 마련해주는가?"[2]이다.

"철학은 철학자에게 영원한 수수께끼다"라는 후설의 말은 "철학이 무엇이냐?"라는 질문에 대한 대답이 간단히 주어질 수 없고 끊임없이 추구되어야 할 문제라는 것을 말해준다. 철학의 의미는 기왕의 철학을 습득하는 데서 드러나는 것이 아니라, 철학을 자기 생활의 일부로 받아들이는 자신의 의도intention(또는 intentionality)를 철저하게

---

1) 이런 점에서 필자는 "철학은 자신을 물어보고 그런 한에서 실증적 학문 이상인 학문"이라는 반델펠스의 언명은 이를 잘 집약한다고 본다(반델펠스, 『현상학의 지평』, 최재식 옮김, 울산대학교 출판부, 1998, p. 26).

2) E. Husserl, "Philosophy as Rigorous Science," *Phenomenology and the Crisis of Philosophy*, tr. by Quentin Lauer(N. Y.: Haper & Brothers, 1965), p. 146.

돌이켜봄으로써 밝혀지는 것이다. 이런 뜻에서 "우리는 결코 철학을 통해서 철학자가 되는 것은 아니다"라는 후설의 말을 다시 한번 새겨 볼 필요가 있다.

"철학이 무엇이냐?"라는 후설의 질문 속에는 과연 어떠한 의도가, 또는 동기가 담겨져 있을까? 후설의 의도를 한마디로 요약하면, 유럽의 위기를 철학의 위기에서 일관(一觀)하려는 것이라고 말할 수 있다. 후설에 의하면, 유럽인은 "이성의 모습을 잃어버림"으로써 마침내 "자신의 존재와 자기의 영구 과제"에 대해 불확실하게 되었다. 철학 본래의 의미에 대한 후설의 질문은 유럽인의 위기 또는 "유럽적 존재의 위기"를 밝혀보려는 데 목적을 두고 있다. 후설은 그의 마지막 저서를 특별히 『유럽 과학의 위기와 선험적 현상학』(이하 『위기』로 줄여 씀)이라 이름하고 있다. 여기서 후설이 뜻하는 "위기"란 "철학" 또는 "과학"의 원래적 의미 속에서만 이해될 수 있는 "유럽의 위기"를 말한다.

후설은 「철학과 유럽적 인간의 위기 Philosophy and the Crisis of European Humanity」라고도 불리는 그의 「비엔나 강의」에서 "유럽적 세계"를 "이성, 즉 철학 정신에서 탄생"된 세계로 서술하면서 "유럽의 위기"가 "합리주의의 명백한 실패"에서 비롯되었으며, "이성이 자연주의와 객관주의에 몰입함으로써 피상화된" 결과임을 주장한다. "철학이 무엇이냐?"라는 후설의 질문은 "이성의 히로이즘 heroism을 통해 자연주의를 일거에 극복하고, 유럽을 철학의 정신에서 다시 살려보려는" 노력으로 이해된다.[3]

필자는 후설이 전개하는 "유럽"의 개념 속에서 그가 그리는 이상

---

3) E. Husserl, "Vienna Lecture: Philosophy and the Crisis of European Humanity," Appendix I of *The Crisis of European Sciences and Transcendental Phenomenology*, tr. by David Carr(Evanston: Northwestern Univ. Press, 1970), p. 299. 이후 *The Crisis*로 줄여 씀.

사회를 추적해볼 수 있다고 생각한다. 후설이 "유럽"을 어떻게 이해하고 있으며, "유럽의 위기"를 어떻게 진단하고 있는가를 검토함으로써, 필자는 후설의 철학을 정치철학의 측면에서 이해할 수 있는 길을 찾고자 시도한다.

후설의 철학을 검토하는 이는 누구도 그의 철학이 그가 살았던 생활 세계Lebenswelt, 즉 "유럽"과 밀접하게 관련되어 있음을 부인할 수 없을 것이다. 특히 앞서 인용한 후설의 마지막 저서, 『위기』는 생활 세계와 거기서 제기되는 문제들을 다루고 있는 그의 대표적인 작품이다. 필자는 후설을 두 가지 측면에서 논하고자 한다. 첫째, 후설이 말하는 "유럽의 위기"가 정치 생활 일반의 성격을 규명하고자 의도하는 정치철학과 어떤 관련을 맺는가? 둘째, 정치철학과의 관련하에서 후설이 말하는 생활 세계는 무엇을 뜻하는가?

2

후설에 의하면, "유럽적 존재의 위기"의 본질을 규명할 수 있는 길은 철학이다. 다시 말하면, 유럽 역사의 궁극적 목적론teleology은 철학을 통해서 발견되며, 이러한 목적을 배경으로 비로소 현존하는 유럽의 위기 현상이 그 중심적·본질적 핵심에서 파악된다.[4] 후설은 이 점을 다음과 같이 집약한다: "현 위기로 인한 혼란을 이해하기 위하여 우리는 유럽의 개념을 이성이 그의 영구 목표를 달성하기 위하여

---

4) 이선관 교수는 "현상학에서 '목적' 혹은 '목적론적'이라는 말은 헤겔에서처럼 어떤 형이상학적·사변적 의미를" 갖는 것이 아니라 "초월적" 또는 "선험적 자아의 예지적 구성 작용"의 특성, 다시 말하면 "수동적인 영역에서 수행되는 '근원적인 매진Ur-Streben'"에서 비롯된다고 지적한다(이선관, 「역사에서의 연속성」, 한국현상학회 편, 『역사와 현상학: 여산 이영호 교수 화갑 기념 논문집』, 철학과 현실사, 1999, pp. 48~49)(이후 『역사와 현상학』으로 줄여 씀).

전개하는 역사적 목적으로 드러내야 한다."[5]

여기서 후설이 말하는 "유럽의 위기"는 서로 상이하나, 동시에 따로 떼어서 생각할 수 없는 두 가지 뜻을 내포한다. 첫째, "유럽의 위기"는 유럽 역사의 목적론을 배경으로 비로소 이해될 수 있다는 것; 둘째, 이와 동시에 "유럽의 위기"는 유럽 역사의 목적을 구성하는 배경이라는 것이다. 필자는 후설의 정치철학을 고찰하는 출발점으로서 "유럽의 위기" 속에 내포된 이상의 두 가지 뜻을 다음과 같은 하나의 문제로 묶어 질문을 제기하고자 한다. 즉 후설의 관심의 초점이 되는 유럽의 위기를 진단하는 기준인 유럽의 목적telos이란 과연 무엇인가?

후설의 「비엔나 강의」는 유럽이라는 개념을 철학적으로 캐어보려는 그의 집요한 노력의 표현이다. 후설은 유럽을 하나의 정신적 형태로 규정한다. 후설이 말하는 유럽은 오직 주관, 즉 정신의 영역 속에서만 그 존재와 가치가 경험될 수 있는 정신적 주위 세계 또는 정신 속에 투영된 세계이다. 유럽은 정신적 결합체unity이며, 정신의 구조 속에서 일어나는 인간의 염려와 노력의 장locus이다. 다시 말하면, 후설이 의미하는 유럽은 일정한 시간과 공간에 자리잡고 있는 객관적 세계를 가리키지 않는다. 그것은 지도상에 그려져 있는 지리적 영역도 또는 특정한 지역에 모여 사는 인간 집단에 대한 지칭도 아니다. 그것은 끊임없는 정신 생활의 흐름 속에 자리잡고 있는 정신적 사건과 정신적 모습에 대한 지칭이다.

후설은 "유럽이라는 타이틀이 목적과 관심과 염려, 그리고 노력, 이와 동시에 목적적 행위·제도·조직 등을 만들어내는 정신적인 생활·활동·창조의 결합체에 대한 지칭"이라고 말한다. 후설이 말하는 유럽은 순수한 정신적 의미의 세계를 뜻한다. 그것은 정신의 영역

---

5) *The Crisis*, p. 299. 후설에 있어 "목적"과 "근원"은 "현재"를 드러내기 위한 역사적 성찰의 두 중심 축이라 할 수 있다.

에 속한 문제이며 보편적 인간과학의 문제로서, 말하자면 "순수한 정신적 설명"[6]을 요하는 문제라고 후설은 말한다.

이와 같은 "유럽"의 개념은 다음과 같은 문제를 제기한다: 후설이 말하는 순수한 정신적 설명은 어떻게 가능한가? 후설에 의하면, 정신적인 것에 대한 설명은 정신 그 자체 속으로 들어감으로써만 가능하다. 오직 정신 생활 속에서만 정신적인 것이 설명될 수 있고, 그 특성이 이해될 수 있고, 밝혀질 수 있다. 후설에 의하면, 순수한 정신적 또는 인간적 설명을 하기 위해 우리는 먼저 인간의 정신 생활 속으로 들어가야 하며, 살아 움직이는 정신 생활의 흐름과 더불어 하나가 되어야 하며, 그 속에서 움직이는 동기를 붙들어야 하고, 이러한 동기에 의해 형성되고 있는 정신적 구조의 바탕을 그 발전과 더불어 이해하여야 한다.[7]

그러나 문제는 "어떻게 정신 생활의 영역 가운데로 들어갈 것이냐?"에 있다. 후설은 "자연人的 태도personal attitude"에서 정신 생활의 영역으로 들어가는 길을 발견한다. 자연人的 태도는 단순한 주위 세계를 자연人的 주위 세계personal surrounding world로 바꾸어놓으며 순수한 정신적 대상을 획득하고, 이에 대한 순수한 정신적 또는 인간적 설명을 가능하게 한다. 따라서 연구자의 자연人的 태도는 순수한 정신적 또는 인간적 설명을 하는 데 불가결의 요소가 된다. 따라서 우리는 먼저 자연人的 태도에 대한 후설의 견해부터 살펴볼 필요가 있다.

자연人的 태도란 전적으로 자연인person으로서의 인간에게 관심을 집중하는 태도이다. 자연人的 태도는 자연인 이외의 것에 대해서는 무관심한 태도이다. 바꾸어 말하면, 자연人的 태도 속에는 자연인이 아닌 것 또는 자연인과 무관한 것은 관심의 대상에서 제외된다. 따라

---

6) 같은 책, pp. 272~74.

7) E. Husserl, "Philosophy as Rigorous Science," 앞의 책, p. 123.

서 자연인적 태도에서는 자연인만이 존재하며, 자연인과 무관한 세계는 존재하지 않는다. 자연인에 대한 집중적인 관심은 자연과학으로부터 자유로운 순수한 정신적 세계를 획득하기에 이른다. 후설에 의하면, 현실 세계란 그 속에 살고 있는 인간을 포함해서 이미 객관적으로 주어진 세계이지만, 자연人的 태도는 현실 세계 속에 살고 있는 자연인에게만 전적으로 관심을 기울이며, 세계 또는 세계의 "자연" ——자연과학적 의미의 "자연" ——에 대해 무관심하다. 자연人的 태도가 갖는 관심의 대상은 자연인으로 주어진 인간과 그의 의식 속에 투영된 세계뿐이다.

여기서 제일 먼저 지적할 것은 후설이 말하는 전-과학적 "자연인"이란 자연과학에서 다루는 순수한 "물리적" 존재 또는 "자연주의적 태도naturalistic attitude"에 주어지는 대상적 "객체"와 구별되는, 말하자면 의식과 신체를 모두 갖춘 개인[8]을 뜻하며, 그날 그날의 삶을

---

8) 후설은 의식과 신체를 갖춘 개인을 때로는 "살아 있는 주체 living subject" 또는 "살아서 기능하는 주체 living functioning subject" 또는 이를 줄여서 "기능하는 주체 functioning subject" 내지는 "기능하는 주체성 functioning subjectivity"이라 부른다. 이러한 주체는 자유로운 태도 변경을 통해, 때로는 순수한 "이론적 주체 theoretical subject"로, 때로는 "의지적 주체 willing subject"로, 때로는 "감각적 주체 aesthetic subject"로 전환될 수 있다(*The Crisis*, pp. 106~10, 113, 146, 261, 331; E. Husserl, *Ideas Pertaining to a Pure Phenomenology and to a Pheno-menological Philosophy: Second Book*, tr. by Richard Rojcewicz and André Schuwer, Dordrecht / Boston / London: Kluwer Academic Publishers, 1989, pp. 112, 382~86)(이후 *Ideas II*로 줄여 씀). 후설이 말하는 "환원reduction"이란 "이론적 주체"로부터 "기능하는 주체"(또는 "기능하는 주체성")로, 다시 말하면 "자연인person"으로 복귀시킴을 뜻하며, 이것을 "자연적 태도"에서가 아니라 "반성적 태도"에서 접근함을 뜻한다. 왜냐하면 "자연적 태도" 안에서는 "자연적 태도"가 드러날 수 없기 때문이다. 다른 한편 "이론"은 후설에게 있어 인간 의식과 동물 의식을 구분짓는 열쇠이기도 하다. 그에 의하면 "동물의 영혼에는 함축적 의미의 이론적 사유의 층이 결여되어 있다"(같은 책, p. 142). 이런 점에서 "자유"는 오직 이론적 태도에서만 가능하다는 거비치 A. Gurwitsch의 주장은 중요한 지적이라고 생각한다(본장 각주 36) 참조). 어떤 점에서 후설이 말하는 "환원"과 "에포

"자연주의적 태도"가 아닌 "자연적 태도 natural attitude"[9]에서 영위하는 일상인 또는 상식적 인간을 가리킨다는 점이다. 후설은 "자연인"을 "물리적" 존재와 구분하기 위하여 종종 "정신적 자아 spiritual ego"라는 표현을 쓰면서도, 이러한 "정신적 자아"가 기본적으로는 "신체성"을 갖는 존재, 즉 "유기체 organism"임을 이렇게 말한다:

> 정신적 자아는 하나의 유기체로서, 즉 여러 가지 기능을 갖춘 유기체로서, 그리고 정상적으로는 일반적인 유형에 따라 유년기·청년기·장년기·노년기의 발전 단계를 거치는 유기체로서 이해된다. 이 주체는 능력에 따라 여러 가지 일들을 '할 수' 있으며, 그 작용은 자극에 의해, 혹은 유효한 동기에 의해 규정된다. 이 주체는 그것의 능력에 따라 계속 활동하며, 동시에 그것의 활동을 통해 이러한 능력들을 끊임없이 변화시키고, 발전시키고, 강화시키고, 또는 약화시킨다.[10]

또 후설은 "정신 spirit"이란 "추상적 자아"가 아닌 "완벽한 자연인 the full person"임을 덧붙여 말한다:

> 정신은 [……] 완벽한 자연인이며, 인간 존재의 자아이며, 입장을 취하고, 생각하고, 평가하고, 의식 작용하며, 일을 달성하는 나이다.[11]

후설이 말하는 "인간과학"은 이와 같이 신체적 존재인 "자연인을 문

케" 등은 이러한 자유로운 인간 정신의 영역을 확보하기 위한 기법임과 동시에 개념이라고 할 수 있다.

9) "자연주의적 태도"가 (근)현대의 자연과학의 이론에 입각한 태도, 즉 "이론적" 태도라면, "자연적 태도"는 과학 이전의 전-이론적 또는 "실천적" 태도이다(같은 책, pp. 318, 321).

10) *Ideas II*, pp. 266~67.

11) 같은 책, p. 397.

제삼는 과학이다. 그것은 결사를 맺고 있는 자연인들과 자연적 동기의 의식 작용으로부터 이루어지는 자연인의 주위 세계를 다룬다."[12] 한걸음 더 나아가 후설은 만일 자연과학적 의미의 자연만을 보는 사람이 있다면, 그는 자연인에 의해 성취된 문화적 산물은 물론, 인간 과학에 대해서도 무지할 것이라고 주장한다.[13]

이어서 후설은 "자연인"에 대해, 다시 말하면 "자연주의적 태도"가 아닌, "자연적 태도"에서 일상적 삶을 영위해가는 "자연인"에 대해 단계적으로 기술한다. 그에 의하면, 자연인 또는 보다 정확히 말해서 자연적 개인은 흔히 일인칭 대명사인 "나 I"로서 표현된다. "나는 지각한다" "나는 판단한다" "나는 느낀다" "나는 의지한다" 등은 자연인의 의식 행위와 의식 상태 acts and states를 나타낸다. "나는 그런 종류의 사람이다"라고 말할 경우, 자연인의 자질, 선험적 또는 생득적 성품과 능력의 특성 또는 그의 일시적이거나 지속적인 성향——예컨대 그 자연인의 지적 특성과 성향, 기질적 특성, 실천적 특성, 정신적 능력과 소질, 수학적 재능, 논리적 날카로움, 아량, 상냥함, 극기심 등[14]——을 나타낸다.

또한 우리들은 아무개를 인격적인 사람이라든가, 덕망 있는 사람이라 말하고, 쾌활하다거나, 침울하다거나, 화를 잘 낸다거나, 사랑에 빠졌다고 말한다. 또 그는 춤춘다, 그는 체조 선수라고 말할 경우, 그는 훌륭한 무용가라든가, 그는 보통급의 체조 선수라는 등 그의 심리물리적 능력에 대해서도 평가한다. 또 그의 "신체"가 구타당하고, 칼에 찔리고, 불에 데였을 경우, "그"는 매맞았다, 칼에 찔렸다, 화상을 입었다고 말한다. 또 어떤 이의 "손가락"에 때가 묻었음에도 불구하고, "그"는 더럽다고 말한다. 뿐만 아니라, "그"는 빈혈이라든가,

---

12) 같은 책, p. 365.
13) 같은 책, 같은 곳.
14) 같은 책, p. 129.

혈기가 왕성하다거나, 심장이 약하다거나, 배가 아프다고 말한다.[15] 후설은 "자연인" 또는 "자연적 개인"을 기술하면서 특히 자신에 대해서도 잠시 언급한다. 즉 나는 대부분의 경우, 무기력하지만 약간의 자극을 받으면, 예컨대 포도주를 한 잔 정도 마시면 활기 있고, 환희가 넘친다; 이것은 물론 신체적 자극 때문이다; 그러나 나는 다른 사람의 경우, 이런 자극이 없어도 처음부터 습관적으로 포도주를 마신 것과 같은 상태에 있는 것을 본다; 나는 때때로 뛰어난 착상을 한다; 나에게는 과학적 사유가 어렵지 않게 일어나고, 또 넓은 시야가 열린다; 이런 점에서 나는 천재란 이와 같은 착상이나 시야가 양적으로 보다 빈번하게, 또 질적으로 보다 높은 수준에서 일어나는 데 불과하다고 생각한다.[16] 요컨대 후설은 자연인 또는 자연적 개인을 지칭하는 "나"라는 용어가 신체와 영혼 모두를 포함한 "전체적 인간the whole man"에 대한 인칭대명사임을 강조한다. 자연적 인간은 이와 같은 "전체성"으로 말미암아, "나는 몸"이라고 말하는 대신 "나는 몸을 갖고 있다"고 말하며, "나는 영혼"이라 하지 않고, "나는 영혼을 갖고 있다"고 말할 수 있다.[17]

이와 같이 후설이 말하는 인간과학의 대상으로서의 "자연인"은 "정신의 표현인 몸과 몸에 표현된 정신간의 통일적 결합체"이다.[18] 자연인은 몸과 결합하여 공간 속에 존재하며, 몸을 움직여 물건을 지각한다. 그는 물건을 보기 위해 안구를 움직이고, 보다 잘 보기 위해서는 가까이 다가가야 하며, 촉감을 느끼기 위해 손으로 만져보아야 한다.[19] 그는 공간에서 움직이고, 거기에 앉고, 쉬며, 또 옆사람과 담

---

15) 같은 책, pp. 99, 223.
16) 같은 책, p. 287.
17) 같은 책, p. 99.
18) 같은 책, p. 337.
19) 같은 책, p. 323.

소한다.[20] 자연인은 몸을 의도하는 대로 움직여 주위 세계의 사물들에게 영향을 미치고 또는 영향을 받는다. 자연인은 말하자면 몸을 매개로 끊임없이 주위 세계와 상호 작용하는 존재이다.[21] 후설은 자연인의 신체와 정신의 통일성을 되풀이해서 이렇게 강조한다:

> 자연인은 그의 몸으로 말미암아 다른 사물들 가운데 공간적 위치를 점유하게 되고, 또 자연인에게 주어진 몸에는 공통 감정 empathy[22]이라는 특정한 방식으로 파악된 자연인의 심리적 삶 전체가 귀속된다. 따라서 만일 몸이 새로운 장소로 옮겨가거나 그곳에 자리잡으면, 그때마다 영혼도 말하자면 함께 존재한다.[23]

이런 점에서 후설의 "person"은 셸러 Max Scheler의 "person"과 첨예하게 대립된다. 셸러의 "person"은 "자연인"보다는 차라리 "인격자"로 보는 것이 온당하다. 왜냐하면 그에게 "person"이란 "사물이 아니며, 사물의 속성도 갖지 않는" 탈신체적 존재 또는 대상화할 수 없는 존재이기 때문이다.[24] 그의 "person"은 후설의 "자연인"보다는 그의 "순수 자아"나 "초월적 자아"에 더 가깝다.[25] 다시 말하면, 셸러의 "person"은 후설이 말하는 행위의 주체인 "sum cogitans"보다는 사

---

20) 같은 책, p. 357.

21) 같은 책, p. 298.

22) 종종 "감정 이입"이라고 번역되고 있으나, 너무 "강한" 번역이라고 생각된다. "감정 이입"은 일상인의 자연적 능력의 의미보다는 초인간적 능력을 강하게 함축하기 때문에, 평범한 "공통 감정"으로 바꾸었다. "공통 감정"의 보다 자세한 의미에 관하여는 조금 후에 상술하겠다.

23) *Ideas II*, pp. 175~76.

24) M. Scheler, *Formalism in Ethics and Non-Formal Ethics of Value: A New Attempt toward the Foundation of an Ethical Personalism*, tr. by Manfred S. Frings and Roger L. Funk(Evanston: Northwestern Univ. Press, 1973), p. 29.

25) *Ideas II*, pp. 110~11, 116~17, 337~38.

유의 주체인 "cogito qua cogitatum"에 더 가깝다.[26] 여기서 한 가지 지적할 것은 하이데거가 후설과 셸러의 "person"간에 존재하는 이와 같은 근본적인 차이점을 간과 내지는 오해했던 것으로 보여지는 대목이다. 하이데거는 『존재와 시간』에서 이렇게 말한다:

물음과 그 수행 및 세계관적 정향에 있어서는 현격한 상이함에도 불구하고, 후설과 셸러는 인격성의 해석에 있어 소극적이라는 점에서는 일치한다. 그들은 '인격 존재' 자체에 대해서는 더 이상 물음을 제기하지 않는다. 우리는 셸러의 해석을 예로서 선택한다. 그것은 그의 해석이 단순히 문헌상으로 접근하기 쉽기 때문에서가 아니라, 셸러가 인격 존재를 분명하게 그 자체로서 강조하고 행동의 특수한 존재를 모든 '심리적인 것'과 구별하는 방법으로 인격 존재를 규정하려고 한 때문에서다. 셸러에 따르면, 인격은 결코 사물이나 실체로서 생각되어서는 안 되며, 그것은 '오히려 직접적으로 함께 체험된 체험의 통일이지 직접 체험된 것의 배후나 외부에 있는 사고의 산물이 아니다.' 인격은 사물적이고 실체적인 존재가 아니다. [……]

인격은 사물도, 실체도, 대상도 아니다. 이 말로 강조되고 있는 것은, 후설이 인격의 통일에 대해 자연사물의 구성과 본질적으로 다른 구성을 요구할 때 그가 시사하고 있는 것과 동일하다. 셸러가 인격에 관해서 말하고 있는 것을, 후설은 행동에 대해서도 정식화하고 있다: "그러나 행동도 결코 대상이 아니다. 왜냐하면 행동의 존재의 본질에는, 그것이 오직 [행동의] 수행 자체 속에서만 체험되고, 반성 속에서 주어진다는 사실이 속하기 때문이다."[27]

이미 살펴본 바와 같이 후설은 인용문에 나타난 셸러나 하이데거

---

26) 같은 책, p. 334.
27) 하이데거, 『존재와 시간』, 소광희 옮김(경문사, 1996), pp. 71~72.

의 주장과는 판이하게 "자연인"을 "사물"적이고, "실체"적이며, "자연"에 속한 존재, 다시 말하면 "대상"화할 수 있는 존재임을 강조한다. 후설은 이렇게 말한다:

자연인으로서의 인간은 결국 자신이 살아 있는 몸과 영혼을 가지고 세계 내에 존재함을 아는 인간이며, 공간 속에서 움직이는 인간이며, 수공업 종사자로서 손을 움직여 일하든가 아니면 자신의 살아 있는 몸의 다른 부분을 움직여 일하며, 전쟁에서는 또한 살아 있는 몸으로써 싸우며, 자신의 몸을 통해서 외부 세계에 작용하고 또는 그것을 통해서 만지고, 밀고, 부상을 당하면서 자연히 자신의 몸을 항상 함께 의식하는 인간이다. 따라서 인간은 당연히 인간과학에서나 자연과학적·생물학적 인류학에서나 동일하다.[28]

자연인은 따라서 이와 같이 자연 속에서(자연과학적·객관적 자연 속에서) 일어나는 현상이다. 그것은 몸에 연결되어 있으며, 즉자적 존재인 몸보다 상층부에 세워진(aufgestuft auf einen an sich seienden Leibkörper) 것이다.[29]

여기서 주의할 것은 후설이 한편으로는 "자연인"의 "신체성 Leiblichkeit"을 강조하면서도, 다른 한편으로는 자연과학적 "물체성 Körperlichkeit"에 대해서는 극히 비판적이라는 점이다. 다시 말하면 그는 "자연인"을 어디까지나 살아 있는 "신체 Leib"로 볼 뿐, 죽어 있

---

28) *The Crisis*, p. 322.

29) *Ideas II*, p. 373. 괄호 안의 원문은 E. Husserl, *Husserliana Band IV: Ideen zu Einer Reinen Phänomenologie und Phänomenologischen Philosophie II: Phänomenologischen Untersuchungen zur Konstitution* (Haag: Martinus Nijhoff, 1952), p. 363에서 인용한 것임.

는 "물체 Körper"로는 보지 않는다는 점이다.[30] 따라서 셸러의 "person"과 하이데거가 사용하는 "사물" "실체," 또는 "대상"이라는 용어를 이와 같은 "물체성"에 대한 비판으로 받아들일 때, 그들의 해석은 정당하다고 볼 수 있다. 그러나 셸러의 "person"을, 그리고 그에 대한 하이데거의 해석을 "탈신체성"으로 이해할 경우, 후설과 이들간에는 첨예한 대립이 존재한다고 보아야 한다.

어쨌든 후설은 "신체"와 "물체"를 혼동하는 정도만큼, 인간과학의 대상인 "자연인"과 자연과학의 대상인 "물체"가 동일시되며(이에 따라 "Umwelt"와 "Umstand"의 동일화도 뒤따르게 된다), 이에 상응하여 인간과학과 자연과학간의 구분도 그만큼 불투명하게 되며, 급기야는 인간과학의 순수성이 손상된다고 본다. 그는 이렇게 말한다:

> 세간 과학, 특히 자연과학과 그 태도, 그리고 이와 대립된 순수 인간과학을 구분하지 않는 만큼, 그리고 자연과학을 인간과학으로 전환하는 대신 그것과 동렬에 놓인 인접 과학으로 인정하는 그만큼, 인간과학의 태도는 그 순수성을 결여한 것이다.[31]

3

후설은 "자연인"의 기본적 특성을 "물체"와 구분되는 "신체"에서 찾음과 동시에, 모든 살아 있는 "신체"에는 삶에 고유한 태도가 내재

---

30) 모든 "신체(身體)"는 "정신의 표현"이라는 점에서 "신체(神體)"로도 번역될 수 있다고 본다. "신체(身體) Leib"는 후설 현상학의 주요 개념이다. "신체(身體)" 문제는 후설의 기본 입장이라 할 수 있는 "소통 지향적 개인주의"의 토대라고 생각한다. "물체(物體)"는 물리학의 연구 대상으로서 흔히 "물건 Ding(또는 Thing)"이라고 부르는 것이다.

31) *Ideas II*, p. 365.

해 있는 것으로 본다. 그는 "자연인"에 고유한 삶의 태도를 특별히 "자연적 태도"라 부른다. 그리고 그는 이것을 인간과학의 "출발점"으로 삼는다. 즉 "인간과학의 태도에 있어 출발점이 되는 것은 '자연적 태도'"[32]라는 것이다. 그는 "자연적 태도"가 자연과학자나 이론 과학의 태도와 구분되는 "자연인"의 태도라는 점을 강조하기 위하여 때로는 "자연인적 태도" 또는 "자연인주의적 태도personalistic attitude"라고도 말한다.[33] 이들은 모두가 자연과학적-이론적 태도인 "자연주의적 태도"와는 대립된다는 점에서 동일하며, 실제로 후설은 이들 양자를 다시 말하면 "자연인적 태도"와 "자연인주의적 태도"를 거의 구분하지 않고 사용한다. 제임스 하트James G. Hart는 "'자연인적' 태도"를 "가장 자연적인 태도"라고까지 표현한다.[34]

후설이 보는 자연인은 사물을 단순히 인식하기보다는 아름답다거나, 유용하다거나, 또는 옷이라거나, 마시는 잔 등의 가치적인 것으로 평가하는 존재이다. "자연인"은 대상을 "느끼고, 평가하고, 매진하고, 행동하며, 또 이러한 개인적 의식 작용을 통하여 그 무엇과, 다시 말하면 주위 세계의 대상과 관계를 맺는 바로 그런 것을 하는 자연인이다."[35] 이런 점에서 후설은 "자연인적 태도를 실천적 태도the personal or motivational attitude as the practical attitude"로, 그리고 "자연인"과 "주위 세계"와의 관계를 인과적 관계가 아닌 "동기 관계에 속한 것"으로, 보다 정확하게 말해서, "실천적" 동기 관계에 속한 것

---

32) *The Crisis*, p. 321.

33) 이길우 교수는 "person"을 때로는 "인격적 존재"로, 때로는 단순히 "개인"으로 지칭하는 혼동을 보여준다(이길우, 『현상학적 정신 이론』, 강원대학교 출판부, 1986, pp. 67, 111).

34) J. G. Hart, *The Person and the Common Life: Studies in a Husserlian Social Ethics* (Dordrecht / Boston / London: Kluwer Academic Publishers, 1992), p. 43: "The most natural attitude is the 'personal' attitude. This is not the naturalistic or the aesthetic attitude."

35) *Ideas II*, p. 193.

으로 파악한다.[36)]

---

36) 같은 책, p. 195. 반면 거비치는 자연인의 태도가 실천적이기보다는 "이론적" 태도에 가까운 "주제 의식thematic consciousness"으로 본다: "To be 'naturally' in the world signifies to stand over against objects, to be busied with objects as themes, to have thematic consciousness of objects, to be thematizingly directed toward objects"(A. Gurwitsch, *Human Encounters in the Social World*, ed. by Alexandre Métraux, tr. by Fred Kersten, Pittsburg: Duquesne University Press, 1979, p. 41). 자연인을 실천적 태도보다는 이론적 태도에서 접근하는 이와 같은 거비치의 입장은 다음의 말에서도 엿볼 수 있다: "For the concept of the 'natural world' meant here, the primacy of material properties obtains universally over utility-values, use-values, and other values such as aesthetic ones. [……] The originary stratum of physical things belonging to our surroundings make up, first of all, those material properties on the ground of which value-predicates, suitabilities, applicabilities, and so forth, are added later, [……]"; "[……] the concept of the 'natural world' meant here the 'being-in-the-world' signifies as much as 'contemplating the world' or 'standing over against the world as observer"(같은 책, pp. 44~45). 뿐만 아니라 거비치는 자연인의 "자유"는 바로 이와 같은 "이론적 태도," 또는 이러한 태도의 토대라 할 수 있는 "cogito"에서 비롯된다고 본다: "If I am in the world as a free being, then that means (if one becomes aware that for the concept of the 'natural world' meant here the 'being-in-the-world' signifies as much as 'contemplating the world' or 'standing over against the world as observer') that I can look around in the world. [……] Thus my entire surroundings are a field to which I can freely advert and from which I can freely turn away; my surroundings are a field in which I can look around freely and at will and which contains the targets of my cogitationes." 자연인의 "자유"에 대해 거비치는 좀더 부연한다: "This entire realm of co-given is a realm for free turnings of the regard: I always have the possibility of thematic advertence to the components of this domain, while I give up my previous theme and make one of these components my new theme. [……] Completely free and unmotivated, I can pass from that theme and that thematic realm to that one and thus have the world available in the sense that is thereby determined, i. e., have everything which is present in the world"; "These mental precesses in which we make use of our freedom over against the components of our surroundings and even over against the whole world are mental processes in the form cogito. Because this, our freedom, is actualized in cogitationes, Husserl describes them as specific ego-acts"; "The expression, 'as a free being,' indicates nothing else than such modes of living:

자연인은 먼저 쾌·불쾌 등 가치 작용을 통하여 주위 세계와 관계를 맺는다. 그리고 그는 이러한 가치 작용을 통하여 대상을 가치 있는 것으로, 즉 즐거운 것이나 아름다운 것으로 의식하게 된다. 자연인의 가치 의식은 "원천적인original" 직접 경험이나 "비원천적인non-original" 간접 경험의 두 가지 방식에 의해 가능하다. 직접 경험에서는, "본인이 몸소 경험적으로 목격할 수 있고, 또 능동적으로 파악할 수 있는 상황에서" 직접 지각된 것들을 토대로 이루어지는 가치 평가로서, 가치 특성이 "가치 지각value-reception"[37]이라는 직접 경험의 방식으로 주어지는 경우이다. 예를 들면, 내가 바이올린이 연주되

---

freely going out of oneself or freely withdrawing into oneself; spontaneous doing; being somehow affected by the objects; etc."(같은 책, pp. 45~47).

　　반면 거비치는 하이데거의 "도구적 세계"를 이와 같은 자연인의 "자유"가 결핍되어 있는 "환자의 세계" 또는 "병리적인 세계"와 다름없는 것으로 해석한다. 그는 이렇게 말한다: "The explication of the 'natural world' as a surrounding world of utensils is oriented around the contrast of 'living in……' as 'standing in a situation' to 'cogitare' as standing over against and freely contemplating"; "the opposite of 'living in……' is 〔……〕 the contemplating and freely surveying from a distance (the cogitare) as a new and essentially different 'attitude' toward the world; "While the patient completely gears into the concrete situations and cannot free himself from them, he lives continually and exclusively in the world of a manipulatory commerce with the utensils to be employed and becomes helpless as soon as any other attitude is expected of him"; "We have circumscribed the realm of 'living in……' and contrasted it with the sphere of the cogitative attitude. Distance and freedom vis-a-vis objects are constitutive for the later-objects to which the cogitatio is always directed. In the realm of 'living in……' there is no freedom and distance from the situation in which we simply live"(같은 책, pp. 73, 76~77).

37) 후설은 "vorhanden"(on hand)을 하이데거처럼 "zu handen"과 대립적인 의미로 이해하기보다는, 사실상 이와 거의 동일한 의미로 사용하고 있다. 하이데거는 후설의 바로 이와 같은 점을 이용하여, 그의 주체를 비실천적 순수 사유의 주체로 비판한다. 또 후설이 말하는 "가치 지각"은 전-이론적 가치 작용으로서, 표상representation의 일차적 인식 활동인 "지각"에 상응하는 의식 행위이다. 후설은 이것을 "감성 영역에 있어서의 지각에 유사한 것in the sphere of feeling, an analogue of perception"이라고 말한다(같은 책, pp. 11, 196~97).

는 현장에서 바이올린 소리에 감동을 느낄 때, 나는 이 바이올린으로 말미암아 즐거움과 아름다움을 생생하게 느낀다. 다시 말하면, 바이올린이 연주되는 동안, 이것이 즐거운 소리를 생산하는 "가치의 수단"임을 직접 목격하게 된다anschaulich erfassen. 뿐만 아니라, 나는 이와 같은 즐거움과 함께 바이올린의 외형적 구조와 우아한 형태에서 그것의 아름다움도 느낀다. 그러나 바이올린의 연주를 들어본 일도 없이 바이올린만을 볼 경우, "나는 바이올린을 볼 수 있고, 또 그것의 아름다움도 발견할 수 있지만," 바이올린 연주에서 느끼는 생생한 즐거움을 "진정한 의미에서는 느끼지 못한다." 후설은 이것을 가리켜 "비원천적 형태the mode of non-originary"의 느낌이라 부르고, 여기에 입각한 가치 평가를 "원천적이고 생동감을 주지 못하는 가치 평가"라고 말한다.

후설은 또한 욕망과 "실천적 작용practical acts"의 대상에 대해서도 말한다. 우리가 경험한 대상들은 경험을 통하여 의미를 획득하며, 이와 같이 획득된 경험적 의미에 따라 우리의 욕망을 자극하고, 특정한 상황 속에서 의식에 구성된 욕구, 예컨대 배고픈 상황에서 느끼는 공복감을 채워준다. 일단 욕구가 충족되고 나면, 이 대상들은 특정한 욕구를 충족시켜주는 대상으로 인식되며, 이에 따라 그 대상은 영양 섭취의 수단으로 또는 다른 용도를 갖는 사용 - 대상use-objects으로 인식된다.[38]

후설은 "석탄"의 예를 들어 사용 - 대상의 가치 구성의 과정에 대해 좀더 부연한다. 나는 석탄이 열을 내는 물건임을 본다. 나는 석탄을 인지하게 되고, 그것이 유용하고 특히 열을 내는 데 필요하며, 온기를 생산하도록 되어 있는, 난방에 적합한 물건임을 인지한다. 이를 좀더 자세히 기술하면 다음과 같다: 나는 무엇인가가 타고 있고, 달

---

38) *Ideas II*, pp. 196~97.

아오르고 있음을 본다; 나는 그쪽으로 가까이 다가간다; 그때 그것으로부터 열기가 방출됨을 느낀다; 이제 나는 경험을 통하여 그것이 무엇인지를 알고 있기 때문에, 더위를 느끼지 않더라도 그 대상이 뜨겁다는 것을 안다; 덥다는 것은 객관적 속성으로서, 더위에 대한 감각 속에서, 그리고 대상으로부터 나오는 열기에 대한 인식 가운데서 나타난다; 그 대상은 주위를 열기로 채운다; 그리고 그 대상의 열기는 변치 않는 일정 온도를 계속 유지할 수도 있다; 그러나 나는 그 대상에 접근하거나 그로부터 멀리 떨어지는 데 따라 달라지는 온도의 차이를 느낀다; 또 나는 다른 경험을 통하여 어떤 대상이 마찰되거나, 또는 이에 점화된 물체 혹은 가열된 물체에 의해 점화될 때, 열을 낸다는 사실도 알게 된다; 이 대상은 가연성 물체이다. 처음에는 그 용도에 대해 알지 못하지만, 점차 나는 그것이 연료로 사용될 수 있음을 알게 된다; 이제 이 물체는 가능한 열의 원천으로서 나에게 가치 있는 것이 된다; 다시 말하면, 이 물체로 나는 방을 덥게 할 수 있고, 따라서 나와 다른 사람에게 온기의 즐거움을 생산할 수 있는 가치를 지닌 것이 된다; 이제 나는 이렇게 인식한다; 나는 그것을 그러저러한 목적에 사용할 수 있다; 그것은 그러저러한 목적을 위해 나에게 유용한 것이다; 다른 사람 역시 그것을 같은 방식으로 인식하게 된다; 이때 그것은 "상호 주관적 사용 가치 intersubjective use-value"를 획득하게 되며, 사회적 맥락 속에서 그러저러한 목적에 도움이 되는 것으로, 유용한 것으로, 즉 가치 있는 것으로 인정된다; 일단 사회적으로 그 가치가 인정되면, 그 석탄은 그러저러한 목적을 위해 팔 수 있는 상품으로 인식된다.[39]

후설은 이와 같은 방식으로 가치를 획득한 사용-대상을 "의존적 대상 founded objects"이라 부른다. 이것은 자연인이 "의존적 의식 작

용-founded acts"에 의해 자기 자신의 자아에 대해 구성한 결과이다. 일단 자연인의 "의존적 의식 작용"이 달성되면, 이 작용에 의해 구성된 "의존적 대상"은 바람직하다거나 실용적이라는 등의 가치 특성을 부여받게 되고, 자연인이 속해 있는 주위 세계 내의 대상에 포함된다. 이에 대해 후설은 다음과 같이 말한다: "재화, 작품, 사용 대상 등은 가치 작용과 실천적 의식 작용의 결과물이며, '단순한 사물들'은 이와 같은 작용에 의해 새로운 존재론적 층 new ontological stratum을 획득하게 된다." 옷, 용구, 총, 도구, 예술품, 문학 작품, 그리고 인장이나 관공서의 의장품, 휘장 또는 교회의 제구(祭具) 등 종교적 또는 공적 도구들은 모두가 이와 같은 방식으로 가치를 획득한 사용 대상들이다.[40] 만일 자연인이 이 대상을 사용하여 새로운 대상을 생산하게 되면, 이 대상은 "새로운 대상을 생산하는 생산 수단 work-tools for new production"으로서 새로운 가치를 지니게 된다. 이때 생산 수단은 새로이 생산된 대상에 대해서는 "독립적 대상 founding objects"이 되며, 새롭게 생산된 대상들은 자연인이 속한 주위 세계 내의 새로운 대상들로 편입된다. 자연인은 주위 세계 내의 대상들을 좋고 나쁜 정도에 따라 또는 적합하거나 부적합한 정도에 따라 가치 등급을 매기며, 이들은 역으로 자연인의 행동을 규정하게 된다.[41]

"자연인적 태도"는 또한 다른 사람과 더불어 살며, 그와 말하며, 그와 악수하고 인사하며, 그를 좋아하거나 싫어하며, 또는 그외의 여러 다른 성향이나 행동 등에서, 또는 담론과 토론 등에서 모든 사람이 항상 취하는 태도이다. 그러나 자연인과 타인의 문제는 뒤에서 상론하기로 하고, 여기서는 자연인과 사물과의 관계에 대해 좀더 살펴보기로 하자.

"자연인적 태도"는 우리가 주위에 있는 사물들을 자연과학에서 말

---

40) 같은 책, pp. 191, 225.
41) 같은 책, p. 198.

하듯 객관적 자연으로서가 아니라, 우리들에게 주어진 우리들의 주변으로 생각하는 경우에 우리가 취하는 태도이다. 여기서 다시 한번 상기할 것은 후설이 "자연인적 태도"를 "자연적 태도"와 동일한 것으로 본다는 점이다. "자연인적" 또는 "자연적" 태도——이 양자를 합쳐 편의상 "자연(인)적" 태도라고 표기하도록 하자——는 특별한 방식에 의해서만 달성되고 보존될 수 있는 인위적 태도와 구별된다. 자아의 자연적 삶은 물리학이나 동물학을 연구할 경우, 또는 심리학자가 이론적 또는 이론 외적 관심에서 신체에 기반을 둔 심리 현상만을 인과적 맥락에서 관찰할 경우, 이른바 자연과학자들의 자연주의적 태도에서 영위되는 삶이 아니다. 후설은 심지어 동물학자나 자연과학적 심리학자들조차도 항상 자연주의적 태도를 취하는 것은 아니라고 말한다. 자연주의적 태도는 반복적 훈련 과정을 통하여 습득된 것이며, 일단 습득된 후에는 정상적인 방식으로는 쉽사리 깨뜨릴 수 없는 특수한 태도이다. 과학자가 한번 이와 같은 태도에 익숙해지면, 그는 단번에 자연주의적 태도를 취할 수 있다. 이때 그는 습관적 눈가리개를 쓰는 것이다. 그럼에도 불구하고, 과학자는 자연인으로서는 다른 자연인과 마찬가지로 항상 그를 둘러싼 주위 세계의 주체로 산다. 자연인으로 산다는 것은 자신을 자연인으로 설정함이며, 자신을 주위 세계 속에 위치시킴이며, 주위 세계 안에서, 그리고 주위 세계와 더불어 의식적 또는 동기적 관계를 맺는 것이다.[42]

여기서 후설은 첫째 "자연(인)적" 태도의 우선성을 강조하고, 둘째 그러나 이러한 우선성을 "자연주의적 태도"에 의해 언제나 대체될 수 있는 가변적인 것으로 본다. 그는 이렇게 말한다: "자연주의적 태도가 사실상 자연인주의적 태도에 예속되어 있음 the naturalistic attitude is in fact subordinated to the personalistic"에도 불구하고, "자연주의적

---

42) 같은 책, pp. 192~93.

태도가 자연적 자아의 자기 망각이라는 추상화의 방식으로 일종의 자율성을 획득하고, 또 이러한 방식으로 그 자신의 세계인 자연을 부당하게 절대화하고" 나면, "모든 자연인적 요소"는 자연주의적 "자연"에 예속하게 된다.[43] 예를 들면 "자연주의적 심리학자"는 "어디에서나 자연과학의 눈에 비쳐진 자연만을 보게 되며, 인간과학의 고유영역인 정신적 영역에 대해서는 전혀 눈멀게 된다. 이런 사람은 자연인들을 보지 못하며, 자연인들의 성취에 의존해서만 알 수 있는 대상들, 예컨대 '문화'적 대상들 objects of 'culture'을 보지 못한다. 다시 말해서 자연주의적 심리학자는 자연인들을 다루고 있음에도 불구하고, 그는 자연인을 전혀 보지 못한다."[44]

후설이 말하는 이상과 같은 두 가지 상이한 태도, 즉 "자연주의적 태도"와 "자연(인)적" 태도는 "심리적인 것 the psychic or the psychical"과 "정신적인 것 the spiritual"의 차이를 이해하는 데 관건이다. "심리적인 것" 또는 "영혼 soul"은 자연주의적 태도에 주어진 "사물적인 것 the thingly-real"으로서 인과적 "설명"의 대상이 되는 반면, "정신적인 것" 또는 "자연인에 속한 것"은 "자연(인)적" 태도에 "내실적 the actual-reell"으로 주어지는 것으로서, 여기서는 동기 관계의 "기술(記述)"만이 가능할 뿐이다. 후설은 "정신적인 것"의 내실성과 관련하여 이렇게 말한다: "대상이 나를 자극하는 것은 그것의 물리적 속성 때문이 아니라, 경험적 속성 때문이다. 사실 내가 잘 알고 있는 것이라면 그것이 반드시 실재하지 않더라도 상관없다."[45] 한걸음 더

---

43) 같은 책, pp. 193~94. "추상화 abstraction"란 일종의 "주제화 thematization"로서 비주제를 배제하는 "배타적인 봄 an exclusive looking-at-something"을 뜻한다(*The Crisis*, p. 330).

44) *Ideas II*, p. 201.

45) 이영호 교수에 의하면, "reell(내실적)은 의식 안에 실재하는 내용을 뜻하고 [……] real이라는 용어는 사물이 그 초석이 되는 자연적 태도의 실재와 관련되어 사용된다"(이영호, 「논리학의 심리학적 정초에 대한 비판적 고찰: 후설의 심리주

나아가 후설은 이 두 영역에 상응하는 객관성을 각각 구분한다. 하나
는 자연주의적-심리적-영혼적[46]-사물적-설명적 영역에 속한 객관성
이고, 다른 하나는 자연적-정신적-자연인적-내실적-기술적 영역에
속한 객관성이다.[47] 후설은 "정신적인 것"이 "심리적인 것"을 지배하
기는 하나, 전자, 즉 "정신적인 것"이 후자, 즉 "심리적인 것"을 완전
히 배제하는 것은 아니라는 양자의 병존론을 주장한다:

자연인적 자아가 말하자면 영혼의 지배자 구실을 하기는 하지만, 이
것과 공존한다는 사실에 대해서는 아무도 부인할 수 없다.[48]

또 이 두 영역은 모두가 객관성을 갖는다는 점에서는 "비객관적
irreal" 존재라고 볼 수 있는 "순수 자아 pure ego"와 구분된다.[49]

의 비판을 중심으로」, 『역사와 현상학』, pp. 228, 244). 필자가 보기에 "사물적
real"인 것과 "내실적 reell"인 것의 차이점은 전자가 "조건적"임에 반해, 후자는
"경험적"이라는 데 있다.

46) 엄밀하게 말하면, "심리적인 것"은 "영혼적인 것"에 내재한다. 그러나 일반적으
로 후설은 양자를 동일한 것으로 보는 입장을 보인다: "At all events, the most
important stratification is indicated by the distinction between the soul and the
psychic subject, the latter understood as a reality, but a reality nested in the soul.
Without the soul, it is unable to stand alone; and yet again, it is a unity which in a
certain sense encompasses the soul and which is at the same time so prominent
that it dominates the general way of speaking about human and animal subjects. At
present, however, we have not yet come so far that we can approach the difficult
problems the psychic Ego entails. For the moment, we leave their delineation
somewhat indeterminate and tarry with the soul in its generality"(*Ideas II*, p. 142).

47) 같은 책, pp. 150, 181, 184, 192~95, 198, 200, 292; *The Crisis*, p. 337. 후설은 "기
술 description"의 기능은 "evoking intuition"에 있다고 말한다(*Ideas II*, p. 382).

48) *Ideas II*, p. 150.

49) 같은 책, pp. 128~29, 261~62, 265, 267~68.

4

이상과 같은 구분[50]을 토대로 이제 후설이 말하는 "자연(인)적" 태도의 "목적 지향성 intentionality"에 대해 살펴보기로 하자: 나의 "가까운 주변 Umgebung(또는 environment)"에 특정한 사물이 나의 시선을 끌어당긴다; 예컨대 어떤 직물의 아름다운 색깔 또는 그것의 부드러운 감촉이 나의 관심을 끈다; 때로는 길거리의 짜증스런 소음에 나는 창문을 닫는다; 어떤 이론적 경험이나 사유의 과정에서, 또는 쾌락이나 향락, 희망이나 소원, 요구나 필요에 대한 입장 표명 등 모든 이론적 · 정서적 · 실천적 행위에서 나는 내가 갖는 관심의 방향에 따라 제약을 받는다. 물론 이러한 제약은 심리물리적 제약과는 다르다. 비록 이러한 제약이 심리물리적 요인과 전혀 무관한 것은 아니더라도, 그런 유와는 구별된다. 예컨대 정신심리적 idiopsychic 요인이 동시적으로 작용할 수는 있으나, 이것에 의해 결정되는 것은 아니다. 나는 내 자신의 행동과 의식 작용이 사물들과 이러한 사물들의 아름다운 색깔이나 형태, 또는 이들이 지닌 유쾌한 또는 위태로운 속성들에 의존함을 안다. 그렇더라도 내가 나의 몸이나 나의 과거 역사에 기계적으로 또는 인과적으로 의존하는 것은 아니다. 오히려 나는 "목

---

50) 결국 후설은 세 영역을 구분함을 알 수 있다. 첫째는 자연주의적-심리적-영혼적-사물적-설명적 영역이고, 둘째는 자연적-정신적-자연인적-내실적-기술적 영역이며, 셋째는 초월적 영역이다. 후설이 말하는 인간과학의 대상은 두번째 영역이다. 그러나 두번째 영역은 기본적으로 "전-이론적 · 실천적" 영역으로서, "인간"과학의 대상은 될 수 있으나, 인간"과학"을 가능케 할 수는 없다. "인간과학"이 성립하기 위해서는 "이론적" 태도가 요구된다. 여기에는 두 가지 가능성이 열려 있다. 하나는 자연주의적 이론의 길이고, 다른 하나는 초월적-철학적 이론이다. 후설의 인간과학론은 전자에 반대하고, 후자를 취하는 입장이다. 자연주의적 이론은 "자연" 속에 정신을 포함시키는 입장이라면, 초월적-철학적 이론은 "정신" 속에 자연을 포함시키는 입장이라 할 수 있다.

적 지향적"인 "동기"에 의존한다. 이와 같은 목적 지향적 동기 관계
는 어떤 자연인에게나, 또는 그 자연인과 다른 자연인과의 관계에,
더 나아가 그와 자연인들로 구성된 공동체, 사회 제도, 국가, 도덕,
법, 또는 교회들과의 관계에도 통용된다. 인간의 "자연적 성격 real
personality"은 이러한 동기 관계에서 형성된다. 후설에 의하면, 인간
이란 물적 주위 세계들의 사물들과 인적 주위 세계의 자연인과의 교
류 속에서 자신의 개별성[51]을 지속적으로 유지하려는 존재이다. 인간
은 그와 대립적으로 존재하는 객관적 대상들, 예컨대 법률 제도, 도
덕, 종교적 계율 등과 같은 객관 정신의 힘에 대항해서 자신의 개별
성을 보존하려 한다. 인간은 이와 같은 객관 정신과의 대립 속에서
때로는 억압을, 때로는 자유를 느끼며, 때로는 수동적, 때로는 능동
적 자세를 취한다. 여기서 후설은 "자유 freedom" 또는는 "자율성
autonomy"을 일종의 "능동성"으로 이해한다: "이성의 자율성, 즉 자
연적 주체 personal subject의 자유는 타인의 영향에 수동적으로 굴복
하는 대신, 자기 스스로 결정하는 데 있다. 다시 말하면, 그것은 나의
자아로 하여금 심리적 성향이나 충동에 '이끌리도록' 방치하지 않고,
이성의 방식에 따라 자유롭게 의식하고, 행동하도록 하는 데 있다."[52]
그러나 어떤 경우에도 자연인은 그를 둘러싼 물적·정신적 주위 세
계로부터 결코 완전히 독립할 수는 없다.[53] 후설은 주위 세계 속에서

51) 후설에 의하면, "개별성 individuality"은 "주체 subjectivity"에 대해서만 말할 수 있
　　다. 그 이유를 그는 이렇게 말한다: "no thing has its individuality in itself";
　　[because] "each thing is an example of a universality"(*Ideas II*, pp. 312~13).
52) 같은 책, p. 282.
53) 후설은 "주위 세계 Umwelt(또는 surrounding world)"——여기에는 지평의 범위에
　　따라 "가까운 주변 Umgebung(또는 Environment)"에서부터 전인류적인 "생활 세
　　계 Lebenswelt(또는 life-world)"까지 포함된다——를 "즉자적 세계"가 아닌 "대자
　　적 세계"로, 따라서 항상 형성 과정중에 있는 열린 세계로 본다: "the surrounding
　　world is not a world 'in itself' but is rather a world 'for me,' precisely the
　　surrounding world of its Ego-subject, a world experienced by the subject or

이루어지는 인간의 행동이 완전히 기계적인 것은 아니지만, 또한 완전히 자율적인 것도 아니라고 본다. 자연인은 주위 세계와 상호 작용하는 데 있어 어느 정도 객관 법칙에 지배되는 것은 사실이다. 이런 점에서 어떤 자연인을 안다는 것은 그가 전체적으로 어떻게 행동할지를 아는 것이며, 어느 정도 그의 행동을 예측함을 뜻한다. 여기서 후설은 자연인에 대한 두 가지 접근 방식을 구분한다. 하나는 "물리 심리학과 정신심리학" 등의 "자연주의적" 접근 방식이고, 다른 하나는 자연과학이 개입하지 않은 전-과학적 접근 방식, 다시 말해서 "자연적 natural" 또는 "자연(인)적 personal" 접근 방식이다.[54]

자연주의적 접근에 의하면, 자연계 내의 물리적 대상들은 자극을 발산한다. 이들 중의 일부가 인체 내의 신경 계통을 흥분시켜 반응을 유발한다. 이때 물리적 자극은 말하자면 인간의 영혼을 자극한다. 보다 정확하게 말하면, 흥분이 신경 계통 내에 전달되면, 중추신경은 명령 계통에 따라 자극을 명하고, 이것은 영혼의 반응, 즉 감각을 유발한다.[55] 후설은 이와 같은 자연주의적 태도가 어느 범위 내에서는

---

grasped consciously in some other way and posited by the subject in his intentional lived experiences with the sense-content of the moment. As such, the surrounding world is in a certain way always in the process of becoming, constantly producing itself by means of transformations of sense and ever new formations of sense along with the concomitant positing and annullings"(같은 책, p. 196) ; 또 후설은 "주위 세계"를 "사물적"인 것과 "인적"인 것으로 양분한다 : "Die Umwelt ist i) sachliche, und zwar ursprünglich sachliche, und ii) personale und denn a) individuell personale und b) sozial-personale"(*Husserliana Band XIII: Zur Phänomenologie der Intersubjektivität*, p. 426) ; "the surrounding world is on the one hand a surrounding world of things and on the other hand a surrounding world made up of persons and association of persons"(*Ideas II*, p. 388, footnote 1).

54) *Ideas II*, pp. 148~50.

55) 오늘날 이와 같은 자연주의적 입장은 설John R. Searle의 다음과 같은 말 속에 잘 집약되어 있다 : "everything in our conscious life, from feeling pains, tickles, and itches to — pick your favorite — feeling angst of postindustrial man under late

256

정당성이 있다고 일단 인정하면서도, 경우에 따라서는 "부정의 Unrecht가 된다"고 강조한다. 왜냐하면, 이러한 태도는 도덕적 자연인을 단순한 사물로 취급하게 되고, 급기야는 그로부터 모든 권리를 박탈하는 데 이르기 때문이다(이것은 히틀러의 유태인 대학살로 단순한 기우가 아님이 명백해졌다). 그는 이렇게 말한다:

> 만일 자연인과 영혼의 자연화 naturizing가 객관적 존재의 의존성의 특정한 관계만을 허용하며, 또한 사물적인 자연 세계와 정신적 인간 세계는 단일한 시·공의 세계에서 통용되는 연속성만을 허용한다는 점을 우리가 인정하지 않을 경우, 이와 같은 자연주의적 태도는 하나의 부정의가 된다. 한걸음 더 나아가, 만일 정신들이 바로 이런 점에서 이와 같은 자연주의와는 다른 보다 의미 있는 형태의 연구를 가능하게 하고 또한 요구한다는 점을, 그리고 이들 정신들은 자아-주체들 ego-subjects로서 각자의 고유한 존재를 가지며, 그 자체로는 모든 사물에 대해, 그리고 이러한 사물의 모든 연구에 대해 주관적 부분으로 요구되며, 또 이들 정신들은 그들의 지향적 삶에서 세계에 대해 주위 세계의 형태로 관계를 맺는다는 점을 우리가 인정하지 않는다면, 이것은 부정의이다.[56]

말하자면, 후설은 일정 "범위"를 넘어선 자연주의를 부도덕한 "부정의"로 간주하고, 이로부터의 "단절 break"을, 그리고 "자연(인)적"

---

capitalism or experiencing the ecstasy of skiing in deep powder — is caused by brain process. As far as we know the relevant processes take place at the micro levels of synapses, neurons, neuron columns, and cell assemblies"; "consciousness is an ordinary biological phenomenon comparable with growth, digestion or the secretion of bile"("The Mystery of Consciousness," *The New York Review of Books*, Nov. 2, 1995, p. 60).

56) *Ideas II*, pp. 200~01.

관점으로의 복귀를 당위로서 요구한다.[57] 이제 주체와 객체간의, 또는 자연인과 주위 세계간의 자극-반응의 관계는 가치 지향적인 목적 관계로 "환원" 또는 복원되어야 한다. 다시 말하면, 자연의 일부로서의 인간과 사물간의 인과 관계는 자연인과 사물간의 동기 관계로 바뀌어져야 한다. 후설은 이 점을 다음과 같이 말한다:

> 감각 기관과 신경 세포, 그리고 신경절 내의 생리적 과정은 비록 나의 의식 속에서는 심리물리적인 감각 자료들의 출현과 인지와 심리적 체험들의 조건일지는 몰라도 나의 행동의 동기는 유발하지 않는다. 내가 알지 못하는 것, 나의 체험적 경험과 표상과 사유 및 의식 작용 속에서 표상된 것으로서, 또는 지각, 기억, 사유된 것 등으로서 나에게 의식된 것이 아니면, 정신적 존재로서의 나를 '규정'하지 않는다. 나의 체험적 경험 속에 목적 지향적 대상으로 포함되지 않는 것은, 비록 주목하지 않거나 잠재적인 것일지라도, 잠재 의식에서나마 나의 행동을 유발하지 않는다.[58]

요컨대 "생활 세계 내에서 방법론적 관점을 특징짓는 기본 관계는 인과성이 아닌 동기"[59]라는 것이다. 여기서는 사물이 자연과학에서 주장하는 바와 같이 객관적 속성을 갖는 즉자적 존재가 아닌, 주체에 의해 경험되고, 사유되고, 목적 의식적으로 지향되고 intended 또는 정립된 posited 자연인의 의식에 주어진 목적 지향적 대상 intentional object으로 나타나며, "자극"은 목적 의식적 "의미를 지닌 meant" 사

---

57) 후설에 있어 "환원"은 "단절"의 의미를 함축한다(같은 책, p. 380). 이를 좀더 부연하면, "환원"이란 무반성적으로 달려가던 길이 갑자기 막힐 때, 달리던 걸음을 일단 "멈추고," 한걸음 "뒤로 물러선" 다음, 새롭게 드러나는 길을 따라 "계속적으로 앞으로 나아가는" 일련의 과정을 가리킨다고 볼 수 있다.

58) 같은 책, p. 243.

59) 같은 책, p. 384. "생활 세계"에 대해서는 이 글의 뒷부분에서 좀더 상세히 다루겠다.

물의 끄는 힘으로 작용한다. "사물 '그 자체들'이란 여기 또는 저기에 있는 것으로 확인된 것들이다. 그러나 이들은 여기저기에서 자연적 주체에게 보여진 사물로서만 고려될 뿐이다."[60] 이때 사물로부터 끄는 힘의 강·약의 정도에 따라, 주체는 자극에 따르고, 이것에 굴복하고, 또는 방향을 바꾸거나 전환하기도 한다. 자아는 대상을 설명하고, 생각하고, 이론적으로 판단하고, 평가하고, 그리고 행동으로 옮긴다. 여기서 주의할 것은 자연인과 사물간의 동기 관계가 "나는 할 수 있다 I can"[61]로부터 "나는 한다 I do"의 단계로 이행한다는 점이다. 후설은 이렇게 말한다:

'나는 할 수 있다'의 뒤를 따라 지배적인 자극과 경향에 대한 '나는 한다'가 이어진다. 이와 관련하여 과정의 종착점은 목적의 성격을 지닌다. [……] 이 대상은 나에게 먹으라고 자극한다. 그것은 영양가 종류의 물건이다. 나는 그곳으로 손을 뻗침으로써 그것을 먹을 수 있다. [……] 그 대상은 가치적 특질을 가지며 그리고 그러한 가치를 갖고 있는 것으로 '경험된다.' 즉 가치-대상의 한 유형으로 지각된다 apperceived. 나는 그것에 관심을 기울이고, 그것은 나로 하여금 관심을 기울이도록 자극한다. 나는 그것을 관찰한다. 나는 그것이 대상으로서 어떻게 작용하는지를, 어떻게 물리적 속성과 다른 새로운 속성을 나타내며, 또 이러한 속성이 정교하게 결정되는지 등을 관찰한다. 이제 나는 가치 평가의 주체일 뿐만 아니라 욕구하는 주체임을, 따라서 나는 그러한 욕구의 주체로서, 단순히 가치를 경험하며, 가치적 관점에서 판단하는 사유의 주체가 아님을 [행동으로] 입증한다.[62]

---

60) 같은 책, p. 379; *The Crisis*, p. 317.

61) 후설은 "I can"을 "자아의 기능 the faculties of the ego"이라 하고, "I can't"를 "기능 결여 lack of faculties"라 말한다(*Ideas II*, p. 341).

62) 같은 책, p. 228.

요약하면, 주체는 대상에 관심을 기울이고, 대상의 속성들, 예컨대 아름답다거나, 마음에 든다거나, 유용하다는 등의 여러 속성들을 인지하며, 욕구하며, 행동한다. 주체는 대상을 만지고, 사용하고, 또는 특정 목적에 맞추어 개조한다. 이런 점에서 대상은 주체가 때로는 능동적으로, 때로는 수동적으로 반응하도록 자극하는 기능을 수행한다. 주체는 이러한 자극에 굴복하기도 하고, 저항하기도 한다. 이런 의미에서 후설은 대상을 주체에 대한 "계속적인 새로운 자극층ever new strata as stimuli"[63]으로 규정한다.

다른 한편 사물의 영역에서는 동일한 인과 조건으로부터 동일한 결과만이 산출되는 데 반해, 목적 지향적 동기 관계에서의 자연인은 항상 변하고 발전하는 존재, 즉 역사적 존재이기 때문에, 같은 동기에 대해 다르게 반응할 수 있다. 후설은 이 점을 다음과 같이 지적한다:

전에는 나의 행동의 동기가 이러한 방식으로 작용하였는데 지금은 그와는 다르게 작용한다. 그것은 그 동안에 내가 다른 사람이 되었기 때문이다. 동기 작용이나 유효한 동기들이 같을지라도 각종 동기의 힘은 다를 수 있다. 예를 들면, 모든 자연인의 감각 능력은 젊었을 때와 나이 먹었을 때에 아주 다르다. 감각적 토대, 특히 감각적 충동의 토대가 다르다. 나이가 들면 신중해지고 자기 중심적이 된다. 젊을 때에는 성급하며 또 손쉽게 고상한 환희에 빠지는 경향을 보인다. 노년이 되면 (많은 경험을 통해 배운 결과) 자제하게 되고, 결과를 생각하게 된다. 젊을 때에는 생활의 속도가 보다 빠르고, 상상력도 풍부한 반면, 경험은 일천하다. 젊은이들은 나쁜 결과를 당해본 일이 없고, 위험을

---

63) 같은 책, pp. 198~99, 228.

모르기 때문에 새로운 것과 인상적인 것, 체험, 그리고 아직 맛본 일이 없는 모험 등에서 신선한 본래의 기쁨을 만끽한다.[64]

결국 후설은 "자연적 자아 the personal ego"가 1) "필연적으로 발전 중에 있는, 그리고 발전을 이미 이룬" 자아라는 점을 강조하고,[65] 2) 이런 점에서 "인간과학의 주제가 되는 인간은 동일성을 갖는 실재로서 객관적으로 규정된 즉자적 존재이기보다는 오히려 자신의 주위 세계 속에서 주체적으로 의식하고 행동을 주도하는 역사적 인간 historical man"이라는 점에 주목하며,[66] 3) 따라서 인간과학은 결코 역사적 이해로부터 분리될 수 없다는 점을 강조한다. 그는 이렇게 말한다:

> 확실히 인식론은 하나의 독특한 역사적 과제라는 점이 그 동안 인식되지 못하였다. 그러나 우리는 바로 이 점에 반대한다. 한편으로는 인식론적 해명과 역사적, 심지어는 인간적–심리적 설명간에, 다른 한편으로는 인식론적 기원과 발생적 기원에 관한 설명이 원칙적으로 분리되어야 한다는 지배적 도그마는 근본적으로 잘못된 것이다. 〔……〕 모든 해명——이것은 명백한 진술 making explicit로부터 스스로 자명하게 드러남 making self-evident으로의 이행이다——이란 역사적으로 드러냄에 다름아니다; 그것은 그 자체에 있어 본질적으로 역사적인 것이며, 그 자신 안에 내적 필연성에 의해 역사적 지평을 함축한다.[67]

자연인은 자신의 주위 세계에서 사물뿐만 아니라, 다른 주체들도

---

64) 같은 책, p. 279.
65) 같은 책, p. 360.
66) *The Crisis*, p. 323.
67) 같은 책, pp. 370~71.

발견한다. 그는 이들 역시 그들의 주위 세계에 관심을 갖고, 이 세계 내에 존재하는 여러 대상들에 의해 규정되고, 또 언제든지 새롭게 규정될 수 있는 자연인임을 알게 된다.[68] 후설에 의하면, 자연인은 "공감적 지각Komprehension(또는 comprehension)"을 통해 자신과 마찬가지로 몸과 결합된 또는 몸과 하나인 타(他)자연인을 인식하게 된다. 그러면 후설이 말하는 "공감적 지각"이란 무엇을 뜻하는가? 이것은 직접적 목격Anschauung[69]의 사물 지각을 토대로 자연스럽게 이루어지는 "타인 지각" 또는 "다른 정신에 대한 지각" 작용을 가리킨다. 우리를 둘러싼 사물들은 우리들의 직접적 목격에 의해 "우리들을 향해 있는 것over against us"으로 지각된다. 이 사물들은 색깔도 있고, 냄새도 있다. 이처럼 자연인에 의해 이루어지는 직접적 목격——이를 약하여 "자연적 목격"이라고 부르도록 하자——에서는 이 사물들이 비록 불완전하더라도 우리들이 현재 경험하는 것과 본질적으로 다른

---

68) *Ideas II*, p. 200.

69) 여기서 후설이 말하는 "직접적 목격"은 독일어로는 "Anschauung"이고, 영어로는 "intuition"으로 번역된다. 그러나 "intuition"이라는 영역은 사실상 후설을 이해하는 데 혼란의 원인이 되고 있다. 왜냐하면 후설은 독일어의 "Anschauung(영어로 intuition)"과 "Intuition(영어로 flair)"을 대립적인 말로 구분하고 있기 때문이다. 후설은 이렇게 말한다: "Wir sprechen hier von Intuition, ein Wort, das sehr oft gerade das Gegenteil von Anschauung besagt, nämlich eine Vorahnung, ein Voraussehen ohne Sehen, ein dunkles, nämlich symbolisches, oft unfassbar leeres Vorauserfassen"(E. Husserl, *Husserliana Band IV: Ideen zu Einer Reinen Phänomenologie und Phänomenoligischen Philosophie II*(Haag: Martinus Nijhoff, 1952, pp. 273~74). 그러나 영역본은 이를 다음과 같이 옮기고 있다: "One speaks here of intuitive 'flair,' a term which often signifies just the opposite of intuition, i. e., insight, and is instead a presentiment, a pre-seeing without seeing, an obscure, specifically symbolic, often ungraspably empty, premonition"(E. Husserl, *Idea II*, p. 286). 필자는 "Anschauung"과 "Intuition"은 구분되어야 한다고 보며, 따라서 "Anschauung"은 "(직접적) 목격"으로, "Intuition"은 "(투시적) 직관"으로 번역한다. 특히 "(직접적) 목격"은 자연인에 의해 일상적으로 수행된다는 점에서 "자연적 목격"이라고 말해도 좋을 것으로 본다.

어떤 것으로 나타나지 않는다. 이들을 좀더 완전하게 알기를 원한다면, 보다 더 가까이 접근하여, 여러 측면에서 관찰하면 족하다. 이런 방식으로 드러나는 사물의 특성들(또는 로크 Locke가 말하는 감각적 또는 "이차적" 특성들)은 주변 사물들을 구성한다. 이와 같은 주변 사물들의 특성들은 사물에 고유한 것들로서, 경험을 아무리 확장하더라도, 더 이상 새로운 특성을 보여주지 않는다. 따라서 소박한 자연인 또는 자연인 상호간에 공유된 지식에 의하면, 자연적으로 목격된 사물의 현실적 특성의 배후에 참된 물리적 사물이 따로 존재한다거나, 자연적으로 목격된 특성의 배후에 목격되지 않은(또는 로크가 말하는 "일차적") 특성이 실재한다거나, 또는 자연적으로 목격된 사물들이나 이들의 특성들은 그 배후에 있는 어떤 다른 실재를 나타내는 단순한 "기호"라든가 "주관적 현상"에 불과하다는 생각은 생겨날 수 없다. 사회적 공동 세계의 사물들, 예컨대 우리들이 대화하고, 실천하는 세계의 사물들은 우리가 본 그대로의 특성을 지닌 사물들이며, 우리들의 지각 작용 역시 주체들의 작용일 뿐이며, 객관적 인과 관계의 표현은 아니다. 실천적 세계에서의 주체들이란 작용의 주체일 뿐, 자연과학적 대상은 아니기 때문이다.[70]

후설은 이와 같은 직접적 목격이 타자연인과 대면하게 되면, 자연인의 몸을 지각함과 동시에, 그 자연인을 하나의 통일체로 "함께 지각한다"고 말한다. 후설이 말하는 "공감적 지각"은 이와 같이 함께 지각하는 작용을 가리킨다. 보다 정확하게 표현하면, "~와 동시에 ~을 함께 지각함"을 가리킨다. 후설은 이렇게 말한다: 직접적 목격에서는 "외적으로 서로 얽혀 있는 신체와 자연인이라는 두 개의 사물을 발견하는 것이 아니다. 우리는 우리들과 거래하는 통일적 인간을 발견하며, 인간의 통일성에 참여하는 그들의 몸을 발견한다"[71]; "우

---

70) *Ideas II*, pp. 245~46.
71) 같은 책, p. 246.

리는 단순히 타인의 몸을 보는 것이 아니라, 타인을 본다; 그는 우리를 향해 단순히 하나의 몸으로서 저기에 존재하는 것이 아니라, 그의 정신을 또한 스스로 나타내 보여준다. 그는 저기에 '몸소in person' 있는 것이다." 얼굴 표정, 몸짓, 표현된 말, 개개의 억양 등에는 자연인의 정신 생활과 생각, 그의 느낌과 욕망, 그가 하는 일과 하지 않는 일 등이 표현된다. 뿐만 아니라, 그들의 성격도 나타난다. 이 모든 표현들은 직접적으로 목격된 것들이며, 또 외적으로 표현된 것들이다. 이런 의미에서 "인간의 신체적·정신적 통일성은 우리들의 눈앞에 볼 수 있게 존재하는 것이다."[72]

후설은 "공감적 지각"을 때로는 "공통 감정empathy"이라고도 표현한다.[73] 후설은 이렇게 말한다: "얼굴의 표정들이란 육안에 비친 표정들이며, 이들은 타인의 의식의 의미를 나타내는 직접적인 전도체이다. 예컨대 그의 의지를 공통 감정에 의해 지금 이 자연인이 실재로 의지하는 것으로, 그리고 의사 소통을 통해 나에게 전달된 그런 의지로 특징지어진다. 이러한 방식으로 특징지어진 의지, 다시 말하면, 이 의지에 대한 공통 감정적 의식과 그 결과, 이러한 방식으로 정립된 의식은 나의 반대 의지나 굴복의 동기가 된다." 나는 다른 사람의 말을 듣고, 그의 얼굴 표정을 보고, 그러저러한 의식적 경험과 작용들을 짐작하게 되고, 이러저러한 방식으로 나의 행동을 정한다. 그러나 후설은 앞에서도 잠시 언급했듯이, 자연(인)적인 태도에서 어떠

---

72) 같은 책, p. 247.

73) 같은 책, p. 208. 그러나 하이데거는 이에 대해 극히 부정적인 견해를 피력한다. 그는 이렇게 말한다: "This phenomenon, which is none too happily designated as 'empathy' ['Einfühlung'], is then supposed, as it were, to provide the first ontological bridge from one's own subject, which is given proximally as alone, to the other subject, which is proximally quite closed off. [……] But while these deliberations seem obvious enough, it is easy to see that they have little ground to stand on" (M. Heidegger, *Being and Time*, trs. by John Macquarrie & Edward Robinson, New York & Evanston: Harper & Row Publishers, 1962, p. 162, §26).

한 인과 관계도 배제한다. 예를 들면, 시각적 대상으로 나타난 타인
의 머리와, 그의 얼굴, 그리고 나에게 보여진 그의 얼굴 부분간에, 그
리고 그의 발음과 나의 귀에 전달된 자극들 사이에 어떠한 인과 관계
의 개입도 배제한다. 그는 이들간의 어떠한 심리물리적 관계도 인정
하지 않는다. 후설은 이렇게 말한다: "다른 사람의 몸가짐은 타인의
의식에 어떤 의미를 붙이도록 나를 규정한다(이것은 일종의 동기 작용
이다). 그리고 이 몸가짐은 내가 본 바로 그대로일 뿐이며, 나는 그것
을 보는 데, 다른 직접적 지각에서도 그랬듯이, 나의 시각과 나의 감
각과 표현간의 인과적 관계를 고려에 넣지 않는다. 이것은 결코 우리
가 인과 관계를 불충분하게 또는 피상적으로 파악했기 때문이 아니
다. 그보다는 오히려 우리가 자연적 인과 관계를 파악하는 데 요구되
는 태도에서 완전히 벗어나 있기 때문이다. 〔……〕 만일 여기서 자연
적 인과 관계를 도입한다면, 그것은 자연적 태도를 포기하는 것이
다."74)

　이어서 후설은 어떻게 자연인이 인과 관계가 아닌 동기 관계에서
타인의 심적 특징을 이해하는지에 대해 비교적 상세히 기술한다. 어
떤 사람이 지금 물 한 잔을 마시기 위해 컵 있는 쪽으로 손을 움직인
다. 그는 목이 마르므로, 물 마시기를 원한다. 그러나 이것만으로 그
사람의 독특한 성품을 알 수는 없다. 이것은 모든 사람에게 나타나는
일반적 특성이기 때문이다. 그러나 이 사람이 마시려던 컵을 갑자기
내려놓는다. 그는 그의 곁에 있는 한 굶주리고 목마른 불쌍한 아이를
발견한 것이다. 그는 그 컵을 그 아이에게 준다. 후설에 의하면, 이
행위는 그에게 고유한 그의 "좋은 마음씨"를 보여준다. 여기서 후설
이 말하는 한 개인의 고유한 성품이란 모든 인간에게 공통된 보편적
특성에 기반을 두면서도, 이것과는 구별되는 "'인간적 주체'라는 보

---

74) *Ideas II*, p. 247.

편적 유형 또는 보편적 성격 내에서의 특수한 성격"을 말한다. 모든 인간은 주위 세계와 동기 관계에 있지만, 동기 작용이 이루어지는 방식은 각각의 경우 상이하며, 이와 같이 상이한 방식의 동기 작용은 개개인의 고유한 성격을 형성한다. 후설은 개인의 고유한 성격을 "유형type" 또는 "스타일style"[75]이라고도 부른다. 각 개인의 고유한 성격, 즉 "유형"이나 "스타일"은 어느 정도의 지속성을 나타내며, 그것의 변화 양식 또한 각 자연인에 따라 다양하다. 그러나 일단 변화가 있은 후에는 또다시 통일적 · 지속적 성격이 나타난다. 따라서 후설은 어떤 자연인의 "유형"이나 "스타일"을 비교적 정확하게 인지할 경우——그는 이것을 "유형적 지각apperception" 또는 "유형"의 관점에서 일관성을 갖는다는 점에서 "통각" 또는 "통지각"이라 말한다——그가 어떤 경우에 어떻게 행동할지에 대해 어느 정도의 예상이 가능하다고 본다. 그럼에도 불구하고, 일반적으로 모든 예상은 불명확성으로부터 결코 자유롭지 못하다. 후설은 이것을 "불확실한 확실성의 통지각적 지평apperceptive horizon of indeterminate determinability"이라 부른다. 다시 말하면, 모든 유형적 통지각은 개별적 행동에 대해서는 불확실성을, 그러나 전체적 "스타일"에 있어서는 확실성을 보여준다는 것이다. 예를 들면, 어떤 구혼자의 몇몇 개별적인 구혼의 말은 속빈 표현일 수는 있으나, 전체적으로는 말하는 이의 진지한 "스타일"을 나타내는 경우이다. 여기서 후설은 이렇게 말한다: 어떤 사

---

75) 후설의 영향을 크게 받았다고 보여지는 옐리네크Georg Jellinek도 그의 『일반 국가학』(김효전 역, 부산: 태화출판사, 1980)에서 자연 현상은 "동질적"임에 반하여 사회 현상은 "유사"할 뿐이며, 따라서 사회 현상의 연구는 "유형"만을 제시할 뿐이라고 말한다(pp. 23~31). 이와 아울러 옐리네크는 베버에 대해서도 이렇게 말한다: "경험적 유형도 또한 하나의 이상이며, 확실히 존재의 이상이며 당위의 이상은 아니고, 이론적 이상이며 논리적 이상은 아닌, 이러한 의미에서는 막스 베버의 "Die 'Objektivität' sozialwissenschaftlicher und sozialpolitischer Erkenntnis……"의 평론에 찬성할 수 있다"(p. 37의 각주 16).

람의 말하는 스타일을 안다는 것은 그가 발언할 구체적 표현까지 정확하게 아는 것을 의미하지 않는다. 만일 그렇다면, 그 사람은 상투적 표현만을 쓰는 사람——말하자면 입력된 자료만을 토해내는 자동인형——에 불과할 것이다. 이보다는 그 사람의 언어적 구사 능력의 전체적 수준을 아는 것이다. 각자의 표현은 이러한 수준 내에서의 자유로운 선택의 결과이다.[76] 요컨대 모든 자연인은 각자의 고유한 "유형적 성격 a typical character" 또는 "유형성 a typicality"을 나타내며,[77] 또 이것은 "공감적 지각"이나 "공통 감정"을 통해 다른 자연인에게도 지각된다.

후설은 공감적 지각 현상이 타자연인의 지각에만 국한된 현상이 아니라고 본다. 이와 같은 공감적 지각 현상은 "모든 정신적 작품"과 "모든 예술 작품"의 지각에, 그리고 이른바 "객관적 정신 objective mind"에 속한 "문화적 영역 내의 모든 일상적 생활 도구"의 지각에도 나타난다고 본다. 예를 들면, 내가 어떤 책의 행과 지면을 읽을 때 또는 그 책의 말과 문장의 뜻을 파악하려고 할 때, 물리적 사물들과 접하게 된다. 책은 하나의 물체이며, 페이지들은 종잇장들이고, 행(行)들이란 페이지 위의 특정한 위치를 점하고 있는 검은 표지와 물리적 자국들이다. 여기서 후설은 이렇게 스스로 묻고, 또 답한다:

이것이 내가 책을 '본다'고 할 때 보는 의미이고, 책을 '읽는다'고 할 때 읽는 것의 의미이며, 씌어진 것 또는 듣는 것을 '알아듣는다'고 할 때의 의미인가? 분명한 것은 여기서의 나의 태도는 전혀 다르다는 것이다. 물론 나는 어떤 '현상들'을 본다. 말하자면 하나의 물리적 사물과 이 사물 안에서 일어나는 물리적 사건은 이것을 파악하는 '나'를 중심으로 특정한 방향을 갖는, 예컨대 내 앞에, 그 중에서도 오른쪽 또

---

76) *Ideas II*, pp. 282~83.
77) 같은 책, pp. 283~84.

는 왼쪽 방향에 위치한 공간적 존재이다. 그러나 이것은 나의 경험을 순전히 물리적인 것에 초점을 맞춘 것이다. 사물적인 것이 나에게 나타난다는 점에서 나는 사물을 보고 있지만, 그러나 나는 '의미를 공감적으로 지각하면서 거기에 살고 있다.' 그리고 내가 그렇게 지각하는 동안 문장과 문장의 연쇄어들의 정신적 통일성들은 내 앞에 현존하며, 또 이러한 통일성들은 점차 그들의 성격을 나타낸다. 말하자면 그것은 나에게 인상적인 어떤 독특한 스타일을 갖는 문학 장르로서 다른 작품과 구별되는 특별한 책의 성격을 나타낸다. 내가 초점을 맞추는 것은 이처럼 책 전체와 융합된 어떤 통일성이지, 물리적인 것과 함께 존재하는 통일성은 아니지 않는가? 명백한 것은 이러한 통일성은 각 부분이 외적으로 이어진, 따라서 각 부분을 묶어주는 형태로부터 유리되어 각 부분이 독립적으로 존재할 수 있는 그런 연결이 아니라는 점이다. 〔……〕

나는 이 책, 이 종잇장이 특별한 의미가 있고, 어떤 의도에 의해 생기를 얻는다고 말할 수 있다. 이 책은 그 책의 지면이나 책의 표지 등과 마찬가지로 하나의 사물이다. 그러나 이 책이라는 사물에 의미라고 하는 또 하나의 사물이 덧붙여진 것은 아니다. 그 대신 의미는 생기를 불어넣으면서 특정한 방식으로 물리적 존재 전체에 침투하고 있다. 다시 말하면 그 의미는 각 단어에 생기를 불어넣는다. 보다 정확하게 말해서 그 의미는 유리된 각각의 단어가 아니다. 전체적 형태로 결합된 단어들의 연쇄와, 이를 토대로 형성된 보다 높은 단계의 형태들에 생기를 불어넣는다. 정신적 의미는 감각적 형태들 가운데 생기를 불어넣음으로써 이들과 단지 외적으로 이어지는 것이 아니라, 독특한 방식으로 이들과 하나로 융합된다.[78]

후설은 이상과 같은 "책의 현상"을 단지 "책"에서만 끝나는 것으로

---

78) 같은 책, pp. 248~50.

보지 않는다. 그는 이와 같은 현상이 "모든 정신적 작품과 모든 예술 작품, 그리고 공감적으로 지각된 정신적 의식과 정신적 의미를 지닌 모든 사물에도 적용된다고 말한다. 다시 말해서, 공감적 지각 현상은 실제적 삶의 영역이라 할 수 있는 문화적 영역 내의 일상적 삶의 모든 사물에 걸쳐 적절히 변형된 형태로 나타난다. 물 마시는 유리잔, 집, 숟가락, 극장, 사원 등은 모두가" 이러한 방식으로 공감적으로 지각된 "의미를 지닌 사물들이다."[79]

5

  지금까지 우리는 자연(인)적 태도의 중심 문제가 되는 자연인과 그에게 주어진 주위 세계를 살펴보았다. 자연(인)적 태도는 자연인만을 그 대상에서 추상하여, 이것만을 수락하며, 이것에만 관심을 둔다. 자연(인)적 태도 속에서 우리가 보는 것은 자연인뿐이며, 자연(인)적인 것뿐이다. 여기서는 온 세계가 자연인의 세계로 변한다. 세계는 자연인에게 나타난 세계로 변하며, 자연인의 의식 속에 투영된 자연(인)적 주위 세계로 변한다. 자연(인)적 태도 속에 주어진 세계는 자연인과 관계없거나, 또는 그와 관계없이 결정된 세계란 존재하지 않는다. 자연(인)적 태도 속에 주어진 세계는 전적으로 자연인이 의식하는 세계이며, 개개의 자연인의 의식에 나타난 현상의 세계이며, 자연인의 의식에 의해 매개된 주관적 세계이다. 자연(인)적 태도는 자연인의 주관적인 현상의 세계에 관심을 집중하고, 이를 그 뿌리로부터 들춰내려고 노력한다. 후설은 이 점을 다음과 같이 요약한다: "문제는 실재하는 세계가 어떤 것이냐에 있지 않고, 자연인에게 나타난

---

79) 같은 책, p. 250.

개별적인 세계가 어떤 것이냐에 있다."[80] 현상의 세계는 자연인에게
나타난 세계이며, 자연인에게 개별적으로 수락된 세계이다. 자연인
에게 나타난 현상의 세계는 바로 자연(인)적 태도가 구명하려는 세계
로서 순수하게 주어진 자연(인)적 주위 세계라 할 수 있다.

후설에 의하면, 이와 같은 자연(인)적 주위 세계는 부단한 현상의
변화 속에서 마침내 우리의 유일한 세계로 수락된다. 따라서 후설은
자연(인)적 주위 세계야말로 우리가 살고, 우리가 움직이고 또 우리
가 있는 세계라고 말한다. 자연(인)적 주위 세계야말로 우리가 실제
로 살고 있는 우리의 생활 세계라는 말이다. 우리는 자연(인)적 태도
에 주어진 자연(인)적 주위 세계에 산다. 이것은 또한 우리의 생활 세
계가 원래부터 기하학적 공간으로 구조된 세계도, 수학적 함수 관계
를 갖는 세계도 아닌,[81] 단지 자연(인)적 태도에 주어진 자연(인)적
세계라는 뜻이다. 후설의 술어를 빌리면, 생활 세계란 직접적 또는
자연적 목격——다시 말하면, 이념화 idealization의 대칭 개념으로서의
자연적 목격——의 하나인 지각 perception을 통해 우리에게 실제로,
그리고 끊임없이 주어진 세계, 또는 우리의 나날의 경험 속에서 자연
적 목격을 통해서 감각적으로 나타나는 세계 sensible world라는 것이
다. 이어서 후설은 이렇게 말한다: 우리가 아무리 생활 세계의 구조
를 변화시켜본다 하더라도, 그것은 엄밀한 의미의 기하학적 공간이
나 수학적 함수 관계로 전환되지 않는다. 우리가 얻는 것은 다만 "대
체로" 곧바른 직선, "대체로" 고른 평면, "대체로" 둥그런 원일 뿐이
다. 생활 세계는 원래부터 과학 이전의, 즉 전-과학적 세계이며, 또한
과학 외적 extra-scientific 세계이다. 생활 세계는 "과학에 물들지 않은
인간의 활동과 행동이 이룩해놓은 세계이다."[82] 요약하면, 우리가 나

---

80) *The Crisis*, p. 317.
81) 같은 책, p. 50.
82) 같은 책, p. 68.

270

날의 삶을 사는 생활 세계는 순전히 주관적 · 상대적으로 주어진, 따라서 모든 과학적 결정으로부터 해방된 세계이며, 그리고 이것만이 실재하는 세계라는 것이다. "제일 먼저 실재하는 것은 주관적 · 상대적 직관에 주어진 과학 이전의 전-과학적 세간 생활뿐이다."[83]

필자는 이와 같은 후설의 "자연(인)적" 태도와 여기에 주어진 "주위 세계" 및 "생활 세계"가 후설이 말하는 "유럽"을 이해하기 위한 토대일 뿐만 아니라 무엇보다도 서구의 고전 정치 철학을 이해하는 데도 중요한 시사점을 준다고 본다. 일찍이 레오 스트라우스 Leo Strauss는 서구의 고전 정치철학과 정치 생활간의 "직접성"을 강조한 바 있다. 다시 말하면 서구 고전 정치철학에서의 철학적 추구는 일차적으로 철학자 자신의 개인적 정치 문제와 직접적으로 연관되어 있다는 것이다. 필자는 스트라우스가 말하는 이와 같은 "직접성"은 후설의 "자연(인)적" 태도 또는 이와 직접적으로 연관된 "생활 세계"를 다른 말로 표현한 것에 지나지 않는다고 본다. 이와 같은 이유에서 필자는 후설의 "유럽"에 관한 논의로 돌아가기에 앞서 먼저 서구의 고전 정치철학자들이 갖는 자연(인)적 태도부터 검토해볼 필요가 있다고 생각한다. 필자는 이러한 목적에서 1) 플라톤의 『크리토 Crito』를 중심으로 여기에 나타난 자연인적 태도와 생활 세계에 대해 살펴보고, 2) 이러한 검토에 이어서 후설이 의미하는 "유럽의 이념"에 대해 검토해보고자 한다.

1) 플라톤의 『크리토』는 고전적 정치철학자들의 자연(인)적 입장을 비교적 명확하게 보여준 대표적 작품이다. 『크리토』에서 진행되는 소크라테스와 크리토간의 대화는 "소크라테스가 감옥에서 탈출하는 것이 과연 옳은 것이냐? 아니냐?"로 집약된다. 『크리토』에서 소크라테스가 해명하고자 하는 중심 문제는 정치 생활의 근본이라 할 정의

---

83) 같은 책, p. 125.

justice의 문제이다.

정의는 다스리는 자의 문제일 뿐만 아니라, 또한 다스림을 받는 자의 문제이다. 정의는 플라톤이 『국가』에서 지적하는 "건강한 도시 healthy city"의 문제일 뿐만 아니라 또한 "화려한 도시 luxurious city"의 문제이기도 하다. 정의는 모든 사람의 문제이며, 모든 공동체의 문제이다. 정의는 정치 생활의 근본 문제이다.

그러나 『크리토』에서 문제되는 정의는 무엇보다도 소크라테스 자신의 문제로 제기된다. 소크라테스는 정의를 자기 자신에 관한 문제로 받아들이고, 자기 자신에 직결된 문제로 제기한다. 소크라테스는 자기 자신을 관찰한다. 소크라테스는 소크라테스를 재판하는 "법 laws"으로 등장하고, 소크라테스를 고발하는 "국가 commonweal"로 변신한다. "정의가 무엇이냐?"를 묻는 소크라테스는 종전의 소크라테스가 아니다. 그는 소크라테스를 향하여 묻는 자이며, 소크라테스를 그 내부로부터 보고 있는 재판관이다. 다시 말하면, 소크라테스는 변호인이요, 동시에 고발자로 등장한다. 소크라테스는 정의의 문제를 바로 자기 자신의 생활과 직결된 자신의 문제로 제기한다. 그는 자기가 살아온 생애 전체를 성찰한다. 그는 법과 자신간의 대화의 형식으로 자기 성찰을 진행하며, 이 속에서 정의의 본질을 묻는다. 『크리토』는 소크라테스가 정의의 문제를 자신에게 직결된 자기의 문제로 추구하는 전과정으로 나타난다.

소크라테스는 『크리토』에서 두 개의 입장을 밝혀준다. 첫째, 소크라테스는 정의가 다수의 의견에 의해 결정되는 문제가 아니라, 한 사람의 전문가와 그의 진리에 의해 판단되는 문제임을 주장한다. 소크라테스는 이렇게 말한다: "우리는 다수의 말에 관심을 두어서는 안 된다. 우리는 다만 정의와 부정의에 대한 한 사람의 전문가의 말과 그가 말하는 진리에 주의를 기울여야 한다."

그러면 과연 소크라테스가 말하는 "정의와 부정의에 대한 한 사람의 전문가"란 구체적으로 누구를 가리키는가? 소크라테스에 의하면 정의와 부정의의 문제는 몸에 관계된 문제가 아니라, 영혼에 관계된 문제이다. 정의는 영혼을 이롭게 하고, 부정의는 영혼을 해친다. 그런데 영혼에 관한 한, 오직 한 사람의 전문가가 있을 뿐이다. 그는 철학자이다. 오직 철학자만이 영혼을 그 순수한 본질에서 이해하며, 영혼을 이롭게 하는 일을 안다. 철학자야말로 "정의와 부정의를 아는 전문가이다."

『국가』에서 플라톤은 이 점을 보다 분명하게 지적한다. 플라톤은 철학자의 영혼에서 정치 생활의 궁극적인 지침을 발견한다. 『국가』에서 말하는 완전한 공동체, 즉 지혜롭고, 용감하고, 절제 있고, 정의로운 공동체는 이미 철학자의 영혼 속에 완성되고, 보존되어 있는 공동체이다. 철학자는 이미 완전한 공동체를 소유하고 있는 자이다. 플라톤은 철학자의 영혼 속에서 정치 생활의 궁극적인 지침을 발견한다. 철학자의 영혼은 지혜롭고, 용감하고 절제 있고, 정의로운 공동체의 모델이다. 철학자는 그의 영혼에 이미 완전한 공동체를 잉태하고 있는 자이며, 따라서 이를 출산할 수 있는 유일한 인간이기도 하다. 철학자만이 그의 영혼 속에, 그리고 정치 세계 속에 완전한 공동체를 실현하며, 또 실현할 수 있다. 『국가』에서 말하는 철인왕philosopher-king은 정치 생활의 궁극적 지침이 오직 철학자에게서 발견된다는 플라톤의 신념의 집약적 표현이다.

둘째로, 소크라테스가 『크리토』에서 밝히고 있는 것은, 정치 생활에 대한 철학적 추구가 철학하는 사람 자신의 정치 생활의 문제와 직결되어 있다는 점이다. "정치 생활은 철학에 의해 지도되어야 한다"고 말할 경우, 문제가 되는 것은, "'누구'의 정치 생활을 철학이 지도하여야 하느냐?"이다.

소크라테스는 『크리토』에서 이 점에 대해 분명히 말한다. 철학은 일차적으로 철학자 자신의 정치 생활을 지도하여야 한다. 철학은 무엇보다도 철학자 자신의 생활의 지침이 된다. 『크리토』에서 소크라테스가 문제시하는 정치 생활은 모든 사람이 공유하는, 일반적·객관적 의미의 정치 생활을 뜻하지 않는다. 그것은 소크라테스 자신이 스스로 살았고, 그 자신의 인격을 매개로 그 자신에게 특별히 경험된 자신에 고유한 정치 생활이다. 그것은 그가 자연인으로 경험한 자연(인)적 생활이다. 소크라테스는 그가 이 세상에 존재하기 시작하면서 그의 자연(인)적 삶을 통해 주어진 정치 생활을 성찰한다.

소크라테스에게 나타나서 그에게 질문하는 법과 국가는 소크라테스가 이전에는 알지 못했던 낯선 존재가 아니다. 이들은 소크라테스가 나면서부터 같이 지내온 그가 잘 아는 존재이다. 소크라테스는 법과 국가를 통해서 세상에 태어났으며, 이들 속에서 삶을 살았다. 『크리토』에서 우리가 보는 법과 국가는 소크라테스와 동떨어져 있는 객관적 존재가 아니라, 소크라테스와는 결코 유리될 수 없는, 그의 자연적 삶 속에 자리잡고, 그 속에서 자라고 있는 존재들이다. 이들은 바로 후설이 말하는 자연(인)적 주위 세계 또는 생활 세계를 뜻한다.

법과 국가는 소크라테스의 자연(인)적 삶에 주어진 그의 자연(인)적 세계이며, 그에 의해 끊임없이 수락되었던 그의 생활 세계이다. 법과 국가는 소크라테스의 철학적 또는 비철학적 생활에 동기를 주었고, 이를 결정하고 또 이에 의해 결정된 그의 자연(인)적 주위 세계이다. 이들은 소크라테스의 무수한 대화 속에서 규명되고, 교정되고 또 평가와 판단의 대상이 되면서 그의 매일매일의 생활 속에 스며든 그의 자연(인)적 주위 세계이다. 법과 국가는 소크라테스가 스스로 산, 그 자신의 정치 생활 바로 그것이다.

소크라테스에 의하면, 법과 국가는 그를 이 세상에 태어나게 했으며, 그의 몸과 마음을 교육하였고, 그가 아름다운 것을 향유하도록 허락하였으며, 그에게 의무를 지시했고 또 명했다. 『크리토』에서 소크라테스가 규명하고 있는 정치 생활은 그와 관계없이 주어진 모든 사람의 정치 생활이 아니라 그가 살았고 또 의도했던, 그 자신에게 특별히 주어진 정치 생활이다. 소크라테스는 "법"의 입을 통하여 이렇게 말한다:

우리는 네가 우리와 도시를 몹시 좋아하였다는 충분한 증거를 갖고 있다. 〔……〕 너는 전쟁에 징집되는 경우를 제외하고, 축제나 다른 일에 참석하기 위해 도시 밖으로 나가본 적이 없다. 너는 다른 사람처럼 해외 여행도 하지 않았다. 너는 다른 도시나 다른 법을 알고자 원하지도 않았다. 우리와 우리 도시는 너에게 충분한 것이었다. 말 그대로 너는 우리를 선택했고, 또 우리들의 규정에 따라 시민으로 살 것에 동의했다. 이 도시에서 이룩한 너의 가정은 분명 너의 큰 기쁨이었다.[84]

마지막으로 『크리토』는 정치 생활에 대한 철학적 성찰이 철학하고 있는 자연인 자신의 생활에서 출발하는 것은 물론 궁극적으로 철학하고 있는 자연인 자신의 "현재 생활"을 보다 낫게 결정하기 위하여 추구된다는 점을 강조한다. 소크라테스는 다음과 같이 자문자답하여 말한다: "만일 내가 감옥을 탈출한다면, 나의 친구, 나의 가족, 그러나 누구보다도 나 자신에게 무슨 이로움이 있을 것인가? 그리고 나의 내세에, 무엇보다도 나의 현재 생활에 어떤 도움이 있을 것인가?" 소크라테스는 "법"의 입을 빌려 다음과 같이 결론을 내린다: "그런 일은 분명코 너의 현재 생활에 좋은 것이 못 된다."[85]

『크리토』를 통하여 우리는 정치철학이 철학자 자신의 생활과, 특히 그의 정치 생활과 직결되어 있음을 살펴보았다. 『크리토』는 정치철학이 철학하는 자연인 자신의 정치 생활과 직결되어 있음을 보여주는

---

84) Plato, *Crito*, *Great Dialogues of Plato*, tr. by W. H. D. Rouse(N. Y.: The New American Library, 1958), pp. 447~57.

85) 같은 책, 같은 곳.

하나의 예다. 정치철학은 철학하는 자연인 자신의 생활 속에서 발생하고, 철학하는 자연인과의 직접적인 관계에서 출발한다. 정치철학이 궁극적으로 도달하는 귀착점 역시 철학하는 자연인 자신의 생활, 즉 그의 "현재 생활"에 대한 보다 나은 결정에 있다. 자연인과 그에게 주어진 생활 세계야말로 정치철학이 발생하는 근거지이며, 서식지이고 또 중심 문제라고 볼 수 있다. 후설은 "자연인"이 고전 철학의 중심임을 다음과 같이 기술한다:

> 철학의 초기에 우리가 보는 것은 데모크리토스의 유물론과 결정론이다. 위대한 정신들은 이것에 반발하였고, 뿐만 아니라 오늘날에 못지않은 여러 형태의 정신물리학에 대해 반발하였다. 소크라테스 이후 인간은 인간에게 특유한 인간성을 지닌 자연인으로서 as a person, 정신적 공동 생활을 영위하는 인간으로서 문제되었다.[86]

2) 이제 후설이 말한 순수한 정신 세계로서의 유럽의 이념에 대해 좀더 살펴보도록 하자. 후설에 의하면, 유럽은 일차적으로 "정신적 형태 spiritual shape" 또는 "정신적 형성 spiritual formation"을 뜻한다. 후설에 있어 유럽은 하나의 자연(인)적 주위 세계이다. 유럽은 자연인이 살고 있는 세계이며, 정신적으로 묶여진 정신 생활의 공동체이다. 후설에 의하면, 인간은 후손의 유지를 위하여 반드시 가족·부락·국가 등의 공동체를 이루며 살아야 한다.[87]

그러나 자연인의 집합체로서의 공동체는 각 단위의 단순한 합계와는 다르다. 그것은 또한 정신 생활의 결합체로서 불가분의 통일성을 갖는다. 자연인의 집합체의 특징은 상호 배타적인 개체의 집합체가

---

86) E. Husserl, "Vienna Lecture: Philosophy and the Crisis of European Humanity," 앞의 책, p. 293.
87) 같은 글, p. 281.

아니라 상호 삼투적인 mutual interpenetration 의식의 결합체라는 점에 있다. 자연인의 집합체로서의 공동 생활은 정신 생활의 단일한 흐름을 갖는다. 후설이 말하는 유럽은 바로 이와 같은 자연인의 집합체이다. 유럽은 자연인들이 하나의 정신적 유대를 이루고 사는 공동의 주위 세계이다. 이런 점에서 유럽은 정신의 영역에 속해 있는 세계이며, 무한히 먼 하나의 규범을 구현하기 위해 끊임없이 운동하는 정신 생활의 공동체이다. 유럽은 상호간 경제적·정치적 세력 확장을 위해 다투는 몇몇 국가들의 단순한 모임만은 아니다. 유럽은 하나의 정신으로 묶여 있는 정신적 결합체이다.

후설에 의하면, 유럽에는 개별 국가의 구분을 넘어 각 개인의 의식 속에 면면히 흐르는 하나의 정신이 있다. 이 정신이야말로 유럽을 하나의 결합체로 특징짓는 바탕이 된다. 이러한 정신은 각 개개인, 각 국가 내의 사회 집단, 그리고 국가간의 국제 조직 등의 내부에 흐르는 의식 생활의 모습으로 존재하며, 이것은 필연적인 발전 과정으로 전개된다. 비록 몇몇 유럽 국가들 상호간에는 적대감이 상존한다 하더라도 모든 유럽인에게는 하나의 공통된 마음의 요람지 또는 의식의 고향이 있다. 이것은 그들에게 지향할 목표를 부여해주고, 새로운 존재 양식을 일깨워주며, 보다 높은 단계로의 발전을 도모해주는 철학의 정신이다. 다시 말해서, 후설에 의하면 유럽인에게는 하나의 정신적 목표가 있다는 것이다. 그는 이것을 "이성" 또는 "철학 정신"이라 부른다. 후설은 정신적 유럽의 본질을 이성 또는 철학 정신에서 구한다. 그리고 그는 이러한 철학 정신의 관점에서 정신적 유럽의 문제점을 찾는다. 유럽은 철학 정신에서 하나로 규합되고, 이를 지향하려는 의지로 통합된 정신적 결합체이다. 이제 정신적 유럽의 본질을 이성 또는 철학 정신에서 파악하려는 후설의 견해를 보다 체계적으로 밝혀보기로 하자.

먼저 후설 스스로가 묻는 것은 "무엇이 유럽의 정신적 모습인가?

어떻게 유럽인의 정신적 모습을 규정할 것인가?"이다. 이에 대해 후설은 자답하여 말하기를, "철학이 정신적 유럽의 고유한 성격이다. 유럽인의 인간성은 철학 또는 과학에 의해 형성되었다. 유럽인은 일반적인 정신 발달의 과정과 구별되는 특유의 역사성, 특유의 정신 발달의 과정을 갖는다. 이것은 철학이다. 철학은 유럽에만 고유한 정신적 모습이다. 유럽인에게는 목적 또는 엔텔러키entelechy가 내재해 있다. 이것은 모든 변천 속에서 지속되고 있는 '이성' 또는 '철학 정신'이다. 유럽인에 내재해 있는 이성 또는 철학 정신은 유럽인의 정신적 모습의 중심적·핵심적 요소이다."[88] 여기서 우리가 주의해야 할 것은 "이성" 또는 "철학 정신"이 유럽인에게 내재해 있을 뿐만 아니라, "오직" 유럽인에게만 내재해 있다는 후설의 주장이다. 후설은 철학을 유럽인에 고유한 것으로 본다.

이런 점에서 정화열 교수는 "후설"이 "오로지 유럽 학문과 유럽 휴머니티의 위기에만 관심을 가졌다"고 비판한다. 정교수는 이렇게 말한다: "그의 유명한 문구에 따르면 철학자는 '휴머니티에 대한 봉사자〔公僕〕'이어야 한다. 그러나 이때의 봉사자는 전세계의 휴머니티에 대한 것이 아니라 서구의 휴머니티에 국한된다."[89] 후설에 의하면 철학의 역사적 기원은 유럽에 있다. 철학은 고대 그리스에서 최초로 탄생하였다. 그리스·유럽 철학의 고유성은 유럽에 고유한 "이론적 태도"의 결과이다. 후설은 이 점을 다음과 같이 부연한다: "이론적 태도는 역사적으로 그리스에 그 기원을 두고 있다"; "그리스에서 비로소" 우리는 "생에 대해서 보편적 관심을 갖는 순수한 이론적 태도"를 발견한다; 이것은 본질적으로 새로운 형의 태도이다; 이러한 "이론적 태도"의 발생과 더불어, 철학자와 과학자의 공동체가 출현했다; 이들 철학자들과 과학자들의 계속적인 공동 연구를 통하여, "이론을,

---

88) 같은 글, pp. 274~81.
89) 정화열, 『몸의 정치』(민음사, 1999), p. 37.

그리고 오직 이론만을" 추구하는 생활 방식이 출현하게 되었다.

후설은 철학이 유럽에 고유하다는 점을 분명히하기 위하여, 이론적 태도를 두 개의 단계로 구분하여 설명한다. 하나는 초보적 의미의 이론이고, 다른 하나는 보편적 의미의 이론이다. 후설이 말하는 초보적 의미의 이론은 "실천praxis"과 대립되는 의미의 이론이다. 즉 "자연적 영역에 기여하는 높은 단계의 실천을 포함해서, 자연적 실천natural praxis 일체를 자발적으로 정지하는 것"을 뜻한다. 따라서 초보적 의미의 이론은 "전적으로 비실천적이다." 플라톤과 아리스토텔레스가 말하는 "타우마자인 Thaumazein" 또는 "놀라움"은 "초보적 의미의 이론"에 속한다. "타우마자인"은 생활에 대한 관심으로부터 유리된, 또는 "이러한 관심을 포기한" 호기심의 변형 또는 생의 관심으로부터 유리된 관심이다. 초보적 의미의 이론의 단계에서는 이론과 실천은 "정신적으로 상호 무관한 문화적 영역"으로 각각 독립하게 된다.

다른 한편 보편적 의미의 이론이 있다. 이러한 의미의 이론은 "모든 생활 목표, 모든 문화재, 그리고 인간 생활에서 발생한 제도 등에 대한 보편적인 비판의 형태로 나타나는 새로운 형의 실천"이다. 이것은 "인류 자체, 그리고 이들을 명시적·묵시적으로 이끄는 가치에 대한 비판"이다. 이것은 "보편적 과학 이성을 매개로, 온갖 형태의 진리 규범에 맞추어, 인간을 앙양하고, 절대적·이론적 통찰을 바탕으로 절대적으로 자기 자신에 대해 책임을 질 수 있는, 근본적으로 새로운 인간성을 창조하는 데 목적을 두고 있는 실천"이다. 보편적 의미의 이론은 "이론적 보편성과 보편적으로 관심을 기울이는 실천"을 종합함으로써 달성된다. 보편적 의미의 이론은 인류에 봉사하는 데 대한 요청의 산물이다. 이것은 바로 "철학"이다. 후설은 이를 "보편적 과학" 또는 "존재하는 것 일체를 포괄하는 전우주의 과학"이라 칭하고, 이것은 "오직" 유럽인에게만 고유하다고 말한다.

후설의 설명에 따르면, 보편적 의미의 이론은 "최초에 그리스 국가라고 하는 하나의 단일 국가의 정신적 영역에서 철학 및 철학적 공동체의 발전으로" 달성되었다. 이와 더불어 "이 국가에는 공동의 문화 정신이 일어났으며, 이 정신은 모든 인간을 그 영향권하에 끌어들이고, 새로운 역사 발전의 형태로의 변혁 transformation을 추진"[90]하였다. 다시 말하면, 후설은 유럽의 전정신사를 철학 정신의 역사적 형성 과정 또는 그리스에서 시작된 철학의 강림 advent of philosophy의 역사로 보고, 이에 따른 초국가적 유럽 공동체의 실현 과정으로 본다. 후설이 강조하는 것은, 오직 "전체 사회 total society" ——즉 초국가적 유럽 공동체——에서만 철학이 지도력을 발휘할 수 있다는 것이다. 후설은 이 점을 다음과 같이 말한다: "이념적으로 지도되는 전체 사회에서 철학은 그 지도적 기능과 그 자신에 고유한 영구 과제를 갖는다. 다시 말하면, 모든 이념과 전체 이념 또는 전우주적 규범 일체에 대한 자유롭고 보편적인 이론적 성찰의 기능을 갖는다."[91]

여기서 필자는 후설이 염두에 둔 이상 사회가 첫째는 "민족을 초월하는 전체성 the supranational whole"임을 강조하고자 한다. 이와 같은 "초민족성 supranationality"은 "완전히 새로운 종류"의 공동체, 즉 "전체 사회"로서, 말하자면 민족 국가와 또 이것과 거의 예외 없이 결합되어 있는 "국가주의 Statism"에 대한 "에포케" 또는 "해체"[92]를 요구한다고 본다. 수만 Karl Schuhmann도 "후설에게 국가란 로버트 노직과 같은 무정부는 아닐지라도 적어도 밀과 스펜서류의 최소 국가 Minimalstaat를 뜻한다는 것은 부인하기 어렵다"[93]고 말한 바 있다. 필

---

90) E. Husserl, "Vienna Lecture: Philosophy and the Crisis of European Humanity," 앞의 책, 같은 곳.

91) 같은 글, 같은 곳.

92) 발덴펠스, 『현상학의 지평』, p. 25. 발덴펠스에 의하면 "현상학적 에포케 Epoché를 행"한다는 것은 "하이데거의 서구 형이상학의 해체 Destruktion에서, 그리고 데리다의 고전의 해체 Dekunstruktion에서 착수된 해체 작업 Arbeit des Abbaus이다."

93) K. Schuhmann, *Husserls Staatsphilosophie* (Freiburg / München: Verlag Karl Alber,

자는 『위기』의 맥락에서 볼 때 후설이 말하는 철학에 의해 지도되는 "전체 사회"란 초월적 자아 및 이들간의 결사들로 구성된 "비국가주의적 공동체 the non-statist community"를 지칭하는 것으로 이해한다.

둘째, 후설의 "전체 사회"는 분명히 "무역 전쟁"이나 "권력 투쟁"과 같은 "생존을 위한 정치"[94]로부터의 해방을 요구한다. 그러나 필자는 후설의 이와 같은 요구가 반드시 그의 "반정치성" 또는 "비정치성"을 뜻한다고는 보지 않는다. 후설은 앞서 밝힌 바와 같이 생활 세계적 물체로부터 물리학적 물체를 구분한다. 이러한 구분에 대응하는 것으로서, "정치 the political"와 "정치판 politics"의 구분도 가능하다고 본다. "정치"와 "정치판"의 기본적인 차이는 전자가 "자연인 person"에 의해 구성된 "일상적 정치"임에 반하여, 후자는 "전문적" 또는 "직업적 정치꾼"에 의해 구성된 "직업적 정치"라는 점과, 전자의 경우에는 "소통"이 우선적임에 반하여, 후자에서는 "조종과 통제" 즉 "엔지니어링"이 다른 모든 것보다 우선시된다는 점이다. 후설의 표현을 원용하면 이와 같은 "정치판"은, 마치 물리학적 물체가 그러하듯, 일상적 생활 세계에는 실재하지 않는 "특이한 정치"라 할 수 있다. 그러나 이러한 "특이한 정치"가 힘의 관계에 있어 "일상적 정치"에 비해 압도적으로 우월하기 때문에 이를 대체하게 되고, 급기야는 "현실 정치 real politics"라고 스스로를 정당화하게 된다. 후설의 "전체 사회"의 이념 속에는 이러한 "현실 정치"에 대한 에포케와 실종된 "일상적 정치"를 생활 세계의 중심부에 다시 복원시키려는 깊은 의도가 깔려 있는 것으로 생각된다.[95] 이와 같은 후설의 의도는 마치

1988), p. 198; Martin W. Schnell, *Phänomenologie des Politischen* (München: Wilhelm Fink Verlag, 1995), pp. 48~52.

94) 아렌트 Hannah Arendt에 의하면 "생존을 위한 정치"는 엄밀한 의미의 "정치"이기보다는 "가계"에 속한다. 이에 대해서는 다음 장, 즉 「슈츠에 있어서 정치적 영역의 문제」에서 상세히 논하겠다.

95) 이러한 경향을 나타내는 단적인 예로서 후설의 다음의 말을 들 수 있을 것이다:

"현상학적 환원"에 의해 "물리학자에게 주어진 물리적 사물 the physical thing as object of the physicist's intellectio"에 대신하여 "일상적 감각에 주어진 물리적 사물 the physical thing as object of the sensous imaginatio simpliciter"을 복원하려는 의도와도 크게 다르지 않다고 보여진다.[96]

셋째, 필자는 특히 후설이 소통 지향적 개인주의를 지향한다는 점을 강조하고 싶다. 이것은 다음과 같은 후설의 말에서도 드러난다:

라이프니츠는 모나드에는 창문이 없다고 말했다. 그러나 나는 모든 영혼의 모나드는 무수히 많은 창문을 가지고 있다고 본다. 그리고 타인의 신체에 대한 지각은 모두 그러한 창문들이다.[97]

하나의 주체는 여러 주체들에 대해 존재할 수 있다. 왜냐하면 그것은 대자적으로 존재하고, 그 스스로 자연과 신체성을 구성하며, 그 자신 속에 구성된 타인의 신체를 통해서 타인에 대해 하나의 창문, 보다 정확하게 말해서, 경험과 행동의 창문을 갖기 때문이다.[98]

다시 말해서 "타인의 신체"는 "'그'를 이해하기 위한 하나의" 창문이며 "통로"라는 것이고, 개인과 개인간의 연결과 연대는 이러한 신체적 "창문"과 "통로"를 통해서, 그리고 그러한 기초 위에서 이루어

"Der Staat gehört zur Gemeinschaft wie zum Löwen das Fell"(K. Schuhmann, *Husserls Staatsphilosophie*, p. 29에서 재인용).

96) E. Husserl, *Ideas Pertaining to a Pure Phenomenology and to a Phenomenological Philosophy: First Book*, tr. by F. Kersten(Dordrecht / Boston / London: Kluwer Academic Publishers, 1982), p. 121.

97) E. Husserl, *Husserliana Band XIII: Zur Phänomenologie der Intersubjektivität*, Erster Teil, herausgeben von Iso Kern(Haag: Martinus Nijhoff, 1973), p. 473.

98) 같은 책, pp. 483~84.

진다는 것이다. 또 이런 점에서 라이프니츠의 "창문 없는 모나드"란 하나의 난센스라는 것이다. 여기서 후설은 "독아론적 개인주의 solipsistic individualism"에 반대하는 한편, 각 개체간의 완전한 "융합 fusion"을 토대로 한 "공동 존재 Mitsein"도 인정하지 않는다. 왜냐하면 인간에 있어 몸이란 각 개체가 넘을 수 없는 자연적 "거리"[99]이기

---

99) "거리"는 특히 거비치가 "자유"와 관련시켜 강조한다는 점을 상기할 필요가 있다: "The being-over-against, which comprises the sense of objectivity, signifies that I always dwell at a distance from my surroundings. [……] The object is continuously the other, something that does not belong to me; it is differentiated and isolated from me; it stands in opposition to me — namely, in the most 'fundamental' opposition which there is for me: while I am being turned toward and busied with it, it is shown as a 'not-I.' I continuously stand at a distance from it — a distance that cannot be bridged no matter how intense my advertence to it may be; [……] To be sure, the object stands in relationship to me because it is the target of my advertence; however, this relationship essentially belongs to the distance which separates me from it. This distance of the object, toward which I direct myself, of which I have consciousness, cannot be overcome by any spatial approach: with respect to its own sense it is not a spatial distance, although it is also made known in spatial distance in the most pregnant way. Instead, of essential necessity the distance pertains to the being-an-object and the 'consciousness of objects'"; "The independence of the object [……] corresponds to the freedom of the ego which inheres in its being unrestricted to the object. That my cogitatio hic et nunc is directed precisely to this and no other physical thing of my surroundings is an affair pertaining to my freedom. No object binds me to it. It can 'surprise me,' 'intrude' upon me, 'draw my regard to it,' or however one might say it. if But I follow such a tendency and advert to the object, my freedom is actualized in the advertence itself. [……] It depends on my freedom as to which of these possibilities I will actualize, and precisely because I actualize one of them I am free. In its actual performance, my freedom is actualized and made known to me: over against the world of objects my freedom consists in the thematic adverting-to-and-turning-away-from objects, and only in this"; "Because distance and a free survey are constitutive for the cogitative attitude universally, we interpret the regression of the [brain injured] patient to a more primitive level as the loss of freedom and the possibility of being at a distance from concrete situations"; "the possibility of being at a distance and of absolutely free

때문이다. 필자는 후설의 이와 같은 입장을, 다시 말하면 각 개체간
의 완전한 분리 또는 완전한 융합에 대해 모두 반대하는 입장을 "소
통 지향적 개인주의"라 부르고자 하며, 이것은 또한 그가 주장하는
보다 높은 단계의 "보편적 이론"이나 이것을 실현시키기 위한 "보편
적 비판"의 전제라고 본다.

　　이와 관련하여 조관성 교수의 후설과 라이프니츠간의 차이점에 관
한 지적은 많은 시사점을 준다:

　　후설은 자신의 저서들 속에서 단자의 특성을 지닌 개체 인격의 사회
성, 곧 개체 인격의 사회적 삶과 관계지어서 주제 삼는다. 반면에 라이
프니츠는 그의 저서 『단자론』에서 개체 인격인 단자를 그의 사회적 삶
에 착안하며 주제 삼지 않고 대신에 단자를 철저하게 신과 관련지어서
다룬다. 라이프니츠에 따르면 개체 인격들인 단자들의 상호 주관적 결
합 또는 사회적 공동체화는 단자들의 자주적인 역할에 의해서 이루어
지지 않고 신의 개입과 관여 때문에 가능하다. 후설에 따르면 개체 인
격들의 사회적 삶과 이 사회적 삶과 얽혀 있는 윤리적 삶은 신의 개입
과 관여 없이 오로지 개체 인격들의 상호 의사 소통하고 상호 이해하
는 다수의 다양한 사회화 행위들 또는 사회적 상호 행위들을 통하여
가능하다. 자기 의식의 주체, 그리고 개체적 정신 또는 개체적인 영혼
적 자아로 이해되는 라이프니츠의 단자는 신의 매개 역할에 따라서 타
단자들, 그리고 신과 함께 하나의 공동체를 이룬다. 반면에 후설은 개

---

contemplation no longer hold for [the patient]; "Distance and freedom vis-a-vis
objects are constitutive for the latter[i. e., the cogitative attitude] — objects to
which the cogitatio is always directed. In the realm of 'living in……' there is no
freedom and distance from the situation in which we simply live"(A. Gurwitsch,
Human Encounters in the Social World, pp. 40~41, 45, 76~77). 이른바 "자아"와
"타자"간의 관계란 이와 같은 "자아"와 "대상"간의 관계에 기초한 상위 구조라
할 수 있을 것이다.

별적 단자들로만 이루어진 신이 끼여들지 않은 공동체를 기술한다.[100]

다시 말하면 후설의 "전체성"은 제삼자의 개입이나 관여를 필요로 하지 않는, 개체 상호간의 직접적 소통에 입각한 "열린 전체성"이라 할 수 있다. 이와 같은 후설의 "전체성"에 내재하는 개방성은 그가 "본질 essence"을 언급할 때조차도 "열린 본질 open essence"[101]을 말한다는 사실과도 무관하지 않다고 본다. 지금까지의 논의를 요약하면, 후설의 현상학은 "새로운 과학"으로서의 "철학적 과학"을, "새로운 종류"의 공동체로서의 "초민족성"을, 그리고 새로운 정치의 가능

---

100) 조관성, 「후설 철학에서의 개체와 공동체 그리고 윤리적 사회성」, 한국현상학회 편, 『역사와 현상학』, pp. 453~54.

101) "열린 본질 open essence"에 관해 후설이 언급한 것을 필자는 분명히 기억한다. 그러나 그 전거를 아직 찾지 못했음을 안타깝게 여긴다. 그러나 Dorion Cairns, *Converstaions with Husserl and Fink*, ed. by the Husserl-Archives in Louvain, with a Foreword by Rich and Zaner(The Hague : Martinus Nijhoff, 1976)는 이러한 "개방성"에 관한 많은 시사점을 줄 것이다. 후설의 "전체성" 또는 "열린 본질"과 관련하여 "포스트페미니스트"의 한 사람인 버틀러 Judith Butler의 "보편성 universality"과 "보편주의 universalism"의 구분은 시사하는 바가 크다: "보편주의는 어떤 것을 전체화시키는 개념으로서 그 전체화에 포함되지 않는 것들—그것들은 보통 새로운 것을 창조하는 중요한 것들인데—을 배제시키는 대가를 치르지 않고서는 이루어지지 않는다. 즉 보편주의는 한 부분을 특권화하여 그것을 보편적이라고 규정하는 것이다. 이와 달리 보편성은 한 부분의 특권적 정당화도 아니고 어떤 공통적인 것도 아니다. 보편성은 '미래에 있을 수 있는 주장들을 미리 포섭시켜 제한하는 것을 방지하기 위해 영원히 열려진 채, 영원히 겨루면서, 영원히 임시의 것으로 놔두어야' 한다. 한 부분을 전체화시키는 보편주의의 개념은 보편성이라는 이름하에서 일어날 수 있는, 지금은 기대되어지지 않으며 기대되어질 수 없는 주장들을 미리 차단한다. [……] 이와 달리, 열려진 보편성은 '미래에 포섭하려는 요구를 미리 처리하지 않기 위해 영원히 열려 있고, 영원히 불확정적인 것으로 남아' 있어야 한다"(J. Butler, "Contingent Foundations: Feminism and the Question of 'Postmodernism'," *Feminists Theorize the Political*, eds. Judith Butler and Joan W. Scott, New York : Routledge, 1992, p. 8; 이동수, 「여성의 주체성에 관한 포스트모던 페미니즘의 해석」, 『한국 사회과학』 제21권 1호, 서울대학교 사회과학연구원, 1999, pp. 126~27에서 재인용).

성으로서의 "일상적 정치"를 주장했다는 점에서 가장 철저한 "혁명적" 철학임을 부인하기 어려울 것이다. 후설도 「비엔나 강의」에서 이렇게 말한 바 있다: "사람들이 반동가(反動家)로 추정하는 나는, 오늘날 말로만 매우 급진적인 태도를 취하는 사람들보다, 훨씬 더 급진적이며 훨씬 더 혁명적이다."[102]

6

유럽의 이념에 대한 후설의 논의는 "역사"라는 또 하나의 중요한 문제를 제기한다. 후설은 역사가 정신적 삶의 근본적 차원임을 분명히 그리고 지속적으로 주장한다. 사실 역사는 정신적 삶 그 자체인 것이다. 그는 "모든 정신적인 형태들이 근본적으로 보편적인 역사적 공간 안에서, 혹은 공존과 연속성을 갖는 특정한 역사적 시간이라는 통일성 속에서 실존한다"[103]고 말한다. 정신적 삶은 시간적인 것 그 자체이다; 그것은 항구적인 역사성이 관통하는 하나의 의식적 단자의 흐름, 즉 내재적 immanent 시간이다; 정신적 삶은 시간 속에서 표현되고 그 속에서 드러난다. 클라인도 후설을 설명하면서 이 점에 대해 언급한다: "의식 자체는 일차적으로 '내적 시간성 internal temporality'에 의해 결정된 '절대적 흐름 absolute stream'으로서 구성된다."[104] 요컨대 후설은 인간과 인간의 정신적 삶이 근원적으로는 역사적이라고 말한다. 인간은 역사적이다; 인간은 역사적 발전의 통일성 속에서 살

---

102) E. Husserl, "Vienna Lecture: Philosophy and the Crisis of European Humanity," 앞의 책, p. 290.

103) 같은 글, p. 274.

104) J. Klein, "Phenomenology and the History of Science," Marvin Faber, ed., *Philosophical Essays in Memory of Edmund Husserl*, p. 150.

면서 문화를 창조하고 성취한다. 인간의 공동체 역시 역사적 주위 세계 surrounding world이다; 그것은 시간 속에서 표현되고 경험된다; 그것은 "우리 안에 그리고 우리의 역사적 삶에 내재하는" 정신적 구조이다. 후설은 여기서 한걸음 더 나아가 이렇게 말한다: "철학과 과학은 인간 속에 '내재하는' 보편적 이성이 계시되는 역사적 운동이다."[105] 역사에 대한 이와 같은 강조에도 불구하고, 후설은 역사주의 historicism에 대해서는 반대한다. 그는 역사주의자들의 "역사"의 개념에 대해 강력하게 비판한다. 그는 말하자면, 역사주의자들의 외적인 역사, 초재적인 transcendent 역사를 부정한다. 후설에게 있어 역사는 외적인 사물과 같은 것이 아니다; 역사는 또한 경험적 사실도 아니며 인과적 연계를 경험적으로 조사하는 것도 아니다; 그것은 이미 주어진 문서들을 수동적으로 받아들이는 작업도 아니다. 역사란 오히려 정신의 내적·지향적 intentional 삶이다. 역사를 보기 위해 우리는 인간 생활의 내면으로 향해야 한다. 후설은 말하자면 역사주의에 빠지지 않으면서 역사에 접근해야 한다고 말한다. 이 점은 그의 역사적 회의주의에 대한, 그리고 역사주의와 세계관 철학 Weltanschauung Philosophie에 대한 비판 가운데 잘 나타나 있다. 이제 그의 이러한 비판에 대해, 그리고 역사에 대한 그의 입장을 살펴보도록 하자.

후설은 「엄밀한 과학으로서의 철학」이라는 논문에서 역사주의와 세계관 철학에 대해 비판한다. 후설은 먼저 "자연주의 naturalism"에 대해 비판한 다음, 이어서 역사주의와 세계관 철학에 대해 비판한다. 후설의 순서에 따라 그의 역사주의에 대한 비판부터 살펴보도록 하자. 후설에 의하면, 역사주의는 "인식론적으로 하나의 오류이다." 그것의 근본적 오류는 "사실 fact에 근거하여 이념 idea을 증명하거나 반박한" 데 있다. 역사주의는 실증과학에 사실적 타당성 validity을 부여

<hr>

105) P. Ricoeur, *Husserl: An Analysis of His Phenomenology*, trs. by E. G. Ballard and L. F. Embree(Evanston: Northwestern University Press, 1967), p. 159에서 재인용.

한다. 다시 말하면, 역사주의는 정신의 사실적 구성에 기초하여 "무조건적 타당성, 또는 타당성 그 자체 validity-in-itself"에 대해 어떠한 것도 거부한다. 여기서 말하는 "무조건적 타당성 또는 타당성 그 자체"란 "비록 아무도 그것을 성취하지 못했더라도, 그리고 미래의 어떤 역사적 인간도 그것을 결코 성취하지 못한다손 치더라도 그 자체로서 존재하는" 타당성을 의미한다.[106] 후설은 딜타이 Wilhelm Dilthey 의 저작인 『세계관 철학과 종교 Weltanschauung Philosophie und Religion』에서 역사주의자들의 전형적 견해를 발견한다. 이 저작에서 딜타이는 다음과 같이 말한다: "회의주의가 싹트는 가장 강력한 논거들 중의 하나는 철학 체계의 무정부성이다"; "그러나 다양한 의견들 간의 상충에 기초한 회의주의적 결론들보다 더 깊은 곳에 진보와 발전을 믿는 역사 의식에 따라다니는 의구심이 존재한다"; "발전 이론(자연과학에 기초한 가치와 역사 발전에 기초한 문화 구조에 대한 지식과 밀접히 결합되어 있는 발전 이론)은 역사적 삶의 형태에 고유한 상대적 지식과 필연적으로 연결되어 있다. 전지구적인 모든 과거의 사건들을 섭렵하게 되면서 어느 특정한 형태의 삶의 해석이나 종교와 철학이 지녔던 절대적 타당성은 사라지게 된다. 이와 같은 섭렵을 통해 형성된 역사 의식은 단순히 체계들간의 불일치를 섭렵하는 경우보다 더욱 철저하게 강압적인 방식으로 개념적 조립에 의해 세계의 정합성을 표현하고자 했던 철학들의 보편 타당성에 대한 믿음을 파괴시킨다." 후설은 이와 같은 딜타이의 "역사 의식"에 대한 언급이 "과학적 견해에 있어서의 변화"를 뜻한다고 말한다. 이러한 견해에

---

106) 베버 역시 이렇게 말한다: "[The] evaluative ideas are for their part empirically discoverable and analyzable as elements of meaningful human conduct, but their validity can not be deduced from empirical data as such"(M. Weber, *The Methodology of the Social Sciences*, trs. and eds. by Edward A. Shils and Henry A. Finch, with a Foreword by Edward A. Shils, New York: The Free Press, 1949, p. 111).

따르면, 절대적으로 타당한 과학이란 있을 수 없으며 단지 문화적 형성만이 있을 뿐이다. 이제 과학은 어떠한 지속적인 타당성도 없는 단순한 문화 현상으로 그치게 된다. 오늘 증명된 이론이 내일이면 쓸모없는 것으로 판명된다; 법칙은 어떤 사람들에게는 가설로, 다른 사람들에게는 모호한 추측에 불과한 것으로 전락한다. "그 결과 무모순noncontradiction의 논리적 원칙도 그 반대의 것으로 변형될 것"이라고 후설은 말한다.

한걸음 더 나아가, 역사주의자들이 주장하는 불변의 타당성 그 자체마저 타당성을 가질 수 없게 된다. 따라서 역사주의가 자신의 주장을 계속하면 할수록 스스로를 부정하게 된다는 것이 후설의 주장이다. 역사주의는 "유동하는 가치fluid worth"와 "타당성 그 자체"를 구별하지 못하며, "문화 현상으로서의 과학과 타당한 이론 체계로서의 과학"의 차이, "역사적" 철학과 "타당한" 철학의 차이를 구별하지 못한다. 요컨대 역사주의는 "존재being"와 "존재의 타당성validity of being"을 서로 혼동하고 있으며, 이런 점에서 일종의 "'메타바시스'의 오류"에 빠졌다는 것이다.[107] 이러한 혼동은 플라톤이 말하는 이데

---

107) 이영호, 「논리학의 심리적 정초에 대한 비판적 고찰: 후설의 심리학주의 비판을 중심으로」, 한국현상학회 편, 『역사와 현상학』, pp. 233, 247; 이종훈, 「후설 현상학에서 역사성의 문제」, 같은 책, pp. 62~63. 이영호 교수는 후설의 "심리학주의 비판"과 관련하여 "메타바시스Metabasis의 오류"를 다음과 같이 설명한다: "'메타바시스의 오류' [……] 즉 다른 종으로서의 기초 이동Metabasis eis allo Genos의 오류는 서로 다른 영역Region 또는 다른 층Schichten을 같은 층으로 오해해서 결과적으로 상이한 문제 영역을 같은 것으로 이끌어내는 모든 이론의 공통된 오류를 지적하는 말"로서, 원래는 후설이 "심리학주의 비판에서 이 오류는 본질적으로 상이한 학문적 성격을 가진 논리학과 심리학을 혼동하여 논리학의 기초를 심리학적으로 설명하려는" 데서 온 것이라고 지적한 데서 비롯된다. 필자는 오늘날 이른바 한국에서의 많은 사회 개혁들이 종종 이와 같은 "메타바시스의 오류"를, 다시 말해서 "서로 다른 것을 같은 것으로 혼동"함으로써 "개악"으로 귀결되는 경우가 비일비재하다고 본다. 그 대표적인 예가 "대학 개혁"이라 할 수 있다. 오늘날 널리 회자되고 있는 "대학 개혁"은 대학과 기업이라는

아의 여러 가지 현현 방식과 "이데아idea" 그 자체를 구별하지 못하는 것과 같은 것으로서 우리를 상대주의·회의주의로 이끈다. 여기

본질으로 다른 두 영역을 동질적인 것으로 보는 시장주의에 입각해 있다. 이와 같은 시장주의는 오늘의 대학을 "천민 대학"으로 변질시키는 장본인이다. 이러한 시장주의의 견해를 비교적 초창기부터 주장했던 사람으로 복거일씨를 들 수 있을 것이다. 그는 「"가문비나무……'의 교훈」이라는 동아시론(동아일보, 1996. 8. 29)에서 이렇게 말한 바 있다: "우리 고등 교육처럼 수요가 여러 곱절 많은 경우엔 부작용이 특히 크다. 따라서 근본적이고 깔끔한 개선 방안은 다른 재화들처럼 고등 교육도 돈으로 사게 하는 길이다"; "몇 해 전만 해도 고등 교육에 시장 원리를 도입하자는 주장은 냉소적 반응을 얻었다. 이제는 사정이 많이 달라졌으므로 실질적 개선도 시작될 수 있다"; "교육은 공공재가 아니므로 시장이 교육을 제대로 생산할 수 있다. 특히 바람직한 것은 국립 대학들의 민영화다. 〔……〕 서울대의 특수한 위상을 생각하면 서울대부터 민영화하는 것이 좋을 것이다."

한편 '미국 교련회' 회장인 알버트 쉔커 Albert Shanker는 일찍부터 교육의 시장주의적 접근에 대해 회의적 반응을 피력한 바 있다: "Though market competition can lead to better products, often it just produces better ads"(*The New Republic*, June 12, 1995, p. 23). 노마 필드도 같은 맥락에서 반론을 제기하였다: "대학 교육이 다시금 기득권층의 영역이 되고 있다는 사실은, 1960년대 후반 및 70년대 초반에 성인이 된 우리 세대에게는, 강요된 역사적 후퇴처럼 여겨진다. 현재의 결핍 담론은 국가를 포함한 모든 기관더러 회사처럼 행동하라고 몰아붙인다. 여기서 모순적이며 따라서 혼란스러운 현상들이 빚어진다. 대학 세계 가운데서도 내가 있는 엘리트 연구 대학에서는, 고급 고객(학생)을 끌어들이고자 좀더 세련된 교육 상품을 마련하려는 시도를 하고 있고, 절약의 필요성을 귀에 못이 박이도록 거듭 강조하면서도 몇몇 선별된 지점에 눈에 띄게 호화로운 교수진을 배치하는 따위의 결과도 빚어지고 있다. 젊은 학자들이 프롤레타리아트화된다고 해도 과언이 아닌 상황에서도 한정된 수의 명사들이 잉여가치를 더해가며 이 기관, 저 기관으로 옮겨다니는 스타 체제는 분명 여전히 성황을 누리고 있다"(『창작과비평』, 1996년 가을, p. 336).

최근 들어 많은 논란을 빚고 있는 "BK21"에 대한 박승관 교수의 논평은 특히 교육 개혁에 있어 "메타바시스의 오류"를 적확하게 지적하고 있다: "BK21은 '학문'을 '사업'으로 혼동하고 있다. 이제부터 '대학'은 '기업'으로, '학문'은 '사업'으로, '교수'는 '사업팀장'이나 '사업조장'으로 바뀌게 됐다. 팀장은 종합 관리를 맡고 조장은 현장 실무를 감독하는 경영 체제〔이른바 Management by objective 체제로: 필자〕로 대학이 바뀌는 것이다. 교육부는 이 길만이 대학의 고비용 저효율 구조를 바꿀 수 있는 방책이라고 주장하고 있다. 그러나 이러한 방

서 주목해야 할 것은 후설이 거부한 것은 "역사 그 자체 history as such"가 아니라 "역사과학 science of history"이라는 점이다. 사실 후설은 철학자에게 "역사는 특별한 가치를 갖는 존재"임을 강조한다. 역사는 철학자에게 근원적이고 근본적인 재료, 즉 일반 정신을 제공한다. 후설에게 문제되는 것은 "역사 그 자체"가 아니라 "역사과학 또는 간단히 말해서 경험적인 인간과학 일반"이다. 역사과학은 진리, 이론, 과학의 이념들에 대한 안내자가 될 수 없다; 그것은 "절대적 타당성 일반의 가능성을 논박할, 특히 절대적(즉 과학적) 형이상학 혹은 다른 어떤 철학의 가능성을 논박할 어떠한 적실성도 제시할 수 없다." 후설은 이 점을 다시 부연한다: "타당성 자체에 관한, 그리고 그것의 규범

식은 바로 BK21이 명목적으로 표방하는 가치, 즉 21세기 지식 사회를 대비하기 위한 창의적인 고급 두뇌의 양성과 학문 발전 그 자체의 실현을 오히려 가로막는 결과를 가져올 것이다. 본질적으로 '학문'이 '사업'일 수도 없으며 '대학'이 '공장'일 수도 없기 때문이다. [……] '대학'을 스위치만 누르면 돌아가는 '기계'가 모인 '공장'이 아니라, 갖가지의 '나무'가 모여 있는 '숲'으로 봐달라. 기계는 전원만 켜면 정해진 방식에 따라 자동적이고 수동적으로 돌아가고 제품을 생산한다. 그것을 움직이는 동력과 평가 기준은 밖으로부터 주어진다. 반대로 나무는 모든 방향으로 끝간데 없이 자유로이 자라난다. 커가는 방식도, 힘도 밖에서 주어지는 것이 아니라 내재적 생명력에 일차적으로 의존한다. BK21이 목표로 삼는 '창의력'은 대학을 기계로서가 아니라 나무로 대할 때에야 길러질 수 있다. 기업은 '기계 정신'에 기초한 '엔지니어링'이 필요한 반면 학문은 '섬세 정신'에 따른 '보살핌'이 필요한 영역이다. 대학은 즉흥적으로 현실에 적용할 수 있는 '매뉴얼'을 제작하는 곳이 아니라, 비록 당장 눈앞의 이익과는 거리가 멀더라도 '고전'을 낳는 곳이어야 한다"(중앙일보, 1999. 7. 9).

또한 모 고등학교의 국어 교사인 김혜련 선생님은 최근에 펴낸 『학교종이 땡땡땡』에서 이렇게 적고 있다: "아이들도 교사도 다 '악이 받쳐' 대치하고 있는 교실"; "왜 이렇게 됐냐고요. '공부'라는 단 하나의 잣대를 휘둘러서 아이들에게 체계적으로 열등감을 키워왔기 때문이지요. 연극 잘하는 아이, 만화 잘 그리는 아이들에게 '공부 못하니까 저런 거 한다'고 빈정거리는 교육 환경에서 어떻게 아이들이 자긍심을 갖고 남을 이해할 줄 아는 행복한 인간으로 커나가겠어요?"; "체벌 금지 대입 무시험 전인 교육 [……] 책상 위에서 만들어진 제도들이, 벼랑 끝까지 몰려간 교사와 학생들을 구해낼 수 있을까"(동아일보, 1999. 10. 23, '책의 향기,' B1).

적 원칙들에 관한 과학적 결정은 결코 경험적 과학에 속한 일이 아니
다. 수학자 역시 수학적 진리의 진위 여부를 가리기 위해 경험과학에
의존하지 않을 것이라는 것은 분명하다. 〔……〕 그렇다면 기존의 철
학 체계의 진리를, 그리고 무엇보다도 그 자체로서 타당한 철학적 과
학의 가능성을 결정하는 것이 어떻게 역사가의 임무가 될 수 있겠는
가?" 역사과학은 과학의 이념이나 규범과는 아무런 관계가 없다. "수
학적 규범은 수학에 있는" 것처럼 "논리적 규범도 논리학 안에 있으
며 윤리적 규범 역시 윤리학 내에 있다." 되풀이 말하면 후설의 논박
은 역사 그 자체에 대한 것이 아니라 역사과학과 그것의 주장, 즉 역
사주의를 향해 있다. 후설의 역사주의 비판은 따지고 보면 역사를 건
지기 위한 작업, 즉 역사를 정화시키기 위한 작업이라고 볼 수 있다.
역사에로의 올바른 복귀, 이것이 후설의 역사주의 비판이 궁극적으로
의도하는 것이다. 후설은 이 점을 다음과 같이 요약한다: "우리 역시
역사를 필요로 한다. 그러나 역사가들이 그랬던 것처럼 위대한 철학
들이 성장해온 발전적 관계 속에서 우리를 잃어버리기 위해서가 아니
라, 그와는 반대로 철학 그 자체들로 하여금 그것들의 정신적 내용과
부합되는 하나의 영감으로 우리에게 작동하게 하기 위해서다. 사실
이러한 역사적 철학들로부터 우리들은——만일 우리가 그것들을 꿰뚫
어볼 수 있는, 말하자면 그것들의 말과 이론들의 영혼 속으로 침투할
수 있는 방법을 이해한다면 철학적 삶을, 즉 풍부하고 강력한 삶의 동
기들로 가득 차 있는 철학적 삶을, 공급받을 것이다."

되풀이 말해서, 후설이 거부하는 것은 역사 자체가 아니라 역사과
학, 특히 딜타이가 정신물리학적 심리학의 토대 위에 수립한 그런 종
류의 역사과학이다. 후설에 의하면, 이러한 "역사과학"은 역사의 존
재를 근본적으로 이해시키거나 설명할 수 없다. 그것은 이런 일에 실
패할 수밖에 없다. 어떤 점에서 후설에게는 자연과학이나 역사과학
의 문제는 모두 동일하다. "자연과학은 단 한번도 우리에게 실제의

현실, 즉 우리가 살고 있고 움직이고 존재하는 현실을 밝혀준 적이 없었다." 마찬가지로 역사과학도 본질적 의미의 역사를, 즉 인간의 정신적 삶이 성장하고 변화하고 또 이러한 성장과 변화를 통해서 전체적 통일성을 구성하는 역사를 밝혀주지 못했다. 후설에 의하면, 자연과학과 역사과학은 모두가 "이념을 사실로" 오해하고, "모든 현실, 모든 삶을 무이념적 혼돈의 '사실들'로 변형시키는 잘못을 저질렀다." 여기서 후설은 "사실에 대한 미신이야말로 그들 모두의 공통점"이라고 지적하면서, 이렇게 결론을 맺는다: "우리가 내적이고 자연인적인 직접 목격에 의해 역사 속으로 생생하게 들어갈 수 있는, 그리고 역사의 수수께끼들을 풀어낼 수 있는 곳은 오직 현상학뿐이다."[108]

이어서 후설은 역사적 회의주의에 속한 세계관 철학으로 비판의 초점을 옮긴다. 그는 먼저 "현대 세계관 철학"을 "역사적 회의주의의 미아"로 규정한다. 세계관 철학은 역사주의와 마찬가지로 어떠한 보편적 철학도 받아들이지 않는다. 철학이란 단지 일과성의 존재로서 끊임없이 변하는 세계관을 구성하는 하나의 요소이다; 철학은 "가치들로 충만한 문화의 하부 구조," 즉 세계관이다. 세계관 철학자들에 의하면, 철학은 원래 개념화되지 않은 지혜 wisdom로 존재한다. 이 지혜는 세계관과 상관 관계 속에서 철학으로 발전한다. 세계관 철학자들은 또 말하기를 위대한 철학자에 있어서도 지혜는 여전히 모호하고 개념화되지 않은 모습으로 존재한다. 이러한 지혜는 "그 시대의 생생한, 그리고 가장 설득력 있는 동기," 즉 세계관을 매개로 철학으로 발전한다. 이러한 철학의 발전에 의해 세계관 그 자체는 개념적으로, 논리적으로 보다 정교화되며 객관적 근거를 갖게 된다. 이와 같은 방식으로 세계관은 객관적 타당성을 얻게 되고 가장 의미 있는 문화적 힘, 즉 "그 시대의 가장 가치를 지닌 자연인이 빛을 발하는 발광

---

108) E. Husserl, "Philosophy as Rigorous Science," 앞의 책, pp. 122~29.

점"이 된다. 철학은 이 세계관과 더불어 변화한다. 어떤 철학도 세계관을 넘어서 자신의 타당성을 주장할 수 없다. 철학은 세계관에 종속되며 세계관과 더불어 변화한다. 후설은 이 점을 다음과 같이 요약한다: "모든 새로운 정신적 형성들을 포괄하는 확장된 삶의 지평과 더불어 문화·지혜·세계관은 변하고 철학 역시 보다 높은 정상에 오르기 위해 변한다."[109]

그러나, 역사주의와 세계관 철학의 차이점 중 하나는 후자가 전자에 비해 "과학적 엄밀성"에는 약하지만 "실천적 요구"에 대해서는 강

---

109) 같은 책, p. 133. 막스 베버의 글은 곳곳에서 후설이 말하는 "세계관 철학"의 경향을 강하게 나타낸다. 일례를 들면, 베버는 이렇게 말한다: "The history of the social sciences is and remains a continuous process passing from the attempt to order reality analytically through the construction of concepts — the dissolution of the analytical constructs so constructed through the expansion and shift of the scientific horizon — and the reformulation anew of concepts on the foundations thus transformed. It is not the error of the attempt to construct conceptual systems in general which is shown by this process — every science, even simple descriptive history, operates with the conceptual stock-in-trade of its time. Rather, this process shows that in the cultural sciences concept-construction depends on the setting of the problem, and the latter varies with the content of culture itself. The relationship between concept and reality in the cultural science involves the transitoriness of all such syntheses"; "All research in the cultural sciences in an age of specialization, once it is oriented towards a given subject matter through particular settings of problems and has established its methodological principles, will consider the analysis of the data as an end in itself. [……] But there comes a moment when the atmosphere changes. The significance of the unreflectively utilized viewpoints becomes uncertain and the road is lost in the twilight. The light of the great cultural problems moves. Then science too prepares to change its standpoints and its analytical apparatus and to view the streams of events from the heights of thought" (M. Weber, *The Methodology of the Social Sciences*, pp. 105, 112). 이런 점에서 필자는 스트라우스의 베버 비판이 어느 정도 정당성을 갖는다고 본다. 그러나 그의 베버 비판은 단정적인 측면이 강하다. 특히 베버의 "가치 중립"에 대한 그의 해석은 다른 가능성이 처음부터 배제된, 오직 허무주의의 길만이 남아 있는 것 같은 예정된 결론으로 독자를 이끌어간다는 데 문제가 있다.

한 관심을 갖는다는 점이다. 후설에 의하면, "대부분의 세계관 철학자들은 과학적 엄밀성에 관한 한 자신들의 철학이 좋은 예가 아니라는 점을 확신한다." 그러나 또한 세계관 철학자들은 "철학적 과학의 엄격한 정향에 대해서도 커다란" 의구심을 나타낸다. 그들 중 상당수는 자신들의 철학이 과학적 기준에 못 미치는 아주 열등한 것임을 "공공연히, 그리고 솔직하게 인정"하면서도 그것의 실천적 가치 때문에 "여전히 이런 종류의 철학을 매우 가치 있는 것으로 평가"한다. 다시 말하면, 세계관 철학의 가치는 일차적으로 실천적 지혜와 이것에 대한 추구에 있다. 세계관 철학자들은 그들의 철학이 "삶과 세계의 수수께끼에 대해 비교적 완벽한 해답을 제공한다"고 주장한다. 그들은 자신들의 철학이 "경험과 지혜, 그리고 단순한 세계관과 인생관이 불완전한 방식으로밖에 극복하지 못하는 삶의 이론적·가치론적·실천적 모순에 대해 대안과 만족스런 설명을 제공"해준다고 말한다. 후설에 의하면, 철학에 관한 이와 같은 견해, 즉 철학이란 하나의 세계관이거나 아니면 포괄적인 하나의 세계관의 구성 요소라는 철학에 대한 견해는 철학의 보편적 이념, 즉 보편과학으로서의 철학의 이념에 대한 한정된 이해finitization로부터 발생한다. 세계관 철학의 기본적 동기는 한계를 갖는 이론의 결과들을 실천적 삶에 적용하려는 데 있다. 세계관 철학자들은 삶의 시급한 문제들에 직면하여 부분적으로 개발된 과학적 교의 체계를 실용화시키려 한다. 이와 같은 방식으로 그들은 철학을 기법, 즉 적절한 행동 기법의 수준으로 격하시킨다. 이제 철학의 최고 기능은 "삶의 경험, 교육, 시대적 지혜 등을 고양"시키는 "교양 교육"에 머물게 된다.

그러나 후설은 이러한 주장에 강력히 반대한다. 그는 보편과학으로서의 철학의 이념은 결코 포기해서는 안 된다고 본다. 그는 이렇게 반문한다: 우리는 단순한 문화적 형성과는 다른 보편적으로 타당한 통일체로서의 과학에 대해 언급할 권리가 없는 것일까? 후설은 세계관과 철학간의 경계선을 말살시키는 것이야말로 현대 세계관 철학이 갖고 있는 가장 큰 오류임과 동시에 위험성이라고 본다. 이러한 말살은 과학적 충동을 둔화시키고 약화시키는 원천이며, 세계관에 대한 실천적 요구를 고무시키는 원천이다. 여기서 후설은 "세계관"과 "철학"의 구분을 분명히하고 철학의 보편적 이념을 확고하게 복원시킬 필요성을 절감한다. 이러한 필요성에서 후설은 먼저 세계관의 이념과 철학의 이념을 구분한다. 그는 "세계관"을 "과학적 철학"으로부터 분리시킨다. 이들은 서로가 무한대로 떨어져 있는 두 개의 서로 다른 이념들이다; 전자, 즉 세계관은 "유한성"에, 다시 말하면 "우리 자신과 우리 동시대 사람들의 완성"에 목적을 두고 있다; 후자, 즉 철학은 "무한성"에, 다시 말하면 인간의 무한한 완성과 그리고 "우리로부터 가장 멀리 떨어진 후세대의 완성"에 목적을 두고 있다. 세계관은 어느 특정 시대의 특정한 가치이다; 그러나 과학적 철학은 한 시대의 정신에 국한된 것이 아니다. 세계관은 영원한 이념이 될 때 그 가치를 잃어버린다; 그러나 "과학은 절대적 가치를 가리키는 타이틀"이다.

이러한 세계관과 철학간의 구분은 후설을 이해하는 데 있어, 특히 유럽과 유럽인European humanity에 관한 그의 주장을 이해하는 데 있어 중요한 의미를 갖는다. 후설은 그의 「비엔나 강의」에서 철학은 유럽에 독특한 것이며, 그리스로부터 전해져왔으며, 유럽 철학의 이념은 소위 인도나 중국 철학과 같은 것들과 동격으로 볼 수 없다고 주장한다. 유럽에 관한 후설의 이념은 이러한 세계관과 철학간의 구분에 비추어서만이 올바르게 파악될 수 있다. 그것은 단순한 "자민족 중심주의"나 이른바 "오리엔탈리즘"의 편견 이상의 의미를 갖고 있다. 후설에게 인도 혹은 중국의 "철학들"은 사실상 신비주의적이고 실용적인 세계관에 불과하다.[110] 뿐만 아니라 후설은 대부분의 역사

---

110) E. Husserl, "Vienna Lecture: Philosophy and the Crisis of European Humanity," 앞

상으로 존재했던 철학들을 세계관 철학에 포함시킨다. 그는 "어느 주어진 시간에서의 역사적 사실로서의 철학"과 "이념 또는 무한한 과제의 이념으로서의 철학"을 구분하고 역사적 철학들을 세계관 철학에 포함시킨다. "역사적 철학들은 그 창시자들이 지혜의 충동에 의해 지배되는 한에서는 확실히 세계관 철학"이라는 것이다. 역사적 철학들은 "기껏해야 과학적 세계관과 이론적 지식간의 무분별한 혼합물"에 불과하다; 그러나 후설은 "역사적 철학도 과학적 철학의 목적이 그 안에 살아 있는 한에서는 그만큼 과학적 철학"이라고 매우 조심스럽게 말한다. 여기서 후설은 역사적으로 전해져온 모든 역사적 철학들을 처음부터 순수한 의미의 철학 그 자체로 당연시하는 것에 대해 경고한다고 보여진다. 우리는 역사적으로 주어진 철학들 속에서 철학 그 자체와 세계관 철학을 구분해야 한다는 것이다. 물론 이러한 구분은 항상 명백하지도 또는 단번에 달성될 수도 없다. 무엇보다도 이러한 구분은 철학 그 자체의 이념, 즉 보편과학으로서의 철학의 이념에 대한 구성 가능성과 맞물려 있다. 후설의 역사적 연구는 철학의 이념을 구성하려는 이러한 필요에 의해 불가피해진다.[111] 결론적으로 역사에 대한 후설의 입장은 다음과 같이 요약된다: 역사는 후설의 사유에서 뚜렷한 위치를 점하고 있으며, "역사주의"는 역사의 피상화 superficialization의 결과이고, 이와 같은 역사의 피상화는 본질적으로 역사 그 자체보다는 역사주의자들 속에서 작용하는 이성의 게으름과 권태에서 비롯된다는 것이다.

의 책, pp. 282~85.

111) E. Husserl, "Philosophy as Rigorous Science," 앞의 책, pp. 129~47.

7

이상으로 필자는 후설의 "유럽의 이념"에 대해, 그리고 그것의 정치철학적 함의에 대해 살펴보았다. 필자는 "자연인"이 후설의 정치철학론과 이것의 인간과학적 함의를 밝히는 데 있어서 중요한 관건이라고 본다. 후설에게 자연인은 세계의 중심이며 생활 세계의 능동적 주체이다. 후설은 전체 생활 세계를 자연인의 주위 세계로 변형시킨다. 따라서 후설에게 있어 생활 세계는 자연인에 대한 고려 없이는 생각할 수 없다. 그러나 지금까지의 후설에 관한 연구는 "자연인"이 배제된 연구라고 보아도 지나치지 않다.[112] 설사 "자연인"을 주제로 삼는 연구에 있어서도, 이를 셸러가 말한 "인격자"와 혼동하기가 일쑤였다.[113] 그 결과 "자연인" 속에 숨겨진 정치철학적 함의와 인간과학에 대한 풍부한 상상력들은 거의가 간과되었고, 급기야는 현상학마저 삶의 세계와 유리된 또 하나의 형이상학으로 치부되기에 이르렀다. 오늘날 현상학은 기껏해야, 하이데거가 말한 대로, "의식의 형식

---

112) 그 대표적인 예로서 Maurice Nathanson ed., *Phenomenology and the Social Sciences* (Evanston: Northwestern Univ. Press, 1973), 2 vols.을 들 수 있다. 이남인 교수의 「실천철학으로서의 현상학」(『사회철학 대계』 5, 민음사, 1998)도 "자연인"이 배제되었다는 점에서 예외가 아니라고 본다. 뿐만 아니라 이교수의 "실천철학"론은 "실천이 아닌 것이 없는 실천철학론"으로 확장되면서 사실상 "실천"의 핵심은 놓쳐버린 "실천철학"으로 끝맺고 있다. 무엇보다도 이교수의 입론의 가장 큰 위험성은 "모든 지향성"을 "의지적 지향성"으로 전환시킴으로써 심지어 인지적·심미적 의식 활동의 독자성마저도 박탈하고, 급기야는 하트Jame E. Hart가 지적한 대로 현상학을 "주의주의" 일색으로—하트는 이것을 "초보편적 주의주의Universal Transcendental Voluntarism"으로 명명하고 있다—새롭게 분장시킨 점이다(J. E. Hart, "Review Essay," *Husserl Studies* 15, 1998, pp. 101~23 참조).

113) 그 예로 J. E. Hart, *The Person and Common Life: Studies in a Husserlian Social Ethics*를 들 수 있다.

적 현상학 a formal phenomenology of consciousness"[114]의 정도로 명맥을 유지하고 있다. 필자는 먼저 이와 같은 견해에 결코 승복할 수 없음을 밝혀둔다.

아울러 필자는 가다머가 일찍이 『방법과 진리』에서 "후설은 항상 그의 생각을 역사과학의 문제에 적용시키려고 생각해왔다"[115]고 밝힌 점을 중시하고자 한다. 이와 관련하여 후설이 『이념들 II』의 「맺는 말」에서 현상학이 "실천적-능동적 주체성 practical-active subjectivity"과 무관하다는 주장을 강력하게 반박한 점에 대해서도 주목한다. 즉 "나는 반현상학파 진영에서 제기한 다음과 같은 문제들, 예컨대 나의 주지주의, 나의 방법적 절차에 있어서의 추상적이고 일면적인 편향성, 일반적으로나 원칙적으로나 원초적이고 주체적인 실천적-능동적 주체성에 대한 논의의 부재, 그리고 이른바 실존적 문제와 형이상학적 문제의 기피 등과 같은 여러 반론들에 대해 어떠한 정당성도 인정할 수 없음을 명백히 말하고자 한다."[116] 필자는 이상의 주장 등에 담겨 있는 현상학과 사회과학 또는 인간과학간의 긴밀한 관련성에 관하여 다른 기회에 보다 체계적으로 살펴볼 수 있기를 희망한다. 여기서는 단지 필자가 현재로서 가지고 있는 몇 가지 견해들만을 간단히 피력하는 것으로 결론을 맺고자 한다.

후설은 현상학의 출발을 인간과학과 자연과학의 구분에서 찾는다. 먼저 그는 자연과학의 문제점을 이렇게 지적한다: "자연과학이 현실의 전체를 탐구하는 학문임에도 불구하고, 그것의 가장 정교한 이론조차도 생활 세계의 외피조차 건드리지 않는다. 이것은 자연과학자의 기본적인 사고 방향이 삶의 실상을 처음부터 뒤로 미룬 채, 이것

---

114) 하이데거, 『존재와 시간』, 소광희 옮김, p. 170.

115) Hans-Georg Gadamer, *Truth and Method*, tr. by William Glen-Doepel(London: Sheed and Ward, 1975), p. 215.

116) *Ideas II*, p. 407.

과는 동떨어진 이론적인 데로 향해 있기 때문이며, 다만 기술공학 technology과 자연과학의 현실에의 적용 형태로만 삶의 문제로 되돌아오기 때문이다." 따라서 "만일 인간과학의 특징적 본질이 순수한 형태에서 파악되고, 이로써 그것이 자연과학적 심리학이나, 여기에 입각한 다른 어떤 과학들의 대상과도 다른 것으로 파악될 경우, 현상학의 새로운 길이 열릴 것"[117]이라고 그는 확신한다. 뿐만 아니라 후설은 "초월적 현상학"을 인간과학의 최종적 형태에 다름아닌 것으로 이해한다. 그는 이렇게 말한다: 인간과학의 이념을 "보편적이고 일관성 있게 끝까지 수행할 때, 보편적 절대적 인간과학으로서의 초월적 현상학에 도달하게 된다."[118] 후설은 인간과학의 토대를 자연과학의 외부에 있는 임의의 지점으로부터 자의적으로 "구축construction"해 나가는 외재적 입장에 서 있는 것이 아니라, 자연과학의 안으로 들어가서, 그 속에 숨겨져 있는 인간적 요소들을 들추어내고, 발전·확장시키는 "내재적" 구성론의 입장에서 출발하고자 했다.[119] 이와 같은

---

117) *Ideas II*, pp. 327, 384.

118) 같은 책, p. 365.

119) 앞장에서 필자는 한전숙 교수가 칸트의 "Konstruktion"(필자는 이것을 "구축"으로 번역했다)과 후설의 "Konstitution"(구성)을 어떻게 구별했는지에 대해 이미 밝힌 바 있다. 즉 전자는 "덮어씌우는 식으로〔……〕멋대로 꾸며댐"인 반면, 후자는 "이미 주어져 있는 것을〔……〕밝혀"냄이다(한전숙, 『현상학』, 민음사, 1996, pp. 203~05). 또 소콜로브스키는 "구성"이란 의식의 "내재적 흐름" 즉 "flow"나 "stream" 또는 "spontaneity of consciousness"와 같은 뜻으로서, 궁극적으로는 "형식-질료form-matter"의 이원주의를 넘어서려는 "단원적 구조 a monistic structure"라고 말한다(Robert Sokolowski, *The Formation of Husserl's Concept of Constitution*, The Hague: Martinus Nijhoff, 1970, pp. 18~19, 81, 99, 102~03, 105, 114, 140~42, 204~06, 208~10). 그럼에도 불구하고 소콜로브스키는 후설의 "구성적 분석이 형식적인 데 매여 있다"고 지적한다(같은 책, p. 138). 여기서 소콜로브스키가 말하는 "형식적formal"이라는 표현은 "구성"의 "내재성"을 뜻한다. 다시 말하면 "구성"은 "의미와 대상을 발생시키거나 만들어내는" 작용이 아니고, 한전숙 교수의 표현대로 "이미 주어져 있는 것을〔……〕밝혀" 내는 작용이라는 말이다. 소콜로브스키는 이것을 다음과 같이 말한다: "주관성

시도는 그의 초기의 저작인 『산수철학 *Philosophie der Arithmetik*』에까지 소급된다. 여기서 그는 첫째, "수(數)"를 "다수 Vielheit" 개념을 특화시킨 것으로, 그리고 "다수"는 구체적인 "총체적 집합 Inbegriff"을 추상화시킨 것으로 본다. 둘째, 그는 "총체적 집합의 구성" 문제를 제기한다. 결국 그가 도달한 결론은 총체적 집합이란 각 구성 요소들의 내용에 의존하는 것이 아니라, 이것을 의식하는 인간의 "특정한 심리 작용 gewissen psychischen Akten"의 결과라는 것이다. 후설은 이렇게 말한다:

> 집합적 통일은 모인 것들의 내용 속에 직접 주어지는 것이 아니라, 이러한 내용들을 통일적으로 포괄하는 특정한 심리 작용 속에서만 존재하는 것이다.[120]

따라서,

> 총체적 집합들은 개별적 요소들의 내용만으로 성립된다고 말하는 것은 잘못이다. 우리가 총체적 집합이나 다수를 말할 때, 많은 사람들이 쉽사리 간과하기는 하지만, 거기에는 개별적 내용 이상의 어떤 것

은 의미와 대상들을 발생시키거나 창조하지 않는다. 그것은 단지 이들이 나타나도록 도울 뿐이다"(같은 책, pp. 159, 164, 166, 183, 191, 198~99, 200~01, 216~17). 이런 이유에서 그는 "구성"을 일종의 "창조적 작용"으로 보는 핑크 Eugen Fink를 비판한다(같은 책, p. 197). "구성"의 내재성의 강조는 이미 주어진 것을 주관적인 것에 의해 대체하지 않고, 있는 그대로의 것을 "인정"하고 "수용"한다는 점에서, 주·객 변증법과 표리 관계를 갖는다고 생각한다(같은 책, p. 219). 따지고 보면, 내재주의는 변증법의 전제 조건이며, 구성론은 변증법의 철저화라고 말할 수 있을 것이다.

120) E. Husserl, *Philosophie der Arithmetik, Psychologische und Logische Untersuchungen*, Vol. I(Halle a.S.: C. E. M. Pfeffer, 1891), p. 79. Robert Sokolowski, 앞의 책, p. 12에서 재인용.

이 반드시 존재한다고 말할 수 있다: 그것은 각 개별적 요소들과 전체와의 연결이다.[121]

다시 말하면, 후설은 수학의 기본 개념인 "총체적 집합" "다수" 또는 "수" 등 여러 개념들 가운데에는 "특정한 심리 작용"이라 부를 수 있는 인간적 요소가 숨겨져 있음을 알게 되었고, 급기야는 "과학으로서의 자연과학은 정신의 영역인 인간의 영역 안으로 수렴"된다는 "인간과학 안에 있는 자연과학 Naturwissenschaft innerhalb der Geisteswissenschaft"[122]론으로 결론짓게 된다. "자연과학"도 말하자면 인간과학 안에 포함되어야 한다는 것이다.[123] 물론 후설은 『산수철학』에서 말한 "특정한 심리 작용"을 후기에 오면서 인과적(因果的) "심리" 현상과 자유로운 "정신" 현상으로 엄격하게 구분하여야만 했다. 그가 말하는 "판단 정지"나 "환원" 또는 "노에마" 등은 자유로운 인간 정신의 영역을 확보하려는 목적에서 고안된 "내재적" 기법 내지는 "개념"들이다.[124] "초월적 현상학"에서 그 정점에 이르는 후설의 현상학

---

121) 같은 책, p. 14에서 재인용.

122) *Ideas II*, pp. 392, 401.

123) E. Husserl, *The Crisis*, p. 332. 이런 점에서 가다머는 후설과는 견해를 달리한다고 보여진다. 가다머는 이렇게 말한다: "Both the human and the natural sciences are to be derived from the achievements of the intentionality of univesal life, i. e., from the absolute historicity. This is the kind of understanding which alone satisfies the self-reflection of philosophy"(Gadamer, *Truth and Method*, pp. 229~30). 다시 말하면 가다머는 "인간과학 안에 있는 자연과학"이 아닌, "인간과학의 인접 과학으로서의 자연과학"을 주장하고 있는 셈이다.

124) 후설은 "어떤 심리학자의 판단 정지"를 예를 들어 이렇게 말한다: "At first he will probably think that without proclaiming it expressly as a method he has already been quietly praticing the epoche and, focusing upon what is immanent and proper to persons, has excluded realities external to these persons in respect to their true being or nonbeing, under the rublic of description through inner perception, inner experience, or else through empathy"(*The Crisis*, p. 244). 후설은 또한 외재적 입장에 서 있는 분트류의 "행태적 환원 behavioristic reduction"과

의 전과정은 이런 점에서 볼 때, 진정한 의미의 인간과학의 대상을 정립해나가는 과정이며, 동시에 인간과학 그 자체의 획득 과정이라고 말해도 조금도 지나치지 않다. 필자는 이와 같은 이유에서 현상학의 기본 의도를 "숨겨진 것을 드러내는 작업"으로 이해한다. 마찬가지 이유에서 파스칼이 『팡세』에서 언급한 "숨은 신 Deus Absconditus"과 현상학은 깊은 친화성을 갖는다고 본다.[125] 특히 후설이 사용하는 "조사 Untersuchen"라는 용어는 수면으로부터 수심으로 깊숙이 잠수하여, 해저에 무진장으로 숨겨 있는 보물들을 발굴해내는 일종의 "해저 탐사" 활동을 방불케 한다고 생각한다. "숨겨진 것의 드러냄"으로서의 현상학은 하이데거에 오면서 더욱 강조되는 경향을 보이며, 소콜로브스키 Sokolowski에서도 이와 유사한 맥락들이 발견된다. 그는 이렇게 말한다:

> 현상학적 분석에 의해 해명하도록 예상되는 지향성의 '숨은 성취물들'은 더 이상 구조적 요소들이 아니다. 이제 이것들은 의미의 숨은 함축성들이거나 판단에 내재하는 가정적 의미들과 맥락들(지평들)이다. 이들은 선행하는 명증적 행위가 가져온 결과로 존재하게 되었지만, 지금은 우리들의 직접적 명시적 인지로부터는 숨겨진 것들이다. 이러한 함축성과 가정들을 완전한 인식 상태로 끌어오는 것이 후설이 그의 저작에서 이해하고 있는 현상학의 과제이다.[126]

구분되는 자신의 내재적 "환원"을 "현상학적 환원 phenomenological reduction"이라 부른다. 그는 현상학의 내재주의적 입장을 *Ideas II*, pp. 374~75에서 자세히 밝히고 있다.

125) 파스칼, 『팡세』, 李恒 역(서울대학교 출판부, 1985), pp. 76, 93, 184, 186, 232; Lucien Goldmann, *The Hidden God: A Study of Tragic Vision in the Pensees of Pascal and The Tragedies of Racine*, tr. by Philip Thody(London and Henley: Routledge & Kegan Paul, 1977), pp. 3~309.

126) R. Sokolowski, *The Formation of Husserl's Concept of Constitution*, p. 169.

그는 또 이렇게 말한다:

후설은 현상학이 사용할 방법의 지배적 원칙이 무엇인지를 발견할 수 있도록heuristic 보여준다. 그에 의하면, 특정 판단에 이르게 되는 외적 경험은 재연될 수 있다. Sp라는 공식화된 판단 대신에 ʻ〔……〕 나는 새로운, 그리고 실제적인 작용을 통해서 똑같은 일을 실제로 반복할 수 있고, 순수하게 그것을 재생산할 수 있고, 그것을 발생시켜볼 수 있다. 나는 기계적으로 내리게 되는 Sp라는 판단을 S가 p로 인식되는 과정으로 바꾸어봄으로써 새로운 작용을 통해 원래대로 Sp를 구성할 수 있다.ʼ 이와 같은 방식으로 우리들은 어떤 대상이 소유하는 의미의 층들을 통과함으로써 그 대상 속에 존재하는 숨겨진 함의들을 점진적으로 밝힐 것이다.[127]

이와 관련하여 필자는 "정치현상학political phenomenology"도 같은 맥락에서 정의될 수 있다고 본다. 즉 "정치현상학이란 일상적 생활 세계와 역사 속에서 인간이 일구어낸 무수한 정치적 성취물들political achievement 가운데 담겨 있는 숨은 의미들"을 드러내는 작업이다. 이것을 일단 정치현상학의 일반적 과제로 본다면, 오늘날의 역사적 상황 속에서 특별히 요구되는 과제, 즉 "ʻ숨겨진 민주 정치implicit democracyʼ나 ʻ숨겨진 압제implicit tyrannyʼ의 맥락과 의미들을 드러내는 작업"은 정치현상학의 개별적 과제로 보아도 무방할 것이다. 여기서 필자는 민주 정치의 기본적인 구성 요소로서 "압제에 대한 저항"을 빼놓을 수 없다고 본다. 그러나 이러한 요소는 사회 세력간의 힘의 관계 때문에 항상 "명석·판명하게clear and distinct" 인

---

127) 같은 책, pp. 172~73.

식되기보다는, 대부분의 경우 불투명하고 잠재적인 형태로, 다시 말하면 "숨겨진 저항implicit resistance"의 형태로 존재한다는 점에 주목한다. 필자는 이처럼 "압제"와 "압제에 대한 저항"은 어떠한 정치에서도 찾아볼 수 있는 일반적 현상이라고 보며,[128] 이런 점에서 홍광엽 교수의 말에, 다시 말하면 "자유주의는 유럽의 17세기 이후에 등장한 이념 체계라고 할 수 있으나, 자유 자체는 인류 문명의 태동과 더불어 그것을 긍정하거나 부정한 역사의 침전 속에서 그 윤곽을 훑어볼 수 있다"[129]는 견해에 전적으로 공감을 표한다. 그러나 이와 같은 자유에 대한 인간의 보편적 지향성에도 불구하고, 이것이 외적으로 표현되어 나타나는 움직임 자체는 정치 세계 내의 힘의 관계 속에서 좀처럼 명석·판명하게 드러나지 않는다는 데 "정치현상학"의 존재 이유가 있다. 감추어진 정치적 성취물들——이 중에서도 특히 우리의 주목을 끄는 것은 "숨겨진 압제"와 "숨겨진 민주주의"이다[130]——의 의미와 맥락들을 드러내는 작업으로서의 정치현상학의 일차적 관심의 표적은 자연히 정치적 "언술utterance"로 모아지게 되며, 여기서

---

128) 특히 "압제"에 대한 파스칼의 설명 속에서 우리는 이러한 "압제"의 "일반성"을, 따라서 "압제에 대한 저항"의 "일반성"을 이해할 수 있을 것이다. 그는 이렇게 말한다: "압제(壓制)는 자신의 범주를 넘어 일체의 것을 지배하려는 욕망으로 성립된다. 강한 것, 아름다운 것, 선량한 것, 경건한 것 등은 각기 상이한 분야를 가지고 있는 것이며, 그것들의 지배는 각기 자신 안에 국한되고 다른 곳에 미치지 않는다. 그런데 이따금 서로 충돌하는 일이 있으며, 강한 것과 아름다운 것이 어리석게도 누가 지배자가 될 것인가를 다투곤 한다. 왜냐하면, 그것들의 지배권은 각기 다르기 때문이다. 〔……〕 압제는 어떤 길을 통해서만 얻을 수 있는 것을 다른 길을 통해서 얻으려는 것이다"(파스칼, 『팡세』, p. 112).

129) 홍광엽, 『탈중심과 불확정성』(소화, 1998), p. 15.

130) "숨겨진 민주 정치를 드러내는 작업"과 "숨겨진 압제" 다시 말해서 "숨겨진 비민주 정치를 드러내는 작업"은 오늘의 정치현상학에 부과된 두 개의 중심 과제로 이해된다. 과거 전통적 국가 체제하에서의 민주 정치의 싹은 "숨겨진 민주 정치"의 형태로 역사 속에 출현하였다면, 오늘날 이른바 민주화 시대에 있어서 민주 정치에 대한 위협은 "숨겨진 압제"의 형태로 제기되고 있다.

필자는 "정치현상학"과 "정치 평론"이 서로 만나는 접점이 발견된다
는 견해도 아울러 밝혀둔다.

제3부

현상학과 정치철학 2

슈츠에 있어서 정치적 영역의 문제

1

이 글에서는 먼저 슈츠Alfred Schutz의 생활-세계 life-world론을 살펴보고, 논의의 말미에서 생활 세계 내에서의 정치적 영역 또는 공적 영역의 문제에 관한 필자의 견해를 피력하고자 한다. 일견해서 슈츠는 후설의 생활 세계와 동일한 맥락에서 사회 세계를 발전시킨다고 보여진다. 슈츠에 의하면 생활 세계는 "상식적인 태도" 또는 "자연적 태도 natural attitude"에서 살아가는 "완전히 깨어 있는 정상적인 사람들"에게 주어진 "현실의 영역"이다. 생활 세계는 "자연적 태도 안에서 우리에게 명백하게 주어진 것"[1]으로서 두 개의 영역으로 구분된다. 하나는 "자연" 또는 "외적 세계에 속한 사물의 영역"이고, 다른 하나는 "동료인" 또는 "사회 세계"의 영역이다. 생활 세계는 말하자면, "자연적" 세계와 "사회적"[2] 세계를 모두 포함한다. 이 말은 첫째, 사회 세계란 생활 세계의 한 부분이라는 뜻이고, 둘째, 사회 세계 또는 상호 주관성은 오직 생활 세계 속에서만 경험될 수 있음을 뜻한

---

1) A. Schutz and T. Luckmann, *The Structures of the Life-World*, trs. by Richard M. Zaner and H. Tristram Engelhardt, Jr.(Evanston: Northwestern Univ. Press, 1973), p. 6.
2) 같은 책, 같은 곳.

다. 상호 주관성은 사회 세계의 기본 범주로서 여기에 진입할 수 있는 유일한 길은 과학 이전의 생활 세계를 통한 방법이 있을 뿐이다. 상호 주관성은 자연적 태도와 그것에 주어진 생활 세계와의 상관 관계 속에서만 가능하다. 바로 이 점이 슈츠가 후설과 구별되는 점이라 할 수 있다. 슈츠는 거비치가 적절하게 표현했듯이 "의도적으로 초월적 구성의 문제를 기피하고 그 대신 '자연적 태도'의 틀 안에서 그 나름의 현상학적 분석을 추구한다."[3]

슈츠는 초월적 상호 주관성의 구성에 관한 후설의 주장을 비판한다. 슈츠에 의하면, 사회 세계의 상호 주관성은 초월적 자아에 의한 구성의 문제가 아니라 본질적으로 자연적 태도에 속한 존재론적 문제이다. 만약 상호 주관적 사회 세계를 초월적 주관성의 활동으로부터 구성하려 할 경우 반드시 독아론에 빠지게 되며, 그 결과 상호 주관적 사회 세계에서 발생하는 사회과학의 구체적 문제들을 해결될 수 없게 된다.

먼저 슈츠는 사회 세계를 과학 이전의 생활 세계에 속한 영역으로 특징짓는다. 그에 의하면, 사회 세계는 인간의 행동이 지향하는 전-과학적 목적들과 이러한 목적을 달성하기 위한 수단들 가운데에, 그리고 때로는 자유로운 행동을 제한하기도 하고, 때로는 행동의 방향을 찾는 데 도움을 줄 뿐만 아니라 행동에 대해 타협의 조건도 제시하는 각종의 구축물들constructs 가운데에 이미 존재한다. 여기서 슈츠가 강조하는 것은 사회 세계와 그것의 기본 범주인 상호 주관성이 과학 이전의 자연적 태도 내에 이미 주어져 있다는 점이다. 한걸음

---

3) A. Gurwitsch, "The Common-Sense World as Social Reality and the Theory of Social Science," *Phenomenology and the Theory of Science*, ed. by Lester Embree(Evanston: Northwestern Univ. Press, 1974), p. 116; 또는 A. Gurwitsch, "Introduction," *Alfred Schutz Collected Papers Ⅲ: Studies in Phenomenological Philosophy*, ed. by I. Schutz, with an intro. by Aron Gurwitsch(The Hague: Martinus Nijhoff, 1970), p. xv.

더 나아가 슈츠는 상호 주관적 사회 세계가 오로지 자연적 태도와의 상관 관계 속에서만 가능하다고 주장한다. 이 같은 방법으로 슈츠는 초월적 상호 주관성에 관한 후설의 구성적constitutional 견해를 비판한다. 슈츠는 후설이 그의 몇몇 저작들 가운데서 초월적 상호 주관성의 구성의 문제를 밝히고 있으나 해결하지 못했다고 강조한다. 특히, 후설에 관한 비판적 논문인 「후설에 있어 초월적 상호 주관성의 문제 The Problem of Transcendental Intersubjectivity in Husserl」에서 슈츠는 "초월적 상호 주관성의 구성을 설명하려는 후설의 시도"는 실패로 끝났다고 결론짓는다. 슈츠는 이와 같은 실패의 원인에 대해 "상호 주관성은 초월적 영역 내에서 해결될 수 있는 구성의 문제가 아니라 생활 세계에 이미 주어져 있는 것 Gegebenheit"이기 때문이라고 말한다. "상호 주관성"은 인간의 생활 세계의 근본적인 존재론적 범주라는 것이다. 사회 세계는 과학 이전의 생활 경험 안에, 다시 말하면 상식적 지각 안에 이미 존재한다. 사람들이 다른 사람들과 더불어 실제로 함께 사는 사회 세계는 일상 생활의 소박한 자연적 관점 위에 건설된 세계이다. 이러한 사회 세계는 인간의 삶이 자연적 태도에서 자발적으로 영위되는 세계이다. 이런 점에서 슈츠는 과학 이전의 생활 경험의 영역인 사회 세계를 원초적 구조, 다시 말해서 과학에 의해 명시적으로 밝혀지지 않은implicit 전-술어적 구조pre-predicative structure라고 말한다; 사회 세계는 그것 자체의 전-구조pre-structure를 갖는다. 슈츠의 표현에 따르면, "사회 세계는 본질적으로 무구조적인 것이 아니다." 사회 세계는 오히려 "그 속에서 생활하고 생각하며, 행동하는 인간에 대해 특별한 의미와 적실성의 구조를 갖는다."[4]

---

4) A. Schutz, "Common-Sense and Scientific Interpretation of Human Actions," *Alfred Schutz Collected Papers I: The Problem of Social Reality*, ed. and intro. by Maurice Natanson, with preface by H. L. van Breda(The Hague: Martinus Nijhoff, 1973), pp. 5~6.

이처럼 사회 세계는 처음부터 이미 선택되고 해석된 세계이다. 그
것은 이미 구축된 pre-constructed 세계이다. 사회 세계는 자연적 태도
속에서 타인과 함께 소박하게 살아가는 사람들의 상식적 선구축물의
세계이다. 또 사회 세계는 이처럼 상식적 구축물들의 총합으로 주어
진다. 이들 구축물들은 과학 이전의 사회 세계에 대해 생소한 것들이
아니라, 오히려 이 세계에 내재해 있는, 아주 친숙한 것들이다. 심지
어 "공동 생활의 가장 단순한 상호 작용도 일련의 상식적 구축물들을
전제한다."[5] 이런 의미에서 사회 세계란 모든 실제적이며 가능한 상
식적 구축물들이 존재하는 장 locus이라 할 수 있다. 그리고 이러한
사회 세계 내에 존재하는 구축물들은 인간의 행태를 결정하고 세계
내의 존재와 모든 철학적 인간학의 위상을 규정한다. 여기서 슈츠는
"인간이 여자로부터 태어나는 한, 상호 주관성과 우리–관계는 모든
인간의 실존적 범주들의 기초가 될 것"[6]이라고 천명한다. 사회 세계
에 관한 슈츠의 존재론적 관점은 두 가지 점에서 중요성을 갖는다:
1) 이것은 슈츠와 후설이 갈라지는 분기점이라는 이유에서이며, 2)
이것은 슈츠 자신의 "사회과학의 철학"이 시작되는 지점이라는 이유
에서이다.

필자는 후설과 슈츠를 "초월 transcendental"과 "세간 mundane"이라
는 대칭적 용어로 비교할 수 있다고 본다. 슈츠는 후설의 초월적 현
상학과 초월적 상호 주관성을 비판하면서 세간적 현상학과 세간적
상호 주관성을 발전시킨다. 슈츠에 의하면, 후설은 두 가지 판단 정
지 epochē—— "자연적 태도"의 배제에 의한 태도 변경이란 의미에서
의 판단 정지——에 의해 구성 constitution 이론을 발전시킨다. 첫번째
판단 정지는 초월적 현상으로서의 세계를 드러낸다. 그러나 첫번째

---

5) 같은 글, p. 23.

6) A. Schutz, "The Problems of Transcendental Intersubjectivity in Husserl," *Alfred
Schutz Collected Papers III: Studies in Phenomenological Philosophy*, p. 82.

판단 정지는 자아에게만 "고유하게" 주어진 세계를 획득하지 못한다. 세계의 의미는 아직도 자아에게 "고유"하지 않은 "이질적" 요소에 의해 공동으로 결정된다. 따라서 또 하나의 판단 정지가 요구된다. 그것은 진정으로 급진적인 철학에 필요한 기초적인 방법론적 요구 조건이 되는 고유한 철학적 고립을 창조하는 데 필요하다. 여기서 두번째 판단 정지가 "자아 자신의 고유한 des selbst-eigenen" 영역을 획득하기 위해 수행된다. 후설은 이와 같은 "고유한" 자아를 특히 라이프니츠의 표현을 빌려 "단자 monad"라 부른다. 두번째 판단 정지의 목적은 두 가지다. 첫째는 자아에 "고유한" 모든 것을 그렇지 않은 모든 것으로부터 분리시키려는 것이다; 둘째는 나의 단자 안에 하나의 완전한 개체로서의 타자를 구성해내는 것이다. 슈츠는 이 점과 관련하여 반론을 제기한다: "초월적으로 환원된 의식적 생활 가운데서도," 다시 말하면 첫번째 판단 정지에 의해 획득된 영역 내에서조차도, "'세계' 현상은 〔……〕 나의 사적인 생산물로서가 아니라 모든 사람들이 접근할 수 있는 상호 주관적 세계로서 경험된다." 슈츠는 『형식적 논리와 초월적 논리 *Formal and Transcendental Logic*』를 포함한 여러 저작들이 자아에 "고유"하지 않은 "선구성적 기저 Unterstufe"를 암시하고 있음을 상기시킨다. 이어서 슈츠는 다음과 같이 묻는다: "그 같은 선구성적 기저란 어떤 것이며 어떻게 그와 같은 것이 생겨날 수 있는가?" 어떻게 자아에 "고유"하지 않은 것이 자아 속에서 나타날 수 있는가? 그것은 이미 자연적 세계에서 형성되어 자아의 영역 내에 지향적 상관자로서 포함된 것이 아닌가? 그것은 모든 자아 ─ 주체가 자신의 살아 있는 지향성의 흐름 가운데 공통 감정을 통해 다른 자아들을 포함하고 있음을 뜻하는 것이 아닌가? 자아에게 "고유"하지 않은 것이란 그 자아의 의식의 살아 있는 흐름 속에 선구성적으로 포함되어 있는 타자아들의 기저가 아닌가? 그러므로 상호 주관성이란 구성의 문제이기보다는 존재론적 문제가 아니겠는가? 다시 말하면, 상호 주관성은 초월적 의식 활동에 의한 노에시스와 노에마의 형성이라는 구성의 문제이기보다는 생활 세계 내의 세간적 자아의 의식에 주어진 존재의 문제로 파악되어야 하는 것이 아닐까? 사회성의 문제란 이런 점에서 초월적 자아의 구성에 속한 것이 아니라 전적으로 세간적 영역에 속한 생활 세계의 문제가 아닐까? 슈츠는 계속해서 다음과 같이 묻는다: 초월적 영역 내에서, 보다 정확하게 말하면 나의 구체적인 초월적 자아에 고유한 영역 내에서 어떻게 타자들에 대해 말할 수 있는가? 후설에게 초월적 자아란 자체의 단일성과 개별성 personal을 절대로 상실할 수 없는indeclinablility 존재이다. 이런 이유에서, 슈츠는 후설의 초월적 자아를 다원화될 수 없는 "단가적인 것 singular tantum"으로 특징짓는다. 만일 그렇다면 어떻게 초월적 자아가 우리라는 공동체로 변형될 수 있겠는가?

그러나 후설은 『데카르트적 명상 *Cartesian Meditations*』에서 자아의 두번째 판단 정지를 통해서 초월적 보편 세계의 영역으로부터 타자를 배제한다고 말한다: 나는 두번째 판단 정지를 통해서 "나 자신 이외의 다른 모든 것 Fremden"을 배제한다. 첫째로 나는 타아를 배제한다. 이때 타아란 자아와 같은 신체적·정신적 결합체로서의 다른 사람과 동물뿐만 아니라 나의 현상적 세계를 결정하거나 공동으로 결정하는 다른 정신들minds에 속한 문화적 대상들을 배제함을 뜻한다. 둘째로 내가 배제하는 것은 주위 세계와 그에 상응하는 문화적 공동체의 존재와 그것이 모든 사람을 위한 세계라는 의미까지도 포함한다. 슈츠의 지적에 따르면, "후설은 두번째 판단 정지에 의해 '우리에게 Us' 또는 '우리 We'의 가능한 모든 의미가 배제된다고 분명히 말한다." 두번째 판단 정지 이후의 의식의 영역에는 오로지 실제적인, 그리고 잠재적인 지향성만이 남게 되며, 여기서 자아는 자아 자신의 "고유한 영역 Eigenheit"에서 구성된다. 이제 나는 나의 의식적 삶의 전세계를 나 자신의 고유한 초월적 영역 Transzendentale

Eigensphare으로, 다시 말하면 단자로서의 나의 구체적 존재로 복원 또는 환원시킨다. 이것은 가장 근원적이고 참된 의미에서 나의 개인적 세계이다.[7]

후설의 환원된 세계-현상 내에는 항상 직접적 현존으로 주어지는 하나의 대상이 있다. 그것은 바로 나의 신체이다. 나의 신체는 살아 있는 신체Leib로서 다른 물체들과 구별된다. 초월적 자아의 원초적 영역 안에서는 나의 신체만이 살아 있는 신체이다. 후설에 따르면 "오직 나의 신체만이 원래부터 살아 있는 기능하는 기관으로 구성된다."[8] 나의 신체는 나의 지각perceptions장의 운반체로서, 나의 운동하는 기관으로서, 내가 능동적으로 명령하고 통제하는 기관들의 총체로서 구별된다. 나는 경험에 비추어 나의 신체에 감각장을 부여한다. 나의 원초적 영역 안에서 나의 신체는 살아 있는 신체로서, 그 신체를 통하여 세계로부터 영향을 받고 또 그 세계 안에서 행동하는 심리물리적인 결합체로서 부상한다. 이와 같은 자아의 살아 있는 신체는 타자를 형성하는 일차적 근거가 된다. 자아 "고유의 것"으로 환원된 영역 내에서 타자의 의식적 삶은 나에게 직접적으로 접근할 수 없는 것이지만, 살아 있는 나의 신체를 매개로 간접적으로 — 후설은

---

7) 같은 글, pp. 55~61.

8) 여기서 후설은 "신체"마저 배제시키는 데카르트와 구분된다. 후설은 이렇게 말한다: "everything new in what Descartes actually brought to light was in a certain sense superficial, in spite of its originality and widespread effects. In addition, it loses its value by Descartes's own interpretation of it. Namely: in wonder over this ego, first discovered in the epochē, he himself asks what kind of an ego it is, whether the ego is The human being, the sensibly intuited human being of everyday life. Then he excludes the living body — this, like the sensible world in general, falls under the epochē — and thus the ego becomes determined, for Descartes, an mens sive auim us sive intellectius[마음 즉 혼 즉지성: 필자]"(E. Husserl, *The Crisis of European Sciences and Transcendental Phenomenology: An Introduction to Phenomenological Philosophy*, tr., with an intro., by David Carr, Evanston: Northwestern Univ. Press, 1970, p. 79).

이것을 가리켜 "함께 현존화함 appresentation"이라 부른다——접근할
수 있다. 먼저 타아는 자아를 향해 있는 외부 세계에 귀속된 물체
Körper 또는 "자연적 물체"로 나타난다. 다시 말해서 타아는 주체가
아닌 객체로서 주어진다. 이와 같은 다른 물체에 대해 자아는 "살아
있는 신체"의 의미, 좀더 구체적으로 말하자면 "나의 신체가 아닌 다
른 살아 있는 신체"의 의미를 부여한다. 그리고 이와 같은 "의미 부
여" 행위의 기초 위에서 타아의 의미가 나의 의식 속에 구성된다. 이
때에 중요한 것은 후설의 순서로서 그 반대가 아니라는 점이다. 다시
말하면, 나의 의식 속에 구성된 타아의 의미(노에마)에 기초해서 타
아에 대한 의미 부여 행위(노에시스)가 이루어지는 것이 아니라는 점
이다. 의미 부여는 함께 현존화함, 또는 유비적 "해석(추론이 아님)"
을 통해서, 또는 슈츠의 표현에 따르면 "동화적 통각 assimilating
apperception"에 의한 의미의 이전 또는 확장을 통해서 수행된다. 다
른 물체는 나 자신의 살아 있는 신체와 유사한 것으로 해석되며, 이
것은 다른 사람의 살아 있는 신체로 통각된다. 동일한 유비적 해석의
방법으로 나는 타자의 신체 운동을 몸짓으로 해석하고 그것에 부합
되는 행위를 심리적 표현으로 해석한다. 이와 같은 방식으로 타자는
나의 단자적 개체성 안에 "나 자신"이 아닌, 제2의 자아, 즉 타아로
구성된다. 타아의 구성과 더불어 자아들 사이에서 "공동 시간-형태"
가 나의 살아 있는 현재의 신체를 함께 현존화함에 의해 구성된다.
나는 타자의 몸에 나타나거나 발생한 외적 사건들을 매개로 나의 살
아 있는 신체를 함께 현존화함으로써 타자의 마음을 함께 또는 동감
적으로 지각한다 comprehension.
　슈츠는 나의 살아 있는 몸이 항상 현존한다는 점에서, 그리고 최초
의 설립 기관이라는 점에서 후설의 견해에 동의한다. 그러나 슈츠는
타아의 구성 문제는 자아의 구성 방식과는 전연 다른 것으로서 구별
되어야 한다고 본다. 나는 단지 외적인 타아의 신체만을 관찰할 뿐이

다. 반면에 나 자신의 몸에 대해서는 안에서 경험한다. 따라서 나의
살아 있는 몸은 "외적으로 지각되는 다른 생물체와는 모든 면에서
아주 상이한 방식으로 나타나며 따라서 결코 유비적 통각에 이르지
않는다." 슈츠가 후설의 초월적 현상학에 대해 제기하는 또 다른 문
제는 두번째 판단 정지의 결과 "초월적" 타아가 생겨나는 것이 아니라
단지 "심리물리적" 타아만이 나타날 뿐이라는 점이다. 슈츠는 이렇게
말한다: "두번째 판단 정지는 결코 나의 단자 내에 하나의 완전한 단
자로서 타아를 구성할 수 없으며, 기껏해야 나의 심리물리적 자아의
기저를 토대로 한 또 다른 심리물리적 자아만을 함께 현존화할 뿐이
다."

여기서 슈츠는 후설에 의해 구성된 초월적 상호 주관성은 아직도
"상호 주관성"이 아니라고 결론짓는다. 그가 보기에는 후설이 구성한
초월적 "상호 주관성"이란 순전히 자아 속에, 다시 말하면 명상적 자
아 속에 갇혀 있는 "주관성"일 뿐이다. 설사 이러한 상호 주관성이
각자의 주관성 속에서 동일한 형태로 구성된다 하더라도, 그것은 어
디까지나 나의 지향성을 원천으로 한다는 점에서 자아의 주관성일
뿐이다. 슈츠가 후설의 타아 이론 또는 후설이 즐겨 표현하는 "공통
감정"의 이론에 대해 제기하는 문제는 두 가지다: 첫째, 후설이 두
번째 판단 정지의 끝에 함께 현존화함에 의해 구성하는 타아는 초월
적 타아가 아니라 심리물리적 타아일 뿐이라는 것이다; 둘째, 비록
초월적 타아를 구성하는 후설의 입장이 옳다고 하더라도 구성된 타
아는 아직 상호 주관성을 생산하는 데까지 이르지 못한다는 것이다.
왜냐하면, 후설에 의해서는 어떠한 초월적 "공동체"나 초월적 "우리"
도 수립될 수 없기 때문이다. 이와는 반대로 "각각의 초월적 자아는
자신에 대해서 자신의 세계를 그 존재와 의미에서 구성하며" 이렇게
초월적 자아가 구성한 세계라는 것은 "단지 자기 자신만을 위한 것일
뿐 다른 모든 초월적 자아들과 더불어 공유할 수 있는 것이 아니"기

때문이다. 후설이 말하는 "초월적 상호 주관성"은 이런 점에서 "나" 또는 "너" 그리고 심지어는 "단자들의 우주"적 집합체일지는 모르지만, 다수의 초월적 주체 사이에서 일어나는 단자 "상호간"의 관계이거나 또는 "상호적" 의사 소통이라고는 볼 수 없다.[9] 이와 관련하여 슈츠는 후설의 말년의 조교였던 핑크Eugen Fink의 견해를 다음과 같이 인용한다: "단자들간의 세계나 모든 사람을 위한 세계의 창조는 철학자의 초월적 주관성 속에서는, 다시 말해서 자신에 대해, 그리고 자신에 대해서만 존재하는 주관성 속에서는 불가능하다는 것이 증명되었다."[10] 지금까지의 슈츠의 비판들을 정리해보면 세 가지로 집약된다: 첫째, 어떠한 초월적 구성적 분석도 상호 주관성의 본질적 관계를 밝힐 수 없다; 둘째, 초월적 현상학은 어떠한 사회과학에 대해서도 진정한 기초를 제공할 수 없다; 셋째, 우리는 생활 세계의 세간적 중심부로, 다시 말하면 세간적 자아로 돌아가야만 한다. 왜냐하면 모든 사회과학과 사회적 세계의 "인간 현실"에 있어서 가장 근본적 범주인 상호 주관성은 세간적 자아에 속한 것이기 때문이다.

2

　세간적 자아는 슈츠가 자신의 "사회과학의 철학"을 수립하는 토대이다. 슈츠의 사회과학의 이념은 "우리의 세간적 생활 세계와 그 역사성 속에 실제로 존재하는 사회·국가·언어·예술·경제·법 등이 무엇인가를 규정하고, 이들이 지니는 각각의 의미를 우리의 세간적 경험의 영역 안에서 어떻게 납득시킬 수 있는가를 규정하는" 것이다.

---

9) A. Schutz, "The Problem of Transcendental Intersubjectivity in Husserl," 앞의 책, pp. 69~82.

10) 같은 글, p. 84에서 재인용.

318

슈츠에게 있어서는 "세간적 자아"에게 주어진 "세간적 세계"만이 모든 사회과학의 "주제이며, 또 이것만이 주제가 되어야 한다."[11] 세간적 자아와 관련해서 슈츠가 제기하는 중심 문제는 "자연적 태도"이다. "세간적 자아"는 "자연적 태도"에서, 그리고 이러한 "자연적 태도"에 주어지는 일상적 생활 세계에서 삶을 영위하는 사람을 가리킨다. 슈츠는 바로 이와 같은 세간적 자아의 "자연적 태도" 위에 사회 세계의 존재론을 건설한다. "자연적 태도"는 세간적 자아가 세계를 직접 주어짐의 방식으로 경험하는 틀이다.[12] 이제 자연적 태도에서 세간적 세계를 경험하는 방식에 대해 좀더 자세히 검토해보기로 하자. 필자는 이러한 검토를 다음과 같은 질문으로부터 출발하고자 한다: 사회 세계는 어떻게 자연적 태도에 "주어지는가?" 이 질문은 슈츠가 말하는 "사회 세계의 존재론"의 토대가 되는 질문이기도 하다.

슈츠가 말하는 사회 세계의 존재론은 이른바 "자연적 관점의 일반 명제"에 기초해 있다. 이 "일반 명제"를 간명하게 정리하면 다음과 같다: "일상적 존재의 자연적 태도 속에서 사람들은 다른 사람의 존재를 당연한 것으로 받아들인다."[13] 여기서 슈츠는 상호 주관적 사회 세계가 처음부터 의심의 여지없이 자연적 태도 가운데 주어진 것으로서 간주한다. 이미 슈츠가 그의 『사회 세계의 현상학 *The Phenomenology of the Social World*』에서도 분명히 지적했듯이 그는 "사회 세계가 자연적 태도의 관점에서 항상 받아들여지는 것과 같은 방식으로 사회 세계의 존재를 단순히 받아들임으로써"[14] 자신의 논의를 전개한다. 일상 생활의 소박한 태도에서 타아는 단순히 주체로서 주어진다. 처

---

11) A. Schutz, "Phenomenology and the Social Sciences," *Collected Papers I*, p. 131.

12) A. Schutz, "William James' Concept of the Structure of the Thought Phenomenologically Interpreted," *Collected Papers III*, p. 5.

13) A. Schutz and T. Luckmann, *The Structures of the Life-World*, p. 59.

14) A. Schutz, *The Phenomenology of the Social World*, trs. by G. Walsh and F. Lehnert, with intro. by G. Walsh(Evanston : Northwestern Univ. Press, 1967), p. 97.

음부터 타아-주체는 특별한 가설이나 판단의 근거 없이 의심할 바 없이 확실한 "존재"로 나에게 당연히 주어진다. 자아는 다른 주체들의 존재를 의심할 바 없이 주어진 것datum으로, 다시 말하면 증명을 필요로 하지 않는 것으로 본다. 단지 급진적인 독아론자나 행태주의자만이 다른 지적 동료가 존재한다는 사실에 대해 증명을 요구할 것이다. 그러나 독아론자나 행태주의자들도 자연적 태도에서는 그들 동료의 존재에 대해 의심하지 않는다. 자연적 태도에서는, 모든 사람들, 즉 "건강하고 성년이 된 완전히 깨어 있는 인간"[15]이라는 의미에서 "사람들"은 "우리"라는 영역을 소박하게 전제한다. 사회 세계의 기초적 관계인 "우리"는 내가 세계 내에 존재하게 되는 존재론적 조건에 의해 주어진 최초의, 그리고 가장 원초적인 경험이다. 나는 타인을 통해 타인들 가운데 태어났고, 타인에 의해 키워졌으며 타인들 속에서 살아간다. 슈츠가 지적하듯이, "기초적인 우리-관계는 내가 단지 직접 경험하는 사회적 현실 세계에 태어났다는 단순한 사실에 의해 이미 나에게 주어진 것이다."[16] 나의 "출생"에 대한 나의 지식과 "사망"에 대한 나의 예상은 내가 상호 주관적 사회 세계에 존재함을 확인시켜준다: "나는 나의 내적 지속성 속에서 나의 출생을 밝힐 수 없다"; 또한 나의 고립된 존재로부터 죽음의 확실성을 도출할 수도 없다; 이들 모두는 "상호 주관적 세계 내의 나의 존재"[17]에서 나온다.

---

15) A. Schutz, "Phenomenology and the Scocial Sciences," 앞의 책, pp. 135~36.

16) A. Schutz, *The Phenomenology of the Social World*, p. 165.

17) A. Schutz and T. Luckmann, *The Structure of the Life-World*, pp. 46~47. 이 점에서 우리는 토이니센Michael Theunissen의 다음과 같은 지적을 상기할 필요가 있다: "When, in the transition to the social world, he leaps out of the transcendental into the natural attitude, this only means that he situates his social ontology at a level on which the transcendental constitution of the other is already presupposed"(M. Theunissen, *The Other: Studies in the Social Ontology of Husserl, Heidegger, Sartre and Buber*, tr. by Christopher Macann, Cambridge, Mass. and London, England: the MIT Press, 1986, p. 345).

그러나 이것은 슈츠가 타인의 존재에 대해 의문을 제기할 어떠한 가능성도 거부함을 뜻하지 않는다. 타아-주체들의 존재는 의문시되지는 않지만 그러나 이에 대해 항상 의문을 제기할 수는 있다. 다만 슈츠가 주장하는 것은 "자연적 태도"에서는 타아의 존재를 의심할 이유가 없다는 것이다. 자연적 태도에서는 "소박한 자연인이 세계의 실제성이나 타아의 현실성에 관해 초월적 물음을 제기할 동기"나 또는 환원된 영역으로 뛰어들 동기가 없다는 것이다. "오히려 자연인은 자연적 세계의 일반 명제의 입장에서 이 세계와 그리고 그 속에서 발견된 모든 것들, 즉 모든 자연물들과 모든 살아 있는 존재들(특히 인간들)과 그리고 모든 종류의 유의미한 생산물들(도구, 상징, 언어 체계, 공예품 등)이 유의미한 타당성을 갖는 것으로 상정한다."[18] 소박하게 살아가는 자연인들은 타아-주체들이 존재한다고 굳게 믿는다. 그들은 이와 같은 믿음 안에서 살며 이 믿음을 견지하며 또 지탱시킨다. 슈츠는 이와 같은 자연인의 믿음이 그 자체로서 이미 "하나의 특별한 형태의 판단 정지"를 뜻한다고 본다. 내이튼슨 Maurice Natanson은 슈츠가 말하는 이와 같은 형태의 판단 정지를 "자연적 태도의 판단 정지 epochē of the natural attitude"라고 부르는 반면 사타스 George Psathas는 "특별한 판단 중지 specific epoche"라고 부른다.[19] 슈츠에 의하면 자연적 태도의 판단 정지는 타아의 존재에 대한 믿음을 확인하는 "특별한" 또는 "긍정적" 방법으로 수행된다. 자연적 태도에서 우리는 타아-주체들의 존재를 유보하는 것이 아니라, 타아-주체들의 존재와 이와 관련된 세계와 그 대상의 존재에 관한 의심을 유보한

---

18) A. Schutz, "Phenomenology and the Scocial Sciences," 앞의 책, p. 135.

19) M. Natanson, "Introduction," *Collected Papers I*, p. xviii; G. Psathas, "Multiple Realities and the World of Film,"(1995년 6월 9일에 서울대학교 사회과학연구소 주최로 개최된 'Smposium on Culture in Global Perspective: Phenomenology and Human Studies in Korea' 에서 발표된 논문), p. 12.

다. 슈츠는 이렇게 말한다: "자연적 태도 안에서 사람은 외부 세계와 그 대상의 존재에 대한 자신의 믿음을 유보하지 않는다. 반대로 그는 그들의 존재에 관한 모든 의심을 유보한다. 그가 괄호를 치는 것은 세계와 그 대상이 그에게 보이는 것과 다른 것일 수도 있다는 의심이다."[20]

이 글의 서두에서 언급한 바와 같이 슈츠는 "상호 주관성이란 오직 자연적 태도와 연관해서, 그리고 자연적 태도에 주어진 세계인, 생활세계와의 연관 속에서만 가능하다"는 입장을 견지한다. 더 나아가 슈츠는 "일상의 생활 세계"는 "근본적으로 상호 주관적"이며 "사회 세계"라고 주장한다. 슈츠는 반복해서 이렇게 말한다: "생활 세계는 나의 사적인 세계도 아니고 너의 사적인 세계도 아니며 너와 나의 것을 합한 것도 아니며, 오로지 우리 모두의 공동 경험의 세계다"; "그것은 처음부터 상호 주관적인 문화의 세계다."[21] 이와 같은 주장은 슈츠의 기본 명제인 "자연적 관점의 일반 명제"에 의해 쉽게 이해될 수 있다. 특히 슈츠가 말하는 "자연적 태도"가 "근본적으로 상호 주관적"이고 "사회적"이며 "공통적common" 또는 "공적public" 의미를 갖는다는 점은 대단히 중요한, 따라서 주목할 만하다.

그의 사후에 출간된 『생활 세계의 제구조 *The Structures of the Life-World*』에서 슈츠는 "자연적 태도"[22]라는 단순한 표현 대신에 "사회적·자연적 태도"라는 용어를 사용한다. 슈츠에 있어 "사회적인 것"은 이미 "자연적 태도" 안에 잉태되어 있다. 말하자면 "사회성"은 자연적 태도 안에 선-술어적으로 주어진 것이다. 이 점을 보다 자세히 말하면 사회 세계와 그것의 기본 범주인 상호 주관성은 우리의 과학 이전의 자연적 태도에 이미 주어져 있다는 것이다; 사회 세계는 선-

---

20) A. Schutz and T. Luckmann, *The Structures of the Life-World*, pp. 27, 36.

21) 같은 책, pp. 16, 68; A. Schutz, "Common-Sense and Scientific Interpretation of Human Actions," 앞의 책, p. 10.

22) A. Schutz and T. Luckmann, *The Structures of the Life-World*, pp. 59, 61.

구축된 pre-constructed 세계, 즉 자연적 태도에서 살아가는 사람들의 상식적 사고의 선-구축물 pre-construct이다. 여기서 필자가 강조하고자 하는 핵심은 세간적 자아의 자연적 태도 또는 슈츠가 지칭하는 이른바 "자연적 관점의 일반 명제"는 슈츠에게 있어서 "사회과학 철학"의 근간이라는 점이다. 슈츠의 사회과학의 철학은 어떤 의미에서 자연적 태도에 대한 해명이며, 또 이러한 해명의 주제화라 할 수 있다.

슈츠의 사회 세계에 관한 논의는 다음과 같이 요약된다: 사회 세계는 가까운 영역과 먼 영역으로 구분된다. 제일 먼저, 이른바 우리-관계라고 불리는 동료인 또는 동거인 consociate(또는 Umwelt)의 영역이 있다. 이 영역에서 너와 나는 공간적 직접성과 시간적 동시성 속에서 서로를 경험한다. 이 영역 너머에 동시대인들의 당대 Mitwelt가 있다. 당대에 속한 동시대인들은 나와 시간적 동시성은 공유하지만 공간적 직접성은 공유하지 않는 사람들이다. 내가 나의 동시대인들과 시간적 동시성을 공유한다고 할 때의 시간이란 내면적 시간 또는 "체험적 시간"을 의미하는 것이 아니고, 단지 "시계상의 시간"[23] 또는 세간적 시간(연대기적 또는 우주적 시간)을 가리킨다. 다양한 이행 과정을 통해 이 당대의 영역은 선대 Vorwelt와 후대 Folgewelt의 영역으로 전개된다. 사회 세계는 처음부터 "구조화된 세계"로서 주어진다; 그것은 "당연시되는 친숙성과 이미 알고 있는 친밀함의 지평 속에" 주어진다. 사회 세계의 구조는 인간의 행동으로 환원되는, 이른바 인간 행동의 침전물이다. 인간의 행동은 이 행동을 유발하는 전형적 동기에 비추어 이해된다. 행동이 행위자 자신에 대해 갖는 행동의 주관적 또는 내재적 의미는 그 행동 경로를 결정하는 동기를 밝혀냄으로써 이해될 수 있다. 슈츠에 따르면, 동기는 행동의 지향적 의미를 뜻한다. 이러한 동기는 두 가지로 나누어볼 수 있다: 하나는 하기 위한 동기

---

23) Bernard P. Dauenhauer, "Making Plans and Lived Time," *The Southern Journal of Philosophy*, Vol. 7(Spring, 1969), pp. 83~90, 여기저기.

Um-zu-Motiv(또는 in-order-to-motive)이고 다른 하나는 때문에 동기 Weil-Motiv(또는 because-motive)이다.

슈츠가 제기하는 사회과학의 근본적인 방법론적 문제는 다음과 같다: 사회과학자는 과학자로서 사회 세계 내에서 일상 생활을 영위하는 사람과 마찬가지로 사회 세계를 경험할 수 없다. 이것은 사회과학자의 독특한 태도에 기인한다. 우선 슈츠는 "사회과학자의 태도"를 "사회 세계에 대한 공평무사한disinterested 관찰자의 태도"[24]로 특징짓는다. 그 다음 그는 관찰과 관찰자를 "일방향적인 당신 관계Thou-orientation"에서 분석한다. 당신 관계에는 두 가지 유형이 있다: 하나는 일방향적인 관계이고 다른 하나는 양방향적인 관계이다. 일방향적인 당신 관계는 관찰적 상황과 연관되는 반면, 양방향적인 당신 관계는 얼굴을 직접 맞대는 우리-관계와 직결된다. 슈츠의 사회과학자의 태도에 대한 분석은 양방향적 당신 관계의 분석에서부터 시작한다. 양방향적 당신 관계의 경우, 개별적 자연인에 의해 규정되는 그의 고유한 물리적-사회문화적인 "전기적 상황biographical situation"은 다른 동료인이나 동거인에게도 마찬가지로 접근 가능하다. 양방향적 당신 관계에서 나는 너를 향하고 너는 나를 향한다. 우리는 공간적 직접성과 시간적 동시성 속에서 서로를 파악한다. 각자는 서로를, 비록 전체적 자연인의 특정 부분에 한정된 것이긴 하더라도, "몸소in person" 경험하고 또 고유한 전기적 상황을, 비록 부분적으로 드러난 것에 불과하지만, 공유한다. 양방향적 당신 관계에서 각자의 의식은 "공동 시간의 형태"로 흐르고 서로간에 조율이 이루어진다. 우리는 말하자면 함께 나이를 먹어간다. 제이너는 이를 다음과 같이 부연한다: "슈츠에게 있어 다른 사람과 같이 있음이란 다른 사람과 함께 나이 먹음이다"; "너와 나는 서로가 상대방이 되는 것을 보살피면

____

24) A. Schutz, "Common-Sense and Scientific Interpretation of Human Actions," 앞의 책, p. 36.

서 함께 나이를 먹어간다."[25] 슈츠의 설명에 따르면 당신 관계에서는 "내 의식의 내적 지속의 모든 국면이 타자의 의식적 삶의 국면과 조정된다"[26]; 한걸음 한걸음 나는 나의 동료인, 즉 나의 동거인의 의식 과정을 포착해간다; 나는 나의 동료인의 주관적 의식 내용 속으로 빠져들어간다; 각 동료인의 경험은 양방향적으로 결정되고 함께 짜여진다; 동료인들은 생생한 현재 속에서 상대방의 전기적 상황 속에 상호 개입한다; 동료인들은, 말하자면 공동 경험의 흐름 속에 같이 산다.

슈츠는 양방향적인 당신 관계의 독특한 현상으로서 "자아의 상호적 거울 반사 reciprocal mirroring of self" 현상에 대해 주목한다. 그는 이렇게 말한다: 양방향적 당신 관계에서 "나의 동료인은 〔……〕 나에게 나 자신보다 더 '생생하고' '직접적으로' 현존화한다." 나의 동료인은 나를 통해서, 그리고 나는 나의 동료를 통해서, 자신을 생생하게 경험한다. 슈츠는 이것을 "자아의 상호적 거울 반사"[27] 현상이라고 부른다. 거울-반사의 복합적 굴절 속에서 상호 주관적 "우리-관계"는 발전하고 계속적으로 확인된다. 슈츠의 관찰에 의하면 양방향적 당신 관계의 본질적 특성은 "동거인의 진행중인 삶 속에 상호 참여하는 데" 있다; 여기서 "우리는 우리들의 의식 작용과 사유를 다른 사람에게 향하도록 한다"; "우리는 우리들 자신의 개별적 삶 속에서보다는 오히려 타자 속에서 산다."[28] 인간의 행동은 이 같은 순수한 우리-관계 속에서 내적으로, 즉 "행동이 행위자 자신에 대해 갖는 의미"에서 "이해"된다. 다시 말하면, 상대방은 타인의 행동을 행위자

---

25) Richard M. Zaner, "The Theory of Intersubjectivity: Alfred Schutz," *Social Research*, Vol. 28(1961), pp. 83, 94.

26) A. Schutz and T. Luckmann, *The Structures of the Life-World*, p. 66.

27) 같은 책, pp. 66~67.

28) A. Schutz, "Common-Sense and Scientific Interpretation of Human Actions," 앞의 책, p. 16; A. Schutz, "Scheler's Theory of Intersubjectivity and the General Thesis of the Alter Ego," *Collected Papers I*, p. 170.

자신에 대해 갖는 주관적 의미에서 파악한다. 마치 내가 "여기 illic"가 아니라 "저기 hic"에 있을 때 나 자신의 유사한 행동을 이해하는 것과 같은 방식으로 네가 너의 행동을 통해서 의미하는 것을 나는 "이해한다." 슈츠는 이것을 가리켜 "의미의 주관적 해석" 또는 "이해 Verstehen"라고 말한다. 슈츠에게 있어 "의미의 주관적 해석" 또는 "이해"란 일상적 경험의 원형으로서 일상적 생활을 영위하는 사람은 이 원형에 따라 사회 세계를 경험하고 그 경험을 조직화한다.

그러나 내가 단지 관찰만 한다면 그때의 당신 관계는 일방향적인 것이 된다. 관찰 활동에 있어서 나의 행위는 피관찰자를 향하지만, 피관찰자의 행위가 반드시 나를 향하는 것은 아니다. 관찰자는 동료인을 대면하지만 동료인은 관찰자의 존재를 고려하지 않거나 전혀 의식하지 않는다. 관찰 활동에서 타자의 신체는 관찰자에게 직접적인 경험의 영역으로 주어진다. 관찰자는 타자의 의식 과정을 보여주는 표현을 관찰할 수 있다. 관찰자는 타자의 의식 과정의 표현과 표현된 과정의 단계적 구성을 알 수 있다. 이것은 관찰자가 타자의 진행중인 경험을 목격하고, 이와 동시적으로 객관적 의미의 맥락에서 타자의 명시적 거동을 해석하기 때문이다. 그러나 관찰자는 타자의 경험에 대한 자신의 해석을 타자 자신의 주관적 해석에 비추어 입증할 위치에 있지 않다. 관찰자는 자신의 "하기 위한" 동기를 투안 project함으로써 피관찰자의 "때문에" 동기로서 이해되도록 할 수 없다. 관찰자의 "공평무사함" 또는 "초연함 detachment"으로 인하여 각자의 동기를 하나의 투안을 시행하기 위한 공동의 지향성으로 묶어주는 것은 불가능하게 된다. 어떤 경우를 막론하고 관찰자가 접할 수 있는 것은 단지 피관찰자의 표출된 거동의 몇몇 편린들뿐이다. 그러나 피관찰자의 명시적 거동은 그것이 행위자에 대해 갖는 주관적 의미를 해석하는 데 있어 적절한 단서가 되지 못한다. 관찰자는 행동의 과정이 행위자의 주관적 투안을 실현시키고 있는지, 그리고 어떻게 실현시키고 있는지를 알 수 없다. 슈츠에 따르면 심지어 관찰자는 관찰된 명시적 거동들의 편린들이 투안된 목적을 추구하는 행동——"미리 궁리해놓은 투안에 입각한 거동"으로 정의되는 행동——을 형성하는지 아니면 그것들은 단지 행태적 또는 물리적 운동에 불과한 것인지조차 말할 수 없다. 관찰자는 양방향적 당신 관계에서는 너무나 당연한 피관찰자의 주관적 의미를 도저히 알 수 없게 된다.[29] 여기서 슈츠는 베버가 말하는 이념형의 구축이 필요하다고 본다. 그는 관찰적 상황의 경우, "인간의 전형적 상호 작용으로 구성된 사회 세계의 특정한 영역에 대해 모델을 구축하는 것은 가능하며, 이와 같은 전형적 상호 작용의 유형이 그 작용의 원천으로 간주되는 행위자에 대해 어떤 주관적 의미를 갖는지를 분석할 수 있다"[30]고 말한다. 그는 말하자면 "이념형"의 방법으로 "이해"의 이념을 실현할 수 있다고 본다. 이에 대해 슈츠는 다음과 같이 다시 부연한다: "이념형을 구축하고 증명하는 방법에 의해 특정한 사회 현상의 의미는 인간 행위가 주관적으로 의도한 의미로 단계적으로 해석될 수 있다. 이런 방법으로 사회 세계의 구조는 인간이 알 수 있는 지향적 의미의 구조임이 밝혀진다."[31] 여기서 주의할 것은 슈츠가 이념형의 방법을 사회과학이 사회 세계를 "이해"할 수 있는 또는 사회 세계를 설명할 수 있는 "유일한" 방법으로 간주한다는 점이다. 이와 더불어 사회 세계 또는 보다 정확하게 말해서 상식적 사유에 의해 구성된 사회 세계의 일차적 구조물

---

29) A. Schutz, "The Dimensions of the Social World," *Collected Papers II: Studies in Social Theory*, ed. and intro. by Arvid Brodersen(The Hague: Martinus Nijhoff, 1971), pp. 33~36: "The Social World and the Theory of Social Action," 앞의 책, p. 6: "Common-Sense and Scientific Interpretation of Human Actions," 앞의 책, pp. 26~27, 36~38.

30) A. Schutz, "Common-Sense and Scientific Interpretation of Human Actions," 앞의 책, p. 36.

31) A. Schutz, *The Phenomenology of the Social World*, p. 7.

들은 사회과학자들에 의해 고안된 이차적 구조물들로 옷 입혀지게
된다.

그러나 슈츠는 사회 세계를 "공평무사"하고 "초연"한 태도에서 관
찰하고 연구하는 사회과학자가 사실은 타사회과학자들——선대와 당
대와 후대에 속한 타사회과학자들——을 염두에 두고 있고 또 이들을
의식한다는 점에 대해, 그리고 이들과 끊임없는 내적 의사 소통의 관
계에 있다는 점에 대해 침묵한다. 그는 특정한 사회과학자가 특정한
태도를, 말하자면 "공평무사"하고 "초연"한 태도를 취하는 배경에는
그 사회과학자가 특정한 공동체, 즉 "사회과학자들의 공동체" 또는
흄David Hume의 표현을 빌리면 "문인 공화국the republic of letters"에
속해 있다는 의식이 강하게 깔려 있다는 점에 대해 주목하지 않는다.
그는 사회과학자들에게 다른 동료 사회과학자들의 존재란 "함께 포
함된 타자들the co-included others"[32)]로서 그와 더불어 소통하고 또는
그에 대립하면서 전체로서 하나의 독특한 사회적 공간——필자는 이
것을 특별히 학문적 "공론장"이라 부르고자 한다——을 구성한다는
사실을 간과한다.

사실 슈츠가 말하는 "지적 재고stock of knowledge"란 거비치가 말
한 "함께 포함된 타자"를 포함하는 개념임을 알 수 있다. 슈츠는 이

---

32) A. Gurwitsch, *Human Encounters in the Social World*, pp. 28, 40, 42, 46, 54, 56,
   71~73, 96~98, 100, 102, 107, 114. 거비치에 의하면 "어떠한 상황도 그 상황 밖
   에 있는 것을 지시하지 않을 만큼 '자립적 autarchic' 이거나 자족적 self-sufficient이
   지 않다": 모든 상황은 상황 밖에 있는, 따라서 상황 속에서는 수용되거나 표현되
   지 않은, 그러나 "본질적으로는 현존하는" 상황 밖에 있는 어떤 것을 지평으로 지
   시한다: 그리고 이러한 "함께 포함된" 지평 속에서 발견되는 것 가운데는 "함께
   포함된 타자들"도 발견된다: 거비치에 의하면 "함께 포함된 타자들"은 "특정한
   역할과 기능"을 통해 상황에 작용한다: 예를 들면 시계 수선공이 시계를 수선할
   때 그의 고객을 마음에 떠올리는 경우나, 또는 하인이 주인이 외출하기 전에 지시
   한 사항을 수행할 때 그 주인을 다시 만날 때를 염두에 두는 것과 같은 경우이다
   (같은 책, pp. 96~97, 107).

렇게 말한다: "이 경험의 재고는 그의[이 글에서는 "음악 연주가"를 가리킨다] 지식을 쌓는 데 공헌한 과거와 현재의 동료인들의 행위와 사유를 간접적으로 지시한다. 이것은 그가 그의 선생들로부터 배운 것과 또 그 선생들이 그들의 선생들로부터 배운 것들, 그리고 또 그 연주자가 다른 연주자들의 연주에서 받아들인 것, 그 위에 그가 작곡가의 음악적 사상의 표현들로부터 획득한 것들 등의 모두를 포함한다." 슈츠는 계속해서 말한다: "음악적 지식의 대부분은——마치 지식 일반이 그러하듯이——사회로부터 유래된다. 이처럼 사회적으로 유래된 지식 가운데서도 엄밀성과 권위의 상징으로 인정받은 자로부터 전수된 지식은, 다시 말해서 대작곡가들로부터, 그리고 이들의 작품에 대해 인정받은 해석자들로부터 전수받은 지식은 특히 주목을 끌게 된다. 이들로부터 전수된 음악적 지식은 사회적으로 유래된 것일 뿐만 아니라 보다 엄밀한 것으로서, 따라서 다른 모든 것의 모형으로서 사회적으로 인정된 것이다."[33] 이와 같은 관점은 슈츠 자신의 철학에도 적용된다. 종종 "사회존재론"으로 통칭되는 슈츠의 현상학은 때로는 "세간적 현상학"으로, 때로는 "이해 사회학"으로, 기타 다른 다양한 이름으로 불리는 독특한 학문 세계의 공적 "공간"에서 기존의 논의들을 수용하고 변용시키고 또는 반박하면서 내적 구성과 재구성의 과정을 밟아왔다. 더욱이 그것 자체는 그러한 공간을 구성하고 지탱시킨 중요한 "자원resource"이기도 했다. 이와 같은 맥락에서 슈츠의 말을 다시 한번 인용해보면, [과학자]는 그의 동료 과학자가 고찰한 것을 확립된 지식으로 수용하든가, 아니면 왜 그것을 수용할 수 없는지에 대해 이유를 밝혀야 한다. 그는 이러한 틀 내에서 자신의 개별적인 과학의 문제를 선택하고 과학적 결정을 내린다. 이러한 틀은 그의 '과학적 상황 내의 존재'를 구성하며, 이것은 세계 내

---

33) A. Schutz, "Making Music Together: A Study in Social Relationship," *Collected Papers II*, pp. 159~78.

의 인간 존재로서의 그 자신의 전기적 상황을 대체한다."[34] 그럼에도
불구하고 슈츠에게는 "과학자"와 "동료 과학자"간에 존재하는 "공적
공간"의 개념이 뚜렷하게 나타나지 않는다. 이와 같은 "공적 영역"의
부재는 "정치적 사건"에 관한 언급에서 더욱 두드러지게 나타난다.
일례를 들면 다음과 같은 경우이다: "만일 내가 한 친구와 얼굴을 마
주 대한 상태에서 중국의 유엔 가입에 대한 대통령과 의회의 태도를
다룬 한 잡지의 글을 토론한다면, 나는 이 글을 쓴 아마도 익명일 수
있는 당대의 필자뿐만 아니라, '대통령' '의회' '중공' '유엔' 등과
같은 개인 또는 집단의 명칭을 갖는 사회적 행위자들과 일종의 사회
관계를 맺는다. 그리고 나의 친구와 내가 1954년의 미국의 시민으로
서 이 문제를 토론하는 것은 적어도 우리 선대들의 작용에 의해 공동
으로 결정된 역사적 상황 속에서 토론하는 것이다. 뿐만 아니라 지금
취해질 결정은 우리의 미래 세대인 후대들에게도 영향을 미칠 것을
염두에 두고 있다."[35] 그러나 슈츠의 이와 같은 "사회적 관계"에 관한
논의는 "공적" 또는 "정치적 관계"로까지 확장되지 못한다. 그는 정
치에 있어서 특히 요구되는 것은 단순한 "집단"이나 이들이 형성되는
"사회적 공간" 이상의 "공적 공간"임을 절감하지 못한다. 한 가지 분
명한 것은 외적으로 구성된 "공론장"과 이러한 공론장을 통해서 실현
된 각 개별적 성취물들의 내적인 구성은 서로 독립적인 것들이 아니
라는 것이다. 이들은 모두가 "공동의 시간"성 속에서 이루어진 동시
적이며 상호 주관적인 산물들이라는 것이다.

---

34) L. Embree, "An Exposition of Alfred Schutz's Theory of Cultural Science illustrated
    with Political Science," *Research Document* (09/08/97), p. 21.
35) 같은 글, p. 35.

3

    필자는 마지막으로 슈츠의 상호 주관성과 관련하여 공적 영역 또는 정치적 영역의 문제에 관하여 살펴보고자 한다. 생활 세계가 상호 주관적 세계라는 것은 의심의 여지가 없다. 그렇지만 생활 세계의 상호 주관성이 반드시 공공성을 의미하는지에 대해 필자는 의문을 제기한다. 이 점에 대해 필자는 슈츠뿐만 아니라 거비치와 내이튼슨에 대해서도 동일한 의문을 제기한다. 앞서 설명한 바와 같이 슈츠에 따르면, "생활 세계는 나의 사적인 세계도 아니고 너의 사적인 세계도 아니며 너와 나의 것을 합한 것도 아니며, 오로지 우리 모두의 공동 경험의 세계다." 거비치는 슈츠보다 더욱 단정적으로 "생활 세계"를 "공적 세계"로 특징짓는다: "우리들은 모두 생활 세계를 사적 세계로 경험하지 않는다; 그와는 반대로 우리는 그것을 우리 모두의 공동의 세계, 공적 세계, 즉 상호 주관적인 세계로 간주한다."[36] 비슷한 맥락에서 내이튼슨은 슈츠의 "상식 세계"를 "공적 영역"이라고 주장한다: "우리는 세간적 세계에 사는 상식인으로서 우리가 서로 소통하고 일하고 우리의 삶을 살아가는, 우리 모두가 공적 세계로 공유하는 그런 세계를 암묵적으로 상정한다."[37] 여기서 필자가 제기하는 논점은 상호 주관성이 반드시 공적인 것과 일치하지 않는다는 점이다. 오히려 상호 주관성은 다시 공적인 영역과 사적인 영역으로 구분되어야 하며, 각 영역의 특성은 동일한 상호 주관성의 "유형화 modalization"의 관점에서 또는 그것에 고유한 맥락과 연관성 속에서 밝혀져야 한다

---

36) A. Gurwitsch, "The Common-Sense World as Social Reality and the Theory of Social Science," *Phenomenology and the Theory of Science*, pp. 115, 123; 또는 A. Gurwitsch, "Introduction," *Collected Papers III*, pp. xiii, xxii.

37) M. Natanson, "Introduction," *Collected Papers I*, p. xxvi.

는 점이다. 필자의 논점을 슈츠 자신의 용어를 빌려 부연한다면 개개
인의 "전기적 상황biographical situation"이 비록 본질적으로는 상호
주관적 영역에 속한다 하더라도 그것이 반드시 공적 영역이라고 단
정지을 수 없다는 것이다. 필자는 이와 같은 이유에서 후설의 생활
세계의 제영역을 일단은 다음과 같이 도식화할 필요성을 느낀다.

아울러 필자는 이 점을 좀더 분명히 밝히기 위해서는 흄이 지적한

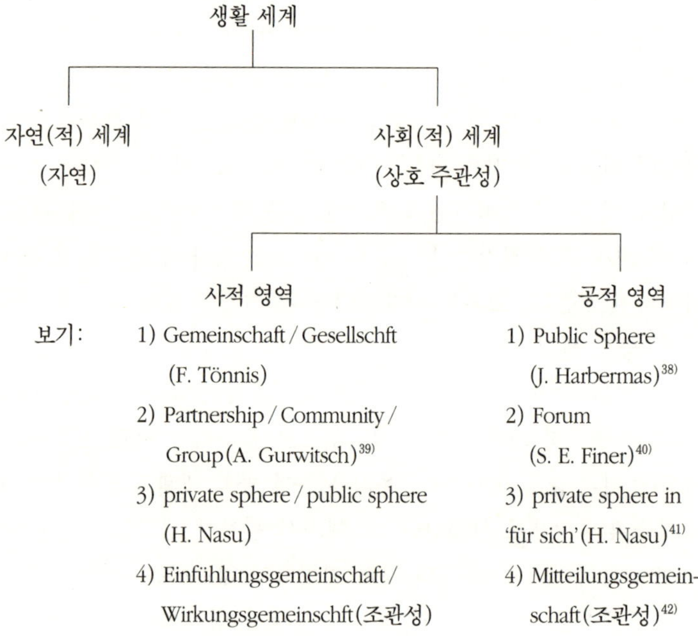

---

38) J. Habermas, *The Structural Transformation of the Public Sphere: An Inquiry into a
Category of Bourgeois Society*, tr. by Thomas Burger, with the assistance of Frederic
Lawrence(Boston: MIT Press, 1991).

39) A. Gurwitsch, *Human Encounters in the Social World*, pp. 104~56.

40) S. E. Finer, *The History of Government: From the Earliest Times*, 4 Vols.(Oxford:
Oxford University Press, 1997).

"자연적" 또는는 소사회적 관계와 "시민적" 또는는 정치적 사회에 대한 구분에서부터 출발할 필요가 있다고 본다.

흄에 의하면 인간은 "아메리카 인디언들의 예에서" 보여지듯이 "정부 없이도 자기들끼리 조화롭게" 살아갈 수 있고, 또 정부의 힘을 빌리지 않고서도 "재산의 안전과 동의에 의한 재산의 양도와 계약의 이행이라는 세 가지 기본법"을 유지할 수 있다. 그러나 "전쟁의 발발"이나 "대사회"의 출현과, 그리고 이와 아울러 "평화와 조화의 향유"를 저해하는 혼란과 무질서가 발발할 경우 사람들은 정부를 "형성"하거나 "발명"하도록 고무된다.[43] 여기서 흄이 의미하고자 하는

---

41) Hisashi Nasu, "For the Restoration of the Private Sphere: Thoughts on Privatization Theory," in *Human Studies* 15, 1992, pp. 77~93. 나수 교수가 말하는 "public sphere"란 실은 아렌트의 표현을 빌리면 polis보다는 oikos에 더 가깝다고 보며, 이런 점에서 필자가 말하는 "공적 영역"에서 배제되었다. 이것은 그가 첫째로 "공적 영역"을 "근대화의 일차적 담지자 primary carriers of modernization"로 이해하고 있기 때문이며, 둘째로 "근대화"를 경제적 근대화로, 다시 말하면 "transformation of the economy by means of technology"로 정의하고 있기 때문이다. 다른 한편 그가 말하는 "private sphere in 'für sich'"는 시사하는 바가 큰 개념이다. 그의 설명을 인용해보면 다음과 같다: "Both sphere[the private and public sphere] must be differentiated from as well as related to each other according to 'finiteness' in the context of Schutz's 'multiple realities theory'"; "we have to approach the private sphere from the viewpoint not of 'pluralistic society theory' but 'multiple realities theory' as developed by Alfred Schutz, in order to situate the private sphere as the basis for social change"; "Passing from one to the other can be performed by a 'leap' or 'transcendence,' and at the same time, the possibility of passing by any other way is shut out"; thematizing in 'für sich' is never the kind which negates experiences in the public sphere and at the same time affirms those in the private sphere unqualifiedly"(같은 글, p. 90). 필자의 생각으로는 슈츠의 "다영역 이론"과 다원주의는 반드시 상충되는 입장으로 보지 않는다. 이 점에 관하여는 다음 장, p. 368의 월저에 관한 논의를 참조하기 바란다.

42) 조관성, 「후설 철학에서의 개체와 공동체 그리고 윤리적 사회성」, 한국현상학회 편, 『역사와 현상학: 여산 이영호 교수 화갑 기념 논문집』(철학과 현실사, 1999), pp. 432~35, 438~42.

43) 흄은 이렇게 말한다: "사회가 점점 규모가 커져서 종족이나 국가에 이르게 되면,"

것은 세 가지라고 생각된다: 첫째, 사람은 "일상적인 생활에서 공적인 이해까지 생각하지 않는다"; 여기서 인간은 "선천적으로 이기적이든가, 한정된 관용밖에 보이지 않는" 존재다; 둘째, 일상 생활에서

공적 이익에 대한 관심은 "더욱 멀어지고" 이에 따라 "우리는 종종 질서 유지와 같은 공익에 대한 관심을 상실할 수 있고 사소한 현재의 이익을 좇을 수 있다." 사회적 분화가 촉진됨에 따라 사람들은 자신들의 특별한 이익으로 인하여 공동적으로 가지고 있는 이익을 쉽게 망각하는 경향을 보인다. 모든 사람들은 "사회적 질서 유지보다는 당장의 사소한 이득"을 선호하는 동일한 취약성에 빠지게 된다. 이에 따라,

> it necessarily happens, that the violations of equity must become very frequent in society, and the commerce of men, by that means, be render'd very dangerous and uncertain. You have the same profession, that I have, in favor of what is contiguous above what is remote. You are, therefore, naturally carried to commit acts of injustice as well as me. Your example both pushes me forward in this way by imitation, and also affords me a new reason for any breach of equity by showing me, that I should be the cully of my integrity, if I alone shoud impose on my self a severe restraint admist the licentiousness.

달리 말해서 사회가 커짐에 따라 관습이나 공동 행동 또는 행위의 체계는 성원들의 자발성에 의존할 수 없게 된다. 이와 같은 방식으로 공적 이익에 대한 자발적 준수가 불안정하고 효과가 없다는 생각이 대두됨에 따라 "공적 선을 심의하고 특정인들의 탐욕과 야망을 억제하고 처벌할 수 있는 방법과 제도를 아주 열성적으로 유지하려는 유인"이 나타나게 된다. 이와 같은 "공익의 보호"를 위한 엄정한 수단의 강구는 마침내 사람들로 하여금 열정적으로 "정부를 발명하는 길로 매진하도록" 몰아가며 "복종"의 의무를 수용하게끔 한다(D. Hume, *A Treatise of Human Nature*, ed. by L. A. Selby-Bigge, London: The Clarendon Press, 1968, pp. 499, 535~38, 543, 554).

힐 Robert S. Hill도 이와 같은 흄의 논의를 발전시켜 다음과 같이 말한다: "몇몇 사람들은 지배자로 만들어지는데, 지배자란 공정한 정의의 실현이 자신의 직접적 이익이 되고 그 반대는 이익이 아니거나 먼 이익이 되는 자리에 놓여짐"을 의미한다고 말한다(Robert S. Hill, "David Hume," in Leo Strauss and Joseph Cropsey, eds., *History of Political Philosophy* (Chicago and London: The University of Chicago Press, 1987, Third Ed.), pp. 550~51.

지배자와 피지배자의 분화와 관련해서 상호 주관성의 영역은 두 부분으로, 즉 공적인 것과 사적인 것으로 나누어진다. 이러한 분리로부터 생겨나는 공적 영역 내의 심각한 갈등은 그리스 비극에 의해 잘 그려지고 있다.

겪는 편리하거나 불편한 경험에 기초하여 인간의 "사유 또는 성찰이 개입하게 되면" 공적 이해라는 의식이 발생하게 된다; 셋째, 공적 이해에 대한 불안감은 인간으로 하여금 비정치적 사회 생활을 버리고 정치적 사회로 진입하게 한다; 다시 말하면, 정치적 생활은 사회적 생활의 뒤를, "시민 사회나 정부"는 "자연적 사회"의 뒤를 따르게 된다. 요약하면 공적 이해라는 의식은 자연적이라기보다는 인위적인 것이다; 그것은 "우리의 성찰"로부터 구성되는 것으로서 "배고픔이나 자식에 대한 애착, 또는 다른 정염들"과 같은 자연적인 것은 아니다; 그것은 인간이 만들어낸 관행이거나, 인위적인 고안품이지 인간의 의식 가운데 자연적으로 내재해 있는 것은 아니다. 인간의 의식 속에는 공적 이해라는 자연은 존재하지 않는다; 그것은 인간의 공동 경험에 대한 줄기찬 성찰과 산고의 산물이다; 그것은 인간 의식의 본능이나 자연에서 나온 것이 아니라, 성찰에 의해, "정의(情誼)상의 불규칙하고 불편한 것을 판단하고 인식하는 데 있어" 생각의 방향을 "느끼지 못할 정도로 조금씩" 바꾼 결과이다.[44] 흄은 말하자면 공적 이해에 대한 상호 주관적 의식이 자연적인 것이거나 주어진 것이 아니라 인위적인 것이고 발명된 것이라는 점을 매우 분명하게 밝힌다. 이런 견지에서 흄은 다음과 같이 말한다: "인간은 한 가족의 성원으로 태어나지만 필요성, 천성, 습성 등으로 말미암아 사회 생활을 하지 않을 수 없게 된다. 보다 높은 단계에서 인간은 범법자들을 공의롭게 다스릴 정치 사회의 수립에 골몰하게 된다. 이러한 공의 없이는 인간들 사이에 평화나 안전이나 상호간의 교제란 있을 수 없다."[45]

---

44) D. Hume, *A Treatise of Human Nature*, pp. 481, 499, 519, 538~39, 543, 545; D. Hume, *Enquiries Concerning the Human Understanding and Concerning the Principles of Moral*, ed. by L. A. Selby-Bigge(London: The Clarendon Press, 1902), p. 201.

45) D. Hume, "Of the Origin of Government," *Essays: Moral, Political and Literary*, ed. and with a foreword, note and glossary by Eugene F. Miller(Indianapolis:

놀랍게도 후설 역시 『인간의 이익 사회와 공동 사회 *Die Menschlichen Gesellschaften und Gemeinschaften*』라는 제하의 1910년 원고에서 같은 입장을 보여준다. 여기서 후설은 다음과 같이 말한다: "개방적인 관계와 자연인들간에 구성된 폐쇄적인 교우 관계를 구분하라. 강도 집단에는 도둑질하기 위한 공동의 약정이 있다. 그러나 결사체에는 새로운 구성원의 가입에 대해 문호를 개방하고, 이것을 규정하는 약관이 있다." 그리고 후설은 이렇게 덧붙인다: "국가는 결사체와 마찬가지의 개방적 공동 사회다." 여기서 분명한 것은 후설이 상호 주관성을 두 개의 영역으로 구분한다는 점이다: 하나는 "결사체 Verein"나 "국가 Staat"와 같은 열려 있는 상호 주관성이고, 다른 하나는 "강도 집단 Räuberbande"과 같은 폐쇄된 상호 주관성이다. 또 그는 국가를 비록 현실적으로는 반드시 그렇지 않다 하더라도 "강도 집단"과 구분되어야 하는 것으로 보았다는 점이다. 다시 말해서 국가는 "열린" 또는 "공적" 상호 주관성에 속한다는 것이다. 이것은 비록 개별적 구성원들이 그와 같은 성향을 결핍한 경우에도 마찬가지다. 국가는 사적으로 태어난 구성원들을 통해서 공적 영역을 활성화시켜야 하는 역설적 존재라 할 수 있다. 이것은 한편으로는 국가에 내재하는 모순이면서 다른 한편으로는 국가의 무한한 과제임을 암시한다. 후설은 또 이렇게 덧붙인다:

국가는 열린 공동체이고 동시에 혈연 공동체다. 시민의 자녀들은 비록 국가 공동체에 소속되지만, 성년이 되어야만 비로소 완전한 시민의 권리를 갖는다.[46]

Liberty Classics, 1985), p. 37.

46) E. Husserl, *Husserlinana Band XIII: Zur Phänomenologie der Intersubjektivität Erster Teil* (Haag: Martinus Nijhoff, 1973), pp. 109~10.

국가는 자연적 혈연 공동체로부터 성장하여, 권위적 의지나 족장 또
는 폭군이 지배하는 공동체로 성장한다.

슈츠에 의하면, "인간은 여자로부터 태어난다." 이런 의미에서 인
간은 상호 주관성을 선고받은 존재이다. 그럼에도 불구하고 인간은
시작부터 공적으로 태어나는 것은 아니다. 물론 공공성은 상호 주관
성이 궁극적으로 도달해야 할 진리일 수는 있다. 그러나 그것이 곧 현
실일 수는 없다. 그것은 후설이 다른 맥락에서 한 말로 표현한다면,
"인류가 오직 스스로의 진리를 위한 투쟁의 형태 속에서만, 스스로를
진실되게 만들고자 하는 투쟁의 형태 속에서만 획득할 수 있는 것"[47]
이다. 칸트 역시 그의 논문 「무엇이 계몽인가 What is Enlightenment」에
서 같은 취지를 피력하고 있다. 그는 특히 인간 이성의 공적 사용을
고취하고 있다. 칸트는 "인간의 이성을 공적으로 사용하는 것은 항상
자유로워야 하며, 그것만이 인류 안에 계몽을 가져올 수 있다"고 강
조한다. 또 인간의 이성이 공적으로 사용된다면, 공적 영역도 이성화
된다는 것이다. 한 가지 흥미로운 사실은 칸트가 국가 권력에 구속되
는 일반 "시민"과는 달리 국가로부터 간섭받지 않는 공공성의 담지자
로서 "지식인"을 상정하고 있다는 점이다. 아울러 칸트의 공공성은
세계주의적 cosmopolitan 또는 보다 엄격하게 말해서 "유럽 중심적"
색깔이 강하게 깔려 있는 "세계주의적" 경향을 보여준다는 점에서 초
국가적이며, 심지어는 초정치적이라는 점도 부인할 수 없다.[48]

---

47) E. Husserl, *The Crisis of European Sciences and Transcendental Phenomenology:
An Introduction to Phenomenological Philosophy*, tr. with an intro. by David
Carr(Evanston: Northwestern Univ. Press, 1970), p. 13.

48) I. Kant, *Perpetual Peace and Other Essays*, tr. by Ted Humphrey(Indianapolis and
Cambridge: Hackett Publishing Company, 1992), pp. 41~48. 칸트 철학의 "유럽
중심적" 특성에 대해서는 'Symposium der Koreanischen Gesellschaft für
Phänomenologie: Phänomenologie und Interkulturalität' (연세대학교에서 1998년

어쨌든 필자가 주장하고 싶은 것은 흄과 후설이 모두 공공성을 상호 주관성의 보다 높은 단계에서 획득되는 또는 형성되는 것으로 이해하고 있다는 점이다. 한걸음 더 나아가 필자는 공적 의식의 획득 과정이란 선택과 투쟁이 요구되며 무엇보다도 칸트의 표현대로 "용기audae"가 요구되는, 이와 더불어 "불행한 의식"이라는 비극적 의식에서 벗어날 수 없는 고뇌와 갈등의 역정이라는 점을 강조하고자 한다. 그러나 흄은 공적 의식의 이와 같은 비극적 측면에까지 파고들지 못했으며, 후설의 익살스런 표현대로, 이 영역에 발을 들여놓자마자 "정신을 잃었다."[49) 반면에 아렌트는 이 문제와 정면으로 대결했던 것으로 보인다. 다음에서 필자는 그녀에게 정치적 영역에 대한 보다 본격적인 설명을 기대해본다.

첫째, 아렌트는 고대 도시국가에서 "공적 영역과 사적 영역간에, 도시국가의 영역과 가계 또는 가정간의, 그리고 공동의 세계와 연관된 행위와 생활 유지와 연관된 행위간의 구분"이 부단한 갈등과 투쟁의 결과라고 말한다. 그녀는 다음과 같이 상세히 논한다: "phratria와 phyle와 같이 혈족에 의존하는 모든 조직 단체를 해체함으로써 폴리스의 토대가 구축된다는 것은 아리스토텔레스의 의견이나 이론이라기보다는 단순한 역사적 사실"이다; "도시국가와 공적 영역의 출현은 가족이나 가계의 사적 영역의 희생 위에서 이루어졌다"; "인간은 정치적 동물이라는 아리스토텔레스의 명제"도 따지고 보면, "가정 생활에서 경험하는 자연적 결사체와는 대립되는 것"이었다. 아렌트는 이 두 영역간의 갈등을 좀더 분명히 밝히기 위하여 쿨랑제 Fustel de Coulanges의 『고대 도시 *The Ancient City*』의 권위까지도 동원한다. 쿨

10월 10일 개최)에서 발표된, Hwa Yol Jung, "Enlightenment and the Question of the Other: A Postmodern Audition," pp. 19~30을 참조.

49) E. Husserl, *Ideas: General Introduction to Pure Phenomenology*, tr. by W. R. Boyce Gibson(N. Y.: The Macmillan Company, 1952), p. 183.

랑제는 "가족 종교에 기반한 씨족 체제와 도시 체제는 '실제로 적대
적인 두 형식의 지배이며 [……] 도시가 지속될 수 없거나, 아니면
시간의 흐름에 따라 도시가 가족을 반드시 파괴시킬 것이라는' 사실
을 많이 언급하고 있다"; 또 아렌트에 따르면, "가정과 도시간의 균
열"은 "로마보다는 그리스에서 더" 심각하였다.[50] 그러나 근대에 이
르러 "사회의 출현"으로 말미암아 "'가정 경제 oikia' 또는 경제 활동
이 공적 영역을 점거하게" 되면서 양자간의 구분선은 "아주 불투명하
게 되었고" 마침내 사라져버렸다. 이런 의미에서 공적 영역과 사적
영역간의 구분의 실종은 "본질적으로 근대적 현상이다." 아렌트는 이
렇게 말한다:

> 고대인들이 가정이라는 좁은 영역을 초월하여 정치의 영역으로 진
> 입하기 위하여 매일 넘어야만 했던 심연이 사라진 것은 본질적으로 근
> 대의 현상이다.[51]

---

50) H. Arendt, *The Human Condition* (Chicago and London: The University of
Chicago Press, 1958), pp. 23~24, 27~28.

51) 같은 책, p. 33. 공적 영역과 사적 영역간의 구분의 "실종" 또는 "혼동"은 오늘
날의 많은 사회과학자들 사이에서도 찾아보기가 어렵지 않다. 예컨대 송호근
교수의 "열린 경제 시장"과 "닫힌 정치 시장"론(송호근, 『열린 시장, 닫힌 정
치: 한국의 민주화와 노동 체제』, 나남, 1994)이나, 임혁백 교수의 "신조합주
의"와 "협의주의"를 들 수 있다. 임교수는 이렇게 주장한다: "조직화된 민주주
의는 '협상에 의한 경제'와 '협상에 의한 정치'의 두 축 위에 서 있다. 신조합
주의는 협상에 의한 경제의 조직 원리이다. '협상에 의한 경제'에서 자본가와
노동자는 경쟁하는 관계에 있지 않고 '사회적 동반자'적 입장에서 협조적인
갈등 해결 게임을 통해 계급 갈등을 제도화한다. '협상에 의한 정치'에서 협의
주의는 하위 문화 집단의 지도자들간의 화기애애한 협상을 통해 갈등하는 집
단들이 '공동 다수'의 입장에서 문제를 해결할 수 있는 길을 열어줌으로써 통
치 불가능한 분열된 사회에 체제의 안정성을 제공시켜준다"(임혁백, 『시장 ·
국가 · 민주주의』, 나남, 1994, pp. 369~70).

둘째로 아렌트는 정치의 영역으로부터 "단지 필요하거나 유용한 것들"은 모두 배제하고, 두 가지만을 여기에 포함시킨다. 그것은 행위 praxis와 연설 lexi이다. 그녀는 이 양자만이 원래적 의미의 정치 생활 bios polotikos을 구성한다고 본다. 이와 같은 방식으로 아렌트는 정치 영역의 첫 출발점으로 환원하여 그 구성에 착수한다. 이제 정치 영역의 원형인 "도시국가 polis"에 대한 아렌트의 기술부터 살펴보도록 하자: 1) 아렌트에게 있어서 "정치적 존재가 된다"는 것은 "도시국가 내에서 산다"는 것이다; 이 말은 모든 것이 "힘과 폭력이 아닌 말과 설득을 통해 결정된다"는 것을 뜻한다; 이것은 "말이, 그리고 오직 말만이" 의미를 갖는 "생활 방식"이고, 따라서 "모든 시민들의 중심적 관심사"가 "서로 말하는" 데 있는 생활 방식을 가리킨다. 반면에 노예나 야만인과 같이 도시국가 밖에 있는 사람들은 이러한 생활 방식으로부터 배제되었음을 뜻한다.[52] 2) 만일 모든 것이 "힘과 폭력이 아니라 말과 설득을 통해 결정"된다면 말과 행동은 "동시적이고 동등한 것"으로서 그 위상이나 성질은 동일한 것으로 생각된다. 말과 행동을 필요로 하지 않는 것은 오직 전정치적인 폭력의 영역이나 가족 또는 아시아의 야만적 제국에서처럼 순전히 생존을 위한 삶 속에서만 찾아볼 수 있다. 폭력에는 말이 없다; 정치적 행동이 "폭력의 영역 밖에 남아 있는" 동안에만, 그리고 그것이 말로 이루지는 한에서만 행동과 말은 하나로 결합된다; 여기서 도시국가를 이해하는 데 기본적인 것은 "적당한 순간에 적당한 말을 찾아내는 것이 바로 행동"[53]이라는 점이다. 3) 행동과 말은 상호 밀접하게 연결되어 있다; 보다 정확하게 표현하면 "인간의 활동 가운데 행동 이상으로 말을 요구하는 것은 없다"; 말 없는 행동은 더 이상 행동이 아니다; 왜냐하면 거기에는 더 이상 행위자가 존재하지 않기 때문이다; 행위자는 오

---

52) 같은 책, pp. 25~27.
53) 같은 책, 같은 곳.

직 그가 동시에 말하는 사람일 때에만 존재할 수 있다; 행동은 말에
의해 모습을 드러낸다; 종종 행동이 언어를 수반하지 않은 순전히 물
리적인 형태로 인지되는 경우가 적지 않지만, 행동도 말을 통해서만
적실성을 갖게 된다; 오직 말을 통해서만, 인간은 "자신이 무엇을 하
고 있으며, 무엇을 했고, 무엇을 하려는지를 표현"하게 되고, 이것을
통해서 자신이 행위자임을 확인한다. 이와 더불어 아렌트의 또 다른
중요한 의도는 바로 행위자 또는 행위의 주체가 결코 저자이거나 생
산자가 아니라는 점이다. 다시 말하면, 모든 행위자는 "다른 행위의
존재들과 연관 속에 움직이기" 때문에 행위자일 뿐만 아니라 동시에
행위의 수용자 sufferer라는 것이다.[54] 다시 말하면 정치 세계는 같은
이유에서 말과 행동의 세계로서 저자란 존재하지 않는다는 것이다.
아렌트는 이렇게 말한다:

> 일련의 사건들은 서로 어울려져 고유한 의미를 지니는 하나의 이야
> 기를 형성하지만, 우리는 여기에서 기껏해야 모든 과정을 움직이는 행
> 위자를 분리할 수 있을 뿐이다; 그리고 이 행위자가 이야기의 '영웅'
> 으로, 주체로서 여전히 남는다 하더라도, 우리는 결코 명확히 그를 이
> 야기의 최종적 산물의 저자로서 지적할 수 없다.[55]

4) 사람들은 "행함과 말함을 통해 자신이 누구인지 보여주며 자신
의 독특한 개인적 정체성을 능동적으로 드러낸다." 여기서 주의할 것
은 아렌트가 말하는 "그는 누구인가 who somebody is"와 "그는 무엇
인가 what somebody is"의 구분이다. 전자는 그의 "인격 person" 또는
"인간적 본질"을 가리키는 반면, 후자는 그 사람의 "성격 · 재능 · 소
질 · 결점" 또는 "인간성" 등을 의미한다는 점이다. 그리고 인간의 말

---

54) 같은 책, pp. 178~81, 185~86, 190.
55) 같은 책, p. 185.

과 행동 속에서 밝혀지는 것은 그 사람의 "무엇"이 아니라 그 사람의 "누구"라는 것이다. 그리고 말과 행동의 이와 같은 계시적 특성은 다른 사람들과 더불어with 있을 때에만, 다시 말해서 결코 다른 사람을 위해서for 있거나 또는 다른 사람들에 대항해서against 있지 않을 때에만, 비로소 뚜렷이 나타난다. 이것이 바로 "인간의 함께함human togetherness"이다. 아렌트에게 있어서 고대 그리스 도시국가는 바로 이와 같은 "인간의 함께함"의 전형으로 인식된다. 행동과 언어를 통해서 "명성"을 추구하는 동시에 자기가 누구인지 자신의 독특한 개성을 보여주면서 도시국가 내에서 "함께 살아가는syzen 것은 사람들에게 가치 있는" 일이다. 그러나 무엇보다도 이와 같은 불멸의 위대함을 기억하는 것은 더욱 가치 있는 일이다. 반면, "인간의 함께함이 상실되고" 또 "사람들이 단지 다른 사람들을 위하거나 대항하기만 하면 언제든지" 그들의 "말이란 '단순한 소리'에 불과하게 되고" 계시적 특성을 잃게 되며, 뿐만 아니라 행동 역시 "모든 인간적 적실성"을 상실하게 된다.[56]

셋째로 아렌트는 말과 행동에 관한 이상과 같은 기술에 입각해서 정치 영역의 구성에 착수한다. 먼저 그녀는 앞의 기술을 좀더 부연한다: 1) "행동과 말은 다른 사람들의 행위와 말의 그물망에 둘러싸여 있으며, 또 이들과 지속적으로 접촉한다"; 이러한 행동과 말은 타인들의 지속적인 현존에 의존한다; 그들은 "주위에 타인들의 행위를 필요로 한다"; 다수의 존재는 "행동과 말의 기본 조건이다"; 또는 행동과 말은 다수가 존재하지 않는 곳에서는 상상할 수도 없다. 이것은 말과 행동이 "공적인 것과 밀접한 관계"에 있다는 뜻이다. 보다 정확하게 말하면, 말과 행동은 바로 공적인 것을 구성하는 행위 그 자체라는 의미이다. 아렌트에 따르면, 사람들 사이에는 객관적 사물의 세

---

56) 같은 책, pp. 179~82, 193, 196~98.

342

계가 존재하여 "그 속에서 사람들은 움직이고 또 그 세계는 사람들 사이에 자리잡고 있다: 그리고 이 세계로부터 그들의 특수하고 객관적인 세속적 이해 관계가 발생한다." 이들간의 "이해 관계 interests"는 "상호간에 inter-있음 est이라는 언어적 의미에서도 나타나는 것처럼, 사람들 사이에 있으면서 사람들을 서로 관련시키고 함께 묶어주는 일을 한다." 또 아렌트는 "이해 관계" 즉 "상호간에-있음"을 재해석하여 "사이 in-between"를 "그물망 web"이라는 말과 동일시한다. 여기서 핵심적인 것은 "사이" 또는 "그물망"이란 "오직 사람들이 서로간에 직접적으로 행동하고 말하는 데서부터 연유한다"[57)]는 점이다.

"서로서로 직접적으로 행동하고 연설한다"는 아렌트의 마지막 표현은 슈츠의 "동거인들간의 '얼굴을 맞대는 관계'"를 연상케 한다. 슈츠에 의하면 동거인들은 상대방의 "몸짓이나 기타 표정을 직접 관찰할 수 있는" 공간에서 "생생한 현재"를 공유하게 되며 이러한 경험에 의해서 각자는 "상대방의 생각과 계획과 희망과 두려움"[58)] 등을 파악한다. 이러한 관계의 특성을 내이튼슨은 "익명성 anonymity" 또는 "대리성 agency"에 대비되는 "인지 recognition"와 "직접성 person-hood"의 영역이라 부른다.[59)] 그러나 "사이" 또는 "그물망"의 보다 중요한 의미는 이것이 "출현의 공간 the space of appearance"이라는 보다 포괄적인 개념에 통합된다는 데 있다.

2) "행동과 말은 참가자 사이에 공간을 창조한다"; 아렌트는 이 공간을 처음에는 "사이" 또는 "그물망"이라 이름을 붙인다; 그 다음에 그녀는 "폴리스" 즉 "도시국가"를 이와 같은 "사이" 또는 "그물망"으

---

57) 같은 책, pp. 23, 175, 182~83, 188, 198.

58) A. Gurwitsch, "The Common-Sense World as Social Reality and the Theory of Social Science," 앞의 책, pp. 124~25; 또는 A. Gurwitsch, "Introduction," in *Collected Papers III*, pp. xxiii~xxiv.

59) Hwa Yol Jung, "Reading Natanson Reading Schutz"(1999년말 출간 예정), p. 94에서 재인용.

로 구성된 "가장 넓은 의미에서 출현의 공간"이라고 부른다; 이때의 "출현의 공간"이란 "다른 사람들이 내게 나타나듯이 내가 다른 사람에게 나타나는 공간"이며, "단지 다른 생물이나 무생물처럼 존재하는 것이 아니라 사람들이 자신의 출현을 뚜렷하게 드러내는 공간"을 뜻한다. 다시 말하면 "출현의 공간"이란 "말과 행동의 출현을 통해 인간 자신의 참된 존재authentic Being를 계시하는" 특별한 또는 생활 세계의 "핵심적 공간"을 가리킨다. 출현의 공간을 통해 생활 세계는 비로소 "핵심적 공간core space"을 획득하게 된다. 지금까지 생활 세계 내에는 각 자연인의 "지금"과 "여기"라는 자연적 "중심"만이 존재했을 뿐이다. 그러나 "핵심적 공간"이 "출현의 공간"과 동시적으로, 그리고 그것으로 말미암아 구성된다. 출현의 공간은 사람들이 모이면 잠재적으로 그곳에 출현한다. 그러나 "그것은 단지 잠재적으로 존재할 뿐이며 필연적이거나 영원히 존재하는 것은 아니다"; 말하자면 "출현의 공간이 출현하는 것은" 오직 "사람들이 말과 행동의 방식으로 함께 있을 때"뿐이다; 그 공간의 존재는 "행동과 말 가운데서 발견된다." 이런 점에서 출현의 공간의 특성은 "우리 손의 작업의 공간과는 달리 이 공간을 존재하게 하는 운동의 현실성을 넘어 존속하는 것이 아니라, 사람들이 흩어지면 사라지며—인간의 정치체 the body politic가 파괴되는 대재난의 경우처럼—활동 자체가 없어져도 사라져버린다. 〔……〕 문명이 흥하고 망하며, 강력한 제국들이 외적 재난 없이도 쇠퇴하여 사라질 수 있는 것은 〔……〕 공적 영역의 이런 특성에 원인이 있다." 아렌트에 따르면 최초의 공적인 출현의 공간—즉 도시국가—은 "트로이 전쟁에서 복귀한 사람들이 자신들의 행동과 고통으로 확보한 행동의 공간을 영구적인 것으로 만들어, 흩어져서 고립된 농가로 복귀해도 그 공간이 사라지는 일이 없기를 바라는" 데서 생겨났다. 이런 의미에서 도시국가의 참된 담지자는 "아테네 Athens"가 아니라 "아테네 시민들Athenians"이며 손으로 만질 수 있는 지역성이 아니라 사람들로부터 나오는 손에 잡히지 않는 자질인 것이다. 물론 "사람들이 행동하기 전에 구체적 공간이 확보되어야 하고 어떤 구조가 확립되어야 한다. 여기서 모든 차후의 행동은 비로소 일어날 수 있다." 그러나 아렌트는 "이러한 손으로 만질 수 있는 실체들 자체는 정치의 내용이 아니"라고 주장한다. 이것들은 비정치적인 것들이라고 할 수는 없더라도 전-정치적 pre-political인 것들이라는 것이다. 출현의 공간으로서의 공공성과 그것이 갖는 정치적 특성은, "다른 사람들의 현존성"과 "모든 사람들에게 나타남" 가운데 존재한다. 보다 정확하게 표현하면, 이 공간의 현실성은 말과 행동을 매개로 "보여지고, 들려지고, 그리고 일반적으로 동료인 청중 앞에 나타남"에 의해 실현된다; "이와 같은 출현이 결핍될 때 모든 것은 꿈처럼," 다시 말하면, 가장 "은밀"하고 "배타적"인 사적 영역의 원형이라 할 "꿈처럼 왔다가 사라져버린다."[60]

끝으로 필자는 슈츠에게도 이와 같은 "출현의 공간"이 존재하는가 하는 물음을 제기하면서, 그에게도 동일하게 "출현의 공간"은 존재한다는 점에 대해 논의해보고자 한다. 여기서 필자가 주장하려는 것은 슈츠가 「음악 함께 만들기 Making Music Together」[61]에서 전개하는 "음악적 공간"은 바로 아렌트가 말한 "출현의 공간"에 해당된다는 것이고, 특히 슈츠의 경우에는 이 공간이 함축하는 사회적 관계의 특성을 분석한다는 점에서 아렌트보다 한걸음 앞서 있다고 생각한다. 슈츠는 "음악적 공간"을 구성하는 "사회적 관계"를 3단계로 기술한다. 첫째는 모든 음악적 공간이 사회적으로 형성되고 인정된 "지적 재고 stock of knowledge"를 전제한다는 점이다. 다시 말하면, 음악적 공간에 직접 참여하는 연주자와 청중, 그리고 간접적으로 참여하는 작곡

---

60) H. Arendt, *The Human Condition*, pp. 194~95, 198~200.

61) A. Schutz, "Making Music Together: A Study in Social Relationship," in *Collected Papers II*, pp. 159~78.

가는 모두가 백지 상태에서가 아니라 "지적 재고"라는 "선(先)-지식"
과 "선(先)-구조" 속에서 참여한다는 점이다. 둘째로 작곡가의 텍스
트는 결코 불투명성으로부터 완전히 벗어날 수 없다는 것이다. 그는
예컨대 "진정으로 의도한 강음의 볼륨이나 진정으로 의도한 박자의
속도를 악보상으로 나타낼 수 없다"고 본다. "왜냐하면 모든 강한 음
과 모든 박자는 연주의 장소와 연주 집단의 구성, 그리고 이들의 힘
의 강도에 따라 실제의 상황에 알맞도록 수정되어야 하기 때문이다.
따라서 음악적 부호들은 단지 전체 작품에 대해 상징적 가치만을 갖
도록 의도적으로 고안되며, 단일한 악기에 타당하도록 고안되지 않
는다. 이런 이유로 바순의 '아주 강하게(ff)'가 트롬본에 대해서는 전
혀 다른 의미를 갖는다." 이와 같은 음악적 부호들의 불가피한 "모호
성"과 "개방성"은 연주자들에게 다양한 해석의 길을 열어주며, 악보
상의 코드를 자유롭게 해석할 여지를 남겨준다.[62] 셋째로 음악적 공간
에서 청중은 단지 음악적 경험에 참여할 뿐만 아니라 이를 재창조한
다는 것이다. 이런 점에서 음악적 공간의 청중은 연극의 관객들과 크
게 다르지 않다고 본다. 다시 말하면 이들 청중들도 "무대" 또는 "출
현의 공간"에서 전개되는 공적 경험의 "공동 생산자 co-constructor"라
는 것이다. 적어도 이들은 "이미 완성된 변경 불가능한 사건"의 단순
한 "해석자"에 불과한 소설의 독자와는 구분되어야 한다고 말한다.[63]

---

62) 그러나 옹 Walter J. Ong은 이와는 다른 의견을 제시한다. 즉 "베토벤의 교향곡 제
   5번의 악보는 고도로 숙련된 기술자에게 지시하는 것으로 이루어져 있으며 그들
   이 도구를 어떻게 사용해야 할 것인가를 대단히 꼼꼼하게 정확히 지정해준다. 레
   가토 Legato는 다음 키를 칠 때까지 키에서 손가락을 떼어서는 안 된다는 지시이
   며, 스타카토 Staccato는 키를 치고 바로 손가락을 떼라는 지시다"(월터 J. 옹, 『구
   술 문화와 문자 문화』, 이기우 · 임명진 옮김, p. 130).

63) Hisashi Nasu, "Amplifying the 'Sociological Aspect of Literature' with the Concept
   of Social Relationship," Lester Embree, ed., *Alfred Schutz's "Sociological Aspect of
   Literature": Construction and Complimentary Essays* (Dordrecht : Kluwer Academic
   Publishers, 1997), pp. 133, 144.

이제 슈츠의 세번째의 논점에 대해 이 중에서도 특히 청중의 "참여"의 양식에 초점을 맞추어 좀더 자세히 살펴보도록 하자.[64]

먼저 슈츠에 의하면, 음악은 "소리를 내적 시간 속에서 의미 있게 배열한 것 a meaningful arrangement of tones in inner time"으로 정의된다. 음악의 본질은 "내적 시간성"에 있다. 되풀이 말하면 음악의 존

---

64) 슈츠는 음악적 공간에서 연주자 상호간에 이루어지는 동적인 현상에 대해서도 생생하게 기술하고 있다. 그러나 필자는 논의의 초점을 연주를 듣는 "청중"에 맞추고자 한다. 슈츠는 연주자들에 대해 이렇게 기술한다: "The coperformers (let us say a soloist accompanied by keyboard instrument) have to execute activities gearing into the outer world and thus occurring in spatialized outer time. Consequently, each performer's action is oriented not only by the composer's thought and his relationship to the audience but also reciprocally by the experiences in inner and outer time of his fellow performer. Technically, each of them finds in the music sheet before him only that portion of the musical content which the composer has assigned to his instrument for translation into sound. Each of them has, therefore, to take into account what the other has to execute in simultaneity. He has not only to interpret his own part which as such remains necessarily fragmentary, but he has also to anticipate the other player's interpretation of his——the Other's——part and, even more, the Other's anticipation of his own execution. Either's freedom of interpreting the composer's thought is restrained by the freedom granted to the Other. Either has to foresee by listening to the Other, by protentions and anticipation any turn the Other's interpretation may take and has to be prepared at any time to be leader or follower. Both share not only the inner duree in which the content of the music played actualizes itself; each, simultaneously, shares in vivid present the Other's stream of consciousness in immediacy. This is possible because making music together occurs in a true face-to-face relationship——inasmuch as the participants are sharing not only a section of time but also a sector of space. The Other's facial expressions, his gestures in handling his instrument, in short all the activities of performing, gear into the outer world and can be grasped by the partner in immediacy. Even if performed without communicative intent, these activities are interpreted by him as indications of what the Others is going to do and therefore as suggestions or even commands for his own behavior. Any chamber musician knows how disturbing an arrangement that prevents the coperformers from seeing each other can be"(A. Schutz, "Making Music Together," 앞의 책, pp. 175~76).

재 양식은 내적 시간 또는 "지속duree"이다. 여기서 "내적 시간"은 "음악적 흐름이 일어나는 매개체"로서 여기에 참여하는 청중들로 하여금 이 음악의 작곡가와 직접 만날 수 있도록 해준다: "비록 수백 년의 간격이 벌어져 있지만 청중은 작곡가의 음악적 사유가 본질적으로 표현되는 과정을 한단계씩 한단계씩 그와 함께 수행함으로써 작곡가의 의식의 흐름 속에 의사 동시적으로with quasi simultaneity 참여한다. 여기서 청중은 작곡가와 공동 시간성 속에서 함께 결합된다. 이때의 공동 시간성이란 화자와 청자간의 얼굴을 마주 대한 관계 속에서 참여자들이 함께 공유하는 생생한 현재의 한 유형에 다름아니다." 이어서 슈츠는 이렇게 묻는다: "이와 같은 생생한 현재의 재구축, 다시 말해서 의사 동시성의 수립은 작곡가와 청중의 의식의 흐름의 관계에만 고유한 것인가? 이와 같은 관계는 편지를 읽는 독자와 필자간에, 과학적 저작을 공부하는 학생과 저자간에, 그리고 직각삼각형의 빗변의 정리에 대한 증명 과정을 공부하는 고등학생과 피타고라스간에서도 동일하게 발견될 수 있는 것이 아닌가? 물론 그렇다. 이 모든 예들은 저자의 사유가 본질적으로 표현되는 동일한 의식의 과정들이 다단계적 통시성 속에서 poly-thetically —다시 말하면 한단계씩 한단계씩 —수용자에 의해 함께 또는 다시 수행됨으로써, 양자의 사유의 흐름 가운데 하나의 의사 동시성이 생겨나는 경우이다. 예를 들면 과학적 저작의 독자는 각 단어를 통해 문장의 의미를, 각 절을 통해 장의 의미를 구성해간다. 그러나 일단 다단계적 통시성 속에서 문장(또는 절 또는 장)의 개념적 의미의 구성 과정을 함께 수행하고 나면, 독자들은 이러한 구성 과정의 결과와 여기서부터 연역되는 개념적 의미를 순간적으로—후설의 표현을 따르면 무단계적인 공시성 속에서 monothetically— 다시 말하면 이러한 의미가 구성된 다단계적 통시적 과정과는 독립해서 파악할 수 있다. 같은 방식으로 나는 피타고라스의 $a^2 + b^2 = c^2$이라는 정리를 확실한 전제로부터 한 단계씩 연역해나가는 논증의 과정을 다시 거치지 않고서도, 심지어는 정리를 논증하는 방법을 잊었을 경우에도 무단계적인 공시성 속에서, 그 뜻을 파악할 수 있다."

그러나 슈츠는 이와 같은 "무단계적 공시적 파악"은 "음악적 작품"의 경우에는 불가능하다고 본다. 왜냐하면, "음악적 작품의 의미는 〔……〕 본질적으로 다단계적 통시적 구조의 의미"이기 때문이다. "그것은 무단계적인 공시성 속에서는 파악될 수 없다. 그것은 내적 시간 속에 단계적으로 표현되는 사건 가운데, 다시 말하면 다단계적 통시적인 구성적 과정 바로 그 자체 가운데 존재한다"; 이런 점에서 "음악적 의사 소통 과정의 특성은 의사 소통되는 내용의 본질적인 다단계적 통시적 성격에 있다"; 무엇보다도 "음악적 사건의 흐름과 이러한 사건을 전달하는 활동 자체가 내적 시간성에 속한다." 또한 슈츠는 이러한 "내적 시간"의 재생산은 "우리" 관계를 구성한다고 본다. 그는 이렇게 부연한다: 청자beholder가 "현재 진행중인 음악적 흐름" 가운데 자신을 일단 침투시키게 되면, "내적 시간 속에는 두 개의 사건의 흐름"이 나타난다; 하나는 "작곡가의 의식의 흐름에 속한 것이고, 다른 하나는 청자의 의식의 흐름에 속한 것"이다; 이 두 개의 흐름은 "현재 진행중인 음악적 흐름에 의해 만들어진 동시성 속에서 체험된다"; 이것은 "공동의 생생한 현재 속에서의 체험"으로서, "타자 경험의 흐름을 공유"한다; 이러한 체험과 공유는 "모든 가능한 의사 소통의 토대가 되는 상호 조율 관계 the mutual tuning-in relationship, 즉 '우리'의 경험"을 구성한다.[65]

끝으로 슈츠는 이렇게 덧붙인다: "음악적 의사 소통의 가장 두드러진 특징이라 할 진행중인 음악적 내용의 흐름을 공유하는 현상은 이것이 청자의 기억에 의한 것이든, 단순한 악보 읽기에 의한 것이든,

---

65) 같은 글, pp. 166, 169, 171~73.

또는 소리나는 음에 의한 것이든 모든 경우에 타당하다. 눈에 보이는 음악적 부호가 이 과정에서는 본질적이라는 생각이나 또는 후설이 주장하듯 심포니는 오케스트라의 연주 속에서 존재할 뿐이라는 말은 모두 옳은 말이다."[66]

필자는 슈츠의 음악적 공간이 아렌트의 출현의 공간과 마찬가지로 "보여지고, 들려지고, 그리고 일반적으로 동료인 청중 앞에 나타남" 가운데서 존재한다는 점에 비추어 "출현의 공간"의 한 형태라고 생각한다. 그러나 이들은 두 가지 점에서 차이점을 나타낸다. 첫째, 슈츠의 경우, 출현의 주체가 "소리"——그것이 "눈에 보이는 음악적 부호"의 매개에 의한 것이든 또는 "오케스트라의 연주"에 의한 것이든 ——인 반면, 아렌트의 경우에는 "행동"과 "말"이라는 것이다. 둘째, 슈츠의 공간은 기본적으로 "만듦poiesis"의 공간인 반면, 아렌트의 경우 "행동praxis"의 공간이라는 점이다. 이제 아렌트와 슈츠의 견해를 종합하여 정치적 영역 또는 공론장을 정의하면 다음과 같다: 정치적 영역 또는 공론장이란 행동과 말의 출현을 계기로 행위자와 청중이 생생한 현재의 공동 시간 속에서 타자의 경험을 다단계적 통시성 속에서 공유함으로써 상호 조절적인 우리 관계를 형성해나가는 장이다. 버틀러Judith Butler의 표현을 빌려 이를 좀더 부연한다면, 이와 같은 정치적 영역 또는 공론장은 미리 짜여진 시나리오에 따라 연출하는 "극장과 같은 곳"이 되어서는 안 되며, "우리가 행동하는 능력을 구성하는 가능성의 공간"으로서, "재의미화resignification가 일어나는 장소site"로서, 말하자면 "영원히 열려진 채, 영원히 겨루면서, 영원히 임시의 것으로 놔두어야"[67] 하는, 일종의 "불확정성"의 공간

---

66) 같은 글, p. 174.

67) J. Butler, "Contingent Foundations: Feminism and the Question of 'Post-modernism'," *Feminists Theorize the Political*, eds. Judith Butler and Joan W. Scott(New York: Routledge, 1992), pp. 8, 12, 16; 이동수, 「여성의 주체성에 관한

이어야 한다.[68]

포스트모던 페미니즘의 해석」, 『한국 사회과학』 제21권 1호(서울대학교 사회과학
연구원), p. 128에서 재인용.

68) 홍광엽 교수는 "나치 정권도 스탈린 정권도 유수한 전문가 집단에 의하여 또 과학
의 명목하에 인도되었고" 또 "이들은 모두 정치를 옳지 않은 길로 이끌었다"고 주
장하면서, 이를 벗어나기 위해서는 "탈중심과 불확정성"이 요구된다고 본다. 물
론 이러한 "탈중심과 불확정성은 행정 지도부와 정치적 집행부가 강한 동원력을
행사하고 실천적 일관성을 추구하는 데 큰 제약으로 인식될 수도 있다." 반면 "정
치"가 "밀폐된 토의 과정을 통하여 효율적인 전략을 수립하고 신속히 단합된 대
응을 제시"하면 "표면적으로 그것은 매우 위압적이고 질서정연하며 평화로운 듯
이 보인다." 그러나 "정치는 스스로 자신의 독단성과 지배성을 인지하지 못하는
까닭에 반대의 자유를 인정해야" 하며, 그 전제가 바로 "열린 공간," 즉 "불확정
성의 공간"의 존재라는 것이다. 이러한 공간이 결여될 경우, "대화"는 "일방적 담
론"으로 변질되고, "내실 없는 공백의 대화 관계로 정치를 고갈시킨다. 형식적 대
화만이 오가는 관계는 불신을 배태하고 폭력의 가능성을 축적한다"(홍광엽, 『탈
중심과 불확정성』, 소화, 1998, pp. 11, 20, 28, 35). 이런 점에서 필자는 정치에 대
한 가장 큰 적은, 따라서 "열린 정치적 공간"에 가장 위협적인 존재는, "엔지니어
링 engineering"에 있다고 보며, 모든 "부분적 엔지니어링 piecemeal engineering"
은 필연적으로 "전일적 엔지니어링 utopian engineering"으로 전환된다고 본다. 슐
만이 비판하는 "목적론적 정치 Teleocracy"란 바로 이와 같은 위협적인 "엔지니어
링"의 정치에 다름아니라고 보여진다(Reiner Schürmann, *Heidegger on Being and
Acting: From Principles to Anarchy*, tr. by Christine-Marie Gros, Bloomington:
Indiana Univ. Press, 1990, 여기저기).

슈츠의 다영역적 현실론

1

후기 현상학으로 통칭되는 이른바 세간적 현상학mundane pheno-menology은 후설의 초월적 현상학에 대한 비판의 산물이라 할 수 있다. 하이데거를 위시하여 슈츠, 사르트르, 메를로-퐁티, 리쾨르, 와일드 등 현상학의 후기 단계에 오면서 후설의 초월적 현상학은 독아론의 고도로부터 벗어날 수 없다는 비판에 끊임없이 직면하여야만 했다.

이미 앞장에서 슈츠의 현상학이 후설의 초월적 현상학에 대립되는 존재론적 현상학으로 전개되었음을 살펴보았다. 이 글에서는 슈츠의 모든 작품을 관통하는 "매일매일의 생활 세계everyday life-world"에 관한 논의를 특히 그가 말하는 "다영역적 현실론multiple realities"과 관련시켜 살펴보려는 데 목적을 두고 있다.

2

슈츠에 의하면 "매일매일의 생활 세계"는 자연의 세계와는 달리 이미 의미로 짜여져 있는 세계로서, 이러한 의미들은 끊임없이 형성되고 또 해석된다. 슈츠가 보는 "매일매일의 생활 세계"는 의미의 세계로 주어진 세계이며, 이러한 의미는 일상적인 생활 속에서 행해지는 인간의 행동——나 자신과 동료인, 당대인과 선대인의 행동——의 산물이다.

인간의 행동은 "매일매일의 생활 세계"를 구성하는 의미의 근원이며, 또 이러한 행동에 소급하지 않고서는 "생활 세계"에서 생산되는 문화적 산물의 의미를 이해할 수 없다. 왜냐하면 제도·도구·상징·언어·예술 작품 등 일체의 문화적 산물들은 인간의 주관적 행동에 의해 창조된 의미의 소산이기 때문이다.[1] 여기서 슈츠는 "매일매일의 생활 세계"를 무엇보다도 인간의 행동에 의해 창조된, 이를 보다 정확하게 말하면, 나와 동료인 fellowmen, associates과 당대인 contemporaries과 선대인 predecessors의 행동으로 창조된, 그리고 앞으로 올 후대인 successors에 의해서도 계속해서 창조될 의미의 세계로 본다.[2] 또한 이와 같은 의미는 나만의 것도 너만의 것도 아닌 상호 주관적 의미이며, 결국 "매일매일의 생활 세계" 또는 상호 주관적 의미로서 짜여진 현실—— "최고의 현실 paramount reality" 또는 "궁극적 현

---

1) A. Schutz, "Common-Sense and Scientific Interpretation of Human Action," *Collected Papers I: The Problem of Social Reality*, ed. and intro. by Maurice Natanson, with a preface by H. L. van Breda(The Hague: Martinus Nijhoff, 1973), pp. 10~11.

2) A. Schutz, *The Phenomenology of the Social World*, trs. by George Walsh and Frederick Lehnert, with an intro. by George Walsh(Evanston: Northwestern Univ. Press, 1967), pp. 139~214. 독일어판은 *Der Sinnhafte Aufbau der Sozialen Welt* (Vienna: Julius Springer, 1932; Julius Verlag, 1960); A. Schutz, "The Dimensions of the Social World," *Collected Papers II: Studies in Social Theory*, ed. and intro. by Arvid Broderson(The Hague: Martinus Nijhoff, 1971), pp. 20~63; A. Schutz and T. Luckmann, *The Structures of the Life-World*, trs. by Richard M. Zaner and H. Tristram Engelhardt, Jr.(Evanston: Northwestern Univ. Press, 1973), pp. 59~92; 차인석, 「생활 세계의 현상학」, 한국사회과학연구소 편, 『현대 사회과학 방법론』(민음사, 1977), pp. 81~105; 차인석, 「현상학과 사회과학」, 『한국 정치학회보』 제4집 (1971), pp. 145~62 참조.

실ultimate reality"——이다. 슈츠의 현상학은 이와 같이 상호 주관적 의미로서 주어진 "매일매일의 생활 세계"와, 그리고 이러한 의미의 근원으로서의 인간의 행동에 대한 탐구라 할 수 있다.

슈츠의 독창성은 무엇보다도 그의 특유한 의미론에서 찾아볼 수 있다.[3] 슈츠가 말하는 의미는 성찰의 태도reflective attitude에 수렴되는 내적 경험 internal time consciousness or durée에 한정된다. 이 말은 첫째, 성찰이 불가능한 경험의 영역은 의미 부여meaning-endowment의 대상에서 제외됨을 뜻한다. 슈츠에 의하면 경험은 성찰에 의해 반복reproduction, recollection할 수 있는 경험과 성찰이 불가능한 경험으로 양분된다. 인간의 경험은 자아의 심층 영역the innermost core of the ego에 가까워질수록 이에 대한 성찰의 가능성은 감소하고, 자아의 절대 내면absolute in-time person에 도달하면 여기서 일어나는 경험은 그 성찰이 전혀 불가능하게 된다. 성찰이 불가능한 경험은 단순히 "지나가는 경험 actual experience"일 뿐, 의식적으로 반복해서 소유할 수 있는, 따라서 의미를 부여할 수 있는 경험은 아니다. 신체적 자아가 무의지적으로 겪는 자연 발생적 경험이라든가, 기분·감정·정의affects 등과 같은 내적 지각은 이러한 부류에 속하는 "지나가는 경험"이다. 예컨대 생리적 반사 작용에서 오는 근육 경련, 눈동자의 수축 또는 깜박거림, 얼굴을 붉히는 것 등의 안면 표정, 기분에 좌우되는 걸음걸이나 글씨체, 신체적 통증이나 성적인 충동에서 오는 근육의 수축과 신장, 즐겁고, 슬프고, 싫어할 때 일어나는 내적 지각 등은 극히 일반적이고 막연하게 주어지는 "지나가는 경험"이며, 단순하게 경험된다는 수동성을 넘어서서 의식적으로 대면할 수 있는 성찰의 대상은 아니다. 슈츠의 표현대로 이들은 "일어날 뿐, 흔적 없이 사라지고," "지각될 뿐 통각할 수 없다." 이들은 "불안정하고 주위의 다

---

3) A. Schutz, *The Phenomenology of the Social World*, pp. 45~96.

른 경험들로부터 분리될 수 없으며, 서술하거나 기억할 수도 없다." 이들은 "단순히 경험된다는 사실 이외에는 성찰적 태도에서 포착되는 그런 경험은 아니다."[4] 바꾸어 말하면 슈츠의 "지나가는 경험"은 자아가 "체험한 경험 lived experience"일 뿐 자아에 대해 "의미 있는 경험 meaningful experience"은 아니다. 슈츠는 "기억으로 되돌아올 가능성 recoverability to memory"에서 "의미 부여"의 첫번째 계기를 발견한다.

둘째로 의미는 성찰적 태도에 수렴되는 내적 경험에 한정된다는 슈츠의 말은 의미의 본질이 해석 interpretation에 있음을 뜻한다. 슈츠에 의하면, "의미는 우리들 의식의 흐름 가운데 나타나는 특정한 경험의 본질적 특성이 아니라 현재의 지금이 과거의 경험에 대해 성찰적 태도에서 행하는 해석의 산물이다."[5] 슈츠는 의미의 본질을 경험 자체에 두지 않고, 자아가 특정한 경험에 대해 취한 행위에 둔다. 여기서 "특정한 경험"이란 자아의 반사적 시선 reflexive gaze, 시각 regard 또는 주시 attention에 의해 다른 "체험적 경험"들로부터 "선택되고 selected out" "분리된 discrete" 경험을 가리킨다. 자아의 반사적 시선은 특정의 경험을 선택하고, 구분하고, 분리하고, 지각하며, 이와 같이 "선택되고" "분리된" 경험은 단순하게 흐르는 경험의 지속과는 구분되는 "의미 있는 경험"이 된다. 슈츠의 주장에 따르면 "자아는 자신의 경험에 시선을 줌으로써 그 의미를 준다." 마치 하나의 조명등처럼 "시선"은 경험의 흐름을 비추고, 그 의미를 밝혀준다. 여기서 경험은 단순히 경험되었다는 이유에서가 아니라, 자아의 주시 행위 act of attention에 의해 선택되고, 따라서 해석되었기 때문에 의미를 갖는다.[6]

---

4) A. Schutz, "On Multiple Realities," *Collected Papers I: The Problem of Social Reality*,
    pp. 201~11.
5) 같은 글, p. 210.
6) A. Schutz, *The Phenomenology of the Social World*, pp. 41~42, 47, 51~52, 69~71.

지금까지의 슈츠의 설명을 다시 요약하면, 인간의 "체험적 경험"은
성찰에 의해 반복이 가능한 경험과 성찰이 불가능한 "지나가는 경험"
으로 양분된다. 성찰에 의해 반복이 가능한 경험은 다시 자아의 주시
행위에 의해 선택되고, 분리된 "의미 있는" 경험(그는 이것을 다시
"거동"이라고 정의한다)과 그렇지 않은 "전-성찰적 pre-reflective" "전-

슈츠의 이와 같은 의미에 대한 미시적 분석과 베버의 거시적인 사회과학 방법론간
에는 상당한 유사점이 발견된다. 베버는 이렇게 말한다: "All knowledge of cultural
reality, as may be seen, is always knowledge from particular points of view. When
we require from the historian and social research worker as an elementary
presupposition that they distinguish the important from the trivial and that he should
have the necessary 'point of view' for this distinction, we mean that they must
understand how to relate the events of the real world consciously or unconsciously
to universal 'cultural values' and to select out those relationships which are
significant for us. If the notion that those standpoints can be derived from the 'facts
themselves' continually recurs, it is due to the naive self-deception of the specialist
who is unaware that it is due to the evaluative ideas with which he unconsciously
approaches his subject matter, that he has selected from an absolute infinity a tiny
portion with the study of which he concerns himself. In connection with this
selection of individual special 'aspects' of the event which always and everywhere
occurs, consciously or unconsciously, there also occurs that element of cultural-
scientific work which is referred to by the often-heard assertion that the 'personal'
element of scientific work is what is really valuable in it, and that personality must
be expressed in every work of its existence is to be justified. To be sure, without the
investigator's evaluative ideas, there would be no principle of selection of subject-
matter and no meaningful knowledge of the concrete reality. Just as without the
investigator's conviction regarding the significance of particular cultural facts, every
attempt to analyze concrete reality is absolutely meaningless, so the direction of his
personal belief, the refraction in the prism of his mind, gives direction to his work.
And the values to which the scientific genius related the object of his inquiry may
determine, i. e., decide the 'conception' of a whole epoch, not only concerning what
is regarded as 'valuable' but also concerning what is significant or insignificant,
'important' or 'unimportant' in the phenomena"(M. Weber, *The Methodology of the
Social Sciences*, trs. and ed. by Edward A. Shils and Henry A. Finch, with a Foreword
by Edward A. Shils, New York: The Free Press, 1949, pp. 81~82).

술어적 pre-predicative" 또는는 슈츠의 표현대로 "전-현상적 pre-phenomenal"[7] 경험으로 구분된다. "지나가는 경험"과 "전-현상적 경험"간의 한 가지 공통점은 이들이 모두 "무의미한 경험"이라는 점이다. 그러나 "지나가는 경험"이 성찰의 시선에 의해 포착이 불가능한, 따라서 엄밀한 반복이 불가능한 경험임에 반하여, 후자, 즉 "전-현상적 경험"은 성찰의 자유로운 시선에 의하여 언제든지 포착 가능한, 따라서 "의미 있는 경험"으로 자유로이 전환될 수 있는 가능성이 있다는 점에서 양자는 근본적으로 상이하다.

슈츠는 "의미 있는 경험"을 특히 "거동 conduct"이라 정의한다. "거동"이란 정확하게 말해서 인간의 "체험적 경험 가운데서 주관적으로 의미 있는 경험 subjectively meaningful experience emanating from our spontaneous life"만을 가리킨다.[8] 여기서 "주관적"이라는 말은 자아의 "주시 행위"에 의해 선택·분리되고, 따라서 자아의 개입에 의해 변용되었다는 것을 함축한다. 요컨대 슈츠는 경험의 최저층으로서 "체험적 경험"과 그 상위층의 "거동"을 구분하고, 이 두 층을 자아의 주시 행위에 의해 매개되는 구조로서 설명한다.

거동과 관련하여 한 가지 지적하고 넘어갈 것은 오늘날 심리학 또는 사회과학에서 보편적으로 사용하고 있는 술어인 "행태 behavior"의 개념이다. 슈츠는 종종 "거동"과 "행태"를 구별하지 않고 혼용하고 있음을 엿볼 수 있다. 그러나 한 가지 유의해야 할 점은 "행태"가 "주관적으로 무의미한 반사 행위 subjectively non-meaningful manifestations of spontaneity such as reflexes"까지도 포괄하는 경향이 있는 반면, "거동"은 철두철미 "주관적으로 의미 있는 체험적 경험 subjectively meaningful experiences of spontaneity"만을 의미한다는 점이다.[9]

---

7) 같은 책, pp. 70, 75

8) A. Schutz, "On Multiple Realities," 앞의 책, p. 211.

9) 같은 글, 같은 곳: *The Phenomenology of the Social World*, pp. 53~57. 이와 관련

슈츠는 인간의 "행동"을 "거동"의 한 형태로 파악한다. 슈츠에 의하면 행동은 단순한 물리적 사건이나 신체적 작용만은 아니며, 인간

하여 슈츠는 "행동주의behaviorism"에 대해서도 비판한다. 그는 이렇게 말한다: "One school of thought feels that there is a basic difference in the structure of the social world and the world of nature. This insight leads, however, to the erroneous conclusion that the social sciences are toto caelo different from the natural sciences, a view which disregards the fact that certain procedural rules relating to correct thought organization are common to all empirical sciences. The other school of thought tries to look at the behavior of man in the same way in which the natural scientists looks at the 'behavior' of his thought object, taking it for granted that the methods of the natural sciences(above all, mathematical physics), which have achieved such magnificent results, are the only scientific methods."

슈츠는 후자를 가리켜 "행동주의"라 부르고, 이것은 "가장 급진적the most radical"인 "객관주의objectivism"의 한 형태라고 말한다. 그는 계속해서 이렇게 말한다: "Behaviorism as well as every other objective scheme of reference in the social sciences has, of course, as its chief purpose the explanation using scientifically correct methods of what really happens in the social world of our everyday life. It is, of course, neither the goal nor the purpose of any scientific theory to design and to describe a fictitious world having no reference whatsoever to our common-sense experience and being therefore without any practical interest to us. The founders of behaviorism had no other purpose than that of describing and explaining real human acts within a real human world. But the fallacy of their theory consists in the substitution of a fictional world for social reality by the promulgation of methodological principles represented as being appropriate to the social sciences which, though proved successful in other fields, prove a failure in the realm of intersubjectivity."

"But behaviorism is only one form of objectivism in the social sciences, though the most radical one. The student of the social world does not find himself placed before the inexorable alternative either of accepting the strictest subjective point of view, and, therefore, of studying the motives and thoughts in the mind of the actor, or of restricting himself to the description of overt behavior and of admitting the behaviorist's tenet of the inaccessibility of the Other's mind and even the unverifiability of the Other's intelligence. Rather, it is possible to conceive of a basic attitude—adopted, in fact, by several of the most successful social scientists— which accepts naively the social world with all the alter egos and institutions in it as a meaningful universe, i. e., meaningful for the observer whose only scientific

의 내적 경험 또는 지속의 변형이라 할 수 있는 "의미 있는 경험" ――
거동――의 한 형태이다. 행동은 "미리 궁리해놓은 투안preconceived
project"에 입각한 "거동"으로서, 이를 보다 정확하게 말하면, 행동은

---

task consists in describing and explaining his and his co-observers'[outsider scientific] experiences of it."

"To be sure, these scientists admit that phenomena such as nation, government, market, price, religion, art, or science refer to activities of other intelligent human beings and constitute for them the world of their social life; they admit furthermore that alter egos have created this world by their activities and that they orient their further activities to its existence. Nevertheless, so they pretend, we are not obliged to go back to the subjective activities of those alter egos and to their correlates in their minds in order to give a description and explanation of the facts of this social world. Social scientists, they contend, may and should restrict themselves to describing what this world means to them, neglecting what it means to the actors within this social world. Let us collect the facts of this social world, as our scientific experience may present them, in a reliable form; let us describe and analyze these facts; let us group them under pertinent categories and study the regularities in their shape and development which then emerge, and we shall arrive at a system of the social sciences, discovering the basic principles and the analytical laws of the social world."

"Having once reached this point the social sciences may confidentially leave the subjective analyses to psychologists, philosophers, metaphysicians, or whatever else you like to call the ideal people who concern themselves with such problems. And the defender of such a position may ask whether it is not this scientific ideal which the most advanced social sciences are about to realize. Look at modern economics! The great progress made in this field dates exactly from the decision of some advanced minds to study curves of demand and supply and to discuss equations of prices and costs instead of striving hard and in vain to penetrate the mystery of subjective wants and subjective values."

"Such a position is, without doubt, not only possible but is even accepted by the majority of social scientists. Doubtless, too, on a certain level real scientific work may be performed and has been performed without entering into the problem of subjectivity. We can go far ahead in the study of social phenomena, such as social institutions of all kinds, social relations, and even social groups, without leaving the basic frame of reference, which can be formulated as follows: What does all this mean for us, the scientific observers? We can develop and apply a refined system

경험이 "투안"에 의해 "거동"으로 전환되는 변형 과정이다.

행동은 첫째 현존하고, 지나가며, 또 앞으로 다가올 연속적인 경험의 과정으로 주어지든가 아니면 이미 완료된 과거의 경험으로 주어진다. "현재 진행중인 행동"을 슈츠는 특히 "행동 action, actio, Handeln"이라 하고, "앞으로 진행될 행동"을 "의도된 행동 intended action," 그리고 "이미 완료된 행동"을 "행위 act, actum, Handlung"로 각각 구분한다.[10]

둘째로 단순한 경험, 즉 "전-현상적 경험"은 주시 행위의 한 변형인 "투안" ──과거에 대한 주시가 아니라 미래에 대한 주시라는 점에서 하나의 변형이다── 에 의하여 "행동"으로 전환된다. "투안"은 다른 주시 행위가 그렇듯이 "반성적 사유에만 주어질 뿐, 직접적 경험

---

of abstraction for this purpose which intentionally eliminates the actor in the social world, with all his subjective points of view, and we can even do so without coming into conflict with the experiences derived from social reality. Masters in this technique—and there are many in all fields of social research—will always guard against leaving the consistent level within which this technique may be adopted and will therefore adequately confine their problems."

"All this does not alter the fact that this type of social science does not deal directly and immediately with the world of everyday life, common to us all, but with skillfully and expediently chosen idealizations and formalizations of the social world which are not repugnant to its facts. Nor does this type of science make the less indispensable reference to the subjective point of view on other levels of abstraction, if the original problem under consideration is modified. But then—and that is an important point—this reference to the subjective point of view can always be made and should be made. As this social world remains, under any aspect whatsoever, a very complicated cosmos of human activities, we can always go back to that 'forgotten man' of the social sciences, to the actor in the social world whose doing and feeling lie at the bottom of the whole system. We, then, try to understand him in his doings and feelings and to grasp the state of mind which induced him to adopt specific attitudes toward his social environment"(L. Embree, *Research Document*, 1997. 9. 8).

10) A. Schutz, *The Phenomenology of the Social World*, p. 39.

이나 자연 발생적 경험에는 주어지지 않는다."[11] 투안은 미래 경험에 대한 "예고된 반복anticipative reproduction"이며, 상상 행위에 의해 "미래 완료modo futuri exacti"로 예견되는 "행위"이다. 여기서 슈츠는 "투안"이 어디까지나 "행위"의 투안일 뿐, "행동"의 투안은 아니라고 강조한다. 투안의 특징은 이것이 항상 "미래 완료형 행위"에 대한 투안이라는 데 있다.[12]

슈츠는 행동과 투안의 관계를 두 가지 기본 동기, 즉 "하기 위하여 동기 in-order-to motive"와 "때문에 동기 because motive"에 관련시켜 설명한다. 투안은 행동에 앞서 이와는 별개로 의식 속에서 구성된 "상상 행위"이며, "행동"은 상상 행위에 의해 예견된 "행위" —— "투안된 행위" ——를 구체적 경험으로 변형하는 과정이다. 여기서 "행위"는 다시 단순히 "투안된 행위"와 "현실화된 행위 fulfilled act"로 구분되며, 미래 완료형으로 "투안된 행위"는 현재 진행중인 "행동"에 대하여 "하기 위하여 동기"가 된다. 다시 말하면 투안은 현재 진행중인 행동을 하는 이유로서 행동의 의미가 된다. 반면에 행동이 이미 완결된 경우, "완결된 행동" ——즉 "행위" ——의 의미는 투안에서 찾을 수 없으며, 투안에 선행하는 "때문에 동기"에서 찾아야 한다. 슈츠는 이것을 투안에 선행하는 행위자의 "체험적 경험"[13]이라고 한다. "하기 위하여 동기"와 "때문에 동기"간의 근본적인 차이점은 전자가 "행동"의 의미인 반면에 후자는 "투안"의 의미라는 점이다. "하기 위하여 동기는 행위를 투안으로 설명하며, 때문에 동기는 투안을 행위자의 과거 경험으로 설명한다."[14]

슈츠가 말하는 행동의 과정을 약술하면, 행위자는 투안을 설정하

---

11) 같은 책, p. 61.
12) 같은 책, pp. 61~69.
13) 같은 책, pp. 86~96.
14) 같은 책, p. 91.

고, 이를 행동으로 옮기며, 마침내 완결된 행위에 도달한다. 행위는
행동의 의미이며 행동의 진행 과정에서 경험은 확대되며, "나이를 먹
는다 grow older." [15]

3

슈츠는 우리가 사는 "매일매일의 생활 세계"를 하나의 "제한된 의
미의 영역 finite province of meaning"으로 파악한다. [16] 슈츠에 의하면
"현실"은 하나가 아니라, 상이한 "인식 태도"에 따라 여러 개의 현실

---

15) 한 가지 주의할 점은 거비치의 경우에는 "나이를 먹는다"는 표현보다는 "자라난
다 grow up"는 표현이 사용된다는 것과 또 이러한 표현이 "혈연 공동체 Gemein-
schaft"와 관련하여서만 사용된다는 점이다: "One belongs to the community in
the sense that one has always already belonged to it, has lived in it at all times, has
grown together with it, i. e., has grown into it. [……] we conceive the community
as 'the consociation [……] that grows 'naturally,' the belonging together 'by
nature'"; "As a consequence, when we belong to a definite community this
signifies that we have grown up together with other people among definite
traditional goods; also corresponding to that is the human membership with others
of whom there is explicit 'awareness,' a traditional growing up together with one
another"; "By being a member of a certain community, we are in every case
already given as stemming from here and there, as rooted here and there, as having
grown up determined by virtue of these and those historical forces. This historical
'destinity' determines us in our being"; "insofar as he is communalized and
historicalized, he always belongs to other human beings, e. g., to those among
whom he grew up to be a person of his generation, etc."; "The same characteristic
of being-grown-up-together-with-one-another also has the characteristic of
members belonging to the community"(A. Gurwitsch, *Human Encounters in the
Social World*, ed. by Alexander Métraux, tr. by Fred Kersten, Pittsburgh: Duquesne
Univ. Press, 1979, pp. 124~26). 이런 점에 비추어볼 때, 슈츠의 사회 세계는 정치
이전의 혈연 공동체의 기술에 머무르고 있다는 인상을 강하게 준다.

16) A. Schutz, "On Multiple Realities," 앞의 책, pp. 229~34; A. Schutz and T.
Luckmann, *The Structures of the Life-World*, pp. 22~28.

로 구분되는 "다영역적 현실"이다. "매일매일의 생활 세계"는 특히 "자연적 태도"라 불리는 독특한 "태도"에 주어진 하나의 현실이다.

슈츠에 의하면 "현실을 구성하는 것은 대상의 존재가 아니라, 우리의 경험의 의미이다."[17] 따라서 상이한 경험의 의미는 상이한 "현실"을 구성하며, 개개의 현실은 개개의 "의미의 영역"의 한계 내에서만 "현실의 악센트accent of reality"를 갖는다. 말하자면 모든 현실은 "제한된 의미의 영역" 내에서의 현실이다. 슈츠가 말하는 "제한된 의미의 영역"을 보다 정확하게 정의하면, "특정한 인식 태도에 주어지는 일관성 있고 모순 없는 특정 경험의 집합이다."[18]

여기서 슈츠는 "매일매일의 생활 세계"를 포함해서 수면할 때에 경험하는 "꿈의 세계," 관객의 안전에 펼쳐지는 "무대 위의 세계," 화폭에 그려진 "그림의 세계," 소설에 담긴 "가공의 세계," 어린아이들의 "유희의 세계," 종교인의 "영적 세계," 과학자의 "과학적 세계" 등을 모두 "제한된 의미의 영역"이라 부른다.

슈츠는 "제한된 의미의 영역"이 어떻게 "현실의 악센트"를 갖는지를 이렇게 설명한다. 소꿉장난하는 어린 소녀의 "유희의 세계"는 그 세계에 "시선"을 주고 있는 한, 하나의 진정한 "현실"이다. 소녀는 엄마가 되며 인형은 그녀의 아이가 된다. "기사와 죽음과 악마"를 그린 뒤러Dürer의 판화의 세계에서 "기사"와 "죽음"과 "악마"는 모두가 실재하는 존재이며, 현실이다. 다만 우리의 시선이 매일매일의 생활 세계로 되돌아올 때, 그것의 현실은 다시 하나의 "회화적 가공"으로 변모하는 것뿐이다. 연극이 진행되는 무대 위의 "햄릿"은 이것을 보는 관객의 눈에는 진정한 "햄릿"이며 "햄릿"으로 분장하고 그 역을 하고 있는 말하자면 "로렌스 올리비에"라는 어떤 연기자가 아니다.[19]

---

17) A. Schutz, "On Multiple Realities," 앞의 책, p. 230.

18) 같은 글, 같은 곳.

19) A. Schutz, "Symbol, Reality and Society," *Collected Papers I*, p. 340.

다시 말하면 우리의 시선이 가 있는 모든 "제한된 의미의 영역"은 그 나름의 현실이며, 우리의 시선이 바뀌어질 때 "현실의 의미sense of reality"도 퇴색하며 소멸한다.[20]

여기서 슈츠가 말하는 "제한된 의미의 영역"은 다음과 같은 특징을 나타낸다: 첫째, 그 영역에 고유한 "인식 태도"로 특징지어진다. 슈츠는 "제한된 의미의 영역"의 구성 요인으로 1) 특정 영역에 고유한 "인식 태도," 2) 이러한 인식 태도가 유발하는 "일단의 고유한 체험

---

20) 슈츠의 "On Multiple Realities"는 1945년도 *Philosophy and Phenomenological Research* (Vol. V, June)지에 발표되었다. 그러나 1931년에 탈고한 것으로 추정되는 거비치의 *Die Mitmenschlichen Begegnungen in der Milienwelt* (영역본: *Human Encounters in the Social World*)에는 슈츠의 "다영역적 현실"을 예시해주는 내용들이 발견된다. 예를 들면 다음과 같다: "Scheler argues, the 'same' forest is one milieu for the woodsman, another for the hiker and, again, still another milieu for the hunter—just as the milieu for the deer and the still different one for lizards living in the forest are distinct from those of humans"; "The same 'forest' is given, which is a different milieu for man and for lizards and, again, different for the hunter and the hiker"; "I can use it [i. e., a stick] to reach around under the sofa or, another time, I can support myself with on a walk"; "One can still make use of a spoon in another meaningful way: a physician, for example, does this when he turns the spoon around and uses it to depress the tongue and examine the throat"; when a child plays, "a piece of paper is assumed to be a shoe, a series of chairs presents a horse, etc. These worlds of the moment are, however, unstable in the highest degree and are suddenly superseded: a square piece of wood, which was just a 'child' and cared for, in the next moment is broken up by the child and thrown into the stone. [……] Because the child deals now this way and now that way what we designate as the same piece of wood, it is shown that for him it is not a constant physical thing with fixed properties, but instead now becomes this and now becomes that in the continuous alteration of the worlds of the moment. [……] The piece of wood is a doll when it is dealt with as a doll and so long as the child is concerned with it in corresponding ways; it becomes something else and is altered when the child breaks it up and throws it in the fire: the doll becomes an indifferent piece of wood" (A. Gurwitsch, *Human Encounters in the Social World*, pp. 44~45, 60, 65, 68, 83~84).

적 경험," 3) 그리고 이러한 경험에 의해 타당한 것으로 수락되는 "현실적 악센트"를 들고 있다. 고유한 "인식 태도"는 하나의 영역을 다른 영역으로부터 구분하는 기본 요소이다.

둘째로 각 영역의 경험은 그 영역 내에서만 타당하다. P의 영역에 타당한 경험은 Q의 영역에서 타당할 수 없으며, P의 "현실적 악센트"는 Q의 "현실적 악센트"가 될 수 없다. P의 현실은 Q의 비현실이거나 "유사 현실 quasi reality"이며, 그 역도 마찬가지다. 각 영역 내의 경험은 그 영역에 고유한 "인식 태도"에 비추어 서로 모순되지 않는 일관성을 갖고 있으나, 이러한 "일관성"과 무모순성은 주어진 영역 내에 한정된다.

셋째로 각 영역은 "제한된" 의미의 영역이다. 여기서 "제한"이라는 말은 두 개의 다른 영역을 하나로 연결할 보편적 "전환 공식 a formula of transformation"이 성립할 수 없다는, 말하자면 각 영역간의 불연속성을 함축하는 말이다. 한 영역에서 다른 영역으로 가는 길은 오직 "도약" 또는 "쇼크"뿐이다.

넷째로 "도약" 또는 "쇼크"는 "주시"의 급격한 변경을 말한다. 우리들은 자신의 계획과 투안에 의하여 또는 갑작스런 "외적 간섭"에 의해 매일매일, 매 시간시간 "도약"과 "쇼크"를 경험하며, 끊임없이 시선을 변경한다. 그리고 이러한 시선의 변경 속에서 하나의 현실은 다른 현실로 대체된다.

다섯째로 각 영역에 고유한 "인식 태도"는 그 영역에 고유한 "의식의 긴장 tension of consciousness," 고유한 "판단 정지," "자발성의 형태 form of spontaneity," 고유한 "자아의 경험 형식," "사회성," 그리고 "시간관 time perspective"을 포함한다.

여섯째로 "매일매일의 생활 세계"는 다른 모든 "제한된 의미의 영역"의 모형이며, 타영역은 이 "세계"의 변용이다. "매일매일의 생활 세계"는 특수한 지위를 갖는 "의미의 영역"으로 슈츠는 이것을 특별

히 "최고의 현실" 또는 "궁극적 현실"이라 부른다.[21]

슈츠의 현상학은 어떤 의미에서 "매일매일의 생활 세계"에 대한 기술description로서 집약된다. "매일매일의 생활 세계"에 대한 기술은 바꾸어 말하면 이 세계에 고유한 "인식 태도"에 대한 기술로서, 슈츠는 이것을 다시 여섯 가지로 구분해서 설명한다.

첫째는 "생에 대한 완전 주시full attention to life" 또는는 "완전히 깨인 의식wide-awakeness"이라고도 불리는 고유한 "의식의 긴장"이다. 여기서 "의식의 긴장"이란 베르그송이 말하는 "생에 대한 관심"의 정도 또는 "생에 대한 주시"의 강도로서, 행동은 말하자면 생에 대한 최대 관심의 표현이며, 꿈은 생에 대한 완전한 무관심의 상태이다. 다시 말하면, "의식의 긴장"은 자아가 여러 단계에서 경험하는 의식의 상이한 상태로서, 이것은 "생에의 주시"와 함수 관계에 있다.[22]

슈츠는 베르그송의 의식 생활에 대한 이해를 토대로 "매일매일의 생활 세계"를 "완전히 깨인 의식"이라는 특유한 "의식의 긴장" 상태로 파악한다. 여기서 "완전히 깨인 의식"이란, "생과 생의 요건에 대한 완전 주시의 태도에서 발생하는 의식의 긴장 수준"[23]을 말한다. 슈츠의 "완전히 깨인 의식" 또는 "최고 긴장 수준"은 "일working" —— 내적 행동covert action, 즉 사유와 구별되는 외적 행동overt action —— 에 직접적으로 이어지는 의식의 상태로서, 한편으로는 "매일매일의 생활 세계"를 "꿈의 세계" —— 의식의 긴장감이 최저 수준에 머물고 있는 "꿈의 세계" —— 와 구별하는 기준이며, 다른 한편으로는 "일" 즉 "외적 행동"과는 무관한 "공상의 세계" "과학의 세계"와 구별되는 기준이다.[24] 슈츠가 보는 일상적 생활 세계는 "완전히 깨인

---

21) A. Schutz, "On Multiple Realities," 앞의 책, pp. 232~33.
22) 같은 글, pp. 212~23.
23) 같은 글, pp. 234~57.
24) 같은 글, pp. 234~57.

의식"에 주어진 세계이며, "완전히 깨인 의식" 속에서 "현실의 악센트"를 갖는 세계이며, "완전히 깨인 의식" 속에서 "일의 세계"로 변형되는 세계이기도 하다("일의 세계"로서의 생활 세계에 대해서는 항목을 달리하여 다시 설명할 것이다).

슈츠는 "제한된 의미의 영역"을 "완전히 깨인 의식"의 다양한 변용으로 본다. 그러나 따지고 보면 "완전히 깨인 의식" 그 자체도 하나의 흐름으로 지속되는 "동일한 의식"의 특이한 변용인 것이다. 사실상 슈츠는 "완전히 깨인 의식"을 하나의 "다양체"의 일면에 불과한 것으로 본다. 다양한 의미의 제영역은 시선의 방향에 따라 때로는 자아의 전면에 부각되고 때로는 그 배경으로 후퇴한다. 여기서 슈츠는 "현실"이란 다름아닌 자아의 시선에 의해 전면으로 부각된 하나의 "악센트"임을 강조한다.

슈츠가 강조하는 또 한 가지 점은 제한된 의미의 제영역이 서로 분리되어 있는 세계가 아니라 하나의 "마음mind"으로 이어진 세계라는 점이다. 슈츠는 이것을 다음과 같이 설명한다:

제한된 의미의 영역이란 정신 생활이 몇 개의 분리된 영역으로 나누어져 있다거나, 하나의 영역에서 다른 영역으로 가는데 윤회설 metempsychosis에서 말하듯 영혼이 윤회transmigration를 거쳐야 하고 또 모든 기억과 생각이 다 죽어 없어져야 한다는 것이 아니다. 이것은 동일한 하나의 의식이 경험하는 상이한 의식의 긴장감에 붙여진 이름에 불과하다. 상이한 변용 속에서 주시되는 것은 동일한 의식 생활이며, 이것은 나면서 죽을 때까지 계속해서 영위되는, 이 세계 속의 생활the mundane life이다. 이미 앞서 말했듯이 내 마음은 단 하룻동안에도 심지어는 단 한 시간 동안에도 의식의 긴장감의 전역을 휩쓸 수 있다. 사실 마음은 일을 하는가 하면, 어느새 공상의 날개를 펴고 날아가며, 화폭에 담긴 그림의 세계로 빠져들어가는가 하면, 이론적 명상에 몰두하기도 한다. 그리고 이 모든 다양한 경험은 나의 내적 시간 속에서 일어나는 경험이다. 이들은 모두 나의 의식의 흐름에 속해 있다.[25]

둘째로 일상적 생활 세계의 "인식 태도"는 그에 고유한 "판단 정지" 즉 "자연적 태도의 판단 정지"로서 특징지어진다. 슈츠에 의하면 모든 제한된 의미의 영역은 고유의 "판단 정지"를 수행함으로써 고유의 영역으로 "한정"되며, 또 다른 영역으로 환원될 수 없는 특수성을 갖는다. 여기서 우리는 제한된 의미의 영역이 가지는 하나의 패러독스를 발견하게 된다. 그것은 제한된 의미의 영역이 한편으로는 "하나의 마음"으로 이어진 세계이면서도, 다른 한편으로는 고유한 "판단 정지"에 의해 다른 영역과는 구별되는, 말하자면 "도약"과 "쇼크"의 벽으로 차단된 세계라는 점이다.

어떤 점에서 슈츠가 말하는 "제한된 의미의 영역들"은 마이클 월저 Michael Walzer의 "분배 영역들distributive spheres"과 상당한 공통점을 갖는다. 월저에 의하면, "모든 사회적 가치들 혹은 가치들의 모든 집합은 말 그대로 그 고유한 분배 영역을 구성한다. 그리고 그 분배 영역에서는 오직 특정한 기준과 제도들만이 적절하다. 돈은 성직의 영역에서는 부적절하며, 이것은 다른 영역으로부터의 침해다": "서로 다른 원칙들은 서로 다른 시공간에서 그러한 과정을 인도한다. 나의 당면한 목적으로서 가장 중요한 원칙은 권력의 행사가 정치의 영역에 속하는 반면, 시장에서는 동등한 자들간의 교환, 즉 자유 교환이 이루어져야 한다는 것이다": 따라서 만일 "돈이 물건뿐만 아니라 사람들까지도 통제할 힘을 가지게 되면, 그것은 더 이상 개인의 재산인 것은 아니다. 돈은 시장에서 물건을 사고 팔 때만 쓰이는 것이 아니라 매매가 금지된 것들까지도 사려고 든다. 우리가 이런 구매를 막

---

25) 같은 글, p. 258.

을 수 없다면 can't block 우리는 돈을 국영화해야 한다"; 다른 한편, 예컨대, 어떤 "공직 political office에 시민 X가 시민 Y에 우선하여 선택될 수도 있으며, 이때 두 사람은 정치의 영역에서는 불평등하게 된다. 그러나 공직에 있다는 이유 때문에 그외 모든 영역에서 X에게 우선적인 의료 혜택, 자녀의 취학의 우선권, 다른 취업 기회들 등과 같은 혜택이 주어지지 않는 한, 이 두 사람이 일반적으로 불평등한 것은 아니다"; "그러나 〔……〕 이미 확립되어 있던 제반 영역의 자율성이 무너진다면, 그래서 한 영역에서 성공을 거둔 사람이 다른 영역에서도 연이어 성공하고 결국 모든 분야에서 성공한다면 〔……〕 이것은 분명 불평등한 사회로 나갈 것이다." 여기서 월저가 예로 드는 "돈"과 "성직"과 "공직" 또는 "권력" 등은 "서로 다른 원칙들"에 의해 지배되는 "자율적인 분배 영역들"로서, 말하자면 각각의 고유한 "판단 정지"와 이에 수반하는 "영역적 자율성 autonomy of the spheres"을 갖는다. 다만 월저는 "판단 정지"라는 말 대신에 "주도적 재화 dominant good의 가치 전용 conversion"에 대한 "규제 regulation" "제한 limits" "제약 restraints" "속박 constraint" "억압 repression" "단절 break" "금지 the block" 또는 "저항 resistance" 등 보다 다양한 일상적 용어들을 사용하는 것이 다를 뿐이다. 그는 "영역적 자율성"을 "상이한 집단의 사람들에게는 상이한 이유들 때문에 상이한 절차에 따라 상이한 가치들이 분배"되는 원칙이라고 정의하면서, 만약 이러한 "영역적 자율성"이 외적 "간섭"이나 영역적 경계를 넘나드는 행위에 의해 "침해"되거나 파괴될 경우 필연적으로 "전제주의" 체제로 전환된다고 보며, 같은 이유에서 전제주의 체제를 극복하는 길은 "영역적 자율성"을 회복하고, 여기에 입각한 "복합 평등 체제 regime of complex equality"를 수립해나가는 데 있다고 주장한다. 이런 점에서 월저는 전제주의를 "개별 영역을 넘나드는" 행위로, 복합 평등 체제를 "이런 경계들의 방어"로 각각 집약한다. 이상에서 월저가 밝힌 "영역적 자율성"은 경험적 사실에 근거해 있음에도 불구하고, 궁극적으로는 우리가 지향해야 할 도덕적 규범으로 옹호된다. 그는 이를 다음과 같이 정식화한다: "어떠한 사회적 가치 X도, X의 의미와는 상관없이 단지 누군가가 다른 가치 Y를 가지고 있다는 이유만으로 Y를 소유한 사람들에게 분배되어서는 안 된다."[26]

이제 다시 슈츠의 논의로 되돌아가면, 그는 후설의 "판단 정지"를 모든 "제한된 의미의 영역"에 고유한 보편적 속성으로 이해한다. 이런 의미에서 슈츠는 "판단 정지"를 후설의 "초월적 현상학"의 고도(孤島)로부터 해방시킨 사람이라 말할 수 있다. 특히 우리는 슈츠의 "자연적 태도의 판단 정지"[27]에서 이와 같은 움직임의 일면을 찾아보게 된다.

슈츠는 먼저 "자연적 태도"를 "완전히 깨어 있는 정상적 성인 wide-awake normal adult"의 기본적 태도로 보고, 그 특성을 주어진 모든 것을 "당연히 있는 것으로 보는 입장 taken-for-grantedness"으로 규정한다.[28]

"자연적 태도"란 말하자면 "완전히 깨어 있는 정상적 성인"의 의식 내에 주어진 모든 것에 대해 의심하지 않고 믿는 태도이다. 여기서 "믿는다는 것" 그 자체는 "의심하지 않는다는 것"이며, 보다 정확하게 말하면, "의심의 유보 suspension of doubt" 행위 또는 "의심의 판단 정지 epochē of doubt"이다. 슈츠의 "자연적 태도의 판단 정지"는 이와 같이 "자연적 태도"에 내재하는 "유보 행위," "자연적 태도"가 본래적으로 수행하는 "판단 정지"를 의미한다.

"자연적 태도의 판단 정지" ——이것은 "자연적 태도" 그 자체와 다

---

26) 마이클 월저, 『정의와 다원적 평등: 정의의 영역들』, 정원섭 외 옮김(철학과 현실사, 1999), pp. 41, 56~57, 66, 69, 206~07.

27) A. Schutz, "On Multiple Realities," 앞의 책, p. 229.

28) A. Schutz and T. Luckmann, *The Structure of the Life-World*, pp. 3~20.

를 바 없다——는 말할 것도 없이 후설의 "판단 정지"와 구별되며, 뿐
만 아니라 "과학 세계"에서 수행되는 판단 정지, 또는 "공상"과 "꿈"
의 세계에서 수행되는 판단 정지와도 구별된다.

후설이 말하는 "판단 정지"는 "현상학적 환원 phenomenological
reduction"을 하기 위한 "근본적 태도의 변경"으로서, 이것은 "자연적
태도의 믿음"——즉 "자연적 태도의 일반 명제"——일반과 이러한
"믿음"과 상관 관계에 있는 모든 객관적 실체의 "타당성"을 유보하는
행위 또는 괄호 안에 넣는 행위 bracketing이다. 반면에 "자연적 태도
(의 판단 정지)"는 바로 이와 같은 "의심"을 유보하는 행위로서 "현상
학적 판단 정지"와는 대립된다. 즉 "자연적 태도(의 판단 정지)"는 "외
적 세계와 그 세계의 존재 the outerworld and its objects에 대한 우리의
믿음을 유보하는 것이 아니라, 이와는 반대로 이들의 존재에 대한 우
리의 의심을 유보한다. 괄호 안에 넣는 것은 이 세계와 이 세계의 존
재가 겉으로 보기보다는 판이할 수 있다는 우리의 의심인 것이다."[29]

"자연적 태도(의 판단 정지)"는 또한 "과학 세계의 판단 정지"와도
구별된다. "과학 세계"는 과학 이전의 인간에게 주어진 모든 것을
"괄호 안에 넣는다." 그것은 과학 이전의 상황 속에서 타동료인과 더
불어 희망과 공포를 나누며 인간적 존재로서 같이 사는 과학자를 유
보한다. 여기서는 오직 보편타당한 객관적 진리를 추구하는 "이론가
theoretical thinker"로서의 과학자만이 주시의 대상이 된다. 슈츠는 자
연적 태도와 과학 세계의 판단 정지를 세 가지 점에서 구별한다:

첫째, 과학 세계는 의식적 존재 중의 하나로서의 "이론가의 주관
성"을 유보한다. 반면에 자연적 태도에 주어진 세계, 즉 일상적 생활
세계는 자아의 주관성을 주축으로 하는 상호 주관적 세계이다.

둘째, 과학 세계는 주관성과 상관 관계에 있는 이론가의 신체적 존

---

29) A. Schutz, "On Multiple Realities," 앞의 책, p. 229.

재와 이것이 구성하는 공간적 영역을 유보한다. 반면에 일상적 생활 세계는 자아의 신체를 원점으로 구성된 공간적 영역이다. 현역(現域) actual reach, 환역(還域) restorable reach, 가역(可域) attainable reach 등이 바로 그것이다.

셋째, 과학 세계는 "일"에서 해방된 세계이다. 왜냐하면 과학의 세계는 일상적 생활 세계를 특징짓는 "근본적 관심 fundamental anxiety"과 "실천적 동기 pragmatic motive"를 유보하기 때문이다. 이런 점에서 과학 세계는 일상적 생활 세계와 구별되며, 오히려 "공상"과 "꿈"의 세계에 가깝다.[30]

반면에 과학 세계의 판단 정지는 일상적 생활 세계 그 자체를 유보하지 않는다. 일상적 생활 세계는 과학이 끊임없이 관찰하고 이해하는 궁극적 관심의 대상이다. 이런 점에서 과학 세계의 판단 정지는 자연적 태도와 공통되며──실제로 후설은 "과학적 태도"를 자연적 태도의 하나로 본다──현상학적 판단 정지와는 대립된다. 후설의 현상학적 판단 정지는 과학자의 주관성은 물론 생활 세계 그 자체까지도 괄호 안에 넣는다.[31]

요컨대 슈츠가 보는 "매일매일의 생활 세계"는 하나의 특유한 판단 정지, 즉 "자연적 태도의 판단 정지" 속에서, 그리고 그 속에서만 수락되는 세계이다. 그것은 과학 이전에 주어진 "상식의 세계 common-sense world"이며, 뿐만 아니라 "공상"도 "꿈"도 깃들이지 않는 "일"의 세계이다.

슈츠는 일상적 생활 세계가 특히 "일"의 세계임을 강조한다. 그는 일상적 생활 세계가 "일"에 고유한 "인식 태도 cognitive style"로 특징지어진다고 본다. 다음에 슈츠가 말하는 "일"과 일에 고유한 "자아 경험의 형식," 일에 고유한 "시간관 time perspective," 그리고 일에 고유

---

30) 같은 글, p. 249.
31) 같은 글, pp. 245~53.

372

한 "사회성"을 차례로 살펴보기로 하자.

4

슈츠는 그의 특유한 "행동" 개념에 입각하여 "일"을 특히 "신체적 운동에 입각한 행동"으로 정의한다. 즉 "일은 투안에 입각한, 그리고 신체적 운동에 의해 투안된 상태를 실현하려는 의도로서 특징지어지는, 외적 세계의 행동이다."

첫째, "일"은 "투안에 입각한" 행동이다. 이런 점에서 "일"은 다른 "의식의 자발성"과 구별되는 "의미 있는 경험" 즉 "거동"이다("거동"에 대해서는 이미 설명하였다).

둘째, "일"은 단순히 "투안에 입각한 행동"일 뿐만 아니라, "투안을 실현하려는 의도"에 입각한 행동이다. 슈츠는 "일"을 다른 행동— 예컨대 "공상"—으로부터 구별하는 기준은 투안을 "실현하려는 의도intention to realization"의 존재 여부에 달려 있다고 본다. 슈츠의 정의에 따르면 "공상"도 "미리 궁리해놓는 투안"에 입각한 하나의 행동이다. 그러나 "공상"은 "일"과는 달리 투안을 "실현하려는 의도" 또는 "의지적 명령voluntative fiat"을 결여한다. 공상자의 투안은 말하자면 "비어 있는 투안empty project"이며, "실현하려는 의도"에 의해 "목적"으로 변형된 투안은 아니다. 여기서 슈츠는 "투안을 실현하려는 의도"가 있고 없음에 따라 행동을 "목적적 행동" 또는 "작용performance"과 "내적 행동"으로 구별하고, "일"을 전자, 즉 "작용"(또는 "목적적 행동")으로, "공상"을 후자, 즉 "내적 행동"으로 본다. 다시 말하면 "일"은 "목적으로 변형된 투안"에 입각한 행동이다.[32]

---

32) 같은 글, p. 211.

셋째, "일"은 "투안"을 "외적 세계"에 실현하려는 행동이다. 슈츠는 "외적 세계에 실현하려는 의도"를 특히 "실천적 동기"라 부르며, "일"을 이러한 "실천적 동기"에 입각한 행동으로 이해한다.[33] "투안"을 "외적 세계"에 연결하는 것은 "신체적 운동"이며, 이러한 연결 과정에서 "신체적 운동"은 "일"로 변형된다. "일"은 다시 말하면 "신체적 운동"에 의해 "투안"을 "외적 세계"에 연결하려는 경험의 변형 과정이다. 여기서 "일"은 한편으로는 단순한 "신체적 운동"과 구별되는 "지향성 intentionality"을 가지며——"미리 궁리해놓은 투안"에 입각한다는 점에서——다른 한편 과학적 연구 활동과 같은 "내적 작용"과도 구별되는 "실천성"을 갖는다.

슈츠에 의하면 과학자의 "연구 활동"도 "미리 궁리해놓은 투안을 실현하려는 의도"를 갖는 행동, 즉 하나의 "작용"이다. 그러나 과학자의 투안은 특히 외적 세계와 관련된 투안은 아니다. 그것은 "실천적 동기"를 결여한다. 반면에 "일"은 그 투안을 외적 세계에 실현하려는 의도, 즉 "실천적 동기"로서 특징지어지는 "작용"이다. 이런 점에서 슈츠는 "과학적 연구 활동"을 "내적 작용"이라 부르고, 이것을 "일"과 구별한다. "일"은 외적 세계를 변경하려는 실천적 동기에 입각한 "외적 작용"이며, 실천적 동기에 의해 변형된 경험의 한 형태, 즉 "자발성"의 한 형태이다.

넷째, "일"은 고유한 시간, 즉 "생생한 현재"로 특징지어지는 "의식의 자발성"이다.[34] "일"은 "신체적 운동"에 의해 "투안"을 "외적 세계"에 연결하려는 경험의 변형 과정이며, 이러한 변형 과정 속에서 "신체적 운동"은 두 개의 시간에 동시에 개입한다. 하나는 "내적 지속"에서 형성되는 "주관적 시간"이며, 다른 하나는 외적 세계에서 끊임

---

33) 같은 글, pp. 208~09.
34) 같은 글, pp. 214~16.

없이 반복되는 동질화된 "객관적 시간 objective time"이다. 여기서 말하는 "주관적 시간 subjective time" "내적 시간 immanent or inner time" 또는 단순히 "지속 durée, duration"이란 "양화할 수 없으며, 동일하게 반복해서 체험할 수 없는, 이질적 시간"을 가리키며, "객관적 시간 objective time" "초재적 시간(超在的 時間) transcendent time" 또는는 "우주적 시간"이란 "양적인 단위로 측정할 수 있고, 주기적으로 반복되는, 동질적이며 동일한 지속성을 가진 시간"을 가리킨다.[35]

슈츠에 의하면 "일"은 이상에서 말한 두 개의 시간에 동시에 개입한다. "일"은 한편으로는 외적 세계에서 일어나는 "신체적 운동"으로서 추정 가능한 시간으로 경험된다. 다른 한편 "일"은 우리의 "의식류(意識流) stream of consciousness"에 속해 있는 "자발성"의 "나타남"으로써 "상기 recollection"와 "파지(把持) rentention"에 의해 과거를 함축하고 "예지(豫持) protention"와 "예기(豫期) anticipation"에 의해 미래를 잉태하고 있는, 내적 흐름의 "국면 phase"이다. "일"은 말하자면 "외적 시간"과 "내적 시간"의 교차점이며, 이러한 교차점들로 이어지는 경험의 "연속 succession"이다. 슈츠는 내적 시간과 외적 시간이 하나로 교차되는 시점을 "생생한 현재"라 부르고, "일"을 이러한 교차점, 즉 "생생한 현재"에서 나타나는 "의식의 자발성"으로 본다.

슈츠가 말하는 "생생한 현재"는 일을 "공상"과 "꿈" 또는 "과학적 사유" 등과 구별짓는 "일 고유의 시간"이기도 하다. 공상 속에서 공상된 "환영"이나 꿈속에서 꾸어진 "꿈" 또는 과학적 사유로 진행되는 "내적 작용"은 객관적 시간 속에서 고정화될 수 없는 내적 지속이다.

물론 슈츠는 과학적 사유의 "대상"이 "사유" 그 자체와는 달리 "객관적 시간 속의 대상"임을 강조한다. 과학적 사유의 "대상"은 이 점에서 객관적 시간 속에 고정화될 수 없는 "환영"이나 "꿈"과는 구별된다.

---

35) 신귀현, 「후설에 있어서의 시간과 시간 의식」(1978. 2. 17, 한국철학회 현상학분과회 제10차 정기 세미나 발표 내용) 참조.

"일"은 "환영"이나 "꿈"과 같이 단순한 "내적 흐름"도 아니며, 또는 과학적 사유의 "대상"과 같이 "내적 흐름"과는 무관한 "외적 시간" 속의 존재도 아니다. "일"은 내적 시간과 외적 시간이 하나의 흐름으로 종합되는 "생생한 현재"이며 그것의 "연속"이다.

다른 한편 슈츠는 "일"이 "공상"과 "꿈" 그리고 "과학적 사유"와 더불어 한 가지 점에서 공통된다고 본다. 이들은 "반대로 흐를 수 없는irreversible"[36] 내적 시간의 "동일 방향성"에서 공통점을 갖는다. 물론 "꿈"의 경우, 흔히 전후가 뒤바뀌고, 과거가 미래로, 연속적인 것이 동시적인 것으로 혼돈되어 나타나곤 한다. 그러나 이러한 "뒤바뀜" "혼돈" 자체가 과거에서 미래로 향한 "흐름의 방향"을 바꾸어놓는 것은 아니다. 모든 흐름은 과거에서 현재로, 그리고 미래를 향해 흐르는, 말하자면 "동일 방향성"에서 공통된 내적 시간이다. 그리고 내적 흐름은 "동일 방향"의 흐름 속에서 "나이를 먹어가는" 흐름이기도 하다.

다섯째, "생생한 현재" 속에 "일하는 자아working self"는 "부분적 자아the partial self"가 아니라 "전체적 자아the total self"이다. 여기서 슈츠는 "전체적 자아"와 "부분적 자아"가 미드G. H. Mead가 말하는 "나I"와 "나를Me"에 각각 대응하는 개념이라고 말한다. "전체적 자아"는 "생생한 현재"의 지속 속에 살고 있는 자아로서 대상화할 수 없는 "나"이다. 반면에 "부분적 자아"는 반성적 시선 속에 대상화된 자아, 즉 "나를"이며, 슈츠가 특히 "역할 담당자role-taker"로 명명한 "자아"이다.

슈츠가 말하는 "전체적 자아"는 1) 후설의 "궁극적으로 작용하는 자아letztfungierendes Ich"와 상통하는 개념으로 볼 수 있다. 후설은 "궁극적으로 작용하는 자아"가 대상화될 수 없다는 의미에서 "익명

---

36) A. Schutz, "On Multiple Realities," 앞의 책, pp. 239, 243, 252.

376

적 anonym"이라 부르며, 근원적으로 분열되어 있지 않다는 의미에서 "근원적 하나"라고도 말한다.[37]

2) 슈츠가 말하는 "전체적 자아"의 "전체"는 "경험적 전체"를 뜻한다. 슈츠는 앞에서 지적한 바와 같이 인간의 "체험적 경험"을 성찰에 의해 반복이 가능한 경험과 성찰이 불가능한 "지나가는 경험"으로 구분하고, 성찰 이전의 미분화 상태하의 "체험적 경험"을 "경험의 전체," 그리고 "경험의 전체"와 상관 관계에 있는 "자아"를 "전체적 자아"라 한다. 슈츠는 "일하는 자아"를 바로 "체험적 경험" 속에 살고 있는 "전체적 자아"로 파악한다. 즉 "일하는 자아"는 "생생한 현재" 속에 살고 있는 자아로서, 대상화되기 이전의 "체험적 경험" 전체이다.

3) "전체적 자아"는 다양한 "판단 정지" 속에서 "부분적 자아"로 변용된다. 이런 점에서 "공상" 속의 자아, "꿈" 속의 자아, "과학적 이론가"의 자아는 모두가 "일하는 자아"의 변용에 불과하다. 슈츠에 의하면 공상과 꿈과 과학의 세계는 일상적 생활 세계를 특징짓는 자아의 "실천적 동기"와 이와 상관된 자아의 "신체적 존재"를 유보한다. 반면에 "일하는 자아"는 "신체적 운동"에 토대를 둔 자아이며, "신체적 자아"와의 상관 관계에 있는 "지나가는 경험" 속에 살고 있는 자아이기도 하다. 말하자면 "일하는 자아"는 후설의 "원초적 originar" 또는 "신체적 leibhaftig" 경험 속에 사는 자아로서, "환상적" 또는 "재생된" 경험 속에서만 주어지는 자아와,[38] 따라서 본질적으로 "지나가는 경험"을 결여한 자아와 구별된다. 한마디로 슈츠는 "일"에 고유한 자아를 "전체적 자아"라 부른다. 그것은 "생생한 현재" 속에 살고 있는 "나"이다.

---

37) 조광조, 「현상학적 시간론과 거기에 의거한 존재론적 기초의 획득」(1976년 철학 연구회 추계 연구 발표회 발표 논문) 참조.
38) 신귀현, 앞의 글 참조.

여섯째, 또는 마지막으로 "일"은 "상호 주관성"을 구성하는 행위이다. "일"은 특히 "상호 주관성"을 구성하는 행위라는 점에서 다른 행위, 즉 "공상"과 "꿈"과 "과학적 사유"와 구별된다.

슈츠에 의하면 "공상"도 때로는 "사회성"을 가지며——어린아이들이 한데 어울려 노는 놀이는 그러한 예다——"우리 관계 We-relation" 속에서 진행된다. 그러나 "사회성을 갖는" 공상적 행위와 "사회성을 구성하는" 행위와는 엄격히 구별되며, 서로 다른 행위라고 말한다. "사회적 관계" 또는 "상호 주관성"은 "일"——슈츠는 특히 "상호 주관성"을 구성하는 "일"을 "소통 communication"이라 부른다——에 의해 구성되며, "일"을 매개로 말하자면 "공상"도 "사회성"을 갖게 된다.[39]

결론적으로 말해서 슈츠가 보는 일상적 생활 세계는 "일"에 의해 구성된 "현실"임을 알 수 있다. 슈츠는 이렇게 말한다: "일의 자발성이야말로 기술한 모든 형태의 자발성 중에서 매일매일의 생활 세계의 현실을 구성하는 가장 중요한 형태의 자발성이다."[40]

그러나 이와 같은 슈츠의 생활세계론은 두 가지 문제점을 제기한다. 첫째로 그의 생활세계론은 "일"을 "행동"의 하나로 정의하고, 또 "일의 세계"로서의 "생활 세계"를 "최고의 현실"로, 그리고 일하는 자아를 "전체적 자아"로 규정함으로써, "행동"과 "일" 또는 "행동"과 "만듦"간의 엄격한 구분을 사실상 폐기하고, 급기야는 "일"의 개념 속에 "행동"을 통합시키는 위험성을 갖는다.[41] 실제로 슈츠의 생활

---

39) "상호 주관성"에 대한 자세한 설명은 앞서 인용한 차인석 교수의 논문에서 찾아볼 수 있다.

40) A. Schutz, "On Multiple Realities," 앞의 책, p. 212.

41) 이동수 박사에 의하면, "행동"과 "만듦"의 혼동은 마르크스, 사르트르, 듀이, 그리고 분석철학자들의 논의 가운데서도 발견된다(Dongsoo Lee, *Praxis in Temporality: The Heideggerian Interpretation of Praxis* (Ph. D. Dissertation, Vanderbilt Univ. 1998, pp. 5~62). 필자의 생각으로는 이러한 혼동은 조관성 교수의 글(「후

세계에서는 "만듦"과 구분되는 "행동"에 고유한 영역으로서의 "정치적 영역"을 찾아보기 어렵다는 점을 앞장에서 살펴보았다.

둘째로 "행동"과 "일" 또는 "만듦" 간의 구분이 폐기되고, 또 전자가 후자와 동일시되는 과정에서, "정치"는 일종의 "엔지니어링"으로 환원되며 이와 더불어 쾨슬러Arthur Koestler가 말한 "외부로부터의 변혁"을 추진하는 이른바 "코미사르Commissar"적 인간형을 강조하게 된다.[42] 실제로 이와 같은 경향이 슈츠의 "권력"에 관한 논의 가운데서 발견된다. 예컨대 슈츠는 파슨스Talcott Passons에 관한 논평에서 이렇게 말한다: "내가 태어난 세계란 〔……〕 아주 다양한 성격의 정치적 조직을 이미 갖고 있는 세계로서 〔……〕 나는 타인과 더불어 이러한 조직의 구성원이며 특정한 역할과 지위와 기능을 그 안에서

설 철학에서 개체와 공동체 그리고 윤리적 사회성」, 한국현상학회 편, 『역사와 현상학: 여산 이영호 교수 화갑 기념 논문집』, 철학과 현실사, 1999, pp. 432~41)에서도 발견된다고 본다. 그는 먼저 "마음, 언어 그리고 행위는 나와 타자아를 연결·결합시킬 수 있는 세 가지 굵은 끈으로" 보고, 이에 따라 "사회적 상호 행위 Soziale Akte, Soziale Bewußtseinsakte"를 "감정 이입 Einfühlung과 언어 행위 Sprechakt 그리고 실천적 행위 Handlung"로 구분하고, 이들 각각에 상응하는 "감정 이입 공동체 Einfühlungsgemeinschaft, 언어의 의사 소통적 기능에 의존하는 서로 이야기를 주고받는 상호 의사 소통의 공동체 Mitteilungsgemeinschaft, 그리고 실천적 행위를 통하여 서로 협력하며 영향과 작용을 서로 주고받는 공동체 Wirkungsgemeinschaft"로 구분한다. 여기서 제기되는 물음은 어째서 "실천적 행위"에 입각한 공동체를 "Handlungsgemeinschaft"라 하지 않고 "Wirkungsgemeinschaft"로 부르는가이다. 그는 또 "후설의 도덕철학 또는 사회철학"이 "넓은 범위 안에서 플라톤 철학의 모형이 아니라 아리스토텔레스 철학의 모형을 따른다"고 말하면서도 논문 전편에 걸쳐 "만듦"과 구분되는 아리스토텔레스적 의미의 "행동"의 고유한 의미에 대해 어디에서도 밝히지 않고 있다. 조교수는 다만 "실천적 행위를 통하여 서로 협력하며 영향과 작용을 서로 주고받는 공동체"를 "Wirkungsgemeinschaft"로 표기하는 점에 비추어볼 때, 그의 "행동"의 용법은 슈츠의 그것과 크게 다르지 않다는 인상을 준다. 아리스토텔레스의 "이론"과 "행동" 그리고 "만듦"의 구분에 대해서는 이 책 제5부의 「밀리반트-풀란차스 국가론 논쟁」장의 후반을 참조하기 바란다.

42) 이 책 제4부의 「케이텁, 쾨슬러, 메를로-퐁티」장을 참조할 것.

수행한다"; 사람들이 처음부터 그 안에서 태어나든가 또는 나중에 가
입하게 되는 집단은 "사회적 신분과 지위를 부여해주는 권력과 명령
의 조직을 포함한다"; "어디서나 우리는 상층과 하층, 지도자와 추종
자, 명령자와 복종자로 구분된 계층 질서를 발견한다." 심지어 음악
이 연주되는 공간에서도 "계층 질서"는 존재한다. 즉 "많은 연주자들
이 요구되는 경우 합창 지휘자나 수석 바이올리니스트 또는 지속저
음 연주자continuo player 가운데 한 사람은 지도적 역할을, 다시 말
하면 각 연주자들이 상호간에 직접으로 접촉할 수 없는 상황에서 이
들간의 접촉을 이어주는 역할을 수행해야 한다." 이에 대해 엠브리
Lester Embree 교수는 다음과 같이 논평한다: "따라서 슈츠가 파슨스
의 정치학이란 '특수 형태의 권력 관계와 집단 조직의 사회 관계'에
관한 것이라고 말할 때, 그도[즉 슈츠도: 필자] 이러한 견해에 동의했
다고 추정된다." 그리고 엠브리 교수는 이렇게 묻는다: "정치학은 과
연 파슨스와 그리고 명백히 슈츠가 주장하는 바와 같이 '특수 형태의
권력 관계와 집단 조직의 사회 관계'에 초점이 맞추어진 것인가?"[43]
만일 그렇다면, 적어도 아렌트의 입장에서는, 슈츠의 (그리고 파슨스
의) "정치학"은 아직도 전-정치적 영역인 "가계 oikos"에, 다시 말하
면 정치가 아닌 "통치"의 단계에 머물러 있다고 비판받을 수밖에
없다.

슈츠의 "코미사르"적 경향은 산타야나 George Santayana를 리뷰하
는 데서, 특히 그가 인용한 마지막 구절에서 선명히 드러난다: "좋은
정부 외에는 옳은 정부란 없다; 좋은 정부란 피지배자를 이롭게 하는
것이다; 피지배자의 선이란 그들이 가장 원하는 것이나 통치에 대한
그들의 열정에 의해서가 아니라 그들의 숨겨진 본성과 실재적 기회
를 발견하고, 이러한 기회의 이름으로 말하는 지식만이 국가나 개인

---

43) L. Embree, *Research Document* (09/08/97), pp. 18, 44, 73.

을 통치할 권리a right to rule를 갖는다."[44]

어떤 점에서 슈츠는 일찍부터 정치에 대한 희망을, 다시 말하면 인류가 전-정치적 영역에서 벗어나서 말과 행동을 통해서 구성하는 정치의 차원으로 스스로 발전할 수 있을 것이라는 희망을 포기했던 것으로 보인다. 그의 이와 같은 비관주의적 태도는 후설의 "초월적 현상학"에 대한 비판과도 무관하지 않다고 보이며, 또한 그가 셸러의 "현실정치"론 쪽으로 기울어졌던 배경이라고 생각된다.[45] 슈츠는 그의 친구인 거비치에게 보낸 편지(1941년 4월 26일자) 가운데서 이와 같은 그의 심경을 토로하고 있다:

너는 아직도 현상학이 영구철학philosophia aere perennis으로서 이 세계의 파멸로부터 스스로를 구원할 것을 믿는 낙관주의자인가? 한마디로 나는 그것을 더 이상 믿지 않는다. 〔……〕 우리가 사는 세계에서는 외부에서 만들어야만 하는 그런 질서를 우리는 우리의 세계에서 창조하도록 노력하지 않으면 안 된다.[46]

---

44) A. Schutz, "Santayana on Society and Government," *Collected Papers II*, p. 225.

45) 셸러의 정치적 "현실주의"에 관한 예로서 슈츠의 다음과 같은 말을 인용할 수 있다: "The interplay between the psyche and the circumstances is the origin of Powers and Dominations. Again this position recalls a theory of Max Scheler's: the theory of real factors and ideal factors in societal life, the latter developing independently of the former in accordance with their intrinsic particular locus, but the former having the function of a sluice-gate, without which the stream of ideal factors can never materialize in the reality of the world of natural things or, in Santayana's language in the world of circumstances"(같은 글, p. 208).

46) A. Schutz, *Philosophers in Exile. The Correspondence of Alfred Schutz and Aron Gurwitsch, 1939~1959*, ed. Richard Grathoff, tr. J. Claude Evans(Bloomington: Indiana Univ. Press, 1989), p. 37. Fred Kersten, "The Purely Possible Political Philosophy of Alfred Schutz," L. Embree, ed., *Schutzian Social Science* (Dordrecht: Kluwer Academic Publishers, 1999), p. 211에서 재인용.

메를로-퐁티의 『행동의 구조』

1

슈츠가 사회학적 행동 이론, 특히 막스 베버 Max Weber의 비판에서부터 출발한 것과는 달리, 메를로-퐁티는 생물학적 이론에 대한 비판에서, 특히 고전적 반사 이론에 대한 비판에서부터 시작한다. 메를로-퐁티는 1942년에 출판된 그의 최초의 저작 『행동의 구조』[1]에서 세 가지 점을 주장한다: 1) 유기체는 객관주의자들이 주장한 것보다 "더" 자유롭다; 2) 의식은 주관주의자들의 주장보다 실제로 "덜" 자유롭다; 3) 따라서 객관주의 또는 주관주의는 유기체의 행동이나 의식을 설명하는 방법론으로서 적실성을 갖지 못한다. 이 글에서는 이상과 같은 메를로-퐁티의 주장들 가운데서 특히 고전적 반사 이론에 대한 그의 비판을 검토함으로써, 유기체에 있어서의 행동이란 단순한 기계적 작용도 또는 전적으로 의식적 활동만으로도 볼 수 없는 독특한 구조적 형태라는 그의 견해를 밝혀보려는 데 있다.[2]

---

1) M. Merleau-Ponty, *La Structure du Comportement* (Paris: Presses Universitaires de France, 1942). 영역본: M. Merleau-Ponty, *The Structure of Behavior*, tr. by Alden L. Fisher(2nd. ed., Boston: Beacon Press, 1963). 이하의 인용은 영역본에 의거한 것임.

2) 김형효 교수는 이를 다음과 같이 집약한다: "행동의 구조"는 "기계론과 목적론의 양자택일적인 선택의 문제가 아니라, 맹목적인 자동 기제의 성격과 어떤 생명의

2

고전적 반사 이론classical reflex theory에 따르면, 유기체는 하나의 정밀한 기계와 같다. 특정한 물리적·화학적 자극은 유기체의 고정된 부위에 위치한 수용기에 전달되며, 이 수용기는 고정된 회로를 통해 고정된 반응을 나타낸다. 예를 들면, 눈의 망막은 상이한 공간적 위치에 따라 고정된 신경 회로와 연결되며, 또 고정된 운동 근육과 연결된다. 만일 광선이 망막의 특정 부위를 자극하게 되면, 망막—신경 회로—운동 근육 등 유기체 내의 일련의 여러 기관들간에는 연쇄적 인과 작용이 일어난다. 메를로-퐁티에 의하면, 반사 이론은 이와 같은 연쇄적 인과 작용을 "순환적circular"이 아닌 "선형적linear"인 과정으로, 또는 "횡적transversal"인 것이 아닌 "종적longitudinal"인 과

목적적 의도가 대립은커녕 애매한 혼용의 얽힘 상태에 놓여 있음"으로 파악된다; "인간 행동을 결정하는 것은 세계와 세계에 놓여 있는 객관적인 사물들이나 사건들이 인간의 행동을 원인의 입장에서 유발하였다고만 보기도 어렵고, 또 이와는 정반대로 인간이 바깥 세계로 향하여 자신의 의도를 기투(企投)〔필자의 용어로는 投案, 즉 project: 필자〕하였기 때문에 행동이 표현되었다고만 보기도 어렵"다; "그러므로 인간의 행동을 기계론적으로 봐서 상위의 행동을 하위의 행동으로 환원시키려고 하든지, 또는 반대로 인간의 행동을 목적론적으로 봐서 하위의 행동을 상위의 행동으로 채색해서도 안 된다. 〔……〕 행동의 구조는 사물도 아니고 의식도 아니다. 〔……〕 행동은 하나의 사물이 아니다. 그러나 그것은 더구나 하나의 관념도 아니다. 그것은 하나의 순수 의식이 아니다'"; "나의 행동이 사물이 아니기에, 모든 나의 행동의 저변에는 적어도 의식의 의도가 어느 정도 개입되어 있고, 또 행동이 순수 관념의 소산이 아니기에 거기에 환경과 외부의 자극이 나의 몸에 연장되어 그 환경의 자극이 원인은 아니지만 적어도 하나의 기회로서 작용하고 있다. 행동은 형태로서 작용한다"(김형효, 『메를로-퐁티와 애매성의 철학』, 철학과 현실사, 1996, pp. 42, 49~50). 일반적으로 말해서 행동을 사물로 보는 견해가 "외부로부터의 변혁"을 추구하는 "코미사르"형의 지배적 입장이라면, 행동을 순수 사유로 보는 견해는 "내부로부터의 변혁"을 주장하는 "요기"형의 입장이라고 할 수 있다. 이와 관련하여 독자들은 이 책 제4부의 「케이팁, 쾨슬러, 메를로-퐁티」장을 참조하기 바란다.

정으로 파악한다. 이때 자극, 즉 광선은 유기체의 운동의 원인으로서 능동적 요인이 되는 반면 망막—신경 회로—운동 근육 등 유기체의 여러 기관들은 전달된 자극의 지시에 따라 수동적으로 작용하는 "눈 먼 기계 blind mechanism"[3]에 불과하게 된다. 메를로-퐁티는 반사 이론의 기계론적 입장을 보다 일반화시켜 다음과 같이 기술한다: "상황은 자물쇠를 열고, 단추를 누르고, 기계에 시동을 거는 요인으로서만 개입한다. 〔……〕 동물은 마치 진짜 기계처럼 고정된 연결고리에 따라 행동할 수 있을 뿐이며, 이러한 행동이 실재의 상황에 적합한지 아닌지는 문제되지 않는다."[4] 뿐만 아니라 반사 이론에 의하면 "물리

---

3) M. Merleau-Ponty, *The Structure of Behavior*, pp. 8~9, 30.

4) 같은 책, p. 35. 실증과학이 보여주는 이와 같은 "실재의 상황"에 대한 "무감각성 insensitivity"은 결국 "무책임성 irresponsibility"으로 이어진다. 이와 관련하여 이 책의 제1부 「정치행태론 비판 2」장의 후반부를 참조하기 바란다. 후설이 말하는 "유럽 과학의 위기"의 뿌리도 따지고 보면 실증과학의 이와 같은 "무감각성" ―― 인간의 삶에 대한 "무감각성" ――에 있다. 첫째로 후설은 "학문들에 대한 일반적 평가"의 관점을 "그 학문들의 학문적 성격"보다는 "학문 일반이 인간의 현존"에 대해 "무엇을 의미했고" 또 "무엇을 의미할 수 있는가"로 "전환"하여야 한다고 보고, 둘째로 이와 같은 관점에서 실증과학의 "무관심"과 "무책임"성을 질타한다. 그는 이렇게 말한다: "19세기 후반에는 근대인의 세계관 전체가 실증과학에 의해 규정되고 실증과학으로 이룩된 '번영'에 현혹된 채 이러한 세계관을 독점하는 것은 진정한 인간성에 결정적 의미를 지닌 문제들을 무관심하게 외면하는 것을 뜻하였다. 단순한 사실학 Tatsachenwissenschaften은 단순한 사실인 Tatsachenmenschen만을 만들 뿐이다. 이러한 경향에 대한 일반인의 평가 전환은 특히 전쟁〔제1차 세계 대전〕이후 불가피하였고, 우리가 아는 바와 같이 그것은 결과적으로 젊은 세대들에게 〔이러한 경향에 대한〕적개심을 야기시키게 되었다. 〔……〕 사실학은 우리의 삶의 급박함에 있어 우리에게 아무것도 말해주지 않는다. 그 사실학은 불행한 우리 시대의 지극히 운명적인 대격변이 떠맡겨진 인간에게는 화급한 문제를 원리상 곧바로 배제하고 있다. 〔……〕 이성이나 비이성에 대해, 그리고 이러한 자유의 주체인 우리 인간에 대해 학문은 도대체 무엇을 말해야 하는가? 단순한 물질과학은 이점에 대해 아무것도 말하지 않는다는 점은 분명하며, 더구나 그것은 주관적인 것 subjektive 모두를 제거한다. 〔……〕 그러나 만일 학문들이 이와 같은 방식으로 객관적 확정 가능한 것만 참으로 간주한다면, 만일 역사가 정신적 세계의 모든 형태, 즉 그때그때 모든 인간의 삶을 지탱하고 구속하는 이상들·규범들이 일시적 파도

적 원인들은 운동·율동, 그리고 공간적 배열 등과 같은 형태적 속성들을 통해 유기체를 자극할 수 없다. 물리적 현상의 공간적 또는 시간적 형태는 수용기에 기록되지 않는다. 이것이 남기는 것은 외적으로 서로 분리된 개별적 자극들의 연속적 흔적뿐이다. 자극의 인자들은 점적인 속성들에 의해서만 작용할 수 있다."[5]

메를로-퐁티는 이상과 같은 반사 이론을 위치결정론의 입장이라고 말한다. 다시 말하면, 반사 이론은 "기능function"이 아닌, "위치 topography"가 모든 반응의 형태를 결정한다는 주장이다. 이러한 위치결정론에 따르면, 유기체의 각 부위에 위치한 제수용기들은 고유한 신경 회로에 의해 특정의 운동 기관과 연결되며, 이러한 연결은 다른 기관에 의해 대체되거나, 다른 기능으로 변경될 수 없는 "고정 불변의 것"이다. 이런 점에서 반사 이론은 철저한 "폐쇄 회로의 원칙 the principle of private pathways"[6]에 입각한다. 뿐만 아니라 반사 이론은 이른바 "항등성 가설constancy hypothesis"을 전제로 한다. 여기서 말하는 "항등성 가설"이란 동일한 자극은 동일한 반응을 산출한다는 가설, 바꾸어 말하면 특정 반응은 반드시 특정한 자극과 일치한다는 가설이다.[7] 그러나 메를로-퐁티는 유기체의 실재에 비추어 이와 같은 반사 이론의 주장들은 타당성이 없다고 반박한다. 그는 "폐쇄 회로의 원칙"에 대해 이렇게 말한다:

와 같이 형성되고 다시 소멸되는 것이며 이것은 과거에도 항상 그랬고 앞으로도 그럴 것이며 언제나 이성은 무의미로 되고 선행은 재앙으로 되는 것임에 틀림없다는 사실을 가르치는 것뿐이라면, 세계와 그 속에 사는 인간의 현존은 진실로 의미가 있을까? 우리는 그러한 사실에 위안을 느낄 수 있을까? 역사적 사건이 환상적 비약과 쓰라린 환멸의 끊임없는 연쇄 이외에 아무것도 아닌 그러한 세계에서 〔과연〕 우리는 살 수 있을까?"(후설, 『유럽 과학의 위기와 선험적 현상학』, 이종훈 옮김, 이론과실천사, 1993, pp. 26~27).

5) 같은 책, p. 8.
6) 같은 책, p. 16.
7) 같은 책, p. 44.

신경 활동이란 본질상 지정된 특정 회로에만 제한될 뿐 아니라, 기
존의 몇몇 회로 가운데서 하나를 선택하는 문제에 불과하다는 관점을
버리지 않으면 안 된다. 이와는 반대로 우리는 전적으로 자기 스스로
자극을 배분할 수 있고, 반사 회로를 구성할 수 있는 하나의 신경 지배
적 전체라는 개념the idea of an innervation of the whole으로 되돌아
오게 된다.[8]

또 "항등성 가설"에 대해서도 메를로-퐁티는 비판적이다. 그에 의
하면, 동일한 자극에 대한 동일한 반응은 골드스타인의 "자체 반사
eigenreflexe"나 통제된 실험실의 예에서 보듯이 극히 예외적 현상에
불과하다. 일반적으로는 동일한 자극으로부터 다른 반응이, 또 상이
한 자극으로부터 동일한 반응이 나타난다. 예를 들면 황점(黃點)
(macula: 망막에서 시력이 가장 좋은 부분)의 경우, 동일 자극에 대한
반응은 상황에 따라 다양하게 나타난다. 다시 말하면 눈집orbit에서
의 안구의 위치, 몸과 머리간의 위치 등에 따라 때로는 "전면" 감각
을, 때로는 "좌측" 감각을, 때로는 "우측" 감각을 유발한다.[9] 이어서
메를로-퐁티는 이렇게 말한다: "대상이 황점에 투영되었기 때문에
앞에 있는 것으로 또는 선명한 것으로 지각되는 것은 아니다. 사실은
그와 반대다. 즉 황점은 앞에 있다고 지각되는 것과 선명하게 보이는
것들이 가장 빈번하게 투영되는 장소이기 때문이다."[10]
　요컨대 메를로-퐁티는 개개의 점적(點的)인 자극이나 자극의 위치
가 반응의 형태를 결정한다고 보는 위치결정론에 반대하고 "형태"의
중요성을 강조한다. 그에 의하면, "수용기들은 자극의 형태적 속성들

---

8) 같은 책, p. 32.
9) 같은 책, p. 16.
10) 같은 책, p. 142.

을 기록하는 성향을 갖는다. 그리고 이러한 자극의 형태적 속성들은
반응의 형태를 결정하는 데 있어, 자극의 위치나 성질보다 더 중요하
다."[11] 적어도 그는 자극의 형태적 속성이 자극의 요소적 속성에 비해
이차적이라거나 객관성이 약하다고는 말할 수 없다고 주장한다.[12] 이
제 이상과 같은 메를로-퐁티의 비판에 대해 좀더 상세히 살펴보기로
하자.

3

　메를로-퐁티는 고전적 반사 이론에 대해 대체로 6가지 반론을 제
기한다. 첫째 동일한 자극에 대한 반응은 그 반응이 움직이려는 근육
의 상태에 따라 달라진다.[13] 예를 들면 어떤 사람이 한쪽 다리를 다른
쪽 다리 위에 꼬고 앉았을 때 슬개골knee cap에 가벼운 충격을 받으
면 다리를 펴는 반면, 한쪽 다리만을 들고 있을 때, 동일한 자극을 받
으면, 다리를 굽힌다. 또 성게의 다리를 자극할 경우 그 다리의 위치
가 달라짐에 따라 반응도 달라진다. 즉 다리를 지면 위에 뻗고 있을
경우, 성게는 자극의 방향으로 움직인다. 반면 모든 다리를 수직으로
곤두세우고 있을 경우, 힘의 중심축 쪽으로 움직인다.[14] 일반적으로
말해서 이제 막 발생할 반사impending reflex는 이것을 종결지을 근육
의 최초의 상태와 함수 관계에 있다.[15] 몸의 움직임은 사지(四肢)의
처음 위치에 의존한다. 예컨대 긁기 반사에 있어 동일한 자극 지점으

---

11) 같은 책, p. 11.
12) 같은 책, pp. 102~03.
13) 같은 책, p. 23.
14) 같은 책, p. 22.
15) 같은 책, p. 22.

로 손을 이동시키기 위한 근육 수축은 손을 오른쪽으로 펴고 있는가 또는 왼쪽으로 펴고 있는가에 따라 다르다.[16] 셰링턴Sherrington 역시 반사는 그에 선행하는 다른 반사로부터 영향을 받는다고 본다.[17] 이에 대한 좋은 예로서 역반사 reflex reversal를 든다.[18] 즉 하나의 반사 다음에는 종종 역반사가 뒤따른다.[19] 여기서 역반사는 그에 선행하는 반사에 의존하게 된다. 이와 같은 현상을 "반작용strike back" 또는 "연속적 유도successive induction"라고 부른다.[20]

동일한 자극이라도 신체의 전반적 상태에 따라 상이한 반응을 나타낸다. 뇌하수체를 채취한 다음, 자궁의 작용을 관찰하면 임신 여부에 따라 상이한 반응을 나타낸다. 미주 신경(迷走神經)(vagus nerve: 심장 속도를 제어)을 자극하는 순간, 심장의 분문(噴門)cardia이 수축 상태에 있는가 또는 확장 상태에 있는가에 따라, 상반된 반응이 나타난다.[21] 니코틴 투입 후 미주 신경을 자극하면 심장의 박동이 가속화된다. 뿐만 아니라 미주 신경과 교감 신경 sympathetic nerve(그 한 기능은 심장 박동을 빠르게 함)의 반응은 체액의 상태 humoral state에 따라 달라진다. 필로카핀 pilocarpine은 미주 신경의 자극제이지만, 특정 조건하에서는 교감 신경을 자극한다.[22]

칼슘은 일반적으로 맥박의 속도를 떨어뜨리지만, 대동맥판 폐쇄부전증의 경우aortic insufficiency, 맥박의 속도를 가속화시킨다.[23] 소량의 아드레날린 투입은 혈관 근육의 긴장도에 반비례하여 혈압을 떨

---

16) 같은 책, p. 28.
17) 같은 책, p. 23.
18) 같은 책, p. 24.
19) 같은 책, p. 23.
20) 같은 책, pp. 23, 27.
21) 같은 책, p. 23.
22) 같은 책, p. 17.
23) 같은 책, p. 17.

어뜨린다. 반면 위장 근육이 이완되었을 경우, 아드레날린 투입은 긴장 효과를 가져온다.[24] 콜레스테롤 과다증cholestrinemia의 경우, 아드레날린 반응은 유기체의 화학적 상태가 중성 또는 산성인 경우에만 나타난다. 유기체의 자율 신경계는 화학적 이온 상태에 따라 영향을 받으며, 이것은 또 전해질과 아교질 분자간의 비율에 따라 좌우된다. 이 비율은 다시 세포벽 전압cell wall potential에, 그리고 세포벽 전압은 식물적 신경계에 의존한다.[25]

미주 신경의 절단은 피질의 자극 전달 시치(時値) chronaxic, 즉 자극이 전달되는 데 요하는 시간에 변화를 주며, 식물적 신경계에 대한 약효 작용은 말초 감각 기관의 자극 전달 시치에 변화를 준다. 뇌의 손상은 혈압·맥박, 그리고 동공의 신경 지배innervation에 변화를 가져온다. 소뇌와 대뇌는 모든 반사에 영향을 미친다. 특히 척추 활동은 대뇌와 소뇌에 의존한다. 뇌를 제거한 동물의 반사와 그렇지 않은 동물의 반사는 현격한 차이를 보인다. 특정류의 문어에서는 대뇌 신경절과 중추 신경절을 제거하면, 자극역(閾)의 값, 즉 반응을 유발할 수 있는 자극 강도의 범위가 높아지든가 아주 낮아지며, 이에 따라 다리 놀림이 달라지고 게를 잡고 삼키는 반사가 불규칙해진다.[26]

개구리의 내장 파열은 모든 반사를 중단시키거나 변형시킨다. 특정 반사에 주의를 집중할 경우, 반사 억제의 효과를 가져온다. 피로와 최면 상태는 반사를 강화시키거나 또는 약화시킨다. 발바닥에 가해지는 자극에 대한 반응은 추체로pyramidal tracts 손상 이전과 이후 간에 큰 차이를 보인다. 즉 추체로 손상 이전에는 발바닥 굽힘 반사가, 추체로 손상 이후에는 등펴기 반사가 각각 일어난다.[27] 또 베버의

---

24) 같은 책, p. 27.
25) 같은 책, p. 17.
26) 같은 책, p. 18.
27) 같은 책, p. 18.

법칙에 따르면, 동일한 자극도 유기체가 휴식 상태에 있는가 아닌가
에 따라, 또 동시에 제시되는 다른 자극 또는 선행하는 자극 내용의
여하에 따라, 유기체의 반응을 유발할 수도 또는 유발하지 않을 수도
있다.[28]

둘째, 유기체의 반응을 결정하는 것은 자극의 "속성 property"이 아
니라, 자극의 "형태 form"이다. 즉 자극의 작용은 자극의 요소적 속성
보다도 그것의 공간적 배열·율동·강도의 리듬 등과 같은 자극의
형태에 의존한다.[29] 따라서 자극의 내용이 변하더라도 그것의 공간
적·시간적 형태가 동일하게 유지되는 한, 동일한 반응이 나타난다.
반면 같은 자극일지라도 그 형태적 속성이 변하면 반응 역시 변한다.
다시 말하면, "자극이 반사 유발적으로 되는 것은 결코 개체로 존재
하는 물리적 실제로서가 아니다; 그것은 언제나 하나의 구조로서이
다."[30] 이런 점에서 메를로-퐁티는 자극을 하나의 배열된 순서에 불
과하다고 본다.[31] 왜냐하면 "전체의 순서야말로 전체를 구성하는 각
요소에게 자극으로서의 실질적 가치를 부여해주는 것"[32]이기 때문
이다.

이어서 메를로-퐁티는 자극의 형태에 따라 반응이 달라지는 경우
를 여러 가지 예로서 설명한다. 첫째로 고양이의 귓바퀴는 여기에 가
해지는 자극의 형태에 따라 다섯 가지의 다른 반응을 나타낸다.[33] 또
가시뱀 spinalsnake은 단순한 피부 접촉에 대해 굳어지는 반면, 보다
강한 피부 자극에 대해서는 이와는 다른 반응을 나타낸다. 뿐만 아니
라 수용기를 자극함으로써 생기는 반응과 신경 회로를 자극함으로써

---

28) 같은 책, pp. 21, 26.

29) 같은 책, p. 10.

30) 같은 책, p. 103.

31) 같은 책, p. 106.

32) 같은 책, p. 109.

33) 같은 책, 본 장의 각주 91)의 본문에 있는 고양이의 예를 참조.

생기는 반응간에는 상당한 차이가 있다.[34]

　동일한 자극이라도 그것이 단일한 요소로서 제시되는가 또는 다른 자극과 함께 제시되는가, 또 함께 제시될 경우 어떤 순서로 제시되느냐에 따라 다양한 반응을 나타낸다.[35] 예컨대 빛—고음—저음—접촉은 반사를 유발하는 자극인 반면, 빛—저음—고음—접촉은 반사를 유발하지 않는다. 또 동일한 고음을 처음에는 약하게 다음에는 강하게 낼 때 반사가 일어나는 반면 그 순서를 바꾸면, 즉 처음에는 강하게, 그 다음에 약하게 낼 때에는 반사를 일으키지 않는다.[36] 메를로—퐁티에 의하면 이미 오래 전부터 "반사구조설(反射構造說) composition of reflexes"의 이름으로 자극의 제시 순서에 따른 상이한 반응에 관한 연구가 이루어졌다.[37]

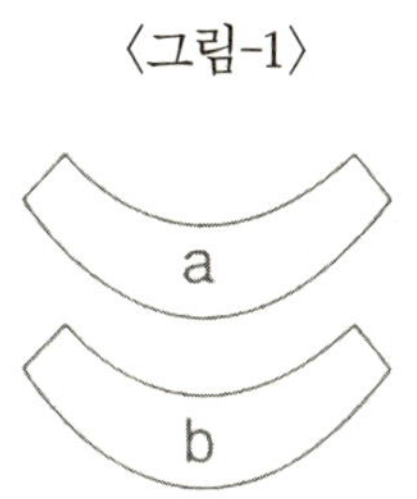

〈그림-1〉

　두 개의 형태 중 작은 것만 고르도록 훈련된 닭에게 〈그림-1〉을 보여주면, 객관적으로는 비록 두 형태의 크기가 같더라도 그 위치의 차이 때문에 작게 보이는 것, 즉 'b'를 택한다.[38]

　약한 회색 G-1과 짙은 회색 G-2 중 약한 회색 G-1을 고르도록 훈련된 닭에게 G-1보다 더 약한 회색 G-0를 G-1과 함께 보이면, G-0를 택한다. 이것은 특정한 물리적 실체인 G-1에 대해 반사 유발력이 작용하지 않고, "보다 약한 회색"이라는 특정한 "구조"에 대해 작용했기 때

---

34) 같은 책, p. 11.
35) 같은 책, pp. 54~55.
36) 같은 책, p. 55.
37) 같은 책, p. 21.
38) 같은 책, p. 108.

문이다.[39)]

검은 색깔의 물건을 고르도록 훈련된 동물에게 같은 물건을 수천
배 밝은 곳에 놓아둘 경우, 계속 같은 물건을 택하는 반면, 같은 물
건의 색깔을 단지 2%만 다르게 변화시켜도 이 물건을 택하지 않는
다.[40)] 문어에게 큰 그릇에 대해서는 그 안에 들어가는 정반응(正反
應)을, 작은 그릇에 대해서는 부반응(否反應)을 습득시킨 후, 작은
그릇 하나만을 설치하면 계속해서 작은 그릇 안으로 들어간다.[41)] 고
도의 숙련된 타자수라도 키보드의 낱자를 찾도록 하면 잘 찾지 못한
다.[42)]

지능이 낮은 원숭이나 침팬지의 경우, 장대나 갈퀴를 어떻게 놓느
냐에 따라 이것을 도구로 사용할 수도, 또는 그렇지 않을 수도 있다.
즉 갈퀴가 과일이 보이는 쪽으로 놓여 있고, 손잡이가 원숭이의 손이
닿을 수 있는 거리에 있거나 또는 과일과 장대를 침팬지가 한눈에 볼
수 있도록 놓을 경우, 이들 갈퀴나 장대는 과일을 따는 도구로 사용
된다. 그러나 갈퀴나 장대를 과일로부터 먼 거리에 놓을수록 그들의
도구적 가치는 점점 떨어진다. 여기서 메를로-퐁티는 물리적 실재로
서의 나무만으로는 과일을 따는 도구가 될 수 없다고 지적한다. 나뭇
가지가 도구로 될 수 있는 것은 주어진 상황의 특정한 위치에서만 가
능하다. 이런 점에서 메를로-퐁티는 나뭇가지의 물리적 속성만을 강
조하고, 이것이 놓인 특정한 위치를 도외시한 경험주의 심리학자들
과 선험주의 심리학자들intellectualist psychologists[43)]을 모두 비판한
다. 즉 이들은 "나뭇가지가 하나의 물리적 실체로서 길이 · 넓이 · 견

---

39) 같은 책, p. 106.

40) 같은 책, p. 108.

41) 같은 책, pp. 55~56.

42) 같은 책, p. 124.

43) 메를로-퐁티에 의하면 선험주의가 극복하려는 "경험주의 요소들 중의 일부는 항
상 선험주의 속에 남아 있다─억압된 경험주의의 형태로"(같은 책, p. 187).

고성 등과 같은 장대로 사용할 수 있는 속성을 갖고 있기 때문에, 따라서 자극으로서의 특정한 속성을 갖고 있기 때문에, 바로 이러한 속성들이 행동에 개입하는 것은 자동적인 것처럼 추론했다"[44]는 것이다.

형태주의 심리학에 의하면, 동일한 색깔도 그것이 대상이 되느냐 또는 배경이 되느냐에 따라 다른 색으로 보인다. 즉 청색 원판을 장밋빛 벽 위에 걸어놓았을 때[즉 장밋빛이 청색의 배경색이 될 때]와 이것을 장밋빛 지환(指環) 중심부의 빈 공간에 놓았을 때[즉 청색이 장밋빛의 배경색이 될 때]의 원판의 색깔이 각각 다르게 보인다.[45]

또 같은 색깔을 육안으로 직접 볼 때와 특별한 장치, 예컨대 스크린의 틈을 통해서 볼 때의 색깔이 각각 다르게 보인다. 일례를 들면, 육안으로 볼 때 투명하던 표면이 스크린의 틈을 통해 볼 때, 회색빛으로 변한다.[46]

반은 녹색이고, 반은 적색인 배경에 회색빛 지환을 그릴 경우, 지환을 하나의 형태로 볼 때와 두 개의 반원으로 나누어진 것으로 볼 때의 색깔이 각각 다르다. 전자, 즉 하나의 지환으로 볼 경우, 지환의 빛은 회색으로 보이는 반면, 후자, 즉 두 개의 반원으로 나누어진 것으로 볼 경우, 반은 적색으로 또 반은 녹색으로 보인다.[47] 둥근 원판을 배경과 떨어진 평면으로 볼 경우, 색대비(色對比) 현상이 나타나지 않는 반면, 배경과 같은 평면에 놓인 것으로 볼 경우, 색대비 현상이 나타난다.[48]

부분에 대해서만 학습한 피험자는 전체 내에서 같은 부분을 보는 순간, 이를 같은 것으로 파악하지 못한다.[49] 같은 음이라도 두 개의

---

44) 같은 책, p. 114.
45) 같은 책, p. 14.
46) 같은 책, pp. 82, 88.
47) 같은 책, p. 83.
48) 같은 책, p. 83.
49) 같은 책, p. 103.

서로 다른 멜로디에서는 같다고 지각되지 않는다. 반면 하나의 멜로디를 이조(移調)시킬 경우, 비록 모든 음이 다르더라도 같은 멜로디로 지각된다.[50] 또 음의 절대적 음색이 바뀌더라도 음의 강도의 차이가 일정하게 유지되는 한 같은 반응을 일으킨다.[51]

평지를 걷는 보행자가 나무 뿌리에 발이 차인 경우와 산길을 내려오는 등산객이 걸음을 헛디뎌 땅바닥에 발을 심하게 부딪힌 경우, 자극을 받은 발의 반응은 각각 다르다. 전자, 즉 보행자의 경우, 발의 반사는 펴는 반사인 반면, 등산객의 발은 수축 반사를 보인다. 메를로-퐁티에 의하면, 이와 같은 반응의 차이는 "자극의 전체적 이용"의 차이에 기인한다. 즉 반응의 차이는 자극 자체의 차이에 기인하는 것이 아니라, "자극이 나타나는 전체적 상황"의 차이에 기인한다. 메를로-퐁티는 이 점을 부연하여 "자극이 유기체에 대해 가지는 의미"의 차이라고 말한다. 다시 말하면 동일한 자극에 대한 상이한 반응은 "자극이 나타나는 의미와 관계된다." 이런 이유 때문에, 두 개의 자극이 설사 물리적·화학적 성분이 서로 다를지라도 유기체에 대해 동일한 의미를 지닐 경우, 같은 반응을 일으킬 수 있다.[52]

이런 점에서 메를로-퐁티는 "진정한 의미의 자극 the adequate stimulus은 유기체와 유리되어 그 자체만으로 정의될 수 없다"고 본다. 왜냐하면 자극은 "물리적 실체가 아니라 생리적 또는 생물적 실체"이기 때문이다. 요컨대 "필연적으로 하나의 특정한 반사 반응을 일으키는 것은 물리-화학적 인자"라기보다는 "물리-화학적 인자"를 다만 물리적 "계기로 삼는 자극의 특정 형태" 또는 자극의 "의미"이다. 메를로-퐁티는 이것을 여러 차례 반복해서 강조한다:

---

50) 같은 책, p. 87.
51) 같은 책, p. 55.
52) 같은 책, p. 45.

특정 자극에 의해 유발되는 반응은 그 자극이 〔……〕 유기체에 대
해 갖는 의미에 의존한다.[53]

〔유기체의〕 반응은 자극의 물리적 속성보다 생존 활동에 미치는 의
미 vital significance에 의존한다.[54]

여기서 메를로-퐁티가 말하는 자극의 "형태" 또는 "의미"와 관련
하여 특히 네 가지 점에 유의할 필요가 있다.
　1) 앞서 지적한 바와 같이, 반응은 자극의 형태 또는 의미의 변화
와 더불어 함께 변한다. 그러나 이것은 유기체에만 국한된 현상은 아
니다. 이것은 전류, 멜로디, 비누 방울, 물 위에 뜬 기름, 그리고 전화
기의 자동 교환 장치에서도 발견된다. 일례로 전화기의 자동 교환 장
치의 경우, "Oberkampf"와 같이 다이얼 "o"를 첫번째로 돌릴 때와
"Botzaris"와 같이 두번째로 돌릴 때의 "o"의 작용은 각각 다르다. 또
'b'의 경우, "o" 앞에 오느냐 또는 그 다음에 오느냐에 따라 그 작용
이 달라진다.[55]
　2) 메를로-퐁티가 말하는 "형태" 또는 "의미"는 유기체와 환경과의
상호 작용 속에서 유기체가 능동적으로 구성하는 "형태" 또는 "의미"
를 뜻한다. 메를로-퐁티에 의하면, "반응을 구성하거나 지각된 내용
을 구성하는 것은 자극이 아니다. 지각된 세계를 구성하는 것은 객관
세계가 아니다."[56] 그것은 유기체이다. "유기체는 공간적으로나 시간
적으로 수용기에 산재해 있는 자극을 수렴하여, 이들에게 리듬, 형
태, 상대적 강도 등과 같은 국부적 자극의 전체적 형태에 대해 신체

---

53) 같은 책, p. 147.
54) 같은 책, p. 161.
55) 같은 책, p. 14.
56) 같은 책, p. 88.

적 실재 a bodily existence를 부여한다."[57]

여기서 특히 중요한 것은 "중추 신경 계통"의 능동적 기능이다. "조정 중추로 불리는 대뇌 영역의 기능은 말초 기관의 기능과는 그 형태가 전연 다르다. 대뇌의 활동은 행동의 구조·조직·배열 등과 관계된다."[58] 대뇌는 "이미 만들어진 특정 행동에 대한 단순한 허용이나 금지"가 아니라, "반응이 일어나는 방식 그 자체에 적극적으로 개입"[59]한다. 이것은 "물적 토대가 상이한 운동에 대해 동일한 타입의 형태, 동일한 가치 표현, 동일한 의미를 부여한다."[60] 이런 점에서 대뇌는 "이미 만들어진 혼적들의 저장소가 아니"라 그보다는 "지각과 운동의 구조적 속성이 다듬어지는 곳"[61]이다. 여기서 메를로-퐁티는 중추 신경의 "조정"이라는 말을 보다 구체적인 "형태 또는 기능적 구조의 형성"이라는 말로 이해해야 한다고 주장한다.[62]

한마디로 중추 신경계는 유기체의 전체적 상(像)이 다듬어지는 곳이며, 또 이러한 상에 따라 유입된 운동 자극을 배분·조직하고, 굽히고 펴는 반사의 비율을 결정하며, 자극·지각·운동·행동의 "형태" 또는 "의미"를 구성하는 곳이다.[63] 특히 중추 기관이 구성하는 자극의 "형태" 또는 "의미" 속에는 "유기체의 생존적 요구"가 표현된다고 본다. 이런 뜻에서 메를로-퐁티는 "자극이 결코 외적 작용에 대한 수동적 기록이 될 수 없으며, 여러 가지 영향들이 유기체의 객관적 규범에 실제적으로 종속되도록 다듬는 작업"[64]이라고 규정한다.

---

57) 같은 책, p. 31.
58) 같은 책, p. 75.
59) 같은 책, p. 18.
60) 같은 책, p. 72.
61) 같은 책, p. 85.
62) 같은 책, pp. 87~88.
63) 같은 책, pp. 18, 20~21, 23, 30.
64) 같은 책, pp. 25, 28.

3) 메를로-퐁티가 말하는 자극의 "형태" 또는 "의미"는 관념적·추상적 "형태" 또는 "의미"가 아니다. 이것은 "아직은 칸트적 대상이 아니다."[65] 이것은 유기체의 반응을 유발하는 생리적·생물적 "형태" 또는 "의미"를 가리킨다. 이것은 다양한 물적 존재에 의해 표현된다. 이것은 말하자면 "물적 존재의 한 편린 가운데 in a fragment of matter"[66] 자리잡고 있는, 따라서 구체적으로 볼 수 있고, 만질 수 있고, 또는 들을 수 있는 "체화된 embodied" 존재이다. 메를로-퐁티는 이렇게 말한다: "형태란 각 구성 요소들의 감각적 값이 전체 속에서 수행하는 기능에 의해 결정되고, 이것에 따라 변화하는, 볼 수 있고 또는 들을 수 있는 배열이다."[67] 또는 "감각적 전체 속에서 발견되는 의미는 이미 그 안에 접착되어 있는"[68] 의미이다. 이런 뜻에서 "형태의 개념은 특정한 자연적 전체에 대한 기술적 descriptive 속성을 표현하는 것에 지나지 않는다."[69] 이것은 마치 어떤 사람의 아파트에 들어서는 순간 그 사람의 "성격"을 볼 수 있고,[70] 어떤 사람의 얼굴 표정에서 그의 기분을 느낄 수 있는 것과 같다.[71] 메를로-퐁티에 의하면, 이와 같은 체화된 "형태" 또는 "의미"의 개념은 애초에 "형태주의 심리학자"들에 의해 처음으로 체계화되었다. 그들은 "관념과 존재가 구별될 수 없도록 결합되고, 또 이들이 〔선험적이 아닌〕 우연적인 배열을 통해 물적 존재가 우리의 면전에서 의미와 초보적 수준의 명료성을 갖기 시작하"는 "구조"의 개념을 제시하였다.[72]

---

65) 같은 책, p. 224.
66) 같은 책, p. 209.
67) 같은 책, p. 168.
68) 같은 책, p. 211.
69) 같은 책, p. 51.
70) 같은 책, p. 173.
71) 같은 책, p. 155.
72) 같은 책, pp. 201~07.

그러나 다른 한편 메를로-퐁티는 형태주의 심리학자들과는 달리 자극의 "형태" 또는 "의미"가 경험적 사실들로 환원될 수 없음을 강조한다. 경험적 사실이란 "형태" 또는 "의미" 그 자체이기보다는 이것이 존재할 수 있는 "조건"으로서, "존재"를 대신할 수 없다. 메를로-퐁티의 표현대로 "존재한다는 것"과 "존재한다는 사실"간에는 "필연적으로 외적" 관계만이 있을 뿐이다.[73] 그러나 어떠한 외적 사실에서도, 또 이들을 아무리 체계적으로 해석한다 할지라도, 이것을 구성 요소로 하는 "형태" 또는 "의미"를 도출할 수는 없다.[74] 이런 까닭에 메를로-퐁티는 "유기체의 기본적인 반응조차도 〔……〕 이러한 반응이 구체화되는 기관들에 의해서가 아니라, 그것이 생존 활동에 미치는 의미에 따라 분류될 수밖에 없다"[75]고 말한다.

메를로-퐁티는 유기체의 행동 구조를 연구함에 있어 "형태" 또는 "의미"를 경험적 사실로 환원시킬 것이 아니라, 이와는 반대로 경험적 사실들을 "형태" 또는 "의미"의 관점에서 이해할 것을 촉구한다. 그는 이렇게 말한다:

만약 우리가 하나의 생명체가 사춘기로부터 성년기로 이행될 때 그 배후의 무수한 물리적 · 화학적 작용들을 기술할 수 있다면, 우리는 하나의 유기체의 지속으로 보기 힘든 일련의 연속적 현상들을 접하게 될 것이다. 예컨대 발전적 진화anagenesis나 퇴행적 진화catagenesis와 같은 전형적 '기능들' 또는 '과정들'의 리듬은 성장 또는 연륜을 규정하는 생리적 현상이며, 또 이들과 관계된 화학적 반응들은 이러한 기능들이나 과정들을 다방면에서 조건짓는다. 그러나 〔이상과 같은 물리적 · 화학적 기술(記述)만으로 그칠 경우〕 이러한 전형적 '기능들'

---

73) 같은 책, pp. 164, 206.
74) 같은 책, p. 171.
75) 같은 책, p. 149.

이나 '과정들'이 고유의 형태나 개별성을 잃게 되어, 마침내 나이와 더불어 겪게 되는 특징적 변화들마저 알 수 없는 지경에 이른다. 총체적 미분자 수준의 분석 a total molecular analysis은 유기체의 기능적 구조를 특징이 없는 미분화된 물리-화학적 반응의 덩어리로 환원시킬 것이다. 〔……〕 살아 있는 유기체를 재현시키기 위해서는, 이러한 반응들로부터 시작하여 이들 가운데 존재하는 변화의 진로를 추적해야 하며, 일단의 현상이 공통된 의미를 갖도록, 따라서 예를 들면 '동화 현상'으로서 또는 '생식 기능'의 한 요소로 보이도록 관점을 택해야 한다. 다시 말하면 지금까지의 지속적인 성장의 과정 속에 파묻힌 일련의 특정한 사건들이 관찰자에게 성장 또는 성년기와 같은 유기체의 발전 '단계들'로 구별되도록 관점을 택해야 한다. 특정의 분화된 현상들을 실제의 맥락에서 의식적으로 분리시켜, 이러한 현상들 가운데 포괄되지는 않지만, 그러나 이들 속에 표현되어 있는 관념으로 묶어야 한다.[76]

---

76) 같은 책, pp. 151~52. 이런 점에서 메를로-퐁티는 "유기체의 구조는 물리학에서 볼 수 있는 바와 같은 단순한 사실적 구조 중의 하나가 아니다. 그것은 원칙 안에 존재하는 구조"라고 말한다. 그는 계속해서 이렇게 말한다: "물리적 체계의 통일성이 상관 관계의 통일성이라면, 유기체의 통일성은 의미의 통일성이다. 〔……〕 생명 현상은 의미에 의한 조정이라는 새로운 조정에 의해 접근 가능하다"(pp. 155~56). 이와 같은 메를로-퐁티의 입장은 김재권 교수의 정신과 물질의 관계와 대비시켜볼 수 있다. 김재권 교수는 "정신은 객관적으로 실재한다"고 보는 점에서 일단 메를로-퐁티와 유사점을 보여준다. 예를 들면 김교수는 이렇게 말한다: "정신 작용이 어떤 비물질적 영혼이나 정령 속의 사건이 아니라 물리적 체계 〔……〕 속의 사건이나 상태나 과정으로 이해되어야만 한다"(「물리적 세계 속에서의 정신의 위치」, 『변화하는 시대와 철학의 과제: 한민족 철학자 대회, 1991 대회보 1』, pp. 175~76); "우리는 정신적 속성을 보다 복잡한 물리적 구조에 귀속시킨다"(같은 책, p. 180); "정신적 속성들은 〔……〕 물리적 체계에서 구체적으로 예시화된다"(같은 책, p. 183); "모든 정신적 속성은 물리적으로 실현된다"(같은 책, p. 185).
　　다른 한편 김교수는 메를로-퐁티와는 달리 정신의 "인과성"과 "환원주의"를 주장한다. 김교수에 의하면, "실재적이라는 것은 인과적인 힘을 갖는 것이다. 〔……〕

4) 메를로-퐁티는 유기체의 반응이 자극의 개별적 속성보다는 그 형태적 속성에 따라 결정된다는 사실에 입각하여, 파블로프Pavlov의 조건 반사 이론을 비판한다. 파블로프의 실험 결과에 따르면, 소리 S,

실재적이기 위해서는, 어떤 사물이 세계의 인과적 구조 〔……〕 의 한 부분이 되지 않으면 안 된다. 만약 원인도 없고 결과도 없는 어떤 사물이 존재한다 해도 그 존재가 우리에게 알려지지도 못할 것이다"; "그러므로 정신의 실재론과 정신의 인과 작용은 아마도 동반 관계에 있는 듯하다; 한쪽이 없이는 〔……〕 다른 쪽이 유지될 수 없다. 우리가 우리의 정신 작용의 실재를 믿는 한, 우리는 우리의 정신 작용이 세계의 인과적 그물의 한 부분이라고 생각하지 않을 수 없다. 정신적 인과 작용 없이는, 정신 작용은 어떤 것에 대해서도 효력을 가질 수 없다"(같은 책, p. 178). 김교수는 이와 같은 인과론으로부터 환원주의로 이행한다. 김교수에 의하면, "과거 삼십 년 동안 서양 철학에서는 환원주의에 대한 공포가 있어왔다"(같은 책, p. 188). 그러나 김교수는 "환원주의야말로 우리가 선택할 수 있는 유일한 대안"이라고 본다(같은 책, p. 181). 그는 "체계의 물리적 상황에 의해 정신 작용이 결정된다"는 명제야말로 "근대의 과학적 세계상의 기저를 이루고 실재에 관한 지배적이고 형이상학적 도식"이라고 주장한다(같은 책, p. 183). 이어서 그는 이렇게 말한다: "내가 주장하려는 것은 비환원주의하에서는 정신적 인과 작용의 가능성이 설명될 수 없다는 것이다"(같은 책, p. 184). 이어서 그는 "환원주의하에서는 정신적 인과 작용은 물리적 인과 작용의 특수한 경우"에 불과하다고 결론짓는다 (같은 책, p. 187).
다른 한편 소흥렬 교수는 김재권 교수의 "인과성"과 "수반 이론"에 대해 의문을 제기한다: "물리 현상으로서의 인과 관계가 심리 현상으로서의 수반적 인과 관계를 수반한다고 할 수는 있으되 논리적 관계로 나타나는 심리 현상의 관계를 물리 현상의 인과 관계가 수반한다고 하기에는 좀더 설명이 필요한 것 같다. 정의적 작용은 수동적이기 때문에 수반적 현상으로 생각될 수 있다. 그러나 인지적 작용은 능동적인 면을 가지고 있으므로 물리적 현상에 수반되는 것 이상의 조건이 필요한 것 같다. 어떤 원인이 결과로만 나타나는 심리 현상이 아니라 어떤 것을 목적으로 한다든지 어떤 것을 지향하는 성질을 가진 심리 현상을 설명하는 데는 수반의 개념보다 좀더 강한 개념이 있어야 할 것 같다. 그리고 여기서도 역시 왜 어떤 물리 현상이 심리 현상을 수반하게 되느냐라는 문제가 제기된다. 왜 수반적 인과 관계가 나타나는가? 심리 현상이 물리 현상을 역수반한다고 할 수 없는가? '실현'이나 '기술'이라는 개념보다는 훨씬 더 많은 것을 말해주는 '수반' 개념이 지만 여전히 심리 현상과 물리 현상 또는 두뇌 현상으로 나타나는 사건의 관계를 서술(기술)해주는 의미를 가질 뿐 왜 그런 관계가 나타나는지를 설명해주지는 않는다"(소흥렬, 「因果와 認知」, 이정모 외, 『인지과학: 마음·언어·계산』, 민음사, 1989, p. 108).

400

빛 L, 고기 분말 가루 M과 분비된 개〔犬〕의 타액 방울 수는 다음과 같다.[77] 즉,

$$L = 10 \qquad L + M = 10 \qquad L + S + M = 10$$
$$M = 4 \qquad S + M = 4$$
$$S = 0 \qquad L + S = 0$$

그러나 메를로-퐁티는 이러한 실험 결과들간에는 개별적 자극들의 산술적 합(合)만으로는 설명될 수 없는 부분이 존재한다고 본다. 예를 들면, L+S+M=10은 L(=10), S(=0), M(=4)의 각각의 합과 다르다. 이것은 L+S=0이나 L+M=10의 경우에도 마찬가지다. 여기서 메를로-퐁티는 L, L+S, L+M, 그리고 L+S+M 의 "L"을 동일한 것으로 볼 수 없다고 주장한다. 이들은 각기 다른 기능을 수행하며, 이런 점에서 별개의 L로 보아야 한다는 것이다. 왜냐하면 각 자극의 기능은 다른 자극과의 관계, 즉 그 "형태" 또는 "의미"에 의존하기 때문이다. 메를로-퐁티는 이 점을 다음과 같이 말한다:

알려진 사실들에 대한 기술을 통해 말할 수 있는 것은 자극의 운명을 판가름짓는 것은 유기체의 전체적 상태와의 관계, 그리고 그 자극과 동시에 또는 그보다 앞서서 작용하는 자극과의 관계이다.[78]

메를로-퐁티가 보는 유의미한 자극, 즉 유기체의 반응을 유발하는 자극이란 개별적 자극의 고유한 속성으로 환원될 수 없는 자극들의 "전체 그 자체"[79]이다. 여기서 메를로-퐁티는 단순한 "물리적 · 화학

---

77) Maurice Merleau-Ponty, *The Structure of Behavior*, p. 53.
78) 같은 책, p. 15.
79) 같은 책, p. 55.

적"인자로서의 "자극-그-자체 stimulus-in-itself" 또는 "지리적 환경 geographical environment"으로서의 자극과 유기체에 대해 자극을 유발할 수 있는 자극 또는 "행태적 환경 behavioral environment"으로서의 자극을 각각 구별하고, 후자를 특히 "유기체에-대한-자극 stimulus-for-the organism"이라 부른다.[80] 결론적으로 메를로-퐁티는 파블로프의 조건 반사 이론이 "유기체에-대한-자극"이 아닌 "자극-그-자체"만을 출발점으로 삼았기 때문에, 결과적으로는 "아무것도 설명하지 못한다"고 비판한다. 이런 점에서 메를로-퐁티는 파블로프의 이론이 "하나의 상상적 생리학 an imaginary physiology"에 불과하다고 공격한다:

> 파블로프는 그가 생리학적 방법을 사용한다고 믿을 수 있었다. [그러나] 실제로 그것은 하나의 상상적 생리학에 불과하다. 또 그것은 어차피 그럴 수밖에 없다. 가장 완벽한 과학적 정신에 의해 후원되어진다고 보여지는 생리학적 방법이 가장 많은 추정을 토대로 하고 있으며, 또 다른 어느 것에 비해서도 직접성이 가장 적다.[81]

4

셋째, 메를로-퐁티는 고전적 반사 이론이 견지해온 "신경 부위의 국역화(局域化) localization"에 반대하고, 신경계의 기능은 "전체적 global"이라고 주장한다: "신경계에서는 오직 전체적 사건만이 존재한다. 비록 신경계의 일부분이 개별적으로 작용하는 것처럼 보일 경우에도 [……] 이러한 분리 자체가 기능적 현상이다. [……] 신경계

---

80) 같은 책, pp. 103, 129.
81) 같은 책, p. 59.

의 통일성은 〔……〕 신경 기능의 객관적 특성이다."[82] 물론 그는 대뇌의 피질에 위치한 "자극 수용 표면 receptive surface"에서는 구심 신경과 원심 신경이 1 : 1의 대응 관계에 있음을 인정한다.[83] 그러나 색 시각 중추(色視覺中樞)의 존재를 부인한 피에롱 Pieron을 예로 들면서,[84] 중추 부위의 국역화는 불가능하다고 본다. 다시 말하자면, 시각 중추 부위를 색 감지 부위, 형태 감지 부위, 그리고 빛 감지 부위 등으로 국역화시키거나, 또 일반 언어상(像)으로부터 시각 언어상을 구분하고 혹은 각 개별 언어상을 감지하는 부위 등 중추 신경을 국역화하는 것은 "전적으로 불가능하다"[85]는 것이다.

일반적으로 말해서 "행동의 조건은 중추 부위 쪽으로 가까이 갈수록 말초 기관의 경우처럼 신경 물질 자체 가운데서 발견되는 경우보다 전체적 기능의 질적 변화 양식 가운데서 발견되는 경우가 더 많아진다."[86] 이 말은 중추 부위로 갈수록 "신경 기능을 점적(點的)으로 위치지을 수 없다"[87]는 뜻이다. 메를로-퐁티는 이것을 다시 부연하여 이렇게 말한다: "절대로 어떠한 〔신경〕 기능도 위치에 얽매어둘 수 없다: 왜냐하면 모든 영역은 전체적 활동의 맥락 속에서만 각각의 역할을 수행하기 때문이다."[88]

메를로-퐁티는 그 구체적인 예로서 골드스타인 Goldstein과 부우만-그룬바움 Boumann-Grunbaum의 환자를 든다. 이들은 손상 부위의 차이에도 불구하고 —— 전자, 즉 골드스타인의 환자의 경우, 뇌의 후두엽에 박힌 파편으로 조거구외(鳥距溝外) 시각 영역 extra-calcarine

---

82) 같은 책, pp. 50~51, 207.

83) 같은 책, pp. 61, 85.

84) 같은 책, p. 79.

85) 같은 책, pp. 71, 74~76, 204~06.

86) 같은 책, p. 92.

87) 같은 책, p. 155.

88) 같은 책, p. 207.

optic region이 손상된 데 반해, 후자, 즉 부우만-그룬바움의 환자의 경우, 뇌의 좌전엽(左前葉)이 손상되었다——동일한 구조적 교란 현상, 즉 대상과 배경의 구조적 교란 현상이 나타난다.[89]

넷째, 특정 자극에 반응하는 특정 수용기의 반응 구역은 해부학적으로 확정되어 있지 않다.[90] 이것은 셰링턴에 의해서도 확인되었다. 셰링턴은 "긁기 반응 scratch reaction"에 관한 연구에서, 반사 유발 구역의 범위가 날씨와 주위의 변화에 따라 달라진다고 지적한다. 뿐만 아니라, 수용기의 반응 구역은 자극의 강도나 빈도 또는 자극 시간의 장단(長短)에 의해서도 영향을 받는다. 예를 들면, 고양이의 귓바퀴에 점차 강한 자극을 계속해서 주면, 처음에는 목을, 다음에는 귓바퀴와 같은 쪽(즉 자극을 가한 귓바퀴가 좌측이면 좌측, 우측이면 우측)의 앞발, 그 다음에는 같은 쪽 뒷발을 움직이고, 그 후에는 꼬리와 몸통의 근육이 수축되며, 그 후에는 귓바퀴의 반대쪽 앞발의 순으로 움직인다.[91]

고전적 반사 이론은 이와 같은 현상을 자극의 확산으로 설명하였다. 즉 동일한 수용기에 동일한 자극을 계속해서 가하면 자극이 초래한 신경 흥분은 원래의 자극받은 부위를 중심으로 확산된다는 것이다. 이것을 방산(放散) irradiation이라 부른다. 그러나 메를로-퐁티는

---

89) 같은 책, p. 66. 메를로-퐁티는 유기체의 "병리적 증상은 환경으로부터 제기된 물음에 대한 유기체의 반응"이며, "증후군의 목록은 유기체에 대해 제기되는 물음의 차이에 따라 변"하며, 반드시 "손상 부위의 차이에 따라 달라지는 것은 아니"라고 말한다. 그의 표현에 따르면, "증상은 항상 마음의 기대와 일치한다"(같은 책, p. 63). 따라서 설사 "중추 신경 내의 손상 부위가 다르더라도 병의 임상 유형은 거의 동일할 수 있다"는 것이다(같은 책, p. 68). 요컨대 메를로-퐁티가 주장하는 것은 "병은 행동의 내용에 직접 관계되는 것이라기보다는 오히려 그 구조와 관계되며, 이런 의미에서 병은 관찰되는 그 무엇이기보다는 오히려 이해되어야 하는 그 무엇이라는 것이다"(같은 책, p. 64).

90) 같은 책, pp. 84, 88.

91) 같은 책, p. 25.

이러한 설명이 사실과 다르다고 본다. 그에 의하면, 모든 반사는 자극과 억제간의 일정 비율을 나타내며, 자극이 계속되고 그 강도가 증가됨에 따라, 자극과 억제간의 비율이 새로운 비율로 변하기 때문이다.[92] 여기서 중요한 것은 자극과 억제간의 비율이 고정 불변의 것이 아니라, 유기체가 처한 상황에 따라 수시로 변한다는 점이다.[93]

메를로-퐁티는 수용기의 반사 구역이 엄격하게 제한되는 경우란 유기체가 실험실과 같은 인위적 상태에 있거나 또는 병적 상태와 같은 극히 예외적 경우에만 찾아볼 수 있다고 말한다. 예를 들면, 사람의 동측신근반사(同側伸筋反射) ipsilateral extension reflex 수용기가 고정되는 것은 연수(延髓) medulla를 횡단 절개한 이후부터이다.[94] 또 "사람의 눈의 동공 반사를 검사할 경우에도 피험자가 실험자에게 자신의 눈을 전적으로 내맡기고 난 연후에야 비로소 일정 자극에 대한 반응이 거의 규칙적으로 관찰된다. 그러나 이와 같은 규칙성이 일상 생활의 활동적 상황에서도 발견되는 것은 아니다."[95] 이런 점에서 메를로-퐁티는 "실험실 내의 유기체에 발생할 수 있는 모든 것이 생물학적 실재인 것은 아니"[96]라고 말한다. 그는 특히 "반사 reflex"에 대해 비판적이다. 그에 의하면, "반사는 의사 인간화에서 비롯된 착각 anthropomorphic illusion"이다. 그는 이렇게 말한다:

반사는 살아 있는 존재의 기본적 행동을 특징짓기보다는 과학적 연구를 위해 사용하는 실험적 장치를 특징짓는 비정상적 분해 작용의 결과이든가 아니면 개체 발생과 계통 발생의 후기 단계에 나타나는 부수

---

92) 같은 책, pp. 21~22.

93) 같은 책, pp. 22, 25.

94) 같은 책, p. 15.

95) 같은 책, pp. 45~46, 48.

96) 같은 책, p. 151.

적 활동luxury activity이다. 말하자면 반사는 의사 인간화에서 비롯된 착각일 수는 있으나 동물 행동의 구성적 요소로는 간주될 수 없다. 그렇다고 반사가 단지 추상적인 것에 불과하다는 것은 아니다. 이런 점에서 셰링턴은 과오를 범하고 있다. 반사는 존재한다; 다만 그것은 특정의 제한된 조건하에서만 관찰될 수 있는 행동의 특수한 경우를 지칭한다. 그러나 반사가 생리학의 기본 대상인 것은 아니다.[97]

다섯째, "하나의 유기적 기저an organic substrate"는 고전적 반사 이론의 주장과는 달리 여러 가지 기능을 수행하며,[98] 때로는 완전히 상반된 기능을 수행할 수도 있다. 메를로-퐁티에 의하면, 유기체는 구조적으로 원심로efferent ways에 비해 구심로(求心路) afferent ways가 5배수 많다. 이 때문에 원심로와 구심로간에는 1 : 1의 대응 관계가 적용될 수 없으며, 결국 하나의 원심로는 하나 이상의 구심로와 연결될 수밖에 없다.[99] 이러한 사실에 입각하여 셰링턴은 원심 기관 내에 "최종 공용 통로final common segment"가 존재하며, 이로 말미암아 "동일한 신경 조직이 질적으로 다른 반응을 산출할 수 있다"[100]고 본다. 메를로-퐁티는 그 전형적 예로서 마리나Marina의 이식 실험을 든다. 즉 원숭이 안구의 내부 근육을 외부 근육을 지배하는 신경 섬유에 연결하고, 외부 근육을 내부 근육을 움직이는 신경 섬유와 연결시킨 다음 암실에 넣으면, 원숭이는 광점을 향해 안구를 정확하게 움직인다. 여기서 메를로-퐁티는 "기능적으로 거의 동일한 결과가 다른 수단에 의해 일어난다"[101]고 말한다.

---

97) 같은 책, pp. 45~46.
98) 같은 책, p. 16.
99) 같은 책, p. 16.
100) 같은 책, p. 16.
101) M. Merleau-Ponty, *The Structure of Behavior*, pp. 35, 38, 48. 카시러 Ernest

메를로-퐁티가 말하는 이와 같은 현상, 즉 "다른 수단에 의해 동일한 결과가 나타나는 현상은 유기체의 근육 운동에서도 찾아볼 수 있다. 글자를 흑판에 쓸 때와 지면(紙面) 위에 쓸 때의 근육 운동은 상이하다. 또 큰 글자를 쓸 때와 작은 글자를 쓸 때, 빨리 쓸 때와 천천히 쓸 때, 힘을 주어 쓸 때와 힘을 주지 않고 쓸 때, 팔의 자세를 이렇게 할 때와 저렇게 할 때, 지면(또는 흑판)의 오른쪽에 쓸 때와 왼쪽에 쓸 때, 위에 쓸 때와 아래에 쓸 때에도 각각 상이하다. 그러나 필적은 동일하다."[102]

이와 유사한 예로서 오른손으로 목표물을 가리키게 한 다음, 눈을 가리고 왼손이나 머리로 같은 목표물을 가리키게 할 경우, 목표물의 지시를 정확하게 수행한다. 눈을 가리고 뒷걸음으로 일정 거리를 가게 한 다음, 다시 앞으로 가게 하면, 똑바로 걸어가나 갈짓자〔之〕로 걸어가나, 큰 폭으로 걸어가나 작은 폭으로 걸어가나, 걸은 거리만큼 되돌아간다.[103] 연필을 쥐고 있는 어린아이의 손을 여러 방향으로 움직이더라도 다시 손을 입 안으로 가져간다.[104] 여기서 메를로-퐁티는 유기체의 기능이 전제 없이 결론에 이르는 과정과 흡사하게 수행된다고 본다.[105]

메를로-퐁티에 의하면, 유기체의 학습 과정은 "동일한 결과가 다른 수단에 의해 달성되는" 가장 전형적인 예에 해당된다. 그에 의하면,

Cassirer도 다음과 같이 말한 바 있다: "it is a known logical principle that although we can infer like from like causes, we cannot conversely infer like causes from like effects, since one and the same effect can be produced by very different causes"(E. Cassirer, *The Philosophy of Symbolic Forms: The Phenomenology of Knowledge*, Vol. 3, tr. by Ralph Manheim, introductory note by Charles W. Hendel, New Haven and London: Yale Univ. Press, 1957, p. 82).

102) 같은 책, p. 36.
103) 같은 책, pp. 29~30.
104) 같은 책, p. 36.
105) 같은 책, p. 30.

학습 과정은 "시행 착오"와는 다르다. 설사 시행 착오가 일어난다 하더라도 학습이 이루어지지 않을 수 있다.[106] 또 학습은 "두 개의 개별적 실체간에 수립된 상관 관계도 아니다."[107] 학습은 동일한 목적을 달성하기 위해, 동일한 몸짓을 반복할 수 있는 능력의 획득이 아니다. 오히려 그것은 다른 수단에 의해 동일한 상황에 적응할 수 있는 능력의 획득이다. 따라서 학습의 성과는 동일한 부류 또는 형태에 속한 일련의 문제들을 풀 수 있는 새로운 "적성aptitude"의 소유로 집약된다. 메를로-퐁티는 몇 가지 예로서 이와 같은 학습 과정을 설명한다. 그 하나는 끈을 당김으로써 음식을 얻도록 훈련된 고양이의 경우이다. 고양이는 처음에는 발로, 다음에는 이빨로 끈을 당긴다. 또 붉은색과 녹색의 차이를 학습한 어린아이는 점차 색 일반에 대해 구분하는 능력을 습득하게 된다. 또 메를로-퐁티는 뷔텐지크 Buytendijk의 물고기 학습 실험을 예로 들면서 이렇게 말한다:

이 동물이 적응한 것은 특정한 물체에 대해서가 아니라, 사람의 언어를 빌리자면, 특정 종류의 속임수에 대해서다. 효과적으로 획득한 학습은 이러저러한 시각적 자극(즉 분필과 고무의 고유한 색깔)과 이에 대한 회피 반응간의 연상으로 이해될 수 없다. 이 동물에게 확립된 것은 고르는 능력, 선택하는 방법인 것이다.[108]

여기서 메를로-퐁티가 강조하는 것은 다양한 수단을 통한 동일한 결과의 달성이다. 이와 같은 것은, 다시 말하면, "다양한 수단을 통한 동일한 결과의 달성"은 "경험" 일반의 속성이기도 하다. 그는 "경험"을 정의하는 데서 이 점을 다시 밝힌다:

106) 같은 책, p. 100.
107) 같은 책, p. 99.
108) 같은 책, pp. 96~97.

유기체에 있어서 경험이란 실재로 일어난 특정 운동의 기록과 고정화fixation가 아니다: 그것은 의미 이외에는 공통점이 없는 다양한 반응에 의해 특정한 유형의 상황에 반응할 수 있는 일반적 능력, 즉 적성을 수립함이다.[109]

5

여섯째, 유기체는 우연성 contingency을 갖는다.[110] 예를 들면 신경 기관은 일정 강도 이상의 자극에 대해서는 부반응(否反應)을 나타낸다. 이것을 가리켜 "자극역 threshold"이라 부른다. 그러나 메를로-퐁티는 각 신경 기관의 자극역이 고전적 반사 이론의 주장[111]과는 달리 처음부터 고정된 값으로 결정된 것이 아니라, 우연적 상황의 변화에 따라 임시 변통적으로 결정된다 improvise고 본다. 예를 들면 같은 색깔에 대한 자극역은 그것이 대상으로 되느냐 또는 배경으로 되느냐에 따라 달라진다.[112] 일반적으로 자극역의 값이 우연적 요인에 의해 어떻게 결정되는지에 대해 메를로-퐁티는 다음과 같이 기술한다:

어떠한 원칙도, 어떠한 과학적 방법의 긴급성도 〔……〕 여러 신경 기관들의 자극역이 각자의 고유한 구조에 의해 단 하나의 값으로 결정되었다는 생각을 강요할 수 없다. 〔……〕 자극역은 특정 신경 기관의 변치 않는 특성이 아니기 때문에, 어떠한 생리학적 원자론의 용어로도

---

109) 같은 책, p. 130.
110) 같은 책, p. 208.
111) 같은 책, pp. 13, 26, 48.
112) 같은 책, p. 168.

이 역을 설명할 수 없다. 따라서, 예를 들면, 특정 기관의 긴장 반사는 이미 정해진 자극역의 값 이하에서만 발생하며, 일단 이러한 자극역의 값에 도달하게 되면 흥분은 자동적으로 다른 기관으로 확산되어 역반사가 일어난다는 가정은 무엇으로도 뒷받침될 수 없다. 긴장 기관(緊張器官)의 순간적 자극 반응역의 값은 (만일 하나의 값을 정하기를 원한다면) 신경계의 일반적인 상태에 의해 결정된다.[113]

메를로-퐁티는 "자극역"뿐만 아니라 "자극 전달 시치"——자극이 전달되는 데 요하는 시간——역시 특정의 중추 기관이나 해부학적 구조 또는 국부 억제 기관 local inhibiting device 등에 의해 불변의 값으로 결정되는 것이 아니라, "유기체 전체의 신경-운동적 상태에 따라 결정된다"[114]고 주장한다. 그는 라피크 Lapique의 반사 이론을 설명하는 가운데서 이렇게 말한다:

두뇌 역시 다른 것과 마찬가지로 인접한 신경 세포의 작용을 받아, 그리고 점진적으로는 말초 신경의 영향을 받아 자극 전달 시치를 변경할 수 있는 신경 세포로 구성되어 있다. 따라서 피질의 운동 중추의 시치는 유동적이다. 이것은 그와 연결된 신체 부위가 더워지거나 차지거나 또는 전기 자극을 받음에 따라 크게 변한다. [……] 시치 이론이 밝혀주는 것은 매 순간의 새로운 신경 회로의 조직은 신경계의 고유 기능이라는 점이다.[115]

이상으로 우리는 상황의 변화에 따라 자극역이나 자극 전달 시치가 유동한다는, 말하자면 "반사의 우연성"에 관하여 살펴보았다. 따

---

113) 같은 책, p. 27.
114) 같은 책, p. 20.
115) 같은 책, pp. 48~49.

지고 보면 "우연성"은 메를로-퐁티의 『행동의 구조』 전반에 깔려 있는 기본 전제라고 생각된다. 그러나 "우연성"에 관한 논의가 본격적으로 제기되는 것은 중추 신경의 "본유성innate"을 부인하는 피에롱의 견해가 소개된 이후부터라고 생각된다. 메를로-퐁티에 따르면, 피에롱은 "해부학적 세분화anatomical specifications가 〔……〕 기능에 부수되어 나타난 산물이라고 생각"한 대표적 인물이다. 피에롱은 특히 "조정 중추가 본유적인 것이 아니라 점진적 발전으로부터 나온 〔진화의〕 산물로서, 여기에는 개인적 편차가 존재한다"[116]고 본다. 메를로-퐁티는 이러한 피에롱의 주장을 수용하면서 이렇게 말한다: "조정 그 자체는 하나의 결과처럼 보인다. 즉 구조 또는 '형태'라는 현상의 결과처럼 보인다."[117]

뿐만 아니라 "우연성"은 "대체 현상substitution"에서도 발견된다. 유기체는 조직의 불구나 파괴 등으로 지금까지 습관적으로 사용하던 반사 회로를 사용할 수 없게 될 경우, 대체 회로에 의해 종전의 반사 작용을 계속한다. 여기서 메를로-퐁티가 말하는 대체 현상은 세 가지 특징을 나타낸다: 1) 대체 반사는 다른 기관에 의한 동일 기능의 수행으로, 반드시 "기능적 재조직functional reorganization"을 수반한다. 가장 간단한 예로서 사시(斜視)의 경우를 들 수 있다. 사시 환자의 안구의 위치는 정상인의 그것과 다름에도 불구하고, 정상인과 다름없는 동일한 시각 작용이 일어난다. 이것은 "망막 지점의 공간적 값과 이것과 1 : 1의 대응 관계에 있는 조거구(鳥距溝) 영역 내의 여러 지점들이 재배치될 수 있음을 보여준다."[118]

그러나 메를로-퐁티가 말하는 "기능적 재조직"의 가장 적절한 예로서 반맹증(半盲症) 환자의 경우를 빼놓을 수 없다. 반맹증 환자는

---

116) 같은 책, p. 75.
117) 같은 책, p. 79.
118) 같은 책, p. 76.

정상인에 비해 망막의 절반이 빛에 대한 감지력을 상실한 경우이다. 따라서 일반인에 비해 그의 시계(視界)는 반감될 것으로 예상된다. 그러나 실제는 이와 다르다. 반맹증 환자는 시계가 반감되는 것이 아니라, 다만 전체적 시각이 불투명해질 뿐이다. 메를로-퐁티는 시각이 이처럼 반감되지 않는 것은 망막 내의 시신경이 재조직된 결과라고 본다:

　　유기체는 눈의 기능을 재조직함으로써 질병으로 야기된 상황에 적응한다. 안구는 아직까지 빛의 자극에 노출되지 않았던 나머지 망막의 일부가 오른쪽 또는 왼쪽으로부터 오는 빛의 자극을 받을 수 있도록 움직인다. 〔……〕 마침내 새로이 형성된 망막의 중심와(中心窩) fovea 는 비록 그것이 전에는 빨간색과 녹색을 감지할 수 없었으나 이제는 모든 색깔을 감지하게 된다.[119]

　2) 대체 기능은 조직의 불구나 파괴에 따라 자동적으로 발생하는 기계적 작용은 아니다. 메를로-퐁티의 표현을 빌리면, 그것은 "구심로에서 작용하는 힘"이 외적 압력에 직면하여 "임시 변통적으로 수행하는improvise" 능동적 작용이다.[120] 예를 들면, 풍뎅이는 다리의 일부가 절단된 후에도 다시 걸을 수 있다. 그러나 잘리고 남은 다리 부분과 동체(胴體)에 의한 새로운 운동은 단순히 종전의 운동을 기계적으로 되풀이하지 않는다. "이 운동은 새로운 양식의 운동, 또는 절단에 의해 제기된 예상치 못한 문제에 대한," 다시 말하면 "우연성"에 대한, "하나의 해결을 뜻한다." 풍뎅이의 새로운 운동은 그것이 접촉하는 표면의 상태에 따라 일어날 수도, 또는 일어나지 않을 수도 있다. 즉 접촉 표면이 매끄러울 경우, 풍뎅이의 운동은 일어나지 않는

---

119) 같은 책, pp. 41~42.
120) 같은 책, pp. 39~40.

다. 그러나 접촉 표면이 거칠고, 따라서 절단된 다리로 표면 접촉이
용이할 경우에 한하여, 풍뎅이는 새로운 운동을 시작한다.[121]

또 어떤 동물은 오른발을 지배하는 중추 신경을 부분적으로 절단
하면, 왼발로 음식을 먹는다. 그러나 왼발을 완전히 절단시키면, 오
른발의 기능을 다시 회복한다. 다음에 오른발을 지배하는 중추 신경
을 완전히 절단하면, 필요에 따라, 예컨대 울타리 밖에 있는 음식을
먹기 위해, 오른발을 계속 사용한다.[122]

3) 대체 반사는 대체되는 반사를 완전히 회복할 수는 없다. 그것은
다만 근사한 범위 내에서 기존의 기능을 대행한다.[123] 이런 점에서
"대체 행동은 신경 현상의 기본적 수준에 머무를 뿐, 의식적 단계에
해당되는 반응의 유연성에까지 이르지 못한다."[124]

메를로-퐁티가 말하는 "우연성"은 지각 현상 가운데서도 나타난
다. 그는 지각 과정을 일종의 "임시 변통적" 과정으로 특징짓는다.
그는 이렇게 말한다:

지각된 색깔이나 위치 또는 말의 의미에 상응하는 생리적 과정은 지
각되는 순간에 임시 변통적으로 만들어져야 하며 must be improvised,
또 능동적으로 구성되어야 한다.[125]

여기서 메를로-퐁티가 말하는 "임시 변동적 만듦 improvisation"이
란 해부학적 보장 없는 계속적인 자기 발명 self-invention의 과정 또는
"암중 모색 blind-recognition"을 뜻한다. 그것은 우연적 사물 가운데서

---

121) 같은 책, pp. 39~40.
122) 같은 책, p. 40.
123) 같은 책, pp. 37~38.
124) 같은 책, pp. 39, 70.
125) 같은 책, p. 88.

의미가 체화됨이며, 지금까지 무의미했던 사물들이 이로 인하여 의미 있는 "용기 envelope"로 전환됨이다.

구체적으로 말하면, 입체경의 예에서 보듯이, 두 개의 인접한 수직선이 깊이를 갖는 형태로 지각되는 것은 안구의 해부학적 구조 내의 어디에도 나타나지 않는다.[126] 지각된 말의 의미 역시, 공기 진동의 물리적 현상이나 두뇌에 장치된 특정한 부위의 작용만으로 설명되지 않는다.[127] 여기서 메를로-퐁티는 "지각된 행동은 신경 세포나 신경 연접으로 정의될 수 없다"고 본다. 그에 의하면, 지각적 행동은 "뇌 안에도 없고, 신체 안에도 없다." 따라서 "지각의 신체적 토대를 구획짓는 것은 불가능하다."[128] 이런 점에서 지각 작용은 해부학적 보장이 없는 작용이다.

물론 지각 작용은 최소한의 감각적 기반을 필요로 한다. 그러나 지각 작용 그 자체는 이러한 감각적 요소로 환원될 수 없다. 이것은 무대 위에서 연출된 연극을 무대 장치로 환원시킬 수 없는 것과 같다. 지각 현상의 감각적 요소는 말하자면 "하나의 인간적 드라마의 연출에 필요한 최소한의 무대 장치"[129]에 불과하다. 이런 점에서 메를로-퐁티는 지각 작용이 생리적 작용이나 논리적 과정도 아닌, "현상적 장(場)의 고유한 표현에 따라 이루어지는" 원초적 경험 original experience이라고 본다.[130] 이것은 "의식 상태 state of consciousness"의 결과로도, "사유의 논리적 조직"에 의해서도 설명될 수 없다.[131] 실제

---

126) 같은 책, pp. 37, 76.

127) 같은 책, p. 92.

128) 같은 책, p. 205.

129) 같은 책, p. 168.

130) 반면 김재권 교수는 "우리가 전제하는 것은 단지 신념·욕구·감정·지각과 같은 사건과 상태들이 존재한다는 것뿐"이라고 말한다(『변화하는 시대와 철학의 과제』, p. 176).

131) 같은 책, p. 187.

는 그와 정반대다. 즉 경험적 "의식 상태"나 논리적 "사유"가 오히려 지각 작용을 통해서만 밝혀질 수 있다.[132]

메를로-퐁티는 이와 관련하여 몇 가지 사례를 든다. 첫째는 사물과 이것을 지각할 때의 시각적 측면과의 관계이다. 그에 의하면, "시각적 측면들과 이것들이 보여주는 사물과의 관계는 자연 속에 존재하는 어떤 관계로도 환원될 수 없다. [……] 이것은 인과 관계도 또는 함수나 이에 상응하는 변수간의 관계도 아니다. 경험주의의 모든 문제점들은 이러한 원초적 관계를 인과 작용으로 환원시키고, 지각을 자연 속에 통합시키려는 바로 그러한 시도로부터 발생한다."[133]

또한 "어린아이는 자신의 미소를 지각하기 훨씬 이전부터 미소가 담고 있는 즐거움의 의미를 이해하며, 그 자신은 한번도 표현한 적이 없는, 따라서 자신의 경험 내용 가운데서 찾아볼 수 없는 위협적 또는 침울한 몸짓의 의미를 이해한다."[134] 뿐만 아니라 어린아이는 "얼굴을 구성하는 안색이나 윤곽에 대한 지각 없이 미소를 지각할 수 있고 또 미소 안에 담겨 있는 감정마저 지각할 수 있다. [……] 우리 역시 눈빛이나 머리칼의 색깔을 모르면서도 얼굴 모양을 완전히 식별할 수 있다."[135] 메를로-퐁티에 의하면, 이것은 "인간적 의미가 보통 말하는 감각적 기호sensible sign 이전에 주어지"기 때문이다.[136]

이와 같은 사실, 즉 "인간적 의미"가 "감각적 표현" 이전에 주어진다는 사실은 특히 "타인에 대한 지각"과 관련하여 중요한 뜻을 함축한다. 지각에 주어진 타인의 존재란 단순한 감각적 현상이나 다수의 경험적 요소들의 "덩어리"가 아니다. 타인에 대한 지각은 타인의 몸에

---

132) 같은 책, p. 217. 메를로-퐁티는 감각적 요소와 지각 현상간의 관계는 "인과적 관계"가 아닌 "동시 발생적 관계concordant phenomena"라고 말한다.

133) 같은 책, p. 193.

134) 같은 책, p. 156.

135) 같은 책, p. 166.

136) 같은 책, p. 167.

내재하는 일종의 선험적 의미를 지각함으로써 획득한다. 여기서 메를로-퐁티는 유기체의 살아 있는 신체, 즉 "현상적 신체phenomenal body"에는 감각적 요소로 분리될 수 없는 내재적 의미가 존재한다고 주장한다. "현상적 신체의 몸짓과 태도는 〔……〕 하나의 고유한 구조, 하나의 내재적 의미를 갖고 있음에 틀림없다"[137]; "그것은 의미의 통일체이며, 칸트적 의미의 현상이다."[138] 그는 다시 이렇게 부연한다:

> 우리는 반사 이론이 기초적 반사 작용에 의해 산출하는 데 성공시킨 일이 없는 특정한 의미의 핵, 특정한 동물적 본질—즉 목적물을 향해서 가고, 먹이를 움키고, 먹으며, 장애물을 넘고, 피해가는 것 같은 동물적 본질—또는 통일성 등이 현상적 유기체에 내재해 있음을 발견한다.[139]

그리고 메를로-퐁티는 이러한 "의미의 핵" "동물적 본질" "통일성"에 대한 지각이 수동적 · 기계적 반사 작용의 결과가 아닌, "임시 변통적 만듦"과 "능동적 구성"의 산물이라고 주장한다.

요컨대 메를로-퐁티는 "지각은 자연의 사건이 아니"[140]며, "지각된 것은 대뇌 기능의 결과가 아니라, 그것의 의미"[141]라는 것, 따라서 자연 현상처럼 설명될 수 없고, 다만 "기술(記述)되거나 이해될 뿐"이

---

137) 같은 책, p. 157.
138) 같은 책, p. 159. 이와 같은 현상은 동물의 "운동"에서도 나타난다. 동물이 특정 공간에서 움직일 때, "공간적 성격의 멜로디가 지속적 형태로 흘러나와서 여러 다른 감각적 영역에서 작용한다"; "운동의 의도"는 "처음에 하나의 핵으로 주어지며, 여기서부터 운동의 전체가 결과적으로 분화된다"(같은 책, p. 30).
139) 같은 책, p. 157.
140) 같은 책, pp. 145, 198.
141) 같은 책, p. 216.

라는 점을 강조한다.[142] 또한 지각은 "존재" 또는 "있음"을 처음으로 일깨워주는 원초적 작용으로서 모든 신체적·사회적·심리적 인과 관계를 밝혀주는 기반은 될 수 있을지언정, 그 반대일 수 없다는 것이다.[143] 이런 점에서 "과학적 사유의 논리적 순서"는 "지각된 것으로부터 〔경험적〕 상관 관계로 이행한다."[144] 끝으로 이러한 지각 작용은 한편으로는 "지각된 것은 오직 지각된 것에 의해서만 밝혀질 수 있다"[145]는 원초성을 뜻한다. 다른 한편 이것은 지각 작용이 항상 새롭게 시작되어야 한다는 "모험"과 "우연성"을 뜻한다. 메를로-퐁티의 표현을 빌리면, 지각이란 극히 빈약한 감각적 소여를 토대로 수행되는 "암중 모색"[146]이며, 그것은 미정성과 모호성을 특징으로 하는 "지각의 장에서" 의미 지향적 "의도를 폭발시킴 to make an intention explode in the phenomenal field"[147]이며, 또는 김형효 교수의 보다 시적인 번역어에 따르면 "존재의 꽃망울 터짐 la déhiscence de l'Etre"[148]과 같은 현상이다. 이런 점에서 메를로-퐁티는 "지각의 철학이 삶 속에 기성품으로 만들어져 있지 않다"[149]라고 천명한다. 이와 같은 메를로-퐁티의 지각론은 "계획 plan"보다는 "준비 preparation"를 강조한 페귀 Charles Péguy[150]를 연상케 함과 동시에, 행동의 "예측 불가능성"

---

142) 같은 책, pp. 193, 195, 199, 205, 218.

143) 같은 책, pp. 196, 212, 218, 224.

144) 같은 책, p. 156.

145) 같은 책, p. 92.

146) 같은 책, p. 172.

147) 같은 책, p. 189.

148) 김형효, 『메를로-퐁티와 애매성의 철학』, pp. 205, 207.

149) 같은 책, p. 219.

150) 페귀는 이렇게 말한다: "One can prepare a war, a revolution(perhaps), but one cannot plan it. At the other end of scale, of the series, one always can plan in detail a day, a battle, a rising, a street brawl and so on. But in the middle of the scale, one can never plan an affair in detail, in advance. One can plan a day, a coup d'etat, a coup de force. Prepared, planned and carried out immediately. One

"무제한성" "허무성" 등을 주장한 아렌트[151]와 또한 행동이란 "오로지 이론에서 파악된 미리 존재하는 각본대로 상영하는 것"과는 다르다는 의미에서[152] "왜 없는 행동acting without a why," 다시 말하면 "탈원칙적an-archic" 행동——필자는 이것을 "반엔지니어링적counter-engineering" 행동의 모형이라고 본다 —— 을 역설한 레비나스Emmanuel Levinas[153] 그리고 슐만Reiner Schürmann[154] 등을 예고하는 것으로도 생각된다.

6

지금까지 메를로-퐁티가 고전적 반사 이론에 대해 제기한 반론을 요약하면 다음과 같다: 첫째, 동일한 자극에 대한 반응은 그 반응이 움직이려는 근육의 상태에 따라 또는 신체의 전체적 상태에 따라 달라진다; 둘째, 유기체의 반응을 결정하는 것은 자극의 "속성"이 아니라 자극의 "형태"이다; 셋째, 신경계의 기능은 전체적이다; 넷째, 특

---

cannot plan at any distance, from afar, as a whole, such a large affair. Or, if one planned, it would not happen"(C. Péguy, *Temporal and Eternal*, tr. by Alexander Dru, New York: Harper and Brothers Publishers, 1958, p. 77).

151) H. Arendt, *The Human Condition* (Chicago and London: The Univ. of Chicago Press, 1958), pp. 188~92.

152) 최재식, 「거비치와 하이데거: 행위와 타자의 문제를 중심으로」, 오인탁·최종욱 외, 『해석학과 정신과학적 교육학』(사회평론, 1996), p. 184.

153) E. Levinas, *Totality and Infinity*, tr. by Alphonso Lingis (Pittsburgh: Duquesne University Press, 1969), p. 93.

154) R. Schürmann, *Heidegger on Being and Acting: From Principles to Anarchy* (Bloomington: Indiana Univ. Press, 1990), p. 293. 그러나 메를로-퐁티의 "암중모색"은 정확하게 슐만의 "왜 없는 행동"과 일치한다기보다는 "명시적인 왜가 없는 행동acting without explicit why" 또는 "암묵적인 왜가 있는 행동acting with implicit why"에 더 가깝다고 본다.

정 자극에 반응하는 특정 수용기의 반응 구역은 해부학적으로 확정
되어 있지 않다; 다섯째, 하나의 유기적 조직은 여러 가지 기능을 수
행하며, 때로는 완전히 상반된 기능을 수행한다; 여섯째, 유기체는
우연성을 나타낸다. 이것은 반사에서뿐만 아니라 지각 현상에서도
나타난다.

메를로-퐁티가 특히 강조하는 것은 각각의 반사가 각각의 폐쇄 회
로에 대응하는 것이 아니라, 동일한 신경 조직의 다양한 기능적 양식
에 대응한다는 것으로서, 다시 말하면 각각의 신경 부위는 특정한 행
동에 대응하는 것이 아니라, 특정 유형 또는 특정 수준의 활동에 대
응한다는 것이며,[155] 이것은 마치 건강한 망막의 반부(半部)에 새로운
중심와(中心窩)가 구성되듯이, 유기체의 기능은 필요에 따라서 새로
운 조직을 창출한다는 것이다.[156] 이런 점에서 물리적 신체, 해부학적
신체 또는 생리학적 신체는 "모두가 〔이와 같은〕 기능적 신체의 추상
화이거나 이것의 스냅 사진들"에 불과하다.[157] 요컨대 유기체의 행동
은 유기체의 특정한 부위와 관련시켜 설명될 수 없으며, 궁극적으로
는 가장 원초적 현상인 지각 과정에 대한 이해를 통해서만 접근할 수
있다는 것이다.[158] 이런 이유에서 "만약 행동의 법칙을 발견할 수 있

---

155) M. Merleau-Ponty, *The Structure of Behavior*, pp. 20~21, 72, 207, 216.

156) 같은 책, p. 43.

157) 같은 책, p. 205.

158) 이와 관련하여 메를로-퐁티가 『지각의 현상학』에서 지적한 다음의 말을 다시 음
     미해볼 필요가 있다: "In so far as behaviour is a form, in which 'visual' and
     'tactile contents,' sensibility and motility appear only as inseparable moments, it
     remains inaccessible to causal thought and is capable of being apprehended only
     by another kind of thought, that which grasps its object as it comes into being and
     it appears to the person experiencing it, with the atmosphere of meaning then
     surrounding it, and which tries to infiltrate into that atmosphere in order to
     discover, behind scattered facts and symptoms, the subject's whole being, when
     he is normal, or the basic disturbance, when he is a patient"(M. Merleau-Ponty,
     Phenomenology of Perception, tr. by Colin Smith, London: Routledge & Kegan

다면, 이 법칙은 관찰된 반응을 특정한 부위의 신체 기관과 직접 연결지을 수 있는 것이 아니라, 신경계의 전체적 상태가 유기체의 보존에 필요한 적극적 개입에 의존"[159]해야 한다는 것이다.

Paul, 1978, p. 120).
159) M. Merleau-Ponty, *The Structure of Behavior*, p. 26.

레오 스트라우스 비판

1

정화열 교수는 1964년 『미국 정치학회보 *American Political Science Review*』 6월호에 「논쟁 후기 A Post-Polemic」라는 짤막한 글을 투고하고, 샤르 John H. Schaar와 월린 Sheldon S. Wolin에 의해 제기된 " '전-과학적' 세계와 이해"의 문제에 대해 보충 설명을 하고, 이어서 1967년 『정치학 리뷰 *Review of Politics*』지의 10월호에 발표한 「레오 스트라우스의 정치철학론에 대한 비판」에서 스트라우스의 본질주의를 실존주의에 대비시켜 비판하였다(이 논문은 1993년에 출판된 『정치 이론의 재성찰 *Rethinking Political Theory*』에 다시 수록되었다). 이와 관련하여 유진 밀러 Eugene F. Miller 교수는 1972년도 『미국 정치학회보』 9월호에 게재된 「실증주의·역사주의, 그리고 정치학 연구」라는 논문에서 정교수의 입장을 "역사주의"라고 비판하였다. 1년 후인 1973년 정교수는 동 『학보』의 9월호 '통신란'에서 자신의 입장을 간단히 밝히고, 그 후 발표된 3편의 논문[1]을 통해 보다 상세하게 스트라우스의

---

1) 첫번째 논문은 "Two Critics of Scientism: Leo Strauss and Edmund Husserl," in *Independent Journal of Philosophy* (1978); 두번째 논문은 "The Life-World, Historicity and Truth: Leo Strauss's Encounter with Heidegger and Husserl," in *The Crisis of Political Understanding* (Pittsburgh: Duquesne Univ. Press, 1979); 세번째

고전 정치철학에 대해 자신의 비판적 견해들을 개진하였다. 이 글에서는 정화열 교수의 스트라우스 비판을 검토하고, 이를 토대로 스트라우스와 현상학간의 대화의 길을 찾아보려는 데 목적을 두고 있다.

정화열 교수의 스트라우스 비판은 앞서 지적한 바와 같이, 1964년 『미국 정치학회보』에 게재된 「논쟁 후기」에서부터 시작된다. 여기서 정교수는 샤르와 월린에 의해 제기된 스트라우스의 "'전-과학적' 세계와 이해"의 문제를 재론한다. 정교수에 의하면, 샤르와 월린의 질문은 첫째, "왜 스트라우스가 말한 '전-과학적' 세계와 이해는 '전-논리적' 또는 '전-철학적' 세계 또는 이해라고 부를 수 없는가?"; 둘째, "'후-과학적' 이해도 가능한 것인가?" 등이다. 이에 대해 정교수는 "'전-과학적' 세계와 이해"를 "'전-논리적' 또는 '전-철학적' 세계 또는 이해"라고 부르는 것은 정당하다고 말한다. 정교수에 의하면, "스트라우스 자신은 '전-철학적'이라는 용어를 '자연적 세계'를 가리키는 말로, 다시 말하면, '정치적 사물들이 정치적 삶 또는 행동 속에서 스스로를 나타내는 방식'을 가리키는 말로 사용하였다." 그리고 이러한 관점에서 스트라우스는 막스 베버가 "사회적 현실을 분석하는 데 있어 그것이 사회 생활 속에서 경험되는 방식, 다시 말하면 '상식'이 이해하는 방식"에 따르지 않았다고 비판한다. 정교수는 스트라우스가 말한 "'전-과학적' 세계"가 "과학의 세계"와는 대립되는 세계, 즉 우리가 사는 "생활 세계" 또는 "상식의 세계"를 뜻한다고 본다.

다른 한편 정교수는 스트라우스의 논의 가운데 혼동을 야기할 소지도 있음을 지적한다. 그 예로서 정교수는 다음과 같은 스트라우스의 견해를 들고 있다. 즉 "자연적 세계가 근본적으로 전-과학적 또는 전-철학적 세계임을 파악하기 위해서는 과학 또는 철학의 첫 출현 이전으로 돌아가야 한다. 그러나 이러한 목적을 위해 광범위하고 또 어

논문은 "Heidegger and Strauss," in *Idealistic Studies* (Sept., 1987) 등이다.

쩔 수 없이 가설적인 인류학적 연구를 해야 할 필요가 없다"고 말한 점이다. 다시 말하면 정교수는 스트라우스가 "전-과학적 세계"를 철학과 과학의 출현 이전인 "전-역사적 세계"로 이해한 것에 대해 의문을 제기한다.

정교수는 "전-과학적"이라는 표현보다는 "전-반성적 pre-reflexive"이라는 표현이 스트라우스가 말한 "자연적 세계"에 보다 충실한 용어라고 본다. 왜냐하면 스트라우스가 의미하는 "자연적 세계"는 반성적 의식 활동인 개념화·논리·철학 이전의 세계를 가리키며, 이런 점에서 그것은 "전-개념적 pre-conceptual" "전-논리적 pre-logical" 또는 "전-철학적 pre-philosophical" 세계로 볼 수 있기 때문이다. 그러나 정교수는 "일상적 삶의 세계" 또는 매개되지 않은 "직접적·체험적 세계"로서의 "생활 세계"의 몇 가지 특성에 대해 언급하면서, 이것이 반드시 "전-역사적" 세계를 가리키는 것은 아니라고 주장한다. 먼저 "생활 세계"라는 용어와 그 의미는 현상학을 창시한 후설에서 비롯되었고, 그의 사후에 출판된 『유럽 과학의 위기와 선험적 현상학』 가운데 나타난다; "생활 세계"는 오늘날 현상학자들과 실존주의자들이 가장 많은 관심을 보이는 문제로서, 예컨대 하이데거의 『존재와 시간』에서 말하는 "세계-내-존재 in-der-Welt-Sein"라든가, 그의 영향을 받은 프랑스 현상학자 메를로-퐁티의 "세계-와의-존재 l'etre-au-monde" 등도 따지고 보면 후설의 "생활 세계"에 소급된다. 미국의 경우, 슈츠는 그의 말년의 저작에서 생활 세계를 사회·정치철학에 원용하였다. 다른 한편 제임스 William James의 "급진적 경험주의 radical empiricism"나 영국의 철학자 맥머레이 John Macmurray는 현상학과는 독립적으로 직접적 경험의 철학을 발전시켰다. 정교수는 생활 세계를 일하는 사람이나 이론화하는 사상가에게나 모든 사람에게 이미 주어진 세계라는 점과, 이런 뜻에서 그것은 원초적 일상적 세계라고 집약한다. 정교수는 또한 생활 세계가 반성적 세계에 비해 더 풍부하고, 모호하고, 직접적이며, 감정적인 세계라고 말한다. 정교수는 스트라우스가 구분하는 "과학적" 이해와 "상식적" 이해가 슈츠가 구분하는 "현상학적 판단 중지 phenomenological epochē"와 "자연적 태도의 판단 중지 epochē of the natural attitude"와도 유사하다고 본다. 그러나 그는 생활 세계를 전-역사적 세계로 보는 데는 반대한다. 정교수는 물론 원시인의 심리에 대한 연구가 생활 세계의 이해에 도움을 줄 수는 있으나, 생활 세계는 어디까지나 "지금 그리고 여기"에서 이루어지고 있는 일상적 삶의 세계를 가리킨다고 강조한다.

이상과 같은 생활세계론과 관련하여 정교수는 스트라우스의 학문적 성실성에 대해서도 의문을 제기한다. 즉 스트라우스는 후설과 하이데거를 베르그송과 화이트헤드와 더불어 "지난 40여 년 간에 있어서 가장 위대한 4대 철학자"로 꼽으면서도, 그의 저작 어디에서도 자신의 "자연적 세계" 또는 "전-과학적 세계"가 후설의 "생활 세계"나 하이데거의 "세계-내-존재"와 관련된다는 것을 밝힌 적이 없었다는 것이다. 그럼에도 불구하고, 정교수는 "철학적 과제가 생활 세계의 기술과 이해에 있다면, 스트라우스가 보여준 고전 정치철학에 대한 '현상학적' 해석은 주목할 만한 시도이며 또 중요한 방향의 제시"[2]라고 결론짓는다.

이어서 정교수는 1967년 『정치학 리뷰』지 10월호에 실린 「레오 스트라우스의 정치철학론에 대한 비판」[3]을 통해, 그의 본질주의 정치철학에 대해 비판하였다. 정교수에 의하면, "레오 스트라우스는" 오늘

---

2) Hwa Yol Jung, "A Post-Polemic," *American Political Science Review* (June, 1964), pp. 400~01.

3) Hwa Yol Jung, "Leo Strauss's Conception of Political Philosophy: A Critique," in *Review of Politics* (Oct., 1967), pp. 492~517. 이 논문은 그의 저서 *Rethinking Political Theory: Essays in Phenomenology and the Study of Politics* (Athens: Ohio University Press, 1993), pp. 113~31에 재수록되었다. 본 논의는 *Rethinking Political Theory*에 의거함.

날 "그의 비판자들로부터도 존경과 찬사를 받는" 정치 사상가 중의 한 사람이다. "그의 비판적인 지적 작업은 빈틈없고, 예리하며, 종종 공격적이다. 그의 근대성에 대한 비판은, 마키아벨리이건, 막스 베버이건, 실존주의자이건, 또는 과학적 정치학자이건, 그리스의 주지주의적 본질주의, 특히 아리스토텔레스의 본질주의와 자신의 저작인 『자연권과 역사』에서 보여주듯이 자연과 자연권의 오랜 전통으로부터 영감을 받았고, 또 그 가운데 뿌리를 두고 있다."[4] 그러나 정교수는 스트라우스의 본질주의가 이론중심주의의 경향을 강하게 나타내며, 따라서 "자아 중심적 egocentric"이거나 "독백적 monological"일 수밖에 없고,[5] 이런 점에서 정치철학의 개념 규정으로서는 적절하지 못하다고 비판한다. 여기서 "본질주의란 행동(그것 됨)에 대해 사유(무엇 됨)의 우선을 주장하는 철학적 교의"를 뜻한다. 실존주의가 "본질"을 "실존 existence"에 비추어 파악하는 데 반해, 본질주의는 실존을 본질 가운데로 포괄하는 입장이다.

이런 점에서 정교수는 "본질주의와 실존주의와는 정면으로 반대되는"[6] 입장이라고 본다. 스트라우스의 본질주의적 입장은 정치철학에 대한 다음과 같은 그의 논의 가운데서 잘 나타난다. 즉 "정치 생활의 궁극적 목적은 정치 생활에 의해서가 아니라, 관조와 철학에 헌신하는 삶에 의해서만 도달될 수 있다. 이와 같은 발견은 정치철학에 대해 결정적인 중요성을 갖는다. 왜냐하면 이것은 정치 생활과 모든 정치적 행동과, 그리고 모든 정치적 계획의 한계를 정해주기 때문이다. 무엇보다도 그것은 정치철학의 최고의 주제가 철학적 삶에 있음을 뜻한다." 여기서 정교수는 "스트라우스에 있어 철학함이란 본질적으로 지복자(至福者)들의 나라가 있는 태양의 빛 또는 진리를 향

---

4) Hwa Yol Jung, *Rethinking Political Theory*, p. 113.
5) 같은 책, p. 119.
6) 같은 책, p. 115.

해 동굴 밖으로 올라감이며, 진리를 관조함"에 있다고 지적한다. 이 것은 또한 플라톤과 아리스토텔레스의 고전 철학의 전통으로 복귀함을 뜻한다: "고전적 철학자들은 인간의 최고 단계에 속한 덕이나 완성에 비추어, 다시 말하면 철학적 삶 또는 관조적 삶에 비추어 도덕적 · 철학적 현상을 이해하였다. 전쟁에 대한 평화의 우월성 또는 일에 대한 여가의 우월성은 행함이나 만듦에 대한 생각의 우월함을 반영한다."[7]

정교수는 스트라우스의 마키아벨리에 대한 비판도 이상에서 말한 본질주의로부터 이해하여야 한다고 본다: "스트라우스에 있어, 마키아벨리가 범한 가장 큰 죄는 그가 부도덕한 권력 정치의 세계를 창조한 것이기보다는 지적 불경죄intellectual profanity를 범한 데 있다. 다시 말하면, 마키아벨리는 철학적 삶의 고전적 기준을 낮춤으로써 철학에 대한 개념 규정을 변경시켰다." 이어서 정교수는 이렇게 말한다: "스트라우스는 『군주론』 이후 정치 활동이 단지 하나의 '정책과학'이나 치국책으로, '지혜'가 '간교craftiness'로 추락되었다고 말할 것이다." 그러나 정교수는 스트라우스가 말한 관조적 활동이 개인적으로만 가능할 뿐, 도시로서는 불가능하다고 주장한다. 정교수에 의하면, 이 점은 스트라우스 자신도 인정한다. 즉, "난점은 개인의 최고의 목적이 관조라는 사실에 기인한다. 아리스토텔레스는 도시도 개인과 마찬가지로 관조적일 수 있다고 주장함으로써 이러한 난점을 해결하고자 한다. 그러나 분명한 것은 도시는 잘해야 관조적 삶의 근사치밖에 접근할 수 없다는 점이다."[8]

정교수는 "스트라우스의 본질주의적 입장이 정치철학을 정치의 철학적 접근이 아닌 철학의 대중적 · 정치적 접근이며, 정치철학의 목적은 정치 생활을 철학적 삶으로 전환시키는 데 있다고 보는 견해에

---

7) 같은 책, p. 116.
8) 같은 책, pp. 116~17.

서 절정에 이른다"⁹⁾고 말한다. 정교수는 이와 같은 스트라우스의 정치철학에 대한 이해는 진정한 휴머니티를 신적인 관조와 동일시하고, 일보다는 사유를 인간의 본질적 요소로 간주하며, 지혜를 인간의 궁극적 텔로스로 보는 인간에 대한 주지주의적 입장과 다름없다고 보고, 이를 현대의 행동철학의 관점에서 비판한다.

먼저 정교수는 일차적인 것은 사유가 아니라 행동이라는, 이른바 행동의 우선성을 강조한다. 이것은 생활 세계에 대한 그의 기술 가운데서 찾아볼 수 있다. 그는 "생활 세계"의 초점은 "지식"이 아니라 "행동"이라고 본다. 생활 세계에는 "길·농장·촌락·거리·교회·도구·종·숟가락·파이프 등이 있다. 이 모든 도구들은 이들이 봉사하는 인간의 행동에 맞추어 만들어진다." 생활 세계에 속해 있는 전-반성적 지식은 지식 그 자체를 위해 존재하는 지식이 아니라 행동을 위해 존재하는, "본질적으로 실천적이고 실용적인 지식"이다. 그것은 "행동" 속의 "지식"이며, "행동을 염두에 둔 지식"이다.¹⁰⁾ 뿐만 아니라 정교수는 인간의 사유가 세계 내에서 이루어지는 활동이며, 이런 점에서 이 세계의 일부분이라고 주장한다. 다시 말하면 정교수는 사유의 존재론적 근거로서 "세계"의 중요성을 강조한다. 이와 같은 견해는 허셸Abraham J. Heschel에 의해서도 피력되고 있다: "어떠한 사유도 하나의 섬은 아니다. 〔……〕 진정한 사유는 세계와의 만남에서 비롯된다. 우리는 개념 안에서 생각할 뿐만 아니라, 세계 안에서 생각한다. 사유는 세계에 대한 인간의 전체적 관계의 메아리이다." 또한 와일드John Wild도 "이론적 앎과 발언은 이 세계를 전제하"며, 이런 점에서 이들은 "세계 내의 특별한 존재 방식들"에 불과하다고 말한다.

여기서 정교수는 이론 중심적인 스트라우스에 반대하고, 자아와

---

9) 같은 책, p. 118.
10) 같은 책, pp. 124~25.

세계, 이론과 실천의 통합을 주장하면서, 철학이 추구하는 진리는 행동에 의한 자아와 세계간의 변증법적 매개에 의해 달성된다고 본다. 이와 관련하여, 정교수는 조한 Robert D. Johann, S. J.의 말을 상기시킨다. 즉 "이론과 실천의 분리 대신에 이 둘은 하나의 진정한 전체 속에 융합될 것이다. 철학은 단지 인간의 삶을 설명할 뿐만 아니라, 그것을 구성하도록 도울 것이다. 철학의 역할은 철학 없이는 획득될 수 없는 경험의 어떤 수준과 양식, 말하자면 사유와 행동, 지식과 현실이 하나로 되는 수준을 실현하는 데 기여할 것이다." 반면 정교수는 고전 철학의 본질주의가 궁극적으로는 사유와 행동을 분리시킴으로써, 사유를 삶의 현실과는 무관한 것으로 만든다고 우려한다. 정교수는 이와 같은 이원주의가 사유를 행동에 앞세우거나 또는 우선시키는 "과장된 주지주의 exaggerated intelligence"에서 비롯된 것이라고 확신한다. 정교수는 삶이 사유를 포함하는 것이지 그 역은 아니며, 이런 점에서 사유는 삶의 일부분에 불과할 뿐이라고 주장한다.[11]

　다른 한편 정교수는 스트라우스의 실증주의 비판과 실존주의의 그것간에는 공통점과 아울러 차이점도 존재한다고 본다. 스트라우스에 의하면, 새로운 정치학에서 말하는 실증주의는 진리와 경험적인 것을 전적으로 자연과학적 절차에 따라 정의하려는 교리이다. 그러나 스트라우스는 고전적 자연권의 기준에 비추어, 이와 같은 교리가 가치, 즉 당위와 사실, 즉 존재를 구분하고, 베버가 옹호하는 바와 마찬가지로, 윤리적 중립주의를 표방함으로써 결과적으로 최선의 정치 질서에 대한 물음을 제기하지 않을 뿐만 아니라, 물을 수조차 없게 되었다고 비판한다. 특히 스트라우스는 어떠한 사회과학자도 사회의 한 구성원으로서 가치 판단으로부터 결코 자유로울 수 없다고 반박한다.

---

11) 같은 책, pp. 118~19.

이에 대해 정교수는 스트라우스의 비판의 정당성을 일단 인정한다. 정교수에 의하면, 실존주의나 현상학은 모두가 가치와 규범을 생활 세계의 구성 요소로 보는 점에서는 스트라우스와 일치한다. 와일드가 지적하였듯이 "생활 세계에서는 가치가 사후적으로 추가되는 것은 아니다. 〔……〕 인간의 문화는 가·불가가 첨가되는 중립적 구조가 아니다. 문화 그 자체가 하나의 가·불가의 구조이다."

그럼에도 불구하고 정교수는 실존주의와 스트라우스류의 아리스토텔레스주의간에는 가치와 가치 중립성에 대한 넘을 수 없는 장벽이 존재한다고 본다. 그것은 실존주의자들이 스트라우스에 비해 보다 급진적 또는 근본적이라는 점 때문이다. 실존주의자들은 가치 문제에 접근하는 데 있어 단순한 방법론적 차원을 넘어 존재론적 입장을 취한다.

정교수에 의하면, 실존주의자들은 인간과 자연이 방법론적으로나 존재론적으로나 분명한 차이가 존재한다고 본다. 이런 점에서 실존주의자들은 반아리스토텔레스적이고, 반실증주의적이라는 것이다. 아리스토텔레스에 따르면, 인간과 자연은 하나의 보편적 틀, 즉 "자연 physis" 또는 "우주 cosmos"에 통합되어 있다. 여기서 인간의 "자연"은 규범적·당위적 기준으로서, 여기에 따르는 것은 선이며, 이에 반할 경우 "타락 perversion"이 된다.

그러나 실존주의자들은 아리스토텔레스와는 달리 자연과 역사를 구분하며, 마찬가지 이유에서 자연과학으로부터 인문과학을 구분하고, 인간의 연구에 있어서 자연의 그것과는 근본적으로 다른 접근을 요구한다. 대표적인 예로서 정교수는 하이데거를 든다. 하이데거는 인간 존재, 즉 "다자인 Dasein"의 분석을 모든 존재론의 출발점으로 보고, 이런 의미에서 "다자인의 분석"을 "근본 존재론 fundamental ontologie"이라고 부른다. 뢰비트 Karl Löwith가 부연했듯이, 하이데거에 있어서 인간의 존재는 "존재론적 관심의 궁극적 원천이며 목적이다.”

　다른 한편, 정교수는 실존주의적 분석이 반실증주의적이라고 말한
다. 실증주의자들은 자연과학과 사회과학간의 방법론적 통일성을 주
장하고, 자연 현상과 사회 현상의 연구에 있어서 공통된 방법의 사용
을 옹호하는 반면, 실존주의자들, 예컨대 와일드의 경우, “과학적 사
실”을 “세계적 사실”과 구분하고, “객관적 과학은 ‘세계적 사실,’ 다
시 말하면 본질적으로 인간적인 것과 그리고 인간적 영역에 속한 사
물들에 대한 적절한 파악이 불가능하다”는 입장을 취한다. 와일드에
의하면, “인간적 사실” 또는 “세계적 사실”의 분석은 세계 속에서 내
적으로 체험되는 인간 존재의 지향적·관계적 구조의 기술을 필요로
하기 때문에 현상학적 방법이 요구된다. 그러나 정교수는 이와 같은
주장이 자연의 포기를 의미하는 것은 아니며, 오히려 자연을 인간의
존재와 관계를 맺는 세계 내의 한 부분으로서 새롭게 수용함을 뜻한
다고 부연한다.[12]

　새로운 정치학에 대한 스트라우스의 비판 중에서 정교수가 특히
중시하는 부분은 언어와 상식적 이해를 다룬 대목이다. 스트라우스
는 새로운 정치학이 고전 정치철학과는 달리 인간의 언어와 상식적
이해의 중요성을 간과하고 있다고 본다. 스트라우스에 의하면, “‘아
리스토텔레스의 정치학의 언어는 정치인의 언어와 동일한 반면,’ 새
로운 정치학은 시장의 언어를 모호하고 또한 부정확한 것으로 배격
한다.” 정교수는 이와 같은 스트라우스의 언어론을 “특기할 만한 통
찰력notable insight”이라고 높이 평가한다. 그에 의하면, 스트라우스
는 아리스토텔레스의 자연적 세계관을 상식적 세계 또는 일상적 정
치인 일반이라는 새로운 뜻으로 해석한다. 정교수는 이와 같은 해석
의 예로 다음과 같은 스트라우스의 말을 인용한다: “정치학의 성패는

―――――――――――――――

12) 같은 책, pp. 119~21.

430

정치적 사물에 대한 전-과학적 인식이 진리인가에 달려 있다. 〔……〕 사물과 사람에 대한 우리의 지각은 어떠한 '인식론' ——어떻게 사물과 사람에 대한 우리의 지각이 가능한가에 대한 설명 ——보다도 더욱 명백하고 더욱 신뢰성이 있다. 모든 '인식론'의 진리는 이와 같은 상식에의 근본적 의존성을 어떻게 적절하게 설명해줄 수 있느냐 하는 능력에 달려 있다." 정교수는 특히 아리스토텔레스의 『정치학』에 관한 스트라우스의 다음과 같은 설명에 주목한다: "『정치학』은 정치과학의 원형을 담고 있다. 그것은 정치과학이란 정치적 사물의 상식적 이해에 대한 충실하고도 의식적인 형태 이외에 다름아니라는 점이다. 정치철학은 정치과학의 일차적 행태이다. 왜냐하면 정치적 사물에 대한 상식적 이해가 일차적인 것이기 때문이다."[13]

정교수는 스트라우스가 말하는 "상식적 이해"와 현상학에서 말하는 "생활 세계"간에는 깊은 관련성이 있다고 본다. 정교수에 의하면, 현상학이란 직접적인 체험의 의미를 들추어내고 밝히려는 시도로서, 보다 정확하게 말해서 현상학은 직접적으로 체험된 의미가 숨김없이 드러나는 세계-내-존재를 기술하는 것에 지나지 않는다. 여기서 정교수는 후설, 하이데거, 슈츠 및 와일드에 이르는 일련의 주요 현상학자들의 주장을 일별한다.

먼저 후설은 그의 말년에 이르러 철학적 사유의 기본 소재가 전-이론적 생활 세계에 있다는 점을 밝혔고, 하이데거는 1927년에 출간된 『존재와 시간』에서 "세계-내-존재"의 문제를 다루었다. 뢰비트의 표현에 따르면 하이데거 저서의 "혁명적 독창성은 무엇보다도 일상적 언어를 철학적 전문어로 만든 데 있다." 여기서 정교수는 하이데거가 언어를 "존재의 집"으로, 인간을 "존재의 목동"으로 보고 있음을 상기시킨다. 슈츠는 생활 세계의 상호 주관적 측면, 즉 사회성에 초점

---

13) 같은 책, p. 121.

을 맞추어 사회과학의 기본 개념인 "사회적 현실 social reality"을 재정
의한다. 그에 의하면, "사회적 현실"이란 "상식적으로 생각하는 사람
들이 그들의 동료인들과의 일상적 삶 속에서, 그리고 수많은 상호 작
용과 관계 속에서 경험하게 되는 세계, 즉 사회 문화적 세계 내에 존
재하는 대상과 일들의 총체이다." 와일드는 한걸음 더 나아가 "전-개
념적 앎과 경험의 구조"는 곧 "실존적 아프리오리"라는 주장을 편다.
그는 "지각의 세계가 아프리오리의 세 가지 기준에 일치하는 안정된
구조들로 특징지어진다"고 본다. 여기서 와일드가 말하는 세 가지 기
준이란, 첫째, 이들 "구조들은 모든 사람에게 보편적으로, 그리고 필
연적으로 적용된다"는 것; 둘째, "이들은 특정한 경험들을 조건짓고
또 일상적 언어와 과학에 의해 전제된다"는 것; 셋째, "이 구조들은
평소에는 우리들이 주의하는 대상의 주변에 숨겨져 있기 때문에 잘
드러나지 않는다"는 것이다. "따라서 이들을 분명하게 포착하기 위해
서는 훈련된 현상학적 방법이 요구된다"고 와일드는 말한다.

　정교수는 이와 같은 현상학의 입장에서 볼 때, "스트라우스의 자연
적 세계와 아리스토텔레스에 대한 언급들이 '현상학적인 것'에 상당
히 접근함"을 부인하기 어렵다고 본다. 뿐만 아니라 정교수는 이와
같은 "접근"을 단순한 우연으로 돌리는 데 반대한다. 정교수에 의하
면, 생활 세계에 대한 현상학적 분석과 스트라우스의 주장간에는 두
가지 점에서 공통점을 갖는다. 첫째, 과학적 또는 철학적 지식
episteme은 정치적 인간(다시 말하면 자연적 인간)에 대한 상식적 이
해를 뜻하는 전-과학적 또는 전-철학적 지식 doxa을 전제한다. 둘째,
전자, 즉 과학적 또는 철학적 지식은 후자, 즉 전-과학적 또는 전-철
학적 지식에 의존하거나 또는 이것으로부터 유래된다. 여기서 정교
수는 "생활 세계의 현상학을 기술함으로써, 특히 슈츠에 의해 발전된
'자연적 태도 natürliche Einstellung'에 대한 구성적 현상학을 기술함으
로써" 스트라우스의 주장을 보다 분명하게 밝히고, 아울러 그의 본질

주의적 철학론의 문제점도 밝혀질 것으로 기대한다.[14]

 그러면 스트라우스가 『자연권과 역사』에서 말하는 "전-과학적" 또는 "자연적" 세계란 어떠한 세계인가? 스트라우스에 의하면, 그것은 우리가 살고, 행동하는 세계이다. 다시 말하면, 그것은 우리가 거리를 두고 보는 대상의 세계가 아니라, 우리가 직접 사용하는 물건들과 처리하는 사건들의 세계라는 것이다. 스트라우스는 새로운 정치학이 일차적으로는 선에 관한 지식을 무시하고, 이차적으로는 그것이 전제하는 정치인들의 상식적 언어를 도외시한다고 비판한다. 그는 새로운 정치학의 전문 용어들이 일상적 정치인들에게는 전적으로 생소한 언어임에도 불구하고, 이러한 정치학이 특히 "정책학 policy sciences"의 이름으로 옹호된다는 데 아이러니가 있다고 본다. 정교수에 의하면, 이상과 같은 스트라우스의 전-과학적 또는 자연적 세계에 대한 이해는 후설의 생활세계론과 상당한 일치점을 보인다. 이와 동시에 정교수는 몇 가지 점에서 양자간에 중대한 차이점이 존재한다고 주장한다. 그에 의하면, 후설에게 있어 생활 세계란 이론과 실천에 앞서 존재하는 모든 의미의 궁극적 토대로서, 생활 세계에 대한 기술은 철학적 성찰의 일차적 과제가 된다. 반면, 스트라우스의 일차적 관심은 선에 관한 지식 또는 신학이었으며, 생활 세계는 부차적인 것이었다. 이와 관련하여 정교수는 스트라우스가 함부르크에서 학위를 마친 후, 1922년 프라이부르크에서 후설의 세미나에 참석했던 사실을 상기하면서, 다음과 같은 일화를 소개한다. 즉 한번은 스트라우스가 후설에게 신학에 대해 물은 적이 있었다. 이에 대해 후설은 다음과 같이 대답했다고 한다: "만일 신이라는 자료가 있다면, 우리는 먼저 그것을 기술할 것이다." 정교수가 주장하는 후설과 스트라우스 간의 두번째 차이점은 스트라우스가 전-과학적 세계를 "현재" 우리

---

14) 같은 책, pp. 121~22.

가 사는 세계와 같은 것으로 볼 수 없다고 말한 점이다. 다시 말하면 지금 우리가 살고 있는 세계는 이미 과학에 의해 형성된 세계라는 것이다. 오늘날 우리는 과학과 기술의 발달로 말미암아 "유령"이나 "무당"으로부터 자유로운 세계, 즉 과학적 세계에 살고 있다. 그러나 전-과학적 세계는 "유령"과 "무당"으로 가득 찬 세계이다. 따라서 스트라우스는 자연적 세계가 철저하게 전-과학적 또는 전-철학적 세계임을 알기 위해서는 과학이나 철학이 최초로 출현했던 시기 이전으로 되돌아가야 한다고 강조한다.[15]

정교수는 이와 같은 스트라우스의 주장에 반대하면서, "전-과학적 세계를 이해하기 위하여 과학이나 철학의 출현 이전의 세계로 되돌아갈 필요는 없다"[16]고 말한다. "왜냐하면 과학 또는 과학적 지식의 세계가" 전-과학적 또는 자연적 태도 속에서 "우리가 지금 살고 있는 일상적 생활 세계"로 "흘러오기 때문이며, 이에 따라 일상인들의 상식적 세계는 점진적으로 이것을 흡수하기 때문이다. 과학적 지식이 일상적 생활 세계로 흘러오고 또 침투한다는 바로 그런 이유 때문에 현대 문화를 과학적 문화로 특징짓게 된다."[17] 정교수는 후설이 말하는 전-과학적 생활 세계가 기본적으로 역사 이전의 세계가 아닌 "역사적" 세계라고 본다. 보다 정확하게 말해서 생활 세계는, 후설이 말했듯이, "특정한 스타일에 있어서는 역사적으로 변'하는,' 그러나 일반적인 구조에 있어서는 불변'하는' 세계이다."[18] 여기서 정교수는 "생활 세계"가 "특별히 하나의 역사적·문화적 세계"임을 강조하면서, 스트라우스가 말하는 전-과학적 또는 자연적 세계는 우리가 지금 살고 있고 또 앞으로도 계속 살아야 할 세계에 대한 개념 정립의 기

---

15) 같은 책, pp. 122~23; *The Crisis of Political Understanding*, p. 155.

16) *Rethinking Political Theory*, p. 123.

17) *The Crisis of Political Understanding*, p. 157.

18) 같은 책, p. 158.

434

본틀이 될 수 없다고 말한다.[19]

정교수가 지적한 바와 같은 차이는 양자간의 보다 근본적인 대립으로 나타난다. 즉 정교수는 실존주의자들이 "역사성을 인간 존재로부터 분리할 수 없는 차원으로 보는 반면, 스트라우스는 역사성을 전적으로 무시한다"고 공격한다. 정교수에 의하면, 스트라우스의 이와 같은 초역사적 또는 반역사적 태도는 그의 본질주의적 철학에서부터 비롯된다. 정교수는 스트라우스의 반역사적 태도가 두 가지 주장으로 집약된다고 본다. 첫째, 인간은 완전한 전체이며 영구적 구조를 갖는다. 여기서 영구적 구조를 갖는다는 말은 인간은 영원히 변치 않는 동일성을 갖는다는 것으로서, "'존재함'이란 '항상 존재함' 'to be' is 'always to be'"을 뜻한다; 둘째, 인간의 전체는 완전히 알 수 있다는 것이다. 다시 말하면 인류의 미래상은 사유에 의해 예상과 예측이 가능하다는 것이다. 정교수는 이와 같은 입장을 "존재론적 결정론 ontological determinism"이라고 부른다. 존재론적 결정론은 철학이나 지식의 문제를 영원불변하고, 선험적이며, 고정적인 자연의 본질에서 접근한다. 다른 한편 정교수는 실존주의를 "존재론적 비결정주의 ontological indeterminism"로 구분짓는다. 존재론적 비결정주의란 인간의 존재를 특수적이고, 우연적이며, 미결정된 것으로 이해한다. 인간의 미래는 만들어져야 하며, 인간의 사유는 인간 존재의 한 부분으로 역사성을 갖는다.

정교수는 실존주의에서 말하는 "역사성"을 설명하기 위하여 "역사 Historie"를 두 가지로 구분한다. 하나는 "객관적 역사학 Geschichts-wissenschaft"이고, 다른 하나는 "주관적 역사성 Geschichtlichkeit"이다. "객관적 역사학"이란 역사적 자료에 입각한 객관적 역사 연구이다. "주관적 역사성"이란 각 개별 인간들이 행위의 주체로서 구체적

---

19) *Rethinking Political Theory*, p. 124; "Two Critics of Scientism: Leo Strauss and Edmund Husserl," p. 88.

으로 경험하는 체험들이다. 정교수는 전자, 즉 "객관적 역사학"이 후
자, 즉 "주관적 역사성"을 전제로 한다고 본다. 정교수에 의하면, 실
존주의의 기본 명제는 인간은 스스로를 만들어가는 존재로서, 자기가
만든 것 외에 또 다른 존재를 갖지 않는다는 것이며, 인간의 역사란
이와 같은 자기 만듦의 과정으로서 인간 존재로부터 분리될 수 없다
는 것이다.

　　반면 정교수는 스트라우스가 존재론적 결정론의 입장에서 인간의
존재가 구성되는 "시간"의 중요성을, 특히 "미래"의 중요성을 무시하
고, "역사"와 "역사성"을 간과해버린다고 본다. "인간의 자연은 영원
하다고 말하는 것은 '그것이 항상 현존한다'는 것, 다시 말해서 그것
은 근본적으로 일정하며 계속되는 지금 속에서 단순하게 반복된다는
것이다." 이와는 반대로 인간성은 고정된 것이 아니라 우연적이라는
것은 인간 존재란 계속적인 가능성이라는 것 또는 불확정적이고 열
린 미래를 갖는다는 것을 뜻한다. 그러나 이와 같은 견해는 존재론적
결정주의의 입장에서 볼 때, "옳고 그름의 기준이 되는 자연과 자연
권"의 부정을 뜻하며, 이것은 또한 "역사적인 것과 철학적인 것간의
근본적인 차이를 모호하게 만듦"으로써 결국에는 철학 그 자체 또는
이것이 추구하는 "영원한 진리의 가능성"을 부인하는 역사주의에 다
름아닌 것이다. 여기서 스트라우스는 철학을 철저하게 "비과학적"이
고 "비역사적"인 것으로 파악하고, 실존주의를 "급진적" 역사주의로
비판한다. 다른 한편 정교수는 스트라우스의 역사주의 비판에 맞서
서, 만일 그가 말하는 역사주의가 "역사적 상대주의"를 뜻하는 것이
라면, 실존주의는 결코 역사적 상대주의가 아니라고 응수하면서, 하
이데거를 그 예로 든다. 정교수에 의하면, "하이데거는 역사성 자체
의 절대화를 통하여 역사주의의 자기 구원을 성취하였다."[20]

---

20) 같은 책, pp. 125~28.

2

다른 한편 밀러 교수는 1972년 『미국 정치학회보』 9월호에 실린 「실증주의, 역사주의, 그리고 정치학 연구」라는 논문에서, 정교수의 역사주의에 대해 반박한다. 밀러 교수는 정교수가 역사적 상대주의를 부인하고 있지만, 이와 같은 우려에는 "그럴 만한 이유"가 있다고 본다. 밀러 교수에 의하면, 의식과 세계의 관계를 인식하는 데 있어 실존적 현상학 내에는 크게 두 개의 입장이 구분된다. 하나는 하이데거의 『존재와 시간』이나 사르트르의 『존재와 무』에서 피력되고 있는 것으로서, 세계의 구성이 개인의 자의적인 프로젝트의 결과로 보는 입장이다. 다른 하나는 개인의 의식에 앞선 세계의 선재성(先在性) 또는 선구성(先構成)을 강조하는 것으로서, 후기 하이데거 또는 메를로-퐁티 등에 의해 대표되는 견해이다. 밀러 교수는 정교수의 입장이 후자보다는 전자, 즉 의식의 경험 그 자체가 의미를 지닐 수는 없으며, 행위자의 프로젝트에 의해 의미를 부여받아야 한다고 보는 입장에 가깝다. 이런 점에서 정교수가 말하는 현실 세계란 의식에 의해 부여된 세계, 즉 구성된 세계라고 할 수 있다. 물론 정교수는 상호 주관적으로 공유된 의미의 세계를 인정한다. 그러나 문제는 "정교수가 유의미한 경험 또는 현실을 수동적 의식에 단순히 주어진 것으로 보지 않고," 이와는 반대로 이러한 현실이 "일상적 삶과 사유 속에서 능동적으로 구축construct된다"고 보는 점이다. 둘째, 정교수는 생활 세계의 역동성과 역사성을 강조한다. 역사 속에 다양한 문화가 존재하듯이, 생활 세계에도 상이한 판본version이 존재한다. 현실의 의미는 상이한 생활 세계의 판본에 따라 다른 의미를 지니게 된다. 여기서 밀러 교수는 정교수가 역사적 상대주의로 기울고 있다고 본다. 물론 정교수는 생활 세계의 상이한 판본에 관한 연구를 통해, 불변적 구조를 밝힐 수 있음을 시사한다. 그러나 밀러 교수는 정교수가 말하는 이와 같은 "과학"——보다 정확하게 말해서 생활 세계의 불변적 구조에 관한 "과학"——도 따지고 보면 특정한 생활 세계에 구속되는 인간의 프로젝트 또는 실천이라는 점에서 그가 말하는 "과학"의 실현 가능성에 대해 강한 의문을 제기한다. 끝으로 밀러 교수는 정교수가 보여준 정치학의 철학적 토대에 대한 재검토를 가치 있는 작업으로 높이 평가한다. 뿐만 아니라 역사의 필연성을 거부하는 그의 논의에 대해서도 깊은 관심을 나타낸다. 그럼에도 불구하고 밀러 교수는 정교수가 역사적 상대주의를 대신할 "진정한 대안"을 제시하지 못한다고 결론짓는다.[21]

이상과 같은 밀러 교수의 비판에 대해 정교수는 먼저 1973년 9월호의 『미국 정치학회보』 '통신란'을 통해 답변하였다. 정교수는 밀러 교수가 스트라우스 학파의 일원으로서 "본질주의"적 입장을 충실하게 대변한다고 보고, 스트라우스를 비판한 것과 동일한 맥락에서 그를 반박한다. 첫째, 스트라우스 학파는 그들이 설정한 고전 철학의 엄격한 기준에 비추어 현대 철학을 재단한다. 한마디로 스트라우스 학파는 현대 사상의 역사를 허무주의의 역사 또는 비철학의 역사로 배격한다; 둘째, 인간의 역사성을 인정하는 것이 반드시 역사주의를 의미한다고 말할 수 없다. 그것은 마치 인간의 유한성을 인정하는 것이 인간이 죽는다는 사실과, 그리고 특히 인간만이 죽을 수 있다는 사실을 인정하는, 말하자면 역사 의식 그 이상이 아닌 것과 같다; 셋째, 밀러 교수는 현상학을 딜타이의 생철학의 한 형태로 이해한다. 여기서 정교수는 후설이 "엄밀과학"으로서의 철학을 옹호하면서, 딜타이의 역사주의를 비판한 사실을 상기할 필요가 있다고 지적한다;

---

21) E. F. Miller, "Positivism, Historicism, and Political Inquiry," *American Political Science Review* (Sept., 1972), pp. 812~14.

넷째, 실천보다 이론을 우선시하는 본질주의는 개념적 사유의 엄밀성을 확보하기 위해 탈신체적·탈세계적 순수 사유 활동을 강조하게 되며, 이것은 사이먼 등의 "인공 지능"의 예에서 볼 수 있듯이 실증과학의 객관주의가 범한 것과 동일한 과오를 저지를 수 있다. 결론적으로 정교수는 본질주의의 문제를 이렇게 요약한다: "사유 또는 개념적 지식을 '시각화시킴으로써' 본질주의는 생활 세계적 관점의 중요성을 상실하게 된다."[22]

그 후에 발표된 3편의 논문을 통해서도 정교수는 계속해서 스트라우스의 고전 정치철학의 문제점들을 후설과 하이데거 등 현대 철학자들이 제기한 존재론적 물음과 관련지어 비판하였다. 실제로 스트라우스가 작고하기 얼마 전에 쓴 두 편의 논문[23]에 의하면, 스트라우스는 후설과 하이데거로부터 적지 않은 인간적·학문적 영향을 받았음을 확인할 수 있다. 여기서 정교수는 이들 3자간의 학문적 연관성에 초점을 맞추어 그의 논의를 전개한다. 그러면 정교수가 밝히려는 핵심적 주장은 무엇인가? 그것은 대체로 역사주의의 옹호라는 말로 요약된다. 다음에 정교수의 주요 논지를 앞서 언급한 것과의 중복을 피하면서 살펴보도록 하자.

정교수에 의하면 스트라우스와 후설은 실증주의 또는 과학주의를 비판하는 데 있어 공통점을 보여준다. 스트라우스와 후설에게 있어 철학이란 하나의 "엄밀과학"으로서, 그 기원은 그리스 고전 철학의 "이론Theoria"에까지 소급된다. 그리스 철학에서 말하는 "이론"이란

---

22) "Communications," in *American Political Science Review* (Sept., 1973), pp. 964~65. 이것은 그의 *Rethinking Political Theory*, pp. 131~34에 재수록되었다. 허버트 사이먼의 "인공 지능artificial intelligence"에 관해 그는 *Rethinking Political Theory*, pp. 66~72, 85~95와 *The Crisis of Political Understanding*, pp. 112~29에서 논의하고 있다.

23) 첫번째 논문은 Jacob Klein and Leo Strauss, "A Giving of Accounts"이고, 두번째 논문은 Leo Strauss, "Philosophy as Rigorous Science and Political Philosophy"이다.

세계를 이해 관계로부터 벗어난 자유로운 상태에서 관망하는 자 disinterested surveyor의 사유 행위를 가리킨다. 후설이 말하는 "초월적 transcendental" 행위나, 스트라우스가 논하는 "관조적 contemplative" 활동은 모두가 이와 같은 "이론"을 가리킨다.[24]

후설이 주장하는 「엄밀과학으로서의 철학」은 또한 심리학적 자연주의와 역사주의를 반박하기 위해 씌어진 것으로서, 스트라우스의 많은 관심을 끌었다. 스트라우스에게 있어 현대 철학의 가장 큰 적(敵)은 하이데거의 실존주의로 대표되는 역사주의 또는 역사적 상대주의이다. 스트라우스는 하이데거가 니체와 동일선상에 서 있다고 본다. 니체는 일찍부터 "진리는 없으며 해석만이 존재할 뿐이다. 플라톤의 진리는 서구 사상에서 '가장 오래된 거짓말'"이라는 급진적 견해들을 토로한 바 있다.[25] 스트라우스는 하이데거가 니체와 마찬가지로 초역사적으로 또는 초문화적으로 타당한 선에 관한 지식의 가능성을 부인한다고 본다. 사실상 스트라우스는 하이데거의 도덕적 가르침 또는 이러한 가르침의 부재를 참을 수 없는 것으로 보았다. 스트라우스의 표현을 빌리면, "하이데거의 새로운 사유는 자비 charity와 인간성으로부터 멀리 이탈했다." 클라인 Jacob Klein 역시 하이데거가 금세기의 지적인 거인이라는 데는 동의하면서도, 그의 도덕적 자질은 그의 지적 수준에 크게 미치지 못하는 것으로 본다. 유태인의 대량 학살에 대한 하이데거의 침묵은 어떤 면에서 이들의 주장을 확인하기에 족하다고 생각된다. 정교수는 이와 같은 하이데거의 도덕성에 대한 스트라우스의 불신감이 당시 실존주의와 역사주의에 대한 그의 적대감의 배경이라고 설명한다.[26]

---

24) "Two Critics of Scientism: Leo Strauss and Edmund Husserl," pp. 85~86.

25) "Heidegger and Strauss," p. 208.

26) *The Crisis of Political Understanding*, pp. 149, 151.

그러나 정교수는 "하이데거가 역사 의식을 갖고 있다는 것과 또 이 것을 무시하기보다는 정면으로 대응하고 있다는 것은 명백하"지만, 그렇다고 이러한 역사 의식을 역사주의와 동일시하는 스트라우스의 입장에는 문제가 있다고 본다. 정교수에 의하면 스트라우스의 고전 연구도 따지고 보면 일종의 역사 의식, 다시 말하면 전근대적인 것이 근대적인 것에 적실성을 갖는다는 역사 의식을 저변에 깔고 있다. 과 거가 현재보다 우월하고 필요하다는 생각 그 자체가 바로 "역사적 행 위historical act"[27]라는 것이다. 더욱이 정교수는 스트라우스의 고전에 대한 관심이 하이데거의 영향에 힘입은 바 크다고 지적하면서, 스트 라우스는 특히 하이데거의 『아리스토텔레스 형이상학』 강독에 깊은 감명을 받았다고 밝힌다.[28] 계속해서 그는 이렇게 말한다:

스트라우스에 의하면, 그에게 그리스 철학의 중요성을 발견하도록 도운 것은 직접적으로는 그의 친구인 클라인의 영향이었지만, 그리스 철학에 입문하도록 가르친 하이데거의 영향——클라인과 스트라우스 두 사람에게 미친 그의 영향——을 과소평가할 수 없다. 하이데거가 그리스 철학(과 철학의 역사)에 관심을 둔 것은 그리스 철학을 뿌리뽑 으려는 목적 때문이라는 스트라우스의 지적은 옳다. 스트라우스가 전 통을 유지하고 보존하려고 노력한 반면, 하이데거의 의도는 전통을 수 정하고 이것을 뛰어넘으려는 데 있었음은 분명하다. 그러나 하이데거 의 (서구) 철학 또는 형이상학의 해체 또는 종언을 비합리주의로, 인 간 이성의 종언으로 인도하는 초청장으로 생각하는 것은 잘못이다. 이 와는 반대로 하이데거는 철학의 종언이 사유의 종결이 아닌, 또 하나 의 시작이라는 것을 선언한 것이다.[29]

---

27) 같은 책, pp. 150, 159.

28) "Heidegger and Strauss," p. 206.

29) *The Crisis of Political Understanding*, pp, 149, 159.

정교수는 "엄밀한 의미에서의 진정한 사유는 자신의 역사성을 밝혀야 한다"는 가다머 H. Georg Gadamer의 말에 동의하면서, 스트라우스는 자신의 철학적 사유의 역사성을 밝히든가, 아니면 비역사적 사유가 어떻게 가능한지를 밝혀야 한다고 반격한다.[30] 역사성의 문제는 이를 "부인하는 철학적 성명이나 영원성 또는 영원한 진리의 현존성에 대한 충성의 선서"로 해결되는 것은 아니다. 그러나 스트라우스는 단지 고전 철학자들이 비역사적으로 사유했다고 전제하고 또는 주장할 뿐, 그와 같은 사유의 가능성에 대해서는 논의조차 하지 않았다. 정교수는 이런 점에서 스트라우스가 "역사적 소박성 historical naivete"에서 벗어나지 못했다고 말한다. 그 단적인 예로서 스트라우스는 진리가 비역사적이라는 자신의 편견을 한번도 의심하거나 검토한 일이 없었다는 점이다. 그러나 정교수는 역사주의의 극복——보다 정확하게 말해서 역사적 상대주의의 극복——은 역사의 밖이 아닌, 역사의 안에서 찾아야 한다고 말한다: "시간 그 자체가 제거될 수 없는 한, 초역사적인 것은 역사 개념 밖이 아닌 그 안에서, 다시 말하면 역사주의적 틀 안에서 찾아야 한다."[31]

정교수는 후설도 그의 말년에 이르러 현상학이 지향하는 "초월성"을 포기하지 않으면서도 "역사적 환원 historical reduction"의 가능성, 즉 사유의 역사성을 밝히려는 노력을 결코 게을리하지 않았다고 보고, 이런 점에서 후설과 스트라우스가 말하는 "엄밀과학으로서의 철학"은 서로 구별되어야 한다고 본다: "후설은 역사적 환원을 통해 자신이 행동하는 역사적 맥락에 대한 명백한 의식을 지니고 있었기 때문에 역사적으로 소박했다고 말할 수 없다."[32]

---

30) 같은 책, p. 151; "Heidegger and Strauss," p. 212.

31) "Two Critics of Scientism: Leo Strauss and Edmund Husserl," p. 86.

32) *The Crisis of Political Understanding*, p. 159.

　물론 정교수는 하이데거나 스트라우스간에도 상당한 공통점이 존재한다고 본다. 일례로 이들은 모두가 인식론보다는 존재론을 우선시했다는 데 일치를 보인다. 그러나 하이데거는 인간의 "존재 human existence"를, 스트라우스는 인간의 "본성 human nature"을 강조한 점에서 근본적으로 다르다는 것이다. 또한 정교수는 스트라우스가 선에 관한 절대적 지식에 몰두한 나머지 하이데거의 존재론이 갖고 있는 풍부한 함의들을 파악하는 데 실패했다고 본다. 정교수에 의하면, 스트라우스는 특히 두 가지 점에서 실패했다: 1) 하이데거의 기본 관심은 인식론 자체에 있는 것이 아니라, 인식론을 가능하게 하는 존재의 의미를 드러내는 데 있다. 여기서 정교수는 하이데거가 말하는 진리가 지식의 "정합성 correctness"이나 선에 대한 지식이 아니라, 플라톤이 본래적 의미에서 사용한 "드러냄 disclosure" 또는 "탈은폐 unconcealment"를 뜻하는 "aletheia" 또는 여기서 드러나는 "physis"를 가리킨다고 부언한다; 2) 스트라우스는 실증주의와 역사주의를 비판하는 데 있어 선에 대한 지식에 집착하였기 때문에, 과학주의의 진정한 대안이 될 "역사주의"를 식별하지 못했다. 여기서 정교수가 말하는 "진정한 대안"으로서의 "역사주의"란 자연과 인간이 근본적으로 다르다는 존재론적 구분에 입각하여, 자연과학의 방법과는 질적으로 다른, 인문·사회과학에 고유한 역사과학의 방법을 뜻한다. 정교수에 의하면, 역사과학에 고유한 방법이란 일찍이 데카르트에 반대한 비코Vico가 그의 "신과학"에서 주장한 원칙, 즉 "진리란 만듦 verum ipsum factum"이라는 원칙으로 복귀함을 뜻한다. 다시 말하면, 인간은 자신이 만든 자기 자신의 역사에 대해서만 확실히 알 수 있을 뿐, 인간이 만들지 않은 자연에 대해서는 확실히 알 수 없다는 원칙으로 복귀함을 뜻한다. 요약하면 정교수는 스트라우스가 절대 불변의 "자연 physis"의 원칙을 고수하는 한, 수학이나 과학, 기술공학이나 두뇌공학 등 현대 사상을 지배하는 계산적 사고로부터 인간 존재와 직결

된 명상적 사고를 구분할 수 없다고 단언한다.[33]

끝으로 정교수는 "스트라우스가 고전 철학의 통일성을 지나치게 강조한 나머지 플라톤과 아리스토텔레스간에 존재하는 대립, 즉 플라톤의 형상 eidos과 아리스토텔레스의 신중성 phronesis간의 대립을 간과하고 있다"[34]고 결론짓는다.

3

이상과 같은 정교수의 스트라우스 비판은 몇 가지 문제점을 드러낸다. 첫째, 정교수는 스트라우스의 철학적 입장—본질주의적 입장—이 "이론 중심적"인 경향을 강하게 나타내며, 또 "자아 중심적"이거나 "독백적"이기 때문에 정치철학의 개념 규정으로서 적절하지 못하다고 비판하면서도, 다른 한편 스트라우스가 정의한 동일한 방향에서 정치철학을 이해한다는 모순된 입장을 보인다. 그 예로서 정교수의 다음과 같은 구절을 인용할 수 있다. 즉, "정치철학은 정치의 철학적 접근일 뿐만 아니라, 마찬가지로 철학에 대한 정치적 안내이다."[35]

둘째, 정교수는 이론 중심적인 스트라우스에 반대하고 행동의 우선성을 강조하는 일환으로써 정치적 언어를 오스틴 J. L. Austin이 말하는 "실천적 언어 performative utterances"로 규정해야 한다고 본다. 뿐만 아니라 그는 이론과 실천간의 통일—변증법적 매개에 의한 통일—을 강조한다. 특히 그는 철학의 의의가 현실의 재구성에 능동적으로 참여하는 데 있다고 밝히면서, 조한의 말에 동의를 표한다. 다시 인용하면, 다음과 같다: "이론과 실천은 분리 대신에 하나의 진정

---

33) "Two Critics of Scientism : Leo Strauss and Edmund Husserl," pp. 85~86.

34) "Heidegger and Strauss," p. 212.

35) *Rethinking Political Theory*, p. 22.

한 전체 속에 융합될 것이다. 철학은 단지 인간의 삶을 설명할 뿐만 아니라, 그것을 구성하도록 도울 것이다. 철학의 역할은 철학 없이는 획득될 수 없는 경험의 어떤 수준과 양식, 말하자면 사유와 행동, 지식과 현실이 하나로 되는 수준을 실현하는 데 기여할 것이다."[36] 그러나 정교수가 그처럼 강조하는 행동우선주의 또는 이론과 실천간의 통일도 하이데거의 나치즘 문제를 논하는 데서는 일관성을 잃는다고 보여진다.

정교수에 의하면, 스트라우스와 그의 제자들은 일반적으로 말해서 하이데거가 1930년대초에 나치즘에 관여한 행동이 그의 철학과 깊은 연관성이 있다는, 말하자면 하이데거의 이론과 실천간의 일치론을 주장한다. 스트라우스의 경우, 1) 하이데거는 1933년 프라이부르크 대학 총장 재직시, 수개월 간 나치즘에 관여했으며[37]; 2) 1953년 하이데거는 다시 한번 나치즘의 "내적 진리와 위대성"에 대해 언급한 바 있으며; 3) 이와 같은 하이데거의 나치즘 옹호는 『존재와 시간』의 "결단성 Entschlossenheit"과 관련된다고 밝힌 바 있다.[38]

조셉 크랍시 Joseph Cropsey 역시 "하이데거의 의도가 익명성으로부터 진정한 실존을 구분하는 데" 있다고 논하면서, "그의 실존적 프로젝트는 나치즘과 양립 가능할 뿐만 아니라, 자유주의화한 근대 정신을 경직화 또는 화석화시키며, 뿐만 아니라 그 스스로를 '도덕적 대승주의 moral latitudinarianism'화시키거나 또는 나치즘으로 속물화한다"[39]고 질타한다. 스탠리 로젠 Stanley Rosen도 같은 맥락에서 "하이데거의 『존재와 시간』의 교리와 현대 허무주의 세력의 정점으로서의 나치즘간에는 '숨은 연결 subterranean connection'이 있다"고 분석

---

36) 같은 책, pp. 30, 118.

37) "Heidegger and Strauss," p. 205.

38) *The Crisis of Political Understanding*, pp. 150~51.

39) "Heidegger and Strauss," p. 206.

한다. 이어서 그는 "하이데거의 철학에는 서구 형이상학의 전통적 개념인 존재의 의미를 완전히 오해한 것 이외에 새로운 것은 없으며, 그의 철학하는 방식은 그리스의 자연보다는 중국의 도가에 더 가깝다"[40]고 혹평한다. 또한 파켄하임 Emil L. Fackenheim은 "하이데거가 적극적으로 나치즘을 옹호한 것은 공포심이나 기회주의 또는 히스테리 때문이기보다는 그의 철학의 사려 깊은 후원에 힘입었다"고 설명하면서, "유태인의 대량 학살에 대응하지 못한 하이데거의 과오는 변명의 여지가 없"을 뿐만 아니라, 그의 철학에 대한 "최대의 치욕 the scandal"이라고 단죄한다.[41]

이상과 같은 하이데거의 철학과 나치즘의 실천간의 연관을 주장한 스트라우스와 그의 학파에 대해, 정교수는 일찍이 스트라우스도 닉슨을 지지했던 적이 있었음을 상기하면서, 철학자의 철학과 그의 정치적 행동간의 "균열 lacuna"은 어제 오늘의 문제가 아닐 뿐 아니라, 앞으로도 "사라지지 않는 사각 지대 the persisting twilight zone"로서, 이것의 수용은 어쩔 수 없다는, 이른바 완곡한 의미의 "불일치론"으로 기울어지고 있다. 정교수는 『정치적 이해의 위기 *The Crisis of Political Understanding*』에서 이렇게 말한다:

비록 히틀러의 정치와 닉슨의 그것은 서로 다른 세계에 속한다 할지라도, 스트라우스는 1971년 대통령 선거 당시 닉슨을 공공연히 지지했다. 만일 스트라우스가 오늘날 아직도 살아서 닉슨이 워터게이트에서 저지른 기만과 거짓의 정치를, 그리고 그의 반유태주의적 발언에 접하게 된다면 그는 과연 지금 무엇이라고 말할는지 궁금한 생각이 든다. 스트라우스의 정치적 실천 political commitment의 옳고 그름을 그의 철학의 내적 구조의 필연적 산물로 볼 것인가? 나는 그렇지 않다고 생

---

40) 같은 책, pp. 206~07.
41) 같은 책, pp. 206~07, 213.

각한다. 만약 그렇다면, 그의 철학도 그가 하이데거의 철학을 판단하는 방식 그대로 판단되어야 한다. 어떤 사람의 철학의 타당성을 그 사람의 정치적 감각political nerves의 성패에 의존해서 판단해서는 안 될 것으로 본다. 어떤 사람의 정치적 실천만으로 그의 철학의 타당성을 판단하기에는 부족하다. 정치적 실천과 철학적 반성간의 균열은 어떤 면에서 이론과 실천에서 사라지지 않는 사각 지대이다. 나 자신은 스트라우스와 하이데거가 공통적으로 근대 정신으로서의 과학주의에 대해 비판한 것에는 동의하지만, 이들 중 어느 누구의 정치적 실천에 대해서도 동조하지 않는 입장이다. 내 생각으로는 여기에 개재되어 있는 가장 중요한 문제는 하이데거의 과거의 정치적 과오를 재검토하고 용서하든가 잊어버리는 데 있는 것이 아니라, 사유와 인간의 현실에 대한 그의 철학적 통찰들을 어떻게 정치적 이해에 도움이 되도록 창조적으로 해석하고 적용하느냐에 있다고 생각한다.[42]

그 후에 발표된 「하이데거와 스트라우스Heidegger and Strauss」의 논문에서 정교수는 다시 한번 이렇게 부연한다:

하이데거의 도덕적 메마름이나 이완에 대한 어떠한 변명도 받아들이지 않는다는 전제하에, 우리는 그의 심오한 사상과 그의 천박한 행위 또는 비행위간의 잴 수 없는 거리incommensurability를 발견하게 된다. 사유와 행동간의 이와 같은 잴 수 없는 거리는 시몬 드 보바르의 다음과 같은 이야기 가운데서도 포착된다: 그녀는 제2차 세계 대전 당시 어느 날 파리의 국립 도서관의 면식도 없는 사람들 틈에서 헤겔을 읽었을 때 엄청난 평온을 느낄 수 있었다. 그러나 일단 그녀가 도서관으로부터 거리로, 삶의 현장으로 나왔을 때, 관조의 평온함은 추상화

---

42) *The Crisis of Political Understanding*, p. 151.

된 형태의 삶의 도피처럼 기억되었다. 사유의 찰나성과 나약성은 냉엄한 행동의 현실 앞에서 상대가 되지 않는다. 정치철학에는 두 개의 유형이 존재한다. 하나는 황혼에만 나는 올빼미와 같은 것으로 플라톤의 『공화국』을 들 수 있다. 다른 하나는 새롭게 밝아오는 아침을 향해 우는 수탉과 같은 것으로 마르크스의 『공산당 선언』을 들 수 있다. 좋든 나쁘든 하이데거의 『존재와 시간』은 이들 중의 그 어디에도 속하지 않는 유형이다. 그것은 단지 진단하는 것 diagnostic일 뿐이다.[43]

그러나 정교수는 곧이어 이렇게 말한다:

키에르케고르가 헤겔 사상을 비판한 이래, 실존철학은 객관적 사유를 생산하는 사상가의 비관심 disinterestedness 또는 무관심 uninterestedness을 거부하였다. 개념적 사유도 존재 자체의 역사성에서 〔……〕 면제되지 않는다. 사유와 행동은 '하나의 존재의 두 개의 극'이다.[44]

여기서 우리는 정교수의 이론과 실천간의 통일론이 그 대상에 따라, 또는 특정한 문맥에 따라 능동적인 "현실의 재구성"에서부터 단순한 "진단"으로, 심지어는 "잴 수 없는 거리"로까지 변모함을 보게 된다.

셋째, 필자의 생각으로는 정교수가 지적한 후설과 스트라우스간의 공통점은 생활 세계보다는, 이 세계가 전제하는 "자연적 태도"에서 접근할 때 보다 선명하게 드러난다고 본다. 스트라우스가 해석하는 고전 정치철학은 어떤 면에서 후설이 생활 세계를 논하면서 제기한 자연(人)적 태도에 유사한 입장을 보여준다. 다시 말하면 스트라우스가 말하는 고전 정치철학과 정치 생활간에 존재하는 직접성 directness

---

43) "Heidegger and Strauss," p. 208.
44) 같은 책, p. 211.

은 후설의 자연적 태도를 방불케 한다.

스트라우스의 해석에 따르면, 고전 정치철학은 주어진 정치 생활과의 직접적인 관계로 특징지어진다. 그리고 이러한 직접적인 관계는 고전 정치철학을 현대 정치학으로부터 구별짓는 중요한 기준이 된다. 여기서 스트라우스가 말하는 직접성은 두 가지 뜻을 내포한다. 첫째는 정치철학에 대한 정치 생활의 직접적인 지도성 direct guidance을 말한다. 고전 정치철학자들은 그들의 철학적 논의에 있어 실제 정치 생활로부터 직접적인 지도를 받는다. 실제 정치 생활은 고전 정치철학에 연구 주제와 연구 방법을 제공해주며, 그 방향과 범위를 결정해준다. 먼저 스트라우스가 말하는 고전 정치철학의 연구 주제에 관하여 살펴보기로 하자.

1) 고전 정치철학자들은 연구 주제를 선정하는 데 있어 사전에 설정된 정치 생활의 개념에 의해서가 아니라, 실제 정치 생활이 제기한 문제에 의해 지도된다. 고전 정치철학의 연구 주제를 지도하는 것은 "과학 이전의, 즉 전-과학적 정치 생활 속에서 실제로 문제가 되는 정치적 논쟁"들이다. 스트라우스에 의하면, 고전 정치철학에서 제기되는 문제들은 유별나게 철학적 또는 과학적 문제이기보다는 오히려 철학 이전의, 또는 과학 이전의 문제들이다. 이러한 문제들은 의회·협의회·내각 등 모든 정치적 모임에서 제기되는 문제이며, 또 이들은 적어도 매일매일의 경험과 용례를 이해할 만한 정상적인 성인이면 누구나 알 수 있는 친숙한 용어로 표현된다.

그러나 고전 정치철학의 이러한 직접성은 하나의 문제점을 제기한다. 그것은 "고전 정치철학이 과학 이전의 정치 생활에 대한 상식적 이해에 불과한 것인가?" 하는 문제이다. 물론 고전 정치철학이 과학 이전의 상식을 중요시하고 있다는 것은 명백한 사실이다. 그러나 이러한 상식에 대한 고전 철학자들의 이해가 상식인의 그것과 다르다는 것도 또한 명백하다. 스트라우스가 말하는 직접성은 정치 생활에 대한 상식적인 이해를 뜻하는 것이 아니라, 상식으로 이루어지는 정치 생활이 철학적인 이해를 필요로 한다는, 정치 생활과 철학간의 직접적인 관련성을 뜻한다.

스트라우스는 "상식에 대한 대중적 수락"이 "상식에 대한 소피스트적 회의로 보안되어야 할 것"을 주장한다. 스트라우스에 따르면, 고전 정치철학자들은 대중the vulgar의 입장에서가 아니라, 소피스트적 회의의 입장에서 상식에 호소했다. 여기서 스트라우스가 강조하는 것은, 고전 정치철학자들과 소피스트간의 대립에 병행해서, 이들 철학자들과 대중간에도 동일한 대립이 있었다는 점이다. 스트라우스는 이렇게 말한다: 만일 우리가 비철학적 상식과 소피스트적 회의간에 존재하는 변증법적 발전을 무시하고, 다만 "철학자와 소피스트간의 일방적 대립만을 주장하게 된다면 우리는 이와 마찬가지로 심각한 철학자와 비소피스트적인 비철학자간의 대립을 간과할 것이고, 급기야는 모든 사람이 철학자라는 아주 비플라톤적인 주장을 하기에 이를 것이다." 이어서 스트라우스는 "한편으로는 소피스트가 철학자의 적이지만, 다른 한편으로는 비소피스트적인 비철학자도 같은 적이다. 동시에 소피스트는 대중과 달리, 철학자의 친구가 될 수 있다"[45]고 본다.

스트라우스가 말하는 직접성은 고전 정치철학의 방법 가운데서도 찾아볼 수 있다. 스트라우스에 의하면, 고전 정치철학은 "정치 생활에서 사용되는 기본적인 구분을 그대로 수락하고, 이들을 가능한 한 완전히 이해함으로써 소기의 목적을 달성하고자 했다." 실제 정치 생활에서는 "자연 상태와 시민 사회, 사실과 가치, 현실과 이데올로기, '나'와 '나를,' '당신'과 '우리들'의 구별은 그다지 뚜렷한 것이 아니며 또한 철학적 논의에 있어서 불가결한 것도 아니"었다. 고전 정치

---

45) L. Strauss, "On a New Interpretation of Plato's Political Philosophy," in *Social Research*, Vol. 13(Sept., 1946), p. 343.

철학자들은 "정치 생활과 그 목적에 고유한, 그리고 자연적인 표현 형태를 조심스럽고 세밀하게 추적하였다." 또 "그들이 사용한 어휘는 모두가 장터에서 손쉽게 찾아볼 수 있는 말투였다." 다시 말하면, 고전 정치철학은 자신의 방법을 "정치 생활 자체로부터 제공받았다."

스트라우스의 주장을 한마디로 말하면 고전 정치철학은 정치 생활을 "대중적으로 다루었다"는 것이다. 여기서 "대중적 popular"이라는 말의 의미는 정치 생활을 외부로부터, 또는 정치 생활을 관람하는 자의 자세에서 보는 것이 아니라, "개명된 시민 또는 정치인의 자세"에서 보는 것을 말한다. 그리고 "개명된 시민 또는 정치인의 자세"란 정치 생활을 내부로부터 보려는 자세, 즉 정치 생활과 더불어 같이 살고 또는 친밀해짐으로써, 이를 내부로부터 이해하려는 자세를 말한다. 스트라우스가 말하는 고전 정치철학과 정치 생활간의 직접성은 후설의 이른바 자연(人)적 태도와 이러한 태도에 주어진 자연(人)적 주위 세계 사이에서만 가능한 관계이다.

2) 스트라우스가 말하는 고전 정치철학과 정치 생활간의 직접성은 철학자의 철학적 추구가 철학자 자신의 개인적 정치 문제와 직접적으로 연결되어 있음을 뜻한다. 고전 정치철학에 있어 철학적 추구는 무엇보다도 철학자 자신의 문제와 직결되어 있다. 철학자 자신의 생활이 철학적 추구의 제일의 문제가 된다는 것이다. 스트라우스에 의하면, 정치철학자는 일차적으로 시민 또는 "좋은 시민"이다. 그리고 "좋은 시민의 의무"는 "시민 사이에서 일어나는 분쟁을 종식시키고, 설득에 의해 이들간의 합의를 이룩하도록 돕는 일"이다. 그리고 "좋은 시민의 의무를 최대로, 그리고 최고의 수준에서 달성하려고 할 때" 철학자는 정치의 싸움터에서는 결코 제기되지 못하는 궁극적 물음을 묻게 되고, 이러한 궁극의 물음에 대한 끊임없는 추구의 결과, "최선의 정치 체제가 무엇이냐?"라는 이상국가론을 제기하게 된다. 스트라우스의 관찰에 따르면, 철학자는 최선의 정치 체제에 대한 추

구의 결과, 입법자의 스승이 된다. 다시 말하면, "정치철학자는 그 최종 목적에 있어 입법자의 스승이 되는 것이다."

최선의 정치 체제에 대한 추구에서 정치철학자는 개명된 시민이나 정치인이 명확하게 보지 못하거나 또는 전혀 볼 수 없는 것을 보게 된다. 정치철학자는 또한 동료간에 심판관이 된다. 스트라우스가 말하는 정치철학과 정치 생활간의 직접성은 여기서 결정적으로 후설이 말하는 자연(人)적 태도와 만나게 된다. 스트라우스가 말하듯, 고전 정치철학자들은 그들 자신과 직결된 정치 생활의 문제를 묻는 데서 그들의 추구를 시작한다.

정치철학자들이 궁극적으로 도달하게 되는 이상국가론은 그들 자신의 정치 생활 속에서 제기된 그들 자신의 정치 문제에 대한 책임 있는 답변의 결과이다. 최선의 정치 체제에 대한 추구는 철학자 자신의 정치 생활에 대한 철저한 자기 성찰의 결과이다. 이런 뜻에서, 정치 생활은 철학자의 생활 속에서 시작하고, 철학자의 생활을 위해서 추구되는 철학자 자신의 사건이다. 정치철학은 철학자 자신, 철학하는 자신으로부터 결코 유리될 수 없는 것이 된다. 다시 말하면, 정치철학은 철학하는 주체가 살고 있는 정치 생활과의 직접적인 관계 속에서 발생한다. 정치철학의 출발에 있어 일차적인 관심사는 철학하는 자기 자신이며, 그의 정치 생활이다.

고전 정치철학은 철학하는 자기 자신의 정치 생활과 직결되어 있기 때문에 진정한 의미에서 직접성을 갖는다. 그러나 스트라우스는 이러한 직접성이 현대 정치학에 의해 유기되었다고 본다. 현대 정치학자들에게 있어 과학은 "그 자체가 정치 생활의 부분이 아니다." 과학은 정치 생활과 관계없이 또는 독립적으로 만들어지며, 또 과학자들은 관람자의 입장에서 정치 생활을 보아야 한다. 외부에 있는 정치학자들을 내부에 있는 정치 세계로 매개시켜주는 것은 방법이며, 이러한 방법의 문제가 현대 정치학의 지배적 관심사로 되었다는 것은

바로 이러한 직접성이 유기되었다는 사실을 웅변으로 말해준다. 스트라우스는 이 점을 다음과 같이 지적한다:

현대 정치학은 '직접성을 이미 유기하였거나' 아니면 이를 '주관적' '비과학적'인 것으로 무시한다. 그야말로 현대 정치학의 근본 문제가 있다면 이것은 정치적인 것을 이해하기 위하여 어떻게 여기에 접근할 것이냐 하는 방법의 문제이다.

이상을 요약하면 다음과 같다: 1) 고전 정치철학자들은 일찍이 찾아볼 수 없을 만큼, 생생하고 직접적인 관계 속에서 정치 생활을 규명하였다; 2) 스트라우스가 말하는 고전 정치철학의 직접성은 후설의 자연적 태도와 일치점을 보여준다.[46]

넷째 또는 끝으로, 스트라우스의 역사주의 비판에 관한 필자의 의견을 피력해보고자 한다. 역사주의에 대한 스트라우스의 비판을 요약하면 대체로 다음과 같다: 1) 역사주의는 "근대성의 위기"의 산물이다. 루소는 이러한 "근대성의 위기"에 대해 언급한 첫번째 사상가였다. 니체는 그 두번째였으며, 하이데거는 세번째 철학자이다; 2) 역사주의는 특히 니체에 이르러 허무주의로 변했고 반이성주의적 경향으로 나타났다; 3) 정치철학과 구별되는 정치 사상의 배후에는 이와 같은 역사주의―허무주의―반이성주의가 도사리고 있으며, 이것을 극복하는 길은 고전으로의 복귀뿐이다.

그러나 필자는 스트라우스가 비판한 "역사주의"에 대해 좀더 조심스러운 접근이 필요하다고 생각한다. 어떤 점에서 스트라우스는 나쁜 의미의 역사주의와 좋은 의미의 역사주의를 구별하지 않았다는

---

46) 김홍우, 「에드문트 후설의 '생활 세계 Lebenswelt'와 그의 정치철학적 의미」, 『한국 정치학회보』 9집(1975), pp. 31~45.

비난을 면하기 어렵다. 물론 역사주의에는 허무주의라는 위험성이 항상 도사리고 있음을 경계해야 한다. 스트라우스의 가장 위대한 공헌 중의 하나는 마치 소크라테스가 스스로를 비유한 "쇠파리 gadfly" 처럼 역사주의의 위험성에 대해 우리들의 경각심을 끊임없이 각성시킨 데 있다.

그러나 스트라우스의 역사주의 비판은 나쁜 의미와 좋은 의미의 역사주의를 구분하지 않음으로써 결과적으로 역사 자체에 대한 부정적 시각을 강화시켰음을 부인할 수 없다. 역사주의가 상호 주관성을 상실하게 될 때, 그것은 닫혀진 상대주의—자기의 입장을 역설적으로 절대화하는 상대주의—로 화석화될 수밖에 없다. 이른바 밀실주의—패거리주의—집단적 이기주의란 바로 이러한 닫혀진 상대주의의 산물이라 할 수 있다. 그럼에도 불구하고 바로 이런 이유만으로 또 다른 역사주의의 가능성—나는 이것을 상호 주관적 또는 열려진 상대주의라 부르고 싶다—마저 부인되어서는 결코 안 된다고 본다.

따지고 보면 소크라테스의 무지의 지(知) 그 자체도 역사적 산물임을 부정할 수 없다. 그것은 푸른 하늘에서 갑자기 떨어진 벼락 같은 사건이 아니다. 그것 역시 역사적 삶의 산물이다. 보다 정확하게 말해서 그것은 당시의 역사적 현실 속에서 끊임없이 제기된 상대주의의 위험에 직면하면서 그 마지막 단계에서 이루어진 위대한 자각이었다.

진리는 역사를 필요로 한다. 왜냐하면 역사 없는 진리는 이름에 불과하기 때문이다. 마찬가지로 역사는 진리를 필요로 한다. 왜냐하면 진리 없는 역사는 난센스이기 때문이다. 우리는 다시 한번 역사와 진리가 어떻게 만나는가에 대한 플라톤의 말을 상기할 필요가 있다. 역사와 진리가 필연적으로 만난다고 단정지을 수 있는 근거는 어디에도 없다. 그렇다고 진리와 역사의 만남을 처음부터 배격할 수도 없다. 진리와 역사의 본질적 분리 속에서는 오직 은둔주의와 방관주의

만이 판을 칠 뿐이다. 이제 『국가 *Republic*』의 언명에 다시 귀를 기울여보자. 즉 도시와 철학 또는 역사와 진리의 만남은 "아주 불확실하다. 그러나 불가능하지는 않다 very improbable, but not impossible." 어쩌면 스트라우스의 역사주의 비판은 "아주 불확실하다"는 데 악센트가 두어졌다고 생각된다. 그 결과 "불가능하지는 않다"는 점을 망각했다는 짙은 여운을 남긴다. 여기서 한 가지 지적할 점은 스트라우스도 그의 『박해와 글쓰는 기법 *Persecution and the Art of Writing*』에서 "정교한 역사적 연구 elaborate historical studies"의 필요성을 인정했다는 점이다.[47]

그의 역사주의 비판은 이와 같은 "정교한 역사적 연구"를 보다 심화시키고 또 촉진시키는 방향으로 전개되어야 한다. 이런 점에서 정화열 교수의 말은 시사하는 바가 크다: "역사는 모든 의미가 심화되어가는 상황이며, 특히 철학의 정당한 개념적 의미가 깊어지는 상황인 것이다."[48]

---

47) L. Strauss, *Persecution and the Art of Writing* (Chicago and London: The Univ. of Chicago Press, 1988), p. 155.
48) 정화열, 『몸의 정치』, 박현모 옮김(민음사, 1999), p. 142.

스트라우스와 가다머 논쟁

스트라우스 Leo Strauss와 가다머 Hans-Georg Gadamer간에 교환된 서신은 1) 스트라우스가 가다머에게 보낸 편지, 2) 가다머가 스트라우스에게 보낸 편지, 3) 스트라우스가 두번째로 가다머에게 보낸 편지, 4) 마지막으로 『진리와 방법 *Truth and Method*』의 부록 I에 수록된 가다머의 스트라우스에 대한 논평 등이다. 먼저 스트라우스가 가다머에게 보낸 편지(1961년 2월 26일자)[1]는 이렇게 시작된다:

내 글씨가 읽기에 매우 힘들고 또 이곳에는 독일어로 쓴 것을 쉽게 타이핑할 수 있는 사람이 없기 때문에, 나는 영어로 편지를 씁니다.

나는 당신이 나에게 책을 보내주신 것에 대해 매우 감사하며, 또한 당신이 이 책을 쓴 것을 매우 기쁘게 생각합니다. 이것은 중요한 저작입니다. 내가 아는 한, 이 책은 하이데거 문화생이 쓴 책 중에서 가장 중요한 저작입니다. 이 책은 호흡이 긴 de longue haleine 저작이며, 그것은 다시 한번 기다림의 지혜를 보여줍니다. 이 책을 읽은 것이, 나에게는 다른 어떤 책보다도 더 큰 의미가 있었습니다. 나는 이 책을 읽으면서 독일에서의 나의 젊었던 시절, 나톨프 Natorp의 세미나들, 많은 대화들, 그

---

1) "Correspondence Concering *Wahrheit und Methode*: Leo Strauss and Hans-Georg Gadamer," *Center for Advanced Study in the Behavioral Sciences* (Standford, Calif., U. S. A.).

중에서도 1954년 하이델베르크에서 마지막의 그러나 꽤 의미 있었던 우리들의 대화들을 생각했습니다. 특정한 '배경'의 공유는 내가 이해할 수 있는 한에서 이 책을 이해하는 데 도움을 주었습니다. 이미 아는 바와 같이, 우리는 같은 토대로부터 반대의 방향으로 갔습니다――이것 또한 당신의 책을 이해하는 데 나의 한계입니다. 그러나 이 점을 언급하기 전에, 나는 이미 당신의 책으로부터 얻은 가르침에 대해 감사부터 드리고 싶습니다. 당신은 내가 아직까지 모르고 있던 많은 중요한 것들에 대해서 나의 주의를 불러일으켰습니다. 무엇보다도, 내가 지금까지 할 수 있었던 것보다 더 많은 주의를 기울여 당신의 책을 다시 읽어야 한다는 것을 깨달았습니다――나는 자유로운 시간에 곧 그럴 필요가 있게 될 것입니다. 따라서 다음의 내용은 최초의 반응으로 이해해주시기 바랍니다.

여기서 스트라우스는 첫째, 가다머가 『진리와 방법』을 보내준 것을 감사하고, 둘째, 그와 가다머간의 공통적 학문 배경에 대해 잠시 회상한다. 이 중에서도 그는 특히 나톨프 Natorp〔신칸트 학파의 중심 인물: 필자〕의 세미나, 많은 사적인 대화, 그리고 1954년 하이델베르크에서 가졌던 가다머와의 마지막 대화를 상기한다. 셋째, 그 후 그와 가다머는 서로 다른 방향으로 갔다고 언급하면서, 그와는 견해를 달리함을 시사하고, 넷째, 이하의 논평은 어디까지나 그의 첫번째 반응에 불과하다는 점을 강조한다.

이어서 스트라우스는 『진리와 방법』을 세 가지 항목에 걸쳐 논평한다: 첫째, 이 책은 하이데거의 문제와 분석과 제안들을 보다 학문적인 용어로 번역한 것이고, 둘째, 딜타이에 대해 언급하면서도 니체에 대해서는 언급하지 않는다고 지적하고, 셋째, 가다머와 자신간의 차이점을 비교적 소상하게 논한다.

그러면 스트라우스가 지적하는 가다머와 그 자신간의 근본적 차이점은 무엇일까? 가다머의 해석학이 "방법적 methodical"이라면 자신은 "본질적 substantive"이라는 것이다. 이것을 하이데거의 용어를 빌려 말한다면 가다머는 "실존론적 existential"이고 자신은 "실존적 existentiell"이라는 것이다. 이러한 차이는 가다머의 경우, "일반 독자"에 대한 "역사가"의 우월성으로, 그리고 지평 융합적 fusion of horizons인 "생산적" 해석학으로 발전하고, 스트라우스의 경우에는 "역사가"보다 "일반 독자"를 우선시하는 입장으로, 그리고 지평 복원적인 reproduction "봉사적" 해석학으로 나타난다. 여기서 스트라우스가 주장하는 봉사적 해석학의 "핵심"은 어떤 사람의 생각을 그가 의미하는 "그대로 이해함"이며, 그에게 "직접 되돌아가서 by an unqualified return" 그의 이야기를 "아주 조심스럽게 들어봄 by listening most carefully"[2]이다.

이러한 차이점은 양자간의 상이한 지향성에 뿌리를 두고 있다. 가다머가 추구하는 것은 "보편적 해석학 또는 보편적 존재론 the universal hermeneutics or the universal ontology"[3]에 있다. 스트라우스는 이것을 때로는 "해석학의 급진화와 보편화" "보편적 철학적 해석학" "보편적 이해" "보편 이론" 등으로 표현한다. 반면 스트라우스는 "보편성"보다는 "특수 상황"을 강조한다. 이러한 스트라우스의 관심은 "'세계의 밤' 또는 서구의 몰락"이나 "대재난의 맥락" 등과 같은 위기 의식과 관련되어 있으며, 따라서 "특수한 해석학의 과제" "인간의 유한성" "나의 고유한 경험" "모든 유용한 해석의 불가피한 '잠정'성" "나의 이해 또는 나의 해석의 유한성" "불충분한 '역사적' 해석" 등을 강조하게 된다. 여기서 한 가지 놀라운 사실은 스트라우스가 해석학의 의미와 과제를 보는 데 있어 하이데거의 후계자인 가다머보다 훨씬 더 실존적 모습을 보여준다는 묘한 아이러니이다. 이와 같은 "실존적"인 또는 키에르케고르적 의미에서 "절대적"인 스트라

---

2) 같은 글, p. 11.
3) 같은 글, p. 7.

우스의 모습은 다음과 같은 말에서 역력하게 나타난다:

> 존재 망각 Seinsvergessenheit으로부터의 깨어남은 모든 존재자의 진동 Erschütterung의 과정에 속하며, 사람들이 무엇에 대해 깨닫는 것은 하나의 체계적 형태를 갖춘 최종적인 진리라기보다는 결코 완벽하게 대답할 수 없는 물음인 것이다——이것은 최종적 수준을 의미하는 질문과 사유의 수준입니다.[4]

> 존재 그 자체는 이해하는 존재 verstehend입니다. 〔……〕 존재는 필연적으로 특정한 습관-윤리성 Sitte-Sittlichkeit 속에서의 혹은 그것을 통한 존재입니다. 〔……〕 존재에게 상대주의의 문제란 결코 발생하지 않습니다.[5]

같은 입장을 스트라우스는 그의 두번째 서신(1961년 5월 14일자)[6]에서도 주장한다:

> 새로운 해석학을 요구하는 상황에 대해서, 즉 우리 자신의 상황에 대해서 반성해볼 필요가 있습니다; 이러한 반성은 필연적으로 근본적인 위기, 미증유의 위기를 드러나게 하는데, 이것이 바로 하이데거가 의미하는 세계의 밤의 접근입니다.[7]

네번째로 스트라우스는 가다머의 역사주의를 비판하면서, 자신의 "봉사적 해석학 ministerial hermeneutics"의 입장을 개진한다. 그는 특

---

4) 같은 글, p. 7.
5) 같은 글, 같은 곳.
6) 같은 글, pp. 11~12.
7) 같은 글, p. 11.

히 가다머의 "생산적" 해석학이 "전통과 계속성"을 파괴한다고 경고한다. 즉 "전통과 계속성은 일단 해석되기 시작하면 사라져버립니다."[8] 이 인용문에서의 "해석"이란 특히 가다머적 해석, 즉 생산적 해석을 가리킨다고 볼 수 있다. 계속해서 그는 다음과 같이 말한다:

> 나는 전-역사주의자의 해석학the pre-historicist hermeneutics만이 적절하다는 판단을 주장할 수 있습니다.[9]

> 원리는 그것이 참되다고 주장하는 점에 비추어 이해되어야 하며, 이러한 주장은 충족되어야 합니다. 충족된다는 것은 내가 그것을 진실로서 받아들일 수 있고, 받아들여도 좋으며, 받아들여야만 하거나, 또는 그것을 진실이 아닌 것으로서 거절하는 것을 의미합니다. 〔……〕 확실히 내가 중요한 것을 배우면 나의 지평은 확장됩니다. 그러나 만약 플라톤의 원리를 변형한 것이 플라톤 자신의 것보다 더 낫다고 해서 플라톤의 지평이 확장된다고 말하기는 힘듭니다.
> 〔……〕 하지만 아무도 그것을 완성할 수 없다거나 또는 인간으로서의 유한성은 필연적으로 적절한, 혹은 완벽한, 혹은 진정한 이해를 불가능하게 만든다고 말하는 것에 대해 나는 주저합니다.
> 〔……〕 라인하르트Reinhardt의 '매개'는 단지 텍스트에 봉사적이며 그리고 정확히 가장 지적으로 봉사함으로써, 그것은 칭찬할 만한 것입니다. 〔……〕 해석자는 저자가 자신을 이해하는 것보다, 저자를 더 잘 이해하지는 않습니다.[10]

해석자의 생산성에 대해 말하면, 예를 들어 투키디데스를 경제사라

---

8) 같은 글, p. 6.
9) 같은 글, p. 5.
10) 같은 글, pp. 6~7.

는 맥락에서 연구하는 역사가는 저자에게 분명히 새로운 질문을 던질 것입니다; 그의 관심은 투키디데스 자신의 관심과는 근본적으로 다릅니다. 하지만, 그는 경제 문제에 대한 투키디데스의 거의 완전한 침묵에 관해서 설명해야만 합니다: 역사가는 그의 침묵을, 다시 말하면 경제 문제에 대한 투키디데스의 무관심을 이해해야 합니다; 그는 경제 문제가 투키디데스에게 어떻게 보이는지에 대한 질문에 대답해야 합니다. 그의 연구 속에서 제기된 가장 흥미로운 질문인 이 마지막 질문에 대한 대답은 단지 인간사(人間事) 일반에 대한 투키디데스의 사고를 재생산한 것에 불과합니다.[11]

고상한 것과 저속한 것 사이의 기본적인 구분과 이것의 중요한 함의들(예를 들어, 한편에는 사랑이, 다른 한편에는 미움과 적의가 있는 상태에 대한 함의들, 혹은 1967년——초판은 1959년——에 나온 〔하이데거의〕『언어의 길목에서 *Unterwegs zur Sprach*』의 형제애에 대한, 따라서 가족에 대한 함의들)은 짐승이 아닌 모든 사람에게 자명함 또는 는 구속력을 갖고 있습니다.

딜타이가 '모든 가치의 상대성'에 기반해서, "'상대주의'의 반론에 대해 지칠 줄 모르고 반성하는 것"은 불가피하다고 나는 생각합니다. 나는 결코 딜타이에게 빠진 것은 아닙니다. 그러나 나는 위에서 언급한 점에 관해서는 당신의 비판에 맞서 그를 옹호하고자 합니다.[12]

이상과 같은 스트라우스의 비판에 대해 가다머는 그의 '답신'과 『진리와 방법』의 '부록'을 통해 응답한다. 먼저 그의 '답신'(1961년 4월 5일자)[13]에서 가다머는 자신의 저작의 "일관성"을 옹호하는 한편,

---

11) 같은 글, p. 6.
12) 같은 글, p. 7.
13) 같은 글, pp. 8~11.

스트라우스와 가다머 논쟁 461

스트라우스의 비일관성을 공격한다. 가다머는 자신의 의도가 다양한 해석 방식과 경험으로부터 단일한 이론을 발전시키려는 데 있었고, 또 스스로를 "문헌학자philologist와 철학적 텍스트의 해석자"로 생각할 뿐이며, 베커O. Becker와 뢰비트K. Löwith와는 달리 하이데거의 『존재와 시간』의 "초월적 의미"를 주장하는 입장이고, "이해를 사건으로" 보는 견해라고 밝힌다. 또 그는 자신의 출발점이 하이데거와는 달리 "존재의 완전한 망각"이나 "존재의 밤"이 아니라고 말하면서, 이와 같은 하이데거의 입장은 사실상 비현실적인 것이라고 주장——보다 정확하게 말하면 비판——한다. 그는 하이데거가 슐라이어마허나 낭만주의 해석학에서 주장하는 보편적 이해를 받아들이고 있으나, 이것은 "거짓된 급진주의the false radicality"에 속한다고 평한다. 또 그는 전-역사주의자의 해석학이 복원될 것으로는 믿지 않지만, 이들의 해석학이 사실상 계속되고 있다는 점은 인정한다.

끝으로 그는 이렇게 말한다: "문헌학자나 역사가들은 '유한성'을 망각함으로써 자신들을 올바르게 이해하지 못한다"; 스트라우스는 한편으로는 "모든 해석의 잠정성"을 강조하면서도 다른 한편, 스스로는 이러한 주장을 "'잠정적'인 것이 아닌 매우 일반적인 것으로" 생각하는 모순된 입장을 보여준다.

가다머는 또한 『진리와 방법』의 '부록'을 통해서도 응답한다. 이것은 크게 두 가지 문제에 대한 답변으로 구분된다. 하나는 해석학에 대한 답변이고 다른 하나는 고전 철학에 대한 답변이다. 해석학과 관련하여서는 먼저 스트라우스의 급진성을 비판한다: "레오 스트라우스의 정치철학에 관한 많은 뛰어난 저작들 가운데서 이루어진 역사에 관한 현대의 믿음에 대한 비판은 나에게는 더 급진적으로 보인다."[14]

---

14) H.-G. Gadamer, *Truth and Method*, tr. revised by Joel Weinsheimer and Donal G. Marshall(New York: Continuum, 1994), p. 532; H.-G. Gadamer, *Truth and Method*, tr. by William Glen-Doepel(London: Sheed and Wood, 1979), p. 482. 개

둘째, 가다머는 역사성의 불가피성을 주장한다: "역사주의라고 부르는 것에 대한 그의 반론은 그 자체가 일차적으로 역사적 기반 위에 입각해 있다"[15]; "고대 철학자들은 다르게, 다시 말하면, 비역사적으로 생각했다는 것을 보여주는 것만으로는 오늘날 비역사적인 사고의 가능성에 대해 아무것도 말해줄 수 없다"[16]; "스트라우스가 관심을 가지고 있는 것도 여전히 역사적 사유 내에서 인식할 수 있으며, 교정적 의미를 지닌다."[17]

셋째, 가다머는 역사성의 양면적 의미를 주장한다. 그 하나는 "역사성"의 "초역사성," 즉 "진리로서의 위엄과 가치"이고, 다른 하나는 "역사성"의 "역사성"이다: "역사적인 사고는, '현재'라는 것은 존재하지 않으며, 오히려 미래와 과거의 끊임없이 변화하는 지평만이 존재한다는 인식 속에서 진리로서의 위엄과 가치를 지닌다"; "저 '역사적' 이해라는 것은 오늘의 것이든 또는 내일의 것이든 특권을 지니지 않는다. 그것 자체는 변화하는 지평에 포함되며 지평들과 함께 움직인다."[18]

넷째, 가다머는 스트라우스가 의미의 모호성을 인정하지 않는 "계몽주의"적 경향이 강하다고 지적하면서, "의미의 내재적 다양성 multifariousness of meaning in itself"의 관점에서 스트라우스의 해석학, 특히 그의 "봉사적 해석학"의 기본 주장에 대해 의문을 제기한다. 가다머는 이렇게 묻는다: "저자는 정말로 모든 문장에서 자신이 의미하는 것을 아주 정확하게 알고 있는가?" 이어서 그는 이렇게 결론을 내린다:

정 번역(전자)을 『신판』으로, 구번역본(후자)을 『구판』으로 각각 표기함.

15) 『신판』, p. 533; 『구판』, p. 483.

16) 『신판』, p. 534; 『구판』, p. 484.

17) 『신판』, p. 534; 『구판』, p. 484.

18) 『신판』, pp. 534~35; 『구판』, p. 484.

만약 스트라우스가 제안한 대안이 참이라면, 즉 철학적 저자는 분명한 의미를 가리키고 있거나 또는 혼동하고 있거나의 어느 하나라면 해석상의 많은 논쟁점들은 오직 하나의 해석학적 결론만이 존재할 것으로 생각된다: 그러나 우리는 혼돈이 있다는 점을 고려해야 한다.[19]

다섯째, 가다머는 스트라우스의 "비교주의(秘教主義) esotericism"에 대해서도 비판한다. 가다머는 스트라우스가 말하는 "박해 persecution"를 극히 예외적인 경우로 보고, 일반적인 해석적 상황은 "글쓰기 writing"의 "생소함"과 "이질성"과 관련된다고 말한다:

우리가 아는 것처럼 '해석학'이라는 단어는, 해석자의 작업으로 거슬러 올라간다. 이 해석자의 작업은 외국어로 말해지기 때문에 이해할 수 없는 것을 해석하고 전달하는 것을 말한다.[20]

글로 씌어진 모든 것은 어느 정도 이질적이고 생소하다. 따라서 그것은 외국어로 말해진 것을 이해하는 것과 똑같은 작업을 제기한다. 신이나 인간의 말을 해석하는 자와 마찬가지로 글로 된 것을 해석하는 자는 생소한 것을 극복하고[21] 제거하며, 또 그것의 동화가 가능하도록 작업을 수행한다. 만약 텍스트와 해석자 사이의 역사적 거리를 의식하

---

19) 『신판』, p. 540; 『구판』, p. 489.

20) 『신판』, p. 537; 『구판』, p. 486.

21) 이 말은 바흐친 Mikhail Bakhtin의 다음과 같은 말을 상기시킨다: "In the human sciences, accuracy consists in overcoming the other's strangeness without assimilating it wholly to oneself(all sorts of substitutions, modernizations, non-recognitions of the stranger, etc.)(Tzvetan Todorov, *Mikhail Bakhtin: The Dialogical Principle*, tr. by Wlad Godzich, Minneapolis: Univ. of Minnesota Press, 1984, p. 24).

게 되면 이 작업은 복잡하게 될 수 있다.

해석학과 글쓰기의 본질적인 연관성이 그리스에서 어떻게 시작되었는가를 살펴보는 것은 흥미로울 것이다.[22]

스트라우스는 특수한 문제, 즉 텍스트를 이해하고자 노력할 때, 저자가 권력 기관이나 교회의 박해에 대한 위협 때문에 진정한 의미를 의식적으로 위장한 것을 해석자가 얼마나 고려해야 하는지에 대한 특수한 문제를 연구함으로써, 간접적으로 해석학 이론에 또 하나의 중요한 공헌을 했다. 〔……〕 고유한 의미를 의식적으로 왜곡·위장·은폐하는 것은 사실 빈번한, 그리고 심지어 정상적인 상황 가운데서는 매우 드물고 극단적인 경우가 아닐까?──마치 박해(그 박해가 시민들의 권력 기관에 의한 것이든 또는 교회나 종교 재판소 등에 의한 것이든)가 사회 또는 여론으로 말미암은 인간의 사고에 대한 의도적 또는 비의도적 압력과 비교해서 극단적인 경우인 것처럼.[23]

다음으로 가다머는 고전 철학과 관련하여 스트라우스를 두 가지 관점에서 비판한다. 첫째, 스트라우스는 플라톤과 아리스토텔레스간에 존재하는 불연속성을 거의 도외시하고 있으며, 둘째, 그는 또한 이론적 정치학 politike techne과 경험적 정치학 politike phronesis의 차이를 충분히 인식하지 못한다는 것이다. 가다머는 이렇게 지적한다:

고전 철학에 대한 스트라우스의 옹호에 있어서 나를 가장 놀라게 하는 것은, 그가 고전 철학을 통일적인 것으로 이해하고자 하는 정도인데, 그래서 선에 대한 물음의 본질과 중요성에 있어서 플라톤과 아리스토텔레스 사이에 존재하는 극도의 대립이 스트라우스에게는 어떤

---

22) 『신판』, pp. 537~38; 『구판』, p. 487.
23) 『신판』, pp. 538~39; 『구판』, p. 488.

곤란도 야기시키지 않는 것 같다.[24]

　내 견해로는 스트라우스는 이것(즉 이론적 정치학과 경험적 정치학 사이에 존재하는 절대적인 구분)에 대해 충분하게 비중을 두지 않고 있다.[25]

그러나 가다머는 자신과 스트라우스간에는 하나의 중대한 공통점이 있다고 말한다. 그것은 역사와 철학의 "융합fusion"이라는 것이다:

　스트라우스 역시 오늘날 우리의 사유 속에서 '역사와 철학적 질문들의 융합'이 불가피하다고 간주하는 점에서 우리들은 그다지 다르지 않다.[26]

---

24) 『신판』, p. 540 ; 『구판』, pp. 489~90.
25) 『신판』, p. 541 ; 『구판』, p. 490.
26) 『신판』, pp. 536~37 ; 『구판』, p. 486.

제4부

현상학과 마르크스주의

루카치의 실증과학 비판

1

게오르그 루카치 Georg Lukács의 『역사와 계급 의식 *History and Class Consciousness*』이 계속 중요시되는 것은 이 저작이 그 발간과 더불어 소련공산당에 의해 정간 처분을 당하였으며, 급기야는 루카치 자신에 의하여 통렬한 비판을 받았다는 흥미로운 역사적 사실에서만은 아니다. 그보다는 이 저작이 현대 철학에 의외로 커다란 영향을 미쳤다는 놀라운 사실에서일지도 모른다. 오늘날 이른바 후기 현상학을 대표하는 메를로-퐁티, 사르트르 등의 마르크스주의에 대한 해석은 실제로 루카치에 힘입은 바 크다. 골드만은 하이데거의 『존재와 시간』(1927)이 루카치의 『역사와 계급 의식』(1923)에 대한 하나의 답변으로 저술된 것이라고 말한다.[1] 루카치 역시 자신의 저작이 갖고 있는 중요성을 지적하는 가운데서 이 점을 시인하고 있다. 그는 자신이 마르크스 이후로 인간의 소외를 최초로 다루었다고 주장하면서 하이데거의 『존재와 시간』, 그리고 사르트르의 모든 저서 가운데서 중심 문제로 등장하는 소외에 대한 논의는 자신의 저작이 발간된 이

---

1) L. Goldmann, *Lukács and Heidegger: Towards a New Philosophy*, tr. by William Q. Boelhower(London, Henley and Boston: Routledge & Kegan Paul, 1977), pp. 27~30.

후의 일이었다고 밝힌다.[2]

　루카치는 『역사와 계급 의식』에서 현대적 실증과학의 입장으로 마르크스주의를 재구성하려는 소위 수정주의에 반대하고, 마르크스는 그 스스로가 자인했던 것보다 훨씬 더 헤겔에 가까웠다는 독자적인 마르크스관에 근거를 둔 새로운 해석을 시도했다. 루카치는 마르크스에 관한 한 "공산주의"라는 용어를 거의 한번도 사용하지 않았다. 이것은 그가 마르크스주의와 공산주의 또는 소비에트 마르크스주의를 의식적으로 구별하고 있음을 말해주며, 어쩌면 그가 소비에트 공산주의를 조금도 수락하지 않았을지도 모른다는 의혹까지 낳게 한다. 한걸음 더 나아가 10월 혁명 이후 공산주의 인식론의 기본 헌장

---

2) G. Lukács, *History and Class Consciousness: Studies of Dialectics*(Cambridge, Mass.: The MIT Press, 1973), p. xxii. 루카치는 이렇게 말한다: "To assess the impact of the book at that time, and also its relevance today, we must consider one problem that surpasses in its importance all questions of detail. This is the question of alienation, which, for the first time since Marx, is treated as central to the revolutionary critique of capitalism and which has its theoretical and methodological roots in the Hegelian dialectic. Of course the problem was in the air at the time. Some years later, following the publication of Heidegger's *Being and Time* (1927), it moved into the centre of philosophical debate. Even today it has not lost this position, largely because of the influence of Sartre, his followers and his opponents. The philosophical problem raised above all by Lucien Goldmann when he interpreted Heidegger's work in part as a polemical reply to mine — which however was not mentioned explicitly — can be left on one side here. [……] The question of who was first and who influenced whom is not particularly interesting here. What is important is that the alienation of man is a crucial problem of the age in which we live and is recognized as such by both bourgeois and proletarian thinkers, by commentators on both right and left. Hence *History and Class Consciousness* had a profound impact in youthful intellectual circles; I know of a whole host of good Communists who were won over to the movement by this very fact. Without a doubt the fact that this Marxist and Hegelian question was taken up by a Communist was one reason why the impact of the book went far beyond the limits of the party"(이후 본문에서는 위의 책명과 저자명을 약하고, 여기에 수록된 논문 제목과 쪽수만을 각주에 표기하기로 한다).

이 된 레닌의 『유물론과 경험 비판 *Materialism and Empirio-Criticism*』은 루카치의 입장에서 볼 때 하나의 소박한 유물론에 불과하다는 것이다.

필자는 루카치가 변증법의 연구에서 주장한 과학의 문제점들이 오늘날 사회과학 내에서도 유사하게 제기될 수 있는 문제들이라고 본다. 그러나 이 글에서 필자는 루카치의 변증법에 관한 논의가 놀랍게도 후설의 현상학에 접근한다는 점에 주목하여, 이를 좀더 밝혀보려는 데 목적을 두고 있다.

2

루카치는 마르크스주의의 위기가 변증법이 제거된 데 있다고 본다. 그는 변증법의 제거가 마르크스주의를 "일종의 부르주아 '과학'"으로 타락시켰다고 확신한다. 변증법의 제거로 야기된 마르크스주의의 위기를 가장 뚜렷하고 또 솔직하게 말해준 구체적인 예로서 루카치는 베른슈타인 Eduard Bernstein의 『사회주의의 전제 *Premises of Socialism*』를 든다. 그는 베른슈타인이 변증법적 방법에 대해 가장 분명하고 설득력 있는 반대를 제기했다고 본다. 베른슈타인은 "편견으로부터의 자유 freedom from bias"라는 자신의 철학적 전제에서 마르크스 이론의 철학적 전제가 되는 "변증법"을 비과학적이라고 비판하였다. 루카치에 의하면, 실증과학의 "방법"이 이른바 "헤겔주의적 '변증법의 올가미'"로부터 해방되어야 한다는 베른슈타인의 견해는 마르크스주의를 아주 기회주의적인 정치 · 경제 이론으로 변형시켰다는 것이다. 어떤 면에서 변증법의 제거와 기회주의 이론의 성립은 상호 일치하는 것으로서 "만일 누구든지 철저한 기회주의적 이론, 즉 혁명 없는 진화 및 갈등 없는 자연적 사회주의 발전 이론을 수립코자

원한다면, 변증법 바로 이것을 제거하면 된다"[3]고 루카치는 질타한다. 루카치의 정통 마르크스주의론은 이러한 "변증법의 제거"에 대한 하나의 반성이라는 소극적 의미와 동시에 이에 따른 "마르크스주의의 위기"를 비판적으로 극복해보겠다는 적극적 노력이라는 양면성을 지닌다.

루카치는 그의 논문, 「정통 마르크스주의란 무엇인가What is Orthodox Marxism?」에서 먼저 "정통orthodoxy"의 의미를 규정한다. 그는 "정통"의 의미를 "내용"이 아닌 "방법"에서 찾아야 한다고 본다.[4] 여기서 루카치가 주장하는 것은, "정통"이 어떤 종류의 "사실fact"이나 "명제thesis"를 두고 하는 말이 아니라, 오직 "방법"을 뜻하며, 따라서 마르크스주의적 "명제"를 거부하는 행위가 곧바로 마르크스주의자의 자격을 상실하는 근거로 주장될 수 없다는 것과 같이, 모든 마르크스주의적 "명제"의 부정이 정통 마르크스주의 그 자체의 부정으로 간주될 수 없다는 것이다. 루카치는 다음과 같이 말한다:

마르크스의 모든 명제가 최근의 연구에서 사실이 아님이 완전히 드

---

3) "What is Orthodox Marxism?" p. 5; "The Marxism of Rosa Luxemburg," p. 29.

4) 이와 같은 루카치의 견해는 메를로-퐁티의 다음의 말을 상기시킨다: "A meaning [……] is definable less in terms of the indescribable quality of its 'mental contents' than in terms of a certain manner of presenting its object"; "[……] a face expresses something only through the arrangement of the colours and lights that make it up, the meaning of the gaze being not behind the eyes, but in them, and a touch more or less is all the painter needs in order to transform the facial expression of a portrait. In the work of his earlier years, Cezanne tried to paint the expression first and foremost, and that is why he never caught it. He gradually learned that expression is the language of the thing itself and springs from its configuration. His painting is an attempt to recapture the physiognomy of things and faces by the integral reproduction of their sensible configuration"(M. Merleau-Ponty, *Phenomenology of Perception,* tr. by Colin Smith, New York: The Humanities Press, 1966, pp. 114, 322).

러났다고 가정해보자. 만일 이러한 사실이 증명되었다손 치더라도 모든 진지한 정통 마르크스주의자들은 마르크스의 명제 전체의 타당성을 부인하면서도 마르크스주의자로서의 자신의 정통성을 주장할 수 있다. 이것은 곧 정통 마르크스주의가 마르크스의 연구 결과를 무비판적으로 수락하지 않는다는 것을 뜻한다. 그것은 마르크스주의의 특정한 명제에 대한 믿음도 아니고, 신성시된 저서에 대한 주석도 아니다. 오히려 마르크스주의의 정통성이란 그 방법을 가리킨다. 그것은 변증법적 유물론이 진리에 이르는 길이라는 것이며, 이 방법은 그 창시자들의 노선에 따라서만 발전되고 확대되고, 심화될 수 있다는 과학적 확신이다. 더욱이 그것은 변증법적 유물론의 방법을 능가하는 새로운 방법을 발견하고, 개선하려는 지금까지의 모든 기도가 결국 지나친 단순화와 피상화, 그리고 절충주의로 귀착되었고 또한 앞으로도 틀림없이 그렇게 되리라는 확신이다.[5]

여기서 루카치는 첫째, 마르크스의 방법과 마르크스의 명제 또는 내용을 구분하고, 둘째, 마르크스의 변증법적 유물론(또는 유물론적 변증법)의 본질을 마르크스의 방법에서 찾는다. 되풀이 말하면, 루카치는 변증법이 마르크스주의의 여러 명제들 중의 하나가 아니라 바로 그 본질에 속한다는 관점에서, 현대 과학의 임의적 비판 또는 해석의 대상이 될 수 없다고 보며, 또 이것을 비과학적이라는 이유로 타기해버리거나 보다 "과학적"인 어떤 새로운 방법으로 대치해서도 안 된다고 주장한다. 물론 모든 과학적 시도——수집된 사실과 자료에 입각하여 마르크스주의를 보다 객관적으로 증명하고, 개선하고, 고쳐보려는 시도——이 자체를 제지할 권리를 가진 사람은 어디에도 없다. 문제는 이러한 시도가 결과적으로 마르크스의 기본 정신을 망

---

5) "What is Orthodox Marxism?" p. 1.

각 또는 배제함으로써 통속적 마르크스주의로 떨어질 수밖에 없다는
데 있다. 설사 통속적 마르크스주의자들이 비록 마르크스주의로부터
변증법을 제거하는 데 성공할지라도 그들은 그것의 불가피한 결과마
저 피할 수 없다.[6] 루카치의 정통 마르크스주의론의 핵심은 이러한
통속적 마르크스주의로부터 "마르크스가 이해한 마르크스 이론"으로
되돌아가는 바른 길 orthodox이 변증법에 있다는——즉 "변증법적 유
물론이 진리에 이르는 길이라는"——주장으로 압축된다.

3

　　루카치의 변증법 또는 변증법적 방법에 관한 논의는 다음과 같다:
변증법과 상관 관계를 갖는 존재 correlate는 개체 individual가 아닌 전
체이다. 루카치에 의하면 "변증법은 분리된 그리고 분리되는 사실들
과 부분적 체계에 반대하여 전체의 구체적 통일을 주장한다."[7] 구체
적인 것은 개체가 아니라 전체이다. 여기서 "전체"라는 범주는 마르
크스주의를 부르주아 사상으로부터 구분해내는 결정적 요소가 된다.
"전체"는 본래 변증법에 속한 특유한 개념으로, 이것은 마르크스가
헤겔로부터 취한 마르크스주의 방법의 핵심이다. 루카치는 이를 다
음과 같이 기술한다:

　　마르크스주의와 부르주아 사상간의 결정적 차이점은 역사적 설명을
　경제적 동기의 우선성에서가 아니라, 전체의 관점에서 한다는 데 있
　다. 전체라는 범주, 즉 부분에 대하여 보편적으로 우선하는 전체는 마
　르크스가 헤겔로부터 취하여 전적으로 새로운 과학의 기반으로 완성

---

6) "The Marxism of Rosa Luxemburg," p. 30.
7) "What is Orthodox Marxism?" p. 6.

시킨 마르크스 방법의 핵심이다.[8]

루카치가 말하는 변증법은 전적으로 전체와 상관 관계를 가지며, 이런 점에서 그것은 개체와 상관 관계를 갖는 현대 과학의 방법과 상반된다. 필자는 변증법적 방법과 현대 과학의 방법간의 상이점을 밝히기 위하여 루카치가 주장한 현대 과학의 "토대 substratum"로서의 "자본주의"에 관한 그의 논의를 다시 살펴볼 필요가 있다고 생각한다.

루카치에 의하면, 현대 과학은 자본주의의 산물이다. 이른바 "'사실'에 관한 '냉정하고 공정한' 연구"는 자본주의 사회, 보다 정확히 말해서, 자본주의 사회에서, 생성된 입장과 성격의 자명성 self-evidence에 뿌리를 두고 있다. 루카치의 입장에 따르면, 자본주의 사회 구조와 "전체"라는 범주는 서로 배타적 관계를 갖는다. 자본주의 사회는 그 구조적 성격으로 인하여 "전체"에 대해 항상 적대시한다. 거기서는 "전체"로 가는 길이 단절된다. 기껏해야 특정 영역의 몇몇 국면에 이르는 접근법이 고작이며, 아니면 아무런 문맥도 없는 사실, 또는 추상적 특수 법칙에 그치는 것이 통례이다. 자본주의적 사회 구조——예컨대 "생산자와 전생산 과정 사이의 자본주의적 분리, 노동자 개인의 인간성은 염두에 두지 않는 노동 과정의 세분화, 사회를 운치도 이성도 없이 그저 생산밖에 하지 않는 원자적 개인으로 분리하는 일"——는 모든 것을 개체와 관련지어 생각하려는 경향을 낳게 되며, 이러한 경향은 이 사회의 "사상과 과학과 철학"에 영향을 미친다.[9]

현대 과학은 하나의 사회, 하나의 사회 과정을 무수한 개개의 사실들로 분리시키고, 이 사실들을 시간 및 공간에 관계없이 타당성을 갖

---

8) "The Marxism of Rosa Luxemburg," p. 27.
9) 같은 글, p. 28.

는 진리의 기반으로 본다. 현대 과학은 구체적인 문맥과는 아무런 연관이 없는 추상적·부분적 사실을 "현실적"이고 "독자성을 갖는" 존재로 간주한다. 그것은 사실의 자명성, 보다 엄밀하게 말해서 "우상화된" 사실에 대한 맹목적 믿음 위에 객관적으로 또는 과학적으로 참된 세계를 구축한다. 첫째, 현대 과학은 "순수한 사실"만을 증류해내기 위하여 이들 사실이 담겨져 있는 살아 있는 문맥을 무시한다; 둘째, 이 사실들을 실험하고, 관찰하고, 추상화함으로써 계량적 수치로 표시된 순수한 양적 관계를 만들어내고, 이들 양적 관계의 밑바닥에 놓여 있는 평균치를 구한다. 루카치에 의하면, 이러한 방법이 일견해서 타당하다는 인상을 주는 이유는 "자본주의가 그러한 견해를 최대한으로 조장하는 사회적 구조를 조성하는 경향이 있기 때문이다."[10] 이와 같은 자본주의적 "경향"을 루카치는 다음과 같이 기술한다:

> 경제 형태의 물신적 성격, 모든 인간 관계의 물상화(物象化), 노동 분화의 계속적 확대와 확장, 생산 과정의 추상적·합리적 분석, 직접적으로 관계하는 생산자의 인간적 잠재력 및 능력에 대한 도외시, 이런 모든 것은 사회 현실을 변질시키고, 이들 현상에 대한 지각의 방식을 바꾸어놓는다. 이와 더불어 '분리된' 사실 및 '분리된' 사실의 복합체가 나타나며, 이들에 대한 과학적 방법의 길을 여는 데 다대한 공헌을 했다고 보이는 개별적 전문 과학(경제학·법학 등)이 등장한다. 그 결과 사실 속에 잠재해 있는 경향을 생각하고, 이러한 사고 활동을 과학의 지위로 높이는 노력은 유별나게도 '과학적'으로 보인다.[11]

과학자 및 이른바 통속적 유물론자들은 사실에 관한 "정확성"을 과학적 지식이 궁극적으로 도달해야 할 이상의 경지로 본다. 사실은

---

10) "What is Orthodox Marxism?" p. 5.
11) 같은 글, p. 6.

"단순하고, 순수하고, 직접적이며 자연적인 결정 인자(決定因子)"로
서 누구에게나 동일하게 반복되는 현상이며, 이것은 "정확한" 과학적
지식의 기초가 된다. 반면에 "전체"는 부분의 단순한 집합이며, 아니
면 관념적인 것으로서 과학의 기초가 될 수 없다. 루카치가 문제시하
는 것은 분리된 개별적 사실들이 전체를 이해하는 방향으로 연결되지
못한 채 그 자체로서 목적이 된다는 데 있다. 여기서 주의해야 할 점
은 루카치가 말하는 "전체" 또는 "구체적 전체 concrete totality"란 "소
외"와 대립되는 개념으로서 "사회 형태의 전체 the totality of society
form" 또는 "사회적 전체 social totality"를 가리킨다는 점이다. 보다 정
확하게 말하면 "전체"는 "사회적 전체의 생산과 재생산 과정으로 필
연적으로 전환되는 경제적 전체 economic totality"를 가리킨다. 이것
은 "미분화된 제일성 uniformity"이나 "동일성 identity"과도 다른 "역동
적이고 변증법적인 전체"로서 단순히 "관념"이 아닌 "현실" 또는 "역
사적 과정의 전체 the totality of historical process"를 뜻한다. 다시 말하
면, 루카치가 의미하는 "전체"는 "현실"이며, 동시에 이러한 "현실"
은 또한 "전체" 즉 "사회적 진화의 전체적 과정 the total process of
social evolution"이다. 전체는 "나" 아닌 "우리"가 끊임없이 형성해가
는 전(全)사회적 진화의 과정으로서, 현실의 "역사" 바로 그 자체이
다.[12] 그리고 이와 같은 역사적 전체는 변증법에 의해서만 파악되며,

---

12) "The Marxism of Rosa Luxemburg," pp. 28~29; "What is Orthodox Marxism?" pp.
12~15, 19~20, 22, 24. 베버는 마르크스주의의 이와 같은 논의에 대해 비판적이
다. 그는 이렇게 말한다: "all specifically Marxian 'laws' and developmental
constructs — insofar as they are theoretically sound — are ideal types. The
eminent, indeed unique, heuristic significance of these ideal types when they are
used for the assessment of reality is known to everyone who has ever employed
Marxian concepts and hypotheses. Similarly, their perniciousness, as soon as they
are thought of as empirically valid or as real(i. e., truly metaphysical) 'effective
forces' 'tendencies,' etc. is likewise known to those who have used them"; "In their
application, their character as ideal analytical constructs should be carefully kept in

이것은 오직 프롤레타리아의 출현과 더불어 그들의 계급 의식 속에서만 가능하게 된다. 루카치는 이렇게 말한다: "진정한 계급the class만이 능동적으로 사회적 현실에 침투할 수 있고 그것을 전체적으로 변혁시킬 수 있다."[13]

루카치의 계급 의식은 단순한 심리적 의식이거나 사회학적 범주를 가리키지 않는다. 그것은 프롤레타리아 개개인의 경험적 의식들의 합계로서 나타나는 대중 의식도 아니다. 그것은 실천을 통해서 획득되는 "계급의 역사적 역할에 관한 의미the sense" 또는 이 "역할을 의식하는" 행위이다.[14] 프롤레타리아 계급 투쟁의 특수성은 계급 의식의 각성이 계급 투쟁과 동시적으로 이루어진다는 데 있다. "프롤레타리아 계급 투쟁은 동시에 계급 의식의 각성을 뜻한다." 이런 점에서 "역사적 유물론은 프롤레타리아트의 '직접적·자연적' 삶의 원칙으로부터 나온" 것이며, "새로운 사회의 요소를 해방시키려는" 소망 이외에 "실현시킬 이념"을 따로 갖지 않는다.[15] 프롤레타리아 혁명은 결과적으로 "전체" 즉 "나" 아닌 "우리" 또는 "계급" 의식을 획득한

---

mind, and the ideal-type and historical reality should not be confused with each other"(M. Weber, *The Methodology of the Social Sciences*, trs. and eds. by Edward A. Shils and Henry A. Finch, with a Foreword by Edward A. Shils, New York: The Free Press, 1949, pp. 103, 107). 다른 한편 골드만은 이렇게 말한다: "it is impossible to orient oneself at the scientific or the political level without inserting the immediate into the mediate, the part into the whole, the individual into the class, the class into society, and society into history"(L. Goldmann, *Lukács and Heidegger: Towards a New Philosophy*, p. 16).

13) "The Marxism of Rosa Luxemburg," p. 39.

14) "Class Consciousness," p. 73; "The Marxism of Rosa Luxemburg," p. 43. 루카치에 의하면, "기회주의"란 "계급 의식"을 계급의 "심리적 상태"와 동일시하는 입장을 가리킨다: "In a word, opportunism mistakes the actual, psychological state of consciousness of proletarians for the class consciousness of the proletariat"("Class Consciousness," p. 74).

15) "The Changing Function of Historical Materialism," p. 224; "What is Orthodox Marxism?" pp. 21~22.

다. 보다 정확하게 말하면, "프롤레타리아트는 혁명 속에서만, 그리고 혁명을 통해서만 스스로를 계급으로 구성할 수 있다." 그것은 혁명을 통해서 "형식적·객관적 가능성"으로서의 "계급 의식"을 "현실적"인 것으로서 획득하게 된다. 마르크스가 말했듯이, 이와 같은 프롤레타리아의 계급 혁명을 통해 나타나는 사회는 "인간의 〔개별〕 의식이 인간의 존재를 결정하는" 그런 사회가 아니라, "반대로 인간의 사회적 존재가 인간의 의식을 결정"하는 사회, 즉 전체 사회가 된다.[16]

루카치는 현대 과학의 개별화에 반대하며, 전체 사회의 진화에 관한 "하나의 통일 과학a single unified science"[17]을 주장한다. 그에 의하면 오늘날 전체에 관한 관심의 상실, 이에 따른 이론과 실천의 분리는 궁극적으로 현대 과학의 세분화에 기인한다. 여기서 루카치는 현대 과학의 방법론적 개별주의에 반대하고, 변증법적 "전체"의 우월성을 역설한다. 변증법이 갖는 우월성은 이것이 전체에 대한 관점에서 이론과 실천을 하나로 통일한다는 데 있다.[18]

---

16) "What is Orthodox Marxism?" pp. 18~19, 22; "The Marxism of Rosa Luxemburg," p. 41.

17) "The Marxism of Rosa Luxemburg," pp. 28, 35.

18) 같은 글, p. 39. 이와 같은 루카치의 "전체"에 대한 강조는 베버의 "개체"에 대한 강조와 좋은 대조를 이룬다. 베버는 이렇게 말한다: "We wish to understand on the one hand the relationships and the cultural significance of individual events in their contemporary manifestations and on the other the causes of their being historically so and not otherwise"; "knowledge of cultural events is inconceivable except on a basis of the significance which the concrete constellations of reality have for us in certain individual concrete situations. In which sense and in which situations this is the case is not revealed to us by any law; it is decided according to the value-ideas in the light of which we view 'culture' in any individual case"; "An ideal type is formed by the one-sided accentuation of one or more points of view and by the syntheses of a great many diffuse, discrete, more or less present and occasionally absent concrete individual phenomena, which are arranged according to those one-sidedly emphasized viewpoints into a unified analytical

루카치는 사실이 갖는 객관성에 대해서도 의문을 제기한다. 사실은 어디까지나 역사 과정의 한 산물이다. 따라서 사실은 과학의 보편적 계기가 될 수 없다. 루카치에 의하면, "사실은 객관적 구조에 있어서 특정의 역사적 시기, 즉 자본주의적 산물 바로 그것이다." 사실은 본질적으로 자본주의 사회의 토양 속에서 자라난 산물이며,[19] 이러한 사실에 입각한 현대 과학은 제한된 역사성을 벗어날 수 없다. 루카치는 사실에 입각한 현대 과학을 진정한 의미의 과학으로 받아들일 수 있는지에 대해 의문을 제기한다. 첫째, 사실은 사실로서 "수집"될 때에만 비로소 실증적 자료가 된다. 둘째, 모든 수집은 해석을 동반하는 특정의 틀 속에서 이루어지는 행위이다. 맹목적이고, 아무런 의도가 없는 이른바 임의적random 사실 수집이란 있을 수 없다. "아무리 단순한, 그리고 주석이 붙지 않은 사실의 나열에 있어서도 거기에는 항상 '해석interpretation'이 내재해 있다."[20] 셋째, 그런고로 어떠한 사실도 단순한 사실만은 아니다. 그것은 특정의 체계, 틀 또는 해석을 전제하고 있으며, 동시에 이러한 전제들은 끊임없이 변화하고 변천하는 역사 과정 속에 존재한다. 그러나 루카치는 현대 과학이 이와 같은 사실의 역사성을 조금도 받아들이지 않는다고 비판한다. 현대 과학이 갖는 "오류의 근거—부정확성의 근거"는 바로 여기에 있다. 루카치에 의하면, 이러한 오류의 본질은 사실에 입각한 통계학과 정

---

construct(Gedankenbild)"; "The goal of ideal-typical concept-construction is always to make clearly explicit not the class or average character but rather the unique individual character of cultural phenomena"; "[……] the construction of sharp and unambiguous concepts relevant to the concrete individual viewpoint which directs our interest at any given time, affords the possibility of clearly realizing the limits of their validity"(M. Weber, "The Methodology of the Social Sciences," 앞의 책, pp. 72, 80~81, 90, 101, 107).

19) "What is Orthodox Marxism?" pp. 7~8.

20) 같은 글, p. 5.

밀 경제 이론이 항상 현실의 발전보다 뒤진다는 점이다. 따라서 자본주의 사회가 원래부터 과학적 방법과 조화를 이루도록 되어 있고, 정말로 이러한 방법이 갖는 정확성에 대한 사회적 전제를 구성한다는 주장에는 무엇인가 상당한 문제점이 있음을 보게 된다.[21]

한걸음 더 나아가 루카치는 현대 과학이 사실이 갖는 역사성 또는 시간성을 무시하도록 강요당하고 있다고 본다. 현대 과학은 정확한 지식을 추구할 것을 목적으로 한다. 그것은 사실을 붙잡아 고정시켜야 하며, 이들이 어디에나 있고, 언제나 같은 것으로 다루어야 한다. 현대 과학은 사실을 진리의 영원한 발판으로 수락하기 위하여, 사실의 역사성을 도외시하여야 한다. 그러나 이러한 사실의 수락 행위 자체——사실을 진리의 영원한 발판으로 수락하는 행위 자체——가 과학 이전의 의견에 입각하고 있다는 것은 명백하다. 사실 위주의 현대 과학은 진정한 의미의 과학이라기보다는 사실에 대한 맹목적 믿음에 입각한 일종의 의견 opinion(또는 doxa) 내지는 교의 dogma라 할 수 있다. 현대 과학이 갖는 또 다른 문제점의 하나는 그것이 자신의 이와 같은 과학 이전의 성격에 대하여 눈을 감을 수밖에 없다는 현실이다.

4

이상으로 필자는 변증법적 방법과 현대 과학의 방법간의 상이점을 밝히기 위하여 현대 과학의 "토대 substratum"가 되는 자본주의에 관한 루카치의 논의를 살펴보았다. 그러나 루카치가 보는 수정주의 또는 수정주의가 전제하는 현대 과학의 가장 심각한 문제는 인간의 실천을 도외시하고 급기야는 숙명주의로 떨어지고 만다는 데 있다. 현

---

21) 같은 글, pp. 6~7.

대 과학의 기본 전제의 하나는 세계가 불변의 법칙──즉 인간의 힘으로는 변경할 수 없는 "영구한 자연법"──에 따라 움직인다는 것이다. 인간은 다만 숙명적으로 주어진 불변의 법칙을 그의 특수한 목적에 비추어 이용할 수 있을 뿐이다. "자연법"에 따라 움직이는 세계는 인간 실천의 대상에서 제외된다. 인간의 실천은 외부 세계로부터 내면 세계로 전환된다. 내면 세계야말로 인간이 변경할 수 있는 인간 실천의 유일한 대상이 된다. 윤리학은 이러한 내면 세계로 향한 인간의 실천을 규제하기 위하여 발생한다.[22] 루카치는 칸트가 이러한 숙명적 윤리학을 대표한다고 본다. 루카치에 의하면 칸트의 윤리학은 단지 "규범적"인 것으로 "처방적prescriptive" "정언적 imperative" 성격을 가질 뿐, 대상을 창조하는 데 있어 적극적 능동성을 상실한다.[23] 여기에는 사회와 역사를 만드는 인간의 실천이 결여되어 있다. 루카치는 이와 같은 숙명적 윤리학이 기본적으로 "비변증법적·비역사적 의식"에 기인한다고 본다.

루카치에 의하면, "비변증법적·비역사적 의식"은 본질적으로 현실의 "불멸화"를 의도하는 데서 나타난다. 이것은 현실을 인간이 조절하고 이해하나 결코 변경할 수 없다는,[24] 다시 말하면, "고정되고, 완성된 불변의 실체" 또는 사물과 같은 현실을 전제로 출발한다. "비변증법적·비역사적 의식"은 현실을 사물간의 상호 관계로 바꾸어놓는다. 현실은 끊임없이 변천하는 역사에서 독립된 절대적 즉자 absolute self-existence이다. 이러한 초역사적 현실은 "자연과 이성의 법칙"에 의해 영원히 보전될 운명을 가진 영구하고 타당한 존재로서 수락된다. "비변증법적·비역사적 의식"은 현실을 불변의 "자연 관계"로 전환시키며, 특히 경제학의 제범주에 속한 현실을 사물 상호간

---

22) "What is Orthodox Marxism?" p. 19.

23) "The Marxism of Rosa Luxemburg," pp. 38~39.

24) "What is Orthodox Marxism?" p. 19.

의 관계로 규정한다. 엥겔스가 마르크스의 『정치경제학 비판 *Critique of Political Economy*』의 해설 가운데서 지적하고 있듯이, 인간간의 관계 및 계급간의 관계는 "사물에 연결된 관계 또는 사물 그 자체"로 나타난다. 루카치에 의하면 "비변증법적·비역사적 의식" 속에서는 현실이 "사회적 과정"으로, 인간 활동의 산물로 수락되는 것은 불가능하다. 여기서는 모든 존재가 "자연적"인 존재일 뿐이다. 따라서 "비변증법적·비역사적 의식"은 현실 속에 내재하는 인과 관계만을 인정할 뿐, 모순과 갈등은 수락할 수 없다. 현실은 행동이 개입할 여지가 없는 불변의 존재이며, 인간의 실천이 결코 뚫고 들어갈 수 없는 사물이며, 영(靈)이 없는 존재이다. 그것은 숙명적으로 주어진 자연이다. 비변증법적·비역사적 의식 속에서는 의식과 행동, 이념과 실천, 사유와 존재, 주체와 객체, 본질과 현상간에 약동하는 생명적 상호 작용 vital interaction이 없다. 이들간에는 오직 대립 또는 분리가 있을 뿐이다. 이들은 물론 마치 두 개의 객체가 일방적 또는 쌍방적 인과 관계 속에서 영향을 주고받듯 상호 작용을 한다. 그러나 이러한 인과적 상호 작용은 부분을 구체적 전체로 통합하는 생명적 상호 작용과는 전적으로 다르다. 인과적 상호 작용은 본질적으로 상호 배타적으로 존재하는, 따라서 상호 침투가 불가능한 분리된 객체를 전제로 한다. 요약해서 말하면 분리와 이중성은 비변증법적·비역사적 의식의 기본 구조이다.[25] 주체는 결코 객체가 될 수 없으며, 여기서 객체는 주체 또는 주체의 실천으로부터 차단된 영구불변의 존재가 된다. 이러한 주체와 객체의 분리와 이중성 속에서 인간은 소외되며, 인간의 실천은 외부 세계에서 내면 세계로 전환된다. 세계는 인간 실천이 도달할 수 없는 영원한 자연법의 세계가 되며, 실천은 분리된 개인에게 적합한 행동 양식, 즉 윤리가 된다.

---

25) 같은 글, pp. 3, 11, 13~15, 19, 23.

루카치가 분리와 이중성으로 규정하는 "비변증법적 · 비역사적 의식"의 기본 구조는 후설이 말하는 "자연적 인식natural cognition"을 방불케 한다. 후설이 말하는 자연적 인식은 대상을 외부에 존재하는 사물로 수락하는 의식 구조를 가리킨다. 자연적 인식은 자신의 인식 행위 속에 사물이 내재한다고 생각하지 않는다. 그것은 자기와는 항상 독립해서 존재하는 외적 존재에 도달한다고 주장한다. 그것은 대상을 인식하는 자신의 행위가 바로 그 대상을 구성한다고 믿지 않는다. 자연적 인식이 지각하고 기억하고, 즉 의식한다고 믿는 물체들은 인식 행위, 사유 활동, 정신 과정 그 자체 속에서 발견되는 것이 아니다. 사물은 인식 행위 자체의 구체적인 부분도 아니고, 인식 행위 속에 실재하는 것도 아니다. 대상은 즉자적인 존재an-sich-seienden로서 주체의 의도와는 관계없이 ─ 즉 내가 나의 인식 행위 속에서 그것을 대상으로 설정하는 의식 행위와 관계없이 ─ 스스로 존재한다. 대상은 의식 내에 존재하는 것이 아니라 의식 밖에 그 자체로서 있는 독자적 존재라는 것이다. 이런 뜻에서 자연적 인식이 주장하는 대상은 주관적 의식과 경험을 넘어서서 존재하는transcend, 즉 초재적transcendent으로 존재하는 실재이며, 사실적 대상actual object이며 절대적 즉자sein-an-sich이다. 자연적 인식 행위 속에서 인식의 주체는 인식의 대상으로부터 분리된다.[26] 자연적 인식은 이들간의 분리를

---

26) E. Husserl, *The Idea of Phenomenology,* trs. by W. P. Alston and G. Nakhnikian(The Hague: Martinus Nijhoff, 1964), pp. 27, 29~30, 37; E. Husserl, *Ideas: General Introduction to Pure Phenomenology,* tr. by W. R. Boyce Gibson(New York: The Macmillan Company, 1952), pp. 80, 125, 130, 133, 136, 177; E. Husserl, *Formal and Transcendental Logic,* tr. by Dorion Cairns(The Hague: Martinus Nijhoff, 1969), pp. 161, 164, 268; E. Husserl, *The Crisis of European Sciences and Transcendental Phenomenology: An Introduction to Phenomenological Philosophy,* ed. by David Carr(Evanston: Northwestern University Press, 1970), pp. 54, 83; E. Husserl, *Logical Investigations,* tr. by J. N. Findlay(New York: The Humanities Press, 1970), Vol. I, pp. 351, 595; E. Husserl, "Philosophy as Rigorous Science," in

당연한 것으로 수락한다. 여기서 우리는 후설이 말하는 "자연적 인식"과 루카치가 말하는 "비변증법적·비역사적 의식"이 동일한 구조를 갖고 있음을 보게 된다. 이들은 주체와 객체를 분리시키고 이들의 이중성을 수락한다.

루카치는 숙명적 윤리학——인간의 실천이 조금도 개입할 여지가 없는 불변의 세계를 전제한다는 뜻에서 "숙명적"——에 반대하여, 능동적 실천을 주장한다. 그는 이러한 실천의 전제로서 "세계" "대상" "현실"을 인간의 "행위" 또는 "감각적 행위"의 산물로 볼 것을 주장한다. 그에 의하면, "자신을 정립하고, 자신을 생산하고 재생산하는 것——이것이 현실이다."[27] 루카치에 있어서 인간의 세계는 자연적 존재가 아닌 인간 실천의 결과이며, 인간 관계가 생산하는 사회적 존재이다. 그것은 인간 실천의 대상이요, 그 결과이다. 인간의 사회적·역사적 현실은 불변하는 "자연법"의 세계가 아니라 인간의 끊임없는 실천의 세계이다. 물론 특수한 상황하에서——그리고 이러한 사회 구조가 생산하는 "비변증법적·비역사적 의식"의 상황하에서——인간의 세계는 자연적 관계로 둔갑하고, 자연적 존재로 수락된다. 그러나 루카치는 마르크스에서 이를 극복할 수 있는 길을 발견한다. 루카치는 『포이어바흐 테제들 *Theses in Fuerbach*』에서 마르크스가 행한 유물론 비판을 환기시킨다: "지금까지 존재하고 있는 모든 유물론——

<hr>

Phenomenology and the Crisis of Philosophy, tr. by Q. Lauer(New York: Harper & Row Publishers, 1965), p. 187; *Husserliana Band IV: Ideen zu Einer Reinen Phänomenologischen Philosophie II* (Haag: Martinus Nijhoff, 1952), p. 218; *Husserliana Band VII: Erste Philosophie I* (Haag: Martinus Nijhoff, 1956), pp. 248, 400; *Husserliana Band VIII: Erste Philosophie II* (Haag: Martinus Nijhoff, 1956), p. 246; *Husserliana Band IX: Phenomenologische Psychologie* (Haag: Martinus Nijhoff, 1962), p. 191; *Husserliana Band XI: Analysen zu Passiven Synthese* (Haag: Martinus Nijhoff, 1966), p. 215.

27) "What is Orthodox Marxism?" p. 19.

포이어바흐의 그것도 포함해서——의 주요 결점은 이것이 사물, 현실, 감각성을 오직 대상 또는 바라보는 것 contemplation으로 생각할 뿐 인간의 감각적 행위, 실천 또는 주관적인 것으로 생각하지 않는 데 있다." 루카치에 의하면, 마르크스는 또한 고전적 경제 이론을 비판하는 데 있어서 사회·경제 생활이 본질적으로 사물간의 관계가 아닌 인간간의 관계임을 주장하였다. 자본 및 자본에 부수되어 나타나는 모든 객관적 관계는 본래 "사물이 아니며, 사물에 의해 매개되는 인간간의 사회 관계"[28]라는 것이다. 결국 마르크스가 말하는 "인류의 전-역사적 단계의 종언"은, 따라서 "자유의 왕국 realm of freedom"으로의 진군은 모든 객관적 또는 사물의 관계로부터 인간간의 관계로 되돌아감을 뜻한다. 루카치는 이렇게 말한다: "'자유의 왕국' '인류의 전-역사'의 종언의 정확한 의미는 객관화되고 물상화된 인간간의 관계의 힘이 인간에게로 되돌아가기 시작한다는 것이다."[29] 루카치가 마르크스에서 발견한 것은 우리의 세계가 매일매일의 생활 속에서 끊임없이 생산되고 재생산되는 실천의 세계라는 것이다. 우리가 사는 세계는 이론의 대상일 뿐만 아니라 실천의 주체이기도 하다. 그곳은 이론과 실천이 하나로 통일되어 존재하는 삶의 현장이다. 여기서 루카치는 실천과 목적을 구분하고 분리시키는 수정주의를 비판한다. 그는 다음과 같이 말한다:

수정주의자에 의한 운동과 궁극적 목적간의 분리는 노동 계급 운동이 가장 원시적인 단계로 후퇴함을 말한다. 왜냐하면 궁극적 목적은 운동과 그리고 그러한 목적에 이르는 길과는 독립해서 어디선가 기다리고 있는 '미래의 상태'가 아니기 때문이다. 그것은 매일매일 압박해

---

28) "Class Consciousness," p. 49.
29) 같은 글, p. 69.

오는 생활 속에서는 까맣게 잊어버리고 오직 일요일의 설교 속에서만 한 주간의 생활에 견주어 감명 깊게 상기해보는 것과 같은 상태가 아니다. 또 그것은 현실 과정을 규율할 목적으로 고안된 '의무'나 '이념'도 아니다. 궁극적 목적은 오히려 투쟁의 모든 국면에 혁명적 의미를 부여하는 전체(과정으로 생각되는 사회 전체)에 대한 관계이다. 이러한 관계는 모든 국면이 갖는 단순하고 완전히 깨어 있는 일상성 sober ordinariness을 보여준다. 그러나 오직 의식만이 이러한 국면을 현실로 만들고, 그것이 전체에 대하여 갖는 관계를 드러냄으로써 매일매일의 투쟁에 현실성을 부여한다. 전체에 대한 관계 속에서 단순한 존재는 현실로 부각된다. 우리가 잊지 말아야 할 점은 존재, 즉 자본주의와 맺게 되는 모든 불결한 접촉으로부터 '궁극적 목적' 또는 프롤레타리아의 '본질'을 보존하려는 모든 기도는 마침내는 수정주의가 빠졌던 현실로부터의 또는 '실천적 · 비판적 활동'으로부터의 유리, 그리고 주체와 객체, 이론과 실천을 분리하는 유토피아적 이원론으로 떨어지고 만다는 점이다.[30]

루카치가 보는 "프롤레타리아트의 '윤리'"란 다름아닌 프롤레타리아트의 "계급 의식" 그 자체로서, 이것은 "이 계급의 윤리적 이론과 실천의 통일이며, 자유를 위한 투쟁의 경제적 필연성이 변증법적으로 자유로 전환되는 지점"이기도 하다. 이런 점에서 변증법은 "전적으로 사회에 관한 이론," 즉 "사회철학"이며 결코 "자연에 관한 이론"이 아니다.[31] 그것은 현실의 변경을 지상 목적으로 하는 실천과학이다. 그러나 실천의 가능성은 새로운 태도에서 비롯된다. 그것은 세계를 객체가 아닌 주체로 보는 태도이며, 이와 동시에 세계를 사물로

---

30) "What is Orthodox Marxism?" p. 22.

31) "Preface," p. xvi; "The Marxism of Rosa Luxemburg," p. 42.

변신시키는 모든 "잘못된 의식 false consciousness"과 이러한 "의식"으로부터 발산되는 "음흉한 영향력 the insidious effects"과 더불어 끊임없이 투쟁하는 태도이다. 루카치는 특히 "잘못된 의식"과의 싸움이 "단 한번"으로 끝나는 싸움이 아닌 "끊임없이 새롭게 시작해야 하는 영원한 싸움 an ever-renewed struggle"임을 강조한다. 루카치가 보는 세계—인간의 감각적 행위의 산물로서의 세계—는 후설이 그의 자연(人)적 태도 속에서 도달한 세계와도 일치한다. 후설은 자연(人)적 태도 속에서 단순한 주위 세계를 자연인에게 주어진 주위 세계로 바꾸어놓는다. 그리고 그는 이와 같은 자연인에게 주어진 주위 세계야말로 우리가 살고, 우리가 움직이고, 우리가 있는 생활 세계라고 말한다.

후설의 자연(人)적 태도는 결론적으로 자연으로 주어진 세계 그 자체를 완전히 제거한다. 그러나 자연(人)적 태도는 자연으로서의 세계, 순수한 실제 res extensae로서의 세계를 상실하는 대신 새로운 의미의 세계를 다시 얻는다. 그것은 자연인에게 주어진 주위 세계로서 새로운 정신적·주관적 세계이다. 여기서 우리는 다음과 같은 마르크스의 말을 상기하게 된다: "프롤레타리아트는 스스로를 해방시킬 수 있으며 해방시켜야 한다. 〔……〕 왜냐하면 프롤레타리아트 속에서 인간은 인간 자신에게 상실됨과 동시에 이러한 상실에 대한 이론적 의식을 획득했기 때문이다."[32] 우리는 이제 후설과 루카치 또는 마르크스가 동일한 입장에 서 있음을 본다. 이들은 세계를 객체로부터 주체로 전환시킨다는 공통점을 갖는다. 동시에 이들이 말하는 "주체"는 결코 "객체"가 될 수 없는 그런 "주체"—말하자면 칸트적 "주체"—가 아니라는 점에서도 같다.[33]

---

32) "What is Orthodox Marxism?" p. 19.
33) 같은 글, p. 20.

6

지금까지 필자는 첫째, 루카치의 마르크스주의론의 중심이 되는 "변증법적 방법"을 검토하였고, 둘째 루카치가 제기한 실천의 문제를 살펴보았다. 이와 같은 고찰을 통해 특기할 사항은 마르크스주의를 해석하는 루카치의 철학적 입장이 놀랍게도 후설의 현상학에 상당히 접근한다는 사실이다.[34] 필자는 루카치와 후설이 갖는 유사점을 두 가지 점에서 살펴보았다. 루카치가 말하는 "비변증법적·비역사적 의식"은 후설의 "자연적 인식"에 접근하며, 루카치가 말하는 "세계" "대상" "현실"과 후설의 "자연적 주위 세계"는 모두가 실천의 세계라는 점에서 일치한다. 동시에 한 가지 지적하지 않을 수 없는 것은 루카치와 후설이 적어도 한 가지 결정적인 점에서는 서로 상반된 입장을 취한다는 사실이다. 그것은 이들이 헤겔을 보는 입장에서이다. 후설은 「엄밀과학으로서의 철학 Philosophy as Rigorous Science」에서 헤

---

34) 골드만은 루카치가 후설의 영향을 받게 된 배경에 대해 다음과 같이 설명한다: "At the beginning of this century, the historical orientation of the Heidelberg school brought the philosophers of that university into contact with the psychologists and sociologists of the same city, among whom the most important were Max Weber and W. Sombart. At the same time, at the neighboring university of the Freiburg, a philosophical turning-point, the importance of which was less noticeable at the outset than it was to become later on, emerged with E. Husserl's creation of phenomenology through his yearly publication, Jahrbuch für Philosophie und Phänomenologische Forschung. Among the young intellectuals who gathered around these contres, closely collaborating with Lask and influenced by Husserl, five names were later to emerge as particularly important: K. Jaspers, G. Lukács, Broder, Christianson and also, though more marginally, Ernst Bloch"; "Roberto Miguelez [……] has shown how, in *History and Class Consciousness*, Lukács integrates certain important elements of Husserl's thought"(L. Goldmann, *Lukács and Heidegger: Towards a New Philosophy*, pp. 3~5).

겔을 다음과 같이 비판한다:

> 헤겔이 아무리 그의 방법과 그의 교리가 갖는 절대적 정당성을 주장
> 한다 하더라도 그의 체계는 역시 철학이 과학적인 것으로 되는 최초의
> 전제인 이성의 비판을 결여한다. 이와 관련하여 한 가지 명백한 것은
> 이 철학이 금후에 있어, 낭만주의 철학 일반이 그랬듯이, 엄밀한 철학
> 적 과학을 구성하는 추진력을 약화시키거나 퇴화시키는 결과를 낳았
> 다는 점이다.[35]

이와는 달리 루카치는 『역사와 계급 의식』의 「서문」에서 헤겔 비판
자에 대하여 다음과 같이 경고한다:

> 헤겔을 ‘죽은 개’처럼 취급해서는 결코 안 된다. 물론 그렇다 하더
> 라도 역사적 형태의 탈을 쓴 그의 체계 가운데서 ‘죽은’ 건조물은 부숴
> 버려야 하며, 그의 사상 가운데서 아주 관련성이 많고 근대적인 측면
> 은 해방시켜, 다시금 이들이 현재에 생명적 · 생산적 힘을 갖도록 도와
> 야 한다.[36]

이러한 헤겔에 대한 후설과 루카치의 상반된 입장은 어쩌면 루카
치가 후설의 “초월주의”에 대해 등을 돌린 이유와도 맥락을 같이한다
고 보여진다.[37]

---

35) E. Husserl, "Philosophy as Rigorous Science," 앞의 책, pp. 76~77.

36) "Preface," p. xiv.

37) L. Goldmann, *Lukács and Heidegger: Towards a New Philosophy*, p. 7.

메를로-퐁티의 스탈린주의 논고

1

　스토자노비치 Svetozar Stojanovic는 「'객관적 의미'와 '객관적 책임'의 이데올로기 An Ideology of 'Objective Meaning' and 'Objective Responsibility'」라는 논문에서 메를로-퐁티가 주장하는 "역사적 책임 historical responsibility"에 대해 비판한다. 스토자노비치에 따르면 메를로-퐁티의 "역사적 책임"은 "사이비 역사적 pseudo-historical" 범주이며,[1] 이것은 스탈린주의의 "객관적 책임"과 동일한 결론에 도달한다고 본다. 이 글의 목적은 첫째, 스토자노비치가 분석한 메를로-퐁티의 "역사적 책임"의 내용을 살펴보고 둘째, 이와 관련하여 메를로-퐁티의 저작 중에 나타난 스탈린주의에 대한 논의를 검토하려는 데 있다.

　스토자노비치에 의하면, 메를로-퐁티의 "역사적 책임"은 자유주의 철학의 2원론적 개념과는 구별되는 독특한 범주이다. 메를로-퐁티 자신이 밝히고 있듯이, "역사적 책임은 의도와 행위, 환경과 의지, 객관과 주관과 같은 자유주의적 사고의 범주를 초월한다. 그것은 개인을 그의 행위 가운데서 압도하고, 객관과 주관을 혼합시키고, 환경을 의

---

1) S. Stojanovic, "An Ideology of 'Objective Meaning' and 'Objective Responsibility'," Fred R. Dallmayr, ed., *From Contract to Community* (New York and Basel: Marcel Dekker, Inc., 1978), p. 114.

지의 탓으로 전가시킨다; 그것은 각자가 자기라고 느끼는 개체를 그의 역할 또는 후광 phantom으로 대체한다; 그리고 그는 이러한 역할이나 후광 가운데서 자신을 인지할 수 없음에도 불구하고 그 속에서 자신을 보아야 한다."[2]

스토자노비치의 관찰에 따르면, 메를로-퐁티의 "역사적 책임"의 범주 속에는 두 가지 중요한 의도가 함축되어 있다. 하나는 "역사적 결정론 historical determinism"에 대한 거부이고, 다른 하나는 "극단적 주관주의 the ultrasubjectivistic position"에 대한 반대이다. 첫째, 메를로-퐁티는 역사적 결정론을 거부하고, 역사적 책임에 있어서 "모호성 ambiguity"을 강조한다. 스토자노비치의 설명에 따르면, 메를로-퐁티가 보는 인간의 역사는 사전에 미리 결정된 것도, 또는 과학적 예측에 따라 진행되는 것도 아닌, 본질적으로 모호한 과정이다.[3] 그것은 항상 열려져 있으며, 불확실한 과정이다.[4]

역사 속에서 이루어지는 인간의 행위와 이에 따른 책임에 대한 역사적 판단은 고정될 수 없으며, 끊임없이 변천한다. 역사적 책임의

---

2) 같은 글, p. 113. 여기서 말하는 "Phantom"이란 디드로가 연극론에서 연기자들이 지닌다고 보는 "fantom"의 의미로 생각할 수 있다. 이것에 관해서는 M. Merleau-Ponty, *Humanism and Terror*, tr. and with note by John O'Neill(Boston: Beacon Press, 1969), p. xxxii를 참조하기 바란다. 그는 이렇게 말한다: "every man who undertakes to play a role carries around him, as Diderot said of the actor on stage, a 'great fantom' in which he is forever hidden, and he is responsible for his role even when he cannot find in it what he wanted to be." 이와 같은 입장은 그의 *Sense and Non-Sense*, tr. and with a preface, by H. L. Dreyfus & P. A. Dreyfus(Evanston: Northwestern Univ. Press, 1964), p. 144에서도 되풀이 언급되고 있다.

3) S. Stojanovic, 앞의 글, p. 114.

4) 같은 글, pp. 119~20. 홍광엽 교수는 레이몽 아롱 역시 역사에 관해 같은 견해를 피력하고 있다고 밝히고 있다. 즉 "그[아롱]는 '역사는 미리 씌어진 것이 아닌 만큼 자유로운 것'이"며, 또 "역사는 운명적으로 받아들일 수 없는 비예측적인 것으로서 그것은 자연과 전혀 다른 비결정의 대상"이라고 지적한 바 있다(R. Aron, *Introduction a la philosophie de l'histoir*, Paris: Lib. Gallimard, 1957, p. 323. 홍광엽, 『탈중심과 불확정성』, 소화, 1998, p. 24에서 재인용).

모호성에 대한 이와 같은 메를로-퐁티의 주장은 역사 과정 속에서
"우연적 요소들 contingent factors" ——사전에 미리 예측할 수 없는
"우연적 요소들" ——을 제거할 수 없다는 근본적 통찰에 바탕을 두고
있다.[5]

메를로-퐁티에 의하면, "우연성 contingency"은 인간 행동의 본질적
요소이다. 그리고 메를로-퐁티는 이러한 우연성으로부터 행동의 의
도와 결과간의 불일치 divergence, 그리고 이에 따른 모호성을 설명한
다. 인간은 "우연성"으로 말미암아 원하든 원치 않든 스스로 의도하
지 않은 또 예측할 수 없는 결과들을 산출하게 마련이다. 이러한 결
과들은 다른 결과들과 결합하여 역사에 있어서 객관적 의미를 구성
한다. 메를로-퐁티는 이것을 가리켜 "객관적-역사적 의미 objective-
historical meaning"[6]라 부른다.

어떤 의미에서 "인간은 자신의 행위가 갖는 객관적 의미를 정확하
게 파악하지 못하고 행동에 착수하는" 비극적 존재이다. 여기서 메를
로-퐁티가 말하는 "비극적 존재" 또는 "비극적 의식"이란 자신이 시
도한 일들이 어쩔 수 없이 처음에 의도했고, 예측했고 또 예측할 수
있었던 것과는 다른(때때로 전혀 다른) 의미를 갖게 된다는 사실을 인
식하면서, 고민하는 불행한 의식을 가리킨다. 행위자들은, 자신의 잘
못과 관계없이, 처음에 의도했고 예측했고, 그리고 예측 가능했던 것
들과 이와는 정반대로 나타난 현실적 결과들 사이에서 일그러지고

---

5) S. Stojanovic, 앞의 글, p. 114.

6) 같은 글, p. 120. 루카치에 의하면 엥겔스도 역사에 있어서 인간의 의도와 결과간
   의 불일치를 지적한 바 있다: "although the essence of history consists in the fact
   that 'nothing happens without a conscious purpose or an intended aim,' it is
   necessary to go further than this. For on the one hand, 'the many individual wills
   active in history for the most part produce results quite other than those intended—
   often quite the opposite [⋯⋯]'"(G. Lukács, *History and Class Consciousness:
   Studies of Dialectics*, Cambridge, Mass.: The MIT Press, 1973, pp. 46~47).

찢겨진다.[7]

인간의 행동은 "우연성"과 이로 인한 의도와 결과간의 "불일치"로 말미암아 모호성을 갖는다. 인간의 행동은 말하자면 특정의 의미를 가질 수도 또는 갖지 않을 수도 있다. 일찍이 그리스인들은 인간 행동에 내재하는 이와 같은 모호성을 비극의 주제로 삼았다. 1938년 모스크바에서 열렸던 스탈린의 정적(政敵)에 대한 재판 역시 인간 행동의 모호성을 보여주는 적절한 예라 할 수 있다.

메를로-퐁티는 모스코 재판 과정에 나타난 스탈린 정적들의 믿기 어려운 자백들에 대해 깊은 관심을 갖게 되었다. 그는 점차 이러한 자백들이 단순한 가공(架空)만은 아니라고 생각하게 되었다. 메를로-퐁티에 의하면, "반대파 행동의 원인과 동기와 수단과 목적간의 연쇄 관계는 재구축된 것이 아니다. 끊임없이 변천하는 의미의 안개 속에 단 몇 개의 사실들만이 존재한다. 〔……〕 여기서는 아주 하찮은 내용도 엄청난 중요성을 지니게 된다."[8] 요컨대 메를로-퐁티는 모스코 재판을 단순한 가공으로 단정한 자유주의자들이나, 또는 반대파의 행동을 "단 한 가지의 목적"——"당"과 "정부"를 파괴하려는 "단 한 가지의 목적"——으로 단죄한 스탈린을 모두 독단적 견해——사실의 의미를 단 하나의 의미로만 규정한 독단적 견해——로서 거부하였다.

물론 메를로-퐁티는 역사의 모호성에도 불구하고 역사의 기본 방향은 존재한다고 본다. "역사는 어떤 방향을 향해 운동하는 힘들vectors을 담고 있으며" 또 "하나의 의미를 갖고 있다it has a meaning." 그러나 이것은 "모든 사물이 하나의 목적에 따라 고정된 자리에 배치되기 때문이 아니다"; 이것은 역사가 "현존하는 문제에 반응하지 않는 인간과 제도를 거부하기 때문이다. 발생하는 모든 것이 일어날 만한 것이기보다는 사라지는 모든 것이 사라질 만한 것이기 때문이다."[9]

---

7) S. Stojanovic, 앞의 글, pp. 120~21.
8) 같은 글, p. 114.

494

둘째로 메를로-퐁티는 "극단적 주관주의"에 반대하여, 행동에 대한 객관적 책임을 강조한다. 그에 의하면, 책임의 근거는 주관적 "의도"에 있는 것이 아니라 객관적 "사건"에 있다.[10] "우리의 역사적 또는 객관적 책임은 오직 다른 사람들의 눈앞에서 지는 책임이다."[11] 메를로-퐁티는 자신의 입장을 "책임에 관한 엄격론a hard notion of responsibility"이라 부른다. 그의 엄격론은 말하자면 행위자의 의도가 무엇인가를 묻는 것이 아니라, 일어난 사건에 비추어 그가 행한 것이 무엇인가를 묻는 것이다.[12]

메를로-퐁티는 이러한 엄격론의 입장에서 "순수 도덕pure morality"론에 대해 반대를 제기한다. 그에 의하면 "범죄는 '순수 도덕'이라고 잘못 불려진 그런 도덕에 따라 행위 그 자체를 가지고 판단하는 대신에 그것이 속한 상황의 논리, 체제의 역학, 그리고 역사적 총체성 속에 놓여져야 한다."[13]

인간의 책임을 주관적 의도보다는 객관적 결과에서 찾으려는 메를로-퐁티의 엄격론은 정치적 영역에서 보다 뚜렷한 의미를 갖는다. 적어도 스토자노비치는 메를로-퐁티가 "정치인들에게 '엄격한' 책임의 개념을 적용"[14]하고, 또 결과를 중시한다는 점에 비추어 그를 마키아벨리와 같은 정치적 현실주의자에 속한다고 본다. 그는 정치에 있어서, 특히 미래를 예측할 수 없는 혁명적 시기에 있어서, 결과는 대단히 중요하다고 생각한다. "하나의 정책이 좋은 것이 되기 위해서는 성공해야 한다."[15]

---

9) 같은 글, pp. 123~24.
10) 같은 글, p. 113.
11) 같은 글, p. 115.
12) 같은 글, p. 113.
13) 같은 글, p. 115.
14) 같은 글, p. 114.
15) 같은 글, p. 123.

　정치적 행동이 윤리적 행동과 구별되는 점은 전자, 즉 정치적 행동이 후자, 즉 윤리적 행동에 비해 성공 또는 실패에 따라 좌우되는 정도가 보다 크다는 데 있다. 그러나 스토자노비치는 메를로-퐁티의 이와 같은 현실주의를 그 극단적 형태인 무도덕한 현실주의와는 엄격히 구별할 것을 주장한다. 메를로-퐁티의 현실주의는 "힘은 곧 정의 might is right"라는 힘의 논리를 옹호하려는 데 있는 것이 아니라, 종종 무책임하고 비현실적인 입장에 빠지는 이상주의 또는 주관주의를 경고하는 데 그 악센트가 있기 때문이다. 이런 점에서 그의 현실주의는 경고적 의미를 갖는 현실주의——약(略)하여 "경고적 현실주의"——라고 보는 것이 정확하다. 요컨대 메를로-퐁티의 강조점은 "정치에 있어서 힘이 없는 것은 그릇된 것"임을 재각성하자는 데 있다는 것이다.[16]

　스토자노비치에 의하면, 메를로-퐁티의 결과를 중시하는 경향은 모스코 재판을 고발한 쾨슬러 A. Köstler에 대한 비판 가운데서 가장 구체적으로 나타난다. 메를로-퐁티는 스탈린의 산업화와 농업 집단화 정책에 반대한 구볼셰비키를 가리켜 "혁명적 지도력의 전복을 목적으로 조직된 반대 세력"이라고 분명하게 밝히고 있다. 그는 이들 반대파의 행동이 당시의 상황에 비추어볼 때 아직은 그 의미와 책임이 불투명한 것이었다 하더라도, 그 후에 일어난 일들, 즉 나치의 소련 침공과 소련이 이차 세계 대전 당시 수행한 역할 등으로 비추어보면 자명해진다고 주장한다. 보다 정확하게 말해서, 스탈린에 대한 볼셰비키의 반대 정책은 모스코 재판 이후에 일어난 사건들과 관련시켜볼 때, 객관적으로는 반역을 의미한다는 것이다.

　여기서 메를로-퐁티는 스탈린 반대파에 대한 역사의 판결은 "반역죄"라고 선언한다. 그는 이렇게 말한다: "반대파가 무엇을 원했든지 간에 그리고 심지어 그들의 반대가 혁명에 대한 보다 확실한 미래였

---

16) 같은 글, p. 112.

다고 하더라도, 이러한 반대가 사실상 소연방을 약화시켰다는 것은 그대로 남아 있다. 어쨌든 역사에서 종종 일어나는 갑작스런 역전(逆轉) 중의 하나로 말미암아 1941년의 사건들은 이들을 반역죄로 고발한다."[17]

물론 "부하린 Bukharin 재판 당시, 다시 말하면 1937~1938년 당시, 적은 소련에서 더 찾아볼 수 없었든가 아니면 아직도 나타나지 않았다. 그러나 1917년 이래로 극단적 상황만을 겪었던 국가에서 반대란 비록 전쟁이나 침략이 일어나기 이전일지라도 족히 반역죄로 간주될 수 있었다."[18]

다시 말해서 메를로-퐁티가 말하는 "역사적 책임" ──여기서는 "반역죄"── 은 주관적 의도와는 무관한 역사적 우연의 결과일 수 있다는 점에서 주목을 끈다. 되풀이 말하면 "역사적 책임"이라는 범주는 행동의 동기나 의도보다는 행동의 결과를 중시한다는 데 그 특징이 있다. 여기서는 예컨대 스탈린 반대파의 실재의 의도와는 전연 무관하게 단순한 역사적 우연들의 계기만으로도 충분히 반역죄가 성립된다. 이런 점에서 메를로-퐁티는 "역사적 책임"을 "환경에 의해 비자발적으로 꿈꾸는 악몽 같은 책임과 죄"[19]라고 묘사한다.

결론적으로 메를로-퐁티는 "미래에 발생할 어떠한 우연도, 일단 현재에 발을 들여놓게 되면, 현실적인 것으로 심지어는 필연적인 것으로 나타나는데 이것이 역사의 역설"이라고 밝힌다. 그는 모스코 재판이야말로 이러한 "역사적 역설" ──모든 역사적 현실 또는 필연은 그 근원에 있어 우연에 불과하다는 역설── 을 가장 적절하게 집약해준

---

17) 같은 글, pp. 112~13. 히틀러는 1941년 6월 22일 스탈린-히틀러 조약(1939년 8월 23일 체결)을 깨뜨리고 소연방에 대한 공격을 개시하였고, 9월 20일에는 키에프를 점령하였다.
18) 같은 글, p. 115.
19) 같은 글, p. 113.

사건일지도 모른다고 토로한다.[20]

2

　　스토자노비치는 메를로-퐁티의 "역사적 책임"에 대한 논의에 이어, 이를 세 가지 항목으로 나누어 비판한다. 첫째, 메를로-퐁티의 "모호성"에 대한 비판이다. 스토자노비치는 메를로-퐁티의 "모호성"의 개념이 스탈린 당시를 지배했던 단선적이고 결정론적인 역사관에 대한 대안으로서 큰 관심을 모았음을 시인한다.[21] 그러나 그는 이 개념이 두 가지 서로 다른 의미로 사용되는 데 문제점이 있다고 지적한다.[22]

　　하나는 "역사적 의미"의 모호성이고, 다른 하나는 "역사적 책임"의 모호성이다.[23] 전자, 즉 역사적 의미의 모호성은 역사가 예측할 수 없는 우연으로 말미암아 처음과는 다른 의미를 갖게 된다는 뜻이고, 후자, 즉 역사적 책임의 모호성은 행위자가 예측할 수 없는, 따라서 전연 통제할 수 없는 모든 우연에 대해 책임을 진다는 주장이다. 뿐만 아니라 메를로-퐁티는 자신이 주장하는 "역사적 책임"이 의미상으로는 "엄밀한 마르크스의 방법"인 변증법과 일치한다고 본다.[24]

　　그러나 스토자노비치는 메를로-퐁티가 이상의 서로 다른 두 가지 모호성을 혼동함으로써, 말하자면 "나쁜 모호성" — 확실성을 위협하는 모호성 — 에 굴복하였다고 비판한다.[25] 이어서 스토자노비치는

---

20) 같은 글, p. 113.
21) 같은 글, p. 114.
22) 같은 글, pp. 114~15, 117, 120.
23) 같은 글, p. 120.
24) 같은 글, p. 120.
25) 같은 글, pp. 117, 120~22.

1) 역사적 의미와 역사적 책임을 엄격하게 구분하고, 2) 역사적 의미에 관해서는 메를로-퐁티의 주장에 따라 우연성(모호성)을 인정하지만, 3) 역사적 책임에 관해서는 메를로-퐁티에 반대하여 우연성을 부인한다. 스토자노비치는 이렇게 말한다: "비록 의도와 결과간의 차이가 인간 행동의 구조에 내재적인 것이라 하더라도, 책임의 개념은 사회-역사적이고 규범적 발전의 문제로서, 이러한 구조의 외부에 존재한다."[26]

3항의 "역사적 책임"에 관한 스토자노비치의 논의를 보다 상세히 검토해보면, 이것은 다시 세 가지로 집약된다: i) 모든 결과는 두 가지 종류로 구분된다. 하나는 "의도했고" "예측했고" "예측 가능한" 결과이며, 다른 하나는 "의도하지 않았고" "예측하지 않았고" "예측할 수 없는" 결과이다; ii) 행위자의 책임은 전자에 한정된다. 즉 의도했고, 예측했고, 예측 가능한 결과에 한하여만 책임질 수 있다[27]; iii) 그러나 메를로-퐁티의 역사적 책임은 의도하지 않았고, 예측하지 않았고, 예측할 수 없었던 결과에까지 그 범위를 확대시켰던 데 문제가 있다. 이러한 책임의 확대와 더불어 인간의 존재는 결과를 생산하는 인과 관계의 한 고리로 전락하게 되고 "결과의 생산에 단순한 개입이 죄의 분배를 위한 [……] 충분조건이 된다."[28]

스토자노비치는 메를로-퐁티의 역사적 책임이 급기야는 무한 책임론으로 빠질 수밖에 없다고 보며, 이런 점에서 스탈린주의와 그 맥을 같이한다고 본다. 이제 메를로-퐁티의 "역사적 책임"은 스탈린주의와 일치한다는 스토자노비치의 주장에 대하여 두번째 항목으로 살펴보기로 한다.

둘째, 스토자노비치에 따르면, 공산당원은 자신이 저지른 과오에

---

26) 같은 글, p. 122.
27) 같은 글, pp. 121~22.
28) 같은 글, pp. 122~23.

대해 자백할 의무를 진다. 이 경우, 스탈린주의는 특히 "객관적 과오 objective guilt"[29]의 자백을 요구한다. 객관적 과오에 대한 자백은 두 가지 이유에서 정당화된다. 하나는 "혁명적 행동주의 revolutionary activism"이고, 다른 하나는 "객관적 의미 objective meaning"론이다.

1) "혁명적 행동주의"란, i) 모든 공산당원은 "의도적으로 역사 과정에 간섭하는" 혁명적 "실천가 activist"로서, ii) 자신의 행동의 모든 결과——주관적(의도한) 및 객관적(의도하지 않은) 결과——에 책임을 진다.[30] iii) 다시 말하면 공산당원은 행동의 책임을 의도된 결과에만 한정시키는 주관적 "도덕주의"를 배격한다는 주장이다.[31] "혁명적 행동주의"에 입각하여 공산당은 누구에게나 책임을 물을 수 있고, 그 결과 책임의 "신화화와 왜곡" 현상이 나타난다. 스토자노비치는 이렇게 말한다: "공산당원들은 언제든지 스탈린주의적 당의 요구에 따라 그들이 예견하지 않았고 또 예견할 수 없었던 결과들에 대해 책임을 졌다."[32]

2) "객관적 의미"란, i) 하나의 명제는 진공 속에서 표현되는 말이 아니라 구체적 상황 속에서 수행되는 행위로서, ii) 명제의 객관적 의미는 그것의 의도보다 그것이 수행되는 상황과 문맥 가운데서 찾아야 한다. iii) 다시 말하면 명제의 의미는 진술된 내용보다 진술된 결과에 따라 결정된다는 주장이다. 스토자노비치는 이와 같은 스탈린주의의 "객관적 의미"가 일상 언어학파의 입장과 매우 흡사하다고 본다. 양자는 "의미가 무엇인지 묻지 말고, 그 용법이 무엇인가 물으라"[33]고 요구한다는 점에서 모두 일치한다.

---

29) 같은 글, pp. 103~04.
30) 같은 글, p. 104.
31) 같은 글, pp. 106~07.
32) 같은 글, p. 107.
33) 같은 글, p. 108.

스토자노비치는 이와 같은 "객관적 의미"의 요건이 책임을 자의적으로 해석할 수 있는 여지를 만들어놓는다고 분석한다. 당은 여러 가지 획득 가능한 사실들 중에서 특정의 사실만을——예를 들면 지엽적이고, 우연적이고, 불투명한 사실만을——임의로 선택·배열·부각시킴으로써 피의자에게 불리한 객관적 의미를 재구성한다. 당은 "요컨대 특정인에게 모든 것을, 말하자면 그가 실재로 행한 것뿐만 아니라, 그의 행위와 함께 일어난 것들 또 그의 행위에 관계된 것들을 모두 전가시킬 수 있다."[34]

스탈린주의의 "객관적 책임"론은 일체의 주관주의—주관적 "도덕주의"와 주관적 "의도"를 배격하려는 데서 출발하였음에도 불구하고, 결과적으로는 당의 "무제한적 주관주의"로 귀결된다는 데 그 역설이 있다. 스토자노비치는 이와 같은 당의 "무제한적 주관주의"를 가리켜 "스탈린주의적 당주의(黨主義) Stalinist Partiinost"[35]라고 부른다.

스토자노비치의 일관된 주장은 스탈린주의자들의 "객관적 책임"이나 메를로-퐁티의 "역사적 책임"이 모두 결과를 중시한다는 것이고, 그런 점에서 동일 범주에 속한다는 것이다. 그는 이렇게 말한다: "최종적으로 분석해보면, 비록 그의[즉 메를로-퐁티의] 개념이 스탈린주의자들의 그것과는 상당히 다른 것이라 하더라도 결과는 같다. 즉 인간은 완전히 그의 능력과 통제의 범위 밖에 있는 것에 대해서도 책임을 진다."[36] 물론 스토자노비치는 메를로-퐁티의 "역사적 책임"의 범주를 스탈린주의자들의 빈약한 개념적 장치와는 비교될 수 없는 심오하고 진지한 철학적 통찰로 높이 평가한다. 그럼에도 불구하고 "예견할 수 없는 결과에 대한 행위자의 책임"을 주장하는 점에서 메를

---

34) 같은 글, pp. 108~09.
35) 같은 글, p. 109.
36) 같은 글, p. 120.

로-퐁티와 스탈린주의는 서로 일치한다.[37] 또 "스탈린주의적 당주의"가 그러했듯이, 메를로-퐁티의 경우에도 그 역설은 뚜렷하게 나타난다. 스토자노비치는 이렇게 말한다: "행위자의 의도만을 책임의 대상으로 간주하는 극단적 주관주의에 대한 저항이 메를로-퐁티를 모든 결과에 대한 책임을 주장하는 다른 극단적 입장으로 이끌었다."[38]

셋째로 스토자노비치는 메를로-퐁티의 원칙 ── 행동의 "의도"보다 "결과"를 중시하는 원칙 ──이 스탈린주의를 분석하는 과정에서 엄격하게 준수되지 않았다고 비판한다: "만약 그렇게 했더라면 그는 1941년 나치즘을 유리하게 만들고 소비에트를 거의 굴복 직전으로 몰고 간 장본인은 바로 스탈린주의였다는 것을 의심할 여지 없이 알아챘을 것이다. 〔……〕 메를로-퐁티는 역사를 '총괄하는 historical totalization' 대신 역사를 '편향시켰다 historical partialization.' 그것도 아주 선택적으로 그랬다."[39] 따지고 보면 "메를로-퐁티가 '주관적 반역'론"을 일축함으로써 어느 정도 모스코 재판을 비신화화시킨 것은 사실이다. 그러나 다른 맥락에서 보면 부분적인 비신화화는 객관적으로 신화의 유지에 도움이 된다는 것이 드러난다." 어찌 됐든 스토자노비치가 메를로-퐁티의 원칙 ──결과 우선의 원칙──에 의아심을 품고 있는 것만은 부인할 수 없다. 그는 이렇게 반문한다: "메를로-퐁티는 어째서 자신의 논문들의 객관적·역사적 의미에 대해서는 묻지 않는가?"[40]

---

37) 같은 글, p. 114.

38) 같은 글, pp. 115~16.

39) 같은 글, p. 122.

40) 같은 글, p. 117. 마루야마 마사오(丸山眞男)도 근대 일본인에게 "역사적 책임"의 문제가 어떻게 제기되었는가를 흥미있게 논한 바 있다. 예컨대 후쿠자와(福澤諭吉)는 "심정의 순수성보다도, 무엇에 공헌했는가 하는 업적을, 가치 판단의 중심"에 둔 데 반하여, 우치무라(內村鑑三)는 "'일본국을 위해서' 있는 자아와 '예수를 위해서' 있는 자아 사이의 첨예한 긴장을 거의 한 몸에 체현"한 "예언자"라고 평한다. 마루야마에 의하면, 특히 "우치무라에게는 〔……〕 인류애냐 조국애냐, 세

3

스토자노비치가 메를로-퐁티의 "역사적 책임"에 가한 비판은 결과적으로 메를로-퐁티 철학 전반에 대해 심각한 의문을 제기케 한다. 물론 스토자노비치는 메를로-퐁티의 철학 가운데서 "역사적 책임"이라는 극히 한정된 문제를 검토한 데 불과하다. 그럼에도 불구하고, 필자는 그의 논의의 결론이 보기에 따라 메를로-퐁티 철학 전반에 대한 시각을 왜곡시킬 가능성을 지니고 있다고 생각한다.

사실상 메를로-퐁티가 스탈린주의를 옹호하고 있는 것은 명백하다. 그의 스탈린주의에 대한 옹호론은 세 가지 형태로 나타난다. 첫째는 스탈린주의를 고발한 쾨슬러의 『백주의 암흑 *Darkness at Noon*』[41]을 마르크스주의에 대한 이해가 미숙한 작품으로 낮게 평가한 점이다. 둘째는 스탈린의 전형적 정치 재판이라고 불리는 부하린 재판을 옹호한 점이다. 셋째는 스탈린의 숙적인 트로츠키를 비판한 점이다.

그러나 다른 한편 메를로-퐁티는 지금까지의 어떤 철학자보다도 가장 철저하리만큼 스탈린주의에 대해 비판하고 있는 것도 사실이다. 그의 스탈린주의에 대한 비판은 세 가지 부분으로 구분된다. 첫째는 스탈린주의를 코미사르주의 Commissarism로 비판한 부분이다. 둘째는 스탈린주의에 동조하는 사르트르를 "초극단적-볼셰비키주의

계주의냐 국가주의냐, 국가주의냐 개인(인격)주의냐 하는 식의 양자택일은 〔……〕 엉터리 문제 제기"였다: "서로 싸우고 있는 것은 어디까지나 일본과 일본이며, 신의 한없는 은총과 영광하에 그 천직을 다해야 할 일본과 부패와 허식(虛飾)과 위선으로 가득 찬 일본, 이와 같은 두 개의 '일본'에 동시에 벗어나기 어렵게 속하고 있다는 내면적 의식이 바로 우치무라의 충성관의 디알레틱 Dialektik을 형성하고 있는 것이다"(마루야마 마사오, 『충성과 반역: 전환기 일본의 정신사적 위상』, 박충석·김석근 공역, 나남출판, 1998, pp. 54, 84~85).

41) 쾨슬러, 『백주의 암흑』, 이윤희(李允熙) 역, 1959.

Ultra-Bolshevism"로 공격한 부분이다. 셋째는 스탈린주의적 공산주의
자를 정면으로 반대하면서, 최초로 "비공산주의자 좌파 또는 신좌파
the non-communist left or new lift주의"[42]를 제창한 부분이다.

이 글은 메를로-퐁티의 저작 전반을 통하여 논의된 스탈린주의를
검토함으로써, 스탈린주의에 대한 그의 진정한 입장을 밝혀보려는
데 목적을 두고 있다. 이 절에서는 앞서 열거한 6개의 항목 중—스
탈린주의에 대한 옹호론 세 가지와 또 그에 대한 비판론 세 가지 중
—지면상의 제약을 고려하여, 첫번째 항목인 쾨슬러에 대한 평가에
국한키로 한다.

메를로-퐁티는 『휴머니즘과 공포』의 「서문」에서, 쾨슬러의 작품을
문제삼게 된 이유를 밝힌다:

공산주의에 대한 어떠한 진지한 논의도 공산주의자의 언어로 문제
를 제기해야 한다. 다시 말하면 원칙에 입각해서가 아니라 인간 관계
에 입각해서 제기해야 한다. 그러한 논의는 공산주의를 무너뜨리기 위
하여 자유주의의 원칙들을 휘두르지 말아야 할 것이다. 그것은 공산주
의에 의해 정당하게 제기된 문제, 즉 사람들 사이에 인간적 관계의 수
립이라는 문제를 해결하기 위하여, 무엇을 하고 있는지를 검토해야 할
것이다.

바로 이러한 정신에서 우리는 쾨슬러가 『백주의 암흑』에서 밝힌 공
산주의자의 폭력 문제를 재론하게 되었다.[43]

여기서 메를로-퐁티는 첫째, 공산주의의 문제를 자유주의자의
입장에서가 아니라 먼저 공산주의자의 입장에서 이해할 것을 강조

---

42) M. Merleau-Ponty, *Adventures of the Dialectic*, tr. by Joseph Bien(Evanston:
   Northwestern Univ. Press, 1973), p. 225.
43) M. Merleau-Ponty, *Humanism and Terror*, p. xv.

한다:

　우리는 부하린이 실제로 조직적인 반대를 이끌었는지 또는 당볼셰비키들의 처형이 소련의 질서와 국가 안보를 위해 실제로 불가피한 일이었는지를 검토하지 않았다. 우리는 1937년의 재판을 재현시키고자 시도하지도 않았다. 우리의 목적을 쾨슬러가 루바쇼프을 이해하려고 추구했듯이 부하린을 이해하는 것이었다. 〔……〕 우리는 언어의 외양 밑에서 그가 실제로 생각하는 바를 재발견하려고 노력하였다.[44]

　메를로-퐁티는 "공산주의자의 문제를 이해하는 것"은 자유 자체를 위해 절실한 문제라고 본다. 왜냐하면, 진정한 자유는 올바른 "이해"에서 비롯되기 때문이다. "진정한 자유는 타인을 있는 그대로 받아들이는 것이고, 자유를 부정하는 그런 교의까지도 이해하려고 노력하는 것이다. 진정한 자유는 이해하기 전에 어떠한 판단도 결코 허용하지 않는다. 우리는 이해의 자유 속에서 우리의 사상의 자유를 달성하여야 한다."[45] 메를로-퐁티에 따르면, "살아 있는 자유"란 "타인을 이해하기를 힘쓰고 〔이것을 통하여〕 우리들 모두를 재결합시키는 것"[46] 이다.

　그러나 메를로-퐁티는 "루바쇼프"을 이해하려는 쾨슬러의 입장이나, 부하린을 이해하려는 자신의 입장이 항간의 많은 오해를 샀던 점을 상기하면서, 자신의 진의를 이렇게 밝힌다:

　공산주의자로 됨이 없이 공산주의를 이해하는 것은 그 자신을 고지

---

44) 같은 책, 같은 곳.
45) 같은 책, pp. xxiv~xxv. 특히 footnote 4(p. xxv)에서 "이것〔즉 이해〕은 우리가 이 논문에서 따랐던 방법이다"라고 밝히고 있다.
46) 같은 책, p. xlv.

에 놓는 것이다. 어떤 경우에도 군중들보다는 상위에 놓는 것이다. 사실상 이것은 진리에서 벗어난 혼란에 자신을 위탁하는 것을 거부하는 것 이외에 아무것도 아니다.[47]

요컨대 메를로-퐁티는 "이해"의 방법에 의해 이 "유명한, 그러나 잘 이해되지 못한"[48] 쾨슬러의 작품에 접근을 시도한다.

둘째, 메를로-퐁티는 『백주의 암흑』의 중심 인물로 등장하는 루바 숍의 입장을 소상하게 검토한다.[49] 쾨슬러에 의하면, 루바숍은 언제 나 외적인 사물들과 역사적 과정들을 다루었다. 그로 하여금 자신의 "개인적" 행동을 결정하도록 강요하는 것은 어려운 일이었다. 그에게 는 타인의 운명이건, 자신의 운명이건 모든 개인적인 것은 사물의 세 계 속에서, 혁명을 만드는 과정 속에서, 그리고 이 혁명의 성공과 전 파 과정 속에서 전개되었다. 그의 자아란 상황이 명백히 요구하는 과 제들에 의해 부하된 특정한 x 이외에 무엇이었는가? 죽음의 위험마 저도 그를 자신의 내면 세계로 끌어들일 수는 없었다. 혁명가에게 죽 음이란 세계의 종말이 아니라, 자신을 지워버리는 하나의 작용에 불 과하다. 죽음이란 역사적 비활동의 특수한 경우 또는 극단적 예일 뿐 이다. 때문에 혁명가들은 적이 죽었다고 말하는 것이 아니라, 그가 "물리적으로 억제되었다 suppressed physically"고 말한다. 루바숍과 그의 동지들에게 "나"라는 말은 아주 생소하고 욕된 말이다. 그들은 이것을 "문법적 가정 grammatical fiction"이라고 부른다. 그들에 따르 면 인간성, 가치, 덕, 인간간의 화해 등은 이성에 의해 도달될 목적이 아니라, 프롤레타리아트의 객관적 가능성이다. 이것은 권력 탈취의 문제로 귀결된다.

---

47) 같은 책, pp. 185~86.
48) 같은 책, p. 2.
49) 같은 책, pp. 3~13.

오랫동안 루바숍은 주관적인 것에 대한 무지의 상태에서 살았다. 리처드Richard(1933년 당시 남부 독일에 있는 어떤 도시의 공산당 조직책)는 오랜 동지였으며, 헌신적 투사였다. 그러나 그의 신념이 흔들리고, 당의 공식 노선에 반대하자 그는 추방되었다. 혁명의 조국으로부터 반동 정부에 수송된 석유를 부두 노동자들이 하역하기를 원하든 원치 않든 이것은 알 바 아니다. 문제는 보이콧이 장기화됨에 따라, 혁명 조국이 시장을 잃을 위험이 있다는 것이다. 혁명 조국의 산업 발전이야말로 대중의 의식보다 더 중요한 것이다. 이것을 반대하는 부두 세포의 조직책들은 추방되어야 한다.

루바숍에게도 같은 문제가 있었다. 그는 당지도부가 과오를 범했다고 생각했고 또 그렇게 말했다. 그가 처음으로 당국에 체포되었을 때, 그는 자신의 생명보다 자신의 정치 생명을 보전하기를 원했다. 그는 그가 항상 속했던 역사 안에 살아남기 위해 반대 주장을 부인했다. 그는 그의 비서 겸 애인인 알로바마저 버렸다. 그들 사이는 정말로 이상한 관계였다. 꼭 한 번 알로바는 루바숍에게 이렇게 말한 적이 있다: "당신은 원하시면 언제나 나를 마음대로 하실 수 있습니다." 그 이상 아무 일도 없었다. 그녀는 당세포에서 추방될 때에도, 루바숍을 방문하던 저녁에도 아무 말이 없었다. 루바숍은 알로바를 위해 한마디의 변호도 하지 않았다. 루바숍은 당이 요구하자, 그녀를 비판했다. 명예와 불명예, 진실과 허위——이런 말이란 "역사적 인간 man of history"에게 무의미한 것들이다. 객관적 반역과 객관적 업적——이것만이 존재할 뿐이다. 반역자란 혁명 조국의 현재와 그 지도부와 그 제도들을 객관적으로 배반한 자다. 나머지는 모두 개인 심리학의 문제일 뿐이다.

그러나 루바숍이 마침내 깨달은 것은 개인 심리학을 경멸하는 자는 보복을 받는다는 것과, 개인과 국가는 혁명의 초기 단계에서 한번 혼동되기 시작하면, 나중에는 대결 관계로 나타난다는 것이었다. 또 대중은 국가의 도구가 아니라 그 주체라는 것이며, 그럼에도 불구하고 당의 결정은 토론을 따르기보다는 규율로서 부과되었다는 것이다. 이제 아무도 정책이 혁명의 초기 단계에서처럼 세계 혁명 운동의 계속적인 분석에 근거하거나, 자연발생적인 역사 과정으로부터 직접 추출된다고 생각하지 않는다. 이론가들은 권력의 힘을 배경으로 내려진 결정을 권력의 무관심에도 불구하고, 이들을 합리화하기 위해 열을 올린다. 시간이 감에 따라 루바쇼프은 점차 사건의 배후에 자리잡고, 이를 평가하는 "저 주체that subjectivity"를 인식하게 된다.

루바쇼프이 두번째 수감되었을 때, 그는 행동과 역사적 사건에서 완전히 차단되었다. 그러나 바로 이 때문에 그는 대중과 축출되었던 투사들의 목소리를 들을 수 있었다. 뿐만 아니라 그의 목전에는 계급의 적들마저 인간의 모습으로 나타났다. 그의 옆 감방에 갇혀 있는 반혁명군의 장교 ──명예심과 개인적 모험심에 몰두하고, 여자들을 쫓아다니는 데 혈안이 된 정부군의 장교 ──는 더 이상 루바쇼프이 혁명 당시 사살했던 백군white guards 중의 한 사람은 아니었다. 그는 죄수들이 세계 어디서나 벽을 두드려 은어로서 밀통하는 상대자였다. 처음으로 루바쇼프은 혁명을 백군의 입장에서 보게 되었다. 그는 폭행을 가한 사람은 폭행을 당한 사람의 눈앞에서 결코 정당화될 수 없다는 사실도 깨닫게 되었다. 루바쇼프은 백군의 증오심을 이해하게 되었고, 이를 용서하였다. 그러나 이때부터 그는 자신의 혁명적 과거에 의문을 품게 되었다. 그가 어떤 사람에게 폭력을 행사한 것은 바로 인간을 해방시키기 위해서였다. 그는 잘못했다고 생각하지 않았다. 그러나 그가 무죄인 것도 아니었다. 어쩔 수 없이 지금까지의 고려에서 제외되었던 많은 생각들이 되살아났다. 역사와 혁명의 주장 이외에도 또 다른 주장이 존재한다. 혁명적 행동이 수용하지 못한 인간간의 상호작용과 의사 소통을 다시 수립하기 위하여, 남에게 부과했던 일을 이제 스스로 짊어져야 할 일이 남아 있다. 혁명 당시 루바쇼프이 처형한 사람들처럼, 이제는 그가 반동으로 몰려 조용히 죽어야 한다.

문제는 인간이다. 그렇다면 그가 살아 있는 자보다 죽은 자에게 더 성실해야 할 이유는 무엇인가? 감옥 밖에 있는 사람이란 좋건 나쁘건 루바숍이 닦아놓은 길을 달려가는 사람들이다. 만약 그가 조용히 죽는다면, 그는 그와 함께 투쟁한 사람들을 저버릴 것이며, 그의 죽음은 그들을 무지에서 깨우치지 못할 것이다. 그들에게 제시할 다른 길은 무엇인가? 아마도 지금 일어나고 있는 것은 우리가 전보다, 그리고 조금씩 더 새 정치에 접근한다는 것이다.

현정권과의 절연은 루바숍의 출발점인 혁명적 과거에 대한 포기를 의미한다. 루바숍은 1917년을 생각할 때마다, 두 가지 사실만은 명백하다고 믿었다: 하나는 혁명이 필연적이었다는 것과, 다른 하나는 같은 상황하에서라면 비록 그 결과가 자명한 것이었다 하더라도 그는 혁명에 참여했을 것이라는 점이다. 과거를 택하면, 현재도 택하지 않을 수 없다.

침묵 속에 죽기 위해, 처음으로 루바숍은 자신의 도덕률을 바꿔야만 했다. 그것은 세계 속에서, 그리고 역사에 대한 행동 대신에, 현기증나는 증언대를, 인간 관계 대신에 원칙에 대한 직접적이고 열광적인 긍정의 길을 택하는 것이다. 누구 앞에서의 증언인가? 그가 젊었을 때 터득한 사실은 세상 사람들이 말하는 탄원이란 있는 그대로의 인간을 저버리게 하고, 추상적 윤리, 즉 원칙을 위해 구체적 도덕을 포기케 하는 가장 교묘한 신화라는 것이었다.

그가 배운 것은 진정한 도덕률은 도덕을 비웃는다는 것이고, 가치에 대한 성실성을 지키는 유일한 길은 "도덕적 이념의 현실"에 도달하기 위해 밖을 향하라는 헤겔의 말이고, 자연적인 감정 spontaneous feeling의 지름길은 부도덕의 길이라는 것이다. 그는 지금까지 "역사적 긴박성 historical exigencies"의 이름 밑에 독재와 아름다운 영혼에 대한 폭력을 옹호하였다. 이제 그가 옹호한 이 폭력을 바로 그 자신에게 적용한다면 그는 무엇이라 말하겠는가? 독재에 대한 종전의 옹호는 여러 관점에 대한 이론적 분석과 자유로운 토론에 근거한 결정이었다고 변명하겠는가? 이것은 물론 사실이다. 그러나 일단 노선이 결정되면, 반드시 복종하여야 했다. 그러나 그 이유를 분명히 알지 못한 자들에게는, 진리의 독재와 단순한 힘은 아무런 차이가 없었다. 진리의 독재를 옹호하게 되면, 단순한 힘을 인정하지 않을 수 없게 된다. 더구나 독재의 강화와 이론의 포기가 세계적 상황에 의해 강요된다면, 어떻게 하겠는가? 루바쇼프은 굴복할 것이다.

그러나 루바쇼프이 마르크스주의자의 철칙으로 되돌아오는 순간, 그의 생활 양식은 다시 역전된다. 마르크스주의자의 철칙이란 인간은 그의 의도가 아니라 그의 행동에 따라 기술(記述)된다는 것과, 그의 행동은 주관적 의미가 아니라 객관적 의미에서 평가되어야 한다는 요구이다. 첫째로 어떤 생각이나 말들은 그 자체만을 생각할 때, "주관성의 불확정성 the indeterminacy of the subjective"을 지니고 있다. 이러한 불확정성은 다른 것들과 결합되어 하나의 일관된 체계를 형성한다.

증언대의 증언은 거짓과는 거리가 먼 것이었다. 루바쇼프은 그가 관계했던 사건이나 대화에 대해 아주 상세한 내용까지 알려주었다. 거짓이 있다면 그것은 바로 이와 같은 정확성과 그때 당시의 순간에서 일어난 한마디 말과 하나의 생각을 종이 위에 고정불변의 것으로 못박아놓는 데 있다. 그러나 이것마저 왜곡이라 할 수 있겠는가? 루바쇼프의 말에 대해 비꼬거나 조롱한다고 해서, 더군다나 그의 말을 듣는 젊은 세대가 마음속으로 그렇게 생각한다고 해서 그릇될 것은 없다. 이들 젊은 세대는 루바쇼프보다는 육체적으로 덜 피곤한 상태에서, 그의 과거에 대해 보다 더 진지한 관심을 갖고, 그의 사상이 혁명 전복의 음모라는 실질적 결론에 이른다고 판결한다. 결국 루바쇼프은 그를 고발한 젊은이를 보면서 자신에게 이렇게 말한다: 아마도 그는 내가 과거에 생각했던 것의 현재의 진리일지도 모른다.

루바쇼은 한번도 폭력을 제안한 적은 없었다. 그가 당지도부에 대항하여 폭력 사용을 말했을 때, 그것은 단지 정치적 폭력만을 의미했다. 그러나 정치적 폭력이란 체포를 뜻한다. 체포된 그가 자신을 변호했을 때, 어떤 일이 일어났는가? 루바쇼은 한번도 외국 기관으로부터 공작금을 받았던 적은 없다. 그러나 그는 막연하게나마 당지도부의 전복을 생각했던 적이 있기 때문에, 그는 적어도 인접한 제국(諸國)의 반응을 생각해보았고, 이런 점에서 당지도부를 사전에 무장 해제시켰는지도 모른다.

외국 외교관과의 짧막한 대화 속에서 비록 아무런 흥정도 찾아볼 수 없었고, 모든 것이 조건적이고 아주 일시적인 것으로 보였지만, 적어도 호의적 중립만은 읽을 수 있었다. 물론 루바쇼이 생각했던 것은 미래의 혁명을 보장하기 위해 결과적으로는 한 지방을 희생시키는 것이었으나, 외국 외교관이 생각한 것은 혁명국의 기능을 약화시키고 마비시키는 것이었다. 이 두 개의 계산 중 어느 것이 옳은지, 또 최종적으로, 그리고 역사 앞에서 루바쇼이 혁명의 구세주인지 또는 파괴자인지를 누가 말할 수 있겠는가?

더군다나 역사가 양극화되고, 격동하는 계급 투쟁의 와중에서 모든 사건이 편파적으로 해석될 때, 중립적 또는 양편과 무관한 행동의 여지는 존재할 수 없다. 이때에는 침묵마저도 그 나름의 역할을 수행하며, 의도와 행동, 자신과 타인, 반대와 반역이 뚜렷하게 식별되지 않는다. 마침내 루바쇼이 체포되자 그는 혁명에 대항한 반대 세력으로서 반역의 주범이 되었다. 반대 세력은 정치 투쟁에 패배함으로써 새로운 혁명적 지도력을 수립할 능력이 없음을 입증한 셈이다. 이것은, 역사적으로 말하면, 단 하나의 혁명적 지도력에 대항한 행위로써, 마땅히 반혁명이며 반역 행위인 것이다. 실패로 끝난 시도는 결과적으로 그 근원에 소급되어 전체의 의미를 상쇄해버린다.

만일 루바쇼프가 객관적 사고 방식에 반대하여 자신의 "의도"에 호소하기를 원했다면, 그것은 그가 늘 거부했던 철학에 도움을 요청했다는 말이 된다. 어떻게 그가 젊은 세대의 판결을 거부할 수 있겠는가? 루바쇼프는 객관적 사고 방식이 형성되도록 도운 사람이며, 젊은 세대는 객관적 사고를 그 한계점까지 실천한 것이다. 결국 젊은 취조관 그레트킨의 목소리를 통하여 루바쇼프는 바로 루바쇼프 자신을 판결한 것이다. 이러한 이유 때문에 루바쇼프는 마침내 그레트킨이 미리 준비한 "거짓" 자백서에 서명하였다.

처음에는 루바쇼프가 "객관적으로" 반혁명적 입장을 취했다고 고발되었다. 다시 말하면 그의 "주관적 의도"만은 여전히 혁명적인 것으로 양해되어야 했다. 비록 그가 그레트킨에게 죄목을 상세히 진술하여, 당과 현정권에 대한 비판에 지나지 않는 행동을 음모라고 시인하는 선까지 후퇴하였지만, 자신을 스파이와 파업자로 자백하는 것만은 거부했다. 그러나 이 마지막 변명도 철회되었다. 혁명가의 명예라는 것 자체가 부르주아적 위신의 유령에 불과한 것이기 때문이다.

루바쇼프는 혁명 전의 세대에 속했다. 이 세대는 폭력이 프롤레타리아트의 적에 국한될 수 있다고 믿었고, 프롤레타리아트와 그들의 대표자들을 인간적으로 대우할 수 있었고, 혁명에 헌신을 통하여 개인적 명예를 보존할 수 있었다. 이렇게 할 수 있었던 이유는 그와 그의 동지들이 안락한 환경에서 태어나서, 혁명 전의 문화 속에서 성장한 지식층이었다는 데 있다. 그들은 8살 또는 9살에 벌써 손목시계를 차고 다녔다. 그들의 가치는 항상 자유와 안락을 전제로 하였고, 이것을 떠나서는 전혀 무의미한 것이었으나, 그들은 이것을 의식하지 못했다. 그들은 가난과 궁핍을 몰랐다.

그레트킨에 대해 말한다면, 그는 한 시간이 60분이라는 것을 16살에야 비로소 알았다. 그는 지금은 공장에서 일하는 농사꾼들 사이에서 태어났다. 그는 노동자들의 노동이 절실히 요구되는 상황에서, 이

512

들을 자유롭게 버려둘 수 없다는 것과 법률 제도란 물적 기초에 입각하지 않는 한 순전히 명목적일 뿐이라는 것을 아는 세대이다.

루바쇼프와 그레트킨의 차이란 한편으로는 우연히도 부르주아적 문화의 특권을 향유했던 정치적 세대와 다른 한편으로는 새로운 문화를 전인류에게 전파하기 위하여, 처음으로 그 경제적 기반을 구축할 임무를 띤 새로운 세대간의 차이이다. 루바쇼프의 귀에 익은 주관적인 것과 객관적인 것의 구분이 그레트킨에게는 용납될 수 없다. 그레트킨은 인간의 물적 근거를 의식하는 세대를 대표한다. 그는 말하자면 루바쇼프이 늘 말하던 것의 실현이다.

의도만은 그렇지 않았으나 객관적으로는 태업이며, 객관적으로는 반역이다—이런 식의 논법은 혁명 전의 문화 또는 내일의 문화에 속한 것이다. 오늘의 상황하에서 내면적 인간이란 더 이상 존재하지 않으며 또 아직은 존재하지 않는다. 주관과 객관의 잘못된 구분은 허용될 수 없다. 모든 사람은 단 하나의 기준에 따라야 한다. 그것은 객관적 결과이다.

그러나 루바쇼프은 아직도 자신에 대해 최종적 결론에 이른 것은 아니다. 그가 법정에서 자신을 고발하고, 자신을 모독하며 증언하는 동안에도, 그는 계속 역사 속에 살고 있었다. 남은 것은 감옥에서 기다리는 마지막 날의 시련이다. 그는 자신을 역사와 일치되도록 정립하였고, 그는 그의 공적 생활을 시작한 그대로 종결지었고, 그는 자기 자신의 과거를 다시 찾았다. 그러나 그는 재판 후에도 이미 종결된 자신의 삶을 얼마 동안 더 살았다.

어떻게 그는 자신의 양심을 속이지 않고, 또 그레트킨과 같이 되지 않고 자신이 반역자요 태업자라고 믿을 수 있었는가? 그 자신은 보편적 역사가 아니다. 그는 루바쇼프이다. 그는 마지막 단계에서 다만 자신을 역사에 내맡기고 타인에게 배반자처럼 보이도록 내버려두었을 뿐이다. 그러나 그 자신은 도저히 자신을 그런 방식으로 볼 수 없다.

그는 아직 살아 있다는 바로 이 사실 때문에 자신이 스스로 택한 굴복과 그것을 요구한 체제를 동시에 심판하지 않을 수 없다.

이제 그는 이 시점에서 그의 생애를 어떻게 보고 있는가? 그와 그의 동지들은 성공했든 실패했든간에 하나의 가치를 긍정하는 데서부터 출발하였다. 그것은 인간의 가치였다. 인간이 혁명가가 되는 것은 과학에 의해서가 아니라, 분노에 의해서다. 과학은 나중에 그 틈을 메워주고, 시작된 항의에 하나의 형태를 부여한다. 과학은 루바쇼프와 그의 동지들에게 인간의 해방은 사회주의 경제를 전제로 함을 가르쳤고, 그래서 그들은 이 일에 착수하였다.

그러나 그는 혁명국의 특수한 상황에서 사회주의 경제를 건설하기 위해서는 구체제하에서 겪었던 것보다 더 큰 고통을 치러야 한다는 것과 미래에 인간을 해방하기 위해서는 현재의 인간을 억압하지 않을 수 없다는 것을 깨달았다. 일단 일이 시작되자, 일의 달성을 위한 "강력한 지상 명령들forceful imperatives"이 하달되었고, 그외의 다른 관점들은 모두 사라지고 말았다: 루바쇼프의 "혁명 과업은 40년 간 계속되었다. 그러나 그 일이 시작된 첫 순간부터 그는 누구를 위해 일에 착수한 것인지를 망각하였다." 초창기의 혁명적 과업에 활기를 준 자아와 타인에 대한 의식은 현존하는 인간과 미래에 실현될 인간 사이를 갈라놓는 거대한 매개의 그물망 속으로 말려들고 말았다.

루바쇼프은 그가 해야 할 모든 일을 마치게 되자, 이제는 기다리기나 한 듯 자신을 회복할, 그러나 그에겐 낯설고 한번도 대면한 적이 없는 경험을 맞이할 태세를 갖추었다. 그것은 의식이라는 자신에 대한 "내적 통제력 inner grip"이다; 이것은 시공의 밖에 존재하는 빛이다; 모든 현상이나 모든 생각할 수 있는 사물들은 이 빛에 의존한다; 이 앞에서는 생성되는 모든 것이, 모든 슬픔과 모든 기쁨이 동등하다; 이것은 최종적으로 무한에 참여한다. 루바쇼프이 책임감과 죄책감을 느끼는 것은 바로 이 무한 앞에서이다.

이제 그에게 역사란 이미 종결된 것이기 때문에, 그는 헤겔이 걸어간 『정신현상학』의 길과는 반대 방향으로, 즉 죽음 또는 의식에서부터 역사로 내려간다. 그는 일찍이 새로운 국가 건설의 계획을 포기함으로써 인간의 현실적 능력에 성실했어야 했던 것이 아닌가? 어쩌면 도덕적 인간으로 살면서, 매일매일 내적 인간을 증언하는 것이 더 좋았는지도 모른다. "어쩌면 인간은 모든 사유를 그 논리적 결론에 이르기까지 생각하는 데 부적합했는지도 모른다." "어쩌면 인간은 선박을 안정시키는 바닥짐 ballast 없이 항해하는 것이 부적합했는지 모른다. 그리고 어쩌면 이성이란 인간을 험난한 길로 이끌어가다가, 종국에는 목적지를 안개 속에서 놓쳐버리는 결함 있는 나침반이었는지도 모른다." 루바숍은 한편으로는 이러한 내적 확신 속에 사로잡히고, 다른 한편으로는 외부 세계와 절연되어, 재판중의 그의 행동이나 그의 죽음에 대해 아무런 의미를 찾지 못한다. 그가 자신을 보다 분명하게 보게 된 것은 언제였는가? 지금 이 순간인가? 법정에서인가? 쾨슬러는 루바숍이 이제야 비로소 자신을 투명하게 보게 되었다고 말한다: "그는 모든 장애물에서 자유로운, 그림자 없는 인간이 되었다."

혹자는 역사적 그림자를 갖지 않은 존재가 어떻게 역사를 성찰할 수 있으며, 삶이 거부된 자가 삶을 반성한다는 것이 무슨 의미가 있느냐고 물을 것이다. 사람이 삶을 보다 잘 이해하는 것은 삶 속에서인가 죽음에 직면해서인가? 만일 루바숍이 갑작스럽게 자유의 몸이 되어 당에 다시 복귀된다면, 그는 그의 생애를—그가 법정에서 거리낌없이 또 그 마지막 순간까지 모두 청산한, 그러나 동시에 내적 인간의 악센트를 붙여 말하기를 거부한 생애를—어떻게 계속 살겠는가?

루바숍의 마지막 성찰은 그가 생존시에 따랐던 삶의 공식과 다른 점이 있는가? 오히려 그것은 화해할 수 없는, 그러나 영구히 타당한 이유 때문에 참여한 모험에 대해 주관성이 보인 억제할 수 없는 항의의 표현이라 할 수 있지 않겠는가? 루바숍은 마지막 순간까지 혁명을 부인하지 않는다: "어쩌면 혁명이 너무나 빨리 일어났는지도 모른다. 그것은 또 유산된 기아(奇兒)일지도 모른다. 어쩌면 모든 것의 시간이 잘못 맞추어졌는지도 모른다." 그리고 어쩌면, 경제적 토대가 구축될 경우라도, 수단이 목적을 따르고, 개인이 집단적 이익에 의해 무시되지 않고 타인과 더불어 지구적 무한대 earthly infinity로 다시 결합되는 사회란 미래에나 가능할지 모른다.

4

메를로-퐁티는 쾨슬러가 그의 책의 마지막에 이르기까지 정확한 결론에 도달하지 못했다고 본다. 그에 의하면, 쾨슬러의 결론은 다른 책, 즉 『요기와 코미사르 *The Yogi and the Commissar*』에서 제시된다. 『백주의 암흑』은 루바숍이 그의 "대양적 감정 oceanic feeling"의 중압에도 불구하고 고수한 변증법적 상황을 기술하는 데 한정된다. 그러나 루바숍의 변증법은 무력감에 의해 만들어진 변증법이다. 또한 『백주의 암흑』은 인간주의가 일단 자신을 일관성 있게 실현하려고 시도하게 되면, 그것은 어쩔 수 없이 정반대의 것으로, 즉 폭력으로 변형될 수밖에 없음도 보여준다.

메를로-퐁티는 물론 쾨슬러 저작의 위대성을 인정한다.[50] 쾨슬러의 위대성은 우리 시대의 문제인 "폭력 문제"를 제기한 데 있다.[51] 그러나 문제는 폭력에 대한 설명이 적절하지 못하다는 것[52]과, 무엇보다

---

50) 같은 책, p. xxxvii.
51) 같은 책, p. 2.
52) 같은 책, p. xv.

도 이러한 폭력의 문제와 관련하여 마르크스주의에 대한 이해가 미흡했다는 점이다.

메를로-퐁티에 의하면, 첫째, 쾨슬러는 전마르크스적 주-객 2원론의 입장을 벗어나지 못했다. 루바숍과 그의 동지들은 전통적 윤리와 철학을 주관주의와 객관주의로 양분하고, 객관주의의 입장을 고수한다. 그들은 내적 가치 아니면 외적 가치 중 어느 하나를 택하여야 한다고 믿었다. 양심이란 모든 것이 아니면, 아무것도 아니다. 쾨슬러는 루바숍의 대학 동창이면서 담당 검사인 이바노프Ivanov의 입을 빌려 이렇게 말한다:

> 인간의 윤리학에는 두 개의 개념이 있을 뿐이고, 그 두 개는 양극단에 서 있네. 하나는 기독교도로 자애심이 깊어, 개인을 신성 불가침한 것이라 하며 산수 법칙을 인간 단위에 적용해서는 안 된다고 단언하지. 또 하나는 다음과 같은 기본적 원리에서 출발해. 즉 집단적인 목적은 모든 수단을 정당화하고 개인은 어느 점에 있어서나 사회에 종속되며 사회를 위하여 희생해야 한다는 것을 인정하네. 그뿐만 아니라 이것을 요구하네 ── 사회는 실험용 토끼나 또는 제단에 바치는 양과 같이 개인을 처리해도 좋다는 걸세.[53]

둘째, 쾨슬러는 객관주의의 입장에서 역사를 일종의 "엄밀과학"의 문제로 받아들이고, 결과적으로 마르크스주의적 역사 인식을 기계론적 입장으로 왜곡시킨다. 이런 점에서 『백주의 암흑』에는 마르크스주의적 요소라고는 거의 찾아볼 수 없다. 그것은 루바숍의 견해이건, 그레트킨의 견해이건, 또는 쾨슬러 자신의 견해이건, 어디를 보더라도 마찬가지다."[54] 루바숍과 그의 동지들이 혁명의 투쟁 과정에서 경

---

53) 같은 책, pp. 14~15(이윤희 역, pp. 26~27).
54) 같은 책, p. 14.

험했던 개인과 역사간의 연대감은 기계론적 철학으로 대체되고, 이
것은 마침내 루바쇼프의 최후를 장식한 비인간적 선택의 근간을 이루
었다. 인간이란 환경의 단순한 반영일 뿐이며, 위대한 인간이란 행동
의 객관적 조건을 가장 정확하게 반영한 관념의 소유자일 뿐이다. 역
사는 원칙적으로 엄밀과학이다:

　　아마도 나중에 훨씬 후가 되어서 통계표가 가르쳐주고, 해부학적 단
　면도가 보충해줄 것이다. 선생은 어느 시대의 한 국민의 생활 상태를
　나타내는 대수공식을 흑판에 써놓고, '자아, 여러분, 여기에 역사적
　진전을 결정하는 객관적 요소라는 것이 있습니다,' 이렇게 설명하고,
　그리고 '넘버 원'의 뇌의 두번째와 세번째 엽체(葉體)간의 몽롱한 회
　색 부분을 자로 가리키면서 '보시다시피 이들 요소들의 주관적 반영
　이 여기에 보입니다.'[55]

　그러나 메를로-퐁티는 이것은 마르크스주의가 아니라, 일종의 "사
회학적 과학주의sociological scientism"[56]라고 비판한다. 루바쇼프과 그
의 동지들이 보는 정치인이란 주어진 목적을 달성하는 데 효과적인
수단을 사용할 줄 아는 엔지니어에 불과하다. 루바쇼프이 이해한 논리
는 마르크스가 말한 역사의 실존적 논리——객관적 필연성과 대중의
자발적 운동이 하나로 통일되는 실존적 논리——가 아니다. 그것은
임의로 조작 가능한 수동적 대상을 다루는 "기술자의 약식 논리the
summary logic of the technician"[57]이다. 주어진 목표는 프롤레타리아

---

55) 같은 책, p. 14(이윤희 역, pp. 26~27).

56) 같은 책, p. 15.

57) 같은 책, p. 15. 최근에 월저 역시 볼셰비키들의 "약식"주의를 비판한 흥미있는 글
　　을 발표한 바 있다. 인용해보면 다음과 같다: "This past summer the bones of Czar
　　Nicholas II and his family, dug out of the basement in Sverdlovsk(Yekaterinburg in
　　1918), were solemnly reburied in St. Petersburg according to the rites of the

트의 대표인 당이 권력을 획득하는 일이며, 개인은 당의 도구일 뿐이
다.

Orthodox Church, with Boris Yeltsin, president of the Russian republic and former
Communist boss of Sverdlovsk, in attendance: the nearest thing to a state funeral.
Watching the television clips, I wondered what was actually being buried here, and
decided that it was more likely bolshevism than czarism. But this wasn't the proper
burial for either one.

The killing of the Czar and his family was a typical Bolshevik act. The Jacobins
wanted to kill Louis XIV in the same summary fashion(though they probably
wouldn't have included the whole family), but they were prevented by the
Gironde, France's Mensheviks, who insisted on a public trial. In Russia, Trotsky
favored a trial, mostly, I think, because he imagined himself in the role of
prosecuting attorney; he probably didn't have a stronger appreciation of bourgeois
justice than Lenin and the other revolutionary leaders.

The Jacobin/Bolshevik argument against a trial was that the ruler of the old
regime wasn't a criminal but an 'enemy of the people.' Moreover, this enemy was
as dangerous in captivity as in the field: so long as he was alive, so long as any
possible heir was alive, the revolution was in danger. There was, in any case, no
point in according him the rights of a citizen: kings and Vzars are not citizens.

[······]

Suppose the Czar had been fairly tried in 1918—publicly charged with specific
crimes, defended by attorneys of his own choosing before a jury of his(new) peers.
A fantasy, no doubt, but possibly a useful fantasy, so let me continue it. Suppose
that a Truth Commission had been set up to investigate the whole repressive
apparatus of the old regime, with former prisoners testifying, and also members of
the secret police, in public hearings. Suppose that in the end the Czar and some of
his henchmen(but not all his relatives) had been found guilty and punished, the
Czar himself executed and buried—a convicted criminal, not a murdered martyr.
What might have happened after all that?

First of all, there might never have been a reburial like the one we have just
seen. Perhaps, after trials and truth-telling, it would not have been as easy as it was
in the 1920s to create a new political apparatus even more brutal than the old one.
Perhaps a more decent, a more open and tolerant, politics would have developed.
And perhaps President Yeltsin would not be popularly known in Russia today as
Czar Boris.

Any new political regime is decisively shaped by the way it deals with the old

메를로-퐁티는 루바쇼프의 "약식 논리"의 한 단면을 리처드와의 대화에서 보여준다. 독일 혁명이 실패로 끝난 후, 리처드는 "당지도부가 과오를 범했다"고 비난했다. 이에 대해 루바쇼프는 "당은 결코 잘못할 수 없다"고 응수하였다: "자네와 나는 과오를 범할 수 있다. 그러나 당은 그럴 수 없다." 메를로-퐁티는 만일 루바쇼프의 이 말이, 토론의 결과로 취해진 당의 결정이 세계 혁명의 실제 상황을 나타내기 때문에, 그리고 그것은 대중이 그 나름대로 상황을 경험하는 방식을 나타내기 때문에 구속력이 있다는 뜻이라면, 그것은 옳은 말이라고 수긍한다. 마르크스주의의 역사철학에 있어 혁명이란 각 개인의 역사적 경험에 대한 가장 가능한 표현이기 때문이다. 그러나 만일 루바쇼프의 말이 당의 불가류infallibility론을 의미하는 것이라면, 그것은 비마르크스적인 주장이다. 당은 심사숙고해야 하며, 여기서는 기하학적 논증이나 완벽한 노선이란 있을 수 없다. 때로는 우회하지 않을 수 없게 된다. 이때에는 당의 공식 노선이 재검토된다. 만일 당의 노선만을 고수한다면, 과오를 결코 면할 수 없다.[58]

셋째, 쾨슬러의 공산주의에는 마르크스적 인간주의 역사관이 존재하지 않는다. 마르크스에 있어 역사는 변증법적 우회에도 불구하고, 인간의 목적이 무시되지 않는, 인간 가치의 현현 과정이다. 그러나 『백주의 암흑』에 나타나는 역사는 인간의 소원에 따라 반응하고, 혁명적 우정이 확인되는 살아 있는 인간의 역사가 아니다. 역사는 개인적 의미를 상실한 순전한 사실이며, 객관적 힘일 뿐이다. 헤겔의 "현실적인 것은 이성적이고, 이성적인 것은 현실적"이라는 말은 루바쇼프에 의해 현존하는 모든 것을 역사의 이름 아래 자의적으로 정당화하

---

regime. In Russia there hasn't yet been anything like a full encounter, a public reckoning with communist crimes"(Michael Walzer, "Burying the Czar," *Dissent*, Fall, 1998, p. 8).

58) M. Merleau-Ponty, *Humanism and Terror*, pp. 15~16.

는 수단으로 전락된다. 역사는 자신이 어디로 향해 가는지를 잘 알고 있다.[59]

그러나 메를로-퐁티는 마르크스가 한번도 혁명적 실천에서 개인의 의식을 배제시킨 적은 없었다고 주장한다. 마르크스주의자들에게 있어서의 의식은 사건의 진로를 이해시켜주는 촉진제이며, 사건은 바로 이러한 이해를 통해서 스스로 수정되기도 한다. 그러나 루바쇼프의 역사 속에는 "현실적인 것"이 인간 이성에 비추어 투명하게 이해되기보다는 반대로 인간 이성이 현실의 불투명한 힘 앞에 무력화되고, 미지의 신에 대한 경외감으로 바뀌어진다. 쾨슬러는 루바쇼프의 입을 빌려 이렇게 말한다: "역사는 우물쭈물하거나 망설일 줄을 몰라. 서서히 그러나 틀림없이 목표를 향하여 전진해나아가. 그 길이 구부러지는 곳에서 몸에 붙은 흙탕물을 털고, 물에 빠진 시체는 버리고 가는 거야. 역사는 자기의 길을 알고 있으며, 과오란 건 없어."[60] 메를로-퐁티에 의하면, 이와 같은 쾨슬러의 역사 인식은 마르크스 안에서는 찾아볼 수 없다. 마르크스에 있어서의 역사는 인간의 구체적 행동과 독립해서 존재할 수 없다. 마르크스는 이렇게 말한다:

역사는 마치 하나의 인격체처럼 자신의 목적을 달성하기 위해 인간을 수단으로 사용하지 않는다. 역사란 목적을 추구하는 인간의 활동을 떠나서 존재할 수 없다.[61]

---

59) 같은 책, p. 16.

60) 같은 책, pp. 16~17(이윤희 역, p. 63).

61) 같은 책, p. 17. 메를로-퐁티 역시 *Adventures of the Dialectic* (Evanston: Northwestern Univ. Press, 1973, p. 22)에서 이렇게 말한다: "History is not an external god, a hidden reason of which we have only to record the conclusions. It is the metaphysical fact that the same life, our own, is played out both within us and outside us, in our present and in our past, and that the world is a system with several points of access, or we might say, that we have fellow men."

물론 쾨슬러 역시 마르크스와 마찬가지로 역사 과정 속에서의 인간의 상대성을 인정한다. 쾨슬러는 완벽하게 결정된 역사를 미리 알고 있는 사람이란 존재하지 않으며, 단지 인간은 역사의 편린만을 알뿐이라고 말한다. 이러한 역사는 개인에 따라서 편차를 나타내며, 따라서 각 개인은 역사에 대해 각자의 주관적 모상(模像) image만을 가진다는 점을 인정한다. 사실 그는 "객관적 역사란 우리에게 무의미하다"는 말까지도 한다.

그럼에도 불구하고 쾨슬러는 객관적 역사를 버려야 한다고 주장하지 않는다. 메를로-퐁티에 의하면, 루바쇼프는 그가 죽는 마지막 순간까지도 객관적 역사에 대한 미련을 버리지 않았다는 것이다. 루바쇼프는 미래에 기대를 걸었다. 보다 정확하게 말하면 미래에 완성될 "엄밀과학"에 기대를 걸었다. 객관적 역사에 대한 인식이 엄밀과학에 의해 가능하리라는 것이다. 비록 오늘날의 과학이 아직도 인간간의 의견의 차이나 갈등을 해소하지 못했더라도, 먼 훗날 언젠가는 인류 전체의 역사에 대한 객관적 지식에 도달하리라고 루바쇼프은 낙관했다.[62]

메를로-퐁티는 이러한 낙관론이 쾨슬러의 "과학주의"를 반영한다고 본다. 미래의 과학은 인간의 주관적 요소가 가미되지 않은 역사의 완전한 객관적 모델을 제공하게 될 것이다. 그리고 "이 시대가 올 때까지는 정치는 피비린내 나는 장난이고 한낱 미신이며 불길한 마술에 지나지 않는다."[63] 그러나 문제는 이러한 낙관론이 때때로 현재의 희생을 무제한 정당화시키는 구실이 된다는 점이다. 무엇보다도 쾨슬러의 『백주의 암흑』은 이러한 방향을 가리키고 있거나, 적어도 묵인하고 있다는 것이다. 루바쇼프은 그의 일기에서 이렇게 쓰고 있다: "나중에 가서 올바른 것이 증명되는 자는 그전에는 옳지 못하고 해로

---

62) M. Merleau-Ponty, *Humanism and Terror*, p. 17.
63) 같은 책, 같은 곳(이윤희 역, p. 27).

522

운 것같이 보인다. 〔……〕 그 동안은 역사가 무죄를 밝혀준다는 희망
에서 믿고 행동하며 악마에게 혼을 파는 일도 해야 한다."[64]

메를로-퐁티에 의하면, 객관화된 역사야말로 모든 폭력의 온상이
되는 원-폭력이다.[65] 왜냐하면 역사가 일단 이해할 수 없는 초월적
의지로서 객관화되면, 이 앞에서 모든 개인적 의견은 맥없이 깨어지
는 가설로 변신하게 마련이다. 여기서 메를로-퐁티는 만일 루바쇼프이
객관적 결정론적 역사관을 단 한번만이라도 비판하였다면, 또 인간
이 말할 수 있는 유일한 역사는 인간의 창조적 해석 방법에 의해 그
형태가 드러나는 미래를 떠나서는 생각할 수 없다는 점을 깨달았다
면, 루바쇼프은 자신과 "넘버 원"의 생각이 억측에 불과했다는 것을 깨
달았을 것이고, 이와 더불어 그의 반역과 체념의 문제도 해결의 실마
리를 찾았을 것이라고 주장한다. 여기서 메를로-퐁티는 객관적 역사
의 문제점을 두 가지로 요약한다. 하나는 객관적 역사가 객관성을 뒷
받침할 각 개개인의 능동적 노력을 증대시키기보다는 오히려 말살시
킨다는 것이다. 객관적 역사는 각 개인의 역사적 이해를 불가해한 객
관적 역사의 이름으로 불신하고 위축시킨다. 객관적 역사의 또 하나
의 문제는 이러한 개인적 의견을 불신한 결과 각 개인으로 하여금 반
란과 체념의 양극단으로 치닫도록 그대로 방치한다는 것이다.[66]

넷째, 쾨슬러는 마르크스주의의 핵심이 되는 프롤레타리아트의 실
천을 사실상 부정하고 있다. 여기서 메를로-퐁티는 쾨슬러와 마르크
스간에 중대한 차이점이 존재한다고 본다. 마르크스에 의하면, 인간
의 의식이란 역사적 상황 속에 존재하는 의식이다. 인간의 의식이 역
사 속에 존재하는 한, 그의 역사적 인식 역시 부분적일 수밖에 없다.
그러나 마르크스는 이러한 부분적 인식에도 불구하고, 인간이 주관

---

64) 같은 책, pp. 17~18.
65) 같은 책, p. 19.
66) 같은 책, pp. 19~20.

성 안에 갇힌다거나 주술적 행동에 따를 수밖에 없다고 단정하지 않았다. 마르크스는 역사적 진리의 토대로서 과학 이외에도 인간의 실천이 존재한다고 보았다. 즉 메를로-퐁티는 마르크스가 프롤레타리아트의 자기 인식과 혁명의 실천적 발전 속에서 역사적 진리의 새로운 토대를 발견하였음을 강조한다. 마르크스에 있어 지식이란 실천에 기반을 두고 있으며, 실천은 또한 지식에 의해 분명하게 드러나게 된다. 실천은 프롤레타리아트의 이론적 토론을 통해서 생성된다. 그렇다고 이론이 항상 실천에 앞서, 다시 말하면 선험적으로 존재하는 것도 아니다. 이론은 또한 실천에 종속한다.[67]

메를로-퐁티에 의하면, 마르크스는 진리가 실천에 의해 부분성 또는 계급성에서 전체성 또는 절대성을 획득하게 된다고 본다. 마르크스는 인간의 "관점"이 상대적임을 인정한다. 이와 동시에 인간의 역사 속에는 이러한 상대적 "관점"으로부터 독립된 초월적 운명이란 어디에도 존재하지 않는다고 본다. 다시 말하면 인간의 상대적 관점은 인간의 역사 속에서 절대적 가치를 획득한다는 것이다. 인간은 인류 전체의 실천 또는 "전체적 실천"을 통해서 절대성에 이른다. 이런 점에서 "인간의 상호적 실천은 절대적이다."[68]

그러나 메를로-퐁티는 루바쇼프의 경우, 이와 같은 마르크스의 실천의 개념이 존재하지 않는다고 본다. 어떤 점에서 루바쇼프는 1917년 볼셰비키 혁명의 기술(技術)을 이해하지 못했다. 당시의 볼셰비키들 ─ 메를로-퐁티는 이들을 가리켜 "위대한 마르크스주의자들the great Marxists"이라고 부른다 ─ 은 역사가 진행되는 현장에서 역사를 해석했고, 이러한 해석의 결과, 추출된 일반적 경향들을 실천으로 옮겼다. 그들은 실천의 적합성을 실천의 결과로서 실증했다. 그들은 실천의 결과를 따름으로써 주관주의적 과오나 객관주의적 편향에서 벗어

---

67) 같은 책, pp. 21~24.
68) 같은 책, 같은 곳.

524

났다.[69)]

메를로-퐁티는 루바숍이 당지도부에 도전할 새로운 정책 대안이나 상충되는 역사관을 주장한다고 보지 않는다. 루바숍이 갖고 있는 것은, 그의 애인 알로바에 대한 감상, 리처드와 땅딸보 레위에 대한 기억, 그리고 이런 것들과 얽혀 있는 감정, 불안, 양심의 아픔 등이다. 그러나 이런 것들도 루바숍의 기본 신념 ——실천은 객관적 결과에 의해 그 진리가 검증된다는 기본 신념 ——에 아무런 변화를 가져오지 못했다. 오히려 루바숍은 객관적 진리를 더욱 "맹신"하였고, 이에 따라 여러 가지 상대적 "관점"이나 "의견"을 무용한 것으로 생각하였다. 메를로-퐁티는 루바숍에 의해 "역사를 〔실천을 통해〕 이해하려고 노력하지 않고, 다만 역사의 심판을 공포와 전율 속에서 기다린다"고 말한다. 이것은 역사가 실천의 대상에서 관조의 대상으로 바뀌었음을 뜻하며, 결국 마르크스적 역사관에서 이탈하였음을 뜻한다:

'넘버 원'에서 발산하는 공포감은 무엇보다도 그가 옳을 수 있다는 가능성에 있었다.[70)]

그리고 결국 '넘버 원'이 옳다면 어떻게 될 것인가? 결국에 가서 모든 것을 무시하고, 이 비열한 행동과 피비린내 나는 숙청과 허위 속에 미래의 굉장한 기초가 세워지고 있다면 어찌 될 것인가? 역사란 언제나 허위와 피와 진흙탕을 뒤섞은 무자비하고 도도한 건축가가 아니었던가?[71)]

그러나 누가 옳다고 판명될 것인가? 그것은 나중에 판명될 뿐이

---

69) 같은 책, 같은 곳.
70) 같은 책, p. 19(이윤희 역, pp. 23~24).
71) 같은 책, 같은 곳(이윤희 역, p. 170).

다.[72]

　　아무런 확실성도 없었다. 다만 그들이 역사라고 부르는 허무맹랑한 신화에 한 가닥 애원을 걸어볼 뿐이었다. 그리고 그 역사란 애원자의 턱이 썩어서 흙이 된 지 오랜 후에야 비로소 판결을 내리는 것이다.[73]

일단 역사적 진리(심판)가 "기다림"과 "관조"의 대상으로 바뀌어지면 인간의 실천은 사실상 부정(否定)당하게 된다. 루바숍은 이 점을 다음과 같이 기술한다:

　　개인은 경제적 숙명의 지배하에 서 있다. 그것은 영원토록 태엽에 감겨 멈출 수 없고, 다른 영향도 받을 수 없는 시계 장치의 톱니바퀴와 같은 것이다―그런데 당은 그 톱니바퀴에게 시계 장치를 거꾸로 돌리고, 마음대로 코스를 바꾸도록 요구하는 것이다.[74]

여기서 메를로-퐁티는 역사를 "시계 장치"와 같고, 개인을 "톱니바퀴"라고 말한 사람은 도대체 누구냐고 반문한다. 그것은 마르크스가 아니라 쾨슬러 자신이라고 지적한다. 메를로-퐁티는 쾨슬러에게서 마르크스의 변증법의 정신을 찾을 수 없다고 꼬집는다. 마르크스에 있어 역사란 그것이 바로 지속이라는 이유 때문에 자신 속에 변화의 기본 방향을 이미 지니고 있다. 경제적 인간 역시 몸을 갖고 살아 숨 쉬는 인간이기 때문에, 인간이 소외되는 사회 구조와 충돌할 수밖에 없다. 메를로-퐁티는 쾨슬러가 인간의 실천을 배제함으로써 동시에 역사 속에 내재하는 변증법적 운동을 제거시켰다고 논박한다: "요약

---

72) 같은 책, 같은 곳(이윤희 역, p. 132).
73) 같은 책, 같은 곳(이윤희 역, p. 24).
74) 같은 책, p. 23(이윤희 역, p. 338).

하면, 쾨슬러는 역사-내-변증법이라는 간단한 생각을 한번도 해보지 않았다."[75]

다섯째, 쾨슬러가 전개한 "대중의 상대적 성숙 이론"은 전-마르크스주의적인 역사 이론이다. 루바쇼은 중앙위원회에 제출한 그의 자백서에서 다음과 같이 역사의 "운동 법칙"을 설명한다: 인민 대중이 누릴 수 있는 자유의 양은 그들의 정치적 성숙도에 따라 달라진다. 대중의 성숙이란 그들이 스스로의 이해 관계를 인식하는 능력에 있다. 이것은 상품의 생산과 분배의 과정을 어느 정도 이해하는 것을 전제 조건으로 한다.

지금 모든 공업상의 개선은 경제 기관에 새로운 복잡성을 가져와 대중이 당분간은 그 실체를 이해할 수 없을 만큼 새로운 요소와 새로운 관계를 출현시켰다. 공업 발전의 비약은 대중의 그것에 대한 지식 발전을 상대적으로 후퇴시켰다. 일반 대중의 이해의 수준이 변화된 새로운 상태에 점차 적응하여, 문명이 낮았던 시대에 벌써 가지고 있었던 것과 같은 자치 능력을 따라잡기까지 때로는 수십 년, 때로는 수세기를 요하게 된다. 특정 시기의 대중이 자신의 이해 관계를 객관적으로 파악하였을 때, 이것은 평화적 수단에 의하든 또는 폭력에 의하든, 불가피적으로 민주주의의 승리를 가져온다. 그러나 기존의 기술 문명이 다음 단계의 기술 문명으로 비약하게 되면——예컨대 직조 기계의 발명 같은——대중적 정치적 성숙도는 후퇴하게 된다. 이때에는 절대주의와 같은 정치 형태를 가능케 하고 또 필요하게 한다.

여기서 루바쇼은 대중의 정치적 성숙도를 하나의 절대치로 측정될 수 없는, 당시의 문명 발달과의 상관 관계 속에서만 측정될 수 있는 상대적인 값으로 규정한다. 그러나 사회주의의 오류는 대중의 자각

---

75) 같은 책, 같은 곳. 여기서 쾨슬러는 어떤 점에서 루가치가 말한 "비변증법적 · 비역사적 의식"으로 후퇴했다고 말할 수 있을 것이다. 이 책 제4부의 「루카치의 실증과학 비판」장의 4절을 참조.

수준이 끊임없이 상승한다고 믿었던 데 있다. 구라파 인민은 증기 기관이 가져온 결과를 정신적으로 소화하기에는 아직도 멀었다. 이것은 혁명의 조국의 경우에도 마찬가지다. 대중 자신들이 혁명에 의해서 만들어낸 새로운 상태를 겨우 이해하게 되려면 아마도 수세대는 걸릴 것이다.

그때까지 정치적 민주주의는 불가능하며, 자유의 범위도 다른 나라보다 적으며, 지도자들은 마치 무인지경을 다스리는 것과 같은 정치를 하지 않을 수 없다. 정치적 반대 역시 성숙기에는 대중에게 호소하는 것이 그 의무이며 역할이라 볼 수 있다. 그러나 정치적 미성숙기에는 반대파에게 세 가지 길이 있을 뿐이다. 하나는 대중의 지지를 기대할 수 없으므로 쿠데타에 의해 권력을 잡는 것이며, 둘째는 절망의 구덩이에 떨어져 벙어리가 되고 (마치 루바쇼프처럼) "잠자코 죽어"가든가, 셋째는 (오늘날 대부분의 공산당원처럼) 자기의 신념을 구체화할 가망이 없으므로 그것을 공공연하게 부정하고 억누르는 것이다.[76]

특히 쾨슬러가 인용한 다음과 같은 말들은 세번째의 경우를 적절하게 집약한다. 하나는 마키아벨리의 말로서, "언어는 때때로 사실을 감추기 위해 사용되어야 할 경우가 있다. 그러나 그것은 아무도 눈치채지 못하는 방법으로 해야 한다. 그리고 만약 눈치채었을 때는 곧 변명할 수 있도록 마련되어야 한다." 또 하나는 성서의 말로서, "오직 너의 말을 옳다 옳다, 아니라 아니라 하라. 이에서 지나는 것은 악으로부터 나오느니라"[77]이다.

그러나 메를로-퐁티는 루바쇼프의 "대중의 상대적 성숙 이론"이 다음과 같은 사실을 망각하고 있다고 지적한다. 즉 이 이론 자체도 따지고 보면 루바쇼프의 주관적 판단에 불과하다는 것이고, 인간이 객관

---

76) 『백주의 암흑』, 이윤희 역, pp. 221~25.
77) 같은 책, p. 220.

528

적 역사의 요구에 따라 반응한다는 사실 자체가 이미 역사에 대한 해석—또는 역사의 객관적 요구가 무엇인가에 대한 해석—을 전제로 한다는 것이며, 인간은 이런 점에서 역사적 책임을 모면할 수 없으며, 만일 루바쇼프이 이러한 주관적 오류의 위험성을 처음부터 인정하고 들어갔다면, 그의 논의는 처음과는 상당히 다르게 전개되었을 것이고, 이것은 결국 루바쇼프 또는 쾨슬러가 마르크스주의의 본질을 정확하게 파악하지 못했음을 뜻한다는 것이다.[78]

메를로-퐁티에 의하면, 마르크스주의자는 인간의 주관성에 내재하는 신비주의적 경향을 인정한다. 따라서 마르크스주의자들은 인간의 역사적 결정을 각자가 선호하는 주관적 가치에 대한 사적 선택의 문제로 보지 않는다. 결정이란 항상 객관적 세계 속에서의 결정, 즉 상황 속에서의 결정이다. 결정이란 우리 자신을 사건의 과정 속에 편입시키는 것이고, 이 과정 속에서 이루어지는 역사의 운동에 대한 적절한 이해와 표현을 뜻한다. 또 마르크스주의자들은 이러한 객관적 사건에 대한 이해와 표현을 떠나서 가치를 달리 실현할 길은 없다고 본다. 메를로-퐁티가 보는 마르크스주의의 핵심은 사적(私的)인 주관성과는 구별되는 상호 주관성에 있다. 마르크스주의자는 "자신을 세계의 중심에 놓기"보다는 "상호 주관적 진리의 밖에서 살기를 원치 않는 자이다."[79]

여기서 메를로-퐁티가 의미하는 "상호 주관성"은 결국 객관과 주관의 공존성으로 귀착된다. 마르크스주의는 인간의 행동이 추상적인 도덕 원칙이 아니라 "객관적 상황의 긴박성"에 입각한 주관성임을 강조한다. 메를로-퐁티는 이 점을 다음과 같이 지적한다:

객관적 요소에 대한 집착과 역사의 내부와 외부에서 동시적으로 자

---

78) M. Merleau-Ponty, *Humanism and Terror*, p. 22.

79) 같은 책, p. 21.

신을 보고자 하는 요구를 처음부터 공산주의자들의 도덕적 요구로 인정할 필요가 있다. 객관적 도덕의 위험성을 정당하게 지적하기 위해서는 피상적인 주관적 도덕의 위험성에 대해서도 지적해야 한다. 이 경우 쾨슬러는 전-마르크스주의자의 용어로서 문제를 제기하고 있다. 마르크스주의는 주관성과 인간의 행동에 대한 부정도, 또는 루바쇼프이 출발한 과학적 유물론에 대한 부정도 아니다. 마르크스주의는 차라리 구체적 주체성과 행동에 관한 이론, 즉 역사적 상황 속에 개입되어 있는 주체성과 행동에 관한 이론이라 할 수 있다.[80]

그러나 쾨슬러는 마르크스주의의 핵심이 되는 이와 같은 "상호 주관성" 또는 "객관과 주관의 공존성"[81]을 이해하지 못했다. 그는 말하자면 마르크스주의의 핵심을 이해하지 못한 마르크스주의자였다. 이런 점에서 "쾨슬러는 아류급의 마르크스주의자이다."[82]

---

80) 같은 책, p. 22.

81) 메를로-퐁티는 "상호 주관성" 또는 "공론"을 보다 강한 "공범 complicity"이라는 말로 표현한다.

82) 같은 책, p. 23. 쾨슬러의 『백주의 암흑』은 종전 직후 프랑스에서 출판되자마자 물경 40만 부 이상이나 팔렸다. 이것은 영국의 반응과는 아주 대조적인 것으로 쾨슬러를 놀라게 했다. 쾨슬러는 그 이유를 다음과 같이 상세히 설명한다: "After the terror of the German occupation France went through a second period of terror the history of which has not yet been written. During the chaotic weeks between the 'rumbling of the occupational forces' authority and the establishment of orderly government, nearly every region of France became the scene of summary executions, arbitrary reprisals and lawlessness. The Communists, who emerged from the Resistance movement as the best-organised force, used these chaotic weeks, just as they had done in Spain, for a systematic settling of accounts with their opponents under the pretext that they had been collaborators. This rule of the maquis—in the original, lawless sense of the word—abated only gradually, and in more covert forms continued for several years; even to-day certain aspects of it are hushed up by tacit agreement. At the time in question, 1946, the Communists were still the strongest party in France; they sat in the Government, had direct control

over the trade unions, and indirectly, through blackmail and intimidation, imposed their will to a considerable degree on the Courts, on publishing and editorial offices, the film industry and literary cliques.

In this oppressive atmosphere, the novel on the Russian Purges, though dealing with events that lay ten years back, assumed a symbolic actuality, an allusive relevance which had a deeper psychological impact than a topical book could have achieved. It happened to be the first ethical indictment on Stalinism published in post-war France, and as it talked the authentic language of the Party, and had a Bolshvik of the Old Guard for its hero, it could not be easily dismissed as 'reactionary' and 'bourgeois'. Instead, the Communists at first tried to intimidate the publishers of the book. When they did not succeed, they bought up entire stocks of it from suburban and provincial bookshops, and destroyed them. As a result, the book was sold in between reprints at black-market prices three to five times higher than the official price. When the circulation had passed the quarter-of-a-million mark, Communist speakers were instructed to attack book and author at their mass meetings. The pressure of intimidation may be gathered from the fact that the French translator found it advisable to hide behind a pseudonym, and subsequently to withdraw even that from the cover, so that no mention of a translator appears on later editions."

이어서 쾨슬러는 메를로-퐁티의 논평에 대해서도 다음과 같이 짤막하게 적고 있다: "On the academic level, Professor Merleau-Ponty, the successor to Henry Bergson's chair at the Collège de France, published a remarkable book to prove that Gletkin was right." 계속해서 쾨슬러는 각주에서 메를로-퐁티의 『휴머니즘과 공포』를 "통제된 정신분열증의 고전적 예"로서 혹평한다. 그는 이렇게 말한다: "*Humanisme et Terreur* (Paris, 1947), first published as a series of essays in Sartre's monthly, *Les Temps Modernes, under the title Le Yogi et le Proletaire* (a polemical paraphrase of my *The Yogi and the Commissar*). The book defends every measure of the Soviet regime, including the Stalin-Hitler pact, as Historical Necessity, condemns Anglo-American policy as Imperialist Aggression, and regards criticism of the Soviet Union as an implicit act of war. It is an almost classic example of the controlled schizophrenia of the closed system, provided by the foremost academic exponent of the French Marxist-Existentialist school" (Arthur Köstler, *The Invisible Writing: Autobiography(1931~1953)*, London: Collins with Hamish Hamilton, 1954, pp. 403~04).

케이텁, 쾨슬러, 그리고 메를로-퐁티

1

케이텁 George Kateb은 「핵무기와 개인의 권리」[1]라는 논문에서 "핵무기의 사용은 그 크기나 목적, 국가와 관계없이 도덕적으로는 결코 허용될 수 없다"고 보고, 만일 "핵무기가 사용되는 경우, 해당 책임자는 어떤 경우에도 그 직권을 박탈해야 한다"는 이른바 "핵무기 불사용 독트린 the no-use doctrine"[2]을 주장한다.

그에 의하면, "핵무기 불사용 독트린은 인류 절멸의 가능성에 바탕을 두고 있다."[3] 핵무기의 사용은 그것이 아무리 제한적이라 할지라도, 또 표면적으로 아무리 합리적으로 선택된 것이고 도덕적으로 정당화될 수 있다 하더라도 인류 절멸의 가능성을 배제할 수 없다는 것이다. 여기서 케이텁은 인류 전체의 절멸의 가능성이 존재하는 한, 그것이 지극히 적은 "가능성"에 불과할지라도 바로 "확실성"으로 간주되어야 한다고 보고, 일체의 핵사용은 인류에 대한 중대한 범죄 행위로 간주하여, 책임자에 대한 처벌[4]은 물론, 해당 정부에 대한 "혁

---

1) G. Kateb "Nuclear Weapon and Individual Right," *Dissent* (Spring, 1986), pp. 161~72.
2) 같은 글, p. 163.
3) 같은 글, 같은 곳.
4) 같은 글, p. 164.

"명"도 불사해야 한다고 주장한다:

> 만약 합법적 정부의 관공리들이 핵무기를 사용하거나 그것으로 위협할 경우, 국민이 이로 말미암아 보복을 당하든 또는 당하지 않든, 이 관공리들은 정치 체계의 원칙에 대해 지대한 손상을 입힘으로써 도덕성의 파괴를 의도한 사람으로 간주되어야 한다. 따라서 이들이 전복시킨 체계를 옹호하기 위한 혁명은 이론상 정당화된다.[5]

의심할 여지 없이 대량의 전략적 "핵"무기의 사용은 자연계를 파괴하고, 지구를 초토화하여 무서운 "핵겨울"의 도래를 재촉한다. 이것은 결국 조나단 셸 Jonathan Schell이 『지구의 운명 *The Fate of the Earth*』(1982)에서 묘사한 "곤충과 잡초의 공화국 republic of insects and grass"으로 생태계를 바꾸어놓게 된다. 그러나 케이팁 교수가 주장하는 "핵무기 불사용 독트린"은 "대량" 핵무기의 사용에만 적용되는 원칙이 아니라, 인류 절멸의 아주 적은 가능성까지도 배제하려는 의도하에 일체의 핵무기 불사용을 주장하는 강한 원칙이다.

특정 핵무기의 사용이 과연 어느 정도의 인류 절멸의 가능성 또는 확률을 갖고 있는지를 정밀하게 밝히는 일은 간단치 않다. 그러나 케이팁 교수는 "인류 절멸이 불가능하지 않는 한 이것은 곧 인류 절멸의 확실성으로 계산되어야 한다"고 본다; 왜냐하면 "인류는 아주 적은 절멸의 가능성도 결코 허용할 수 없기 때문이다."[6] 이어서 그는 이렇게 말한다: "모든 핵 통로는 인류 절멸의 가능성을 향해 열려져 있다"; 따라서 "불사용 독트린은 핵의 선제 사용이건 응징적 사용이건 또는 사후 사용을 막론하고, 또한 사용 양의 다과에 관계없이 일체의 사용을 배격한다. 불사용은 인류 절멸의 가능성에서부터 도출

---

5) 같은 글, p. 167.
6) 같은 글, p. 163.

된 지상 명령이다."[7]

케이텁 교수는 핵무기 사용론자들의 담론이 리처드 포크Richard Falk나 제레미 스톤Jeremy Stone 등에 의해 이미 지적된 바와 같이 "본질적으로 비민주적 inherently undemocracy"[8]이라고 본다. 이들은 "국가주의 etatism(또는 statism)"와 "국가지도주의 dirigisme(또는 state activism)"에 뿌리를 두고 있다. 그리고 그는 이러한 핵국가주의 nuclear statism를 저지할 수 있는 길은 개인의 인권을 토대로 삼는 민주적 개인주의 democratic individualism 또는 이것의 핵심을 구성하는 "민주적 개체성 democratic individuality"뿐이라고 확신한다. 여기서 케이텁 교수는 로크가 이미 200여 년 전에 제창한 바 있는 저항권을 오늘의 모든 핵사용자와 핵사용론자들에게도 행사할 것을 선언한다:

개인주의 정치 이론의 제1인자인 존 로크는 자연 상태하에서 모든 개인은 그가 직접적 피해자이든 또는 그렇지 않든 위반자들을 처벌하거나 처벌하는 데 조력할 권리가 있음을 말하고 있다. 위반자들은 그 이전까지의 평화로운 상태를 모두의 생존에 위협을 주는 전쟁 상태와 같은 자연 상태로 바꾸어버린다. 이와 유사하게, 핵무기의 사용은 급격한 또는 자연적 방식으로 인류 절멸의 가능성을 동반함으로써 로크의 표현대로 '모든 인류의 생존에 반하는 위반'이며, 따라서 그 사용자는 모든 인민들과 전쟁 상태에 놓이게 된다. 그리고 개인의 집합으로서의 인민은 언제나 불가양도의 자기 보존권을 보유한다고 보아야 한다. 따라서 이들은 자기 보존을 위한 적절한 조치를 취할 도덕적 권리를 가지며 실제로 이것을 행사하도록 촉구된다.

로크가 그의 글에서 급진적인 방식으로 인민이 개인의 기본권을 인

---

7) 같은 글, p. 164.
8) 같은 글, p. 165.

534

정하지 않는 통치자에 대해 저항권이 있음을 가르쳤듯이, 우리들도 인류 절멸의 가능성에 처하여 로크가 생각할 수 있었던 것보다 더 무서운 새로운 위협에 대해 모든 사람이 경각심을 갖도록 힘써야 한다.[9]

한편 케이텁에 대한 논평에서 코핵Erazim Kohak은 "인류 절멸을 예방한다는 도덕적 지상 명령은 흔히 다른 목적을 추구하기 위한 수단"으로 이용되는 경향이 있다고 지적하면서, 케이텁의 경우 그의 진정한 목적은 핵무기에 대한 반대보다도 "국가주의" 또는 "국가지도주의"에 대립되는 "개인주의"의 옹호에 있다고 본다. 그러나 코핵은 개인주의가 인류 절멸의 가능성을 극복하는 데 얼마나 유효한 처방이 될 수 있을지에 대해 강한 의문을 제기한다.[10]

코핵과 유사한 입장에서 샌들Michael J. Sandel은 케이텁의 개인주의가 어떻게 개체의 죽음보다 인류의 절멸이 보다 더 무서운 악이라는 결론에 이를 수 있는지에 대해 의문을 제기한다. 샌들에 의하면 인류 절멸을 문제삼을 수 있는 길은 두 가지 경우뿐이다. 첫째는 모든 인류가 공유하는 "일반적 공동 세계the common worlds"를 전제할 경우이고, 둘째는 "인민" "민족" "문화" 또는 "공동체" 등에 의해 규정되는 "특정한 공동 세계들the particular common worlds"을 전제할 경우이다. 그러나 케이텁은 이미 그의 논문에서 "초개인적 실체a supraindividual body"[11]의 존재를 받아들일 수 없다고 밝혀놓았다. 특히 케이텁은 "인민people"의 개념을 국가주의자들의 "민족 신화"로서 사갈시한다. 여기서 샌들은 이렇게 묻는다: "케이텁은 어떤 유의 공동 세계에 대해서도 그것의 보존 가치를 부인하면서, 어떻게 인류 절멸을 특별한 위기 상황으로 제기할 수 있는가?" 개인주의의 관점

---

9) 같은 글, p. 164.

10) *Dissent* (Summer, 1986), pp. 357~59.

11) *Dissent* (Spring, 1986), p. 169.

에서 볼 때 인류 절멸은 보다 큰 살인 사건과 무엇이 다를 수 있겠는 가? 샌들은 결론적으로 "공동체적 언어 없이는 핵시대의 특수성을 기술할 수 있는 길은 아무데도 없을 것"[12]이라고 전망한다.

마지막으로, 코헨Jean L. Cohen은 케이텁의 논의가 도덕적 차원에 치우침으로써 정치적 측면을 배제했다고 비판한다.[13] 필자는 정치적 측면을 강조한 코헨의 논의에 특히 관심을 기울이면서, 그녀의 논지 를 보다 상세히 검토해보고자 한다.

코헨에 의하면 케이텁의 논의는 "이것이냐/저것이냐"의 단순한 2 분법적 도덕 명제로 집약된다. 즉 인간의 생명을 보존할 것이냐, 파 괴할 것이냐? 핵무기의 사용을 용인할 것이냐, 반대할 것이냐? 핵보 유 국가의 정통성을 수락할 것이냐, 저항할 것이냐? 그러나 코헨은 이러한 방식의 문제 설정은 인류의 생존에 관한 이론적·도덕적 성 찰에는 유용할지 모르나, 핵정책을 결정하고 집행하고 또는 협상하 는 정치의 영역에서는 무의미하다고 본다.

코헨은 케이텁의 논의가 정치적 관점에서 제기하는 난점들을 다음 과 같이 지적한다. 첫째, 케이텁의 "핵무기 불사용 독트린"에서는 핵 보유 자체가 핵의 사용, 또는 그 사용의 위협으로 간주된다. 여기서 는 지극히 적은 가능성까지도 확실성으로 인식된다. 이러한 상황하 에서는 어느 일방의 핵보유가 타방의 핵사용을 억지할 수 있다는 이 른바 억지 이론의 타당성은 성립할 여지가 없다. 억지 이론은 말하자 면 핵사용을 전제로 한 아주 부도덕한 이론으로 단죄된다. 핵무기 불 사용이라는 순수 도덕주의에 부합하는 유일한 실천 방안은 코헨의 해석에 따르면 핵무기의 일방적 무장 해제뿐이다.

둘째, 케이텁의 "핵무기 불사용 독트린"은 구소연방과 같은 비민주 주의 국가에서는 실현되기 어렵다. 이것은 미국과 같이 자유롭고, 시

---

12) *Dissent* (Summer, 1986), pp. 362~63.
13) 같은 글, pp. 359~62.

민적 평화 운동이 보장된 민주주의 국가에서만 실현될 가능성이 있다. 다시 말하면, 정부에 대한 시민들의 도덕적 압력 행사를 통하여 이 원칙은 관철될 수 있다. 그리고 이러한 일국의 불사용은 타국으로 파급될 수도 있다. 설사 이러한 선례가 타국에 파급되지 않더라도, 케이텁의 주장에 따르면, 모든 도덕적 시민들은 이 독트린을 고수하기 위해 자국 정부와 계속적인 투쟁을 전개하여야 한다.

셋째, 케이텁의 "핵무기 불사용" 또는 "완전 무장 해제 독트린"은 핵무기 감축 등과 같은 실질적 효과를 가져올 수도 있다. 이것은 또한 종전까지 미국이 추구해온 기본적 핵정책 중의 하나인 유사시의 제한적 핵의 선제 사용을 무력화시킬 수 있다.

다른 한편, 이 원칙은 정부의 정통성을 가늠하는 시금석으로서도 중요한 의미를 지닌다. 케이텁에 따르면, 억지 정책이 의존하는, 따라서 핵의 사용을 전제하는 모든 정부는 정통성을 결여한 정부이다. 한걸음 더 나아가 모든 핵보유 국가는 사실상의 불법적 정부로 전락하게 된다. 왜냐하면 핵의 사용을 전제하지 않는 핵보유란 있을 수 없기 때문이다.

넷째, 그러나 코헨에 의하면, 케이텁의 이상과 같은 "핵무기 불사용 독트린" 또는 "일방적 무장해제론"은 억지 정책을 무력화시킴으로써 정치적으로나 도덕적으로 엄청난 대가를 치르지 않을 수 없다. 우리가 살고 있는 현재와 닥쳐올 미래는 상당 기간 동안 상호 경쟁적인 국가간의 체계가 지속될 것이다. 가까운 장래에 하나의 거대한 제국이, 비록 바람직한 일은 아니더라도, 등장한다거나, 또는 바람직하기는 하지만, 국가 없는 사회나 세계 연방제가 실현될 가능성은 극히 희박하다. 이런 상황하에서 사용 가능한 첨단 무기 체계를 포기하도록 요구하는 것은 지각 없는 행동일 수 있다. 물론 이 말은 모든 인간이 정직하다고 보는 한 적용될 수 없다. 그러나 인간은, 마키아벨리 Machiavelli가 지적한 대로, 종종 신의를 배반한다는 점을 묵과할 수

없다.[14)]

여기서 코헨은 핵무기로 위협하는 모든 정부를 정통성이 없는 정부로 규정하는 케이텁의 논의에는 아주 위험한 문제가 뒤따른다고 본다. 즉 보존해야 할 가치 있는 정부는 무력화시키고, 제거해야 할 국가에게는 유리한 고지를 내주는 결과가 된다. 코헨은 이렇게 말한다:

케이텁의 시나리오가 의미하는 것은 최고 수준의 국가주의와 최저 수준의 인권주의 국가가 이와 반대되는 국가, 즉 최저 수준의 국가주의와 최고 수준의 인권주의 국가를 지배한다는 것 외에 다름아니다. 국내에서의 인권의 최대 신장이 국제 정치에 있어서의 그 몰락으로 귀결된다.[15)]

결론적으로 코헨은 케이텁의 논의가 다른 평화 운동가들이 범한 것과 동일한 과오를 범한다고 본다. 그것은 "정치의 망각"이라는 과오이다. 특히 케이텁의 경우 "정치의 망각"은 두 가지 형태로 나타난다. 하나는 "국가 체계들의 현실 the reality of the state system"에 대한 망각이고, 다른 하나는 "민주 정체의 가치 the desirability of a democratic system"에 대한 망각이다.[16)]

이 글은 핵문제와 관련하여 케이텁 교수가 제기한 "인류 절멸"의 가능성은 반드시 짚고 넘어가야 할 중요한 문제로서, 만약 이를 외면할 경우, 핵문제에 대한 어떠한 대안도 "피상성"과 "눈가림"의 수준을 벗어나기 어렵다고 본다. 다른 한편 코헨이 지적하고 있는 "정치의 망각"으로부터 깨어나지 않는 한, 핵문제에 관한 논의는 "현실성"

---

14) Machiavelli, *Prince*, chapter 18.

15) *Dissent* (Summer, 1986), p. 360.

16) 같은 글, p. 362.

없는, 사실상의 "무장해제론"으로 빠질 수밖에 없다고 생각한다.[17]

케이텁의 문제점은 정치를 군사주의 또는 군사적 전체주의와 동일 시하는 반정치성에 뿌리를 두고 있다. 이것은 핵문제를 정치 문제가 아닌 도덕적 문제로, 정통성을 정치적 개념이 아닌 도덕적 개념으로 파악한 데서 알 수 있다.

케이텁의 반정치성은 또한 코헨이 지적한 엄격한 이원주의에서도 나타난다. 케이텁의 이원주의는 특히 개인 대 국가 또는 인간존엄주 의 대 국가지도주의의 대립에서 두드러진다. 어떤 점에서 케이텁의 이원주의는 쾨슬러 Arthur Koestler 의 "요기"와 "코미사르"의 대립[18]을 방불케 한다. 그러나 케이텁의 논의는 이와 같은 한계점에도 불구하 고 근본 문제를 제기했다는 점에서 가치를 지닌다. 아울러 케이텁의 논의가 보다 현실성 있게 보완되기 위해서는 한편으로는 핵문제의 특수성과 불연속성 — "인류 절멸"이라는 핵시대의 고유한 특수성과 재래식 무기를 초월하는 핵파괴력의 불연속성 — 뿐만 아니라, 폭력 과 정치라는 보다 일반적인 인식에도 기반을 두어야 하며, 다른 한편 경직된 이원주의도 극복되어야 할 과제라고 본다.

이 글은 특히 이원주의의 극복이라는 관점에서 케이텁의 논의를 쾨슬러와 관련지어 살펴보고자 한다. 아울러 이러한 이원주의를 비 판한 메를로-퐁티의 주장도 검토함으로써 "개인주의" 대 "국가주의" 또는 "요기형" 대 "코미사르" 등 케이텁과 쾨슬러에게 거의 동일하게 나타나는 이원주의가 정치적 폭력을 유발시키는 주된 배경일 수 있 다는 점을 밝혀봄으로써, 이의 극복의 길을 모색하고자 한다.

---

17) 케이텁 교수는 코헨에 대한 답변에서 자신의 입장을 "무장해제론"이 아닌 "최소억 지론 a minimal theory of deterrence"이라고 밝히고 있다(*Dissent*, Summer, 1986, pp. 364~66).

18) A Koestler, *The Yogi and the Commissar and Other Essays* (New York: The Macmillan Company, 1946), pp. 3~14, 218~47.

2

먼저 쾨슬러의 이원주의부터 살펴보면, 그는 『요기와 코미사르 *The Yogi and the Commissar*』라는 논문 선집에서, 인간의 유형을 두 가지로 대별한다. 하나는 "코미사르"형의 인간이고, 다른 하나는 "요기"형의 인간이다. 코미사르형의 인간은 "밖으로부터의 변화"를 믿는 자이다. 그에게는 인간의 모든 질병은 혁명, 즉 생산과 분배 체계의 근본적 재조직을 통해서만 치료될 수 있다고 본다. 그에게는 혁명의 목적을 위해 어떠한 수단도 정당화된다. 그는 폭력과 기만, 배신과 독살도 불사한다. 코미사르형에 있어 엄밀한 논리적 추론은 불가류의 나침반과 같고, 우주는 거대한 정밀 시계로 간주되며, 무수한 전자들은 예정된 궤도에 따라 운동한다. 코미사르형의 주된 관심사는 인간과 사회의 관계에 있다.[19]

쾨슬러는 코미사르의 방식에 의한 인간 개조와 혁명 운동의 구체적 예로서 스파르타쿠스의 난과 종교 개혁, 그리고 소비에트 혁명 등을 든다. 그러나 쾨슬러는 이들이 모두 실패로 끝났다고 본다. 코미사르형의 변혁 운동은, 칸트의 표현을 빌려 말하면, 이른바 "응용 이성의 이율 배반the antinomies of Applied Reasoning"으로 말미암아 좌절된다. 쾨슬러는 "응용 이성의 이율 배반"을 두 가지로 구분한다. 하나는 "급경사의 이율 배반"이고, 다른 하나는 "급회전의 이율 배반"이다. "급회전의 이율 배반"은 다시 "급진 혁명"과 "온건 개혁"의 두 가지로 양분된다. 전자, 즉 급진 혁명은 과속으로 달려가는 경우로서, 혁명의 속도가 조절되지 못하는 데서 오는 전복 현상이다. 후자, 즉 온건 개혁은 변화 속도의 완만성으로부터 생겨나는 것으로서,

---

19) 같은 책, pp. 3~5.

전진 운동은 상승 없는 단순 회전 운동과 동일시되고, 마침내 하향 운동으로 전환되어, 와해되는 현상이다.

"급경사의 이율 배반"은 목적과 수단간의 균형이 상황의 급박성으로 깨어지고, 목적이 수단보다 우선시되고, 또 전자가 후자를 정당화하는 현상이다. 일단 수단이 목적에 예속되면, 양자간의 불균형, 즉 급경사로 말미암아 최악의 수단도 불사하는 추락 과정이 계속된다. 예컨대 "정당방위론"에서 "공격은 최선의 방위론"으로, 그리고 마침내 "투쟁 기간의 단축을 위한 무자비성의 증대론" 등으로 전개된다. 스탈린 체제하의 "외과적 집도론(執刀論)"에서 "모스크바 숙청"에 이르는 일련의 사건들은 이를 입증한다.

또 쾨슬러에 의하면, 코미사르형은 양심과 같은 인간의 "심층 심리"를 인정하지 않는다. 그는 양심을 "사치한 기관"으로 일축한다. 여기서 코미사르형은 마치 "성욕을 억제하고 살도록 운명지어진 사람"처럼, 끊임없이 다가오는 양심의 유혹에 빠지지 않도록 안간힘을 쏟는다. 어떤 의미에서 코미사르형은 영원한 청년기의 사람이라고 부를 수 있다. 그러나 쾨슬러에 의하면 그의 행동은 반청년적이고, 반심미적이고, 반낭만적이다. 그와는 논쟁이 불가능하다. 그는 처음에 냉가슴만 앓는다. 다음에 그는 친구나 적을 불문하고, 무서운 힘으로 상대의 목을 조른다. 쾨슬러는 코미사르형을 "양심을 외과적으로 수술해버린 사람"이라고도 부른다. 그에 의하면, 코미사르형은 "비신경성적 억압"에 성공한 사례로서, 인류가 이룩한 찬란한 업적의 산 증인이다.[20]

다른 한편, "요기형"의 인간은 "내부로부터의 변화"를 믿는 자이다. 그는 인간의 발전이 외적 작용보다 각 개인의 내적 노력에 의해 달성된다고 본다. 그는 예컨대 인도 농민들의 노예적 부채를 해결하

---

20) 같은 책, pp. 4, 8.

는 길은 경제적 입법이 아닌 정신적 수단에 있다고 말한다. 그는 우주가 정밀한 시계이기보다는 다양한 곡목을 연주하는 자동 주악기 musical box이거나 비교적 자유롭고 넓은 양어장에 가깝다고 생각한다. 목적은 예측할 수 없기 때문에 오직 수단만이 중시된다. 그는 어떤 경우에도 폭력에 반대한다.

"요기형"의 인간은 진리의 자기장에 가까이 갈수록 지금까지의 논리적 추론이 누렸던 나침반으로서의 가치는 상실되며, 언어 역시 절대적 진리를 담는 그릇으로서는 부적절하기 때문에, 토론에 특별한 의미를 부여하지 않는다. 요기는 모든 사람이 독자적 존재임에 틀림없지만, 이와 동시에 눈에 보이지 않는 탯줄에 의해 상호 연결되어 있다고 믿는다. 모든 개인은 이 탯줄을 통해서 공급되는 수액으로 말미암아 창의력과 선함과 진실함, 그리고 유용성을 배양하게 된다. 이 탯줄은 "요기"와 "절대자 the Absolute" 또는 "대양적 의식 the Oce-anic Feeling"을 연결시켜주는 유일한 통로로서, 이 탯줄의 보존은 말하자면 요기의 사활이 걸린 최우선적 과제가 된다. 쾨슬러는 이렇게 말한다: "요기가 이 세상에 사는 동안 유일한 과제는 이 탯줄을 끊으려는 어떠한 행동이나 감정이나 사상도 피해가는 일이다." 여기서 주의해야 할 것은 "피한다 to avoid"는 표현이다. 요기는 탯줄을 보존하기 위하여, 이를 끊으려는 "행동" "감정" 또는 "사상"을 단지 피해야 할 뿐, 다른 것으로 대체하거나 또는 부과하려고 해서는 안 된다는 말이다. 탯줄의 유지는 "각자가 선택한 유일한 방식"에, 이런 의미에서 "어렵고도 정교한 방식"에 맡겨져야 하기 때문이다. 요기는 한마디로 "성인 saint"형의 인간으로서, 코미사르형의 "혁명가"와 구별된다. 그는 인간과 우주의 관계에 관심을 둔다.[21]

쾨슬러에 의하면 요기가 주장하는 "내부로부터의 변혁"은 대중적

---

21) 같은 책, pp. 3~4.

사회 운동으로 전환되는 과정에서, 불가피하게 외적 수단에 의존하게 되고, 결국은 "외부로부터의 변혁"과 마찬가지로 실패에 이를 수밖에 없다. 그 대표적인 예로서 종교 재판을 들 수 있다. 이것은 다시 말해서 신앙과 같은 내적 변화를 "마녀 사냥"이라는 외적 수단에 의존함으로써 테러리즘으로 변한 경우이다. 뿐만 아니라 쾨슬러는 목적이 비록 수단에 예속된다 하더라도, "급경사의 이율 배반"에서 "역경사의 이율 배반" 또는 "전도된 마키아벨리주의 inverted Machiavellism"로 바뀔 뿐, 결과는 동일하다고 본다. 코미사르형의 변혁이 숙청으로 끝난다면, 요기형의 변혁은 무력감과 체념, 즉 탄압과 유린에의 굴종이거나 반인륜적 생활 상태에 대한 체념으로 끝난다. 쾨슬러는 일례로서 간디의 무저항주의를 든다: "간디의 급경사는 비폭력에서 시작하여 현재 일본의 정복 기도에 대한 무저항에까지 점진적으로 미끄러져내려갔다." 간디는 일본인이 수백만의 인도인을 죽이더라도 언젠가는 지쳐버릴 것이라고 보고, 그럴 경우 인도인의 도덕성은 승리한다는 것이지만, 쾨슬러의 주장은 간디도 결국은 실패한다는 것이다.[22]

여기서 쾨슬러는 "성인도 혁명가도 우리를 구원할 수 없다"고 본다. "다만 이들의 종합만이 구원할 수 있을 뿐"이다. 그러나 그는 "인간이 이러한 종합을 이룰 수 있는지에 대해 알지 못한다"[23]고 토로한다. 쾨슬러는 이것을 다음과 같이 부연한다: "실제 문제는 요기와 코미사르의 사이, 외부로부터의 변화와 내부로부터의 변화라는 근본적 개념의 사이에 놓여 있다." 여기서 그는 "절실하게 요구되는 것은 종합"이라고 강조한다; "즉 성인과 혁명가의 종합이다. 그러나 지금까지 이러한 종합이 성취된 적은 없었다"고 그는 밝힌다. "그 동안 성취되었다면 여러 가지 잡다한 형태의 타협들일 뿐이며, 종합은 아니

---

22) 같은 책, p. 4.
23) 같은 책, p. 247.

었다." 결국 쾨슬러는 양자의 종합이 역사에서는 불가능하다고 본다: "명백한 것은 이 두 요소들이 서로 섞이지 않는다는 점이다. 그리고 아마도 이것이 어째서 인간의 역사가 그처럼 뒤죽박죽으로 되어가는 지에 대한 이유 중의 하나일지도 모른다."[24] 되풀이 말하면, 요기형과 코미사르형은 서로 대립할 뿐, "종합synthesis"은 불가능하다는 것이며, 지금까지의 인간의 역사는 이 두 요소가 서로 밀고, 밀리는 "대체displacement"의 과정 또는 "진자적 운동 a pendular rhythm"의 과정이었다는 것이다. 그는 이렇게 말한다: "이 신비한 미뉴에트야말로 마르크스주의조차도 설명하지 못하는, 역사에 있어서 아주 흥미로운 측면이다." 마르크스주의의 문제점은 "강물의 흐름 course of the river"만을 말할 뿐, 강물의 "파동waves"은 말하지 않는다는 것이다. 뿐만 아니라 쾨슬러는 이러한 파동이 역사의 변증법과도 모순되지 않는다고 본다.[25]

끝으로 쾨슬러는 역사의 운동이 19세기 이후부터 코미사르형 쪽으로 움직이기 시작하였으나, 금세기에 이르러서는 요기형 쪽으로 바뀌지기 시작하였다고 본다. 특히 이런 변화에 선도적 역할을 담당한 것은 과학이라고 말한다. 그는 물리학을 그 대표적인 예로 든다. 19세기말까지의 물리학에서는 코미사르형의 결정주의가 지배적 유형 ─또는 오늘날의 용어를 빌려 말하면, 지배적 패러다임─이었다. 그러나 20세기에 들어오면서 이것은 점차 요기형의 비결정적 물리학으로 바꾸어졌다. 1930년대에 이르면 이러한 추세는 더욱 강화되어 요기형의 최극단에까지 근접하게 된다.[26] 이와 관련하여 쾨슬러는 코

---

24) 같은 책, pp. 4~5.

25) 같은 책, p. 13.

26) 이러한 그의 견해는 같은 제목의 두번째 논문, "The Yogi and the Commissar(Ⅱ)," *The Yogi and the Commissar and Other Essays*, pp. 218~47에서 보다 상세히 논의되고 있다. 이러한 점에서 쾨슬러는 쿤 Thomas Kuhn의 *The Structure of Scientific Revolution* (Chicago: The Univ. of Chicago Press, 1962)의 선구라고도 생각된다.

미사르형이 요기형으로 전향하는 유형을 두 가지로 구분한다. 하나는 코미사르형이 요기형으로 완전히 개종하는 경우로서, "신비주의적 전향a mystic transformation"은 이를 가리킨다. 다른 하나는 코미사르형에 대해서는 물론, 요기형에 대해서도 모두 거부를 보이는 "냉소주의적 전향a cynic transformation"이다. 좌우간 쾨슬러는 탈코미사르형으로의 움직임이 오늘날의 뚜렷한 역사적 추세라고 말하면서, 이것은 어떠한 작가나, 과학자도, 또는 사회주의자도 부인할 수 없을 것으로 확신한다:

나는 아직도 자외선적[요기형의 극단]으로 끝나지 않는, 정직한 적외선적[코미사르형의 극단] 소설이 씌어질 수 있기를 바란다. 그러나 이러한 일은 불가능하다. 이것은 마치, 오늘날 정직한 과학자가 형이상학적 맺음 없이 물리학 책을 출판할 수 없고, 정직한 사회주의자가 대중 심리학의 비합리적 요소에 대한 설명 없이 좌파 운동의 패인을 개관할 수 없는 것과 같다. 과거에 맹목적으로 매달리는 사람은 낙후될 것이고, 또 너무 쉽사리 포기하는 사람은 마른나무 잎사귀처럼 바람에 날려갈 것이다. 우리가 할 수 있는 것은 의식적으로는 따라가되, 의도적으로는 따라가지 않는 것이다.[27]

---

27) A. Koestler, *The Yogi and the Commissar and Other Essays*, p. 7. 우리의 경우, 특히 노동 운동과 관련하여 "요기형"과 "코미사르형"의 대립이 지속되고 있다고 생각한다. 특히 김세균 교수와 정영태 교수의 다음과 같은 견해는 그러한 예라고 생각한다. 김세균 교수는 『한국 민주주의와 노동자 · 민중 정치』(현장에서 미래를, 1997)에서 이렇게 말한다: "본인은 타정치 세력과 제휴보다는 진보적 정치 세력들간의 단결을 우선시해야 하며 [……] 합법적 정치 공간으로의 진출보다는 대중 운동과의 결합을 우선시해야 한다는 점을 특히 강조하고 싶다"(p. 477); "민주 노동 운동이 가야 할 길은, '주여, 어디로 가시나이까?'라고 외친 베드로가 '네가 떠난 로마로 나는 가고 있다'고 대답한 예수의 말을 듣고 로마로 되돌아간 것과 같이, 다시 노동자 대중에게로 되돌아가는 것이다. 베드로의 위대성은 예수의 길을 따라 다시 로마로 돌아감으로써 기독교를 반석 위에 올려놓았다"는 점이다;

3

퀘슬러의 논의는 놀랍게도 케이텁과 많은 공통점을 보여준다. 퀘슬러의 "코미사르형"과 "요기형"간의 엄격한 2분법은 케이텁의 "국가주의"와 "개인주의"의 구분에서도 나타난다. 또한 퀘슬러를 특징 짓는 객관주의, 즉 외적 변화론 대 주관주의, 즉 내적 변화론의 대립은 케이텁의 현실주의적 국가 권력 대 이상주의적 개인 권리간의 긴장 관계 속에서 재현된다.

케이텁의 정의에 따르면, "국가주의"란 정부를 단순히 하나의 "의정 governing" 기관 이상의 "통치 ruling" 기관과 동일시하는 믿음이다. 국가는 사회적 정체성 identity의 장 locus으로서, 사회를 지도하며 또 사회가 존재하는 궁극적 이유이다. 국가는 사회보다 우월한 존재로

"'네가 떠난 로마로 돌아가고 있다'는 이 외침은 현시기 한국 노동 운동의 외침이 되어야 한다. 이 외침이 힘차게 울려〔퍼〕지는 곳에서 한국의 노동 운동은 자신의 위대한 전통을 되찾고, 베드로가 기독교를 반석 위에 올려놓은 것과 같이, 노동자 대중을 우리 사회의 진정한 주인 자리에 올려놓을 수 있"을 것이다(p. 565). 반면 정영태 교수는 이 책에 대한 서평(『한국 정치학회보』 32집 1호, 1998년 봄)에서 이렇게 비판한다: "노동자 · 민중의 정치적 · 사회경제적 이해 관계나 요구가 국가와 정치 사회의 영역에 그대로 전달되도록 하기 위해서는 노동자 · 민중의 독자적 정치 세력화가 필요한 것은 틀림없다. 그런데, 노동자 · 민중의 독자적 정치 세력화가 성공하기 위해서는 노동자 · 민중의 정치적 목표와 이해 관계가 먼저 하나로 통일 · 단결되어야 하고, 이를 위해서는 다시 무엇보다도 지도부와 활동가들이 통일 · 단결되어야 한다. 그러나 노동자 · 민중의 독자적 정치 세력화가 필요하다는 주장이 나온 지 10년이 넘었으나, 아직도 (정치 세력화의 조직적 형태와 경로에 대한) 합의가 이루어지지 않고 있으며, 정치 세력화도 물론 실현되지 않고 있다"; "노동자 · 민중의 독자적 정치 세력화에 대해서 조금이라도 관심이 있는 연구자라면, 왜 이런 합의가 이루어지지 않는지에 대해서 궁금해할 것이다. 아쉽게도 김교수의 책도 이러한 의문에 대한 답을 구하는 데는 그리 큰 도움이 되지 않은 듯하다. 왜냐하면 김교수의 책에는 지배 계급의 탄압이나 제도적 제약 또는 '개량주의자'들의 오도라는 요인 이외의 다른 요인을 찾아볼 수 없는데, 이런 요인만으로는 현실을 제대로 설명할 수 없기 때문이다"(p. 386).

서, 이것의 보존은 다른 모든 것에 우선하며, 인민은 국가 보존의 수
단으로, 그리고 사회는 준군사적 조직 또는 권력 기반으로 간주된다.
국가는 의무뿐만 아니라 권리를 행사하는 독립적 주체로서, 역사적
으로는 절대 군주제 또는 군사 독재와 밀접하게 결합되었다. 이런 점
에서 케이텁은 "국가"라는 말이 미국의 헌법 정신에 배치되는 말하자
면 비정통적 용어라고 지적하면서, 미국의 경우 국가라는 용어는 대
외 정책에 국한하여 사용되었다고 그는 부언한다.[28]

뿐만 아니라 그는 미국의 외교 정책의 결정 과정이 비민주주의의
전형이라고 단정한다. 그에 의하면 "외교 정책의 수행은 비민주적 통
치의 가장 극단적 표현에 지나지 않는다." 그것은 "비밀"과 "여론 조
작," "이중 정책"과 "불안 조장," 그리고 "위기 의식" 등에 의존한다.
따라서 대외 정책에 관한 한 미국은 하나의 "행정적 국가"이거나 이
것의 극단적 형태인 "전쟁 국가" 또는 "지도급 전쟁 국가"라고 말할
수 있다. 이런 점에서 미국은 국가주의의 범주에서 벗어나지 못한다
고 본다.[29]

케이텁에 의하면, 국가주의라는 용어는 유럽 세계의 유물로서, 미
국적 전통의 산물은 아니다.[30] 국가주의에서 의미하는 "국가"는 사회
적 삶을 모두 포괄하는 개념이다. 뿐만 아니라 국가는 모든 이니셔티
브와 반응, 개선과 교정의 원천으로서, 말하자면 사회는 국가의 규제
에 맞추어 삶을 영위해야 하는 예속적 위치에 있다. 그러나 이러한
규제의 대부분은 규제로서 의식되지 않는 교묘한 방식으로 작용한
다. 정부는 모든 것을 감시하며, 모든 것을 관장하며, 어디에나 개입

---

28) *Dissent* (Spring, 1986), p. 167.

29) G. Kateb, *The Inner Ocean: Individualism and Democratic Culture* (Ithaca and
London: Cornell University Press, 1992), pp. 10, 22. 이후 *The Inner Ocean*으로 줄
여 씀.

30) *Dissent* (Spring, 1986), p. 167.

하고, 문제가 발생하면 그 문제의 성격을 규정하고, 또 해결 방안을 제시한다. 정부 기능의 급속한 확대와 더불어 정부는 곧 국가라는 관념이 나타나게 된다. 이러한 관념은 처음에는 행정부 관리들에게서부터 시작하여, 점차 입법부와 사법부로 확장되고, 급기야는 전체 인민들에 의해 당연한 것으로 받아들여지게 된다. 인민들의 국가에의 의존도가 높아감에 따라 인민들의 태도와 감정은 국가주의적으로 조건화되고, "국가에 대한 기대감"은 "국가에 대한 경외감"으로 바뀌게 된다. 뿐만 아니라 국가주의하에서 인민들은 한편으로 동원이 용이한 "유순한docile" 존재이면서, 다른 한편 동원 이외의 방식으로는 결코 움직일 수 없는 경직된 존재가 된다.[31]

케이텁은 민주주의 내에도 국가주의의 위험성은 상존한다고 본다. 특히 개인주의가 협소하고 취약한 상태에 있고, 도덕적 개인주의가 충분하게 성장하지 못한 경우, 토크빌이 지적한 "민주적 전제주의 democratic despotism"의 가능성은 매우 높다고 경고한다. 그러나 케이텁이 무엇보다도 우려하는 것은 국가지도주의이다.[32] 그에 의하면

---

31) 같은 글, p. 169.
32) 같은 글, 같은 곳. 특히 김주환 박사는 "개발국가developmental state"에 관한 사례 연구를 통하여, 한국에 있어서의 "국가지도주의"의 문제점을 다음과 같이 밝혀주고 있다: "일본의 경우 조선 산업화 과정에서 국가의 기업에 대한 지도가 기업들의 집단적 의사를 수렴하여 이루어지고 그 결과 국가와 기업간의 갈등을 조정하는 메커니즘을 발전시키는 과정이었다면 한국의 경우는 정반대로 그러한 갈등을 은폐, 증폭시키는 과정이었다. 한국에서는 시장 순응적 지도를 위한 심의회 조직은 활성화되지도 않았을 뿐만 아니라 존재한다 하더라도 명목상의 역할에 그쳤으며 그 구성의 관료 중심적 성격으로 인해 국가의 일방적 정책 결정을 합리화시켜주는 들러리에 불과했다. 반면에 일본의 조선업 발전 과정에서 국가-기업 관계는 투자 계획의 작성·실현·운영에 이르기까지 국가가 조선 관련 기업들뿐만 아니라 해운 기업, 그리고 해운 및 조선과 관련된 전문가까지 포괄하는 해운·조선 심의회라는 민관 합동의 정책 협의회를 통해 정책 결정 이전에 관련 당사자의 의사를 수렴함으로써 기업의 책임 의식을 제고하는 시장 순응적 지도를 통해 발전해왔다. 따라서 일본의 조선업에서는 한국처럼 국가가 특정 기업에 대한 구제 금융을 통해 기업 활동의 결과를 공유해야 하는 상황은 없었다. 일본 조선업 발전

오늘날 미국에서 "국가주의"는 "국가지도주의"의 영향으로 강화되고 있다. 이런 점에서 "국가지도주의는 국가주의의 시종이며, 지주" 또는 그 "동맹자"라고도 볼 수 있다.[33] 국가지도주의는 삶의 모든 영역에 대한 국가의 끊임없는 감독과 개입을 정당화함으로써, 결과적으로는 시민의 자발성을 박탈하여 국가 의존적 태도를 영속화시키는 경향이다. 여기서 주의할 것은 "국가지도주의"는 "개인 생활의 불간섭"을 강조하는 개인주의와는 달리,[34] 국가의 개입을 유일한 선택으로 강요한다는 점이다. 다시 말하면, 국가지도주의는 사회 변화의 원동력을 개인의 자율성과 여기서 비롯되는 내적 변화, 즉 "마음의 변화change of heart"에서 구하기보다는 개인에 대한 국가의 외적 간섭이나 합리적 규제, 다시 말하면 "외적 변화change from without"에서 구한다는 점이다. 정부는 개인을 대신해서 행동하며 또 이들의 삶을 이끌어간다. 케이텁에 의하면, 이러한 국가지도주의의 전형적 형태는 경찰 국가, 전제 정치, 참주 정치, 그리고 전체주의 등에서 나타난다. 그러나 오늘날 국가지도주의는 사회경제적 평준화 프로젝트, 정보 수집, 감시, 사상 통제, 그리고 복지 정책 등과 관련하여 민주주의 국가에서도 그 가능성을 완전히 배제할 수 없다. 국가지도주의에서는 국가가 모든 특권과 처벌권을 행사하며, 국민의 운명을 결정한다. 국가가 선택한 길은 국민이 거부할 수 없을 뿐만 아니라, 불가피한 것으로 받아들여야 한다.[35] 케이텁은 국가지도주의가 나타나게 되면, "집행부 또는 행정부"가 국가 권력의 핵심 부서로 등장하면서 관료의

도 한국과 마찬가지로 기본적으로 국가 주도적 성격을 가지고 있음에도 불구하고 국가 주도의 내용과 결과에서는 차이가 있었던 것이다"(김주환, 「개발 국가에서의 국가-기업 관계에 관한 연구: 한국의 조선 산업 발전과 '지원·규율' 테제에 대한 비판적 검토」(박사학위 논문, 서울대학교, 1999), p. 220.

33) *Dissent* (Summer, 1986), p. 365.

34) *Dissent* (Spring, 1986), p. 172.

35) 같은 글, p. 169.

힘이 강화되고, 국가주의가 발전한다고 본다. 케이팁은 오늘날 국가 지도주의의 제형태를 다음과 같이 열거한다:

- 생태적 전체주의 또는 인간주의: 국가는 사회를 과잉과 낭비와 오염의 대원천으로 보아야 한다는 견해.
- 규율로서의 사회: 국가는 잉여적 또는 통치 불능의 대중을 유순하고 생산적 존재로 전환시키기 위해 존재한다는 견해.
- 온정주의 paternalism : 국가는 어떠한 사적 행동도 방임할 수 없다는 것, 처벌의 대상이 아닌 행동은 모두 승인의 대상이 된다는 것, 국가는 이들의 행동에 간섭함으로써 자의적이고, 약하고, 방종하고 또는 타인을 침해하는 개인들을 지도해나가는 도덕적 부모나 교사와 같다는 견해.
- 도구주의: 개인의 권리는 잠정적이고 예비적이라는 것, 만일 개인의 권리가 도덕적이 아닌, 또는 바람직하지 못한 또는 사회적으로 생산적이 아닌 방식으로 사용될 경우, 박탈할 수 있다는 견해.
- 치료적 복지주의: 국가는 극빈자의 구제를 넘어서 대중을 양육하고, 치유하고 교화시켜야 한다는 견해.
- 문화적 반자유주의: 국가는 현대 사회에서 실종된 공동체를 보완하고 소외와 아노미의 병리 현상을 해결해야 한다는 견해.[36]

지금까지 케이팁이 언급한 국가지도주의의 공통점을 정리해보면, 권위에 대한 개인주의적 경멸감이나 모멸감의 점진적 망각, 이에 따른 "국가 권력에 대한 의구심이나 이에 대한 통제와 제한, 그리고 일정 범위를 넘어선 국가 권력의 확장들에 대한 저항"의 소멸, 이와 더불어 인민들의 국가에 대한 경외감의 습성화, 그 결과 국가로부터의

---

36) 같은 글, pp. 171~72.

자립심보다는 그에 대한 의존심 또는 국가에 대한 경계심보다는 순종심의 고양, 그리고 이에 상응하는 개인의 "왜소화" 또는 케이텁의 표현에 따라 개인의 "참담한 왜소화 most pitilessly dwarfed"[37] 등이다.

케이텁은 오늘날 이와 같은 각종 형태의 국가지도주의가 출현하게 된 배경에 대해서도 설명한다. 첫째, 전지구적으로 나타나는 인구 과잉, 생태계의 파괴, 기아 등의 문제는 국가지도주의의 출현을 용이하게 하였고, 이에 입각한 엄격한 국가주의적 독재 체제의 성립을 촉진시켰으며, 심지어는 조나스 Hans Jonas마저도 그의 최근의 저술, 『의무의 지상 명령 *The Imperative of Responsibility*』에서 국가지도주의적 경향을 나타내고 있다는 것이다. 그러나 케이텁은 국가지도주의적 경향이 무엇보다도 푸코가 지적한 기존 질서를 위협하는 근대적 "천민 plebs"의 출현과 궤를 같이한다고 본다. 국가지도주의의 출현은 한마디로 "질서·평온·규칙성·예측성, 그리고 인간의 제성향과 행동의 철저한 순화의 결과에서 얻어지는 일관성, 그리고 사회의 모든 영역에서 근본적으로는 비민주적인 권위의 계속적인 행사 등에 대한 열망"[38]에 그 뿌리를 두고 있다. 케이텁은 이러한 국가지도주의와 여기에 입각한 국가주의에 대항해서 "반국가 anti-state"주의를 주장한다. 그는 앞서 인용한 "핵무기와 개인의 권리"에 대한 논평자들의 비판에 답하면서 이렇게 말한다:

유일한 현실적 해방주의는 반국가뿐이다. 만약 국가 권력의 축소에 대한 이론적 대가로서 민주 정치의 기회가 축소된다면, 이것도 감수하도록 하자.[39]

---

37) 같은 글, p. 172.
38) 같은 글, 같은 곳.
39) *Dissent* (Summer, 1986), p. 366.

그러나 케이텁의 "반국가"주의에 관한 언급은 위에서 인용한 "반론" 가운데서 단 한번으로 끝난다. 케이텁의 국가주의와 국가지도주의에 대한 본격적인 비판은 주로 개인주의의 옹호와 관련하여 전개된다. 그는 국가지도주의에 대해 적절히 대응하지 못할 경우, "핵국가주의"가 득세할 것이라고 우려하면서, 이에 대한 대안으로서 "민주적 개인주의democratic individualism" 또는 "민주적 개체성democratic individuality"을 적극 주장한다.[40] "민주적 개체성에 대한 원이론the original theory of democratic individuality"은 핵전쟁의 상황하에서 불가결하다"[41]; "개인의 삶에 대한 불간섭"을 강조하는 "민주적 개인주의"는 개인의 궁극적 선택을 국가가 대신하는 핵국가주의의 위협에 대항할 수 있는 가장 강력한 "방어적 이상주의defensive idealism"[42]이다. 뿐만 아니라 케이텁은 "개인주의" 속에 푸코가 지적한 "유순성"에 저항할 수 있는 엄청난 자원이 저장되어 있다고 본다.[43] 케이텁의 "민주적 개인주의" 또는 "민주적 개체성"은 특히 쾨슬러가 말한 "요기형"과도 공통점을 보여준다는 데 우리의 관심을 끈다. 다음에 이러한 양자간의 공통점에 유의하면서 케이텁의 "민주적 개인주의" 또는 "민주적 개체성"에 대해 좀더 상세히 살펴보기로 한다.

4

케이텁의 "민주적 개인주의" 또는 "민주적 개체성"은 에머슨Emer-

---

40) *Dissent* (Spring, 1986), p. 172.

41) *The Inner Ocean*, pp. 152~53.

42) 같은 책, pp. 128~29, 152~55, 171; *Dissent* (Spring, 1986), pp. 162~63, 168~69, 171.

43) *The Inner Ocean*, pp. 238~39.

sons, 소로우Thoreau, 휘트먼Whitman 등이 주장하는 자유롭고 도덕적인 "개인person"을 근간으로 하여 발전시킨 "개인의 정치적 권리에 관한 이론theory of personal and political rights"[44]이다. 이를 요약하면, 진정한 민주주의의 발전은 진정한 개인주의에서 비롯되며, 그 역도 동일하다는 주장이다.[45] 이것은 "집단"을 강조하는 "공동체주의communitarianism"[46]나, 개인의 무한한 "경제적 소유욕"을 전제하는 맥퍼슨Macpherson의 "소유적 개인주의possessive individualism"[47] 또는 니체나 하이데거 등이 주장하는 소수 엘리트 중심의 "반민주적 개인주의antidemocratic individualism"[48]와도 구별된다.

케이텁에 의하면, 민주적 개체성, 그리고 여기에 입각한 민주적 개인주의는 세 가지 측면, 즉 "자기 표현, 타인을 위한 저항, 그리고 타인에 대한 반응"[49]으로 구분된다. 케이텁은 이들을 각각 "긍정적" "부정적" 및 "익명적" 측면 —— 비록 "재치와 철학적 묘미는 없더라"도 ——[50]이라 부른다. 그는 또한 민주적 개체성과 민주적 개인주의가 세 가지 단계, 즉 "일상적" "특수적" 및 "초월적 transcendent"[51] 단계로 전개된다고 말한다. 이러한 전개 과정에서 특별히 주의해야 할 것

---

44) *Dissent* (Spring, 1986), pp. 166, 168~69 ; *Dissent* (Summer, 1986), p. 365 ; *The Inner Ocean*, pp. 1~35, 106, 129, 154, 157~58, 176, 241, 252.

45) *The Inner Ocean*, pp. 78, 80.

46) *Dissent* (Spring, 1986), p. 169 ; *Dissent* (Summer, 1986), p. 366 ; *The Inner Ocean*, pp. 99, 192, 194, 199~239. 케이텁에 의하면, "공동체주의는 파시즘과 너무나 많은 친화성을 보여준다"(*The Inner Ocean*, p. 229). 뿐만 아니라 집단 의식과 호전성은 상호 정비례한다(같은 책, p. 198). 심지어 케이텁은 "집단은 허위를 사랑한다"(같은 책, p. 213)는 강한 불신감을 나타낸다.

47) *The Inner Ocean*, pp. 28, 96~97.

48) *Dissent* (Summer, 1986), p. 366 ; *The Inner Ocean*, pp. 127~51.

49) *The Inner Ocean*, p. 241.

50) 같은 책, pp. 30, 88, 99, 270.

51) 여기서 케이텁 교수가 말하는 "transcendent"는 후설보다는 하이데거적 의미에 더 가깝다고 생각되며, 따라서 "초월적"으로 번역하는 것이 적합하다고 본다.

은 케이팁의 민주적 개체성이 "일상적" 단계를 벗어나서 "특수적" 및 "초월적" 단계로 발전하면서 앞서 말한 쾨슬러의 "요기형"의 "성인" 과 흡사한 모습으로 바뀌어간다는 점이다.

먼저 케이팁이 말하는 "민주적 개체성의 일상적 단계the normal level of democratic individuality"부터 살펴보기로 하자. 이것은 민주주의 이론 이전의 단계, 즉 일상 생활의 단계에서 발견되는 민주적 개체성의 여러 성향을 말한다. 케이팁은 이러한 성향들에 대해 플라톤이 『공화국』의 제8권과 제9권에서 기술하고 있는 "민주주의"의 여러 특성들을 예로 든다. 플라톤 당시의 아테네인들은 근대적 의미의 절대적 · 보편적 인권 개념에 대해 무지하였다. 그럼에도 불구하고, 아테네에서는 시민들의 특권적 지위가 보장되어 있었다.

케이팁은 당시 아테네가 다른 어느 도시보다도 광범위한 시민적 "참여inclusion"를 허용하였다고 본다. 또한 아테네인들은 토론을 즐겼으며, 상호간의 대립과 차이를 수용하였고, 철학을 관용하였으며 비교적 자유롭게 여러 의견에 접할 수 있었고 또 이것을 실제 생활에 적용할 수 있었다. 뿐만 아니라 사회 계층간의 이동도 빈번하였다. 그들은 인간과 사물에 대해 동등한 조건과 기회를 부여하였다. 그들은 때때로 역할의 상호 교환을 실험하였다. 예컨대 노예가 자유인으로 행동하는가 하면, 청년이 노인에게 교훈하기도 하였다. 또 범법자가 자유인처럼, 여자가 남자와 다름없이 행동하였다. 그들은 마치 아무도 지배하지 않으며, 또 아무에게도 지배당하지 않는, 그러한 세계를 선호하는 듯했다.

다시 말하면 케이팁은 고대 아테네에서도 오늘날의 미국이나 입헌 민주주의 국가에서 볼 수 있는 민주적 인간형을 발견한다고 말한다. 그러나 엄밀한 의미에서 이와 같은 민주적 인간형의 출현은, 근대 서구 역사의 경험에 비추어볼 때, 인간의 가치와 존엄성, 자율적 생활 양식, 인간 상호간의 평등 의식 등과 같은 "인권 의식" 또는 보다 정확하게 말해서 "반정부적 인권 의식"의 발전을 필수 요건으로 한다. 이런 점에서 케이텁은 아테네의 경우를 근대적 인권 의식의 발생 이전의 일상 생활적 단계에 속한 것으로 구분한다.

케이텁은 플라톤 이외에도 투키디데스Thucydides의 『펠로폰네소스 전쟁』이나 아리스토텔레스의 『정치학』에서도 인권 의식에 의해 매개되지 않은 일상적 단계에 속한 민주적 개체성의 예들을 찾아볼 수 있다고 말한다. 케이텁은 일상적 단계에 속한 민주적 개체성의 근대적인 예로서 토크빌의 『미국의 민주주의 Democracy in America』를 든다. 『미국의 민주주의』에서 토크빌의 주된 관심사는 입헌적 민주 제도하에서 모든 부분에 나타나는 자아와 문화의 변화 양상, 다시 말하면 "평등"이 "서열"을 대신하면서 가져온 변화에 있다. 이 문제는 특히 『미국의 민주주의』 제2권에서 집중적으로 다루어진다. 여기서 토크빌은 보다 비공식화되어가는 가정 생활, 보다 평등한 남녀 관계, 조건의 평등 속에서 이루어지는 활발한 결사 활동, 보다 광범위하게 확산되는 사회의 온건화·관용성·개방성, 그리고 새로운 형태의 모험 등 민주적 문화의 제특성들을 상세히 기술하고 있다.[52]

민주적 개체성의 일상적 단계에서 케이텁이 특히 강조하는 것은 두 가지라고 생각된다. 첫째는 민주적 개체성이 단지 이론적 구성의 결과가 아니라는 점이다. 민주적 개체성은 이론 이전의 일상 생활 속에서도 형성될 수 있다는 것이다. 아테네의 민주주의는 역사상에 나타난 "일상적" 단계의 한 예에 지나지 않는다. 그러나 다수의 개인들이 자신의 정체성을 개인이 아닌 특정의 종족이나 집단에 고착시킬 때, 다시 말해서 "재부족화(再部族化) retribalize"하게 될 때, 민주적 개체성은 약화되고, 퇴화하게 된다.[53]

---

52) *The Inner Ocean*, pp. 28~30, 77~79.

53) 같은 책, p. 32. "자유주의는 유럽의 17세기 이후에 등장한 이념 체계라고 할 수 있으나, 자유 자체는 인류 문명의 태동과 더불어 그것을 긍정하거나 부정한 역사

케이텁이 강조하는 두번째 주장은 플라톤이나 토크빌이 기술하고 있는 민주주의가 일상적 단계에 속한 것이라는 점이다. 케이텁은 "그들의 분석이 주로 민주적 개체성의 일상적 단계에 한정된다"[54]고 말한다. 다시 말하면 플라톤이나 토크빌은 보다 높은 단계인 "특수적"이고 "초월적" 단계까지는 미치지 못했다는 것이다. 케이텁은 칸트와 밀J. S. Mill, 그리고 독일 낭만주의자들도 이런 점에서는 예외가 아니라고 본다. 반면 케이텁은 미국의 문인이면서 동시에 철학자였던 에머슨–소로우–휘트먼 등의 민주주의론에서는——그는 이들을 미국 민주주의를 창건한 제2세대라고 말한다[55]——민주적 개체성에 대한 보다 높은 단계의 이론화가 제시된다고 주장한다: "유일한 근대 민주주의 국가인 미국에서 민주적 특수성과 초월성의 명백한 증거들을 엿볼 수 있으며, 또 이러한 증거들을 부각시키기 위한 이론화 작업에 착수한 귀중한 저작을 발견하게 된다. 이 저작은 에머슨, 소로우, 그리고 휘트먼에 의해 저술되었다. 이 저자들은 보다 높은 단계로의 민주적 개체성의 운동을 이론화하고 있다."[56] 물론 "이들은 일차적으로 민주적 문화의 일상적 단계를 강화하고, 한걸음 더 나아가 민주적 문화가 보다 더 높은 특수적 및 초월적 단계로 가도록 몰고 간다. 이들은 이제까지의 가장 뛰어난 교리까지도 능가한다. 이들은 폐쇄성에 빠지지 않으려 노력한다." 케이텁은 어떤 의미에서 에머슨–소로우–휘트먼이 "민주주의의 가장 위대한 학도로서 민주적 개체성의 가장 위대한 스승"이라고 말하기에 조금도 손색이 없다고 본다. 그럼에도 불구하고 케이텁은 지금까지의 개인주의에 대한 비판적 논의들

의 침전 속에서 그 윤곽을 읽어볼 수 있다"는 홍광엽 교수의 말(홍광엽, 『탈중심과 불확정성』, 소화, 1998, p. 15)은 케이텁 교수의 자유의 "일상적 단계"를 지지해주는 발언이라고 생각된다.

54) 같은 책, p. 32.
55) 같은 책, p. 82.
56) 같은 책, pp. 32, 77~80.

의 대부분이 에머슨, 소로우, 휘트먼의 민주적 개체성 속에 함축된 풍부한 내용을 도외시했다고 지적한다.[57] 이상에서 살펴본 케이텁의 민주적 개체성에 대한 일상적 단계에 대한 논의를 요약하면 다음과 같다: 민주적 개체성의 보다 높은 단계인 "특수성" 및 "초월적" 단계의 이론화 작업은 에머슨-소로우-휘트먼 등에 의해 비로소 가능하게 되었다.

그러면 민주적 개체성의 "특수적" 및 "초월적" 단계에 대한 케이텁의 논의를 좀더 살펴보기로 하자. 그에 의하면 먼저 "특수적" 단계는 다시 세 가지 측면으로 구분된다. 첫째는 긍정적 측면이다. 에머슨이 말하는 "자립성 self-reliance" ── "힘의 분산의 회피"를 "최후 목적으로 하는" 자립성[58] ──의 폭발은 이러한 긍정적 측면에 해당된다. 케이텁은 "자립성의 폭발"의 예로서 독자적 사유 행위, 신선한 순수 지각, 자기 표현적 활동, 예기치 못한 창의성의 발휘, 관행으로부터의 해방 등과 같은 개인적 삶의 사건들을 열거한다. 이들 중에서 케이텁은 관행으로부터의 해방을 무엇보다도 중시한다. 물론 인간은 관행을 무시하고는 살 수 없다. 그러나 민주적 개체성은 관행이 자연적 존재가 아닌 인위적 산물이라는 것을 자각하는 데서부터 싹튼다. 케이텁은 특히 휘트먼의 말을 빌려 이렇게 말한다: "민주주의의 골간이 되는 선거 절차는 관행의 예속성으로부터 민주적 개인을 해방시키는 관건이다."[59] 케이텁에 의하면, 모든 민주적 관행은 해방을 위한 관행이며, 심지어는 자기가 수락한 관행에 대한 포기 ──물론 이러한 포기는 한 순간의 그리고 부분적인 포기일 수밖에 없고 또 그래야 하지만 ──까지도 약속하는 관행이다.[60] 이와 관련하여 케이텁은 "공동

---

57) 같은 책, pp. 33, 100, 129.
58) 같은 책, p. 87.
59) 같은 책, pp. 84, 167.
60) 같은 책, p. 86.

체주의자들communitarians"이 비판하는 "자유주의적 개인주의"는 주로 "긍정적 개체성"에 국한된 것으로서, 이들은 결과적으로 개인주의가 갖고 있는 다양한 의미들을 협소한 개념, 즉 "부르주아 개인주의"의 개념으로 축소시켰다고 반박한다.[61]

두번째는 부정적 측면이다. 타인의 권리 옹호를 위한 저항과 공동 투쟁이 여기에 속한다. 케이텁에 의하면, 저항의 정치가 개인주의적일 수 있는 이유는 양심의 존재 때문이다. 케이텁이 말하는 양심은 모든 사람이 옳다고 시인하면서도 따르지 않는 것을 지키려는 용기를 가리킨다. 특히 그는 소로우를 타인을 위한 "저항심 sentiments of resistance"의 실체를 보여준 대표적 인물로 꼽는다. 그러나 케이텁이 말하는 부정적 측면은 개인적·개별적 양심의 저항 외에도 비개인적·연대적 저항, 말하자면 조직적·결사적 저항까지도 포함한다. 케이텁은 저항 운동이 "특수적 extraordinary" 개체성일 수 있는 이유를 각자가 자기 검토의 과정을 거쳐 투쟁에 투신한다는 점과, 편파성과 자기 기만 또는 상이한 측면에 대한 불감증에 빠지지 않기 위해 계속적으로 투쟁한다는 점 등 모두가 자기와의 투쟁을 그 특징으로 한다는 데서 찾는다.[62]

셋째, 익명적 특성이다. 케이텁이 말하는 "익명성"은 지금까지 1차적 위치에 두었던 "긍정적 개체성을 2차적 위치에 두"는 "마음의 변화 change of heart"를 가리킨다.[63] 이것은 말하자면 "초연적 애착심 detached attachment, 무관심한 관심 disinterested interest, 무차별한 사랑 indiscriminate love" 등과 같은 것으로 특징지어지는 변화이다.[64] 동정심의 발휘, 특히 배타성이 강한 상대에 대한 동정심의 발휘는 그

---

61) 같은 책, pp. 27~28, 223.
62) 같은 책, pp. 24, 30, 89.
63) 같은 책, p. 72.
64) 같은 책, pp. 168~69.

558

구체적 예에 해당된다. 케이텁의 견해에 의하면 동정심의 "밑바닥에 깔린 정신은 모든 사람으로부터, 그리고 모든 사물로부터 아름다움을 찾으려는" 일종의 심미주의이다. 이러한 심미주의적 "결단은 평등의 극치와 미적인 것은 서로 통한다는 믿음이다." 케이텁은 계속해서 "익명적" 측면——보다 정확하게 말해서, 특수적 단계의 개체성의 익명적 측면——에 대해 다음과 같이 부연한다:

> 주는 것은 받는 것이다: 관대함은 받는 데서 표현된다. 각각의 개인 또는 피조물 또는 사물은 한 번에 하나씩, 그리고 질서정연하게 보살핌을 받으며, 각자의 특수한 조건에 따라 또는 그 이상의 조건으로 수용된다. 동정과 지각을 개별화하기 위해서는, 다시 말하면 주어진 그대로, 그리고 존재하는 것을 있는 그대로 느끼고 보기 위해서는 반드시 민주적 개인이 되어야 한다. 세계가 동등한 관심과 대우를 받는 개인들로 재편성될 때, 인간은 일상적 단계를 벗어난 개인이 된다.[65]

익명적 측면에 대한 케이텁의 기술에서 특히 주목할 대목은 "개인의 무한성에 대한 의식 a sense of individual infinitude"이다. 케이텁은 이렇게 말한다: "나는 [에머슨, 소로우, 휘트먼의] 민주적 개체성 이론이, 여타의 개인주의와 마찬가지로, 개인의 무한성에 대한 의식, 다시 말하면 개인의 내적 대양 의식 또는 모든 개인의 내면에서 격동하는 무진장으로 풍부한 그러나 사용되지 않은 힘에 대한 의식을 발전시키고 있음을 발견한다."[66]

여기서 케이텁이 말하는 "내적 대양"은 특히 휘트먼이 강조하는 것으로서, 그는 인간의 영혼을 무한히 열려 있는 무한성의 저장소 또는 진열장, 아니면 보다 정확하게 말해서 스스로 인지할 수 없는 미지의

---

65) 같은 책, p. 34.
66) 같은 책, pp. 5, 27, 34, 174.

영역으로 가득한 다차원적 존재로 본다. 이런 뜻에서 그는 개인을 "복합체적 개인composite individual" 또는 "위대한 복합체적 민주적 개인a great composite democratic individual"이라 부르고, 이러한 "복합체적 개인"의 자기 이해는 처음부터 극히 제한적일 수밖에 없음을 강조한다. 이런 뜻에서 휘트먼은 "정직하게 말해서 개인은 자기 자신에 대해 낯선 존재"라고 기술한다. 케이텁은 휘트먼의 입장에서 한 걸음 더 나아가 "개인의 복합성과 궁극적 불가지성을 인정함은 타인에 대한 감응 또는 반응으로 규정되는 타인과의 가족 유사성에 문을 여는 것"[67]이라고 부연한다.

필자는 지금까지 살펴본 케이텁의 민주적 개체성이 몇 가지 점에서 쾨슬러가 말한 "요기형"과 일치한다고 생각한다. 첫째, 케이텁의 민주적 개체성과 민주적 개인주의는 앞서 언급한 바와 같이 "내부로부터의 변화"를 추구한다는 점에서 쾨슬러의 요기형과 일치한다. 케이텁과 쾨슬러가 공통적으로 주장하는 "마음의 변화"[68] 또는 "내부로부터의 변화"는 무엇보다도 에머슨의 다음과 같은 말에 의해 가장 적절하게 집약된다: "만일 타인을 개혁하려는 사람들이 자기부터 개혁하지 않는다면 실패할 것이고, 만약 그들 스스로를 개혁한다면 타인을 개선시킬 법과 정책을 신뢰하지 않게 될 것이다."[69] 마찬가지 관점에서 소로우 역시 이렇게 말한다: "내가 이 세상에 온 것은 살기 좋은 곳으로 만들기 위해서이기보다는 좋든 나쁘든 이곳에서 살기 위해서다."[70]

---

67) 같은 책, pp. 246~47, 252, 258~59, 261, 265.

68) 같은 책, pp. 108, 127~28, 130, 132, 135, 152~53, 169.

69) 같은 책, pp. 16~17, 43, 101, 124~25, 225~26.

70) 같은 책, p. 89. 이와 같은 소로우의 말은 쾨슬러가 말한 "역경사의 이율 배반" 또는 "전도된 마키아벨리주의"를 방불케 한다. 소로우의 주장은 자칫하면 쾨슬러가 말한 대로 "무력감과 체념, 즉 탄압과 유린에의 굴종"이나 "반인륜적 생활 상태에 대한 체념"을 정당화시킬 수 있다.

둘째, 케이텁의 민주적 개체성은 특수적 단계에서 개인의 "무한성에 대한 의식" 또는 "내적 대양 의식"을 나타낸다. 케이텁에 의하면, 이와 같은 "의식"은 개체성이 일상적 단계에서 특수적 단계로의 이행을 판가름하는 결정적 지표가 된다. 이것은 쾨슬러가 요기형을 특징짓는 "절대자" 또는 "대양적 의식"과도 무관하지 않다고 본다. 사실상 양자가 말하는 "내적 대양" 또는 "대양적 의식"은 모두가 일상적 자아와 구별된다는 점에서 특수적 또는 고유한 자아[71]를 가리키며, 이런 점에서 동일 개념으로 생각된다.

셋째, 케이텁의 개체성은 초월적 단계에서 쾨슬러가 말하는 "성인"의 모습을 극명하게 보여준다. 단적인 예로서 "모든 야비한 자기중심주의는 사라진다"[72]는 에머슨의 말에 대한 케이텁의 해석을 들 수 있다. 케이텁은 이렇게 풀이한다: 소유적 욕망에서 해방된 개체성은 초월적 단계에서 자신의 고유성을 완전히 상실 또는 포기한 탈아적 존재가 된다. 한걸음 더 나아가 케이텁은 초월적 단계의 최고의 정점이 "무종교와 무종교성"에 있다고 본다. 왜냐하면 "종교와 종교성"의 근본 뿌리는 집단성이기 때문이다. 따라서 그는 초월적 단계로의 이행을 위해서는 윌리엄 제임스William James가 말하는 이른바 "믿으려는 의지"마저도 포기해야 한다고 주장한다.[73]

케이텁은 종교나 종교성과 관련하여 에머슨, 소로우, 휘트먼의 개체성에는 아직도 한계점이 있다고 본다: "이들은 비록 비정통적이긴 하지만 종교성으로 기울어져 있다. 그것은 이들이 초자연적 보호와 보장을 포기하는 마지막 조치를 취하지 않는 것 같기 때문이다."[74] 그는 또 다른 곳에서 이렇게 지적한다: "이 세 사람의 저작 속에는 예외

---

71) 쾨슬러, 『백주의 암흑』, 이윤희 역(1959) 참조.
72) *The Inner Ocean*, p. 92.
73) 같은 책, p. 140.
74) 같은 책, p. 35.

없이 종교성이 흠뻑 배어 있으며, 적어도 배어 있는 듯이 보인다."[75] 그는 특히 에머슨에 대해 이렇게 말한다: "종교적 압력이 그의 가장 위대한 사상을 계속적으로 제한하고 왜곡시키고 있다."[76]

이어서 그는 "민주주의는 익명적 개체성에서만 실현될 수 있고, 또 실현되어야 한다. 그들[즉 에머슨, 소로우, 휘트먼]의 종교성은 그들에게는 강점이었지만, 우리에게는 그들의 두드러진 약점"[77]이라고 꼬집는다. 여기서 케이텁은 종교성을 넘어서는 데 니체와 하이데거의 철학,[78] 특히 하이데거가 주장하는 "내맡김 Gelassenheit"의 중요성을 강조하기에 이른다:

사물들을 있는 그대로 버려둠은 각각을 그 자체로 보고 인간의 소용이나 선호에 맞추어 강제하지 않음이다. 강제하지 않음이란 끈질긴 자기 부정의 행위이다. 인간들이 물건들을 만드는 경우에도 그 만듦의 정신은 사용하는 자료들이 스스로를 서서히 드러내게 하는 그런 정신이다. (어쩌면 하이데거의 버려둠의 생각을—비록 하이데거 자신은 그렇지 않더라도— 사적이든 개인적이든 인간 관계에 확장시킬 수 있다.) 사람들은 다른 것에 자신들을 강제하거나 관철시키거나 부과시키는 일을 삼가하도록 학습하여야 한다. 오히려 그들은 다른 것을 보전해야 하며, 지켜야 하며, 보살펴야 한다.

다른 것에 대한 이와 같은 태도는 모든 개체의 있음 또는 그저 있음 thereness에 주목한다. 이것은 일종의 자기 비우기, 자기 바깥에 살기와 같은 탈아적(脫我的) 삶이다. 이것은 만족스럽다고는 할 수 있을는지 모르나 치명적인 무사려한 삶 속에의 습관적 몰입에 대한 치유이

---

75) 같은 책, p. 152.
76) 같은 책, p. 170.
77) 같은 책, 같은 곳.
78) 같은 책, pp. 129, 133~51.

다. 하이데거가 암시하는 것은 가장 엄격한 의미에서 다음과 같은 것
으로 해석될 수 있다. 즉 진정으로 사는 사람은 아직 생명이 있는 동안
에 소위 삶이라는 것에 대해 죽은 사람이다. 세상에 대해 죽을 때 그
사람은 비로소 그림자 같은 세계가 아닌 참된 세계 속에 존재할 수 있
다. 그는 죽음에서 돌아와서 처음으로 살기 시작한다: 그는 삶을 회복
한다. 그는 전적으로 사회적인 것만은 아닌, 한 사람의 개인으로서의
삶을 산다.[79]

요컨대 케이텁의 개체성은 그 마지막 단계인 초월적 단계에 이르
러 종교성·사회성, 그리고 심지어는 자아의 고유성으로부터도 자유
로운 존재가 된다. 어떤 의미에서 그의 개체성은 니체의 "선과 악,"
또는 메를로-퐁티의 표현대로 "천국과 지옥"[80]의 "피안"의 꿈을 실현
시킨다. 케이텁은 이렇게 말한다: "인류적 개체성이 주장하는 요점은
사회적인 것뿐만 아니라 개체적인 것까지도 초월하여 익명성을 성취
하는 것이다."[81] 케이텁이 말하는 개체성의 "익명성"은 초월적 단계
에 이르러 인간 관계의 모든 영역으로부터 자연 관계에까지 확대된
다. 이와 동시에 케이텁의 개체성은 쾨슬러의 "성인"과 다름없는 모
습으로 고양된다. 이것은 케이텁이 『내적 대양』의 마지막에 인용한
휘트먼의 시구에서 아주 생생하게 표현되고 있다:

　홀로, 그리고 동일성, 그리고 기분──그리고 영혼이 출현한다. 그
리고 모든 진술과 교회들과 설교들은 증기처럼 사라진다. 홀로, 그리
고 대망──그리고 지금까지 볼 수 없도록 씌어진 매직 잉크의 글자처

---

79) 같은 책, p. 148.
80) M. Merleau-Ponty, *Humanism and Terror: An Essay on the Communist Prob-
　　lem* (Boston: Beacon Press, 1969), p. 177.
81) 같은 책, p. 115.

럼 내적 의식은 놀라운 선을 그리면서 광선처럼 각막에 비친다.
〔……〕 이것은 오로지 고립된 자아가 소리없이 운동하면서, 존경의 순
수 에테르 안에서 신적 단계에 이르러 말할 수 없는 것과의 함께 있음
이다.[82]

케이텁에 의하면, 민주주의의 궁극적 정당성은 "이러한 개체성,"
다시 말하면 "초월적 개체성"의 "준비"에 있다.[83] 케이텁이 쾨슬러에
비해 한 가지 다른 점이 있다면, 그가 보다 의식적이고 체계적이고
또는 단계적으로 초월적 단계로의 이행 과정을 기술하고 있다는 점
일 것이다.

5

이상에서 살펴본 케이텁과 쾨슬러의 논의는 메를로-퐁티의 입장에
서 볼 때, 기본적으로 이원주의 —— "요기형" 대 "코미사르형" 또는
"개인주의" 대 "국가주의"의 이원주의 —— 에 입각하고 있으며, 동시
에 쾨슬러는 "요기-주의 Yogi-ism"에서, 그리고 케이텁은 "초월-주의
transcendent-ism" 등 주관주의에서 벗어나지 못했다고 볼 수 있다.
메를로-퐁티는 『현대 Les Temps Modernes』지의 1946년도 10월호와 11
월호, 그리고 1947년도 1월호 등 3회에 걸쳐 연재된 「요기와 프롤레
타리아 Le Yogi et le Proletaire」[84]라는 기고문에서 쾨슬러가 주장한 이

---

82) 같은 책, p. 260.

83) 같은 책, p. 96.

84) 연재된 메를로-퐁티의 기고문은 *Humanism et Terreur: Essai sui le Probleme
Communiste* (Edition Gallimard, 1947)로 출판되었다. 그 후 존 오닐 John O'Neill에
의해 *Humanism and Terror: An Essay on the Communist Problem* 으로 영역되었
다. 기고문과 단행본의 내용을 비교해보면, 『현대』지 1946년도 10월호와 11월호,

원주의에 대해 비판한다. 다음에 메를로-퐁티의 쾨슬러 비판을 살펴보고, 그 연장선상에서 케이텁이 안고 있는 문제점들도 밝히고자 한다.

메를로-퐁티에 의하면, 쾨슬러는 "코미사르 철학the philosophy of the Commissar"에서부터 출발한다. 즉 전체는 부분의 합이고, 삶이란 물리적 자연의 한 유형이며, 인간은 자연의 부분이고, 의식은 전경도 배경도 없이 단순히 평면 도형으로 주어지는 동질적 세계의 반영이며, 인간의 행동은 물리적 과정처럼 인과적 설명이 가능하며, 윤리와 정치는 공리적 계산에 불과하다는, 말하자면 외적인 것만을 전제한 철학에서 출발한다. 그러나 그 다음 단계에서 쾨슬러는 자아의 고유한 존재에 대한 데카르트적 명증적 경험의 토대로서 자유를 발견한다. 이때부터 쾨슬러는 반코미사르적 전환이 근대적 물리학에서부터 심리학에 이르는 광범위한 분야를 특징짓는 새로운 경향이라고 주장한다. 그 구체적인 증거로서 그는 양자의 불연속성, 물리적 법칙의 개연성, 미시적 수준에서의 불확정성, 인과적 설명의 한계와 가치 판단의 복원 등을 예로 든다. 여기서 쾨슬러는 코미사르의 철학에 의해 질식되기 일보 직전에 요기의 철학에 의해 구조된다. 메를로-퐁티에 의하면, 쾨슬러의 이와 같은 구원의 희열은 그의 『백주의 암흑』에서 절정에 이른다. 그리고 쾨슬러는 이때부터 마르크스주의에 대해 경멸과 비난의 자세를 취한다.[85] 그러나 메를로-퐁티는 쾨슬러의 이와

그리고 1947년도 1월호의 내용은 *Humanism and Terror*, pp. 44~70, 93~98, 103~31; pp. 131~79, 184~89에 각각 해당된다. 이 절에서는 영역된 단행본을 중심으로 살펴볼 것이다.

85) 쾨슬러의 이와 같은 자세——"마르크스주의에 대한 경멸과 비난의 자세"——는 그가 쓴 소설에서보다는 같은 시기에 그가 두 번에 걸쳐 제출한 "독일공산당 German Communist Party" 사직서 가운데서 더 생생하게 실감할 수 있다. 특히 그의 두번째 편지(1938년 4월 29일자)에서는 공산당의 "도덕성"에 대한 강한 불신감이 역력히 엿보인다. 그의 장문의 사직서에 의하면, 그가 공산당을 떠나기로 한 이유는 세 가지로 압축된다: 첫째는 "혁명적 윤리 체계의 결여 the absence of revolutionary ethics"이고, 두번째는 "마르크스주 이론의 화석화 the ossification of

Marxist theory"이며, 세번째는 "비판의 억압the suppression of all criticism"이다. 다음에 두번째 서한의 내용 중, 그 서문만 약하고 전문을 게재·인용하기로 한다:

"I would like to try to explain to you the reasons that prompted me to take this step. I say try, because it is extraordinarily difficult to formulate, within the confines of a letter, the precise thought processes that have preoccupied and tormented me for many years.

Diverging views on particular questions of political tactics would never have induced me to leave the Party. What has been deisive for me is the experience of watching the progressive moral degeneration of the Party, which began long before 1933 and has seriously affected the other sections of the [Communist] International as well. The first two general secretaries of the Commintern have been officially denounced as spies, traitors, and mad dogs, and they have been put to death. Whether this was done justly or unjustly, and according to what norms the word 'just' can be applied in such cases, changes nothing about this shattering fact. I have long tried to close my eyes to the consequences of drawing logical conclusions from it. Like many of you, I sought consolation in the thought that political struggles between statesmen, who feel themselves answerable to history, have always unfolded—and necessarily, so—in forms that transcend the limits of normal moral concepts. When a movement is otherwise healty and stable, it can withstand such occurrences in its top leadership with relatively little damage.

The crucial fact, however, is that occurrences such as the Moscow trials do not appear to be isolated incidents affecting just the upper echelons of the Party. They are only the crassest and most glaring manifestation of a sickness that embraces the entire movement, a sickness that has penetrated the middle ranks of its functionaries and extends down into the individual cells.

It is the conduct of the Comintern leadership itself that leads me to this conclusion. For years now it has felt obliged to dismiss ever new groups of functionaries, and to denounce them publicly in the most violent way; it has arrested a not inconsiderable percentage of them; although their dedication to the cause is incontestable to those who know them; and it has summarily executed many of them without the benefit of proper proceedings. It is a logical contradiction when, with uncanny regularity, the leadership sees itself obliged to undertake more and more bloody operations within the movement, and in the same breath insists that movement is healthy. Such an accumulation of grave surgical interventions points rather to the existence of a much more serious central illness.

By way of explanation, we are told that our ranks have been infiltrated by Fascist

566

forces, that a staggering number of officials and old comrades-including some of the most trusted and dedicated among them-have been tainted by Fascist ideas, that they have sold themselves to the German, Polish, Hungarian, and Italian police. One hears this so often that one is deadened by it. One is so used to taking the transformation of old revolutionaries into stool pigeons for an everyday occurrence that one no longer notices what a moral and psychological monstrosity is represented by each single case. If you reread the history of the revolutionary movement, you will find that there have always been such terrible cases, but they were isolated instances that created a sensation. The mass corruption and abdication of an entire cadre along the lines insisted upon by our centralists has no precedent in history.

Every member of the Party is today confronted with a dilemma. Either he refuses to accept the mass-produced and monstrous accusations that are hurled against yesterday's comrades and leaders, in which case his days in the Party are numbered. or he believes them, he ponders them, and he runs into the problem of how the movement, both in the countries in which it is still engaged in struggle and in those in which it has already conquered, could be so extraordinarily vulnerable to this epidemic. If the Trotskyite-Nazi conspiracy, which is gradually beginning to occupy for us the role that the Elders of Zion occupy in the minds of Nazis, could have found such strong support among the top cadres of our movement, how great must have been their dissatisfaction, and how deep their doubts, for them to throw themselves into such arms!

And how does it look to the masses in the Party cells? The sense of fraternal uplift, the brotherhood of resistance, has been systematically eroded by the training in spy mania and the cultivation of denunciation-psychosis. What has hapened to the great communal comradeship of yore, where has it gone? Who now trusts his neighbor? Tomorrow our neighbor is likelv to be unmasked, exposed to contempt, turned into a leper. We crave and we thirst for the sense of true solidarity that alone made the times bearable, but that is now constantly undermined by hypocrisy, 'vigilance,' and mistrust. We sit around in small groups playing *The Man Who Was Thursday* [the novel by G.K. Chesterton, about a group of English Anarchists that is infiltrated by police agents]. We balance on the Party line as on a tightrope: a false step left or right and we are done in.

See what have they done to us! Who can still make out the goal? For years we have been wading knee-deep through a swamp: bitten, browbeaten, covered with filth, blind to reality. They console us by saying that this is the fate of all émigrés. But it was like that in Germany already. And worst of all, it is like that at the frontin Spain. The stink reaches all the way to the front lines, and even with a bullet in his belly a man is not free of the despicable clutches of this inquisition. You know the cases that I have in mind. They are more ghastly than even the most rabid Comintern haters could have invented.

I can go no farther. Every single one of us knows of at least one case of glaring injustice within his immediate circle. Every single one of us knows of at least one victim who was innocently condemned in the Soviet Union or elsewhere. Who is prepared to open his mouth, who dares to protest and to intercede for his comrades? We remain silent, at worst out of cowardice, at best in the interest of some superior morality, of some unscrupulously distorted dialectic, and so we turn ourselves into passive accomplices of each new piece of villainy. This dialectic is inserted into us like a screw that squeezes every stirring of conscience out of our heads and our hearts. After a few years one is bled spiritually dry. The brain is withered and the conscience is atrophied. Just look around you and see what human wrecks are running around in the Party.

It has become fashionable to complain about bureaucrats and bigwigs, using them as an excuse to ventilate our accumulated bitterness. It would be better to ask how it is that inspired revolutionaries can be regularly transformed in just a few years into bureaucrats of the sort that rule the roost among us. Do you believe that a Beimler was born a bureaucrat? It is the atmosphere, the constant intrigues, the constant fear of Moscow, the spiritual submission, that kills every living impulse and obliterates the personality, and leads to complete ossification. The Party bureaucrat, in his present incarnation, is nothing more than the product of inner Party circumstances.

But enough. You know all this every bit as well as I. And yet we differ in our conclusions.

Like every one of you, I have lived with these symptoms of degeneracy for years, and like you, I have always interpreted them as the deplorable but inescapable side-effects of the historical process. But now I am more and more convinced that we are dealing, not with secondary manifestations, but with an autonomous process. This process appears to be impelled by two principal forces. One is the absence of a system of revolutionary ethics, and the other is the ossification of Marxist theory.

Let me, to begin with, speak briefly about the first point. In the period of its ascendancy, the bourgeoisie possessed a clearly defined utilitarian system of morality. It rested on the remnants of feudalism, on the knightly concept of fair play, and from it developed the rules of the game for an era of free competition–which meant, it is true, that one was able to destroy one's competitors, but only so long as one kept to a particular and clearly defined set of rules. This utilitarian system of morals proved to be an indispensable condition of the victory of the bourgeoisie. Without it, the system of liberalism is unthinkable.

What is the situation with the ethics of the proletarian revolutionary struggle? Only naysayers and otherworldly eccentrics could maintain that the revolution must keep to the classical rules. For revolutionaries, liberal morality is unusable: this is clear. But what system should take its place? A sound, usable system of morality is not just a visionary ideal, it is also a practical necessity for any movement-as indispensable as a political program. As Malraux has said, 'morality alone is not enough to make a revolution, but without it nothing can be made.'

We have no new theory of revolutionary morals. We have only practice. It rests on the axiom, never clearly expressed but tacitly accepted, that the end justifies all means. This old battle-cry of the Jesuits, whose origin is obviously no accident, has been dialectically refurbished, and everybody knows that such dialectics permit all kinds of tricks. What sort of practice do we see emerging from such foggy premises?

It can be defined as follows. Anyone who expresses opposition to the general line, that is, to the specific tactics laid down by the leadership, even if it is only in the form of internal criticism, is damaging the movement. He is, by definition, helping the enemy, and objectively he becomes an accomplice of the enemy, and must automatically be rendered harmless by all available means, including deliberate defamation and even moral and physical destruction. What might actually be going on inside a man's head is of no interest. Whether he is subjectively well-intentioned or not, the subjective moment will be deliberately labeled objective, and he is 'objectively an agent of the enemy.' The recommendation of 'clean' and 'fair' methods of political struggle is dismissed as petty-bourgeois sentimentality or a vestige of liberalism. I believe that it was Lenin who coined the saying that Party opponent must not only be conquered, but also made to look contemptible.

I do not know if and how such a system can be theoretically refuted. But I do know that in practice it has had appalling consequences. All the above symptoms of decay are its direct result.

One decisive objection can also be raised against it on the theoretical plane, namely, that the entire edifice rests on the premise that particular policies pro-posed by the leadership are automatically equated with the objective interests of the movement, and with human progress in general. If the leadership makes a mistake, however, it damages the movement, and helps its opponents, and is itself automatically transformed into an 'objective agent of Fascism.' When Lenin made the mistake, in 1920, of ordering his army to invade Poland, he was every bit as much an 'objective agent of Fascism' as Trotsky or Bukharin are today, for whatever he thought when taking that notoriously false step, and whether his subjective intentions were good or bad, is of no interest. And the German Party, which supported the crazy policy of the 'Red Plebiscite'in 1929 [the German Communist Party's policy of opposing the governing Social Democratic Party on the grounds that its leaders were 'objectively' allied with the Fascists], was lock, stock and barrel, from top to bottom, acting as an 'objective agent of Fascism.'

It sounds ridiculous, but unfortunately it represents the logical application of our Party morality, in whose name opponents are liquidated and in whose name we intellectual 'dialecticians' try to justify this murderous campaign to the public and to our own consciences.

I don't know how the new revolutionary morality can be supplied. I am not, God knows, a prophet. But simple experience convinces me that this morality leads to absurd theoretical consequences, and in its practical application is killing it root and branch.

What is the situation with regard to my second point, to theory? It has not been developed at all since Lenin died, so that we find ourselves completely at sea when confronted by the following characteristic feature of our age, namely that reactionary governments inimical to the interests of the people manage to get the widespread support of the masses. Marx established the laws of economic movements and more or less correctly forecast future economic developments, but there is not a hint of an explanation in our theory for the laws that impel the masses, instead of gradually coming to an understanding of their objective class interests, to act in strict opposition to those interests. Without the further development of theory, we can have no effective propaganda for the masses and no prospects for a successful campaign of struggle.

Our theory has not developed, it has ossified.At precisely the point where the problems began, the discussion was dictatorially curtailed. Political dictatorship bred ideological dictatorship. Editorial offices were ruled by Party sergeants, though real sergeants swear only on the parade ground, whereas ours gave us hell with dialectics. And the training went on for so long, and our fear of being thrown out of the party, which had grown into our thoughts like fingernails into flesh, was so great, that we began not only to write like commandos, but also to think like them. Each of us had an imaginary warning sign hanging before his eyes: 'Whoever thinks things through will be shot.'

No, excuse me, it was different from that. It was: 'Whoever thinks things through shoots himself.' He destroys himself, physically of morally, because it is impossible to live outside the Party.

We grew blinders. We trained ourselves to see things in a perspective that did not correspond to reality. We did our thinking strictly within a closed logical system that had as little to do with the real world as the equally strict and twisted logic of schizophrenics. When Hitler smashed our movement, we denied that we had been defeated, and we proved logically that we had not been. When the Saar election campaign began, we maintained that whoever voted for the status quo was an agent of French imperialism, and we justified it. A month later, we ourselves backed the status quo, and we justified it. We swallowed everything.

We dared not rock the boat. Two maxims had been drilled into us to fit all occasions. The first was: 'No discussion at the front.' The second was: 'Wherever he is, a Communist is always at the front.' We swallowed this, too, never noticing what a mockery it was.

What has become of us? When Lenin introduced the N.E.P.[in 1921] he wrote his article, 'The Art of Climbing High Mountains,' and explained the N.E.P as a temporary but necessary step backwards. But when Stalin introduced his expulsion policies, he did not say that they were a necessary step backwards that could be discussed; he proclaimed his policies, which flatly contradicted the basic principles of Socialism, 'a victory for Socialism.' This example is a measure of the distance that we have come, of the total corruption of our ideology. Compare the language of *The Communist Manifesto* with a Comintern appeal of today. The last years of our Party press, its history from the International to the *Deutsche Volkszeitung [German People's Daily,* the German Communist Party's official newspaper, first in Berlin and then, after Hitler's rise to power in 1933, in Paris], shows how low a once ascendant movement can sink.

What is left? How, you will ask, when one thinks this way, can one continue to call oneself an ally?

The Soviet Union is left. Not Stalin, but the Soviet Union. It is the only hope offered by this miserable century. It is the foundation of the future. Whoever goes against the Soviet Union goes against the future. But whoever represents it as a finished prototype of the future, afflicted as it is by all the flaws of transition and by the adolescent growing pains of Stalinism, is offering us a caricature of the future. The Soviet Union is the most precious thing we have at present, but it is no prototype.

같은 반마르크스주의적 태도를 이해할 수 없다고 말한다. 왜냐하면 쾨슬러가 도달한 결론들——예컨대, 질은 양으로 또는 전체는 부분으로 환원될 수 없으며, 인간의 삶과 역사 속에는 선험적 또는 내적 구조가 존재하며, 이와 동시에 신이 아닌 인간만이 이러한 삶과 역사의 동인(動因)이라는 주장들——은 따지고 보면 헤겔과 마르크스가 이미 주장했던 것들이기 때문이다.[86)

여기서 메를로-퐁티는 쾨슬러가 과학주의에서 "대양적 의식"으로 전환한 것은 하나의 과오에서 또 다른 과오로의 평면 이동에 다름아니라고 본다. 물론 쾨슬러가 말한 "대양적 의식"이 반드시 종교를 의미하는 것은 아니다. 쾨슬러는 양자(量子)의 운동에서 신의 의지를 발견한다고 말하거나, 살아 있는 세포 속에서 인간의 자유에 견줄 만

In other words, in its politics we must defend the Soviet Union at all costs. In its theory, however, it is an object of study, and study without criticism is unthinkable.

Is there no contradiction in what I am saying? Can one criticize without causing harm? Does criticism simply put weapons into the hands of the enemy?

For the longest time I believed so, but I believe so no longer. The dangers of these last years should convince us that the suppression of all criticism, the insistence on unconditional assent, the dictatorship of the word, has wrought immeasurably greater havoc than any kind of free and responsible criticism has ever done. It took me a long time to understand this simple truth, but now I do. And that is why I must bid you farewell.

I am nearly finished. I thought it my duty to inform you openly, whatever the cost, of why I cannot continue with you. We have traveled a long way together. For me, it has been seven years. I gambled my bourgeois livelihood and lost in order to serve the Parry. But I have never regretted it. I did not regret it even during the three months that I was in a cell in Seville expecting to be shot. But now I feel that I am being suffocated by you, and I have the elementary need to breathe, to think, to write freely again, to dare to speak my mind.

I don't know if I will ever regret this step. I see no other way before me. But I know that your way is a dead end. A. K."

86) M. Merleau-Ponty, *Humanism and Terror: An Essay on the Communist Problem*, pp. 161~62.

572

한 의지가 있다고 주장한다거나, 엄밀과학의 한계를 이유로 순수 관념의 정당성을 주장하는 견해에 동의한다거나 하지는 않는다. 그가 외적 세계의 철학, 즉 코미사르의 철학에 반대하는 이유는 단순히 그 반대편의 철학인 요기의 철학, 즉 내면적 삶의 철학으로 옮겨가기 위한 것은 아니다. 정확하게 말해서 쾨슬러는 이들 모두에 대해 반대하는 입장이다. 요기는 위생과 청결 등 실생활에 무관심하고, 또 폭력 사태 등에 대해서도 무방비하다는 문제점이 있다.

따라서 기계론에 대한 유일한 대안은 영국 국교회이거나, 우리가 만질 수 없고 볼 수 없는 것에 접근할 수 있는 유일한 방법은 기독교 교리라는 발상은 정말로 천진난만한 생각이라고 쾨슬러는 성토한다. 그가 추구하는 것은 차라리 이 양자간의 "종합"에 있다고 말할 수 있다. 즉 한편으로는 모든 것을 인과적 설명의 틀로 환원시키는 외적 철학과 다른 한편으로는 존재의 다양한 차원들을 기술하는 데 그칠 뿐, 이러한 다양한 차원들간의 역동적 관계를 설명하지 못하는 내면적 철학 모두를 "종합"하려는 데 있다. 이런 관점에서 "인간 조건의 근본적인 역설은 그것이 자유와 결정론간의 갈등이든, 윤리와 논리간의 갈등이든, 또는 다른 어떤 것들간의 갈등이든간에 모두가 한편으로는 존재의 수평적 차원에서 생각하고 행동하면서도, 끊임없이 수직적 측면을 의식할 때에만 비로소 해결 가능하다는 점에서 발견된다. 수평적 측면을 상실함이 없이 수직적 측면에 도달하는 일이야말로 인류가 당면했던 과제 중에서 가장 필요하고도 가장 어려운 과제"[87]라고 쾨슬러는 피력한다.

그럼에도 불구하고 메를로-퐁티는 쾨슬러가 이상에서 밝힌 바와는 달리 "실제에 있어서는 요기형 쪽으로 기울어진다"고 본다. 심지어 그는 쾨슬러가 광신주의에 가까운 내면주의로 기울어진다고 경고한

---

87) 같은 책, pp. 162~63.

다. 솔직히 말해서, 메를로-퐁티는 쾨슬러가 현실 문제에 어느 정도 개입하는 종교보다는 이 모든 것을 초월한, 말하자면 순수 종교성과 도피주의에 유혹받고 있다는 인상을 준다고 토로한다. 그는 이것을 다음과 같은 쾨슬러의 말에서 엿볼 수 있다고 말한다. 즉 "계몽주의 시대는 인간적 생존에 대한 믿음을 파괴하였다. 그러나 이러한 수술에 따른 상처는 아직도 치료되지 못한 채 그대로 남아 있다. 모든 영혼 속에는 공허함이 있으며, 우리 모두의 가슴속에는 깊은 갈증이 있다." 쾨슬러는 기독교적 초월 신앙으로부터 "위의 것은 밑의 것으로 설명되지 않는다"는 "존재의 서열성 the idea of a hierarchy of being"을 이끌어낸다. 뿐만 아니라, 그는 지난 300여 년 간의 서구의 역사가 과학에 의한 다른 형태의 지식의 찬탈이었다고 단정한다. 여기서 쾨슬러가 말하는 다른 형태의 지식이란 "명상 contemplation"적 지식으로서, 이것은 동양에만 남아 있으며, "따라서 명상을 배우기 위해 동양으로 돌아가야 한다"[88]고 선언한다.

여기서 메를로-퐁티는 쾨슬러의 철학이 "은둔의 철학"으로 변신한다고 본다. 쾨슬러는 세계로부터 물러나와 자신의 과거에 등을 돌린다는 것이다. 그는 모든 물질적·역사적 영향을 초월한 순수 가치의 영역만을 보존하려고 한다. 그러나 메를로-퐁티는 이것은 마치 모나리자의 미소가 레오나르도 다 빈치의 어린 시절과 절연되어야 한다는 입장과 같으며, 또는 용기와 헌신이 메소키즘이나 죽음의 본능과 분리되어야 한다는 주장과도 다름없다고 반박한다. 메를로-퐁티에 의하면, 이와 같은 분리는 불가능하다. 그는 쾨슬러가 오히려 메소키즘과 죽음의 본능 또는 유아기적 갈등 속에서 성년기의 행동이 보여줄 인간적 드라마의 징후와 개괄적 윤곽을 찾아야 한다고 지적한다. 뿐만 아니라 그는 쾨슬러가 가치와 정신의 생물학적 토대도 밝혔어

---

88) 같은 책, pp. 163~64.

야 한다고 부연한다. 쾨슬러는 인간의 작품이나 삶 속에서 발견되는 객관적인 역사-심리적 요소들을 무시하고 인간의 주관적 자유만을 주장한다는 것이다. 또한 그는 인간의 리비도가 자유 의지에 의해 고 정화되고 또는 통합될 수 있는 무정형의 힘이라는 점을 간과하고, 인 간의 사랑은 육체적 갈등의 피안에 존재해야 한다는 "위선적 주장 prudishly demands"을 늘어놓는다.[89]

이것에 대해 메를로-퐁티는 쾨슬러가 오랫동안 가치와 정신을 불 신한 것에 대신하여 보다 높은 단계에서의 이들과의 해후를 요구한 것으로 해석한다. 이어서 메를로-퐁티는 다음과 같이 묻는다: 만약 인간의 행동이 자연이 의미하는 필연적인 것도, 무로부터의 창조가 의미하는 자유도 아니라면? 특히 사회 관계 속에서는 어떤 사람도 절 대적 의미의 무죄도, 절대적 의미의 유죄도 아니라면? 만일 전적으로 우리에게만 지울 수 없는 책임을 지우는 것이 바로 역사의 본질이라 면? 만일 모든 자유가 선택된 상황이 아닌, 주어진 상황에서의 결정 이라면? 메를로-퐁티는 이러한 물음들에 대해 스스로 이렇게 답한 다: 이러한 상황하에서 사람은 어느 누군가를 질책하지 않을 수 없겠 지만, 이 사람 역시 자신의 질책에 대해 양심의 가책을 느끼지 않을 수 없다는 것도 사실이다. 한걸음 더 나아가 그는 이렇게 경고한다: 즉 "가치나 도덕적 순수성 또는 내면적 인간에 대한 표피적 숭배는 폭력과 증오, 그리고 광신주의와도 은밀하게 내통한다. 이 점은 쾨슬 러도 인식하고 있음을 알 수 있다. 왜냐하면, 그 역시 "전도된 코미사 르로 행동하는 신비주의자"에 대해 경고하고 있기 때문이다. 우리는 어제보다는 오늘 더 성숙하고 이해심도 깊어지는 변화하는 사람을 좋아한다. 그러나 자신의 과거 입장으로 되돌아가는 것이 여기서 말 하는 변화는 아니다. 이런 것은 자신의 과오를 넘어서는 것이 아니

---

89) 같은 책, pp. 164~65.

케이텁, 쾨슬러, 그리고 메를로-퐁티 575

다."[90]

　메를로-퐁티에 의하면 쾨슬러의 휴머니즘은 특히 정치 분야에서 위험성을 나타낸다. 앞서 지적했듯이 쾨슬러는 앞을 향해 전진하지 않는다. 그는 단지 과거와 단절할 뿐, 제자리에서 맴돈다. 그는 어느 구절에선가 이렇게 말한 적이 있다: "로자 룩셈부르크 이후 대양적 의식과 행동적 역량을 모두 갖춘 남성 또는 여성은 아직 출현한 적이 없다. 메를로-퐁티는 이 말이 두 가지 뜻을 함축하는 것으로 해석한다. 첫째는 로자 룩셈부르크를 포함해서 금세기의 위대한 마르크스주의자들치고 편협한 코미사르의 철학을 따른 사람은 없었다는 뜻과 둘째는 오늘날의 공산주의의 일탈 현상을 교정하는 길은 마르크스주의가 이미 그 허구성을 폭로한 바 있는 내면 생활에의 복귀로 달성되지 않는다는 뜻이다. 여기서 메를로-퐁티는 쾨슬러가 자신의 과거 공산주의의 전력으로부터 보존해야 할 것, 즉 구체성의 의미는 망각하고, 그가 망각해야 할 것, 즉 내면 세계와 외면 세계간의 균열은 보존한다고 비판한다. 그는 마치 프로이트의 환자들처럼 자신이 겪었던 과거의 경험 중 어떤 것에 대해서는 너무나 충실한 반면, 다른 것에 대해서는 너무나 소홀하다는 것이다. 그 결과 그는 과거의 경험의 포로가 되어, 이것을 이해하고, 포용하고 궁극적으로는 이를 극복하는 데까지 이를 수 없게 되었다고 말한다.[91]

　또한 메를로-퐁티는 쾨슬러가 은근히 영국 사회주의를 찬양한다고 비판한다. 쾨슬러는 이렇게 말한다: "영국 민주주의의 입헌적 틀은 적어도 상대적으로 점진적인 사회주의로의 이행의 기회를 제공한다." 반면 그는 『공산당 선언』을 비판한다: "『공산당 선언』에 나오는 다음과 같은 유명한 말, 즉 '노동자들은 조국이 없다'는 말은 비인간적이고 그릇된 것이다. 농장 노동자나 광부 또는 청소부는 부유한 사

---

90) 같은 책, pp. 165~68.
91) 같은 책, pp. 168~69.

람들과 다름없이 강력한 인정의 끈에 의해 고향이나 동리, 또는 언어와 습관 등의 전통에 매여 있다. 이러한 인정의 끈을 거부하는 것은 ──유물주의에 바탕을 둔 교조적 사회주의가 종종 그랬듯이── 인간 본성에 반하는 것이다." 쾨슬러는 또 이렇게 말한다: "마르크스주의의 가장 기본적인 가르침의 하나는 프롤레타리아가 국가 내에서 특정의 민주적 자유를 보존하는 것이 중요하다는 주장이다." 그러나 메를로-퐁티는 쾨슬러의 사회주의 또는 영국 민주주의가 세계의 어느 구석에선가 수탈한 물적인 것에 토대를 두고 있다는 사실에 대해 침묵한다고 말한다. 이런 점에서 그는 쾨슬러가 최근의 한 인터뷰에서 영국 노동당에 대한 그의 유일한 비판은 국제주의를 발전시키지 못한 것이라고 지적한 말은 설득력이 없다고 성토한다. 특히 메를로-퐁티는 쾨슬러가 한편으로는 "서구의 혁명적 휴머니즘"에 호소하면서도, 다른 한편 영국 노동당의 국내 정치를 비판하지 않는 점은 이해하기 힘들다고 평한다.[92] 그는 이렇게 묻는다:

> 우리는 국제주의를 적어도 그 '교조적 형태에서조차' 포기하고 처칠의 대외 정책이 가져온 결과를 조금도 주저함이 없이 수용하는 사회주의가 어떻게 세계 여타 지역의 인간에 대해 조그만큼의 관심이라도 가질 수 있는지를 따져봐야 하며, 그리고 이와 같은 의미에서 이해된 사회주의가 또 다른 이름의 제국주의 정치가 아닌지를 물어야 한다.[93]

쾨슬러는 한편으로는 휴머니즘의 입장에서 인류의 평화를 주장하면서도, 다른 한편으로는 1938년과 1939년의 대독 유화 정책을 상기시키면서 대소 강경 정책을 주장한다:

---

92) 같은 책, pp. 169~71.
93) 같은 책, p. 171.

유화 정책은 국제 정치의 장을 장기판에서 포커판으로 바꾸어버린
다. 장기판에서는 두 상대자가 서로의 위치를 인지하고 있지만 포커판
에서는 서로를 알지 못한다. 따라서 유화 정책의 대안은 전쟁이 아니
라 상대방이 어디까지 움직일 수 있는지를 분명하게 보여주는 명백한
방향과 단호한 원칙 위에 세워진 정책이다. 이것은 전쟁의 가능성을
없애지는 못하더라도 오판에 의한 전쟁의 위험성은 방지한다. 그리고
이것이야말로 정치적 지혜가 최대한 달성할 수 있는 것이다. 만일 새
로운 세계 대전이 불가피하게 일어난다는 사실이 관계 국가들에 의해
명백하고 확실하게 이해된다면 약소국에 대해 열강이 침략할 가능성
은 극히 희박하다고 보아야 할 것이다.[94]

그러나 쾨슬러에 대해 메를로-퐁티는 이렇게 묻는다: 그렇다면 영
국과 미국은 1940년에서 1949년까지와 같은 전쟁 준비 상태로 돌입해
야 한다는 말인가? 결국 소련은 다른 국가들과 공존이 불가능하다는
것인가? 단적으로 메를로-퐁티는 쾨슬러의 주장 속에서 코미사르의
철학이 은폐되어 있음을 발견한다. 이런 점에서 그는 그 동안의 서구
민주주의와 공산주의간의 기본 논쟁은 요기와 코미사르간의 논쟁이
아닌, 하나의 코미사르와 또 하나의 코미사르간의 논쟁이라고 규정
한다. 실제에 있어서도 영제국(英帝國)이나 프랑스는 인도네시아나
월남에서 "내부로부터의 변화"를 일으킬 목적으로 요기를 보내기보
다는, 주로 "외부로부터의 변혁"을 달성하기 위해 폭력적으로 이 지
역에 개입했다. 여기서 메를로-퐁티는 지금까지의 서구적 휴머니즘
을 "장악적 휴머니즘humanism of comprehension" 또는 소유 지향적
휴머니즘으로 특징짓고, 이에 대립되는 새로운 휴머니즘으로서 "포
용적 휴머니즘humanism in extension" 또는 소통 지향적 휴머니즘을

---

94) 같은 책, p. 172.

주장한다.[95]

　혹자는 케이팁이 말하는 "민주적 개인주의" 또는 "민주적 개체성" 가운데에는 메를로-퐁티가 말하는 "개방적" 또는 "소통 지향적" 휴머니즘의 싹을 발견할 수 있다고 말할지도 모른다. 특히 케이팁이 제기한 "국가지도주의"와 그 연장선상에서 전개되는 미국의 대외 정책에 대한 비판은 앞서 논한 메를로-퐁티의 주장, 다시 말하면 "서구 민주주의와 공산주의간의 기본 논쟁은 요기와 코미사르간의 논쟁이 아닌, 하나의 코미사르와 또 하나의 코미사르간의 논쟁"이라는 주장의 정당성을 어느 정도 입증한다고 말할지도 모른다. 그러나 케이팁의 개인주의——특히 "초월적 단계"에 있어서의 개인주의——가 갖는 문제는 그것의 개방성에도 불구하고 이것을 전복하려는 세력에 대해서는 무방비하다는 점에서 "폐쇄적 장악주의"로 복귀할 위험성이 상존한다는 데 있다.

6

　메를로-퐁티의 새로운 휴머니즘의 실현 가능성은 결국 "소통 지향적 개인들"의 "역사적 출현"과 맞물려 있다고 본다. 이런 점에서 그것은 궁극적으로 논리의 문제이기보다는 역사의 문제이며, 이론의 문제이기보다는 실천의 문제이며, 하버마스의 표현을 빌리자면 "전략적 행동 strategic action"이 아닌 "소통적 행동 communicative action"의 출현 가능성의 문제[96]라고 생각한다. 아울러 필자는 메를로-퐁티

---

95) 같은 책, pp. 171~77.

96) J. Habermas, *On the Logic of the Social Science*, trs. by Shierry Weber Nichölsen and Jerry A. Stark(Cambridge, Mass.: The MIT Press, 1991), pp. 59, 62, 70, 74, 76, 87~88, 95, 102, 105, 107, 116, 127, 130~31.

가 제시한 새로운 휴머니즘, 또는 보다 엄밀하게 말해서 그것이 전제하는 소통 지향적 개인[97]을 다음과 같이 정의해본다: "세계-내-존재하는-개인이란 세계를 소유하는 개인이 아니라 세계와 소통하는 개인이다." 이것은 메를로-퐁티가 "세계-내-존재 in-der-Welt-Sein"로서의 인간을 "세계-와의-존재 Être-au-monde"로 재해석한 데서도 잘 엿볼 수 있다. 이와 관련하여 필자는 발덴펠스-최재식의 "신체 사이성 intercoporeite, zwischen Leiblichkeit"[98]의 개념이 시사하는 바가 큰 유용한 개념이라고 본다. 신체성에 토대를 둔 모든 주체들, 즉 "신체적 주체"[99]들은 필연적으로 "신체-사이-속에-존재"하는 주체들로서, 이들간에 형성된 "사이 신체적 장"이란 "연결"의 공간이면서 동시에 "분리"의 거리라고도 말할 수 있다.[100] 이러한 "사이 신체적 장"의 2중성 또는 모호성과 여기서 비롯되는 "긴장 관계"는 한편으로는 소통 지향적 개인주의를 담보해줌과 아울러 이를 단순한 "개인주의(또는 "요기주의")"나 "집단주의(또는 "코미사르주의")"로부터 구분해주는 지렛점이라고 생각한다. 이런 점에서 소통 지향적 개인주의는 라이프니츠 Leibniz 이래로 서구 개인주의의 전통이 된 "창문이 없는 모나드 windowless monad" 또는 "독아론"적 개인주의를 넘어설 수 있는

---

97) 월저 Michael Walzer가 말하는 "강한 개인"은 소통 지향적 개인주의의 한 예로 생각된다. "Multiculturalism and Individualism," *Dissent* (Spring, 1994). 소통 지향적 개인주의는 또한 하버마스의 "소통 이론 Communication Theory"과도 깊은 관계가 있다고 본다. 그러나 하버마스의 소통 이론의 문제는 "개방적 주체"의 존재론적 근거인 "신체"에 대해 거의 언급하지 않는 데 문제가 있다.

98) 발덴펠스, 『현상학의 지평』, 최재식 역(울산대학 출판부, 1998), p. 79: 최재식, 「메를로-퐁티의 현상학에 있어서 형태 개념에 의거한 사회성 이론(I)」," 한국현상학회 편, 『현상학과 실천철학』(철학과 현실사, 1993), p. 261.

99) Sonia Kruks, *The Political Philosophy of Merleau-Ponty* (New Jersey: Humanities Press, 1994), p. 10: 김형효, 『메를로-퐁티와 애매성의 철학』(철학과 현실사, 1996), p. 80.

100) 최재식, 「메를로-퐁티의 현상학에 있어서 형태 개념에 의거한 사회성 이론(I)」, 앞의 책, p. 262.

580

하나의 진전이라고 생각한다. 다른 한편 필자는 이와 같은 "사이 신체적 장"들 가운데 일부가 "말과 행동"을 매개로 "사이 신체적 상호 작용 체계"를 형성할 때[101] "공적 영역"이 출현한다는 점을 아렌트와 관련하여 이미 밝힌 바 있다. 끝으로 필자는 "사이 신체적 장"의 "2중성" "모호성" 또는 "긴장 관계"가 메를로-퐁티가 말하는 정치 세계의 "불행한 의식," 다시 말하면 "역사에 있어서의 비행maleficience in history"과도 무관하지 않다고 본다. 메를로-퐁티는 이렇게 말한 바 있다: "역사 안에는 일종의 비행이 존재한다. 그것은 사람들로 하여금 역사의 방향으로 움직이고 있다는 사실을 믿도록 부추기고 유혹하다가 갑자기 자신의 가면을 벗어던지고 사건들이 돌변하면서 다른 가능성이 있었다는 것을 증명한다. 역사가 이런 방식으로 저버린 사람들은 공범자임을 스스로 인정한다. 그러나 이들은 갑자기 자신들이 역사가 부추긴 범죄의 주범임을 발견하게 된다."[102]

---

101) 같은 글, p. 263.

102) M. Merleau-Ponty, *Humanism and Terror: An Essay on the Communist Problem*, p. 40.

현상학적 마르크스주의

1

마르크스주의와 현상학의 관계는 세 가지 관점에서 살펴볼 수 있다. 첫째는 "마르크스주의자의 현상학 phenomenology of the Marxist"을 검토하는 것이고, 둘째는 "현상학자의 마르크스주의 Marxism of the phenomenologist"를 검토하는 것이며, 셋째는 현상학과 마르크스주의는 상호 보완적이라는 전제하에 최근에 활발히 논의되고 있는 이른바 "현상학적 마르크스주의 phenomenological Marxism"를 검토하는 것이다. 이 글에서는 이상의 세 가지 관점 중 세번째 관점, 즉 "현상학적 마르크스주의"를 중점적으로 다루려는 데 목적을 두고 있다.

최근에 이르러 특히 "현상학적 마르크스주의"가 활발히 논의되기 시작한 것은 미국 세인트루이스의 워싱턴 대학에서 『텔로스 *Telos*』지가 발간되면서부터(1968년)라고 생각되며, 또 이를 주관하는 폴 피콘 Paul Piccone이 이러한 방향으로 논의를 전개시키고 있는 데에도 중요한 이유가 있다고 본다.

『텔로스』지는 "급진적 사회 이론"을 표방하고 나온 계간지로서, 편집자 피콘은 급진적 이론의 모델을 바로 후설의 현상학과 마르크스의 자본주의 비판에서 찾고 있다. 피콘의 논문은 대부분이 『텔로스』지에 발표되었고, 여기에 나타난 그의 주장은 대체로 다음과 같다:

첫째는 정통적 마르크스주의에 대한 비판이다. 피콘은 「위기 읽기 Reading the Crisis」라는 논문에서 오늘날 마르크스주의는 "기껏해야 객관적 과학으로 분장된 슬로건"에 불과하며, "사회 현실을 해명하기보다는 은폐하는 무수한 범주들"의 나열일 뿐이라고 공격한다.[1]

다음에 발표된 「현상학적 마르크스주의 Phenomenological Marxism」에서는 정통적 마르크스주의가 소비에트의 정책적 도구로 변질된 것은 이미 오래 전의 일이라고 지적하면서, "하나의 이론으로서의 정통적 마르크스주의"는 "독단적 슬로건들에 의해 연결된 빈 껍데기" 이상에 다름아니라고 비판한다.[2]

피콘에 의하면, 마르크스주의가 이처럼 "이데올로기의 화석"으로 변질된 것은 비단 스탈린 시대에 한정되었던 것은 아니라고 밝힌다. 이것은 그 후 흐루시초프의 전도된 "개인 숭배"를 거쳐, 브레즈네프의 "콤퓨터화된 스탈린주의"에 이르기까지 계속된 과정이었다. 정통적 마르크스주의는 당의 권위에 의해 지지되는 절대적 도그마로서, 철학과 문화를 모두 질식시킨 원천이 되었다. 피콘은 이 점을 다음과 같이 말한다: "모든 철학과 문화는 즉시 소련 정책의 객관적 요구에 의해 미리 짜여진 편끼리 겨루는 싸움터에 운반된 무기의 수준으로 격하된다. 이런 싸움은 철학과 문화를 순식간에 파괴시킨다." 이것이 남겨놓은 것은 "변명 apologetics" 뿐이라고 피콘은 강조한다.[3]

이어서 1972년의 논문에서 그는 정통적 마르크스주의가 추상적·객관적 교조에 지나지 않으며, 소수 지배 관료의 수중에 장악된 조작적 도구라고 규탄한다. 이것은 현대의 과학의 위기 또는 자본주의의 위기와도 그 궤를 같이하는, 말하자면 마르크스주의의 위기라는 것이다. 여기서 피콘이 말하는 마르크스주의의 위기란 "주체(노동자)와

---

1) P. Piccone, "Reading the Crisis," *Telos* (Summer, 1971), p. 128.

2) P. Piccone, "Phenomenological Marxism," *Telos* (Fall, 1971), p. 3.

3) 같은 글, pp. 5~6.

객체(노동자의 객관적 의식, 즉 마르크스주의)가 본질적으로 분리되어, 결과적으로는 객관적 과학의 대상의 수준으로 물상화 reification 됨"[4]을 뜻한다.

둘째로, 마르크스의 기본 개념에 관한 재검토이다. 피콘은 마르크스주의의 위기를 극복하는 길은 정통적 마르크스주의자들의 제개념들을 오늘의 구체적 경험에 비추어 근본적으로 재검토하고 또 "적실성 adequacy"을 갖도록 재구성하는 일이라고 말한다. 여기서 피콘이 특히 강조하는 것은 개념의 "적실성"이다. 모든 개념은 "적실성"을 가져야 한다: "개념과 대상의 관계는 반사나 대칭의 관계가 아니라 적실성의 관계이다." 적실성은 또한 진리의 기준이기도 하다. "진리의 기준은 개념과 대상간의 일치일 수 없으며, 개념과 그 개념이 달성하려고 고안된 원래의 목적과의 일치," 즉 적실성, "에 두어야 한다." 어떤 점에서 개념 구성은 상품 생산과 동일한 목적적 행위이며, 창조적 과정이다.

피콘은 "적실성"의 관점에서 종래의 "계급"과 "노동 계급"의 개념이 새로운 현실을 포착하고 설명할 수 있도록 재구성되어야 할 것과, "구조"와 "상부 구조"의 개념이 재정의되어야 한다고 주장한다. 다시 말하면 구조는 "물리적 생산 수단"이라는 종래의 좁은 범주에서 벗어나, "생활의 질"의 문제로 또는 "인간의 생활 스타일을 결정하는 사회-경제적 상황"으로 정의되어야 한다.

뿐만 아니라, "혁명"의 개념도 다시 정의되어야 한다. 그것은 기본적으로 "오늘의 분절되고, 로봇화한 노동자들이 자신의 운명을 구체적으로 결정하는 데 의식적으로(정치적으로) 참여하는 주체가 되는 일상 생활상의 질적 변화"로 정의되어야 한다.

특히 피콘에 있어서 개념의 "적실성"은 "현상학적 마르크스주의"

---

4) P. Piccone and J. E. Hansen, "Tranlator's Introduction," Enzo Paci, *The Function of the Science and the Meaning of Man* (Evanston: Northwestern Univ. Press, 1972), p. xxvii.

와 "정통적 마르크스주의"를 구별짓는 결정적 기준이 된다. 피콘은 이 점을 다음과 같이 말한다:

> 현상학적 마르크스주의는 일차적으로 그것이 인식한다고 주장하는 대상에 대해서뿐만 아니라, 그것이 달성코자 하는 목적에 대해서도 개념의 적실성을 보장하기 위해 마르크스주의를 포함한 모든 이론적 구성을 그것들이 살아 움직이는 문맥에 끊임없이 환원시키는 그러한 접근법으로 정의내릴 수 있다. 사실상 현상학적 마르크스주의의 출발점은 '정통적' 마르크스주의자들이 몹시 애용하는 반사 이론the theory of reflection의 거부 바로 그 점에 있다.[5]

셋째로, 마르크스주의와 현상학의 통합이다. 피콘은 「위기 읽기」에서 "마르크스주의가 심각한 위기에 처한 오늘날 진지한 마르크스주의자들에 대해 후설이 갖는 의미는 마르크스에 대해 헤겔이 가졌던 의미와 동일하다"고 주장한다. 특히 후설의 마지막 저서인 『유럽 과학의 위기와 선험적 현상학』 또는 이를 약하여 『위기』의 중요성을 강조한다. 피콘에 의하면 후설의 『위기』는 "루카치의 『역사와 계급 의식 *History and Class Consciousness*』 이래로 마르크스주의자의 가장 중요한 교과서라고 볼 수 있으며, 그것은 간단히 무시되기보다는 그 자체로서 주의 깊게 연구되어져야 한다"[6]고 말한다.

여기서 피콘이 특히 후설의 『위기』를 중요시하는 이유는 후설이 말한 유럽 과학의 위기나 마르크스가 말한 자본주의의 위기가 공통적으로 유럽적인 것에 대한 위기 의식의 산물이라는 데 있다. 물론, 후설과 마르크스는 유럽적인 것에 대한 이해에 있어 하나의 중요한 차이점 —— 어떤 의미에서 근본적 차이점 —— 을 나타낸다. 그것은 후설

---

5) P. Piccone, "Phenomenological Marxism," 앞의 책, p. 15.

6) P. Piccone, "Reading the Crisis," 앞의 책, p. 128.

의 경우 "과학"인 반면, 마르크스의 경우 "자본주의"라는 것이다. 그러나 피콘은 "과학의 위기는 자본주의 위기의 특수한 경우로 볼 수 있다"는 입장에서 후설과 마르크스는 융합될 수 있다고 본다. 피콘에 의하면, "자본, 과학, 마르크스주의는 자본주의 발전의 동일한 사회-역사적 과정의 다른 산물"[7]에 불과하다는 것이다.

피콘은 후설의 『위기』가 갖는 양면성, 즉 그 가능성과 한계성으로부터 현상학과 마르크스주의는 서로 만날 수 있고 또 만날 수밖에 없다는 결론에 도달한다. 피콘에 의하면, 마르크스주의의 "위기"를 포함한 현대의 "위기"는 산업 사회가 가져온 "물상화"에 그 뿌리가 있다. 후설의 현상학은, 특히 그의 『위기』는 이러한 "물상화"를 극복할 수 있는 가능성을 보여준다.

후설은 현대 과학의 이념, 즉 객관성의 본질을 추구하는 과정에서, 이러한 객관성이 은폐한 인간의 원초적인 경험의 세계, 다시 말해서 "생활 세계 life-world"를 발견하였다. 생활 세계는 과학적 지식의 토대가 되는, 과학에 속하지 않은 세계이다. 그것은 객관화되기 이전의 세계이다. 생활 세계는 이런 의미에서 "전-범주적 precategorial" "전-개념적 preconceptual" 또는 "전-객관적 preobjective" 세계이다. 그것은 한마디로 주관 subject의 세계이다.

후설은 『위기』에서 생활 세계의 모습을 보여준다. 그는 생활 세계가 오늘날의 과학에 의해——보다 정확하게 말해서 과학의 개념적 옷에 의해——은폐되어버렸다고 폭로한다. 후설은, 피콘의 말을 빌리면, "과학이 각종 범주로 현실을 은폐시킴으로써 그것을 실제로 변경하는 데 실패한 점과, 이에 따라 역사적 행위자로서의 인간을 다른 유사한 객체 가운데서 작용하는 하나의 수동적인 객체의 수준으로 얽매어버린 점"을 폭로한다. 피콘에 의하면 후설의 『위기』는 이와 같

---

7) P. Piccone and J. E. Hansen, "Translator's Introduction," 앞의 책, p. xxvii.

이 은폐된 인간의 생활 세계를 다시 회복시키려는 데 초점이 있다.[8]

다른 한편, 피콘은 후설의 『위기』가 하나의 한계점을 보여준다고 말한다. 후설이 설명한 "과학의 위기"는 기본적으로 사회-역사적 설명을 결여한 것으로서, 보다 근원적인 "위기의 뿌리 roots of the crisis"에까지 이르지 못했다. 뿐만 아니라 후설이 밝혀준 생활 세계는 따지고 보면 "욕구 need"의 세계라고 볼 수 있다. "욕구"야말로 후설이 말하는 "전-범주적 기초"로서, 모든 것이 여기에 의존하는, 또 이것에 의해 규정되는 원초적 기반이다. 다시 말해서, 피콘은 "생활 세계"를 "욕구의 세계"로서, 그리고 "노동에 의해 욕구 충족을 달성하는 세계"로서 재정의할 것을 주장한다.[9]

후설의 현상학이 갖는 이와 같은 한계점에도 불구하고, 피콘은 후설의 현상학이야말로 마르크스주의를 재구성할 수 있는, 어떤 의미에서 유일한 가능성으로 본다. 그는 특히 후설의 "초월적 주체 transcendental subjectivity"의 개념 속에서 마르크스의 혁명적 노동 계급의 진정한 의미를 발견한다.

피콘에 의하면, 후설이 생활 세계에서 획득한 "주관" 또는 "주체"는 "세간적 경험 mundane experience 속에서 끊임없이 억압된 초월적 주체"를 가리키며, 이것이 바로 마르크스가 원래부터 의미했던 프롤레타리아트라는 것이다. 다시 말하면, 마르크스가 말한 "프롤레타리아트"란 "노동해야 할 필연성 때문에 항상 초월적 주체의 역할을 강요당한" 존재이다.

프롤레타리아트는 하나의 물건으로 취급되면서도 — 따라서 "세간적 경험"의 세계에 예속되면서도 — 그의 "노동" — 여기서 "노동"이란 "자기의 상황에 대한 참된 의식 the true consciousness of its situation"을 허용하는 "목적적 행위 teleological activity"를 뜻한다 — 을 통

---

8) P. Piccone, "Phenomenological Marxism," 앞의 책, p. 24.

9) P. Piccone and J. E. Hansen, "Translator's Introduction," 앞의 책, p. xxiii.

해 "참된 의식"을 획득하는 "초월적" 존재이다.

피콘은 이와 같은 "초월적 주체"의 관점에서 "혁명"을 설명한다. 즉 "혁명은 공공연하게 초월적 주체가 되려는 욕구, 즉 진정한 인간이 되려는 욕구에 의해 불가피하게 일어난다."[10]

결론적으로 피콘의 현상학적 마르크스주의는 다음과 같은 네 가지 특성으로 집약된다: 첫째, 프롤레타리아트는 "초월적 주체"이다; 둘째, 프롤레타리아트는 그들의 "초월성"으로 말미암아 "혁명에 대한, 그리고 질적으로 다른 생활 양식의 추구에 대한 욕구need"을 갖는다; 셋째, "초월적 주체"의 기초 개념은 후설의 현상학에 의해 제공된다; 넷째, 현상학과 마르크스주의의 결합으로 비사회적 현상학은 사회철학으로, 도그마적 마르크스주의는 비도그마적 비판철학으로 전환된다. 여기서 피콘은 "발전된 현상학은 마르크스주의와 일치한다a developed phenomenology coheres with Marxism"[11]고 말한다.

그러나 피콘의 현상학적 마르크스주의는 하나의 딜레마에 봉착한다. 그것은 세간적 경험의 굴레에서 벗어난 초월적 주체, 즉 프롤레타리아트는 어디에 속한 존재인가? 생활 세계에 속한 존재인가? 아닌가? 또, 아직도 세간적 경험의 굴레에서 벗어나지 못한 주체를 후설적 의미에서 과연 초월적 주체라고 부를 수 있는가? 없는가? 하는 문제이다.

물론 이러한 물음은 피콘의 시도를 전적으로 부정하려는 데에서 나온 것은 아니다. 그보다는 그의 주장을 뒷받침할 수 있는 확고한 토대를 밝히려는 데 목적이 있다. 이 글에서는 바로 이와 같은 목적 ──현상학적 마르크스주의를 뒷받침할 수 있는 토대가 무엇인가를

---

10) P. Piccone, "Phenomenological Marxism," 앞의 책, p. 26; E. Paci, *The Function of the Science and the Meaning of Man*, tr. with an intro. by Paul Piccone and James E. Haseen(Evanston: Northwestern Univ. Press, 1972) pp. 434~35.

11) P. Piccone and J. E. Hansen, "Translator's Introduction," 앞의 책, p. xxiv.

밝힌다는 목적 —— 에서 피콘과 유사한 입장을 취하면서도, 그와는 독립적으로 현상학과 마르크스주의간의 융합을 시도했던 프레드 달마이어 Fred Dallmayr의 입장을 검토하려고 한다.

달마이어는 피콘과 더불어 현상학적 마르크스주의자의 범주에 포함시킬 수 있다. 그러나 이들은 다음과 같은 두 가지 점에서 차이를 나타낸다. 첫째는 이들의 출발점이다. 피콘의 출발점은 기본적으로 마르크스주의라 할 수 있는 반면에, 달마이어의 그것은 현상학이라는 점이다. 둘째로, 현상학과 마르크스주의의 관계를 바라보는 이들의 입장이다. 피콘은 주로 전기의 루카치와 그리고 이를 받아들인 그의 스승 파치 Enzo Paci의 입장을 따르는 반면, 달마이어의 경우에는 메를로-퐁티와 그리고 그를 계승한(적어도 달마이어는 그렇게 해석하는) 하버마스 Jürgen Habermas의 입장을 따른다는 점이다. 이 글은 이상과 같은 양자간의 차이점에 유의하면서, 현상학적 마르크스주의에 관한 달마이어의 입장을 살펴보고자 한다.

2

현상학에 관한 달마이어의 지금까지 논의는 대체로 세 가지 문제와 관련되어 전개되었다. 첫째는 사회과학 및 정치학과 관련된 것이었고,[12] 둘째는 윤리 문제와 관련된 것이었고,[13] 셋째는 마르크스주

---

12) Fred R. Dallmayr, "Political Science and the 'Two Cultures'," *Journal of General Education* (1964), Vol. XIX, pp. 269~75: Fred R. Dallmayr, "Empirical Political Theory and the Imago of Man," *Polity* (1970), Vol. 31, pp. 615~40: Fred R. Dallmayr, "Phenomenology and Social Science: An Overview and Appraisal," *Explorations in Phenomenology*, ed. by David Carr and Edward S. Casey (The Hague: Matinus Nijhoff, 1973), pp. 133~66: Fred R. Dallmayr, "Boyond Dogma and Despair: Toward a Critical Theory of Politis," *A. P. S. R.* (1976), Vol. 70, pp.

의와 관련된 것이었다.[14] 이러한 논의를 통해서 찾아볼 수 있는 그의 일관된 관심은 한 가지 물음으로 집약된다. 즉 주관주의 또는 객관주의의 극단론으로부터 양자가 조화될 수 있는 길은 무엇인가? 다시 말하면, 어떻게 주관─객관의 분리를 극복할 것인가?

달마이어는 주관─객관의 이원론의 극복이 바로 청년 마르크스의 중심 문제였다고 본다.[15] 적어도 이것은『포이어바흐 테제들 *Theses on Feuerbach*』에 나타난 그의 근본적 물음이었다고 주장한다. 달마이어는 메를로-퐁티의 현상학이 이러한 융합의 길을 제시한다고 본다. 뿐만 아니라 그는 이러한 입장이 오늘날 하버마스에 의해 계승된다고 본다.

이 글에서는 현상학적 마르크스주의와 관련하여, 달마이어의 마르

64~79; Fred R. Dallmayr, "Genesis and Validation of Social Knowledge: Lessons from Merleau-Ponty," *Phenomenology and the Social Sciences*, ed. by Joseph Bien(The Hague: Martinus Nijhoff, 1978), pp. 74~106; Fred R. Dallmayr, "Introduction: Political Theory at the Crossroads," *From Contract to Community*, ed. by Fred R. Dallmayr(New York and Basel: Marcel Dekker, Inc., 1978), pp. 1~16.

13) Fred R. Dallmayr, "Functionalim, Justice, and Equality," *Ethics* (1967), Vol. 78, pp. 1~16; Fred R. Dallmayr, "Hobbes and Existentialism: Some Affinities," *Journal of Politics* (1969), Vol. 31, pp. 615~40; Fred R. Dallmayr, "Reason and Emancipation: Notes on Habermas," *Man and World* (1972), Vol. 5, pp. 79~109; Fred R. Dallmayr, "Toward a Critical Reconstruction of Ethics and Politics," *Journal of Politics* (1974), Vol. 37, pp. 926~57.

14) Fred R. Dallmayr, "History and Class Consciousness: Georg Lukács' Theory of Social Change," *Politics and Society* (1970), Vol. 1, pp. 113~31; Fred R. Dallmayr, "Phenomenology and Marxism: A Salute to Enzo Paci," *Phenomenological Sociology*, ed. by George Psathas(N. Y.: John Wiley and Sons, 1973), pp. 305~56; Fred R. Dallmayr, "Marxism and Truth," *Telos* (Fall, 1976).

15) 루카치도 이것을 다음과 같이 지적한다: "The philosophical efforts of the young Marx were largely directed towards the refutation of the various false theories of consciousness(including both the 'idealism' of the Hegelian School and the 'materialism' of Feuerbach)······"(G. Lukács, *History and Class Consciousness: Studies in Marxist Dialectics*, Cambridge, Mass.: The MIT Press, 1971, p. 77).

크스주의에 관한 논의를 중점적으로 다루어보고, 그외의 다른 두 논의들, 즉 사회과학과 정치학에 관한 논의 및 윤리 문제와 관련된 논의는 제외키로 한다.

주관-객관의 이원론을 극복하려는 달마이어의 집요한 노력은 특히 현대 마르크스주의에 관한 논의들 가운데서 가장 뚜렷하게 찾아볼 수 있다. 현대 마르크스주의에 관한 달마이어의 논의는 주로 세 편의 논문 가운데 나타나 있다. 첫번째는 루카치에 관한 것이고, 두 번째는 파치에 관한 것이고, 마지막은 이상의 두 편의 논문을 바탕으로 현대 서구 마르크스주의 전반에 관하여 쓴 「마르크스주의와 진리 Marxism and Truth」라는 논문이다. 여기에서는 특히 마지막 논문에 초점을 맞추어 그의 논의를 살펴보고자 한다.

달마이어는 마르크스 이후의 마르크스주의의 인식론적 경향을 세 가지 형태로 구분한다. 첫째는 객관주의적 마르크스주의의 경향으로서, 레닌-샤프 Adam Schaff-루카치(후기)-알튀세르 Louis Althusser 등의 이른바 정통적 마르크스주의 또는 이를 수용하는 입장이다. 둘째는 정통적 마르크스주의에 대한 비판으로 나타난 주관주의적 마르크스주의의 경향으로서 사르트르-파치-피콘 등의 입장이다. 셋째는 콜라코프스키, 메를로-퐁티, 그리고 하버마스 등 마르크스주의의 재해석과 관련하여 제기된, 주-객의 대립을 극복하려는 입장이다. 다음에 현대 서구 마르크스주의에 관한 달마이어의 논의를 객관주의적 마르크스주의로부터 시작하여, 주관주의적 마르크스주의 및 메를로-퐁티를 중심으로 한 주-객의 대립의 극복을 위한 논의 등의 순서로 살펴보기로 한다.

첫째, 달마이어는 마르크스 이후에 전개된 정통적 마르크스주의가 인식론적인 입장에서 오히려 마르크스 이전의 공통된 주관-객관의 대립으로 다시 복귀하는 경향을 나타낸다고 말한다. 그 전형적인 예로서 그는 레닌의 『유물론과 경험-비판론 *Materialism and Empirio-*

Criticism』을 든다. 달마이어에 의하면, 레닌은 『유물론과 경험-비판론』에서 마르크스-엥겔스의 유물론과 마하Ernest Mach, 아베나리우스Avenarius 등의 경험-비판론을 비교 검토하고 이들을 서로 융합될 수 없는 "두 진영two camps"으로 엄격히 구분하였다. 그는 레닌에 의해 구별된 이와 같은 "두 진영"이 그 후 폴란드의 샤프와 헝가리의 루카치의 후기 입장, 그리고 알튀세르 등을 걸쳐 최근에까지 이른다고 말한다.

먼저 레닌은 경험-비판론이 철학사적인 관점에서 버클리Berkeley의 주관주의에 바탕을 둔 입장이라고 비판한다. 그는 마하나 아베나리우스 등이 사물 또는 물체를 단지 "감각의 복합체complexes of sensations"로 보고 있는 점을 들어, 이것은 일찍이 버클리가 사물을 "감각의 연합combinations of sensations"이라고 한 이론을 "재탕rehash"한 것에 불과하다고 공격한다. 레닌은 이렇게 말한다:

> 어떠한 구실이나 궤변으로도(우리는 아직도 이러한 것들과 여러 번 부딪쳐야 되지만) 사물은 감각의 복합체라는 마하의 학설이 주관적 관념론이며 버클리주의의 단순한 재탕이라는 분명하고 논란의 여지가 없는 사실은 번복할 수 없다. 마하가 말하고 있듯이 물체가 '감각의 복합체'라면, 또는 버클리가 말했듯이 '감각의 연합'이라면, 전세계는 나의 관념일 뿐이라는 결론에 이를 수밖에 없다.

사실상 레닌은 버클리의 『인간 지식론*Treaties Concerning the Principles of Human Knowledge*』이 관념론의 입장을 집약하는 대표작이라고 본다. 버클리는 바로 이 저서에서 인간의 인식을 감각과 그 감각에 연결된 관념과 동일시하였고, "의식 밖에 있는 감각적 대상 그 자체의 절대적 존재"를 부인하였다. 반면에, 레닌은 유물론이 "의식 밖에 있는 대상 그 자체의 인식"에서부터 출발하고, 또 "관념과 감각은 대상의 모사물 copies 또는 반영 images"이라는 모사설 copy theory 또는 반사설 reflection theory을 기본 전제로 받아들인다.

레닌은 유물론을 뒷받침할 근거로서 세 가지를 제시한다. 첫째는 엥겔스의 주장이고, 둘째는 일반적인 상식이며, 셋째는 자연과학적 이론이다. 첫째, 레닌은 엥겔스의 저서에 나타난 반사론의 예를 들어 유물론의 타당성을 주장한다: "누구든지 〔엥겔스의〕『반뒤링론 *Anti-Dühring*』또는 『포이어바흐론 *Ludwig Feuerbach*』을 읽어보면, 엥겔스의 사물에 관한, 그리고 그 사물이 인간의 뇌와, 우리의 의식과 사유 가운데 반사된다는 언급 가운데서 어렵지 않게 많은 예들을 발견하게 될 것이다." 여기서 레닌은 유물론과 관념론의 차이를 구별할 결정적 차이점을 "사물로부터 감각과 사유로 나가느냐"에 있다고 본다. 엥겔스가 취한 유물론이란 바로 이와 같이 "사물로부터 감각과 사유로 나가는" 입장이다. 요컨대 레닌이 엥겔스와 관련하여 주장한 것은 이미 엥겔스가 『포이어바흐론』에서 "두 진영"을 구분하였다는 것이고, "유물론자들에게는 자연이 일차적이고 정신이 이차적인 반면, 관념론자들에게는 이것이 반대"라는 것이며, 엥겔스는 유물론의 입장을 취했다는 것이다.

둘째, 레닌은 "상식"에 의해서도 유물론의 타당성은 입증된다고 말한다. 그 예로서 레닌이 들고 있는 것은 일반적인 상식적 세계의 "소박한 현실주의"이다. 레닌에 의하면 "소박한 현실주의"는 "정신 요양소에 있는 사람이나 또는 관념주의 철학자의 학생이 아닌 모든 건강한 사람"은 누구나 갖는 태도로서, "사물·환경·세계는 우리의 감각, 우리의 의식, 우리의 자아 및 인간 일반으로부터 독립해서 존재한다"는 견해이다. 뿐만 아니라 레닌은 일상적인 만남에서 경험하는 타인의 존재 역시 "사물·세계·환경이 우리로부터 독립해서 존재한다는 확신"을 낳는다고 말한다.

셋째, 레닌은 이러한 상식적 세계의 "확신"이 과학적 연구의 기반을 이룬다고 말한다. 레닌은 "절대 다수의 현대 과학자들이 특히 생리학과 생물학 분야에서" 이러한 확신——사물·세계·환경이 우리로부터 독립해서 존재한다는 확신——"을 본능적으로 받아들인다"고 말한다. 레닌은 구체적으로 시각 현상에 관한 자연과학의 설명을 예로 든다. 자연과학은 "여러 가지 색깔의 감각을 망막 밖에 있는, 사람 밖에 있는, 그로부터 독립해 있는 광선의 여러 가지 파장으로 설명한다. 이것이 유물론이다. 감각 기관에 작용하는 물질은 감각을 생산한다. 감각은 뇌·신경·망막 등 특정한 방식으로 조직된 물질에 의존한다." 이러한 물질은 "감각"으로부터 독립된 "일차적" 존재인 반면, "감각·사유·의식은 특수한 방식으로 조직된 물질의 최고 산물"에 불과하다.

달마이어에 의하면, 레닌의 유물론은 인식의 문제에서 더 나아가 진리와 실천의 문제에까지 확대된다. 레닌은 먼저 『포이어바흐에 관한 명제들』의 제2항에서 마르크스가 주장한 진리의 문제——즉 "사유"가 "객관적 진리"인가 아닌가 하는 것은 "실천"의 문제라는 것과, "진리"는 "사유의 이 세계성 this sidedness of thinking"의 문제라는 것——와 관련하여, 첫째, 마르크스가 말한 "사유의 '객관적 진리'란 사유에 의해 참되게 반영된 대상(즉 사물 그 자체)의 존재를 의미하는 데 불과하다"고 밝힌다. 둘째로, "이 세계성"은 "저 세계성" 즉 물자체와 대립되는 의미로서의 "현상"이 아니라고 설명한다. 오직 관념론자나 불가지론자만이 물자체와 현상을 구별하고, 인간의 인식을 "현상적인 이쪽 측면 this side of phenomena"에만 한정시킴으로써 "대상 자체"의 현실성을 부정할 뿐이라고 레닌은 공격한다.

레닌에 의하면, 유물론자의 객관적 진리는 인간의 감각 기관에 의해 밝혀지는, 인간으로부터 독립하여 존재하는 진리를 뜻한다. 레닌은 물론 참된 반사에 이르기까지 상대적 "근접 approximation"의 여러 단계, 즉 역사적 과정이 필요하다고 말한다. 이것은 바로 과학적 연구의 실제 과정에서도 찾아볼 수 있다. 즉 "과학 발전의 각 단계는 절대적 진리의 합계에 새로운 몫을 추가한다. 그러나 각개의 과학적 명제가 진리에 접근할 수 있는 한계성 the limits of the truth of each scientific proposition은 지식의 발전에 따라 때로는 확대되고, 때로는 수축되는 상대성을 갖는다." 여기서 참된 유물론자는 절대적 진리와 아울러 상대적 진리를 모두 인정하게 된다. 레닌은 다음과 같이 말한다:

> 현대 유물론, 즉 마르크스주의의 관점에서 볼 때, 우리의 지식이 객관적 진리에 근접하는 한계는 역사성을 갖는 조건적인 것 historically conditional인 반면, 이러한 진리의 존재는 무조건적이며, 우리가 이러한 진리에 가까워지고 있다는 사실 역시 무조건적이다.

달마이어는 마지막으로 레닌의 실천에 대해 논한다. 레닌은 실천을 절대적 진리에 이르는 과학적 실험으로 이해한다. 실천은 부분적 지혜를 완전한 지식으로 전환하는 실험의 과정이다. 실천의 성패는 객관적 진리와의 일치 여부를 결정하는 기준이다: "유물론자에게는 실천의 성공이 우리의 관념과 우리가 지각하는 사물의 객관적 본성과의 일치를 증명하는 것"이 된다. 한걸음 더 나아가, 레닌은 실천에 의해 증명된 것만이 "유일한, 궁극적 객관적 진리 the sole, ultimate and objective truth"라고 주장한다.[16]

달마이어는 레닌이 구분한 "두 진영"의 이론이 그 후 정통 마르크스주의의 공식적 입장이 되었다고 보고, 이것은 최근에 이르러 폴란드의 철학자 샤프에 의해 주장된다고 말한다. 여기서 달마이어는 레닌에 이어 샤프의 견해를 검토한다. 달마이어는 샤프가 초기에서 후

---

16) Fred R. Dallmayr, "Marxism and Truth," 앞의 책, pp. 132~35.

기로 넘어오면서 다소간 입장의 차이를 나타내고 있지만 기본적으로
는 레닌의 "두 진영"의 이론을 그대로 답습한다고 본다.

달마이어는 먼저 샤프의 초기 입장에 대해 이렇게 말한다. 첫째, 샤
프의 레닌주의는 실존주의적 경향에 대한 비판으로, 특히 청년 마르
크스를 휴머니즘의 입장에서 해석한 콜라코프스키 Leszek Kolakowski
에 대한 비판으로 제기되었다. 둘째, 샤프는 1959년에 발표한 「청년
마르크스 연구 Studies of the Young Marx」에서 콜라코프스키의 입장을
다음과 같은 두 가지로 집약한다: 1) 콜라코프스키에 의하면 마르크
스의 『경철 수고 Manuscripts』에 나타난 인식론은 "마르크스의 진정
한 인식론이다"; 2) "마르크스의 인식론적인 견해는," 이러한 과정에
서 볼 때, "엥겔스와 레닌에 반대된다." 셋째, 샤프는 이상과 같은 콜
라코프스키의 마르크스 해석은 잘못된 해석이라고 비판하고, 넷째,
마르크스의 진정한 인식론적 입장에 관한 자신의 견해를 밝힌다.

샤프는 콜라코프스키의 마르크스 해석에 대한 비판에서, 마르크스
의 초기 입장은 그 후에 발전된 성숙기의 저작에 비추어 해석되어야
하며, 이런 점에서 마르크스의 입장은 결코 엥겔스와 레닌에 대립될
수 없으며, 설사 초기의 입장이 성숙기의 입장과 다르다 하더라도 초
기의 입장은 마르크스 인식론의 진정한 씨앗이 아니라는 것이고, 이
것은 마르크스가 성숙기에 가서 버린 잠재적 씨앗에 불과하다고 주
장한다.

다음으로 마르크스 자신의 인식론적 입장에 대해, 샤프는 "명백히
유물론적 반사 이론에 입각하고 있으며, 또한 고전적 진리론에 근거"
하고 있다고 주장한다. 여기서 샤프가 말하는 "유물론적 반사 이론"
또는 "고전적 진리론"이란 첫째, "정합 이론 theory of coherence" "명
증 이론 theory of evidence" "일반적 합의론 theory of general
agreement" "유용성 이론 theory of utility" 또는 "사유경제론 theory of
the economy of thought" 등의 관념주의적 제견해에 대립되는 입장을

가리키며, 둘째, 진리는 "지식과 인식에 반영된 객관적 실재와의 일치"라는 상응 이론correspondence theory을 뜻한다. 여기서 달마이어는 샤프가 레닌의 "두 진영"론을 그대로 고수한다고 주장한다.[17]

그러나 달마이어는 샤프가 후기에 이르러 다소 온건한 방향으로 후퇴하고 있음을 지적한다. 즉 초기의 기계론적 단순 반사 이론은 후기에 상호 작용 이론으로 바뀌었고, 종전의 엄격한 양분법은 그 후에 새로운 삼분법으로 수정되었다.

여기서 특히 관심을 끄는 것은 샤프가 『역사와 진리 *History and Truth*』에서 제시하고 있는 세 가지 형태의 인식 모델이다. 첫번째 모델은 "기계론적 반사 이론mechanistic theory of reflection"이다. 이 모델에 의하면, 주체 또는 관찰자는 외부의 자극에 따라 움직이는 단순한 수동적 자극의 반응체로서, 그것은 대상을 정확히 모사함으로써 지식에 도달한다. 그것은 또한 마르크스가 『포이어바흐에 관한 명제들』의 제1항에서 비판한 대상에 대한 "관망적contemplative" 태도로 특징지어지는, 말하자면 고전적 반사 이론의 기본 입장이기도 하다.

두번째는 "관념론적-행동주의적 모델idealist-activist model"로서, 외부 세계는 단지 주체 또는 행위자가 만든 것이며, 지식은 그에 의해 창조된 것이라는 입장이다. 여기서는 객관 세계의 독립적 의미가 완전히 상실된다.

세번째는 인식의 주-객의 양면을 서로 관련시켜 이들간의 상호 작용으로 인식 과정을 파악하는 모델이다. 샤프는 세번째 모델이야말로 오늘날 마르크스주의와 일치하는 입장이라고 말한다. 그것은 마치 사진기가 찍은 현실이 단순한 외적 자극의 결과만이 아닌, 사진기 자체의 품질에 크게 좌우되는 것과 같다.

달마이어는 샤프의 이러한 후기의 입장이 한편으로는 논리실증주

---

17) 같은 글, pp. 135~38.

의나 분석철학의 입장, 즉 경험적 연구의 필수 요건으로서 "개념적 틀" 또는 "패러다임" 등을 중시한 이들의 입장과 일치한다고 해석하는 한편, 또한 이것은 인식 과정에서 "실천" 또는 인간의 "참여"를 중시하는 새로운 인간학의 출현으로 해석할 수 있다고 말한다. 그럼에도 불구하고 달마이어는 샤프가 객관적 실재를 인식의 주체로부터 독립시킨 점에서 종전의 "두 진영"과 크게 다를 바 없다고 주장한다. 달마이어는 샤프의 "재정립된 견해의 배후에는 아직도 옛날의 '두 진영'의 모습이 쉽사리 발견된다"[18]고 말한다.

달마이어는 샤프에 관한 논의에 이어 루카치를 고찰한다. 달마이어에 의하면 루카치의 입장은 샤프의 경우와는 달리 초기와 후기간에 뚜렷한 변화를 보여주는 예에 속한다. 즉 초기의 주관주의가 후기의 객관주의로 전환된 경우라고 볼 수 있다. 여기서 달마이어는 루카치의 후기 입장에 초점을 맞추어 그를 객관주의적 마르크스주의자의 범주에 포함시킨다.

달마이어에 의하면, 루카치의 입장은 그의 모스크바 망명 시기를 전후하여 전기와 후기의 두 시기로 양분된다. 전기는 주로 『영혼과 형태 *The Soul and the Form*』『소설의 이론 *The Theory of Novel*』, 그리고 『역사와 계급 의식 *History and Class Consciousness*』 등이 나온 시기이며, 후기는 『실존주의와 마르크스주의 *Existentialism or Marxism*』『이성의 해체 *The Destruction of Reason*』, 그리고 『사회적 삶의 존재론 *Ontology of Social Life*』 등이 발표된 시기이다.

달마이어는 뤼시엥 골드만의 견해에 따라, 당시의 루카치는 세 가지 사상적 흐름에 접하고 있었다고 본다. 첫째는 남서독일의 신칸트주의이며, 둘째는 딜타이의 역사적 해석학이며, 셋째는 후설의 현상학이다. 이들 중 전기의 첫 저작인 『영혼과 형태』는 특히 "현상학과

____

18) 같은 글, pp. 138~39.

딜타이 학파의 두 개의 중심적 개념인 초시간적 본질과 오성(悟性)"
을 결합시킨 작품이라고 말한다. 이 두 개념은 루카치에 의해 "형태
form"의 개념으로 발전되었다. 루카치가 말하는 "형태"는 "시간을
초월하는 의미 있는 형태transtemporal meaningful form"로서 순수 오
성에 의해 접근이 가능한 관념적 구조를 뜻한다. 루카치는 여기서 세
간적 경험의 세계와는 구별되는 절대적 규범의 세계를 주장하였고,
부패하고 분절된 사회 속에서 순수 존재authentic existence의 가능성
을 추구하였다.

　달마이어는 루카치의 이와 같은 초월적 관념론이 그의 전반기를
지배한 기본 입장이라고 말한다. 물론 달마이어는 그 후에 발표된
『소설의 이론』과 『역사와 계급 의식』 등에서 루카치가 점차 세간적
경험 세계에 악센트를 주고 있음을 시인한다. 다시 말해서, 『소설의
이론』에서 루카치는 인간의 욕망과 환경의 상호 작용이라는 "세계 내
entremonde"의 문제로 관심을 돌리고, 이러한 상호 작용에서 야기된
긴장 관계를 극복하는 데 소설의 매개적 역할을 중시한다.

　반면 그의 대표작인 『역사와 계급 의식』에서 루카치는 종전의 개인
의 의식으로부터 계급 의식으로 초점을 돌리고 또 여기서 야기되는
사회적 갈등에 관심을 기울인다. 루카치는 자본주의 사회 내에서 사
회적 갈등을 집약하는 객체로서, 그리고 궁극적으로는 이를 극복하
는 주체로서 프롤레타리아트를, 특히 그 계급 의식을 중심으로 논한
다. 그러나 달마이어는 루카치의 논의가 "이미 만들어진 순수 사변적
종합으로 도약하는 데" 그치고 말았다고 비판한다. 달마이어는 루카
치의 이러한 도약이야말로 그의 관념론적 경향을 단적으로 보여주는
예라고 말하면서, 『역사와 계급 의식』은 후설의 주관주의를 강하게
나타내는 저작 중의 하나라고 주장한다. 즉,

　　마치 〔후설의〕 현상학이 '명증성으로의 도약,' 또는 본질의 직관적

파악이라는 주장으로 특징지어지듯이, 『역사와 계급 의식』도 '종합으로의 도약,' 또는 역사적 경험의 전체적 의미로의 돌진을 보여준다고 말할 수 있다.[19]

달마이어는 루카치의 전기를 특징짓는 주관주의가 모스크바 망명 이후로는 객관주의 또는 "비판적 현실주의 critical realism"로 돌변하였다고 본다. 달마이어는 이것을 다음과 같은 몇 가지 사실을 들어 주장한다. 첫째, 루카치는 『역사와 계급 의식』의 신판 서문에서 자신의 저작이 "초보적 주관주의"를 나타냈으며, "자연"과 경제적 과정을 경시하였으며, 과학적 방법을 무시하였고, 자연과학에 내재하는 해방적 경향을 도외시하였음을 시인한 사실이다.[20]

둘째는, 루카치가 『실존주의와 마르크스주의』에서 현상학과 실존주의를 "제국주의 단계"에 처한 자본주의적 문화의 점진적 붕괴 현상으로 파악하였고, 이 두 철학을 주관적 직관에 입각한, 따라서 합리적 연구와는 배치되는 것으로 비판한 사실이다. 셋째로, 『이성의 해체』에서 직관을 비판하고, 특히 셸링에서 히틀러에 이르는 시기를 검토하는 가운데서 직관을 독일 철학의 쇠퇴와 타락의 원천으로 공격하는 한편, 현상학과 실존주의를 비합리적 "생철학"의 잉여물 또는 특수 형태로 규정하고, 현상학적 판단 중지를 객관적 사회 현실을 기피하려는 주관주의자의 책략으로 규탄한 사실 등이다.[21]

마지막으로, 루카치의 객관주의는 그의 사후에 출판된 『사회적 삶의 존재론』에서도 뚜렷이 나타난다는 점이다. 여기서는 "변증법적 모

---

19) Fred R. Dallmayr, "Phenomenology and Marxism: A Salute to Enzo Paci," 앞의 책, pp. 308~11.

20) Fred R. Dallmayr, "History and Class Consciousness: Georg Lukács' Theory of Social Change," 앞의 책, p. 130.

21) Fred R. Dallmayr, "Phenomenology and Marxism: A Salute to Enzo Paci," 앞의 책, p. 311.

방 dialectical mimesis" 또는 "현실주의 변증법 realist dialectics"을 강조하며, 변증법을 사유에 대해 존재의 우위를 주장한 존재론으로, 유물론을 사유의 모방성 mimetic quality of thought을 강조한 인식론의 입장으로, 그리고 의식을 현실의 반사로 규정한 점 등이다. 물론 달마이어는 루카치가 그의 최후의 저작에서 현상학자인 하르트만 Nicolai Hartmann의 입장을 많이 받아들이고 있다는 점과, 어떤 점에서는 종전의 객관주의로부터 다소 후퇴하는 경향도 보여준다고 지적한다. 그러한 예로서 루카치가 개인적 관심의 다양성과 주관적 퍼스펙티브의 정당성을 인정하는 것 등을 열거한다. 그러나 루카치는 이러한 주관적 퍼스펙티브가 궁극적으로는 인간의 의식으로부터 독립된 현실 a complex hierarchy of reality 가운데 뿌리박고 있다는 것과, 또 여기서 통합된다는 점을 들어, 루카치는 객관주의로부터 결코 벗어나지 못했다고 결론짓는다.[22]

달마이어는 객관적 마르크스주의자의 마지막 인물로서 루이 알튀세르에 대해 살펴본다. 달마이어에 의하면, 알튀세르는 다른 구조주의자들이나 또는 샤프의 후기 입장에서 볼 수 있는 바와 같이, 모델과 개념적 틀의 매개적 역할을 중시한다. 알튀세르는 『마르크스를 위하여 For Marx』에서 인식, 즉 지식의 획득을 상식적 의견과 이데올로기적 선입견 ideological preconceptions으로부터 과학적으로 검증되고 타당성을 갖는 명제로의 점진적인 전환 과정으로 본다. 그리고 이러한 전환 과정을 "이론적 실천 theoretical practice"이라고 부른다.

여기서 달마이어가 강조하는 것은 알튀세르에 있어서의 과학적 연구는 결코 경험적 자료와의 직접적인 접촉에서 시작되는 것이 아니라는 점이다. 알튀세르에 의하면, 과학은 "언제나 현존하는 개념" 또는 이데올로기적 성격을 갖는 "선입견 Vorstellung"에서 출발한다. 알

---

22) Fred R. Dallmayr, "Marxism and Truth," 앞의 책, pp. 139~40, 150.

튀세르는 이들 "개념" 또는 "선입견"을 "일반성 1 Generality I"이라 부르고, 이들을 과학적 연구의 기반이 되는 원자료 raw material라고 말한다. 일반성 1, 즉 원자료는 "일반성 2 Generality II"를 매개로, 다시 말하면 지배적 이론의 패러다임을 매개로 "일반성 3 Generality III"으로 전환된다. 여기서 "일반성 3"이란 "특정화된 개념 specified concepts" 또는는 "또 다른 구체적 일반성 that other concrete generality"으로 불리는 "현실적 지식 real knowledge"을 뜻한다.

달마이어는 알튀세르의 과학적 연구가 주로 개념적 범주에 기반을 두고 있으나 궁극적으로는 정신적 구축물들의 외부에 존재하는 실재 세계의 반영을 목적으로 하며, 특히 외부 세계의 반영이 간접적 절차와 조작 operations에 의해 비로소 가능하다고 보는 점에서 특징이 있다고 지적한다. 알튀세르에 따르면, 지식의 추구는 한편으로는 전적으로 이론적 실천의 영역에서 이루어지는 주관적 현상인 반면, 다른 한편 그것은 구체적 현실을 지시하는 객관성을 갖는다. 그러나 "이러한 구체적 현실은 이론적 실천 이전이나 이후에나 사유의 영역 밖에 독립된 것으로 남아 있기" 때문에, 결국 현실과 현실에 대한 지식간에는 엄격한 구분이 존재한다. 여기서 달마이어는 알튀세르가 이론과 현실을 명백히 구분짓고 있다는 점에서 레닌의 "두 진영"의 입장을 추종한다고 본다.[23]

3

달마이어는 이상과 같은 객관주의적 마르크스주의에 이어, 다음으로 이와 대립하는 주관주의적 마르크스주의에 대해 고찰한다. 객관

---

23) 같은 글, p. 140.

주의적 마르크스주의, 다시 말해서 정통 마르크스주의는 이미, 레닌 당시부터 로자 룩셈부르크Rosa Luxemburg를 위시한 안톤 파네코에크Anton Pannekoek, 헤르만 고터Hermann Gorter 또는 칼 고르쉬Karl Korsch 등 이른바 좌파 공산주의자들의 끊임없는 비판의 대상이 되었다. 그러나 달마이어는 이차 세계 대전 이후 실존주의 및 현상학의 영향을 받아 나타난 주관주의적 마르크스주의자들에 초점을 맞추어, 정통 마르크스주의에 대한 비판을 중점적으로 고찰한다.

달마이어는 전후 주관주의적 마르크스주의가 사르트르-파치-피콘 등으로 발전되었고, 특히 사르트르의 「유물론과 혁명Materialism and Revolution」(1946)은 그 시발점이 되었다고 밝힌다. 달마이어에 의하면 사르트르의 논문은 다음과 같은 하나의 주장으로 집약된다. 즉 유물론과 마르크스주의는 서로 다른 별개의 철학이다. 그리고 이러한 주장은 두 단계를 거쳐서 논증된다. 첫째, 유물론은 비실천적 형이상학이다. 둘째, 마르크스주의는 혁명적 실천철학이다.

첫째, 사르트르에 의하면, 유물론은 비실천적 형이상학이다. 유물론은 우주의 본질이 물질이라는 기본 전제하에, 정신과 사유를 물질적 산물 또는 그 결과로 본다. 유물론은 "신과 초월적 목적의 존재"를 모두 부정하고, "정신적 행위를 물리적 작용"으로 이해하고, "세계와 세계 내의 인간을 보편적 〔인과〕 관계에서 결합된 대상의 체계로 환원"시키며, 마침내는 모든 주관성을 배제하는 데 이른다. 이것은, 사르트르의 말에 따르면, "우리의 경험을 무한히 초월하는 문제"로서, 말하자면 선험적 입장에 서 있음을 뜻한다.

유물론은 관념론과 마찬가지로 제1원칙에 입각한, 그리고 그 확실성은 "직관 또는 선험적 판단에 근거한only from intuition or a priori reasoning" 형이상학이다. 사르트르는 특히 유물론이 "실증주의의 배후에 숨어 있는 형이상학"임을 주장한다. 어떤 의미에서, 실증주의적 유물론은 "자기 파괴적 형이상학a self-destructive metaphysics"이다.

이것은 인간의 지식을 증명 가능한 경험의 영역에 국한시킴으로써, 증명이 불가능한 그 자신의 형이상학적 전제를 부인하는, "자기 파괴적 형이상학"이다.

뿐만 아니라, 사르트르는 유물론이 자기 기만의 형이상학이라고 폭로한다. 유물론자들은 관념론자들의 사변적 입장과 그들의 주관주의를 배제한다고 말한다. 그들은 모든 주관성을 일소한다고 역설한다. 그러나 사르트르에 의하면, 주관성은 결코 일소될 수 없다. 그는 이 점을 다음과 같이 주장한다:

> 유물론자들은 주관성을 제거한다는 명목하에, 자신을 하나의 대상으로, 다시 말해서 과학적 연구의 대상으로 선언한다. 그러나 일단 대상의 이름으로 모든 주관성을 제거하고 나면, 자신을 다른 여러 개의 사물 중의 하나로, 따라서 물리적 우주 공간 속에 이리저리 뒹구는 하나의 사물로 보는 것 대신에, 하나의 객관적 관찰자로, 자연을 절대적인 상태하에 있는 그대로 관조하는 관찰자로서 자처한다.

사르트르는 바로 이와 같은 주관성과 객관성의 혼용 interchange과 혼동 confusion에서 유물론적 입장의 일관성과 과학적 합리성이 파괴된다고 본다. 이것은 비철저한 객관주의가 가져온 일종의 자기 기만이라고 비판한다.

끝으로 사르트르는 유물론이 이성을 부인하는 비합리주의로 빠질 수밖에 없다고 말한다. 유물론은 능동적 이성의 존재를 결코 인정할 수 없다. 사유는 단지 물질의 부산물이며, 또 전적으로 외부 세계에 의존하는 종속물이다. 정신은 "마치 결과가 원인의 표현이듯," 외적 "우주의 표현"에 불과하다. 정신은 결코 대상의 의미를 능동적으로 이해할 수도, 대상에 관한 이론을 자발적으로 형성할 수도 없다. "우주는 사유를 생산한다"는 유물론의 독단적 주장은 "한 손으로는 이성의 불가양도의 권리를 포기하는 것이며, 다른 한 손으로는 이 권리를 빼앗는 것이다." 사르트르는 이 점을 부연해서 다음과 같이 묻는다: "어떻게 외부에 의해 지배되고, 일군의 맹목적 원인들에 의해 조작되는 붙잡힌 이성 a captive reason을 그대로 이성이라고 말할 수 있는가?"

어떤 점에서 유물론에 관한 사르트르의 비판은 『포이어바흐에 관한 명제들』의 제1항에서 "관망적 태도contemplative attitude"를 비판한 마르크스를 방불케 한다. 사실상 이들은 유물론자들의 비실천적 태도——사르트르는 이것을 "형이상학적" 태도라 불렀고, 마르크스는 "관망적" 또는 "이론적 태도"라고 불렀다——를 비판한 점에서 일치한다.

실제로 달마이어는 사르트르에 관한 그의 논의 가운데서 바로 이 점을 지적한다. 달마이어에 의하면 사르트르는 유물론을 인식론적인 차원에서 반사 이론으로 규정하고, 이것을 "관망적 태도"로 특징지을 수 있다고 보는 반면, 또한 이러한 관망적 태도는 그 배후의 "우주는 알 수 있을 뿐이며, 변경될 수 없다"는 전제가 깔려 있으며, 뿐만 아니라 이러한 전제 자체는 "세계의 변경보다는 그 유지"를 목적으로 하는 지배 계급의 이익, 즉 부르주아의 이익과 밀착되어 있다는, 말하자면 유물론적 반사 이론의 관망적 태도는 행동보다 지식을 앞세우는 "지식의 일차성 primacy of knowledge"을 주장하는 이데올로기임을 강조한다.

여기서 달마이어는, 둘째로, 사르트르가 유물론과 마르크스주의를 서로 대립적인 것으로 파악하고, 또 마르크스주의의 본질을 "행동"에서 찾는다고 말한다. 사르트르에 의하면 마르크스는 지식을 외적인 사물에 대한 반사로 보지 않고, 인간의 행동 그 자체와 동일한 것으로, 특히 대상과의 투쟁 또는 대상의 전환transformation of objects으로 해석될 수 있는 일과 동일한 것으로 보는 데 특징이 있다.

마르크스주의의 기본 목적은 세계에 관한 설명에 있는 것이 아니라, 세계의 변경에 있다. 따라서 그것은 결코 수동적 관망passive contemplation으로 만족할 수 없고, "스스로 하나의 행동이 되어야 한다." 여기서 "행동이 된다"는 말은 마르크스 철학을 "혁명적인 노력에 접붙인다"는, 다시 말하면 마르크스 철학과 혁명적 노력이라는 두 개의 독립된 실체를 외적으로 결합시킨다는 뜻이 아니다. 이것은 마르크스주의와 혁명적인 노력간의 구별이 궁극적으로 소멸되고 내적으로 통일됨을 뜻한다. 혁명적 사유는 자신의 우월성을 이러한 내적 통일에 의한 "행동적 성격 its active nature"에서 찾아야 한다.

마르크스주의에 관한 사르트르의 해석에 있어 특히 중요한 것은 "행동"의 개념이다. 사르트르는 행동을 "주―객의 동일성 subject-object identity"으로 설명한다. 다시 말하면 행동을 객관화된 의식 형태, 또는 객관적 세계에 대해 "지향성을 갖는 프로젝트 또는 밑그림 intentional project or design"으로 이해함으로써, 주관과 객관의 두 세계가 행동에 의해 매개되는, 따라서 단순한 주관 또는 객관과도 구분되는 양성적(兩性的) 주―객의 동일성으로 본다. 사르트르에 의하면, 마르크스주의는 바로 이러한 의미에서 행동의 철학이다. 사르트르는 이 점을 다음과 같이 말한다: 마르크스주의는 "한마디로 인간의 현실〔즉 객관〕은 행동이며, 우주에 대한 행동은 있는 그대로의 우주에 대한 이해〔즉 주관〕와 동일하다는 것을 보여주는 철학적 이론"이다.

사르트르는 또한 마르크스의 주장에 따라, 프롤레타리아트야말로 행동, 즉 세계를 변경할 수 있는 가장 유리한 사회적 계급이라고 말한다. 프롤레타리아트는 자본주의적 착취의 희생물로서 현존 사회에 동화될 수 없는 존재이다. 프롤레타리아트는 "그가 놓인 현재의 상황을 넘어서려는" 필연성으로 말미암아 반드시 혁명가가 된다.

프롤레타리아트는 아주 새로운 상황을 향해 현재의 상황을 "넘어서는going beyond" 과정에서, 현재의 상황에 대한 전체적 이해를 획득한다. 특히 혁명적 프롤레타리아트는 노동자로서 사회 변화를 위한 충분한 준비를 갖추게 된다. 노동자는 노동을 통해 사물을 지배하게 되고, "보편적 규칙에 따라 물리적 대상에 작용함으로써 이러한 물리적 대상의 형태에 무한한 변화를 줄 수 있는 가능성으로서"의 자신을 발견한다. 물리적 대상에 대한 변경은 마침내 사회적 변화로 확대된다.

혁명적 행동은 상황을 넘어서는, 다시 말하면 상황을 초월하는 행위이며, 이것은 곧 자유를 뜻한다: "우리는 주어진 상황을 조망하기 위해 그것을 넘어설 수 있는 가능성을 가리켜 바로 자유라고 부른다. 이 점은 어떠한 유물론도 결코 설명할 수 없다." 이런 점에서 자유는 관망 또는 관조와 다르고, 또한 반사와도 구별된다. 혁명가는 이러한 "자유"로 특징지어지는 존재이다. 다시 말하면 혁명가는 "자유로울 뿐 정당화될 수 없고, 그를 억압하는 사회 속에 전적으로 던져진, 그러나 사회를 변경시키려는 자신의 노력에 의해 그것을 초월할 수 있는 우연적 존재a contingent being"이다. 마지막으로, 진리의 척도는 혁명가, 즉 사회를 변경하고 그것을 초월하려는 혁명가의 노력 가운데서 발견된다. 왜냐하면, 사르트르의 말에 따르면, 인간은 "세계를 변경하는 가운데서 세계를 알기 때문이다."

달마이어는 사르트르의 "혁명의 철학"을 기본적으로 현상학적 "혁명의 철학"으로 특징지을 수 있다고 본다. 그것은 "초월적 현상학"과 "계급 투쟁"을 결합시킨 철학이며, 보다 정확하게는 현상학에서 말하는 의식의 구성적 기능을 혁명적 실천의 관점에서 재해석한 철학이다. 다른 한편 달마이어는 사르트르의 "혁명의 철학"이 "엄밀한 현상학적 분석의 결과라기보다는 개인의 심리적 편향 idiosyncratic leanings"을 나타낸 주장이라고 비판한다. 이와 관련하여 그는 파치의 다음과 같은 논평을 상기시킨다: "사르트르의 저작 가운데는 '판단 정지' 즉 구체적 주체와 그의 '지향성'으로의 복귀가 결여되어 있다.

[······] 오직 현상학만이 '사르트르의 입장에 엄밀한, 그리고 그에 따른 토대를' 제공할 수 있다."[24]

달마이어는 사르트르의 "혁명의 철학"은 기본적으로 주관주의적 경향을 나타내며, 이러한 경향은 그 후 이탈리아 좌파 현상학자인 파치와 그의 제자 피콘 등에서도 찾아볼 수 있다고 밝힌다. 이 글은 이미 피콘의 입장에 대해 살펴본 바 있다. 다른 한편 파치의 입장은 피콘의 그것과 크게 다르지 않다고 보며, 따라서 이들에 관한 상세한 논의는 생략하기로 한다. 단 한 가지 지적하고 싶은 점은 파치가 "초월적 주체"를 획득하기 위해서는 반드시 "초월적 환원" 또는 "초월적 판단 정지"를 수행해야 할 것을 요구한다는 점이다. 파치는 이렇게 말한다: "현상학적 환원의 후원하에서, 과학과 지식은 '새로운 의미를 획득한다. 이것은 더 이상 객관성 그 자체의 증명이 아니다. 오히려 이것은 실천 의식the consciousness of praxis이며, 이러한 의식의 지향적 방향이며, 진리의 적극적 의미이며, 세간적인 것의 판단 정지, 다시 말하면 소여의 것과 상응하는 진리의 판단 정지 속에서 이러한 새로운 의미를 실현하려는 노력이다'."[25]

4

달마이어의 현상학적 마르크스주의에 관한 논의는 주로 메를로-퐁티에 초점을 맞추어 전개된다고 보아도 조금도 지나치지 않다. 그의 기본 관심은 분리된 주관―객관의 극복에 있으며, 이런 점에서 그는 객관주의 또는 주관주의가 모두 이원론의 한 변형에 불과하다고 본

---

24) 같은 글, p. 144; Fred R. Dallmayr, "Phenomenology and Marxism: A Salute to Enzo Paci," 앞의 책, pp. 313~14.

25) Fred R. Dallmayr, "Marxism and Truth," 앞의 책, p. 155.

다. 여기서 그는 "지각의 일차성"을 주장하는 메를로-퐁티의 현상학
이 이원론을 극복할 수 있는 새로운 가능성을 제시한다고 주장한다.
보다 정확하게 말하면, 메를로-퐁티의 "지각론"은 "전-성찰적" "전-
주관적 경험 세계"를 토대로 주관—객관의 분리를 극복한다는 것이
다. 여기서 달마이어의 논의가 메를로-퐁티의 지각론으로 집중됨은
당연한 일이라고 할 수 있다.

달마이어에 의하면, 메를로-퐁티의 "전-성찰적 · 전-주관적" 현상
학은 주관—객관에 대한 다음과 같은 몇 가지 새로운 해석에서부터
출발한다. 첫째, 주관—객관의 관계는 "원초적 관계 original relation"
이다. 둘째, 주관—객관의 관계는 사유하는 사람과 사유되는 대상간
의 관계로 볼 수 없고, 또는 "초월적 관망자 transcendental spectator"
와 "우연적 실재 contingent reality"간의 관계로도 볼 수 없다. 셋째, 사
물thing은 실재하는 것 real이며, 참된 것 true이 아니다. 그런 점에서
우리는 사물 그 자체를 본다.

달마이어는 메를로-퐁티의 이러한 해석이 그의 지각론에 근거한다
고 말한다. 첫째, 메를로-퐁티는 지각의 세계를 사유의 세계로부터
구별하고, 전자, 즉 지각을 후자, 즉 사유와는 다르게 주관과 객관이
공존하는 세계로, 지각적 인식을 "내재 immanence"와 "초재
transcendence"가 함께 만나는 지점으로, 따라서 지각은 사적인 것,
즉 주관적인 것도, 또는 순수한 객관적, 즉 상호 주관적인 것도 아닌
말하자면 전-성찰적 · 전-주관적 경험의 영역으로 본다.

구체적인 예로서 달마이어는 두 가지를 인용한다: 1) 지각되는 것
은 지각하는 자가 완전히 지각할 수 없는 어떤 무엇을 항상 동반한
다. 다시 말하면, 지각되는 것은, 시간적으로 볼 때, 현재 이상의 어
떤 것을 또는, 공간적으로 볼 때, 여기에 주어진 것 이상의 어떤 것을
항상 동반한다. 여기서 주어진 것 이상의 "어떤 것"은 지각하는 자로
부터 독립된 "그것 en soi"이다. 이것은 메를로-퐁티에 의하면 객관성

을 뜻한다. 동시에 지각되는 것은 항상 특정한 시각을 통해서 시간적
으로 또는 공간적으로 나에게 주어진 "내 것 pour moi" 즉 주관성을
갖는다. 다시 말하면 메를로-퐁티의 지각의 세계는 주관, 즉 내 것과
객관, 즉 그것이 서로 역설적으로 만나는 세계이며, 이들이 불투명한
상태로 공존하는 세계이다.

2) 관찰자와 대상, 또는 보는 사람과 보이는 대상의 관계는 "일 대
일의 단순 동일성 a simple identity"이 아닌, "복합적 상호 작용과 상호
심문 complex interaction and mutual interrogation"의 관계이다. 바꾸어
말하면, 주-객이 서로 "얽히고 intertwining" 또 "뒤집히는 reversal"
그런 세계이다. 지각의 세계에서는 보는 사람이 보이는 대상에 소유
되지 않고는; 즉 그 대상의 일부가 되지 않고는, 그 대상을 소유할 수
없으며, 볼 수 없는 세계이다. 우리의 몸이 사물을 보고, 또 만질 수
있는 것은 그 몸이 보여지고 만져질 수 있는 속성 때문이며, 이 속성
을 통해서 그 사물에 참여할 수 있기 때문이다. 지각의 세계는 말하
자면 서로가 "타자의 원형 archetype for the other"이 되는, 이런 의미
에서 주-객의 구분이 모호한 상호 삼투적 세계이다.

그러나 메를로-퐁티는 이러한 지각의 세계가 객관주의와 주관주의
에 의해 모두 왜곡되어버렸다고 본다. 첫째, 객관주의는 지각을 객관
적 세계와 나와의 외적인 관계로 보고, 이것을 자연 현상의 하나로,
즉 인과 관계로 설명한다. 인식과 행동은 외적 인상이 감각적 기관과
마음에 작용한 결과이다. 대상의 지각은 불연속적인 외적 인상의 결
합으로부터 생겨나고, 지각된 세계는 원자적 인상들의 합계이며, 또
모든 지각은 무수한 감각 현상으로 분해된다.

그러나 메를로-퐁티에 의하면, 이러한 객관주의는 의미 구조의
발생을 설명할 수 없다. 단순한 자극의 연합으로 어떻게 일관성 있
는 형태나 일관성 있는 대상적 지식을 산출할 수 있는지 말할 수
없다. 마찬가지로, 여러 개의 심리적 회로나 조건 반사가 어떻게

외적 자료를 하나의 심리적인 영상으로 바꿀 수 있는지를 밝힐 수 없다.

반면, 주관주의는 지각의 문제를 먼저 사유의 문제로 전환시키고, 다음에 지각의 불투명성을 사유의 투명성으로 대체한다. 사유하는 의식은 분명하고, 뚜렷한 개념과 관념에 의해 세계를 분석하는 초월적 주체가 된다. 주관과 객관의 관계는 사유자와 사유의 대상간의 관계로, 대상은 주관적 관념이나 지향의 문제로, 사물은 개념의 문제로, 의미는 추상적 정의의 문제로, 세계는 나의 주관 속에 있는 세계로, 인식은 판단의 문제로 전환된다. 주관주의는 사유의 과정에서 절대적 개념적 인식에 도달한다고 주장한다.

그러나 메를로-퐁티에 의하면, 현상학적 초월주의를 포함한 주관주의는 지각된 사물과 관념간의 근본적 차이점, 다시 말하면 지각된 사물은 "관념" 또는 "마음"과 구별되는 "하나의 실존적 인덱스an existential index"를 갖는다는 사실을 인식하지 못한다. 이것은 주관주의가 지각과 현실이 만나는 구체적 경험의 세계를 이해하지 못하기 때문이다.

지금까지 달마이어가 논한 메를로-퐁티의 지각론 가운데서 그 첫 번째 특징을 중심으로 살펴보았다. 이것을 요약하면, 지각의 세계는 내재(內在)와 초재(超在)가 서로 만나는 역설적 공간이며, 주관과 객관이 서로 공존하는 전-성찰적 · 전-주관적 세계이다. 그러나 주관주의와 객관주의는 지각 세계의 본질을 오해하였거나, 아니면 그것을 왜곡시켰다.

둘째, 달마이어는 메를로-퐁티의 지각의 세계가 인간의 신체(몸 또는 살)의 세계라는 점을 강조한다. 메를로-퐁티에 의하면, 지각의 주체는 신체이다. 여기서 신체는 지각하는 주체와 대상간에 가로놓인 장애물이 아니라, 오히려 이들이 직접적으로 소통하는 기관instrument이다. 여기서 주의할 것은 "직접적"이라는 말이다. 지각의 주체는 신체와 구별되지 않는 신체 그 자체이며, 지각은 바로 이러한 신체로서 이루어지는 사물과의 직접적인 만남 또는 접촉이다. 지각의 세계는 지각의 주체인 신체가 항상 몸소bodily 물자체에 참여함으로써 그것과 만나는 그런 세계이다.

메를로-퐁티에 의하면, 신체의 물자체에의 참여는 "연결 linkage"과 "분리 distance"라는 두 개의 역설적 과정으로 나타난다. 신체의 개입에 의해 주체와 객체는 서로 연결되는 동시에 분리되며, 이러한 연결과 분리를 통하여 신체는 대상에 접근할 수 있으며, 동시에 대상을 몸으로부터 떨어진 객관적 대상으로 인식한다.

셋째, 메를로-퐁티는 모든 지각이 물자체의 지각임과 아울러 부분적 지각이라고 말한다. 지각은 그 신체성으로 말미암아 특정의 한정된 퍼스펙티브만을 소유하는 부분적 지각이다. 이러한 지각의 제한성은 신체의 "가동성 kinesthesia"에 의해 끊임없이 극복된다. 다시 말하면 신체는 운동 가능성으로 말미암아 끊임없이 새로운 퍼스펙티브에 도달할 수 있다.

어떤 점에서 모든 지각은 "열려진" 지각이다. 여기서 "열려짐"이란 지각이 "잠정적 종합 synthesis of transition"의 성격을 벗어날 수 없음을 뜻한다. 한걸음 더 나아가 그것은 소위 관념론자들이 말하는 완결된 종합과 구별됨을 뜻한다. 지각의 세계에서는 모든 것이 "과도적 transitiona"인 것이며 이미 완결된 인식이나 "기성의 이성 already made reason"이란 존재할 수 없다. 달마이어는 이를 다음과 같이 부연한다: 대상의 지각적 파악은 대상을 임의적으로 설정하는 "지적 종합 intellectual synthesis"이기보다는 구체적 실천 또는 "실천적 종합 practical synthesis"의 성격을 띤다. 물론 이때의 실천은 의지적 창조나 지향적 구성을 포함하지 않는다; 메를로-퐁티가 말했듯이 "지각적 종합은 따라서 현실적으로 유일하게 주어진 대상의 관점을 한정지을 수 있고 동시에 이를 넘어설 수 있는 주체에 의해 달성되어야 한다. 특정한 관점을 취하는 이 주체는 지각과 행동의 장(場)인 나의 신체이다."[26]

넷째, "신체"는 단순히 정신이나 물질로 환원될 수 없는 독특한 존재 영역에 속한다. 신체는 말하자면 주관—객관이 분리되기 이전의 존재의 형태로서 전-주관적·전-객관적 존재론, 즉 전-성찰적 존재론의 초석이 된다. 메를로-퐁티의 말에 따르면, "살flesh은 물질이 아니다. 그것은 존재의 입자들이 합쳐지고 또는 서로 계속적으로 연결됨으로써 존재를 형성한 물질이 아니다." 그것은 "물질적 또는 정신적 사실이거나 또는 이러한 사실들의 합계도 아니다." 그것은 "의식에 대한 표상a representation for a mind"도 아니다.

살은 "존재의 편린a fragment of being" 또는 "존재의 요소element of being"가 "있는 곳이면 어디에나 존재의 스타일을 가져오는 일종의 육화의 원칙a sort of incarnate principle"이다. 여기서 신체는 의미 있는 "스타일" 또는 "제스처"로서, 한편으로는 단순한 물체, 즉 객체와 구별되고, 다른 한편으로는 순수 의식, 말하자면 순수 관념이나 순수 주관과 구별된다.[27]

끝으로 달마이어는 메를로-퐁티의 말년의 사상에 대해서도 언급한다. 달마이어에 의하면, 메를로-퐁티의 미발표 원고들 가운데는 "존재와 의미" "참된 것의 계보" "진리의 기원" 등과 같은 흥미로운 주제들이 발견된다. 특히 관심을 끄는 것은 메를로-퐁티가 1952년 콜레주 드 프랑스Collège de France에 보낸 교수 지원 서한 가운데 포함된 자신의 학문적 입장을 총괄한 "개요"이다. 여기서 달마이어는 메를

---

26) 같은 글, pp. 153~57.

27) Fred R. Dallmayr, "Marxism and Truth," 앞의 책, p. 157; Fred R. Dallmayr, "Genesis and Validation of Social Knowledge: Lessons from Merleau-Ponty," Joseph Bien, *Phenomenology and the Social Sciences* (The Hague / Boston / London: Martinus Nijhoff, 1978), pp. 97~106.

로-퐁티의 말을 다음과 같이 인용한다: "우리는 결코 지각의 세계 내에 살기를 멈추지 않음에도 불구하고, 비판적 사유 속에서 진리에 대한 지각의 공헌을 망각할 정도로 이것을 넘어간다"; 비판적 사유가 증명의 과제를 수행하는 데 있어, 그리고 "타당성의 제기준들의 세목을 명시하고 그러한 타당성의 경험적 근거를 요구하는" 데 있어 중요한 역할을 담당함에도 불구하고, 그것은 증명된 진·위의 수면 밑에 존재하는 단순하게 우리 앞에 있는 지각된 세계와의 접촉에 대해 무지하다. 뿐만 아니라 비판적 사유는 사유의 실증적 단계나 그것의 가치 있는 성취조차도 정의하지 않는다"; "지각된 사물의 명증성은 구체적인 측면 가운데, 그것의 질들의 조직 속에, 그리고 그것의 감각적 속성들의 등가성 가운데 놓여 있다. 이러한 명증성은 세잔 Cézanne으로 하여금 냄새마저 그릴 수 있어야 한다고 말하게 했다"; 이처럼 지각된 세계의 "분할되지 않은 존재"가 우리에게 보여주는 것은 "진리란 마음에 의해 포착되고 규정된 것이기보다는 우리의 존재를 감싼다 envelop"는 것이다. 지각된 세계와 "이른바 지식에 고유한 장(場)"간의 비교를 통해서 다음과 같은 질문이 제기된다: "지각된 세계의 영역은 단순한 현상의 형태를 취하지 않는가? 순수 오성 pure understanding이야말로 지식의 새로운 자원이 아닐까? 이러한 오성에 비하면 세계와의 지각적인 친밀성이란 단지 거칠고 무정형한 스케치에 불과한 것이 아닌가?"; 이와 같은 질문은 경험과 반성을 서로 단절시키지 않고 이들을 구분짓는 "진리 이론"과 "상호 주관성 이론"의 발전을 요구한다. 이 물음에 대한 메를로-퐁티의 답변은 다음과 같다: "지식과 지식이 전제하는 타인과의 소통은 지각적 삶에 있어서 원초적 형태일 뿐만 아니라, 이들은 우리들의 지각적 삶을 보존하고 지속시키고 심지어는 이들을 변형시킨다. 지식과 소통은 우리들의 신체성 incarnation을 억압하기보다는 승화시키며, 심리 작용의 특성은 우리들의 신체적 존재를 다시 포착하여 그것과 단지 공존하는 대신에 그것을 이용하여 상징화하는 운동에 있다."[28]

달마이어는 이와 같은 "개요"의 입장이 메를로-퐁티의 사후에 출판된 『보이는 것과 보이지 않는 것』에서 보다 급진적인 형태로 확대·발전되었다고 본다. 그는 이렇게 말한다:

그것〔반성철학〕은 세계와 우리를 잇는 탯줄을 재구성하기 위하여, 그 탯줄을 제거함으로써 또는 구성하거나 조립함으로써 이해할 수 있다고 생각한다. 그것은 분석을 통해서 명확성에 이른다고 생각한다. 비록 가장 단순한 요소에 대한 명확성은 아닐지라도, 원초적 산물 속에 내재되어 있는 가장 근본적 조건에 대한, 또는 이러한 원초적 산물을 산출시킨 전제들에 대한, 또는 그 의미의 원천에 대한 명확성에 이른다고 생각한다. 〔그러나 이러한 반성은〕 자신의 과제나 자신의 법칙이 되고 있는 급진주의에 이르지 못한다. 〔그것은〕 모든 것을 회복시키면서 자신만은 회복시키지 못한다. 그것은 모든 것을 밝히면서 자신만은 밝히지 못한다.[29]

달마이어는 메를로-퐁티의 철학이야말로 "감각적 경험인식론 epistemology of sensuous experience" 또는 "비관념적 '실천' 인식론 a non-idealist 'practical' epistemology"의 표본이라고 결론을 지으면서, 이와 같은 움직임의 싹은 일찍이 동구의 콜라코프스키나 코식 Karel Kosik에게도 나타났으며,[30] 서구에서는 오늘날 하버마스의 철학 가운데서, 특히 그의 『지식과 이익 *Knowledge and Human Interest*』에서 전개된 "담론 이론"에서 발견된다고 말한다.[31]

---

28) Fred R. Dallmayr, "Marxism and Truth," 앞의 책, p. 155.
29) 같은 글, p. 156.
30) 같은 글, pp. 147~49.
31) 같은 글, pp. 158~59.

달마이어의 이상과 같은 메를로-퐁티 옹호론은 "현상학과 마르크스주의"에 관해 피콘이 제기했던 물음에 대한 그의 답변이라고 생각된다. 피콘은 일찍이 메를로-퐁티에 대해 이렇게 의문을 제기한 바 있다:

그[메를로-퐁티]의 철학적 노력들은 엄밀하게 현상학적인 데 비해, 그의 정치적 저작들은—적어도 1955년까지는—철저하게 변증법적이다. 파치가 보여주는 바와 같이 마르크스주의와 현상학은 분리된 것이 아니라 동일한 폭넓은 관점의 부분들이라는 점에서, 메를로-퐁티가 성취한 것은 서로 배타적인 현상학적 또는 마르크스주의자의 관점이 아니라, 구조주의의 길을 열어준 현상학이며, 사회민주주의 길을 열어준 길들여진 마르크스주의였다. 비록 현상학과 마르크스주의를 화해시키려는 노력들은 종종 종합의 형태를 취하지만, 이러한 노력들은 처음부터 실패할 운명에 처한다. 왜냐하면 이들은 서로 수용할 수 없는 두 개의 이데올로기로 끝나기 때문이다. 마르크스주의를 현상학의 결과로서, 그리고 현상학을 마르크스주의의 불가결의 계기로 볼 때에만, 보다 적실성 있는 현상학과 비도그마적 마르크스주의를 동시에 생산하는 화해의 형태에 도달할 수 있다.[32]

4

이상으로 피콘과 달마이어를 중심으로 전개된 현상학적 마르크스주의에 대해 살펴보았다. 피콘의 현상학적 마르크스주의는 네 가지 특징으로 집약된다: 첫째, 프롤레타리아트는 "초월적 주체"이다. 둘

---

32) P. Piccone and J. E. Hansen, "Translator's Introduction," 앞의 책, pp. xxxii~xxxiii.

째, 프롤레타리아트는 그들의 "초월성"으로 말미암아 "혁명에 대한, 그리고 질적으로 다른 생활 양식의 추구에 대한 욕구"를 갖는다. 셋째, "초월적 주체"의 기초 개념은 후설의 현상학에 의해 제공된다. 넷째, 현상학과 마르크스주의의 결합으로 비사회적 현상학은 사회철학으로, 도그마적 마르크스주의는 비도그마적 비판철학으로 전환된다. 한마디로, "발전된 현상학"은 마르크스주의와 일치될 수 있다.

다른 한편, 달마이어의 입장은 다음과 같다. 첫째, 마르크스주의의 중심 문제——적어도 청년 마르크스에 관한 한——는 주관-객관의 이원론의 극복에 있다. 둘째, 현대 마르크스주의는 이원론을 극복하는 데 실패하였다. 이런 점에서 레닌-샤프-후기 루카치-알튀세르 등의 객관적 마르크스주의나, 사르트르-파치-피콘 등의 주관적 마르크스주의는 동일한 한계점을 갖는다. 셋째, 메를로-퐁티의 현상학은 이원론을 극복할 수 있는 새로운 가능성을 열어준다. 한마디로, 달마이어의 현상학적 마르크스주의는 가까이는 피콘의 주관주의에 대한, 멀리는 현대 마르크스주의의 이원론적 경향 전반에 대한 근본적 비판이라고 볼 수 있다. 달마이어는 메를로-퐁티의 지각론이, 그리고 여기에 입각한 "감각적 경험인식론"이, 이원론의 극복을 위한 토대라고 확신한다.

제5부

현상학과 정치 세계

마오 쩌둥의 정치 세계의 이해

1

이 글에서 필자는 마오 쩌둥(毛澤東)이 정치 세계를 어떻게 이해하였는가를 검토함으로써 정치 세계의 본질을 밝혀보려고 한다. 필자는 정치 세계의 본질을 일단은 실천과 주관적 행동으로서의 삶인 실천적 삶에 있다고 본다. 말하자면 필자는 정치 세계를 주관적 행동들의 세계로 전제하고 정치 세계의 이해를 위해서는 주관적 행동들로 돌아가서, 이들의 의미를 조사하고 드러내야 한다고 본다. 이것은 동시에 만일 이러한 주관적 행동들의 의미를 파악하지 않고, 구체적 삶 속에서 주관적 행동을 실천으로 옮기는 지각하고 의도하는 주관성을 고려하지 않고서는 정치 세계의 이해는 불가능함을 뜻한다. 이와 관련하여 필자는 아리스토텔레스가 정치 연구의 방법으로 주장했던 "전문가들, 즉 정치인들"[1]로부터의 실천적 학습이 정치의 주제(主題)인 실천으로 올바르게 복귀하는 중요한 방법들 중의 하나라고 본다. 과학적 지식이란 이러한 행동에 대한 "반성 reflection"[2]이며, 또 이것

---

1) Aristotle, *Nichomachean Ethics,* tr. by H. Rackham(Cambridge, Mass.: Havard Univ. Press, 1962) p. 639(1180b31).

2) 여기서 필자는 과학 혹은 "절대적으로 자주적인 과학 absolutely autonomous science"이 비판적 자기 반성 self-reflection에 의해서만이 가능하다는 후설의 견해

을 통해서만 달성될 수 있다.

아리스토텔레스에 의하면, 정치학은 다양한 주제들에 관한 단순한 이론적 지식의 획득이 아니라 이론을 실천으로 옮기는 데 목적을 두고 있는 실천적 학문에 속한다.[3] 보다 정확하게 표현하면, 정치학에 있어서의 "정치에 관한 과학적 지식은 연구뿐만 아니라 실제적인 경험," 즉 실천과 반성 모두를 요구한다는 의미에서 "실천적 practical" 이다. 따라서 아리스토텔레스는 소피스트들의 정치 교육을 정치학의 위기로 보았다. 왜냐하면 소피스트들은 정치를 정치의 주제인 실천으로부터 분리시키고 정치를 "수사학의 기술"과 같거나 그보다 열등한 것으로 생각했기 때문이다. 아리스토텔레스는 이렇게 말한다:

> 정치학의 경우, 과학을 가르친다고 공언하는 소피스트들은 결코 실제 정치를 하지 않는다. 정치는 정치인들이 하며, 이들 정치인들은 추상적인 지적 훈련보다는 일종의 경험적 기술에 주로 의존하고 있는 것같이 보인다: [……] 그러나 우리는 그들 정치인들이, 만약 할 수 있었다면 그러한 지적 훈련을 받았었기를 기대해야만 한다. 왜냐하면 그들은 자기들 나라에 물려줄 수 있는 것으로 이러한 능력보다 더 좋은 것이 없으며, 또 자기 자신들을 위해서나 아니면 가장 가까운 사람들을 위해서 선택할 수 있는 것으로 이보다 더 좋은 능력도 없기 때문이

를 상기하고자 한다. E. Husserl, "Philosophy as Rigorous Science," in *Phenomenology and the Crisis of Philosophy*, tr. by Q. Lauer(N. Y.: Harper & Row Publishers, 1965), p. 71; E. Husserl, "Philosophy and the Crisis of European Man," 같은 책, pp. 188~91; E. Husserl, *The Crisis of European Sciences and Transcedental Phenomenology: An Introduction to Phenomenological Philosophy*, ed. by David Carr(Evanston: Northwestern Univ. Press, 1970), pp. 71~72; E. Husserl, *The Idea of Phenomenology*, W. P. Alston and G. Nakhnikian(The Hague: Martinus Nijhoff, 1973), p. 14.

3) Aristotle, 앞의 책, p. 629(1179b2).

다. 이것은 경험이 정치적 성공에 크게 기여하는 바가 없다고 보기 때
문이 아니다. 그렇지 않다면 사람들은 단지 연구뿐만 아니라 실제적
경험을 통해서도 결코 정치가가 될 수 없었을 것이다. 다른 한편으로
정치를 가르친다고 공언하는 소피스트들이 정치에서 성공할 확률은
대단히 희박하다는 것이 밝혀졌다. 사실 소피스트들은 정치학의 본질
과 정치학이 다루는 주제들의 본질에 대해 완전히 무지하다. 그렇지
않다면 그들은 정치를 변론술과 동일시하거나 심지어 변론술보다 못
한 것으로 판단하지 않을 것이다.[4]

필자는 현대의 정치학에서도 아리스토텔레스 당시와 유사한 위기
가 나타나고 있다고 본다. 즉 정치 이론을 정치적 실천과 분리시키고
정치를 "인간 행위의 통제를 위한 기술" 즉 정치공학과 동일시하는
것이 바로 이러한 위기 현상들이라고 생각하기 때문이다. 이런 점에
서 필자는 아리스토텔레스의 실천적 학습, 즉 경험과 이 경험에 대한
반성을 통한 정치의 학습이라는 방법을 받아들이고 또 이러한 아리
스토텔레스의 방법을 정치 현상학으로 발전시킴으로써 현대 정치학
의 위기를 극복하고자 시도한다. 이러한 맥락에서 필자는 정치적 실
천가의 한 사람인 마오 쩌둥을 선택하여 그의 정치 세계의 인식과 정
치 세계에 있어서의 그의 실천적 의도들, 즉 그의 정치적 이해 전체
를 원자료로서 검토하고자 한다. 어떤 의미에서 이와 같은 연구는 사
회적·정치적 세계를 우리와 분리된 사실의 세계로 보는 자연과학에
속한 모든 현대의 역사적·사회학적·인류학적·심리학적·생태학
적 연구 방법들과는 대립된다. 이 연구는 사회적·정치적 세계가 본
질적으로는 인간의 주관성으로 구성된 세계로 본다.

---

4) 같은 책, pp. 639~41(1180b32~1181a16).

2

마오 쩌둥의 정치 세계의 이해를 검토하기 위해서는 첫째로 우리가 지금까지 가지고 있던 마오 쩌둥에 대한 우리 자신의 편견에 대해 판단 정지를 해야 한다. 어떤 의미에서 마오 쩌둥이 이해하는 정치 세계를 검토하려는 노력은 마오 쩌둥을 보는 세간적 방식에서 탈피하여 그를 편견 없이 보고 그의 인식과 의도들의 본질을 이해하려는 노력으로 이해되어야 한다. 이것은 우리가 무엇보다도 먼저 우리의 이해(利害)들, 편견들, 신념들, 말하자면 모든 종류의 의견들doxa과 전제들과 그러한 것들에 입각한 모든 실존적인 타당성을 괄호 안에 넣고 우리의 의견들을 우리의 의견으로, 그리고 우리의 전제들을 우리의 전제들로 보아야 한다는 것을 의미한다. 그때서야 비로소 우리는 마오 쩌둥에 대한 우리의 의견들과 가정들로부터 벗어나서 그에 대한 참된 이해에 도달할 수 있을 것이다. 여기서 제기되는 질문은 우리가 마오 쩌둥에 관해 가지고 있는 의견들은 무엇인가? 어떻게 마오 쩌둥은 그의 주위 세계Umwelt 가운데 반영되고 있는가? 이다. 그러나 여기서는 보다 명확한 방식으로 문제를 제기하고자 한다. 다시 말하면 마오 쩌둥에 관한 대립된 두 견해로서 중국공산당과 마오 쩌둥의 예상되는 후계자인 린 뱌오(林彪)의 견해와 그의 오랜 정치적 숙적인 장 제스(蔣介石)의 견해를 검토할 것이다. 이어서 본 연구의 중심 주제인 마오 쩌둥 자신의 정치 세계의 이해(理解)를 검토할 것이다.

1945년 4월 20일 중국공산당 중앙위원회의 확대 본회의에서 채택된 「우리 당의 역사에서 몇 가지 문제들에 관한 결의문」에 의하면 "중국 혁명에서 마오 쩌둥의 이론과 그의 실천적 작업은 마르크스-레닌주의의 보편적 진리와 중국 혁명의 실제적 실천을 통합시킨 본보기"5)라고 선언하고 있다. 마오 쩌둥은 "마르크스-레닌주의의 과학적 이론을 중국이라는 거대한 반봉건과 반식민주의 국가"에 적용했고 "중국 혁명에 대한 스탈린의 가르침"을 발전시켰다6); "마오 쩌둥은 중국 사회의 실제적인 조건들을 조사하고 연구하는 데 있어 마르크스-레닌주의의 보편적 진리를 적용할 것을 강조했다"; 마오 쩌둥은 "조사 없이는 발언권도 없다는 진리를 반복해서 강조했고, 교조주의와 주관주의의 위협에 대항해서 싸우고 또 싸웠다"7); 마오 쩌둥은 "중국 혁명의 방향에 대해 보다 구체적이고 포괄적인 방법으로 마르크스-레닌주의의 과학적 기초를 마련했다"8); 마오 쩌둥은 "실천적 작업"9)에 입각하여 "정치적" "군사적" "조직적" 노선의 "올바른 관점"을 수립했다.10) 한마디로, 마오 쩌둥은 "마르크스, 엥겔스, 레닌, 스탈린의 혁명적 이론들을 중국의 실제 조건에 창조적으로 적용하는 데 장족의 발전을 이룩했다."11) 결론적으로 이 결의안은 "중국에서 살고 투쟁하는 공산주의자들"에게 "마오 쩌둥이 수립한 노선을 고수"할 것과 "마오 쩌둥 동지가 하는 것처럼 중국 혁명의 실제 문제들의 조사와 해결에 적용할 목적으로 〔……〕 변증법적 유물론과 사적 유물론을 연구할 것"12)을 촉구하고 있다.

　마오 쩌둥의 혁명 이론에 관한 이상과 같은 견해, 즉 "마르크스-레닌주의의 보편적 진리를 중국 혁명의 실제와 실천"과 "통합시킨 본보기"이며, "마르크스, 엥겔스, 레닌, 스탈린의 혁명적 이론"에 대한

---

5) Mao Tse-tung, *Selected Works* (London: Lawrence & Wishart, 1959), Vol. IV, p. 171.

6) 같은 책, pp. 171~72.

7) 같은 책, p. 207.

8) 같은 책, p. 177.

9) 같은 책, pp. 177, 197.

10) 같은 책, pp. 177, 188, 202, 206.

11) 같은 책, p. 174.

12) 같은 책, pp. 208, 216.

"장족의 발전"으로서의 "마오 쩌둥 이론"에 대한 평가는 린 뱌오에 의해 보다 간결하고 웅변적으로 다시 집약되고 있다. 린 뱌오는 이렇게 선언한다:

마오 쩌둥 동지의 위대한 공헌은 그가 마르크스-레닌주의의 보편적 진리를 중국 혁명의 구체적 실천과 통합시키는 데 성공한 것과 중국 인민이 장기간의 혁명 투쟁을 통해 획득한 경험을 탁월하게 일반화하고 집약함으로써 마르크스-레닌주의를 풍부화시키고 발전시킨 사실에 있다.[13]

한걸음 더 나아가 린 뱌오는 이렇게 말한다: 마오 쩌둥 사상은 노동 인민 사이에서 자연발생적으로 성장한 것은 아니다; 그보다는 "마오 주석이 위대한 재능을 발휘하여 혁명적 실천의 기초 위에서 마르크스-레닌주의의 이념을 계승, 발전시킨 결과이다."[14] 여기서 린 뱌오는 마오가 프롤레타리아 혁명과 프롤레타리아 독재에 관한 "마르크스, 엥겔스, 레닌, 스탈린의 가르침을 포괄적으로 계승, 발전시켜온"[15] 사실을 강조한다. 이는 마오 쩌둥 사상이 그 안에 두 개의 중요한 요소들, 즉 마르크스와 마르크스주의자들의 이념들의 계승과 동시에 그들 이념들의 발전이라는 두 요소들을 포함함을 의미한다. 첫째로 린 뱌오는 마오 쩌둥이 우리 시대의 마르크스-레닌주의 전통의 가장 위대한 계승자이며 가장 강력한 수호자로서 어떠한 형태의 수정주의적 기회주의에도 반대한다고 선언한다: "마오 쩌둥 동무는 우리 시대의 가장 위대한 마르크스-레닌주의자이다"; 그리고 그의 "사상은 이 시대

---

13) K. Fan, ed., *Mao Tse-tung and Lin Piao: Post-Revolutionary Writings* (Garden City, N. Y.: Doubleday & Company, Inc., 1972), pp. 391, 399, 450.
14) 같은 책, p. 414.
15) 같은 책, p. 498.

의 마르크스-레닌주의이다"[16]; 그의 "노선은 모든 유형의 기회주의자와 구별되는 마르크스-레닌주의의 노선"이며, 그의 "확고한 마르크스-레닌주의의 혁명 정신은 마오 쩌둥 동지의 혁명 노선의 두드러진 특징이다"[17]; 마오는 "당내의 우파와 좌파의 기회주의 노선"[18]에 대항하여 싸웠으며, 아직도 그는 "소련 수정주의 배신자 도당들을 중심으로 하는 현대 수정주의에 대항해 투쟁"[19]을 벌이고 있다; 따라서 "마르크스-레닌주의의 순수성을 지키고 모든 형태의 현대 수정주의적 이념과 싸우기 위해 우리들의 마음을 마오 쩌둥 사상으로 무장하는 것"이야말로 "현재 우리들의 투쟁의 과제"임을 역설한다.[20]

둘째로 린 뱌오는 계속하여 마오 쩌둥이 마르크스-레닌주의를 "계승하고 지켰을 뿐"만 아니라 정치·군사·경제·문화와 철학 분야에서 마르크스-레닌주의를 창조적으로 "발전"시켰고 마르크스-레닌주의를 보다 높고 완전히 새로운 단계로 끌어올렸다고 찬양한다.[21] 마오 쩌둥은 "사회 조건들을 조사하고 연구하는 마르크스주의의 과학적 방법"[22]을 창시했다; 그는 "마르크스-레닌주의의 인민 혁명 전쟁의 전략과 전술을 창조적으로 개발했다"[23]; 그는 "역사상 처음으로 위대한 문화 혁명"[24]을 시작함으로써 "프롤레타리아의 독재를 공고화하고 자본주의로의 복귀를 저지하는 문제"[25]에 있어서 "레닌주의의 획기적인 창조적 발전"에 공헌하였다; 그 결과, "마르크스-레닌주

---

16) 같은 책, pp. 415, 450, 475, 498.

17) 같은 책, p. 355.

18) 같은 책, p. 451.

19) 같은 책, p. 424.

20) 같은 책, p. 356.

21) 같은 책, pp. 359, 366, 399, 414~15, 424, 450, 498, 508.

22) 같은 책, p. 430.

23) 같은 책, pp. 345, 355~56, 359~61, 386.

24) 같은 책, pp. 489, 493, 500.

25) 같은 책, pp. 424, 498~99, 508.

의는 마오 쩌둥의 사상의 단계로 발전했다”²⁶⁾ ; 이제 “마오 쩌둥 사상
은 우리 시대의 깃발”²⁷⁾이며, “마르크스-레닌주의의 발전에 있어 완
전히 새로운 장을 열었다. 마오 쩌둥 사상은 인민의 영혼들을 개조하
기 위한 현시대의 마르크스-레닌주의이다.”²⁸⁾

그러나 장 제스(蔣介石)는 마오 쩌둥주의를 매우 다르게 본다. 그
는 마오 쩌둥주의를 단순히 “스탈린주의”로 특징짓는다. “소위 ‘마오
쩌둥주의’란 중국판 스탈린주의이며 반면에 ‘마오 쩌둥의 단일석의.
리더십’은 스탈린 독재의 중국적 반영이다.”²⁹⁾ 더욱이 장은 마오 쩌
둥주의 혹은 “마오의 공산주의”는 “스탈린의 정신적 아들로서 이제
는 고아의 신세가 되었지만”³⁰⁾ 결코 정통 공산주의가 아니라고 주장
한다. 비록 “마오가 스스로를 정통 공산주의와 마르크스주의적·레
닌주의적, 그리고 스탈린주의적 사상의 후계자로 자부하지만,”³¹⁾ 그
는 “마르크스-레닌주의³²⁾를 거세시키고 마르크스-레닌주의 이념을
찬탈하고 부정하는 데 혈안이 되어 있다.” 마오는 “공산주의 인터내
셔널과 공산주의 진영을 그의 최대의 적으로 규정함으로써 그의 한
때의 동지들을 파렴치하게 배반하였고 자신들의 멸망을 위해 동분서
주하고 있다.”³³⁾ 여기서 장은 다음과 같이 선언한다 : “배신자 마오 쩌
둥은 악의 화신이다”³⁴⁾ ; 그는 “전세계에 대해서” 반역하고 “끝없이

---

26) 같은 책, p. 500.

27) 같은 책, 같은 곳.

28) 같은 책, p. 475.

29) Chiang Kai-shek, *Soviet Russia in China* (N. Y. : Farnar, Strauss and Cudahy, 1958),
p. 116.

30) Chiang Kai-shek, *President Chiang Kai-shek's Selected Speeches and Messages in
1964* (Republic of China : Government Information Office, 1964), pp. 4, 64.

31) 같은 책, p. 65.

32) Chiang Kai-shek, *President Chiang Kai-shek's Selected Speeches and Messages in
1969* (Republic of China : Government Information Office, 1969), pp. 4~5.

33) 같은 책, p. 5.

34) 같은 책, p. 40.

628

문제들을" 일으키는 "모든 악과 잔인함의 화신이다."[35] 여기서, 장은 전중국 인민들에게 "마오 쩌둥의 진압과 국민구국통일전선"[36]을 향해 진군할 것을 촉구한다.

지금, 우리는 두 개의 상반된 의견들과 상충하는 해석들의 치열한 논쟁의 한가운데 서 있다. 그러나, 이러한 논쟁들은 레오 스트라우스 Leo Strauss가 논한 것처럼 정치 생활의 필수 불가결한 속성들이다: "정치 생활은 정치적 공동체 안에서 권력 투쟁을 하는 집단들 사이의 논쟁들로 특징지어진다."[37] 그리고 이 글은 모든 논쟁들을 "괄호" 안에 넣고 마오 쩌둥 자신에게로 모든 관심을 집중한다. 다른 말로 말해서 마오 쩌둥 자신을, 즉 그의 지각과 의도들을 일차적 자료로 보고 이러한 지각들과 의도들 전체 속에서 목적론적 연관 혹은 통일성을 찾고 조사할 것이다; 왜냐하면, 마오의 지각들과 의도들에 집중함으로써만이, 우리는 마오 쩌둥에 관한 세간적 관점에서 벗어나서 그의 정치적 이념의 본질을 순수하게 볼 수 있기 때문이다. 따라서 이 글은 마오 자신의 지각과 의도들에 바탕을 두지 않은 모든 종류의 기존의 의견들과 가정들을 일단 활동 정지시키고, 판단 정지시킨다. 이것은 우리가 모든 종류의 역사적·사회학적·인류학적·심리학적, 그리고 생태학적인 문맥들로부터 마오 쩌둥을 분리시키고, 그의 순수한 본질만을, 즉 이 모든 판단 정지와 분리에도 불구하고 여전히 남아 있는 잔여만을 우리의 논의의 중심에 놓는다는 것을 의미한다. 그때에만 우리는 마오 쩌둥을 이해할 수 있을 것이다.

---

35) Chiang Kai-shek, *President Chiang Kai-shek's Selected Speeches and Messages in 1971* (Republic of China: Government Information Office, 1971), pp. 8, 10, 23~24.

36) Chiang Kai-shek, *President Chiang Kai-shek's Selected Speeches and Messages in 1969*, pp. 1, 13, 31, 34.

37) L. Strauss, *What is Political Philosophy* (Glencoe, Ill.: The Free Press, 1959), p. 90.

3

마오는 이렇게 말한다: "우리가 말하는 마르크스주의는 말로 씌어진 마르크스주의가 아니라 대중의 삶과 투쟁에 실천적 관계를 가질 수 있는 살아 있는 마르크스주의이다."[38] 여기서, 마오에게 마르크스의 근본적 의미는 "삶과 실천의 입장"[39]이며, 마르크스주의적 세계는 "실천"적 세계이다; 마오에게는 "세계 내에서의 삶의 실천 the practice of life in the world"이야말로 마르크스주의의 본질적인 관심사인 것이다. 그러면 "실천"이란 무엇을 의미하는가? 이제 마오 쩌둥 사상의 근본적 문제인 실천의 의미부터 살펴보도록 하자.

마오에 의하면, 실천 혹은 사회적 실천은 현실을 변경하는 활동을 의미한다. 그러나 그것은 현실을 변화시키는 단순한 행위가 아니라 변화를 위해 현실에 "적극적으로" 참여하는 것, 즉 "객관적 세계의 변화의 과정"에 자아의 적극적 "개입"을 의미한다.[40] 실천은, 현실의 변화가 자신의 자아 전체, 즉 세계에 대한 자아의 의식과 지식의 전

---

38) Mao Tse-tung, *Selected Works*, Vol. IV, p. 74.

39) Mao Tse-tung, *Selected Works*, Vol. I(N. Y.: International Publishers, 1954), p. 293. 마오가 강조하는 "삶과 실천의 입장"의 저변에는 그의 반(反)지성주의적 경향도 강하게 깔려 있다고 생각된다. 바르메 Geremie Barmé와 자이빈 Linda Jaivin은 마오의 이와 같은 반지성주의적 배경에 대해 다음과 같이 설명한다: "A young provincial from Hunan by the name of Mao Runghi, better known as Mao Zedong, worked in the university library during the May Fourth period. The offhand manner with which some of the lecturers, including Hu Shi and Yu Pingbo, supposedly treated him is said to have made Mao distrust, if not despise, men with book learning. It has been argued that his post-1949 anti-intellectual policies were to an extent informed by his experiences at Peking University"(G. Barmé and L. Jaivin, eds., *New Ghosts, Old Dreams: Chinese Rebel Voices*, New York: Random House, 1992, p. 341의 각주).

40) Mao Tse-tung, *Selected Works*, Vol. I, p. 294.

체를 세계에 적용시킴으로써 수행된다는 의미에서 "적극적"이다. 이런 의미에서 실천은 "세계의 객관적 법칙들에 관한 지식을 적용함으로써 세계를 적극적으로 변화시키는 것"[41]이다. 실천은 사물의 "경험" 안에 자신의 자아를 개입시킴으로써, 즉 사물과 접촉하고, 이러한 "사물의 주위 세계 안에 삶으로써(실천함으로써)"[42] 사물의 현실을 능동적으로 변화시키는 것이다. 실천은 "특정한 관념들·이론들·계획들 혹은 프로그램들의 기초 위에," 즉 자아의 본질 또는 자아의 지식의 기초 위에 "객관적 현실을 변화시키는 데"[43] 자아를 적용하는 것이다. 이와 동시에 인간은 지식을 획득하고, 이 지식을 실천을 통해, 특정한 발전 단계에 있는 특정한 객관적 과정(자연적 과정이든 사회적 과정이든간에)을 변화시키는 실천에 참여함으로써 그 지식을 보다 포괄적인 이해로 발전시킨다.[44] 여기서 중요한 것은 실천적 참여 없이는 현실에 관한 지식을 획득할 수 없다는 점이다. 만일 "각자가 직접 참여하는 현실을 변화시키는 실천적인 투쟁"[45] 없이는 현실의 본질은 결코 드러나거나 이해될 수 없다. 따라서 마오에 의하면, 지식을 얻기 위해서 현실을 변화시키는 실천에 참여하여야 한다:

여러분이 지식을 획득하기를 원한다면 여러분은 현실을 변화시키는 실천에 참여해야 한다. 여러분이 배의 맛을 알고 싶다면 스스로 배를 먹음으로써 배를 변화시켜야만 한다. 여러분이 원자들의 구성과 속성을 알기를 원하면 원자들의 상태를 변화시키기 위해서 물리학적·화학적인 실험들을 하지 않으면 안 된다. 여러분이 혁명의 이론과 방법

---

41) 같은 책, p. 292.
42) 같은 책, pp. 286~87, 289~92.
43) 같은 책, p. 296.
44) 같은 책, pp. 287, 293~94.
45) 같은 책, pp. 289~90.

들을 알고 싶으면 여러분은 혁명에 참여하여야 한다.[46]

　마오에게 "실천"과 "지식"은 하나의 통일체를 구성한다. 이들은 현실 세계에서 분리될 수 없다: 지식은 실천의 원칙이고 실천은 지식의 원천이다. 그리고 "실천"과 "지식" 그리고 "더 많은 실천"과 "더 많은 지식"의 순환적인 반복을 통해 인간은 "실천과 지식의 내용을 고도의 수준으로" 향상시킨다. 그리고 마오 쩌둥은 이와 같은 "앎과 함의 통일" 속에 "변증법적 유물론의 인식론의 전부"[47]가 있다고 말한다. 이것은 또한 마오의 실천 개념을 이해하기 위해서 그의 인식론을 이해하지 않으면 안 된다는 것을 의미한다.

　마오에 의하면 지식은 사물들의 "인상들"의 구축물들이며, 이들 인상들간의, 그리고 이들 개념들간의 일반적 외적 관계에 관한 이념과 그러한 "인상들"과 "이념"에 기반을 둔 사물의 관계에 대한 "판단들"과 "추론들"을 포함한다. 다른 말로, 마오에게 지식은 두 가지로 구분된다: "지각에 의한 perceptual 지식" 혹은 "현상의 지식"과 "논리적" "합리적" 지식 혹은 "본질에 관한 지식이다." 첫째로 지각적 지식은 지각적 실천 혹은 경험에서, 다시 말하면 "인간을 둘러싸고 있는 객관적 세계에 대해 인간의 신체적 감각 기관들의 지각을 통해"[48] 생겨나는 유형의 지식이다. 인간은 이러한 "지각적 경험"[49] 또는 "지각"[50] ── 외부 세계의 사물과의 접촉 ── 을 통하여 사물의 "인상들"과 이들 인상들간의 외적 관계에 관한 이념과 "사물의 현상, 사물의 분리된 측면들과 그러한 사물들의 외적 관계들"에 관한 지식을 획

---

46) 같은 책, pp. 287~88.
47) 같은 책, p. 297.
48) 같은 책, p. 288.
49) 같은 책, pp. 290~91.
50) 같은 책, p. 290.

득한다.[51] 바꿔 말하면, 지각적 지식은 "객관적 세계의 특정한 사물들을 반영한다"; "그러나, 그것들은 그들의 본질을 나타내지 않는 불충분하고 단편적이며 피상적인 사물들의 반영이다."[52] 이 단계에서, 인간은 "심오한 개념들을 형성하거나 논리에 맞는 결론들을 끌어낼 수 없다."[53] 이런 의미에서, 지각적인 지식은 "지식의 첫 단계,"[54] "지식의 하위 단계,"[55] 혹은 "지식의 초보적 과정(개별적 사물 또는 과업을 아는 과정)에 속한다."[56] 한마디로 말하면, "지각은 현상의 문제를 해결할 뿐이다"[57]; 그래서, 지각의 단계에서 지식은 단지 "현상의 지식"이라고 말한다.

그러나 둘째로 상위 형태의 지식이 있다. 이 상위 형태의 지식은 "사물들의 전체성과 본질과 내적 관계들을 포함하며, 주위 세계의 전체성 속에서, 그것의 모든 측면간의 내적 관계에 있어서 주위 세계의 내적 모순들을 드러낸다."[58] 이것은 지식의 상위 단계[59] 혹은 "지식의 두번째 단계"[60]에서 나타나는 "논리적 지식"[61] 혹은 "합리적 지식"[62]이다. 그러나 이 "합리적 단계"[63]에서 지식 그 자체는 "더 이상 사물들의 현상을 나타내지 않으며"[64] 그 대신 "본질," "절대성 속에서"의

---

51) 같은 책, pp. 284~85.

52) 같은 책, pp. 289, 291

53) 같은 책, p. 285.

54) 같은 책, pp. 285, 291.

55) 같은 책, p. 286.

56) 같은 책, p. 292.

57) 같은 책, p. 286.

58) 같은 책, pp. 285~87, 290~91.

59) 같은 책, p. 286.

60) 같은 책, pp. 285, 290~93.

61) 같은 책, p. 286.

62) 같은 책, pp. 285, 290, 292.

63) 같은 책, pp. 285, 291.

64) 같은 책, p. 285.

또는 "본질에 있어서의" 또는 "그 내적 법칙 속에서의" 사물을 반영한
다.[65] 바꿔 말하면 논리적 · 합리적 지식은 지각들로부터 직접 생기는
것이 아니라 이들 지각들에 대한 "사유"와 "반성"으로부터 생긴다[66];
이 논리적 혹은 합리적 지식들은 지각적 지식들과는 달리 의식 자체
의 "주관적 활동"[67] 혹은 "인간의 의식 속에서" 일어나는 이성의 "도
약"의 결과들이다.[68] 인간은, 먼저 지각적인 자료를 "반성"을 통하여
"개념" "판단" "추론"으로 변형시킨다[69]; 그 다음에 그는 이들 개
념 · 판단 · 추론의 기초 위에서 "일반적으로 객관적 과정의 법칙에
상응하는 이념들 · 이론들 · 계획들 · 프로그램들"[70]을 생산한다. 그리
고 "개념 · 판단 · 추론"들은 "합리적 지식의 단계"[71]를 구성하며, 이
러한 개념 · 판단 · 추론들을 통하여 인간은 "사물들의 본질(사물들의
질들과 한 사물과 다른 사물간의 내적 관계)과 접촉하게 된다."[72] 이러
한 의미에서 합리적 지식은 "본질의 지식"이다; 합리적 지식을 통해
서만 인간은 본질에 도달할 수 있다. 왜냐하면 "이성만이 본질의 문
제를 해결할 수 있기 때문이다."[73] 마오는 이상의 논의를 다시 다음과
같이 집약한다: "변증법적 유물론의 인식론이란 합리적 지식은 지각
적 지식에 의존하고 지각적 지식은 언젠가는 합리적 지식으로 발전
되어야만 한다는 것이다."[74] 여기서 마오는 합리적 지식과 지각적 지
식의 순환적 통일성을 강조한다. 만일 합리적 지식이 지각적 지식과

---

65) 같은 책, p. 291.

66) 같은 책, pp. 285, 294.

67) 같은 책, p. 294.

68) 같은 책, pp. 285~86, 290~91.

69) 같은 책, pp. 285, 290~91.

70) 같은 책, p. 294.

71) 같은 책, p. 285.

72) 같은 책, p. 290.

73) 같은 책, p. 286.

74) 같은 책, p. 292.

분리될 때 그것은 "단순한 주관적 감정"이 되고 따라서 "자연발생적인 신뢰할 수 없는" 지식이 되며,[75] 반면에 지각적 지식이 합리적 지식으로 발전하지 못한다면, 그것은 "객관적 과정 전체"[76]의 포괄적인 이해를 결여한다; 따라서 지식의 두 단계, 즉 지식의 지각적 단계와 합리적 단계들은 서로 분리될 수 없는 "지식의 단일한 과정에 속한다고 보아야"[77] 한다. 이와 같은 이유에서 마오는 경험주의와 합리주의를 모두 거부하고, 지각적 지식과 합리적 지식의 통일을 주장하며,[78] 이러한 통일에 대한 해결을 지식의 발전에서 찾는다. 그는 "지각의 합리적 지식으로의 발전"에서 진정한 "통일"을 발견한다.[79]

이어서 마오는 합리적 지식의 발전 문제를 논한다. 그는 이렇게 말한다: "지식의 진정한 과제는 지각을 통하여 사상에 도달하는 것이다. 객관적 사물들의 내적 모순들과 그들의 법칙들과 다양한 과정들의 내적 관계들, 다시 말해서 논리적 지식에 관한 단계적인 이해에 도달하는 것이다." 그리고 마오는 그와 같은 발전을 달성하는 것은 "실천"이라고 주장한다; 지식의 발전은 본질적으로 실천을 통하여 획득되는 발전이다. 지식의 발전은 "지각적 자료"의 "재배치 혹은 재구축"[80]을 통하여, 그리고 "풍부한 지각적 자료들을 개조하고 재구축하는 과정 —— 조잡한 것은 버리고 정제된 것은 선택하고, 거짓된 것은 제거하고 참된 것은 보존하고, 하나의 지점에서 다른 지점으로 이동하고, 밖을 통해서 안으로 들어가는 과정 —— 을 통하여 획득되는 발전이다"[81]; 발전은 실천적 활동 바로 그것이며, 지각적 현실을 사

---

75) 같은 책, pp. 284, 290~91.

76) 같은 책, p. 292.

77) 같은 책, p. 286.

78) 같은 책, pp. 290~92.

79) 같은 책, pp. 285~86.

80) 같은 책, pp. 290.

81) 같은 책, p. 291.

상과 이론들과 계획들 또는 프로그램들을 구축하기 위한 개념·판단·추론으로 바꾸는 활동이다. 그 결과, 지각과 이성은 실천 속에서 통일에 이른다[82]; 지각과 이성은 본질상 다르지만 서로 분리되지 않는다; 이들은 실천적 토대 위에서 하나로 결합된다. 요컨대 마오에게 실천은 모든 지식의 원천이다; 먼저 실천은 "인간을 둘러싸고 있는 객관적 세계로부터 지각적 지식, 즉 지각적 경험의 획득"[83]의 길을 열어준다. 다음으로 실천은 지각적 지식을 합리적 지식, 다시 말하면 "개념들과 이론들의 체계"[84]로 전환시킨다. 여기서 마오는 다음과 같이 선언한다: "인간의 지식은 조금도 실천으로부터 분리될 수 없다."[85]

　　마오의 실천론에 나오는 이와 같은 "지각에 대한 강조"와 관련하여, 정화열 교수는 최근에 발간된 그의 저서 『몸의 정치』에서 이것은 "단순히 마르크스적이기보다는 뿌리깊은 중국의 전통에서 비롯"된 것이라고 주장한다. 예를 들면 마오의 "소위 '외설적 서정주의 scatological lyricism' 는 중국 정신의 지각적이고 몸적인 특성에 근거해 있다"고 말한다. "그의 혁명적 실천론" 역시 "지각과 몸에 대한 언어로 이루어져 있으며," 종종 "중국어와 중국인들의 생활 속에 내재해 있는 지각적이고 '야생적'"인 표현들로서, 다시 말하면 "구체적이고 생생한 이미지나 은유, 또는 유추 등을 이용"하여 표현된다는 것이다.[86] 이런 점에서 정교수는 메를로-퐁티와 마오 쩌둥이 다 같이 "지각의 일차성"이라는 공통점을 갖는다고 말한다. 정교수는 이렇게 주장한다:

---

82) 같은 책, p. 286.

83) 같은 책, p. 291.

84) 같은 책, 같은 곳.

85) 같은 책, p. 284.

86) 정화열, 『몸의 정치』, 박현모 역(민음사, 1999), pp. 15, 156.

마오 쩌둥이 '지각'과 '개념'을 인식과 앎의 '통합된' 두 과정으로 본 것은 지각에 대한 이러한 중국적 전통과 깊이 관련된다. 그는 '개념적' 지식과 '지각적' 지식을 양적으로나 질적으로 서로 다른 것으로 구분한다.

합리적 지식이 지각적 지식과 다른 이유는 전자(합리적 지식 또는 개념적 지식)가 사물이나 사건을 전체적으로, 본질적으로, 그리고 내부적 관계를 통해서 알려지는 것인 데 비해, 후자(지각적 지식)는 사건이나 사물의 개별적 측면과 외형, 그리고 외부적 관계를 통해서 알 수 있는 것이기 때문이라는 것이다. 말하자면 합리적 지식이 사건이나 사물 또는 다른 사람의 외양을 전체적으로(예컨대 그 내면적 관계를 통해서) 아는 방법인 데 비해서, 지각은 그들의 각각의 분리된 측면(예컨대 '외부적 관계들'을 통해서)을 인식하는 방법인 것이다.

〔……〕

마오 쩌둥은 '눈을 감아라 그러면 생각이 떠오를 것이다'라는 『삼국지』의 구절을 종종 인용했다. 그에 따르면 세상에 대한 인식은 지각에 의존하게 마련이다. 그러나 지각은 보다 심화되어야 하며 '보다 높은' 차원의 합리적 지식에까지 고양되어야 한다. '관념론자'나 '합리론자'는 인식이 지각에 의존한다는 것을 부정하는 사람들이며 '경험론자'란 합리적 지식의 존재를 부인하는 사람을 말한다.

마오 쩌둥이 말하는 변증법적 유물론자는 지식에 대한 관념론이나 유물론 모두를 비판하는 사람이다. 〈합리주의〉나 〈경험주의〉 중 어떤 철학도 지식에 내포되어 있는 역사적이고 변증법적인 본질을 제대로 이해하지 못하고 있다. 이들은 진리의 어느 한편을 보고 있을 뿐, 전체적인 모습을 담지 못하고 있다.'

마오 쩌둥은 바로 이와 같은 점에서 합리주의나 경험주의 모두가 오류를 범하고 있다고 한다.

그런데 그가 '변증법적 유물론'으로 '합리주의'와 '경험주의'를 비판하는 것은 마치 메를로-퐁티가 현상학으로 '지성주의'와 '경험주의'를 비판한 것과 매우 흡사하다.

요컨대 마오 쩌둥이나 메를로-퐁티 모두에게서 사유와 행동의 변증법은 '지각적 믿음'을 통해 걷고 있는 것이다.[87]

4

그러나 마오의 인식론은 여기서 멈추지 않는다. 사실 마오의 인식론은 "합리적 지식"에서 멈출 수 없다. 왜냐하면 마오의 인식론의 전체적 의도는 앎이 아니라 행함이며, 이론이 아니라 실천이며, 설명하는 것이 아니고 변화시키는 데 있기 때문이다. 그의 의도는 전세계에 현실 변화의 실천을 불러일으키기 위하여, 그리고 의식 전체와 지식을 세계 개조의 작업에 바치기 위하여 "합리적 지식으로부터 혁명적 실천으로 약진"[88]하는 데 있기 때문이다. 여기서 마오의 인식론은 합리적 지식으로부터 사회적 실천으로 방향을 돌리게 된다. 필자가 제기하는 질문은, "어떻게 실천에서 출발"한, 그리고 "실천을 경유하여 이론적 단계에 도달한"[89] 지식이 다시 실천으로 돌아가서 행동으로 약진하는 것이 가능할 수 있겠는가? 이다. 다시 말하면, 어떻게 지식은 자기를 초월하는 지식으로, 실천이 되는 지식으로 변형될 수 있는가? 라는 것이다. 마오에 의하면 지식이 그 자체를 넘어 실천으로 되는 것은, "자신의 일에서 성공을 달성하기를 원하는, 즉 기대되는 결과들을 달성하기를 원하는 그럼으로써 '사회적 실천의 객관적 결과'

---

87) 같은 책, pp. 152~54.

88) Mao Tse-tung, *Selected Works*, Vol. I, p. 293.

89) 같은 책, p. 292.

638

에 따라 자기 자신을 실증하려는"[90] 인간의 욕망이다. 객관적 세계에서 "일의 성공"에 대한 욕망은 지식으로 하여금 실천으로 "적극적 도약"을 하게 하고, 합리적 지식을 사회적 실천으로 방향을 바꾸게 하며, "주관적 사물들"을 "객관적 사물들"로 전환시킨다.[91] 그리고, 지식은 실천으로의 도약을 통해 지식의 부정확함과 불충분함을 발견하고 더 나은 성공을 위해 그것들을 교정한다.[92] 이것이 지식이 발전하고 지식이 실천으로 돌아가는 길이다.[93]

여기서 마오는 실천이야말로 그의 인식론의 제1원칙임을 재확인한다: "실천의 관점은 변증법적 유물론의 인식론에 있어서 첫번째이며 기본적인 견해이다."[94] 이것은 마오가 "주체와 객체, 이론과 실천, 그리고 앎과 행함의 구체적이고 역사적인 통일로서의" 세계의 중심에 실천을 놓아두고 있음을 의미한다.[95] 인간의 지식은 인간의 "실천"에 의존한다. 그리고 인간의 실천만이 지식의 진리 여부를 결정할 수 있고 지식을 증명할 수 있다. 요약하면, 실천은 지식의 일차적 원천일 뿐만 아니라 지식의 진위 여부를 결정짓는 최종적 토대 또는 판단의 잣대이다.[96] 실천은 지식의 토대에 작용하는 동력인일 뿐만 아니라 지식의 진위 여부를 결정하는 목적인이다. 세계 내에서의 실천의 실현은 동시에 진리의 역사적 실현이기도 하다.

이와 같은 마오의 "실천" 중심의 정치적 세계관은 정화열 교수에 의하면, 1) 주의주의, 2) 정치의 우위성, 3) 영구혁명론으로 발전한다.

---

90) 같은 책, pp. 283~84.
91) 같은 책, pp. 292~94.
92) 같은 책, pp. 283~84.
93) 같은 책, pp. 292~95.
94) 같은 책, p. 286.
95) 같은 책, p. 292.
96) 같은 책, pp. 282~97.

1) "마오 쩌둥은 혁명의 실천에는 사물의 관리보다는 인간의 의지가 더욱 결정적인 것이라고 보았다. 주관이 객관을 창조한다고 보았기 때문이다." 이런 점에서 마오는 "경제주의·산업주의·관료주의 또는 기술에 대한 물신 숭배" 등에 대해 강한 불신감을 갖고 있었으며, "생산 '력' 이라는 물질적 조건보다는 생산 '관계' 라는 인간적 요소를 더욱 중요시"하였다. 심지어 그는 마르크스가 말하는 "'아시아적 생산 양식' 의 적용"에 대해서도 "회의적"이었다. "마오 쩌둥에게서 혁명적 정치를 위한 최고의 무기는 원자 폭탄이나 비행기·탱크·총 등의 기술적 무기가 아니라 중국 인민의 의지"였다. "말하자면 그는 사회 변혁의 최선의 과제를 프레이리 Paulo Freire가 '페다고지 pedlagogy' 라고 말했던 대중에 대한 정치 교육에서 찾았"다. 이처럼 "마오 쩌둥이 '계급 투쟁' 을 경제적·객관적인 면에서보다는 '이데올로기적' 이고 주관적인 면에서 강조했던 것은 그의 주의주의적 측면의 일부"라고 정교수는 강조한다.[97]

2) "마오 쩌둥은 마르크스주의의 핵심이 '정치' 혁명"에 있다고 본다; "그에 따르면, 정치의 우위성이란 [……] 정치 이외의 모든 것은 하위에 위치되는 것을 의미한다." 정교수는 "이와 같이 정치를 일차적으로 보는 것은 마르크스와 마찬가지로 중국에서도 뿌리깊은" 전통임을 강조한다. 예컨대 "정치의 은둔주의를 강조하는 도교의 『도덕경』에서도 정치적 주재자(군주)는 우주의 '4가지 위대한 것' 중의 하나라고 찬양되고 있"으며, "한자의 왕(王)이라는 글자에"도 "중국 문화의 정치적 우위성이 잘 나타나 있다"고 본다. 정교수는 이렇게 말한다: "왕은 중국 우주론의 가장 중요한 세 요소, 즉 천(天)·인(人)·지(地)의 통합자로서 정치적 최고권자로서 군주(주재자)를 상징하고 있는 것이다. 마오 쩌둥주의의 정치의 우위성은 이와 같은 중

---

97) 정화열, 『몸의 정치』, p. 160.

640

국 전통과 밀접한 연관을 갖고 있으며, 이러한 중국의 전통은 마르크스의 혁명적 실천론에 대한 강조와도 일맥상통한다."[98]

3) 정교수에 의하면, "마르크스주의의 '확장된' 견해인 "마오 쩌둥주의는 원래의 마르크스의 사상보다 더 마르크스적이라고 할 수 있"으며, "혁명과 역사에 대한 마르크스의 처음 견해를 뛰어넘고 있"다. 특히 정교수는 "마오 쩌둥"이 "영구 혁명의 개념에 있어서 트로츠키보다 훨씬 더 충실하다"고 말한다: "우선 트로츠키는 '당의 외부에 진리를 위치시키는 데 망설였다. 〔왜냐하면〕 마르크스주의는 그에게 프롤레타리아와 당기구는 진리를 구현하는 것이며, 원칙적으로 당조직과 프롤레타리아를 결합하는 곳에만 진리가 존재한다고 가르쳤기 때문이다'." 그러나 "마오 쩌둥은 당 관료의 독재를 계급 및 프롤레타리아 독재"와 동일시함으로써 "당과 관료 기구를 '물신화' 하는 오류를 범하지 않고 있다."[99] 계속해서 정교수는 마오의 "영구혁명론"에 대해 설명한다:

마오 쩌둥은 변증법이 외부적 관계보다는 기본적으로 내부적 관계와 더 밀접한 것으로 보고 있는데, 전자, 즉 외부적 관계가 변증법의 '조건'이라면 후자, 즉 내부적 관계는 그 '토대'에 해당한다. 1960년대 후반의 문화 혁명을 비롯한 중국 혁명 내에서의 주기적인 정치 변혁과 숙청은 공공연히 '과거로부터 축적되어온 사회의 쓰레기'의 일소를 목표로 내세웠다. 숙청은 사실상 혁명 안에서의 한시적인 혁명이라 할 수 있다.

이들 정치적 사건에서 다루는 것은 주로 혁명 운동중에 생기는 내부 경화증인데 이를 해소, 치유하려 애쓰는 사회는 창조적인 사회임에 틀림없다고 본다. 이에 마오 쩌둥은 혁명을 끊임없이 재순환하고 반복시

---

98) 같은 책, pp. 158~59.
99) 같은 책, pp. 170~71.

킴으로써 이념이나 제도가 침전되거나 경화되는 것을 막고자 했다. 그에 따르면 관료제의 제도화는 그 본질상 반혁명적이며 부르주아적 정신 상태로 되돌아가려는 특성을 가지고 있다. 그의 관료주의에 대한 혐오는 당시 '민주집중제'에 의해 프롤레타리아 전위 부대로서 기능해야 한다고 본 레닌에 대한 반작용에 크게 기인한다. 그는 또한 기존 정권의 지식 계급이 기반해 있던 유교의 전통적 '위계 질서'를 비판했다.[100]

필자는 마오에 대한 정교수의 논의가 그에 대한 상당히 강력한 옹호론으로 귀결되고 있다고 본다. 특히 정교수의 옹호론은 메를로-퐁티에 의해 뒷받침된다는 점에서 비상한 관심과 주목을 끈다. 필자는 또한 정교수가 "문화 혁명"을 비롯하여 이를 전후한 "주기적인 정치 변혁과 숙청"을 긍정적으로 평가한다는 인상을 받는다. 그러나 이러한 평가에 앞서 정교수는 마오의 정치적 실천을 실제로 겪었고, 살았고, 보았던 당사자들의 소리를 직접 들어본 적이 있었는지에 대해 묻고 싶다. 만일 그렇지 않았다면, 정교수 역시 마오가 말했던 "합리주의의 과오"——지각적 지식을 결여한 공허한 과(過)-이론적 독단——에 빠졌다는 비판을 면할 수 없을 것이다. 필자는 이러한 물음이 마오 쩌둥의 "실천"에 관해서뿐만 아니라 모든 정치적 "실천"에 대한 논의와 이해를 보다 심도 있게 수행하기 위해서는 반드시 제기되어야 한다고 본다. 이런 점에서 필자는 마오 시대를 살았던 당사자들의 이야기를 들어보아야 한다고 생각하며, 따라서 이들의 말을 인용함으로써 문제 제기로서의 본 논의를 마무리짓고자 한다:

진정한 사회주의는 고도로 민주적이다. 그러나 우리의 눈앞에 있는

---

100) 같은 책, pp. 168~69.

사회주의는 민주적이지 않다. 내 생각에 그것은 봉건적 토대 위에 세
워진 사회주의의 한 형태이다. 〔……〕 우리는 당이 주도하는 정풍 운
동〔즉 백화 제방 운동〕에 만족하지 말아야 하며, 여기서 이루어지는
작은 개혁과 하찮은 양보에 만족해서도 안 된다. 〔……〕 우리는 우리
들의 문제에 대한 진정한 해결책을 찾아야 하며, 여기에 따르는 어려
움을 정복해야 한다. 이러한 목적에 도달할 수 있는 유일한 길은 민을
깨우치고 동원하는 것이다.

중국과 소련은 아직도 계급적 차별을 타파하지 못하였다. 이 두 나
라는 프롤레타리아트의 독재 국가다. 사회주의는 계급의 타파에 있다.
중국도 소련도 진정한 사회주의 국가가 아니다. 우리는 진정한 사회주
의를 달성하도록 노력하여야 한다. 나는 현존 사회를 완전히 바꿀 철
저한 혁명적 조치를 채택하기를 제안한다. 나는 개혁에 반대한다. 우
리에게 필요한 것은 철저한 변화, 완전한 변혁이다. 반혁명 세력의 청
산 운동 과정에서 72만 명이 무고하게 처벌되었다. 〔……〕
중국에는 언론의 자유가 없다. 〔……〕
공산당은 정부를 대신하고 있다. 〔……〕
우리 국가에는 사법 제도도 없다. 〔……〕

1956년 북경에서 위먼Yumen에 갔을 때 나는 노동자들의 파업을
내 눈으로 보았다. (1957년 백화 제방 운동 당시 북경대학 법과대학 4
학년에 재학중이던 린 시링Lin Hsi-lin의 연설)[101]

중국 역사의 맥락에서 본다면 마오 쩌둥만큼이나 의심의 여지없이
모든 사람들 가운데서 성공한 개인은 없다. 아무도 중국인을 그보다
더 잘 이해하지 못했다; 아무도 독재적 구조 속에서 그보다 더 파벌
정치에 능란하지 못했다; 아무도 그보다 더 잔인하고 무자비하지 못

---

101) M. Walzer, "When the Hundred Flowers Withered," *Dissent* (Autumn, 1958), p. 369.

했다; 아무도 더 이상 카멜레온처럼 변화무쌍하지 못했다. 확실히 그 외에는 스스로를 눈부시고 찬란한 태양으로 표현하지 않았다. (1988년 11월 리우 시아보 Liu Xiaobo)[102]

마오와 그리고 이른바 '문화 혁명'을 보라──한 세대를 투옥하고, 박해하고, 공포 정치로 협박한 이 위대한 이름을!

중국인에게 '보편적 진리'란 정부는 총구에서 나온다는 것이다. (1990년 1월 13일, 마틴 루터 킹 센터에서 행한 션 통 Shen Tong의 연설)[103]

---

102) G. Barmé and L. Jaivin, *New Ghosts, Old Dreams: Chinese Rebel Voices*, p. xxvi.

103) Han Minzhu and Hua Shong, eds., *Cries for Democracy: Writings and Speeches from the 1989 Chinese Democracy Movement* (Princeton, N. J.: Princeton Univ. Press, 1990), p. 378.

고르바초프의 역사 인식

1

현금[1]의 소련 정치에 대한 문헌들은 예외 없이 "페레스트로이카들"로 가득 차 있다. 이 문헌들을 조심스럽게 검토해보면, 우리는 소련 내에서 급진적인, 아니 그보다는 오히려 "근본적인 fundamental" 몇몇 변화들이 현재 진행되고 있음을 감지할 수 있다. 그러나 이 문헌들 모두가 변화들을 잘 해명하고 있는 것은 아니다. 실제로 그것들 중 몇몇은 단지 그럴듯한 소리들로 가득 차 있으며, 이 소리들이 원래의 의도했던 의미들을 충실하게 전달하는 것은 아니다. 이와 같은 실패의 이유들 중 하나는 기본적인 문제, 즉 "독해 reading"의 문제로부터 발생한다. 우리는 자주 고르바초프의 연설들을 듣지만, 이 장광설들을 "독해"하는 데에는 거의 관심이 없으며, 더욱이 깊이 생각해보는 법은 없다. 프란시스 후쿠야마 Francis Fukuyama의 "대담하고" "날카로우며" 센세이셔널한 논문인 「역사의 종말 The End of History」은 이 같은 사례들 중 하나에 속한다(그리고 「후쿠야마에 대한 응답 Responses to Fukuyama」 역시 그러한 예에 속한다고 생각한다).[2]

---

1) 이 글은 1990년 10월 26일~27일에 "사회주의의 재건인가, 역사의 전환점인가? Perestroika or History's Turning Point?"를 주제로 개최된 국제학술회의(서울대학교 소련 · 동구 연구소 주최)에서 발표한 것임.

이 논문은 후쿠야마가 매우 폭넓은 독서가라는 것을 분명하게 보여준다. 즉 그는 헤겔을 읽었다. 그는 마르크스를 읽었다. 그는 레닌을 읽었다. 그는 베버를 읽었다. 그는 코제브를 읽었다. 그는 케인스를 읽었다. 그는 오웰을 읽었다. 그는 폴 케네디를 읽었다. 그는 크라우트함머 Krautthammer를 읽었다. 그는 자연권론자들을 읽었다. 그는 역사주의자들을 읽었다. 그는 실존주의자들을 읽었다. 그는 "신현실주의자 neo-realist"들을 읽었다. 그는 『월 스트리트 저널 *Wall Street Journals*』을 읽었다. 그는 『포린 어페어즈 *Foreign Affairs*』를 읽었다. 그는 심지어 세바르드나제까지 읽었다. 그러나 이상스럽게도 그는 고르바초프를 읽어본 적은 없는 것 같다. 보다 정확히 말하면, 그는 고르바초프에 대해서 쓴 것은 읽어보았을지 모르지만, 고르바초프가 쓰거나 말한 것은 거의 읽어보지 않은 것 같다. 필자는 페레스트로이카가 그릇되게 인식되고 점점 알 수 없게 되며, 심지어는 신비스럽게 되는 까닭은 후자 때문이 아닌가 생각한다.

어떤 의미에서 후쿠야마 자신의 논문도 필자와 동일한 관심을 보여준다. 그가 논문의 초두에서 설명하고 있듯이, "지난해에는 냉전의 종식을 축하하는 논문들이 홍수를 이루었다." 그러나 그는 이 논문들의 대부분이 "피상적"이라고 주장한다. 그는 이 논문들이, "세계사에서 본질적인 것과 우연적인 것, 혹은 우발적인 것을 구별하는 보다 커다란 어떤 개념틀"이 결여되어 있다고 깊이 개탄한다. 그는 하나의 선험적인 원칙 —"이념의 자율적인 힘 the autonomous power of ideas"이라는 원칙 —을 제시한다.[3] 이 첫번째 원칙으로부터 그는 두

---

2) F. Fukuyama, "The End of History," *National Interest* (Summer, 1989), pp. 3~18: "Responses to Fukuyama," pp. 19~21(Allan Bloom): 22~24(Pierre Hassner): 24~26(Gertrude Himmelfarb): 26~28(Irving Kristol): 28~32(Daniel Patrick Moynihan): 332~35(Stephen Sestanovich).

3) F. Fukuyama, "The End of History," 앞의 책, pp. 3, 6.

번째 원칙, 즉 이념 또는 이데올로기의 발전으로서의 역사를 연역한
다. 나아가 그는 "이념이 결국 물질 세계를 지배할 것"이며, "궁극적
으로는 의식이 그 자신의 이미지대로 물질 세계를 재창조할 것"[4]이라
고 선언한다. 그는 헤겔주의자들의 논지를 수용하여, "의식은 원인이
지 결과가 아니며, 물질 세계로부터 자율적으로 발전해갈 수 있다.
따라서 뒤죽박죽으로 표면에 나타나는 현재의 사건들 저변에 깔려
있는 진정한 원본subtext은 이념의 역사"[5]라고 말한다. 그리고 그는
"경제적 행위가 형성되는 모체"로서의 "의식과 문화"를 제시한다.[6]
그는 아주 분명하게, "경제와 정치 모두는 이들을 가능하게 만드는,
이들에 선행하는 자율적인 의식의 상태(狀態)를 전제한다"[7]고 말한
다. 이와 같이 선행하는 의식의 상태는 국가 이익은 물론이고 경제적
행위도 규정한다. 그는 한마디로, "문화와 의식은 경제적 행위뿐만이
아니고, 삶의 다른 모든 측면들을 설명하는 데도 절대적으로 중요하
다"[8]고 단언한다. 후쿠야마가 겨냥하는 과녁 중의 하나는 이른바
"『월 스트리트』지 학파라는 결정론적 유물론"이다. 베버적인 어조로
그는, "근대 자본주의와 이윤 동기," 그리고 그와 관련된 "자유주의
의 성장을 이해하기 위해서는, 먼저 정신의 영역에서 일어난 것들을
연구해야 한다"[9]고 거듭해서 말한다.

후쿠야마가 참으로 의도하고 있는 것은 의식 또는 이념의 관점에
서 "개혁 운동"을, 특히 가장 최근의 "소련"의 개혁 운동을 "해석하
는 것"이다. 물론 "공식적인 제도의 측면에서 볼 때, 고르바초프가
권좌에 오른 4년 동안 변화된 것은 많지 않다." 그러나 "이념과 의식"

---

4) 같은 글, pp. 4, 8.
5) 같은 글, p. 6.
6) 같은 글, p. 7.
7) 같은 글, p. 8.
8) 같은 글, p. 7.
9) 같은 글, pp. 7~8.

의 관점에서 보면, 고르바초프의 페레스트로이카는 "놀라운 전환"을
가져왔다. 망명자들의 최근 보고는 이와 같은 사실을 확인해준다:
"실재로 그 나라에서는 어느 누구도 마르크시즘과 레닌주의를 더 이
상 믿지 않는다. 그리고 이와 같은 사실은 소련의 엘리트들에게 더욱
그렇다."[10] 후쿠야마는, "여러 개혁들의 저변에 깔린 일반적인 원칙
들은 소련의 마르크스-레닌주의 전통과는 근본적으로 다른 원천들로
부터 기원한다"[11]고 분석하면서 옛날의 마르크스-레닌주의 원칙들로
복귀할 가능성은 거의 전무하다고 확신한다. 후쿠야마의 관찰에 따
르면, "고르바초프에 의해 용인된 소련 체제에 대한 비판은 너무나
철저하고 파괴적이어서 어떤 식으로든 스탈린주의나 브레즈네프주의
로 복귀할 가능성은 거의 존재하지 않는다"[12]는 것이다. 요컨대 고르
바초프의 새로운 원칙들은 "그 자체로서 자유주의는 아니지만, 그것
의 유일한 연결고리는 자유주의"뿐이며, 적어도 "'신사고'로 대표되
는 후기 역사주의적 post-historical 의식," 또는 후쿠야마가 "탈이데올
로기화된" 세계관이라고 부르는 의식은 "소련에 있어서 가능한 유일
한 미래"라는 사실이다.[13]

블룸 Allan Bloom도 정확하게 표현하고 있듯이, 후쿠야마의 논문은
"대담하고 날카롭다."[14] 이 논문은 상상력이 매우 풍부하며 영감을
주기도 한다. 그럼에도 불구하고 이 논문은 하나의 미덕 virtue ── 실
천적이고 경험 있는 사람이 지니는 "신중성 prudence이라는 미덕" ──
을 결여하고 있다. 필자는, 이 같은 신중성의 결여 뒤에는 하나의 역
사관, 즉 정신주의적 역사관 mentalistic view of history이 숨어 있다고

---

10) 같은 글, p. 12.
11) 같은 글, p. 13.
12) 같은 글, pp. 13~14.
13) 같은 글, p. 17.
14) 같은 글, p. 19.

본다. 이 논문 전체를 통해서, 후쿠야마는 하나의 관망자로 나타난다. 즉 세계 앞에 서 있으면서, 세계를 정관(靜觀)하고 세계를 임의로 처리할 수 있는 초우주적 관망자처럼 보인다. 적어도 그는 우리와 함께, 또는 우리처럼 역사 "속in"에 살지 않고, 시종일관 역사 "밖 outside"에서 그것을 자유롭고 투명하게 바라보는 듯한 인상을 준다. 그렇다면 그가 어떻게 우리의 역사를 알 수 있으며, 또한 어떻게 그의 역사가 우리의 역사가 될 수 있겠는가? 후쿠야마의 역사가 우리의 역사가 아니라는 것은 너무도 명백하다. 그의 역사에서는 아무런 위험이나 역전 또는 우연성도 존재하지 않는다. 거기에는 오직 하나의 필연성, 즉 서구 자유주의Western Liberalism 이념의 단선적이고 필연적인 발전과, 미리 예정된 승리만이 존재한다. 그러나 우리의 역사는 우연한 사건들과 애매모호함, 의도하지 않은 결과들로 가득 차 있는 역사이다. 이런 의미에서 우리의 역사는 비논리적이고 또한 난센스일지도 모른다. 물론 우리의 역사는 스스로의 내적 논리와 의미들을 가지고 있다. 그런 까닭에 아무도 우리의 역사를 전적으로 비논리적이라거나 무의미하다고만 말할 수는 없다. 그럼에도 불구하고 역사는 논리 그 자체일 수 없다. 또한 역사는 논리의 규칙들 아래 모두 포괄될 수도 없다. 그러나 필자는 후쿠야마의 논문을 한 줄씩 읽어가면서, 그리고 때로는 행간을 읽어가면서, 역사와 논리, 심지어는 정치가와 논리학자가 혼동됨을 느낀다.

후쿠야마의 가장 곤혹스러운 점들 중의 하나는 의식을 다루는 그의 방법이다. 그의 방법은 단적으로 "독단적"이다. 그는 "의식"이라고 부르는 것으로 하여금 스스로 말하도록 허용하지 않는다. 오히려 그 의식을 대신하여 그 자신이 말한다. 이 같은 언술의 방식은 하나의 심각한 문제를 제기한다: 그가 말하는 소위 의식이란 것이 실제로 후쿠야마가 말하는 사람들의 의식인지, 아니면 단순히 후쿠야마 자신의 의식이 만들어낸 것인지 우리는 어떻게 알 수 있는가? 후쿠야마

가 타자들의 의식을 이해하기 위해서 의식적인 노력을 기울이지 않
는 것은 분명하다. 오히려 그는 자신의 "보다 커다란 개념틀"을 타자
들에게 덮어씌운다.

언젠가 프랑스의 철학자 메를로-퐁티도 이와 동일한 프랑스 지식
인들의 독단주의를 경고한 바 있다. 특히 소련 정치에 대한 자유주의
적인 왜곡에 대해, 메를로-퐁티는 다음과 같이 반박했다:

> 자유의 이름으로 공산주의를 논의하는 하나의 방식이 있다. 그것은
> 소련의 문제들을 정신적으로 억압하고, 소련에 대해 일종의 ——정신분
> 석학자들이 얘기하곤 하는——상징적인 파괴를 행하는 논의 방식이다.
> 반면에 진정한 자유는 타자들을 있는 그대로 인정하며, 자신을 부정하
> 는 타자들의 독트린조차도 이해하려고 노력하며, 이해하기 전에는 판
> 단하는 것을 결코 허용하지 않는 것이다. 우리는 이해understanding의
> 자유 속에서 사상의 자유를 실현해야 한다.[15]

> 공산주의에 대한 어떠한 진지한 논의도 공산주의자의 언어로 문제를
> 제기해야 한다. 다시 말하면 원칙이 아니라 인간 관계에 입각해서 제기
> 해야 한다. 그러한 논의는 공산주의를 무너뜨리기 위하여 자유주의의
> 원칙들을 휘두르지 말아야 한다. 그것은 공산주의에 의해 정당하게 제
> 기된 문제를 해결하기 위하여, 즉 사람들 사이에 인간적인 관계를 수립
> 하기 위하여, 무엇을 하고 있는지 어떤지를 검토해야 할 것이다.[16]

이 글은 메를로-퐁티가 제시한 이해의 방식the method of under-
standing을 따르고자 하는 하나의 시도이다. 이와 같은 방식은 페레스

---

15) M. Merleau-Ponty, *Humanism and Terror: The Essay on the Communist Problem*, tr.
   and with Note, by John O'Neil (Boston: Beacon Press, 1969), pp. xxiv~xxv.
16) 같은 책, p. xv.

650

트로이카와 같이 가변적인 현상에 대한 접근법으로서 유용할 뿐만 아니라 또 필요하다고 본다. 이러한 방식에 따라 본 장에서는 고르바초프가 집권한 첫 해에 행한 주요 연설문들에 초점을 맞추고자 한다. 즉「제27차 소련공산당 대의원대회와 대회 준비 및 개최를 위한 임무에 대하여」(1985. 4. 23),[17]「당경제 정책의 핵심적인 문제」(1985. 6. 10),[18]「소련공산당 강령 개정판의 초안, 당규의 개정 및 1986~1990년과 2000년대로 돌입되는 시기에 있어서 소련공산당의 경제적·사회적 발전을 위한 지침에 대하여」(1985. 6. 1),[19]「소련공산당 제27차 대의원대회에 대한 소련공산당 중앙위원회 정치 보고」(1986. 2. 25),[20] 가 그것이다.

2

미하일 세르게이예비치 고르바초프는 1985년 3월 12일에 소련공산당의 총서기로 선출되었다. 한 달 후인 4월 23일 소련공산당 전체 회

---

17) Mikhail Gorbachev, *Selected Speeches and Articles* (2nd ed., Moscow: Progress Publishers, 1987), pp. 11~36 ("On Convening the 27th CPSU Congress and the Tasks Involved in Preparing for and Holding It. Report at the Plenary Meeting of the Central Committee of the Communist Party of the Soviet Union," April 23, 1985).

18) 같은 책, pp. 98~130 ("The Key Issue of the Party's Economic Policy: Report at a Meeting at the CPSU Central Committee on Accelerating Scientific and Technological Progress," June 11, 1985).

19) 같은 책, pp. 248~59 ("On the Drafts of an Updated Edition of the CPSU Programme, Changes in the CPSU Rules, and the Guidelines for the Economic and Social Development for the USSR for 1986~1990 and for the Period Ending in 2000: Report at the Plenary Meeting of the CPSU Central Committee," October 15, 1985).

20) 같은 책, pp. 341~462 ("Political Report of the CPSU Central Committee to the 27th Congress of the Communist Party of the Soviet Union," February 25, 1986).

의에서 고르바초프는 「제27차 소련공산당 대의원대회와 대회 준비 및 개최를 위한 임무에 대하여」(이하 「제27차 대의원대회에 대하여」로 줄여 씀)라는 연설을 행하였다. 이 연설에서 그는 "차기 공산당 대의원대회를 1986년 2월 25일에 개최할 것"[21]을 요구했다. 그리고 이 "대회"의 결정적인 중요성을 강조했다. 그는 "다가오는 제27차 소련공산당 대의원대회는 의심할 바 없이 이 나라의 발전에 있어서 이정표가 될 것"[22]으로 보았다. 이 연설에서 가장 두드러진 점은 소련 체제에 대한 고르바초프의 대담하고 신랄한 비판이었다. 첫머리에서 그는 소비에트 체제의 "주요한 성공들"을 인정하고 그 업적을 매우 자랑스럽게 여겼다: 즉 소련은 "경제적·사회적인 진보의 정상을 차지했다"; 그리고 소련은 "산업과 과학, 그리고 기술 등의 많은 분야에서 세계를" 이끌고 있다.[23] 이어서 그는 핵심 문제들로 돌아가서 다음과 같이 말한다: 수년 사이에 좋지 못한 경향이 증대되어왔다; 그리고 상당한 어려움들이 나타나기 시작했다[24]; 현체제의 가장 두드러진 문제 중의 하나는 낭비와 잘못된 관리mismanagement이다.

고르바초프는 특히 "낭비와 잘못된 관리"와 관련하여 다음과 같은 예를 든다: "여러 부서와 사업체들의 임원들은 국가로부터 가능한 많은 자본 투자와 기계-도구들, 그리고 기계류, 원자재 및 연료를 얻어내려고 노력한다"; 그러나 그러한 "자원들의 이용은 예외 없이 무책임하다"; 많은 물질적 자원들이 사용되지 않고 방치되거나, "시멘트, 석탄, 무기질 비료, 목재, 농업 생산물 및 식료품이 운반과 저장, 그리고 사용상의 태만 때문에 손실된다"; 또한 장비들은 "사용되지 않고 방치되거나 충분히 사용되지 않는다"; 이 장비들은 "사업체들의 창고

---

21) 같은 책, p. 11.
22) 같은 책, p. 13.
23) 같은 책, 같은 곳.
24) 같은 책, p. 14.

와 건설 현장에 쌓여가고 있다"; 그것들은 "계획대로 배치되지" 않는
다; "가동 능력의 증대도 지체되고 있다"; "많은 프로젝트 건설들이
비합리적일 정도의 긴 시간을 요하고 있다"; 대부분의 산업에 있어서
"과학적이고 기술적인 진보는 완만한 속도로 진행되고 있다"[25]; "생
산 시설들은 상당한 정도로 노후화되었다"; 노후화된 장비들의 대체
율도 대단히 낮다; "엔지니어들의 일의 위신"은 높지 못하다; 생산품
이 제때에 제공되지 않는 것은 다반사이고, "현대의 기술적·경제
적·미적인 기준에도, 소비자들의 요구에도 미치지 못하며, 때로는
그 품질도 상당히 열등하다."[26]

고르바초프는 계속하여 말한다: "작업 조건들은 관리 체계의 결함
들과 불필요한 편성, 지시의 남발로 인하여 열악하다"[27]; 몇몇 이러
한 "지시들과 규칙들은 [……] 때때로 당과 정부의 결정을 멋대로 해
석하여 사업체들의 독립성을 속박"하고, 종종 "발전의 장애" 요인이
되고 있다; "지방 당국들"은 그들의 고질적인 "의존적 태도feed-me"
에 중독되어 있을 뿐만 아니라, "중앙 당국"에 "모든 책임을 전가하
는" 구습에 안주하고 있다; "구(區) 및 지방 조합들은 농업 및 관련
산업들의 포괄적인 문제를 해결하는 데 있어 빈번히 적정 수준의 조
정을 이루어내지 못하고 있다"; 그들은 부처의 이해에 더 많은 관심
을 갖고 있다; "주민들에 대한 식료품 공급은 수요에 비해 아주 부족
하다"[28]; 근로 인민들의 보다 나은 "주거와 쾌적함, 여가 생활, 여행
과 유람" 등에 대한 요구는 잘 "충족되고" 있지 않다; "상업성 원예
와 채소 재배 협동조합의 육성"과 같은 가능성은 "아직까지 충분히
주의 깊게 고려된 적"이 없다; 토지와 주택, 건축 자재와 도구들에

---

25) 같은 책, p. 16.
26) 같은 책, p. 17.
27) 같은 책, p. 18.
28) 같은 책, p. 20.

대한 수요는 극히 불만족스러운 상태에 있다.[29]

　나아가 고르바초프는, 그해 초반 이래의 "산업 생산"이 "겨우 2%"의 성장에 머무르고 있다는 사실을 공개한다; 이 중에서도 가장 부진한 분야가 "석유와 금속, 그리고 전력 생산," "운송" 등이다; "노동 생산성의 성장률도 둔화되고 있다"; "생산비와 이윤, 그리고 다른 지표들"도 좋지 못한 상태에 있다. "질서와 규율"은 "최근 들어 보다 느슨해지고" 있다; 비록 "단순한 근면만이 전부는 아니지만," 때때로 "이것조차 결여되어 있다"; "상호 면책의 심리가 만연되어 있다." 즉 "사업체의 관리자들은 노동자들 사이에 규율이 결여되어 있는 것을 관용하는데, 그 이유는 아랫사람들이 그 반대로 그들 자신의 실수들을 용서해주리라는 희망에서이다"[30]; "당관료가 경제 관리인을, 또는 엔지니어가 심부름꾼을 대신"하는가 하면, "연구원이 채소 가게에서, 공장 노동자가 농장에서 일을 한다." "당회의와 당대의원대회에서는 흔한 상투어로 일의 본질을 은폐하거나, 객관적인 상황 또는 부처간의 이해 상충 등으로 결점들을 얼버무리려는 시도들이 빈번하게 행해진다."[31] 다른 한편 "형식주의와 찬사,"[32] "성취된 결과들에 대한 과장과 부정적인 현상들에 대한 경고를 꺼려하며,"[33] "찬사와 찬양의 표현들,"[34] "거짓된 이상화 idealization와 빈말들"이 다반사이다; "이념적 과업들을 삶에 보다 접근시키려는 일"은 거의 있어본 적이 없다; 때때로 "듣는 것과 실생활에서 보는 것이 서로 다르다." 여기서 고르바초프는 "이것은 심각한 문제"[35]라고 토로한다. 이어서 그는

---

29) 같은 책, p. 21.
30) 같은 책, p. 24.
31) 같은 책, p. 25.
32) 같은 책, p. 28.
33) 같은 책, p. 27.
34) 같은 책, p. 25.
35) 같은 책, p. 28.

"선전과 이념적인 과업에 있어서 말은 보다 적게 하고 행동을 보다 많이 해야 한다"[36]고 촉구한다. 무수한 "위원회들"이 "형식적 고려"에서 세워진다; 반복적-기계적 "점검들"이 이루어진다[37]; "현장과 유리된 문서 행정"과 "탁상공론식 작업과 무수한 회합과 회의에 대한 갈망"이 횡행하고 있다. "몇몇 부서와 부처의 장(長)들은 낡은 관리 방식을 고집하고 있다"[38]; 당의 "몇몇 지도자들"은 "오랫동안 동일한 직위"를 차지하고 있기 때문에, "인사 관리에 심각한 정체"를 야기시킨다; 어떤 곳에서는 "노동자들의 승진이 개인적인 충성과 복종, 그리고 보호주의protectionism에 의해 이루어진다"; 그 결과 "비판과 자아 비판"은 흔들리고, "대중들과의 유대는 약화되며 사업은 실패하게 된다."[39]

고르바초프의 비판은 여기에서 그치지 않는다. 그의 계속되는 세 개의 주요 연설에서 그는 보다 활기 있고 구체적인 방식으로 비판을 계속하고 새롭게 보완한다. 예컨대 「제27차 대의원대회에 대하여」라는 그의 연설에서, 고르바초프는 매스미디어가 하는 일에 대해 매우 불투명한 논평을 하고 개선되어야 할 일 "몇 가지" 요망 사항만을 피력하였으나 그뒤, 즉 그의 「소련공산당 제27차 대의원대회에 대한 소련공산당 중앙위원회 정치 보고」(이하 「제27차 대의원대회 정치 보고」로 줄여 씀)에서는 매스미디어들의 고질적인 문제에 대해 다음과 같이 매우 분명하게 지적한다:

여전히 지루한 감이 있고, 타성은 극복되지 않았다. 그리고 새로운 것에 대한 무감각은 개선되지 않았다. 인민들은 신속하지 못한 뉴스

---

36) 같은 책, p. 29.
37) 같은 책, p. 26.
38) 같은 책, p. 27.
39) 같은 책, p. 26.

보도에 대해 불만을 느끼고 있다. 그리고 새롭고 최신의 것들을 소개하려는 노력에 대해 피상적으로 취재하고 있다는 사실에 불만스러워하고 있다. 이념적이고 미적인 명확성뿐만이 아니고 기본적인 미각마저 결여하고 있는 몇몇 문학 작품들과 텔레비전 프로그램, 영화의 낮은 수준에 대해 날카로운 비판이 제기되고 있다.[40]

고르바초프의 비판에서 흥미있는 점은, 그가 밝히고 있는 비판의 이유이다. 그에 따르면 그의 비판은 체제의 긴박한 필요성, 즉 소비에트 체제의 총체적 "조건들"을 "포괄적으로 설명"해야 할 필요성 때문에 필연적으로 요청된다. 그는, "우리 시대의 주요한 과제는 국가의 사회·경제적인 발전을 가속시키는 것"이라고 주장한다. 그리고 이것은, "국내 상황에 있어서의 우리의 총체적 조건과 국제 환경의 특성을 포괄적으로 고려하지 않고서는 성취될 수 없다"[41]고 말한다. 그는 자신의 비판이 당의 위대한 전통과도 부합된다고 본다. 레닌은 일찍이, "우리들의 강점은 진리를 말한다는 데 있다"고 했다. 고르바초프는 "이것이야말로 중앙위원회가 1970년대와 1980년대 초반에 명백히 드러난 부정적인 과정들을 언급하는 것이 필요하다고 생각했던 이유"[42]라고 주장한다. 그는 "비타협적인 평가"는 한 체제의 건강한 조건을 위해서 "반드시 해야 할 일 a must"이라고 말한다. "비판과 자아 비판이 질식된" 곳에서는, 그리고 "성공에 대한 찬사가 실제적 상황에 대한 당의 분석을 대치하는" 곳에서는 "모든 당의 활동은 왜곡되고 자아 도취와 묵인, 무책임이 발생하며," 이것은 "아주 심각한 결과들을" 야기시킨다.[43] 요컨대 비판과 자아 비판, 그리고 이와 더

---

40) 같은 책, p. 452.
41) 같은 책, p. 28.
42) 같은 책, pp. 367~68.
43) 같은 책, p. 440.

불어 "공개성"(글라스노스트)은 도전받아서는 안 되며, 오히려 지지되고 고양되어야 한다. 고르바초프는, "비판과 자아 비판을 촉진하고 겉치레와 싸우려는 노력을 강화시키는 것"[44]이 시급히 요망된다고 말하면서, "공개성"의 필요불가결함에 대해 강력히 호소한다: "우리는 공개성이 성공적으로 작동하는 체계가 되도록 만들어야 한다. 공개성은 중앙에서 필요하며, 지방에서도 그 정도로, 아니 그보다 훨씬 더 필요하다. 인민이 살고, 일하는 곳이라면 어느 곳에서나 필요하다."[45] 「제27차 대의원대회 정치 보고」에서 그는, "비판과 자아 비판의 결여"로 인하여 야기된 문제들 가운데 특히 "우즈베크" 공화국에서 있었던 "부정적인 과정들" 중 "가장 눈에 띄는" 경우를 예로 든다:

이 공화국의 전임 최고 지도자층은 성공만을 말하고, 문제점은 접어두며, 어떠한 비판에도 달가워하지 않는 규칙을 만들었다. 우즈베키스탄의 당조직의 기강은 느슨해졌다. 그리고 원칙이 없는 것을 원칙으로 하고, 자신의 안녕과 승진만을 생각하는 사람들이 선호되었다. 당일치기 Todayism와 '상관'에 대한 아첨이 만연하였다. 이 모든 것들은 사태에 영향을 미치지 않을 수 없었다. 경제적·사회적 상황은 현저하게 악화되었다. 음모와 횡령, 그리고 뇌물이 성행하였으며, 사회주의적 준법성은 대대적으로 침해되었다.[46]

고르바초프가 강조하는 것은 "효율성과 공개성, 밑으로부터의 통제가 전혀 없는 곳에서는, 그리고 자신이 하는 것에 대해서 책임을 지지 않는 곳에서는, 관료적인 왜곡이 기승을 부린다는 것"[47]이다.

---

44) 같은 책, 같은 곳.
45) 같은 책, p. 415.
46 같은 책, p. 441.
47) 같은 책, p. 444.

3

고르바초프는 소비에트 체제의 결정적인 문제점들을 사정없이 폭로하면서, 개혁 refomulation의 초점을 "외연성 extension의 문제"로 집약한다. 소련의 근본적인 문제는 "외연성을 지향하는 경제 extensive oriented economy"에서 비롯된다. 먼저 "외연성"과 관련하여 몇 가지 문제를 명확히해둘 필요가 있다. 고르바초프가 실제로 사용하는 용어는 "외연적 extensive" "외연적인 방법 extensive method" "외연적인 발전 extensive development" 또는 "외연적인 기초 extensive basis"라는 용어들이다. 둘째, 고르바초프는 일반적으로 "외연적"이라는 용어를 "내포적 intensive"이라는 용어와 반대되는 의미로 사용한다. 이와 같은 의미에서, "외연적"이란 "양적 quantative"이거나 "외적 external"인 것을 의미한다. 이것은 "질적 qualitative"이거나 또는 "내적 internal"인 것과는 반대된다. 셋째, 고르바초프는 "외연적 경제"나 "외연적인 발전 방법"과 같이 보다 특수하게 이 용어를 말할 경우에는 그 용법이 엄밀하지 않다는 점이다. 그러나 여러 사례에 비추어서, 이 용어를 정의하는 것은 가능하다. 이런 점에 비추어 "외연적"이라는 용어는 "국가로부터는 최대한의 자원과 자본 투자를 확보하려는 한편, 사회에는 가능한 한 아무것도 환원하지 않으려는 정향(定向)"으로 정의된다. 이와 같은 의미에서 보면, "외연적" 경제란 "낭비적"이고 "비효율적"이며 "기생적"인 경제와 동의어이다.

그의 연설의 여러 곳에서 고르바초프는 소련 경제의 외연적인 상태를 개탄한다. 그에 따르면, "1960년대말까지의 소련 경제는 계속해서 활력이 있었다." 그러나 "1970년대 초반부터 경제 발전은 몇 가지 난관에 봉착하게 되었다."[48] 고르바초프의 분석에 따르면, 이러한 곤경들 중의 많은 경우가 "외연적인 욕구"라고 지칭할 수 있는 특정한 형태의 "욕구desire," 즉 "결과를 고려하지 않고 보다 많은 자원들을 얻으려는 욕구"에 뿌리를 두고 있다. 그리고 이러한 욕구는 "당과 정부 기관들의 일종의 사업 스타일이 되었다."[49] 다시 말하면, 이와 같은 외연적 욕구 양식의 성장과 더불어 외연적 사업 양식이 자라났으며, 또 외연적 경제 양식이 성장했다. 고르바초프는 이에 대해 다음과 같이 말한다:

여러 해 동안 경제 성장의 무게의 중심을 내포적 요소를 전환시켜야 한다고 이야기해왔다. 그러나 취해진 조치들은 부적절하였고, 일관성도 없었고, 끝까지 수행되지도 않았다. 그 결과 경제는 관성에 따라 일차적으로 외연적으로 발전하였다.[50]

통상 그러하듯이, 고르바초프는 「당경제 정책의 핵심적인 문제」라는 연설에서 20여 개 이상에 달하는 이 같은 사례들을 열거한다. 그들 중 가장 두드러진 것으로 다음과 같은 사례들을 들 수 있다:

사얀-쉬셴스카야 수력 발전소The Sayan-Shushenskaya Hydropower Station는 현재 20여 년 동안 건설되고 있는 중인데, 이것은 브라츠크 수력 발전소에 비하면 반 정도의 속도이다. 9년 간이나 아바칸 철도 수송 사업은 아무런 장비도 갖추지 못했다. 이 지역에는 아직도 약 5천여 개의 프로젝트가 미완성 상태에 있다. 힘의 분산 때문에 건설은 느리게 진행되며, 자원 소모는 막대하다. 한편 그 지역과 행정 부서들의 지도층들은 계속 더 많은 건설 용지를 이야기한다.[51]

---

48) 같은 책, p. 100.
49) 같은 책, p. 103.
50) 같은 책, p. 100.
51) 같은 책, p. 104.

조금 뒤 고르바초프는 다시 동일한 문제로 되돌아간다:

우리나라는 종료되지 않은 건설 프로젝트가 너무나 많다. 이 문제에
대해 진지한 관심이 기울여져야 한다: 몇몇 건설 프로젝트는 속도를
내야 한다. 그리고 나머지 다른 프로젝트들은 완전히 또는 잠정적으로
중단되어야 한다.[52]

이와 같은 사례들이 보여주고 있듯이, 소련 경제는 "주로 외연적인
기초 위에서 성장을 계속해왔으며," 현재와 같은 "낭비적인" 경제 성
장 방식은 이 나라를 침체로 몰아넣고 있다.[53] 그러함에도 불구하고
"예전의 경제 관리 방식은 대단히 완강하며, 당 역시 예외는 아니"[54]
라고 고르바초프는 공격한다. 그는 다음과 같이 공산당을 성토한다:

우리의 당간부들도 모두가 타성을 버리고 낡은 패턴과 외연적인 경
제 관리 방식에 대한 집념을 포기한 것은 아니다. 아시다시피, 우리도
모두가 새로운 조건하에서 내포성과 질을 지향하는 근본적인 변화를
[……] 수용하면서 일할 준비를 심리적으로 갖춘 것은 아니다.[55]

고르바초프는 외연적 체제의 마력이 처음 생각했던 것보다 훨씬
더 강력한 것으로서, 당뿐만이 아니라 정부에까지 뻗쳐 있으며, 심지
어는 일반 인민들까지 뿌리깊게 오염시키고 있다고 말한다. 고르바
초프는 마침내 분노를 터뜨린다:

---

52) 같은 책, p. 107.
53) 같은 책, p. 102.
54) 같은 책, p. 106.
55) 같은 책, p. 255.

어떤 사람들은 흔한 말로 모든 일에 마이동풍(馬耳東風)격이다; 그들의 태도는 예전과 조금도 다름없다. 계속 외연적인 성장의 관점에 따라 생각하는, 많은 부처와 부서의 장들은 가능한 한 가장 많은 돈과 자원을 짜내는 한편 가장 낮은 목표만을 달성하려고 안간힘을 쓴다.[56]

고르바초프의 페레스트로이카가 등장한 것은, 이와 같이 "외연적인 기초"를 떠받치고 있는 강력한 세력에 대항하기 위한 것이었다. 여기서 고르바초프는 "한시도 지체하지 않고 과거의 판에 박은 경제 관리 형태를 버리는 것이 결정적으로 중요하다"[57]고 선언한다. 그는, "외연적인 계획된 국민 소득의 성장"을 보장할 "가능성은 조금도 없다"고 되풀이 주장한다. 보다 근본적으로 말하면, 그는 소비에트 사회주의의 외연적인 존재 양식이 역사적으로 한계에 이르렀다고 본다. 그가 말하듯이, "외연적인 발전 방식은 거의 탈진된 상태에 있다."[58] 고르바초프로 하여금 소비에트 경제의 "기본적인 변화 cardinal changes"를 촉구하도록 하는, 이와 같은 역사 인식에 주목하는 것은 매우 중요하고 흥미있는 일이다. 어쨌든 고르바초프는 단도 직입적으로 이렇게 말한다: "우리는, 이 나라를 정당화할 수 없는 외연적 낭비로 끌고 가기를 원하는 행정부와는 같은 길을 갈 수 없다고 믿는다."[59] 나아가 그는 그의 승리를 확신하고 있는 것 같다. 그는 "국가로부터는 최대한의 자원과 자본 투자액을 확보하는 반면, 사회에 대해서는 가능한 한 아무것도 환원하지 않으려는 비효율적인 행정부를 "문자 그대로 후려칠 것"[60]이라고 말한다.

---

56) 같은 책, p. 103.
57) 같은 책, p. 106.
58) 같은 책, p. 102.
59) 같은 책, p. 103.
60) 같은 책, p. 125.

이제 "외연적"인 경제 양식으로부터 "내포적"인 경제 양식으로 근본적인 전환을 꾀하려는 고르바초프의 시도와 관련하여, 우리는 적어도 다섯 가지 점을 분명히해야 한다. 그 첫째는 "내포적"이라는 것에 대한 정의이다. 이 용어에 대한 고르바초프의 용례에 따른다면, "내포적"이란 "물질적 투입은 감소시키는 반면, 노동 생산성은 향상시키는 것"으로 요약된다. "내포적인 것"은, 다시 말하면 "질적 성장"을 의미한다.[61] 그리고 그가, 당은 이 나라의 사회적 · 경제적 발전을 치열화하는 intensify 일을 수행해야 한다고 요구할 때의 "intensify," 즉 치열화란 이러한 새로운 의미의 질적 성장을 뜻한다.[62]

둘째는 내포적 경제의 전제 조건이다. 이러한 내포적 경제는 소비에트 체제의 "거대한 성장 잠재력"을 전제로 한다.[63] 고르바초프는 "성장 잠재력"을 조목조목 상세하게 설명한다: 1) 소련은 막대한 천연 자원을 가지고 있다. "엄격히 말해서 우리는 여전히 다른 어느 나라보다도 많은 자원들을 가지고 있다"[64]고 고르바초프는 자부한다; 2) 소련은 사회주의 체제라는 "무진장한" 이점을 가지고 있다. 우리는 성장을 위해서 다른 나라와는 달리 "현재 소유하고 있는 막대한 자원을 동원하고, 주요한 영역에 자원들을 집중할 수가 있다"[65]; 3) 특히 "소련은 주요한 과학적 · 기술적, 그리고 사회 · 경제적 개혁을 수행해본 수많은 경험을 가지고 있다." 그러나 고르바초프는, "우리가 과거에 수행했던 과업의 범위와 복잡성을 생각해보면 그들이 아무리 중요하다 해도 앞으로 우리가 해야만 하는 것과는 비교가 될 수 없다"[66]는 점을 상기시킨다; 4) 소련은 매우 "강력한 과학적 · 기술적

---

61) 같은 책, p. 60.
62) 같은 책, p. 23.
63) 같은 책, p. 105.
64) 같은 책, p. 102.
65) 같은 책, p. 105.
66) 같은 책, pp. 369~70.

잠재력을 가지고 있다."[67] 그리고 고르바초프에게 있어 특히 마지막 항목은 즉 "과학적·기술적 잠재력"은 "중추 The cardinal"에 해당된다.

고르바초프에 의하면, "소련의 과학자들이 여러 분야에서 이룩한 지식과 기술적인 진보는 널리 인정되고 있다." 그는 그 구체적인 예를 다음과 같이 열거한다:

우주 탐사, 수학, 역학, 열핵융합, 양전자공학 quantum electronics, 그리고 원자력공학과 같은 분야에서 이루어지고 있는 유망한 작업, 지구의 지각 구조에 대한 연구, 세계에서 가장 깊은 유정(油井), 세계의 대양에 대한 연구, 합성 유기화학, 신소재 개발과 기술 혁신, 대단위 소출의 새로운 식물 변종들과 질병과 불리한 기후 조건에 대해 높은 저항력을 갖춘 종축(種畜)들을 만들어내는 과정에 대변혁을 일으킬 수 있으며, 공중 위생에도 도움을 줄 수 있는 유전공학과 세포공학의 결정적 업적들.

수많은 일급 연구소와, 설계 사무소, 그리고 이들이 보급하고 있는 창조적인 요원들, 거의 모든 영역에서 이룩된 과학적 성과와 기술적인 발전, 그 중에서도 종전의 노동 생산성을 여러 배 향상시킨 회전식 운반 라인, 자동 용접 장치, 소형 고합 합판과 기계 산업 분야의 금속 소모량을 현격히 감소시킬 수 있는 현대적인 야금 기계(冶金機械) 장치, 고효율적 합성 물질 등등이다.

소련 과학아카데미는 〔……〕 소련이 지닌 잠재력의 핵심 〔……〕 이다. 이 아카데미의 많은 연구 기관들은 세계의 최상위급에 속한다. 〔……〕 이와 같은 사실은 기술적인 과학 발전의 주역들인 소련의 기라성과 같은 과학자들 중 단 몇 사람의 이름만 열거해보아도 알 수 있다.

---

67) 같은 책, p. 115.

—예컨대 아카데미 회원인 바르딘 I. P. Bardin, 레베데프 S. V. Lebedev, 투폴레프 A. N. Tupolev, 크루차토프 I. V. Kurchatov 등등— 이러한 전통은 의심의 여지없이 계속해서 성장할 것이다.[68]

그러나 고르바초프는 이러한, "가능성들이 적절하게 이용되지 않고 있다"[69]고 성토한다. 그렇다면 무엇 때문에 그러한가? 그것은 "우리가 우리 자신의 모든 장점들을 최대한도로 사용하는 법을 배우지 못했기 때문이다." 특히 "과학적이고 기술적인" 발견들이 사회적인 생산과 연계되지 않고 있으며, 고르바초프는 이 점이야말로 국민 경제에 치명적인 손해를 끼치고 있는 요인이라고 지적한다. 여기서 그는 극단적인 일례를 다음과 같이 밝힌다:

소련 과학자들이 30여 년 전에 발견했던 무마멸(無磨滅) 효과 non-wear and tear effect는 마찰을 받는 기계 부품의 수명을 크게 증대시키고, 노동비의 지출을 획기적으로 절감하는 근본적으로 새로운 윤활유들의 개발을 낳았다. 수백만 루블을 절약시킬 수 있는 이 발견은 아직도 광범위하게 활용되고 있지 않다. 그 이유는 소련 석유 산업부와 수많은 다른 부서들의 몇몇 고위 관료들이 지닌 타성 때문이다.[70]

고르바초프가 폭로하듯이, "심지어는 발명 출원(發明出願)이 여러 해 동안 질질 끄는 하나의 고된 시련이라는 사실은 지금은 비밀이 아니다"![71] 여기서 고르바초프가 촉구하는 것은, "이용 가능한 가능성들은 현명하게 사용되어야 하며, 이용 가능한 잠재력은 효과적으로

---

68) 같은 글, pp. 115~16.
69) 같은 글, p. 21.
70) 같은 글, p. 374.
71) 같은 글, p. 375.

이용되어야 한다"[72]는 것이다. 무엇보다도 "과학과 기술적" 영역은 최우선권을 가져야 한다. 그는 이렇게 선언한다: "당은 국민 경제 강화와 축적된 잠재력의 가장 합리적인 이용을 위한 핵심적인 지렛대로서 과학적·기술적 진보를 급격히 가속화시키는 과제에 가장 커다란 중요성을 두어야 한다."[73] 그는 덧붙여서 이렇게 말한다: "우리 모든 당원들은, 모든 개개 사업과 부서, 그리고 전체 경제를 내포적인 발전으로 재조정해야 할 근본적인 필요성을 이해해야 한다."[74] 필요한 것은 "일하는 방법을 배우는 것"이라고 그는 다시 집약해서 강조한다.[75]

셋째는 내포적인 경제의 수단들이다. 내포적 경제 또는 경제의 치열화 intensification of economy가 실현되는 것은 "과학적·기술적 진보의 가속화"에 의해서이다. 고르바초프가 말하듯이, 우리가 생산을 치열화시킬 수 있는 것은 "일차적으로 과학과 공학의 최신 업적들의 기초 위에서이다."[76] "새 세대의 기계들과 장비들"로 전환함으로써 산업은 "생산성을 여러 배로 상승시킬 수 있고, 산출 단위당 재료 소모량을 감소"시킬 수 있다. 그러나 이 새로운 "기계와 장비"의 생산은 "과학적·기술적 진보"를 가속화시키지 않는 한 불가능하다. 고르바초프가 직장(職長)들과 엔지니어들, 설계사들의 역할과 위신을 향상시키고, 그들의 작업에 물질적이고 도덕적인 동기들을 부여해야 한다"고 요구한 것은, 이와 같은 "과학적·기술적 진보의 가속화"가 필요하다는 판단에서 나온 것이다. 내포적 경제 또는 경제의 치열화가 실현되는 것은 "과학적·기술적 진보의 가속화"에 의해서이며, "과학

---

72) 같은 글, p. 16.
73) 같은 글, p. 375.
74) 같은 글, p. 103.
75) 같은 글, p. 27.
76) 같은 글, p. 101.

적·기술적 진보의 가속화"는 "생산의 효율성"을 증대시킬 것이다.[77] 내포적 경제는 소련에 있어서 과학적·기술적 진보와 사회경제적 발전간의 결합을 전제한다. 그것의 기본 전략은 "과학적·기술적 진보"를 "핵심적인 지렛대"로 사용하여 사회경제적 발전——내포적 발전——을 치열화·가속화시키는 것이다. "당경제 정책의 핵심적인 문제"에서, 고르바초프는 이 점을 매우 명확하게 지적한다:

우리가 이것을 행하지 않는다면, 우리가 오늘날 이야기하고 있는 모든 것은 좋은 생각 정도로 남을 것이다.

당은 과학적·기술적 진보의 가속화를 당의 경제 전략의 중심적 부분으로, 경제를 부양시키고 경제를 보다 효율적으로 만드는 중심적인 지렛대로 간주한다.[78]

넷째는, "개혁" 또는 "페레스트로이카"이다. 고르바초프에 따르면, "과학적·기술적 진보를 가속화시키기 위해서는 〔……〕 계획과 관리 체계, 그리고 전경제 메커니즘의 근본적인 개혁이 요구된다." 그는 이렇게 덧붙인다:

우리가 이것을 행하지 않는다면, 우리가 오늘날 이야기하고 있는 모든 것은 좋은 생각 정도로 남을 것이다.

이러한 의미에서, "모든 것은 최종적으로 페레스트로이카, 즉 관리와 경제 전반에 대한 실질적인 개선으로 귀착된다."[79] "관리 정책과 관리 형태, 관리 방법의 개혁"으로서의 페레스트로이카, 그리고 또한 "경제 활동 심리의 개혁"[80]으로서의 페레스트로이카는 내포적 변화

----

77) 같은 글, p. 119.
78) 같은 글, p. 99.
79) 같은 글, p. 18.
80) 같은 글, p. 100.

를 위한 근본적 조건이다. 고르바초프가 말하듯이, "우리는 새로운 경제적·조직적 조건들을 창출해내지 않고서는, 과학적·기술적 진보를 실질적으로 가속화시킬 수 없다." 바로 이와 같은 과학적·기술적 진보를 달성하기 위한 조건으로서의 페레스트로이카는 시의적절하게, 그리고 지속적으로 수행되어야 한다. 이어서 고르바초프는 개혁의 "중심적인 방향"에 대해 다음과 같이 요약한다:

> 개혁의 기본적인 본질은 관리와 계획에 있어서 중앙 집중의 효율성을 제고시키는 것, 사업체와 합동 사업체들의 경제적 독립성과 책임성을 크게 확대시키는 것, 관리와 원가 계산, 상품-화폐 관계, 그리고 비축되어 있는 모든 경제적 지렛대들과 유인들에 있어서 보다 신축성 있는 형태와 방법을 적극적으로 이용하는 것이다. 가장 확실한 성공의 열쇠는 전국과 지역 수준의 공동 노력, 사회주의적 경제 운용 방법에서의 다양성과 유연성, 그리고 대중들의 자발적인 이니셔티브를 광범위하게 발전시키는 것이다.[81]

마지막으로 내포적 경제의 목적 내지 최종적인 대의(大義)이다. 그것은 소련 사회의 새로운 질적 조건을 마련하는 것을 목표로 한다.[82] 그는 「소련공산당 강령 개정판의 초안, 당규의 개정 및 1986~1990년과 2000년대로 돌입되는 시기에 있어서 소련공산당의 경제적·사회적 발전을 위한 지침에 대하여」라는 연설에서 다음과 같이 선언한다: 우리나라의 사회경제적 발전의 가속화는, "평화 상태에서, 소련 인민들을 위해 물질적·문화적으로 풍요하고 사회적으로 활력 있는 삶을 제공하고, 사회주의 체제에 의해 구체화된 역사적으로 새로운 형태의 문명이 지닌 잠재력과 이점들을 훨씬 더 완전하고 생생하게 제시

---

81) 같은 책, p. 119.
82) 같은 책, pp. 248, 251.

하는 것"[83])을 목표로 한다.

4

　이제 결론적으로 필자는, 고르바초프의 "외연적"인 것으로부터 "내포적"인 것으로의 전환은 "무엇 what"으로부터 "어떻게 how"로의 전환으로 이해되어야 한다고 주장하고자 한다. "무엇"에 관한 한 고르바초프는 거의 아무것도 바꾸지 않았다고 볼 수 있다: 똑같은 사회주의, 똑같은 당, 그리고 똑같은 집단 농장과 국영 농장. 그러나 "어떻게"에 관한 한 고르바초프는 급진적이고, 혁명적이다. 그는 대의원 대회에서의 연설 방식을 바꾸었다; 그는 공장에서의 작업 방식을 변화시켰다; 그리고 그는 새로운 사고 방식으로 생각하는 방법을 국민들에게 설득하고 있는 중이다. 방식 또는 "어떻게들 hows"의 변화에 관한 전형적인 사례 중의 하나는 고르바초프가 애용하는 용어, 즉 "업무적 businesslike"이라는 말에서 발견된다.

　용법상 "업무적"이라는 말의 의미가 분명치는 않다. 그러나 매우 분명한 하나의 사실은 "업무적"이라는 용어는 "무엇"이 아니고, "어떻게"를 가리킨다는 점이다. 한두 개의 사례를 보면 족할 것이다. 고르바초프는 「제27차 대의원대회에 대하여」에서 아래와 같이 말한다:

　당위원회의 임무는 이 기초 조직들의 회합이 업무적인 방식으로, 비판과 자아 비판의 분위기 속에서, 그리고 볼셰비키적 솔직함 속에서 개최되도록 최대의 관심을 보여주는 것이다.[84]

---

83) 같은 책, pp. 248~49.
84) 같은 책, p. 24.

앞으로 있을 구, 시, 그리고 지역과 주의 당대회와 각 공화국 공산
당 대의원대회에서는 말투와 업무적인 방식과 엄밀성에 보다 큰 비중
이 두어져야 한다. 때때로 있는 일이지만, 찬사와 경의를 나타내는 표
현이 있어서는 안 되며, 상투적인 수사로 일의 본질을 은폐하거나, 또
는 객관적인 상황이나 부문간의 이해 대립 등으로 문제점들을 얼버무
리려는 어떠한 시도도 있어서는 안 된다.[85]

그리고 고르바초프는 이것이 사회주의적 민주주의가 어떻게 이해되
어야 하는가 하는 문제라고 말한다. 그는, "사회주의적 민주주의가
추상적으로 이해되어서는 안 된다는 레닌의 말을 우리는 기억해야만
한다"[86]고 강조한다.

아이러니컬하게도 대부분의 고르바초프 해설가들이 가지는 문제점
은 그들의 "외연적"인 사고 방식에 기인한다. 그들의 이러한 외연성
이야말로 고르바초프에게서 발생하고 있는 내포적인 중대한 변화들
을 "보지 못하게 하는" 이유이다. 후쿠야마가 그러한 유의 일례이다.
그의 근본적인 관심은 "무엇"에 있다: 고르바초프는 마르크스-레닌
주의자인가 아니면 자유주의자인가? 페어 Ferenc Feher와 아라토
Andrew Arato가 편집한 『고르바초프: 대논쟁 Gorbachev: The Debate』
(1989)도 또 하나의 예에 속한다. 모든 기고자들의 관심의 무게중심
은 고르바초프의 "정체성" 즉 그의 "무엇"에 집중되어 있다. 카스토
리아디스 Castoriadis는 특히 이런 점에서 두드러진다. 그는 「고르바초
프의 촌극 Gorbachev Interlude」이라는 논문에서 이렇게 쓰고 있다:

오늘날 러시아에서는 일이 벌어지고 있다. (그것이 서방 세계를 속
이려는 속임수라든가 또는 그 움직임이 심지어 장식용이라는 생각은

---

85) 같은 책, p. 25.
86) 같은 책, p. 28.

일고의 가치도 없다.) 그런 까닭에 의문이 일어난다: '무엇'이, 그리
고 '왜' 일어나고 있는가? '무엇'과 '왜'는 보다 밀접하게 관련되어
있다. 나는 '왜'에 빨리 도달하고 싶다. 그러나 그전에 '무엇'이라는
문제에 대한 예비적인 고찰이 불가결하다.[87]

솔직히 말해서 고르바초프의 "어떻게"로의 전환은 우리를 매우 곤
혹스러운 상황에 빠뜨린다: 우리가 그에게서 "무엇"에 속한 것을 기
대하는 한, 우리는 아무것도 얻을 수 없다. 바로 이 점이 나의 글이
줄곧 봉착해야 했던 문제였다. 예컨대 고르바초프는 자주, "현실을
심도 있게 연구할 것," 상황을 "충분하고 깊이 있게" 파악할 것, "현
상황의 주요한 경향을 이해할 것," "사태의 변증법과 그 객관적 논리
를 깊이 꿰뚫어볼 것, 시대의 동향을 담아내는 올바른 결론을 도출할
것"을 요구한다.[88] 그러나 실제로 우리는 다음과 같은 사실 외에는
아무것도 발견할 수 없다: 고르바초프 자신도 역사의 "열쇠"나 "논
리"를 가지고 있는 것은 아니며, 그는 말 그대로 적수공권이라는 점
이다. 우리가 발견하는 것은, 고르바초프 자신도 우리와 마찬가지로
역사 속in history에 있으며, 역사의 의미sense of history를 새기고 있
는 중이며, 차라리 역사의 수수께끼를 풀고 있는 중이라는 점이다.
그는 연설과 행위를 통해서 그 자신이 현재의 역사풀이를 어떻게 행
하고 있는지를 공공연하게 보여줄 따름이다. 이와 같은 점은 당시에
제기된 여러 논쟁들을 검토해보면 더욱 분명하게 알 수 있다.[89] 어떤

---

87) F. Feher and A. Arato, eds., *Gorbachev: The Debate* (Portland Or.: Booknews Inc., 1989), p. 63.

88) M. Gorbachev, *Selected Speeches and Articles*, pp. 11, 14, 365.

89) 장덕준 박사는 고르바초프가 집권한 이후, "페레스트로이카"의 전기간을 통하여 소련 내에서 진행된 수많은 논쟁들을 잘 정리해주고 있다. 특히 그가 소개하는 초기 단계(1985~1988)의 주요 논쟁들을 정리해보면 다음과 같다: 1) "the economist V. Kossov suggested that the planning should be complemented with financial

의미에서, 고르바초프는 우리에게 아무것도 가르쳐주지 않는다. 그
러나 그는 우리에게 무엇인가를 보여주고 있음에 틀림없다.

---

autonomy of enterprises"; he "suggested that resource allocation by the state should be replaced by wholesale trade in capital goods on the basis of a competitive contractual system. Such a sale system, however, was to operate within the framework of centralized planning as centralized use of capital investment"; 2) Academician Abel Aganbegyan suggests that, "since the bureaucracy, including state planning agencies, had suffocated the initiative and efficient operation of the production process, the number of bureaucrats and their detailed interferences should be reduced"; he "maintained that the reform's fundamental aim is to transfer power from the central planning agency to the production units," that "the idea of economic accountability should be understood in terms of managerial relations"; he also argued that "[t]he collective contract system [……] was to work on the principle of achievement by which incomes would be determined by end results", that " in case of price increases, the state should take steps to avoid reducing Soviet citizens' real earnings by providing such compensation as wage increases"; he "explicitly pointed to the interconnection between supplies and demands as well"; he "rejected the notion of hired workers because it may undermine socialist values"; he hold that "without political reform and popular initiative from below, [……] economic reform, including enterprise independence, was likely to fail"; 3) the "economist commentator Leonid Korenov argued that the state organs' rigid patronage and their control of profits in enterprises clearly obstructed an efficient operation of the economy"; 4) the Academician Leonid Abalkin argued that, "since economic accountability is intimately intertwined with other components of reform, the former cannot be fulfilled until the restructuring of the entire economic mechanism is completed. On the other hand, 'full financial autonomy' may serve as an antidote to bureaucratism, the stronghold of resistance to reform"; he suggested that "production activity should be conducted through such economic methods as wholesale trade, taxation, and financial transactions. The role of central planning was hardly denied, however"; he "was well aware that the tight control of the ministries over their own enterprises had suppressed major initiatives, causing serious stagnation of the economy. He thus argued that the ministries should be transformed into fundamentally new type of organizations. He proposed production associations for coordinating information regarding procurement of raw material, sale of products, and technological matters"; "because wages are based on the varying degree of efficiency of invested labor and different achievements, the differentiation of incomes is completely fair": he argues that "[s]ince cooperatives were to compete with state enterprises in providing consumers with goods and services [······] the former may serve as 'a real counterweight' to the state monopoly in the economy"; "by 1987," he "argued for making labor collectives 'the real owner and manager' of the relevant means of production and financial resources. And at the same time, he recognized that 'individual labor activity' already existed in Soviet society"; "[b]y 1989," however, he "came to advocate the introduction of flexible forms of ownership, including even private ownership, because he was primarily interested in the improvement of productivity. For the purpose of obtaining higher productivity and efficiency," he suggested that "it is desirable to take positive elements from both capitalist and socialist systems. Thus, he proposed a dual structure of ownership: while the state should own and control the most important sectors such as the infrastructure, including transportation and energy, individuals may own the rest of the economic sectors"; he "however, warned that this ownership pattern should be allowed only within the socialist principle, particularly that of full employment; "he argued that a combination of social and personal interests completely conforms to the socialist principle and Lenin's teaching. He further went on to contend that, as long as ownership patterns including cooperatives satisfy people's needs, they are fully acceptable"; he "tried to further broaden the notion [of social justice], stipulating such factors as equal access to the opportunies for education, culture and modern civilization, and the improvement of social infrastructure. Thus, the new notion of social justice was characterized by rewards based on achievements and contributions and the providing of equal opportunities for each member of society"; 5) Prime Minister Nikolai Ryzkov argued that "[f]or the purpose of raising profitability and productivity [······] an enhancement of responsibility of enterprises and complete financial autonomy were indispensible"; he "also agreed that all economic measures including quality control should conform to the principle of the 'socialist market' and competition"; he "pointed to the necessity for wage reform, arguing that the incomes of each worker should strictly correspond to the results of his/her work"; he "suggested the cooperative form of ownership in order to overcome bureaucratic domination and to restore a sense of genuine masters in production on the part of workers"; 6) [a]nother politburo member and CC Secretary Nikolai Slyunkov suggested at the October 1988 CC meeting "that economic accountability in enterprises would be a prerequisite to enhancing efficiency in the economy"; he "contended that the wage system linking labor earnings to the quantity and the quality of the end results would stimulate and urge individual workers and labor collectives to work hard and efficiently; he proposed that "guarantees [in terms of subsidies to housing, education, health care, pensions and the like] would be provided in exchange for people's definite commitments to society"; he "argued that for the acceleration of the economy there should be 'a direct linkage between the lowering of outlays, the efficiency of economic management, and the material remuneration of labor collectives"; 7) "[e]ven such conservative party leaders as Vladimir Shcherbitsky and Lev Zaikov recognized Khozraschet [i.e., cost-accounting] as a core aspect of economic restructuring"; 8) "Pavel Bunich, Chairman of the USSR Academy of Sciences Scientific Council on Economic Accountability and Self-Financing Problems, set forth an even more radical alternative, arguing that because an enterprise with economic accountability and self-management would decide on personnel selection, production, investment, and profit allocation, the branch ministries must be eliminated"; he "argued that the command economy caused a tremendous waste of resources because enterprises had been evaluated only by the quantity of output. In contrast, because in the cost-accounting or khozraschet system individual enterprises are responsible for their achievement(losses or gains), they cannot but strive to improve the quality of their products"; according to him, "[c]redit reform …… is closely related to economic accountability because the bank is an essential intermediary in the productive process"; 9) "The economist Vladimir Mozhin and economic journalist Voznesenski agreed" that "financial autonomy and self-management are closely interrelated in that the former facilitates the latter by stepping up the activity of entire labor collectives. Conversely, self-management, which generates profits and high productivity, makes genuine financial autonomy possible"; 10) "the early optimal planning school including Nemchinov" advocated "the 'dual track' approach in which individual enterprises were to gain autonomy on investment and profit allocation, while the branch ministries were to preserve the power to give enterprises instructions on production planning and to collect profits"; 11) the Gosplan Deputy Chairman Stephan Sitaryan "pointed to the need for combining centralized management and the autonomy of enterprises"; according to him, "the development of enterprises was driven by the growth of efficiency and productivity of work done, which in turn was closely related to material incentives. Therefore he suggested that the remuneration of employees' work should be based on the end results of economic activity"; 12) "some scholars such as Yuri Tikhonov emphasized the role of centralized leading in the national economy," while "others argued for the strengthening of enterprises' and their collectives' rights and responsibilities"; 13) "Larisa Piyasheva, a radical economist" argued that "administrative planning had brought about disaster for economic development"; 14) "V. Kulikov argued that directive targets by the center and autonomy of enterprises were mutually complementary"; 15) "Otto Latsis suggested that the majority of the branch ministries were unnecessary. Even if centralism or its equivalent is needed to coordinate production information, [······] it should be organized by enterprises"; he held that "the market mechanism neutralizes inefficient administrative interferences in the production process"; 16) "Sukhotin and V. Dementyev contended that democracy in the workplace would make it possible to overcome the forces of resistance to reform and to have people accustomed to the 'socialist principle'"; 17) "Ambartsumov argued that political reform was needed to change the hierarchical decision structure because tremendous resistance forces existed in the hierarchy structure"; he "argued that wholesale trade in industrial inputs relying on contracts, rather than 'normatives' from above, would strengthen enterprises' economic independence"; 18) "E. Arab-Ogly, a philosophy professor, argued that commodity-money relations would grow into a market mechanism. And with the market mechanism working, he went on to suggest, shortages of goods dictated by fixed prices and subsidies would be eliminated"; 19) "Mikhail Antonov expressed [his] concerns about the negative effects of marketization"; 20) Nikolai Shmelev stressed "the universality of market relations devoid of ideology" and "declared that 'it is like a law of physics'"; he suggested that for the purpose of 'genuine non-state financing', the distortions of prices in terms of state control and subsidies should be abolished"; he "argued that one of major source of financing would come from citizens' savings. And taxation on some consumer goods, such as alcohol beverages, would also be an important source of government revenue. From this point of view, he criticized the anti-alcohol campaign adopted in 1985. Instead of administrative methods, he argued, the government should adopt economic measures such as price increases, leaving choices to consumers. Furthermore, Shmelev set forth a unique method of financing - borrowing from abroad - in the belief that growth of foreign debt, if not excessive, was a quite normal economic phenomenon. He went on to maintain that the borrowed fund should be spent on purchasing advanced imported equipment to establish an industrial base for future exports. Later, he suggested the immediate importation of consumer goods not only to alleviate the deteriorating living standard of the Soviet people, but also to absorb the ruble overhang"; he "also argued that it would be necessary to ensure the population that they would not suffer any reduction in their living standards as a result of price increase. Like Aganbegyan, Shmelev suggested that increase in prices might be compensated by a corresponding increase in wages"; "[w]hile recognizing [the] efficiency" of hired labor, he shelved the "issue on the grounds that not only officials, but also people in the street would intensively resist it"; but he "defended the possibility of unemployment as a good stimulus to those who are 'lazy, drunken, and irresponsible'"; 21) "[t]he conservative leader Yegor Ligachev at a meeting with the *aktiv* of Gorky province in August 1988 strongly advocated full employment as a foundation of socialism"; 22) "according to the economic commentator Tsvetkov, wholesale trade was expected to enhance the autonomy of enterprises by inducing supplies to respond to demands. Wholesale trade was thus widely conceived of as an efficient means to raise productivity and autonomy of enterprises and a useful economic measure for coordinating information and the flow of goods and services"; 23) a conservative economist Anatoli Deryabin "argued that 'without adjusting the planned price formation system, it is impossible to put enterprises on a profit-and-loss accountability basis, ignoring the demands from the consumer side"; 24) "Gennadi Zateyev suggested that prices consist of such elements as expenditures, quality of products, and consumers' demands"; 25) "[i]n a similar vein, according to Y. Bozdin, prices should reflect not only the expenditures of supplies, but take into consideration consumers' demands"; 26) Nikolai Petrakov "argued that through enterprises' transition to self-financing, fear about price hikes would be resolved because enterprises could invest bloated profits due to price increases on expanding production lines, which would eventually make it possible to maintain a proper level of prices of industrial goods"; he "regarded competition as a fundamental basis for successful management reform" and as tending "to encourage producers to strive to meet consumers' needs. Therefore, Petrakov went on to argue that economic competition based on equal rights between suppliers and customers would become a foundation of a socialist market economy"; 27) according to the economist V. I. Shprygin, "unduly low prices of industrial and agricultural products and tremendous state subsides slowed national economic development" and thus "retail price normalization and subsequent price hike were an integral part of a more comprehensive reform"; 28) "the economy journalist Y. Rytov argued" that, "[s]ince the new wage system should clearly reflect working people's skills and achievements, [······] each working collective would need to strive to raise productivity to obtain more income"; 29) "economic writer Vladimir Shcherbakov clearly objected to the wage leveling and instead suggested that there should be variations in wages in accordance with skills, end results, and different sectors. And industrial workers' bonuses, Shcherbakov argued, should be paid on the basis of each employee's actual contribution"; 30) "Zaslavskaya advocated such individual labor activities as personal small holdings and the family contract system"; she argued that "such individual labor activities, insofar as they do not lead to excessive profits, were both necessary and legitimate"; "[u]nder a new notion of social justice", according to her, "those groups which make the greatest contribution to society are encouraged and strongly supported"; she "expanded the notion of social justice by adding the elimination of privileges to the change in the work remuneration system"; 31) an economic writer Ivan Tselishchev pointed out that "full economic independence for enterprises is impossible without a choice of supplies and clients. Given the world trend that only efficient state enterprises survives, Tselishchev argued, the main incentive for increasing economic efficiency is competition among producers"; 32) Delez Paltervich suggested that "the competition among enterprises [······] was expected to accelerate scientific and technological progress through the stimulation of productivity and quality enhancement. The introduction of economic competition, therefore, would be an unequivocal manifestation of decentralization"; 33) "[w]hile blaming private property for alienating man from society, Alexandr Yakovlev, Politburo member and the architect of perestroika, also criticized the dogmatic principle of subordinating personal interests to those of the state. Instead, he argued for a combination of public interests and private ones in the form of flexible ownership"; he "thus suggested flexible forms of ownership, including cooperatives"; 34) Oleg Bogomolov, head of the Institute of the Economics of the World Socialist System(IEMSS), "argued for selling government bonds to create financial resources for economic reform"; he "suggested that it was desirable to introduce into the Soviet economy various forms of private and cooperative ownership"; he "argued for the introduction of such a variety of ownership forms as individual, family, cooperative partnership, and even joint ventures with capitalist firms alongside the existing ownership"; he "provided a conceptual framework for new forms of ownership consistent with the socialist market system"; he "differentiated the right to decide on the use of asset (e. g., proprietor or vladelets and the right of lease holder) from the right to obtain income from an asset or the right to dispose of it (sobstvennost) - much like the distinction between managers and shareholders in a joint stock company"; 35) the economic journalist M. Krushinsky defended that "[t]he lease contract [······] would considerably boost efficiency because people would have direct interests in maximizing the results now at their disposal. As such, under the lease-holding system, working collectives could reserve the right to control means of production and to dispose of the goods and services on their own"; 36) the economist L. Nikiforov saw the lease-holding system fit "into socialist production relations", because it "allows collectives and individual working people to regard themselves as the 'true masters of production' with group ownership of means of production"; he argued that "shares should only be issued to other enterprises and to workers of the enterprises issuing them. By doing so, [……] shares could be excluded from being used for accumulation of capital by 'unjust means' such as speculation"; 37) and "while allowing for reward in terms of dividend as compensation for his/her risk, according to the economist A. Vavilov, a share holder was to have very limited rights. For instance, [……] a share-holder could have only a limited amount of dividend(maximum 30 percent) and he/she would not be allowed to participate in the management"(Duckjoon Chang, *Ideas, Interests and Collective Learning: The Politics of Economic Reform in the Soviet Union, 1985~1991*, Ph. D. Dissertation, University of New York at Buffalo, 1996, pp. 161~205).

장덕준 박사는 이상의 논의들을 다시 다음과 같이 도표화한다:

	보수파	온건 개혁 / 중도파	개혁파
특징	중앙 계획 경제의 고수, 시장 경제의 폐해(실업, 빈부의 격차 등) 지적	의사 결정 구조나 소유권 제도 등에서 근본적 개혁 없이 회계방법의 도입, 독립 채산제의 활용 등의 기술적인 방법을 통해 효율성을 제고시키려는 입장. 특히, 이들은 이원적dualtrack 접근을 옹호하는 논자들로서 1) 중앙 정부가 계획을 수립하고 그 계획의 실행에 대한 지시 및 감독을 맡는 한편으로 2) 개별 기업에 대한 자율성을 허용	의사 결정 구조의 분권화, 경쟁적 시장 제도의 도입, 소유권 제도의 다양화 등 근본적인 제도 개혁과 분권화를 주장
인물	Y. Tikhonov(12); M. Antonov(19); Y. Ligachev(21)	V. Kossov(1); A. Aganbegyan(2); L. Korenov(3); L. Abalkin(4); N. Ryzkov(5); N. Slyunkov(6); Nemchinov(10); S. Sitaryan (11)	P. Bunich(8); Latsis(15); E. Arab-Ogly(18); N. Shmelev(20); N. Petrakov(26); Zaslavskaya(30); A. Yakovlev(33); O. Bogomolov(34); M. Krushinsky(35)

밀리반트-풀란차스 국가론 논쟁

1

1950년대에 이르기까지 "국가"는 서구 정치학의 중심 개념이었다. 특히 마르크스주의에서는 사회 분석의 주요 대상이었다. 그러나 국가는 사회과학의 개념으로서 한 가지 결정적 결함을 갖고 있었다. 그것은 정확한 정의를 내리기가 어렵다는 점이었다.

이스턴 David Easton은 이러한 국가 개념의 사용에 반대하면서, 새로운 정치학의 개념으로서 "정치 체계"를 제시하였다. 정치 체계의 개념은 이후 1960년대에 이르기까지 새로운 정치학의 "전체적 방향을 규정짓는 지배적 개념"[1]이 되었다. 그러나 이스턴도 지적했듯이, 1970년대의 새로운 변화와 더불어 정치학에는 국가 개념에 관한 새로운 논쟁이 일어나기 시작하였다. 급기야 "국가"는 1981년 미국 정치학회 연례학술회의의 주제로 채택되면서, 정치학도들의 새로운 관심사가 되기에 이르렀다.

국가론이 1970년대에 다시 부활하게 된 이유를 이스턴은 네 가지로 설명한다: 첫째는 마르크스주의의 부활이고, 둘째는 전통적인 강력

---

1) D. Easton, "The Political System Besieged by the State," *Political Theory* (August, 1981), p. 303.

한 권위에 대한 향수이며, 셋째는 정치경제학에 대한 새로운 관심과, 넷째는 정책 분석의 발전 등이다.[2] 여기서 특히 이스턴이 강조하는 것은 마르크스주의의 부활이다. 이스턴에 의하면, 국가는 마르크스 주의자들에게는 가장 중요한 범주의 하나이며, 최근 신마르크스주의 자들 사이에 있었던 논쟁, 즉 풀란차스Nicos Poulantzas와 밀리반트 Ralph Miliband간의 논쟁 속에서 그 실증적 예를 찾아볼 수 있다는 것 이다.[3]

이 장에서는 첫째, 신마르크스주의자들의 국가 개념을 풀란차스와 밀리반트의 논쟁을 중심으로 살펴보고, 둘째, 이러한 급진주의 국가 이론이 서구 정치학의 전통에서 어떻게 평가될 수 있는지를 특히 아 리스토텔레스의 입장에 비추어 살펴보려는 데 목적을 두고 있다.

2

풀란차스와 밀리반트의 논쟁은 『신좌파 리뷰 *New Left Review*』(1969. 11~12)지에 실린 풀란차스의 논문에서부터 발단되었다. 그는 문제의 논문 「자본주의 국가의 문제 The Problem of the Capitalist State」[4]에서 밀리반트가 같은 해에 출판한 『자본주의 사회 내의 국가 *The State in Capitalist Society*』를 논평하는 가운데 다섯 가지 문제점에 대해 비판 했다.

---

2) 같은 책, pp. 305~06. 이스턴이 지적한 세번째 이유, 즉 "정치경제학에 대한 새로 운 관심"은 주로 "경제적 자유주의자 the economic liberal"들의 입장을 가리킨다. 이들은 국가와 사회의 구분을 새롭게 제기함으로써 국가의 경제적 영역에 대한 간섭을 비판하고 있다.

3) 같은 책, pp. 307~22.

4) Robin Blackburn, ed., *Ideology and Social Science* (London: Fontana, 1972), pp. 238~53.

풀란차스의 첫번째 비판은 밀리반트가 오늘날 자본주의 사회의 이른바 "경영자론 managerialism"[5]에 반대하여, 경영자를 일종의 지배 계층으로 보고 있다는 점이다. 오늘날 자본주의 사회에서는 소유와 경영의 분리로 말미암아, 경제권이 점차 기업가로부터 경영자에게로 옮겨가고 있다. "경영자론"이란, 기업가와 경영자가 엄격히 구별된다는 주장이다. 즉 경영자의 행동을 지배하는 동기는 자본가의 그것과 같은 이윤 추구가 아니라, 성장 또는 발전에 있다는 것이다. 이런 점에서 경영자는 자본가와 같은 지배 계급에 포함시킬 수 없으며, 결국 경영자가 중심이 되어 관리하는 사회는 지배 계급이 존재하지 않는 사회이며, 경영자는 지배 엘리트이기보다는 사회를 관리하는 다원적 엘리트 중의 하나로서 종전의 지배 계급과 구별되는 제한된 의미의 엘리트에 불과하다는 견해이다. 이에 대해 밀리반트는 경영자 역시 이윤 추구의 동기에 의해 지배되며, 이런 점에서 경영자는 지배 계급의 한 부분을 이룬다는 것이다.

그러나 풀란차스가 비판한 점은 경영자 그 자체만으로는 지배 계급인가 아닌가를 가릴 수 없다는 것이다. 경영자가 지배 계급이 되는 것은 이윤 추구라는 주관적 동기에 의해서가 아니라, 생산 활동에 참여하는 객관적 위치에 의해서 결정된다. 여기서 풀란차스가 강조하는 것은 행동의 주관적 동기가 아니라 사회 구조 내의 객관적 위치라고 볼 수 있다. 이런 점에서 그는 "경영자의 계급적 위치를 결정하기 위해서는 그들의 행동의 동기보다는 생산에 있어서 그들의 위치, 그리고 생산 수단의 소유권에 대한 그들의 관계를 보면 족하다"고 주장한다.

풀란차스의 두번째 비판은 관료 및 이들이 지배하는 국가 기관의 중립성 the neutrality of the state apparatus[6]과 관계된다. 자본주의 사회

---

5) 같은 책, pp. 243~44.
6) 같은 책, pp. 245~47.

에서는 일반적으로 국가와 사회를 구분한다. 국가와 사회를 구분하는 기준은, 전자, 즉 국가가 일반적 이익을 대표하는 기관, 다시 말해 중립성을 갖는 데 반하여, 후자, 즉 사회(또는 시민 사회)는 각 개인의 개별적 이익, 따라서 다양한 이해 관계에 의존한다는 데 있다. 사회의 이익적 속성과 구별되는 국가의 중립성은 자본주의 사회 내의 두 가지 사실로써 설명된다. 첫째, 자본가 계급이 정부 기관에 직접적으로 참여한 예는 역사상 극히 드물다. 둘째, 국가 기관에 종사하는 공직자들은 사회 집단의 이익에 대해 중립적이다.

이러한 국가의 중립성을 반대하고 나온 사람이 밀리반트이다. 그는 경험적 연구를 토대로 자본가 계급이 국가 기관과 정부에 직접적으로 참여하였다고 주장한다. 밀리반트에 따르면, 첫째, 국가 기관의 정상에 오른 사람들은 지배 계급 출신이었으며, 둘째, 지배 계급의 구성원과 국가 기관의 구성원간에는 영향력·신분 및 환경 등 여러 면에 걸쳐 광범위한 인적 유대가 형성되었다.

이러한 밀리반트의 주장에 대해 풀란차스는 다음과 같은 이유에서 비판한다. 즉 중요한 것은 인적 유대——다시 말하면 지배 계급과 국가 기관간에 형성된 주관적인 인적 유대——가 아니라, 이러한 인적 유대를 발생시킨 객관적 조건, 즉 사회의 전체적 구조이다. 자본가 계급의 이해와 국가 기관의 이해의 일치는 주관적인 인적 유대의 결과가 아니라, 이러한 유대에 선행하는 객관적 구조의 산물이라는 것이다. 풀란차스는 이런 점에서 밀리반트가 사물의 전후 관계를 혼동하였다고 비판한다. 그는 이렇게 말한다: "지배 계급 구성원의 국가 기관에의 직접적 참여는 원인이 아니라 결과이다." 여기서 풀란차스가 강조하는 것은 "사회 구성체" "체제" 또는 "사회적 전체" 등으로 불리는 이른바 "객관적 범주"의 중요성이다. 객관적 범주는 구성 부분의 주관적 속성으로부터 독립된 그 나름의 "자율성"을 갖는다. 이러한 자율성은 각 구성 부분을 규정하며, 이런 이유 때문에 지배 계급이 설사 정부 기관에 직접 참여하지 않는다 하더라도, 또는 공직자들이 자율성 또는 중립성을 견지한다 하더라도 지배 계급의 이익은 계속적으로 증진될 수 있다는 것이다.

풀란차스의 세번째 비판은 밀리반트의 접근이 국가 기관의 여러 부서간의 역학 관계를 분석하는 데 한계점을 갖는다는 것이다. 밀리반트는 국가 기관을 구성하는 부서로서 정부·군대·경찰·사법부 및 행정부 등을 열거한다. 이들 국가 기관의 구성 부서들은 각각의 중요성의 정도가 상이하며, 이에 따라 일정한 우열 관계를 나타낸다. 그러면 무엇이 이러한 부서들의 중요도를 결정하며, 이들 상호간의 상대적 우열 관계에 영향을 주는가? 이를테면 어떠한 요인이 특정한 국가 형태의 의회와 행정부간의 관계를 규정하며 군이나 행정 관료들의 역할을 결정하는가?

밀리반트에 의하면, 각 부서의 우열 관계는 한마디로 외적 요인 the exterior factors[7]에 의해 결정된다. 여기서 "외적 요인"이란 국가 기관 외부에 존재하는 요인, 즉 자본가 계급 또는 이들의 경제적 이익을 가리킨다. 밀리반트의 주장은 다음의 세 가지로 요약된다: 첫째, 자본가 계급은 국가 기관에 직접 참여한다. 둘째, 국가 기관의 중요성은 그 구성원과 자본가 계급 상호간의 친소(親疏)의 정도에 따라 결정되든가, 아니면 각 부서의 경제적 역할의 대소에 따라 결정된다. 셋째, 각 부서간의 우열 관계는 한마디로 국가 기관 외부에 존재하는 자본가 계급 또는 경제적 요인에 의존한다. 밀리반트는 특히 오늘날 군대가 막대한 군비 지출이라는 경제적 요인으로 말미암아 갈수록 그 중요성이 높아지는 전형적 예라고 말한다.

풀란차스는 이상과 같은 밀리반트의 외적 요인론 ―보다 정확하게 말하면, 전체적 연관성을 무시한 단순한 외적 요인론――에 수정

---

7) 같은 책, pp. 247~49.

을 가한다. 즉 국가 기관 각 부서간의 역학 관계를 결정하는 일차적
요인은 구조 외적인 것이 아닌, 구조 내적인 국가 형태이며, 2차적으
로 국가 형태와 전체적으로 관련되어 있는 사회적 형태이다. 여기서
풀란차스는 국가 형태와 사회적 형태라는 두 가지 유형을 구분한다.

먼저 국가 형태는 국가 기관 각 부서간에 실재하는 여러 관계들의
특수한 형태 또는 부서 상호간의 우열 관계로 특징지어진다. 풀란차
스에 의하면, 역사상 자본주의 사회 내에서 발전된 국가 형태는 네
가지로 구분된다: 1) 자유주의 국가, 2) 통제주의 국가, 3) 권위주의
국가 또는 보나파르티즘, 4) 군사 독재 또는 파시즘의 네 가지다.

다음은 "생산 관계와 계급 투쟁"으로 불리는 보다 포괄적 의미의
사회적 형태로서 풀란차스는 자본주의 사회 내의 국가 형태는 특정
한 사회적 형태, 즉 특정 단계의 생산 관계 및 계급 투쟁과 연결되어
있다고 본다. 여기서 주의할 것은 첫째, 특정한 국가 형태는 특정한
사회적 형태와 외적으로 연결되어 있으며, 이런 점에서 풀란차스는
밀리반트의 외적 요인론을 일단 수락한다는 점이다. 둘째, 국가 형태
와 사회적 형태와의 연결 방식은 밀리반트가 말한 직접적·인적 유
대에 의해서가 아니라, 어디까지나 "전체로서" 구조적으로 연결되며,
이런 점에서 밀리반트는 전체적 연관성을 간과하였다는 것이다. 셋
째, 국가 기관 내의 역학 관계는 이런 전체적 연관성 속에서 비로소
규명될 수 있다는 것이다. 풀란차스는 이상에서 말한 전체적 연관성
에 비추어 현대 국가에 있어서 군의 역할의 변화를 설명한다. 즉 군
의 역할의 변화는 전체로서의 국가 형태의 변화를 전제로 하며, 국가
형태의 변화는 또한 사회적 형태의 변화를 전제로 한다. 궁극적으로
군의 역할의 변화는 사회적 형태의 변화가 가져온 결과이다. 이런 의
미에서 군의 역할의 변화는 단순히 지배 계급과의 인적 관계로써 ——
예컨대 실업가(實業家)와 군부의 인적 유대 관계의 증대라는 사실로
써 ——설명될 수 없으며, 오히려 사회 계급 전체와의 관계를 고려에

넣어야 한다는 것이다.

풀란차스의 네번째 비판은 현대 자본주의 국가의 형태[8]를 어떻게
규정할 것인가 하는 문제와 관련된다. 정통 마르크스주의자들에 의
하면, 오늘날 자본주의는 "국가독점자본주의 체제"로 규정된다. 이것
은 국가와 독점 기업이 단일한 메커니즘에 융합됨으로써, 양자간의
인적인 밀착 현상이 점증한다는 주장이다. 풀란차스는 밀리반트의
입장이 바로 이러한 국가독점자본론과 일치한다고 주장한다. 즉 밀
리반트는 첫째, 국가와 지배 계급의 일차적인 관계가 국가 기관의 구
성원과 지배 계급 구성원의 인적 유대 관계에 있다고 보고, 둘째, 이
들 양자의 인적 유대 관계가 오늘날 더욱 강화되고 또 경직화됨에 따
라, 사실상 "상호 대체 가능한" 상태로 발전한다는 것이다.

그러나 풀란차스의 분석에 따르면, 이러한 입장, 즉 국가와 기업
또는 정치와 경제를 상호 대체 가능한 것으로 보는 입장은 경제주의
economism 또는 경제적 환원론에 빠지는 것으로서, 결과적으로 혁
명을 부인하는 데 이른다. 실제로 제2 및 제3 인터내셔널의 모든 수정
주의는 경제주의의 산물로 볼 수 있다.

여기서 풀란차스는 경제주의를 극복하는 길이 정치, 즉 계급 투쟁
의 독자성을 회복하는 데 있고, 이것은 다시 국가 기관의 자율성을
회복하는 문제로 귀착된다고 말한다. "요컨대, 현존하는 모든 국가를
대자본의 단순한 대행자에 불과하다는 단정은, 이를 글자 그대로 받
아들일 경우, 과거에 그랬듯이 오늘날에도 많은 오해를 불러일으킬
수 있다는 것이 나의 생각이다."

마지막으로 풀란차스는 국가 기관을 구성하는 중요한 부분으로서
"이데올로기 기관the ideological apparatus"[9]을 논한다. 그는 전통적
마르크스주의 이론이 국가의 억압적 역할을 지나치게 강조한 나머

---

8) 같은 책, pp. 249~50.
9) 같은 책, pp. 250~53.

지, 이에 못지않게 중요한 국가의 이데올로기적 기능에 대해서는 소홀하였다고 밝힌다. 이런 점에 비추어 그람시 Antonio Gramsci의 "헤게모니"론이나, 밀리반트의 "정당화"의 개념은 이데올로기의 역할에 대한 중요한 공헌이라고 평한다.

그러나 풀란차스는 밀리반트의 이데올로기론이 하나의 중대한 문제점을 갖고 있다고 지적한다. 그것은 이데올로기가 관념이나 관행 또는 도덕적 차원에만 존재할 뿐 제도로서, 따라서 국가 기관의 구성 부분으로서 존재한다는 사실을 간과한 점이다. 이것은 밀리반트가 "국가"로부터 "정치 체계"를 분리시키고, 전자, 즉 "국가"를 억압적 기관으로, 후자, 즉 "정치 체계"를 정치적 사회화 또는 정당화의 담당 기관으로 구분짓고 있는 데서 알 수 있다. 여기서 풀란차스는 국가를 단순히 억압적 기관으로 한정시킨 밀리반트와 대부분의 마르크스주의자들에 반대하여 국가 개념의 확대를 주장한다.

첫째, "국가" 또는 "국가 체계"는 억압적 기관과 이데올로기 기관으로 양분된다. 억압적 기관에는 정부·군대·경찰·법원·행정부 등이 해당되며, 이데올로기 기관에는 교회·정당·노조 unions·학교·대중 매체·가정 등이 해당된다.

둘째, 억압적 기관은 강력한 내적 통일성으로 특징지어지는 반면 이데올로기 기관은 기관 상호간에, 그리고 억압적 기관과의 관계에 있어 상당한 자율성을 유지한다. 다시 말하면, 억압적 기관은 일원적 조직체임에 반하여 이데올로기 기관은 다원적 조직체이다. 이런 이유로 이데올로기 기관은 반드시 복수로, 즉 "이데올로기 기관들"로 호칭된다.

셋째, 억압적 기관과 이데올로기 기관은 그 기능과 통합 정도의 차이에도 불구하고 "동일 체계"에 속한다. 그리고 국가 형태의 모든 변화는 반드시 이들 두 기관에 파급된다. 다시 말하면, 억압적 기관 상호간에, 또 이데올로기 기관 상호간에, 그리고 억압적 기관과 이데올로기 기관 상호간에 파급되어 나타난다.

넷째, 국가의 파괴는 억압적 기관의 파괴뿐만 아니라 이데올로기 기관의 파괴도 포함한다. 이런 의미에서, 억압적 기관의 파괴 없는 이데올로기 기관만의 파괴는 하나의 환상이며, 동시에 이데올로기 기관의 파괴 없는 억압적 기관만의 파괴는 피상적인 것에 불과하다.

3

이상과 같은 풀란차스의 비판에 대해 밀리반트는 전후 두 차례에 걸쳐 반박하였다. 첫번째는 『신좌파 리뷰』(1970. 1~2)지에 실린 「자본주의 국가: 풀란차스에 대한 답변 The Capitalist State: Reply to Nicos Poulantzas」에서였고, 두번째는 같은 잡지(1973. 11~12)에 게재된 「풀란차스와 자본주의 국가 Poulantzas and the Capitalist State」에서였다. 첫번째 논문은 자신의 주저인 『자본주의 사회 내의 국가 *The State in Capitalist State*』를 옹호하려는 데 목적이 있었고, 두번째 논문은 풀란차스의 저서, 즉 『정치 권력과 사회 계급 *Political Power and Social Class*』을 비판하는 데 초점이 있었다. 이 절에서는 밀리반트의 논의를 "옹호"와 "비판"으로 나누어 검토하고, 다음에 이들 두 사람의 논쟁에 대한 라클라우 Ernesto Laclau의 "논평"을 살펴보고자 한다.

I

『자본주의 사회 내의 국가』에 대한 밀리반트의 옹호[10]는 세 가지로 집약된다. 첫째, 밀리반트는 자신의 저서의 기본 목적이 마르크스의 국가 이론 그 자체를 고찰하는 데 있는 것이 아니라, 마르크스의 국

---

10) Robin Blackburn, ed., 앞의 책, pp. 253~62.

가 이론의 입장에서 경험적 자료에 의거하여 민주적 다원론의 문제점을 실증적으로 밝히려는 데 있다고 밝힌다.[11]

둘째, 밀리반트는 지배 엘리트의 주관적 동기만을 다루지 않았으며, "체계의 구조적 제약성"도 아울러 고찰하였다고 반박한다.[12] 반면 풀란차스의 "객관적 범주"에 대한 일방적인 강조, 국가의 "자율성"에 대한 주장, 그리고 경제주의에 대한 비판 등은 그를 일종의 "구조적 결정론" 또는 "구조적 초결정론"의 입장으로 몰아갔다고 주장한다. 그러나 풀란차스의 구조적 초결정론은 예컨대 입헌적 통치와 파시스트적 통치를 모두 구조적인 문제로 해석함으로써, 결국 이들 지배 엘리트간에 존재하는 질적인 차이를 호도해버릴 위험성이 있다고 본다.

셋째, 밀리반트는 자신의 이데올로기 분석이 풀란차스가 비판하는 바와는 달리 이데올로기의 전달체인 제도에 초점을 두고 있다고 주장한다.[13] 또한 오늘날 국가는 정치사회화 과정에 적극적으로 개입한다는 사실을 인정한다. 이런 점에서 현대 국가는 풀란차스가 말하는 이데올로기 기관의 기능을 담당한다고 볼 수 있다. 그럼에도 불구하고 국가와 이데올로기 기관은 엄격히 구별되어야 한다고 말한다. 그렇지 않을 경우, 두 가지 상이한 국가 형태간의 구분——다시 말하면 이데올로기 기관이 처음부터 국가 기관의 하나로 편입되어 있는 일원적 국가와 그렇지 않은 국가간의 구분——은 사실상 불가능하게 된다는 것이다.

II

밀리반트는 또한 풀란차스의 『정치 권력과 사회 계급』이 세 가지의

---

11) 같은 책, pp. 254~56.
12) 같은 책, pp. 256~61.
13) 같은 책, pp. 261~62.

문제점을 가지고 있다고 비판한다.[14] 첫째, 풀란차스는 정치적 영역이 경제적 영역의 단순한 반영이 아니라는 의미에서 국가의 "상대적 자율성"을 주장하고, "경제주의"에 반대한다. 그러나 문제는 상대적 자율성의 "정도"이다. 보다 정확하게 말해서, 상대적인 것의 상대성은 어느 정도를 가리키는 말인가? 또 어떤 상황하에서 상대성의 정도가 증감하게 되는가? 이에 따라 자율성이 취하는 "형태"란 어떤 것인가? 한걸음 더 나아가 풀란차스의 "구조적 초결정론" 또는 "구조적 추상주의"가 과연 이러한 물음에 답할 수 있는가? 풀란차스의 "구조" 또는 구조적 "수준"의 개념들은 역사적 현실로부터 유리된 추상적 개념으로서, 이른바 "구체적 접합에 대한 정치적 분석 the political analysis of a concrete conjunctive"에 결코 도달할 수 없다는 것이 밀리반트의 견해이다.[15]

둘째, 풀란차스의 권력 개념은 그가 주장하는 국가의 자율성과 배치된다. 그는 먼저 권력과 제도를 구분하고, 다음에 권력을 각급의 제도적 수준으로 환원될 수 없는 전체적 산물로 규정한다. 즉 "권력은 각 수준에 위치한 것이 아니라, 이들 수준의 총체적 산물이다." 여기서 중요한 것은 권력의 원천이 개개의 제도에 있는 것이 아니라, "전체" 즉 "지배 계급"에 있다는 점이다. 반면 개별적 제도는 권력적 뒷받침 없이도 그 자체로써 자율성을 가질 수 있다. 즉 "각종의 사회 제도는, 특히 국가 제도는 엄밀하게 말해서 어떠한 권력도 갖지 않는다. 제도는 권력의 관점에서 보면, 권력을 가진 사회 계급에 관계될 수 있을 뿐이다. 〔……〕 (그러나) 이것은 경제적·정치적·군사적·문화적 성격의 여러 힘의 중심부들이 (지배적) 사회 계급의 (단순한) 권력적 도구이거나, 기관이거나 또는 부속물이라는 뜻은 아니다. 이들은 권력으로 즉시 환원될 수 없는 자율성과 구조적 특수성을 갖는

---

14) *New Left Review*, No. 82(Nov./Dec., 1973), pp. 83~92.

15) 같은 책, pp. 85~87.

다." 그러나 밀리반트는 권력적 뒷받침이 없는 제도가 과연 실질적인 자율성을 확보할 수 있을지에 대하여 의문을 제기한다.[16]

셋째, 풀란차스는 마르크스와 엥겔스가 보나파르티즘을 일종의 "부르주아의 종교"로 보았다고 말한다. 다시 말하면 전형적인 부르주아의 정치 체제로 보았다는 말이다. 이런 점에서 풀란차스는 보나파르티즘을 "바로 자본주의의 국가 유형을 특징적으로 규정하는 이론적 모델"로 해석한다. 그러나 밀리반트는 풀란차스의 이와 같은 마르크스-엥겔스의 "독해 reading"가 "정직하지 못한" 것이라고 비판한다. 풀란차스의 의도는 "그들의 권위(즉 마르크스와 엥겔스의 권위)에 의거하여 그러한 형태(즉 보나파르티즘)의 국가와 시민 민주적 형태간에 실질적인 차이가 없거나 적어도 아무런 차이가 없다는 입장을 옹호하려는 데 있다"고 밀리반트는 공격한다.

III

라클라우는 『경제와 사회』 제4권 제1호에 실린 그의 논문, 「정치적인 것의 특수성: 풀란차스와 밀리반트의 논쟁 The Specificity of the Political: the Poulantzas-Miliband Debate」에서, 두 사람의 논의를 상세히 논평한다.[17] 라클라우는 먼저 밀리반트에 관한 논평에서, 풀란차스에 대한 밀리반트의 답변이 불충분하였다고 분석한다. 그 이유는 밀리반트가 처음부터 자신의 인식론적 입장이 무엇인지를 분명히 밝혔어야 함에도 불구하고, 그 필요성 내지는 중요성을 충분히 인식하지 못한 점이다.[18] 그 결과 밀리반트는 서로 상충하는 두 가지 주장을 하게 되었다. 즉 한편으로는 자신과 풀란차스간의 차이가 단순한 강조점의 차이에 불과하다고 주장하면서, 다른 한편으로는 방법론을

---

16) 같은 책, pp. 87~89.

17) *Economy & Society*, Vol. 4 (Feb., 1975), pp. 87~109.

18) 같은 책, pp. 87~93.

논하는 데서(그리고 이론적 비판 가운데서) 이러한 차이가 강조점 이상의 근본적인 문제, 말하자면 자신의 경험주의와 풀란차스의 구조주의——또는 정확하게 말해서 풀란차스의 "구조적 초결정론" 또는 "구조적 추상주의"——와 같은 이론적인 문제에 관련됨을 시인한 점이다.

그 다음에 라클라우는 풀란차스에 대한 논평에서 그를 알튀세르를 계승하는 구조주의자로 규정한다. 이런 점에서 풀란차스의 문제는 이른바 "구조의 초결정론"에 있기보다는, 오히려 철저하지 못한 구조주의에 있다는 것이다.[19]

알튀세르에 의하면, 지식은 "이론적 실천"의 산물이다. 지식은 말하자면 사유의 영역에서 벗어날 수 없다. 지식과 관련하여 논의되는 "구체성"도 따지고 보면 "사유된 구체성"에 불과하다. 이론적 문제는 따라서 엄밀한 의미의 "해결"이란 있을 수 없으며, 오직 다른 문제로의 "대체"만이 있을 뿐이다. 그러나 "풀란차스는 그가 반대하는 문제 제기의 내적 모순과 이것을 대체할 자신의 문제 제기의 형태를 논증하려고 시도하지 않고, 단지 상이점을 기술(記述)하는 데 그치고 있다." 여기서 라클라우가 강조하는 것은 풀란차스가 일종의 기술주의(記述主義)——내적 모순에 대한 이론적 비판을 결여한 기술주의——에 빠졌다는 것이며, 이러한 기술주의는 역사적 현실과 유리된 개념의 "형식주의"로 흐르게 되고, 이런 의미에서 풀란차스에 대한 밀리반트의 비판——즉 풀란차스의 "구조" 또는 구조적 "수준"의 모든 개념은 역사적 현실로부터 유리된 추상적 개념으로서 "구체적 접합에 대한 정치적 분석"에 결코 도달할 수 없다는 밀리반트의 비판——은 어느 정도 타당성을 갖는다는 것이다. 라클라우는 특히 풀란차스의 "생활 양식"의 개념이 이러한 형식주의의 경향을 가장 강하게 나타낸

---

19) 같은 책, pp. 93~109.

다고 말하고, 또 이 점을 상세히 분석한다.[20]

4

　이상의 논쟁에서 우리는 신마르크스주의자들의 국가론이 대체로 다음과 같은 세 가지 특징을 갖고 있음을 알 수 있다. 첫째, 신마르크스주의자들은 "국가"를 마르크스의 이론 체계에 있어 가장 중요한 개념 중의 하나로 받아들인다. 그들은 마르크스 자신을 포함한 지금까지의 마르크스주의자들이 ── 일반적으로 해석되고 있는 바와는 달리 ── "국가 이론"의 중요성을 충분히 인식하지 못했다고 보고, 또 이들의 국가에 관한 논의가 마르크스 이후에도 커다란 발전이 없었다고 비판한다.

　둘째, 신마르크스주의자들은 현대 국가를 해석하는 데 있어 두 가지 상이한 입장에 선다. 하나는 국가를 경제의 부수적 현상으로 보는, 따라서 경제 계급의 단순한 도구라고 주장하는 경제적 국가론 또는 도구주의 국가론의 입장이고, 다른 하나는 국가를 경제적 영역으로부터 독립된 정치의 고유한 영역이라고 보는, 다시 말하면 국가를 다른 현상으로 ── 즉 경제 현상으로 ── 환원될 수 없는 고유한 구조적 특징을 갖는 것으로 해석하는 자율적 국가론 또는 구조주의 국가론의 입장이다.[21] 밀리반트는 전자, 즉 경제적 (또는 도구주의) 국가

---

20) 같은 책, pp. 103~09.

21) 박상섭 교수는 그의 학위 논문 *Capitalism as a System of Power: Neo-Marxist Theories of the Capitalist State* (Carbondale, Ill.: Univ. of Southern Illinois, 1982)에서 "신마르크스주의"를 네 개의 학파로 구분할 수 있다고 말한다. 박교수는 먼저 신마르크스주의를 정의하여 기계론적 입장으로 특징지어지는 "엥겔스 또는 그 후에 발전된 마르크스-레닌주의와 구분된 마르크스에서 그들의 견해를 도출하는" 입장이라고 밝히고(p. 27), 이들을 다음과 같은 네 개의 학파로 구분한다: 첫

론의 입장을 취하며, 풀란차스는 후자, 즉 자율적 (또는 구조주의) 국가론의 입장을 옹호한다. 밀리반트에 의하면, "'국가' 또는 '계급 사회내의 국가'는 일차적으로 또 필연적으로 지배 계급의 경제적 이익의 수호자이며 보호자이다."[22] 반면 풀란차스가 보는 "국가" 또는 "자본주의 국가"는 "사회 구성체의 응집 인자 the factor of cohesion of a social formation"로서 정치적 조직과 통합의 기능을 담당한다. 말하자면 본래적 의미의 정치적 역할을 담당한다.[23]

셋째, 국가에 관한 이와 같은 두 가지 개념 규정은 마르크스주의를 해석하는 방법론 내지는 인식론에 있어 두 가지 상이한 입장이 존재함을 뜻한다. 사실상 밀리반트와 풀란차스는 인식론적으로 "경험주의"와 이른바 "이론주의"라는 두 개의 상반된 견해를 각각 대표한다. 밀리반트가 취하는 경제적 국가론은 "행동," 행동의 "동기" 또는 "인적 유대" 등 직접적·구체적 사실을 중시하는 "경험주의"의 경향을 나타내는 반면, 풀란차스의 자율적 국가론은 알튀세르의 영향하에 사실보다는 개념과 이론, 그리고 문제 제기의 형태 등을 우선하는 "이론주의"적 요소를 강하게 나타낸다. 풀란차스가 밀리반트를 가리켜 "신실증주의자 new-positivist"로 규탄하는 것이나 밀리반트가 다시 풀란차스를 "추상주의 abstractionism"에 빠졌다고 비판하는 것 등은

째, 밀리반트로서, 그는 국가를 중립적 사회 계획자 a neutral social planner로 보는 자유주의 다원론에 반대하는 입장이다; 둘째, 풀란차스로서, 그는 알튀세르의 구조주의의 관점에서 전통적 마르크스주의의 경제적 환원론에 반대한다; 셋째, 서독 중심의 "자본 논리" 학파로서, 국가 개념을 마르크스의 자본론의 여러 개념으로부터 도출하려는 입장이다; 넷째, 하버마스와 오페 등 프랑크푸르트 학파의 비판 이론으로서, 후기 자본주의 사회의 위기는 경제적 영역에서부터 정치적 영역으로 이전되었다는 기본 전제에서 마르크스를 재해석하려는 입장이다(pp. 18~19).

22) R. Miliband, "The Capitalist State: Reply to Nicos Poulantzas," *New Left Review*, 1970. 1~2, p. 259.

23) N. Poulantzas, "The Problem of the Capitalist Society," Robin Blackburn, ed., *Ideology and Social Science*, pp. 246~52.

이들의 인식론적 차이점을 보여주는 좋은 예다.

신마르크스주의자들의 국가 개념의 논쟁과 관련하여 특히 관심을 끄는 한 가지 사실은 이들 논쟁에 대한 현대 정치학자들의 반응이다. 현대 정치학자들의 반응은 대체로 두 가지 입장으로 나타난다. 첫째는 체계적 입장의 비판이고, 둘째는 반체계적 입장의 비판이다. 먼저 이들 현대 정치학자들의 비판이 무엇인가를 검토해보고, 장을 바꾸어 국가에 관한 전통적 입장을 아리스토텔레스에 초점을 맞추어 살펴보기로 한다.

I

정치체계론의 관점에서 신마르크스주의의 국가 개념을 비판한 대표적 정치학자로서 이스턴을 들 수 있다. 이스턴은 일찍이 『정치 체계 *The Political System*』(1953)를 출간한 이래 오늘에 이르기까지 "정치 체계론"을 이론적으로 정립시킨 현대 정치학의 선구자 중 한 사람이다. 그러나 그는 1981년 8월 『정치 이론 *Political Theory*』지에 게재된 「국가에 의해 포위된 정치 체계」라는 논문에서 정치 체계의 개념이 전통적 국가 개념의 부활로 말마암아 심각한 도전을 받고 있음을 인정하고, 이러한 도전의 주역이 바로 신마르크스주의자의 한 사람인 풀란차스라고 밝히면서, 그도 역시 국가의 전통적 "신화"를 해독하는 데는 성공하지 못하였다고 결론짓는다.

풀란차스의 국가 개념에 대한 이스턴의 비판은 세 가지 점으로 집약된다. 첫째는 국가 개념의 "모호성"이다. 이스턴에 의하면, 풀란차스의 "국가"는 다음과 같다:

> 정치 권력, 즉 계급적 실천도 아니다. 그것은 힘의 계급적 관계, 즉 계급 투쟁도 아니다. 그것은 '본질적인 실체'도 아니다. 그것은 사물도 아니다. 그것은 주체도 아니다. 그것은 일련의 기능도 아니다. 그것

은 정부 기관이나 이념적 기관 가운데서 나타나지만, 기관 그 자체도
아니다.[24]

그러면 국가란 도대체 무엇인가? 한마디로 풀란차스의 국가 개념
은 "공허한 용어"이며, 적어도 그러한 인상을 주는 용어라는 것이다.
여기서 이스턴은 기든스Anthony Giddens가 그의 『비판사회학』에서
풀란차스의 저술을 가리켜 "답답할 만큼 애매모호한 스타일을 보여
준다"[25]고 한 말을 되풀이하고 있음을 알 수 있다.

둘째, 풀란차스의 국가 개념의 바탕에는 이미 "체계적 관점"이 깔
려 있다고 본다. 이 점은 밀리반트의 경우에도 동일하게 지적된다.
이스턴은 풀란차스의 체계적 바탕을 두 가지 점에서 논증한다. 하나
는 "정치 체계"라는 술어가 풀란차스의 저작 가운데서 빈번히 나타나
고 있는 점이고, 특히 최근에 그 사용 빈도가 점점 높아지고 있다는
점이다.

다른 하나는 풀란차스가 알튀세르의 제자라는 점이다. 이스턴에
의하면, 알튀세르는 현대 마르크스주의를 "체계적 관점"과 융합시킨
대표적 이론가이며, 또한 파슨스Talcott Parsons와 아울러 "체계 기능
주의자들" 가운데 속한다. 이스턴은 이렇게 말한다:

풀란차스는 알튀세르를 따라 사회(이들의 용어에 따르면 '사회 구
성체'이다)가 몇 개의 소체계('층위instance' 또는 '수준'으로 불린
다)로 구성된다는 개념 규정을 받아들인다. 이들(즉 층위들)은 용어
해석을 어떻게 하느냐에 따라 달라지겠지만 셋 내지 네 개의 층위들
로 구분된다. 즉 경제적·정치적·이념적, 그리고 이론적 층위들로
구분된다. 이들이 결합하여 전체적 '생산 양식,' 즉 우리들이 일상 용

---

24) D. Easton, 앞의 글, p. 316.
25) 기든스, 박영신·한상진 역, 『비판사회학』(현상과인식, 1983), p. 91.

어에서 간단하게 사회 체계라고 부르는 것이 형성된다. 〔……〕 국가
는 〔……〕 네 개의(또는 실질적으로 세 개의 즉 경제적·정치적 및 이
념적) 층위들이 상호 관련되는 특정 양식의 함수이다.

　〔……〕 (사회에 관한) 이와 같은 개념 규정은 사회 체계를 경제적·
정치적·문화적 및 사회적 소체계로 구분하는 파슨스를 방불케 한다.
〔……〕 요컨대 체계 기능주의자들이란 알튀세르와 풀란차스를 한편으
로 하고, 파슨스를 다른 한편으로 하는 양편을 모두 가리킨다.[26]

　셋째, 정치 체계의 개념적 우위성이다. 이스턴에 의하면, 국가는
이데올로기적 색채가 농후한 개념이다. 이에 비하여 정치 체계는 엄
밀한 경험적 연구를 가능케 하는 "조작적 개념"이다. 최근 이러한 정
치 체계로부터 다시 전통적 국가 개념으로 복귀하려는 움직임은 과
학적 개념의 우위성을 버리고 "개념의 늪지대"로 되돌아가자는 것으
로서, 정치학의 과학성을 희생시키는 것 이외에 아무것도 가져올 것
이 없다고 이스턴은 강력하게 경고한다.[27]

II

　1981년 이스턴의 논문이 발표된 같은 해에 칠코트 Ronald H.
Chilcote의 『비교정치학의 이론: 패러다임의 모색 *Theories of Compa-
rative Politics: The Search for a Paradigm*』이 출판되었다. 칠코트는 이
책에서 정통적 방법과 급진적 입장을 비교·검토하면서 급진적 입장
이 비교정치학의 정통적 방법에 대해 도전하고 있음을 상술한다.

　칠코트가 말하는 정통적 방법이란 다름아닌 이스턴 중심의 체계론
을 가리키는 것으로, 그는 세 가지 점에서 비판한다: 첫째, 체계의 개
념은 추상적 개념으로서 지금까지의 경험적 연구에 별로 기여하지

---

26) 같은 책, pp. 319~20.
27) 같은 책, p. 322.

못했다. 둘째, 체계 이론은 거시 이론으로서 개개의 사회 구성원들을 분석의 대상에서 배제했다. 그 결과 체계론에는 비인간적 성격이 강하게 나타난다. 셋째, 체계론은 체계 전체의 "생존"과 "지속"에 강조를 두고 있기 때문에 변화에 대해 보수적이다.[28]

칠코트는 특히 체계론의 보수성이 오늘날 마르크스주의자들의 비판의 표적이 되고 있다고 말하고, 미국의 경우 이들의 비판은 상당히 타당성을 갖는다고 본다:

마르크스주의자들은 정통적 체계 이론을, 한마디로 말해서 권력을 추구하는 전문적 관료의 신화화(神話化)라고 비판한다. 마르크스주의자들의 논의에 따르면, 기술 확산의 시대에 있어서 미국의 새로운 기술인은 계획과 관리를 지향하는 새로운 계급의 이익을 지킴으로써 '과학적 합리성의 발전에 기초를 둔 미국적 가치'를 전유하게 된다. 이러한 고발은 비교정치학을 전공한 많은 학도들에게는 수긍될 만한 것이다.[29]

칠코트는 이데올로기적 색채가 농후한 정통적 체계론을 대신할 새로운 이론적 틀로서 그 동안 발전된 급진주의자들의 국가 이론을 중시한다. 칠코트에 의하면, 첫째, 급진주의자들의 국가 이론은 계급 이론과의 밀접한 관련성 속에서 전개되었다.

둘째, 현대 정치학자들은 이러한 급진주의자들의 영향을 받아 최근에 이르러 국가와 계급을 정치학의 영역에 포함시킬 것을 주장하기 시작했다. 그 예로서 지라르댕 Jean-Claude Girardin의 「마르크스주

---

28) R. H. Chilcote, *Theories of Comparative Politics: The Search for a Paradigm* (Boulder, Colorado: Westview Press, 1981), pp. 144, 151, 157, 160, 178~82, 200~01, 240.

29) 같은 책, p. 197.

의자의 국가 이론」[30]과 울프 Alan Wolfe의 「마르크스주의자의 정치 이론의 새로운 방향」[31] 등을 들고 있다. 지라르댕은 마르크스주의 국가 이론의 휴머니스트적 입장과 구조주의자의 입장을 검토하였고, 울프는 마르크스주의 정치 이론의 비판적 입장과 과학적 입장을 종합하였다. 지라르댕과 울프는 그 동안 현대 정치학자들이 도외시했던 국가와 계급을 정치학의 핵심 개념으로 보아야 한다는 데 의견을 같이 한다.[32]

셋째, 급진주의 정치 이론이 갖는 현실에 대한 적실성 *relevance*의 문제이다. 칠코트는 급진주의자들에 대한 논평에서 밀리반트가 풀란차스에 비해 역사적 현실에 보다 더 부합한다고 본다. 칠코트는 밀리반트가 『마르크스주의와 정치학 *Marxism and Politics*』(1977)에서 마르크스와 엥겔스, 그리고 그 추종자들의 저작들을 체계적으로 또 융통성 있게 분석함으로써 "마르크스주의자 정치학"을 구성하는 데 일단 성공했다고 본다.[33]

밀리반트의 "마르크스주의자 정치학"은 국가와 계급, 그리고 계급 투쟁이라는 세 가지 개념을 핵심으로 한다. 칠코트에 의하면 밀리반트의 국가 개념은 일반적으로 이해되는 바와 같이 도구주의 국가론에 속한다. 그러나 다른 한편 그는 구조주의자들이 말하는 국가의 자율성을 받아들인다. 이런 점에서 그는 주류파 도구주의와도 입장을 달리한다. 칠코트는 밀리반트의 입장을 이렇게 설명한다:

밀리반트는 마르크스와 엥겔스가 국가의 집행부를 가리켜 전체 부르주아지의 업무를 관장하는 위원회라고 언급한 점에 대해 우리의 관

---

30) J.-C. Girardin, "On the Marxist Theory of the State," *Politics and Society* (1974).

31) A. Wolfe, "New Directions in the Marxist Theory Politics," 같은 책.

32) R. H. Chilcote, 앞의 책, p. 349.

33) 같은 책, pp. 349, 420.

심을 환기시킨다. 전체 부르주아지라는 말 가운데는 국가가 〔개별적 부르주아지와는: 필자〕 별개로 존재한다는 점과 어느 정도의 자율성을 갖는다는 점이, 이런 의미에서 국가는 자본가의 이익을 위해 행동하지만 반드시 그들의 명령에 따르는 것은 아니라는 점이 함축되어 있다. 이러한 해석은 지배 계급이 자신의 이익을 위해 국가를 조종한다는 주류파 도구론자 a central instrumentalist와 다른 점이다.[34]

다른 한편 칠코트는 풀란차스의 구조주의에 대해 비판적이다. 칠코트에 의하면, 풀란차스의 국가의 자율성은 따지고 보면 선진 산업 사회에 한정된 현상이다. 이런 점에서 풀란차스는 후진 사회의 정치경제학을 이해하는 데 한계점을 보여준다. 그것은 "계급 의식에서 나타나는 계급적 행동을 설명할 수 없으며" "분석은 정태적이고 계급적 활동보다는 투입과 배출에 국한되는 경향이 있다."[35] 무엇보다도 구조주의의 결정적 문제점은 그것이 은폐하고 있는 "반인간주의 anti-humanism"적 성격에 있다. 칠코트에 의하면 구조주의의 문제점은 이미 브리지즈 A. B. Bridges에 의해 적절히 비판된 바 있다. 즉,

구조주의자들의 이론적 틀에 따르면 사회 구성체는 자발적으로 보강된다. 따라서 이것은 무정부적 정치학이나 최악의 개량주의로 빠져버릴 수밖에 없다. 사회학의 주류에 속한 이러한 분석적 견해에 대항해서 싸운 자들은 〔……〕 이러한 반인간주의가 마르크스주의자의 용어로 은폐되어 있더라도 뻔뻔스러운 부르주아적 용어에 못지않게 용납될 수 없다는 사실을 알게 될 것이다.[36]

---

34) 같은 책, p. 362.
35) 같은 책, pp. 421~22.
36) 같은 책, p. 373.

5

이상으로써 국가 개념을 둘러싼 신마르크스주의자들의 논의와 이들에 대한 현대 정치학자들의 비판을 일별하였다. 지금까지 논한 신마르크스주의자들의 국가론은 두 가지 의미를 함축한다. 하나는 긍정적인 것으로서 국가에 대한 새로운 관심을 불러일으킨 점이며, 다른 하나는 부정적인 것으로서 과거에 비해 국가에 관한 논의에 별다른 진전을 가져오지 못한 점이다. 단적으로 말해서 국가 개념의 불투명성은 여전히 극복되지 못한 문제로 남아 있다고 볼 수 있다.

그럼에도 불구하고 박상섭 교수는 "국가의 일반 이론의 관점에서 볼" 때, "풀란차스 쪽이 더 큰 강점을 갖"는 것으로 본다. 무엇보다도 그는 풀란차스의 "국가의 상대적 자율성"을 높이 평가한다. 박교수에 의하면 "풀란차스는 전통적 마르크스의 국가 이론, 특히 '국가독점자본론'이 갖고 있는 경제적 환원론, 계급 도구관 등을 비판하고 환원론에 입각하지 않는 방식으로 상부 구조 현상으로서의 국가의 고유한 의미를 파악하려고 하였다." 그러나 박교수 역시 풀란차스가 이러한 의도에도 불구하고 "국가의 고유한 의미"를 찾아내는 데 실패하였으며, 뿐만 아니라, 경제의 "직접적 반영이 아닌 독자적 영역으로서의 정치"에 도달하지 못했음을 시인한다.[37]

국가 개념의 불투명성과 관련하여 두 가지 문제를 생각해볼 수 있다. 첫째는 "정치적 사물political things" 일반이 갖는 "모호성"의 문제이다. 밀러 교수는 "정치적 사물"의 모호성에 대해 이렇게 말한다:

그들(즉 정치적 사물)은 특히 모호하다. 이들은 우리들의 노력에 따

---

37) 박상섭, 「풀란차스-밀리반트 국가론 논쟁고」, 『한국 정치학회보』 제18집(1984), pp. 50, 57, 59~60.

라 일어날 수도 또는 일어나지 않을 수도 있는 우연적 사물들이므로, 필연적으로 존재하고 또는 존재하게 될 사물들의 명료성을 결코 가질 수 없다.[38]

이와 같은 모호성으로 말미암아 정치적 사물에 대한 주장은 끊임없이 도전받게 되며, 예컨대 "국가"와 같은 전형적인 정치적 사물은 계속해서 논쟁적인 문제로 남게 된다.

둘째로 국가는 그 말이 지시하는 구체적 대상의 부재로 말마암아 개념상의 불투명성에서 벗어나기 어렵다. "국가"는 어원적으로 볼 때 그리스어의 "폴리스polis"에서부터 비롯되었다. 그러나 오늘날 "폴리스"는 현실적으로 실재하는 대상은 아니며, 단지 이에 관한 문헌을 통하여 또는 이것과 유사한 기능을 수행하는 "스테이트state"나 "컨트리country" 등에 관한 연구를 통하여 그 성격과 내용을 유추하는 데 지나지 않는다. 자파Harry Jaffa는 이런 의미에서 오늘날 정치학자가 당면한 문제 중의 하나는 마치 "운동athletics"의 의미를 "운동 경기자athlete"를 통해서 알 수 있는 것과는 달리 "정치"의 의미를 그 구체적 대상인 "폴리스"를 통해서 알 수 없다는 데 있다고 주장한다.[39]

필자는 "폴리스"에 대한 이해가 국가 개념의 구성을 위한 기본적인 토대가 될 뿐만 아니라, 특히 국가의 "고유한 의미"를 이해하기 위한 전제라고 본다. 앞서 박상섭 교수도 지적한 바와 같이, "생산 관계에서 객관적으로 발생되는 계급 갈등의 양상"은 "그 모습 그대로 정치 영역에 반영되지 않고 기존 사회 구성체의 유지(사회 통합)라는 보다

---

38) E. F. Miller, "Epistemology and Political Inquiry," *Journal of Politics*, Vol. 42(1980), pp. 1164~65.

39) H. Jaffa, "Aristotle," Leo Strauss and Joseph Cropsey, eds., *History of Political Philosophy* (Chicago and London: The Univ. of Chicago Press, 1981), pp. 65~66.

700

일반적 관점에서 국가 활동의 논리가 결정된다."[40] 그러나 이와 같은 국가의 "고유한 의미" 또는 "상대적 자율성"은 신마르크스주의자들에 의해 만족스럽게 밝혀지지 못했다. 이런 이유에서 필자는 신마르크스주의자의 국가론에 이어 마지막으로 아리스토텔레스의 "폴리스"에 관한 논의를 검토하고, 국가의 "고유한 의미"를 여기에 비추어 살펴보고자 한다.

아리스토텔레스에 의하면, 국가 또는 폴리스는 "본질적으로 공동체의 한 형태" 또는 "결합의 한 형태"이다. 그것은 일종의 "결합 partnership(또는 koinonia)"으로서 형성되며, 또 그러한 결합의 형태로 존재한다. 그것은 다수의 결합으로 구성되면서, 그 자신 하나의 결합인 것이다. 이런 의미에서 폴리스는 "정치적 결합" "정치적 유대" 또는 "정치적 결사"이다. 다른 한편 아리스토텔레스는 모든 결합 또는 결사들이 국가 결사의 한 부분으로 존재한다고 본다.[41] 여기서 두 가지 문제가 제기된다. 첫째는 결합이란 무엇인가 하는 것이고, 둘째는 다른 결합과 구별되는 정치적 결합, 즉 "폴리스"의 특성은 무엇인가라는 것이다. 다음에 이 두 가지 물음에 대한 아리스토텔레스의 답변을 들어보기로 하자.

I

아리스토텔레스에 의하면, 결합이란 "다른 사람 또는 다른 사람들과 함께 사는 것"이다. 따라서 결합이란 고립된 생활과 구별되는 "공동 생활" 또는 "사회 생활"을 뜻한다. 결합은 다른 사람과 "인간적 일

---

40) 박상섭, 「풀란차스-밀리반트 국가론 논쟁고」, 앞의 책, p. 57.

41) Aristotle, *Politics*, tr. by H. Rackham(Cambridge, Mass.: Harvard Univ. Press, 1967), pp. 1252al, 1253a39, 1260b41, 1276b1, 1279a22, 1280b33, 1281a3, 1281a39, 1324a17, 1328a38; Aristotle, *Nichomachean Ethics*, tr. by H. Rackham(Cambridge, Mass.: Harvard Univ. Press, 1962), pp. 1160a7~10.

human affairs"을 공유하는 것, 또는 자신의 생활을 타인과 함께, 말하자면 부모와 부인, 그리고 친구와 일반 동료 시민 등과 함께 영위하는 것이다. 그것은 자신의 삶과 타인의 삶을 하나로 관계짓는 일이다. 이러한 결합에서 전체 또는 공공의 삶이 창조되며, 가정·촌락, 그리고 마지막으로 정치적 공동체가 나타난다. 다시 말하면 아리스토텔레스의 결합은 일차적으로 개인적 삶과 구별되는 공동적 삶을 뜻한다.[42]

여기서 주의할 것은 아리스토텔레스가 규정하는 삶의 의미이다. 아리스토텔레스에 의하면 "삶은 행동이다." 인간의 삶은 인간의 행동에 의해 결정된다. "좋은 삶은 잘 행동하는 것이다."[43] 따라서 같이 산다는 것은 같이 행동함이며, 결합은 다름아닌 같이 행동하는 것, 공동 행동을 뜻한다. 인간은 공동 행동에 대한 본능을 갖는다. 인간은 자기의 행동을 남에게 보이려는 욕망에서, 또는 남을 향해 행동하고 싶은 충동에서 상대를 구한다. 바로 이와 같은 공동 행동으로부터 인간의 결합이 나타난다. 인간은 타인과 교류하고, 타인과 더불어 대화와 행동을 나눔으로써, 다시 말하면 공동 행동과 사회적 교류에 참여함으로써 타인과의 결합을 실현한다.[44]

아리스토텔레스는 또한 정의와 불의가 공동 생활에서부터 나온다

---

42) Aristotle, *Politics*, pp. 1252a19~23, 1253a19~29, 1263a15~16, 1265a27, 1278b21~23, 1295a30, 1324b1; Aristotle, *Nichomachean Ethics*, pp. 1097b10~15, 1123b23, 1126b11, 1130b11~26, 1134a27, 1163b5, 1170b10~15; Aristotle, *The Eudemian Ethics*, tr. by H. Rackham(Cambridge, Mass.: Harvard Univ. Press, 1952), pp. 1245b5~13.

43) Aristotle, *Politics*, p. 1254a8; Aristotle, *Nichomachean Ethics*, pp. 1095b21, 1098b21; Aristotle, *The Eudemian Ethics*, pp. 1215a15, 1217b25, 1219a40; Aristotle, *Magna Moralia*, tr. by G. C. Armstrong(Cambridge, Mass.: Harvard Univ. Press, 1958), p. 1184b28.

44) Aristotle, *Nichomachean Ethics*, pp. 1108a12, 1126a32, 1126b11, 1127b1, 1129b25~1130b29, 1160a20, 1133a12, 1156a30, 1172al.

고 본다. 동료들과 거래에 참여함으로써 어떤 이는 정의롭고, 어떤 이는 불의한 사람이 된다. 보다 정확하게 말해서 인간은 공동 행동을 떠나서 옳고 그르게 될 수 없다. 정의와 불의는 개인 행동의 결과가 아니라 공동 행동의 산물이다. 정의와 불의는 이런 의미에서 공동체의 좋고 나쁨을 가려주는 기준이 된다.[45] 요컨대 아리스토텔레스의 결합의 첫번째 의미는 "공동 행동"에 있다. 공동 행동은 결합을 구체화시키고 또 결합의 성격——다시 말하면 옳고 그른 성격——을 규정한다.

둘째로 결합은 인간의 결합을 뜻한다. 그것은 인격적 인간들의 결합이며, 연합이다. 그것은 어디까지나 사람들의 모임이며, 결사이고, 또 이들간의 "거래"이다. 예를 들면 주인과 노예, 남자와 여자, 남편과 아내, 아버지와 아이들, 형제들, "한솥밥을 먹는 식솔들"이나 "밥그릇 친구들," 동료들, "같은 젖 먹고 자라는 형제와 그 아들, 그리고 그 아들의 아들"과 같은 인간간의 결합이다. 여기서 아리스토텔레스는 결합의 구성 요소가 인간적 요소라는 점을 분명히하고 있음을 알 수 있다.[46] 아리스토텔레스는 인간만이 결합에 참여할 수 있고, 오직 인간만이 결합의 구성 요소가 될 수 있다고 강조한다. 바꾸어 말하면 비인간적 무기물이나, 인간 이하의 유기적 존재는 결합의 대상에서

---

45) 같은 책, p. 1103b15 ; Aristotle, *Magna Moralia*, pp. 1193b11~19.

46) Aristotle, *Politics*, pp. 1252a26~27, 1252a31, 1252b14, 1252b19, 1253a31, 1253b9~15, 1257a19~21, 1259a37~38, 1259b3, 1259b8, 1259b18, 1321b17 ; Aristotle, *Oeconomica*, tr. by G. C. Armstrong(Cambridge, Mass. : Harvard Univ. Press, 1958), pp. 1209b2, 1343a13, 1343a24, 1343b8~20, 1346a7 ; Aristotle, *The Eudemian Ethics*, pp. 1235a1, 1235a4, 1241b19, 1241b30, 1242a9, 1242a20, 1242a22, 1242a26, 1242a29~30, 1242b21, 1242b37, 1243a8, 1340a34 ; Aristotle, *Nichomachean Ethics*, pp. 1097b9~15, 1103b16, 1127a33, 1130a3~4, 1130a14, 1130b2, 1131a5~9, 1132b17~20, 1132b32, 1133a18, 1133a25, 1133b3~10, 1133b18~20, 1134a30, 1134b25, 1155a22~1172a15(특히 1171b35) ; Aristotle, *Magna Moralia*, pp. 1181a25, 1194b11, 1208b3~1213b30.

배제된다. 비인간적 요소는 처음부터 결합의 구성 요소가 될 수 없다는 것이다. 아리스토텔레스의 이러한 주장은 행동이 갖는 독특한 성격에 근거한다.

아리스토텔레스에 의하면, 행동의 원천은 오직 인간뿐이다. 인간의 영혼만이 행동 또는 도덕적 행동의 원인이 될 수 있다. 인간은 행동을 생산할 수 있는 이성적 능력을 갖는다. 이러한 이유에서 예컨대 재산이나 부와 같은 비인간적 사물들은 행동의 원천이 될 수 없다. 이들은 결합 일반의 구성 요소가 될 수 없을 뿐만 아니라 "폴리스"와 같은 최고 단계에 속한 결합의 구성 요소가 될 수 없다. 여기서 주의할 것은 재산 또는 부 그 자체가 행동의 원천 또는 원인이 될 수 없다는 주장이며, 그 자체가 공동 행동에 참여할 수 없다는 점이다. 이들은 오직 인간을 매개로, 그리고 인간의 필요를 위해서 보조적으로 또는 이차적으로 행동에 참여할 뿐이다. 재산이나 부는 인간의 생활이나 행동을 위한 필요조건일 뿐 고유한 의미에서의 결합의 구성 요소는 될 수 없다. 재산과 부는 결합의 "보조적 요소"에 지나지 않는다.[47] 이제 결합의 최고 단계에 속하는 "폴리스"에 관한 아리스토텔레스의 논의를 살펴보기로 하자.

II

아리스토텔레스에 의하면, 폴리스는 결합의 한 형태이다. 뿐만 아니라 폴리스는 "자연적 결합"의 한 형태이다. 여기서 주의할 것은 "자연적 결합"이라는 말의 의미이다. 아리스토텔레스는 "자연적 결합"이 둘 내지 세 가지의 의미를 갖는다고 설명한다. 첫째, 자연적 결

---

47) Aristotle, *Politics*, pp. 1253b12~14, 1256al~1259a21. 여기서 문제가 되는 것은 노예이다. 노예는 재산이다. 그러나 아리스토텔레스에 의하면 노예는 행동을 유발하며, 이성적 행동에 참여할 수 있다. 이런 의미에서 노예는 동시에 가족〔'폴리스'가 아닌 '가족': 필자〕의 한 성원이 된다.

합은 인간에게 고유한 자연과 일치함을 뜻한다. 아리스토텔레스에 의하면, 인간은 타인과 결합하려는 자연적 본능을 갖고 있다. 이러한 본능은 언어를 매개로 결합의 형태로 나타난다.

언어는 인간 고유의 특성이다. 인간은, 그리고 인간만이 언어를 소유한 동물이다. 다른 동물들도 물론 고통이나 쾌락을 나타내는 음성을 갖고 있다. 그러나 인간의 언어는 단순한 고통이나 쾌락의 표현을 넘어, 유익하고 해로운 것, 옳고 그름을 나타낼 수 있는 의미 소통의 수단이다. 이러한 뜻에서 언어는 오직 인간만이 갖고 있다. 인간은 언어를 매개로 좋고 나쁜 것, 옳고 그른 것, 그리고 여러 가지 도덕적 성질을 지각한다. 아리스토텔레스는 폴리스가 이와 같은 도덕적 성질로부터 발생한 결합의 최고 형태라고 말한다. 다시 말하면 폴리스는 인간의 고유한 자연에서 생성된 자연적 결합의 최고 형태라고 본다.[48]

둘째, 자연적 결합은 결합 본래의 목적에 일치함을 뜻한다. 공동 생활 또는 공동 행동은 결합 본래의 자연이다. 자연적 결합은 이러한 결합 본래의 자연, 즉 공동 행동을 목적으로 함을 뜻한다. 물론 모든 결합이 반드시 결합 본래의 자연과 일치한다고는 볼 수 없다. 아리스토텔레스에 의하면 결합의 형태는 본래의 자연과 일치하는가 하지 않는가에 따라서 두 가지로 구분된다. 즉 자연적 결합이 전자의 예라면, 인위적 결합은 후자의 예에 속한다. 인위적 결합이란 말하자면 공동 행동 이외의 것을 목적으로 하는 결합을 뜻한다. 아리스토텔레스는 폴리스가 공동 행동을 목적으로 하는, 따라서 결합 본래의 자연과 일치하는 자연적 결합이라고 본다.

폴리스가 공동 행동을 목적으로 한다는 말은 폴리스가 한편으로는 "생산" 또는 "만듦making"을 목적으로 하는 결합과 구별되고, 다른

---

48) 같은 책, pp. 1252b12, 1252b28~1253a40, 1278b21.

한편으로는 "이론" 또는 "생각"을 목적으로 하는 결합과 구분됨을 뜻한다. 첫째, 폴리스는 "만듦"을 목적으로 하는 결합과 구별된다. 폴리스의 일차적 목적은 "외적 재화 external goods"의 생산에 있지 않다. 폴리스는 물질을 생산하고, 부를 획득하며, 재산을 축적하고, 소유를 증식하며, 상품 교환이나 이자 놀이를 하고, 물건의 교역, 수입 또는 수출 등을 통하여 돈을 벌고, 이윤을 증식하는 데 목적이 있는 것이 아니다. 폴리스에서는 생활을 위해 사람이 부를 사용할 뿐이며, 부를 위해 사람이 사는 것은 아니다. 아리스토텔레스에 따르면, 필수품의 조달은 "자연에 의해 미리 마련되어야 한다"; "땅이나 바다 또는 그 밖의 다른 것을 통해서 (사람에게) 식물(食物)을 주는 것이 바로 자연의 일이다."⁴⁹⁾ 둘째로 폴리스는 "생각"이나 "명상" 또는 "앎"을 위해 존재하는 결합도 아니다. 인간은 "명상"——사물의 변치 않는 제1원칙에 대한 명상——을 목적으로 폴리스에 들어오는 것이 아니다. 인간은 다른 사람과 함께 행동하고, 그 결과 스스로 행동의 목적을 소유하기 위하여 폴리스에 들어온다. 인간이 폴리스에 들어오는 것은 실천적 삶 때문이며, 이것을 실현하기 위해서이다. 뿐만 아니라 실천적 삶을 실현할 수 있는 수단은 오직 행동 그 자체뿐이다.⁵⁰⁾ 여기서 아리스토텔레스가 말하는 "행동 action(또는 praxis)"이 무엇인가에 대해 잠시 살펴볼 필요가 있다. 아리스토텔레스는 "행동" 또는 "행함 doing"을 다음과 같이 정의한다:

> 행위자 자신의 숙고에 의하여 선택된 수단에 따라 행위자가 이루려고 의도한 목적을 행위자 자신 속에 생산하거나 실현하려는 행위자 자신의 활동.

---

49) 같은 책, pp. 1256b40~1259a33, 1323a35~1323b20.
50) Aristotle, *Nichomachean Ethics*, pp. 1105b2, 1139a6.

이 정의를 단계적으로 설명하면 다음과 같다. 첫째, 어떤 것을 행한다는 것은 어떤 것, 즉 목적을 생산하는 것, 낳는 것, 발생시키는 것이고, 둘째, 그렇게 행함으로써 행위자 자신 속에서 그 목적이 활성화되는 것 또는 실현되는 것이고, 셋째, 그래서 목적이 자기의 것이 되는 것 또는 그것을 획득하고 소유하는 것이며, 넷째, 그 결과 목적을 이루려고 의도한 행위자 자신이 바로 그 목적이 되는 것이다. 간단히 말해서, 행함이란 생산 또는 실현이며, 행함의 최종 산물은 "행해진 일" 바로 그것이 되는 것, 또는 아리스토텔레스의 표현대로 말하면 행해진 일 그것이 "이미 됨"이다.[51] 예컨대 어떤 사람이 옳은 행동을 하고, 또 절제 있는 행동을 하면, 그는 이미 옳은 사람이며, 절제 있는 사람인 것이다.[52]

여기서 주목할 것은 행동은 행동 자체를 목적으로 한다는 점이다. 행동은 행위자 속에 행동을 실현시킴으로써 그 결과를 행위자 스스로가 소유하는 데 목적이 있다. 행동의 궁극적 목적은 행동 바로 그것에 있다.[53] 이런 점에서 행동은 생각과 동일하다. 생각의 궁극적 목

---

51) 같은 책, pp. 1097b32, 1098b31, 1098b33, 1098b35, 1099a2, 1099b20, 1099b32, 1101a15, 1101b15, 1103a18~28, 1103a34~1103b31, 1104a20~26, 1104a28, 1104a33~1104b10, 1105a13~16, 1105a21, 1105b8~1106a17, 1111a5~20, 1111b26, 1113b4, 1114b27~28, 1120a10, 1125b25.

52) 같은 책, pp. 1103a20, 1105a14, 1140b3.

53) 같은 책, p. 1140b16. 뿐만 아니라 행동의 목적을 실현하는 수단 역시 행동이라는 것이다. 다시 말하면 행동의 목적을 달성할 수 있는 수단은 행위자 자신의 행동 이외에 다른 수단이 없다는 것이다. 예를 들면 옳은 사람이 되려는 목적을 위해서는 실제로 옳은 행동을 행하는 길밖에 없으며, 마찬가지로 절제 있는 사람이 되기 위해서는 절제 있는 행동을 행하는 길밖에 없다. 아리스토텔레스는 또한 모든 행동이 선택에 의해 이루어진다고 본다. 여기서 선택이란 숙고에 의한 수단의 "선택"을 뜻한다. 다시 말하면 선택을 매개로 비로소 행위자는 행위의 원인이 된다는 것이다. 따라서 "선택"은 강제와 무지와 대립된다. 강제에 의한 행동이나 무지에 의한 행동에서는 행위자는 행동과 분리된다. 행위자는 이미 되어진 일과는 무관한 상태에 있게 된다. 오직 행위자의 선택에서 이루어진 행동만이 행위자로 하여금 이미 되어진 일 그것이 되게 할 수 있다.

적도 생각하는 사람 속에 생각을 실현하는 데 있다. 그러나 양자가 구별되는 것은 행동의 경우, 실현된 행동은 개별적 행동임에 반하여, 생각의 경우, 실현된 생각은 사물의 보편적 형태에 관한 생각이라는 점이다. 행동은 또한 "만듦"과도 그 목적을 달리한다. 만듦은 행동과는 달리 만듦 그 자체를 목적으로 하지 않는다. 아리스토텔레스에 의하면, 만듦의 최종 목적은 만듦을 통하여 얻어진 것, 즉 만들어진 물건을 목적으로 한다. 이런 점에서 만듦과 행동은 구분된다.[54]

아리스토텔레스가 말하는 폴리스는 이상과 같은 의미의 행동——즉 만듦이나 생각과 구별되는 행동——에 바탕을 두는 결합이다. 폴리스는 보다 정확하게 말해서 행동이 "목적인(目的因) final cause"이 되고, "동력인(動力因) efficient cause"이 되며, 또 행동의 주체인 사람이 "질료인(質料因) material cause"이 되며, 궁극적으로는 폴리스 그 자체를 "형상인(形相因) formal cause"으로 하는 결합이다.[55] 폴리스

---

54) 같은 책, pp. 1098a1~20.

55) 소흥렬 교수는 아리스토텔레스의 4원인설을 다음과 같이 설명한다: "어떤 변화를 동력적 원인만으로 설명하는 것이 충분하지 못할 때가 있다. 아리스토텔레스는 동력적 원인 외에도 세 가지의 다른 원인들이 작용함으로써 변화가 일어난다고 했다. 질료인·형상인, 그리고 목적인이 동력인과 더불어 네 가지 원인이라고 했다"; "이 세상에 존재하는 모든 것은 하나의 구조물로 되어 있으며 그것을 형성하고 있는 자료는 또한 그것대로 각각 하나의 구조를 형성하고 있다. 그러므로 어떤 대상이든 그것의 전체 구조를 상부 구조라고 할 때 그것의 자료가 되는 것은 그것대로의 하부 구조를 이룬다고 할 수 있다. 이렇게 볼 때 아리스토텔레스의 질료인과 형상인은 하부 구조와 상부 구조의 관계로 이해할 수 있다. 원자들이 모여서 분자를 형성할 때 그 원자들은 질료가 되고 그 분자의 구조는 형상이 된다. 이때 분자의 구조를 상부 구조라고 하면 원자의 구조는 하부 구조가 되는 것이다. 따라서 질료인과 형상인은 구조적 차원의 관계를 뜻하는 구조적 원인이 되는 것이다. 이렇게 볼 때, 새로운 구조물이 만들어지는 데는 적어도 동력적 원인과 구조적 원인이 있어야 한다고 할 수 있다"; "그러면 동력적 원인 관계를 물리적 인과 관계 또는 그냥 인과 관계라고 하고 구조적 원인 관계는 그냥 구조 관계라고 할 때, 구조 관계에서 하부 구조가 새로운 상부 구조를 형성한다는 것은 인과 관계에서는 하부 구조의 인과 관계와는 다른 상부 구조의 인과 관계가 나타나게 됨

는 행동을 모든 시민간에 실현시키려는 자연적 결합이다.

아리스토텔레스는 폴리스가 자연적 결합이라는 점에서 가정과 촌락과 본질상 같다고 본다. 그러나 이와 동시에 이들은 종(種)에 있어서는 서로 다르다고 본다. 아리스토텔레스의 『정치학 *Politics*』의 주요한 목적 중의 하나는 폴리스가 가정 또는 촌락과는 종을 달리하는 "자연적 결합"임을 밝히려는 데 있다고 할 수 있다. 폴리스는 가정이나 촌락을 확대시킨 것도, 또는 가정이나 촌락은 폴리스의 축소판도 아니다. 이들은 전연 다른 종류에 속한다.[56]

아리스토텔레스에 의하면, 폴리스는 단순한 삶을 목적으로 할 뿐만 아니라, 자족적인 최선의 삶, 즉 행복한 삶을 목적으로 한다. 폴리스는 한 사람, 한 가정, 또는 한 촌락의 행복이 아니라 폴리스 전체의 행복을 목적으로 한다. 아리스토텔레스는 폴리스 이외의 어떠한 결합을 자족적 삶을 위한 존재라고 할 수 있는가라고 반문한다. 아리스토텔레스에 따르면, 사실상 모든 결합은 자족적 삶을 목적으로 한다. 그러나 그것을 달성할 수 있는 것은 오직 폴리스뿐이다. 각 개인은

을 뜻하는 것이다. 예컨대, 원자들간의 인과 관계와는 다른 분자들간의 인과 관계가 생기게 된다는 것이다. 이럴 경우 분자들간의 인과 관계에 대하여 수반적 인과 관계라고 할 수 있다. 그러나 다시 그 분자들이 모여서 세포들이 된다면, 그 세포들의 인과 관계는 분자들간의 인과 관계에 대하여 수반적 인과 관계가 될 것이다. 이처럼 하부 구조에서 상부 구조로 나아가는 구조적 차원의 관계 변화는 동시에 하부 구조에서의 인과 관계에 수반되는 새로운 인과 관계를 생기게 하는 것이다. 이처럼 새로운 상부 구조가 생기면서 동시에 수반적 인과 관계도 생기게 하는 변화를 상향적 차원 이동이라고 하자. 이제 아리스토텔레스의 네번째 원인인 목적인은 상향적 차원 이동을 하게 하는 성향이라고 할 수 있다": "아리스토텔레스가 자연 현상에 목적인이 있다고 한 것은 이러한 상향적 차원 이동이 자연 현상에 보편적으로 나타나는 것임을 말한 것 같다": "이러한 상향적 차원 이동을 하게 하는 자연의 성향은 곧 자연의 지향성이라고 할 수 있다. 이 자연적 지향성에 의거한 상향적 차원 이동은 또한 단계적이라는 특징을 보여준다"(소홍렬, 「因果와 認知」, 이정모 외, 『인지과학: 마음·언어·계산』, 민음사, 1989, pp. 109, 111~13).

56) Aristotle, *Politics*, pp. 1252a8~14.

자족적 존재일 수 없다. 만일 자족적 존재라면 그는 신이든가 또는 금수일 것이다. 한 가정이나, 한 촌락도 자족적 삶을 실현시킬 수 없다. 이들은 다만 일상적 욕구를 충족시킬 뿐이다. 폴리스만이 자족적 삶을 충족시킬 수 있는 공동체이다.[57] 폴리스는 함께 행함을 목적으로 할 뿐만 아니라 함께 잘 행함, 즉 덕(德)을 목적으로 한다. 이런 의미에서 폴리스는 다른 결합의 목적이며, 또 결합의 최고의 형태이다. 이 점을 아리스토텔레스는 『정치학』 첫머리에서 다음과 같이 말한다:

모든 폴리스는 일종의 생활 공동체이며 모든 생활 공동체는 어떠한 선한 목적을 가지고 성립된다. 그 이유는 인간은 그들이 좋다고 생각하는 것을 얻기 위하여 행동하기 때문이다. 그러나 모든 생활 공동체가 어떠한 선을 목적으로 삼는다면 기타 모든 것 중에서도 최고이며 또한 모든 것을 포함하는 폴리스 또는 정치 공동체는 어떤 다른 공동체보다도 더 큰 정도에서 선을 목표로 할 것이며 또한 최고의 선을 의도하는 것이다.[58]

6

이상으로 현대 급진주의자들, 즉 신마르크스주의자들의 국가론과 아리스토텔레스의 국가론을 살펴보았다. 현대 급진주의자들은 첫째, "국가"를 마르크스 이론 체계에 있어 가장 중요한, 그러나 충분히 규명되시 못한 개념 중의 하나로 본다. 둘째, 급진주의자들은 현대 국

---

57) 같은 책, pp. 1252a7, 1252b13, 1252b16, 1252b31.
58) 같은 책, pp. 1252a1~5.

가를 해석하는 데 있어 두 가지 상이한 입장에 선다. 하나는 국가를 경제의 부수적 현상으로 보는 경제적 국가론 또는 도구주의 국가론이고, 다른 하나는 국가를 경제적 영역으로부터 독립된, 정치 고유의 영역으로 보는 자율적 국가론 또는 구조주의 국가론이다. 밀리반트는 전자, 즉 경제적 또는 도구주의 국가론의 입장을 취하며, 풀란차스는 후자, 즉 자율적 또는 구조주의 국가론의 입장을 취한다. 셋째, 이들의 입장은 인식론적으로 볼 때 경험주의와 이론주의로 각각 구분된다. 다시 말하면 밀리반트가 취하는 경제적 또는 도구주의 국가론은 "행동," 행동의 "동기," 또는 "인적 유대" 등 직접적 · 구체적 사실을 중시하는 "경험주의"의 입장을 나타내며, 풀란차스의 자율적 또는 는 구조주의 국가론은 사실보다는 개념과 이론, 그리고 문제 제기의 형태 등을 우선하는 "이론주의"를 나타낸다.

다른 한편 아리스토텔레스에 의하면, 국가 또는 "폴리스"는 "자연적 결합"의 한 형태이다. 그것은 첫째, 타인과 결합하려는 인간의 자연적 본능과 일치하는 결합이다. 둘째, 그것은 공동 행동이라는 결합 본래의 목적에 일치하는 결합이다. 셋째, 그것은 자족적 삶을 실현시킬 수 있는 최고의 단계에 속한 결합이다.

아리스토텔레스의 국가론의 핵심은 "행동" 또는 "공동 행동"에 있다. 아리스토텔레스의 행동은 한편으로는 "생산" 또는 "만듦"과 구별되고, 다른 한편으로는 "이론" 또는 "생각"과 구분된다. 그리고 현대 급진주의 국가론의 핵심은 "국가의 자율성"에 있다. 이것도 따지고 보면 마르크스가 강조한 "실천"의 영역을 확보하려는 노력으로 해석될 수 있다.

어떤 점에서 현대 급진주의자들의 "국가의 자율성"이란 아리스토텔레스가 국가 또는 폴리스의 자족성(自足性) 속에서 이미 제기했던 문제라고 볼 수 있다. 그럼에도 불구하고 마르크스나 현대 급진주의자들에 비해 아리스토텔레스가 특이한 젊은 폴리스의 자족성을 궁극

적으로는 "만듦"과 구분되는 "행함"의 자기 목적성 위에 정초했다는
점이다. "행함 praxis"과 "만듦 poiesis"의 구분 또는 이러한 구분의 혼
동은 고대 정치학과 현대 정치학이 갈라지는 지점이라고 말할 수
있다.

맺는 말
—현상학과 정치학, 그리고 한국 정치

필자는 미국에서 학위를 마치고 귀국한 이래로(1975) 정치학을 전공하는 학생들을 대상으로 현상학을 강의해왔다. 주로 "정치철학"이라는 제목 아래 후설, 슈츠, 그리고 메를로-퐁티 등의 순으로 강의해왔다. 필자의 강의를 듣는 학생들이 처음에는 "현상학과 사회과학의 관계가 무엇인가"라고 물었다. 얼마 후 이들은 "현상학과 정치학의 관계"를 묻기 시작했다. 그리고는 곧이어 "현상학과 한국 정치의 관계"를 묻기 시작했다. 수년 전부터 필자는 특히 마지막 물음, 즉 "현상학과 한국 정치의 관계"에 대해 답하려고 노력해왔다.

필자는 처음에는 현상학을 한국 정치에 적용하려고 시도했다. 그러나 여기에는 상당한 문제가 뒤따른다는 사실을 발견했다. 그 후 한국 정치에 관한 글들을 자세히 읽어보고, 이 글들의 내용을 검토하는 가운데, 여기에는 몇 가지 문제점들이 잠재해 있음을 발견하게 되었고, 이러한 문제점을 찾아내고, 보완하고, 극복하는 데 현상학적 관점이나 이해의 방식들이 다소 도움이 될 수 있다고 생각하게 되었다. 이때부터 현상학과 한국 정치간의 접맥이 가능하다는 생각을 갖기 시작했다.

그러면 먼저 "현상학을 한국 정치에 적용하려고 시도"하였고, 이때 "상당한 문제가 뒤따른다는 사실을 발견"했다고 했을 때, 이 말은 구체적으로 무엇을 뜻하는 것일까? 이 말은 "현상에 맞추어 방법을 택한 것이 아니라, 이와는 반대로 방법에 맞추어 현상에 접근했음"을 뜻한다. 또 이와 같은 경향은 비단 필자뿐만 아니라 정치학을 포함한 많은 사회과학도들도 자칫 빠져들기 쉬운 함정임을 점차로 깨닫기 시작하였다.[1] 그리고 필자는 이와 같은 함정, 다시 말해서 현상에 맞추어 방법을 택하는 것이 아니라 방법에 맞추어 현상에 접근하려는 함정에 일단 빠져들면, 현상학마저 기존의 다른 사회과학이나 다름없이 "상당한 문제에 봉착하게 된다는 사실"을 알게 되었다. 카플란 Abraham Kaplan은 이와 같은 현상을 『탐구의 행위 *The Conduct of Inquiry*』에서 "취인(醉人)의 열쇠 찾기"에 비유하고 있다. 이 이야기는 다음과 같다: "어느 술 취한 사람이 불이 밝게 켜진 가로등 밑에서 잃어버린 열쇠를 찾고 있었다. 이때 누군가가 그에게 왜 당신은 잃어버린 곳에 가서 찾지 않고 이곳에서 찾느냐고 물었다. 그때 그는 이렇게 말했다: '이곳이 더 밝기 때문'이다."[2]

이른바 사회과학의 방법들은 처음에는 사회 현상을 이해하기 위한 방법으로 시작된다. 그러나 점차 그것은 사회 현상을 대신하는 방법으로 전환되고, 급기야는 사회 현상이 없는 방법으로 귀결된다. 바버 Benjamin Barber는 이를 가리켜 철학에 의한 "정치의 정복 conquest of politics"이라 부르고, 하버마스는 "생활 세계의 식민화"라고 부른다. 바버는 철학과 정치의 결합이 종종 정치의 철학에의 예속으로 귀결된다고 본다. 특히 미국과 영국의 자유주의 정치철학에서는 이와 같은 경향이 강하다고 본다. 그것은 특정한 인식의 틀에 맞추어 정치를

---

1) 예컨대, 박우희 교수 역시 경제학에 있어서도 비슷한 문제점이 나타나고 있음을 지적한다: "근대 경제학은 날카로운 분석의 수법을 발전시켰지만, 역으로 방법의 면으로부터 문제를 보는 일면성을 띠게 되있고, 따라서 많은 요소가 복잡하게 얽혀 있는 현실에 대해 무력하게 된다는 위험이 있다"(박우희, 『경제 원리 탐구: 경제학의 과학 및 철학적 기초와 모델 빌딩』, 서울대학교 출판부, 1998, p. 527).

2) A. Kaplan, *The Conduct of Inquiry: Methodology for Behavioral Science* (Scranton, Penn.: Chandler Publishing Co., 1964), p. 11.

714

재구성함으로써, 생생한 민주적 정치 생활을 제거해버린다. 그 대표적인 예로서 바버는 롤즈John Rawls와 노직 Robert Nozick을 든다. 그는 이렇게 말한다: "이들에 의하면 철학적으로 구성된 자유와 정의는 하나의 정치 생활을 생산하기 위하여 만들어진 것이다. 그러나 이들은 이러한 관념이 정치에 의해 생산되어야 한다는 것을 이해하지 못한다." 이들은 정치적 실천의 문제를 인식론의 문제로 환원시킨다. 여기서 정치는 철학의 피조물로 전락하게 된다. "그 결과 정치철학도 아니고 정치적 이해도 아닌 철학에 의한 정치의 정복만이 남게 된다."[3] 바버가 말하는 철학에 의한 "정치의 정복"은 기본적으로 하버마스가 말하는 "생활 세계의 식민화 colonization of the life world(또는 colonialization of the life world)," 보다 정확히 말해서 "일상적 삶의 의사 소통 행위의 물화(物化)reification of the communicative practice of everyday life"로 말미암아 생활 세계가 체계의 도구적 합리성에 예속되어 자율성을 상실하게 되는 "생활 세계의 식민화" 현상[4]의 정치학적 적용이라고 생각된다.

하버마스의 "생활 세계의 식민화"론과 관련하여 한 가지 지적할 점은 "생활 세계"를 하나의 "범주category"로 보는 그의 견해는 후설의 입장과는 배치된다는 점이다. 예컨대 하버마스는 『의사 소통 행위 이론』 제2권[5]에서 "생활 세계의 범주 [t]he category of the life-world"라고 말하고 있는데, 엄격하게 말하면 생활 세계는 "범주"가 아니라, 바로 이 범주가 전제하는 세계이며 이런 의미에서 범주 이전의 세계

---

3) B. Barber, *The Conquest of Politics: Liberal Philosophy in Democratic Times* (Princeton, N. J.: Princeton Univ. Press, 1988), pp. 3~21.

4) J. Habermas, *The Theory of Communicative Action: Life-World and System: A Critique of Functionalist Reason*, Vol. II, tr. by Thomas McCarthy(Boston: Beacon Press, 1987), pp. 196, 333, 355~56, 371, 376, 386, 394, 396; 윤평중, 『포스트모더니즘의 철학과 포스트마르크스주의』(서광사, 1992), p. 44 참조.

5) J. Habermas, 앞의 책, p. 125.

라 할 수 있다. 후설은 이런 이유에서 생활 세계를 전-술어적 · 전-과학적 · 전-논리적 세계라고 말한다.

이제 후설이 말하는 생활 세계의 의미를 요약해보면 1) 제현실의 세계 world of realities이며, 2) 무매개적으로 목격된 세계 world of actual intuition이며, 3) 명증성의 실재적 원천 world of actual evidence이며, 4) 상대적 세계 world of relativity이며, 5) 사유하는 세계이기보다는 몸으로 사는 세계 world in which we live in accordance with our bodily, personal way of being이며, 6) 어떤 과학도 그 본질적 의미를 변경시킬 수 없는 세계 science changes nothing of the essential meaning of the life world이다.[6]

이상의 논의를, 다시 정리해보면 사회과학도들은 방법에 맞추어 현상에 접근하려는 함정에 빠지지 않도록 주의해야 한다는 것이다. 이러한 난센스에 다시 빠져들지 않기 위해서는 현상 그 자체로 돌아가서, 현상에 맞추어 방법을 택해야 한다는 것이다. 현상 그 자체로 돌아간다는 말은 또한 후설 현상학의 기본적인 주장이기도 하다.

그러면 후설의 현상학은 도대체 무엇을 하자는 철학인가? 후설의 현상학은 한마디로 "현상에 '대한' 철학"에서 "현상 '의' 철학"으로 돌아가야 한다는 주장이다. 그러나 많은 사람들은 후설의 현상학을 "현상 '의' 철학"이 아닌 "현상에 '대한' 철학"으로 오해하고 있다. 후설은 현상학이 현상 "의" 철학이라는 점을 "의식 consciousness"은 항상 "~의 의식 consciousness of"이라는 말로써 명백히하고 있다.

그러면 "~의 의식"과 "~에 대한 의식 consciousness on"은 어떻게 다른가? "~의 의식"에 있어서는 대상과의 관계가 직접적 · 개방적 · 소통적인 반면, "~에 대한 의식"은 대상과의 관계가 외적이고 자의

---

6) E. Husserl, *The Crisis of European Sciences and Transcendental Phenomenology: An Introduction to Phenomenological Philosophy*, ed. by David Carr(Evanston: Northwestern Univ. Press, 1970), pp. 43~265.

적이며, 폐쇄적이다. 이런 점에서 후설의 의식은 데카르트의 코기토와 다르다. 뿐만 아니라 후설이 말하는 "경험 Erleben"은 칸트의 "경험 Erfahrung"과도 구별된다.

혹자는 후설의 현상학이 독아론에서 벗어날 수 없다고 말한다. 다시 말하면 후설의 현상학에서는 "너에 대한" 이야기만 있고, "너의" 이야기는 불가능하다는 것이다. 여기서는 진정한 의미의 너와 나 사이의 우리란 존재할 수 없다는 것이다. 만일 내가 말할 수 있는 것이 오직 "너에 대한" 이야기뿐이며, "너의" 이야기란 불가능한 것이라면 "너"는 없고 "나"만 존재하는 독아론 이외에 무엇을 기대할 수 있겠느냐는 비판인 것이다. 그러나 이러한 주장은 후설의 의식을 데카르트의 코기토나 칸트의 경험과 같은 것으로 보고, ~"의" 의식의 의미를 ~에 "대한" 의식과 다름없는 것으로 오해했기 때문이라고 생각한다.

하이데거 역시 현상학은 "현상 '의' 철학"이라는 점을 확인하면서 이렇게 부연하고 있다: "현상 '의' 과학을 갖는다는 것"은 그 과학이 다루려는 대상들을 "직접적인 방식으로 파악함"을 뜻한다. 여기에서 하이데거는 "현상 '의' 과학"이라는 점에 특히 강조점을 둔다.[7]

이와 관련하여 해방 신학자 보프 Leonardo Boff 신부가 "해방의 신학 theology of liberation"과 "해방에 대한 신학들 theologies on liberation"을 대비시키고 있는 점은 유의해볼 가치가 있다.[8] 푸코 역시[9] "감옥

---

7) "To have **a science of phenomena** means to grasp its objects in such a way that everything about them which is up for discussion must be treated by exhibiting it directly and demonstrating it directly"(M. Heidegger, *Being and Time*, trs. by John Macquarrie & Edward Robinson, New York and Evanston: Harper & Row Publishers, 1962), p. 59(고딕체는 필자의 것임).

8) L. Boff, "Vatican Instruction Reflects European Mind-Set," in *Liberation Theology: A Documentary History*, ed. with Introduction, Commentary, and tr. by Alfred T. Hennelly, S. J.(New York: Maryknoll, 1992), pp. 415~18.

9) M. Foucault, *Power/Knowledge: Selected Interviews & Other Writings, 1972~1977*,

내부에서 나오는 담론discourses which arise within the prison"과 "감옥에 대한 담론discourses about the prison"을 구분하고 있는 점도 흥미롭다. 다른 한편 알튀세르는 『마르크스를 위하여』에서 "혁명적 실천 '의' 이론"이 아닌 "혁명적 실천을 '위한' 이론의 절대적 필요성 the vital necessity of theory for revolutionary practice"을 강조한 점[10]에서 이들과는 대조를 이룬다고 생각된다.

그러면 후설의 현상학, 다시 말하면 그가 주장하는 현상"의" 철학이 한국 정치에 대해 갖는 함의는 무엇일까? 첫째, 필자는 한국 정치의 철학적 과제 중의 하나는 한국 정치에 "대한" 철학에서 한국 정치 "의" 철학으로 이행하는 문제라고 생각한다. 오늘날 한국 정치학자들이 논의하는 민주주의론의 성격을 검토해보면, 일반화하기는 어렵다 하더라도 크게 보아 민주 정치"의" 이해이기보다는 민주주의에 "대한" 철학적·이론적 재구축이라는 인상을 강하게 준다. 어떤 의미에서 바버가 말하는 정치의 철학에의 예속이 오늘날 한국 민주주의론에서도 그대로 반복되고 있다는 느낌이다. 지난날의 민중주의 — 예컨대 장기표씨의 「항소 이유서」(87-2-12)나, 한상진 교수의 "중민" 이론[11] — 도 자세히 살펴보면 민중 또는 중민"의" 이야기이기보다는 민중 또는 중민에 "대한" 이야기가 중심을 이루고 있다는 느낌이다.

동학란(東學亂)을 일으킨 전봉준(全琫準)의 공초(供草)에서도 이와 비슷한 예를 발견하게 된다. 예컨대,

"너는…… 수탈의 피해를 본 일이 없는가?"
"없다."

<hr>

ed. by Colin Gordon, trs. by Colin Gordon, Leo Marshall, John Mepham, Kate Soper(New York: Pantheon Books, 1980), p. 38.

10) L. Althusser, *For Marx*, tr. by Ben Brewster(London: The Gresham Press, 1977), p. 14.

11) 한상진, 『중민 이론의 탐색』(문학과지성사, 1991).

"너는 피해가 없으면서 어찌하여 난을 일으켰는가?"

"일신의 피해를 면하려고 난을 일으키는 것을 어찌 남아의 할 일이라 하겠는가? 백성들의 원한이 맺혀 있었기 때문에 백성들을 위하여학정을 없애고자 했을 뿐이다(欲爲民除害)."12)

여기서 주의할 것은 전봉준은 백성들과 더불어[與民] "피해를 본 일"도 없었으며, 이들과 더불어 학정을 없애고자 했던 것도 아니라는 것이며, 단지 백성들을 위하여[爲民] 봉기했다고 밝히고 있다는 점이다. 이러한 "위민"은 또한 전통적 유교 사상의 근간을 이룬다.

이와 관련하여 진덕규 교수는 「개화와 척사의 비극을 되풀이 말자」에서 이렇게 적고 있다: "성리학에 대한 이념적인 결벽성은 상대적으로 다른 사상의 수용조차도 금압시켰다. 이른바 아시아적 전제왕조의 전형이라 해도 좋을 그러한 사회를 엮어갔던 것이 조선 왕조였으며 새로운 변혁의 시도는 처음부터 터부시되고 응고된 막힌 사회 그 자체라 해도 무방했다. 물론 당시의 사정을 눈여겨본 선각자들도 없지 않았고 그것에 대응할 수 있는 전략을 숙고했던 사상가들도 한둘이 아니었다. 그러나 그러한 사상가들도 본질적으로 문제의핵심을 꿰뚫고 있었다기보다는 그저 자기 관념의 지적 연장에 불과했을 뿐이다."13) 진교수가 선각자들의 의식 속에 흐르고 있다고 생각하는 두 가지 형태의 경향들, 즉 "문제의 핵심을 꿰뚫고 있"는 경향과 "자기 관념의 지적 연장에 불과한" 경향은 바로 한국 정치"의"철학과 한국 정치에 "대한" 철학의 구분과도 일맥상통한다고 보여진다.

어떤 점에서 한국 정치에 "대한" 철학적 전통은 그 뿌리가 "주경익사(主經翼史)"에까지 이어진다고 생각된다. 『철종실록(哲宗實錄)』을

---

12) 신복룡, 『전봉준의 생애와 사상』(양영각, 1982), p. 1601.
13) 『인재제일』(1994년 3·4월).

보면 좌의정 김흥근(金興根)이 등극한 지 얼마 안 되는 새 왕 철종에게 다음과 같이 진언한다. 즉 "경학(經學)을 주(主)로 삼고 사서(史書)를 보좌(補佐)로 삼아 도술(道術)을 밝히고 사리(事理)를 살필 것이며, 날마다 단정한 선비〔장사〕를 가까이 하여 강마(講磨)하고 토론하며 과정(課程)을 엄히 세워 혹시라도 중단함이 없어야 합니다" 하니, 철종은 "내가 비록 불민하지만 마땅히 가슴에 새기겠다"고 답한다.[14] 여기서 김흥근이 말한 "경학을 주로 삼고 사서를 보좌로 삼"는다는 표현은 "주경익사(主經翼史)"를 옮긴 것이다.

바버의 말을 빌려 표현한다면 이것은 "경학에 의한 역사의 정복"이라고 말할 수 있을 것이다. 어쩌면 이와 같은 주경익사의 전통이 한국 정치"의" 철학보다는 한국 정치에 "대한" 철학을 보다 지배적인 담론의 형태로 재생산하게 된 지적 배경이라고 생각된다. 뿐만 아니라 이러한 담론은 외재성—억압성, 임의성—자의성, 폐쇄성—배타성을 나타내는 경우가 많으며, 이로 말미암아 정치의 경직성은 보다 강화되는 경향을 나타낸다. 이런 이유에서 한국 정치에 "대한" 철학으로부터 한국 정치"의" 철학으로의 이행이 한국 정치철학이 시급히 해결해야 할 첫번째 과제라고 생각한다.

둘째, 후설의 현상학이 한국 정치에 대해 갖는 또 하나의 함의는 "정치적 내재주의"라고 생각된다. 정치적 내재주의란,

1) 정치 문제의 해결을 정치 안에서 찾아야 한다는 주장이다.

2) 이것은 또한 가장 바람직한 정치의 가능성을 정치 이외의 다른 곳에서 찾을 수 없다고 보는 입장이다.

3) 민주주의의 문제들을 해결하는 방안 역시 민주주의 안에서 찾아야 한다고 본다.

4) 만일 정치 문제의 해결을 정치 외적인 데서 구하거나 또는 민주

---

14) 『철종실록』, 2년 3월 신묘조(세종대왕기념사업회, 1990), p. 99.

주의 문제의 해결을 민주주의 밖에서 찾을 경우, 이것은 약한 정치 또는 약한 민주주의를 초래하게 된다.

5) 반면 정치 문제의 해결을 정치 내에서 찾을 경우 또는 민주주의 문제의 해결을 민주주의 내에서 찾을 경우, 강한 정치 또는 강한 민주주의가 성장할 수 있다고 본다.

6) 이런 점에서 이정복 교수가 말하는 "의회의 행정부 의존 현상"은 "정치적 내재주의"의 부재로부터 발생하는 약한 민주주의의 전형적인 예라고 말할 수 있다. 이교수에 의하면, "한국은 대통령 중심제를 채택하고 있음에도 불구하고 〔……〕 우리 의원들은 의원 내각제를 채택하고 있는 나라의 의원들보다 더욱 철저하게 당의 지시에 따라 행동"한다. "우리나라 의원들은 〔……〕 여야를 막론하고 당총재→실력자 의원→일반 의원의 순으로 수직적 후견인―수혜자 관계를 형성하고 있기 때문에 당의 지시로부터의 이탈은 거의 불가능"하다는 것이다. 그는 "우리 국회"가 "제6대 국회 이후부터 공식적으로 미국 의회와 마찬가지로 상임위원회 중심주의를 채택하"고 있음에도 불구하고 "우리 의원들은 미국의 국회의원들이 가지고 있는 자율성을 가지고 있지 않"으며, "각 상임위원회의 활동은 정당의 기율이 압도하고 있"고, 각 "의원들은 자율성"을 바탕으로 "반대당 의원들과 〔……〕 친분 관계를 맺"거나 "여러 정책 문제에 대해" 자유롭게 토론하거나 "타협할 수 있는 분위기를 형성하"지 못하며, "의원들간"에 "서로를 예우하고 호의를 베푸는 데 있어서도 인색하다"고 지적한다. 이와 같은 약한 의회는 의회의 문제가 의회 내에서 자율적으로 해결되지 못했던 한국 의회의 의존적 전통과 또 이를 조장하는 정치적 상황과 깊은 관계가 있다.[15]

---

15) 이정복, 『한국 정치의 이해』(서울대학교 출판부, 1995), p. 345. 박찬욱 교수도 우리나라 "국회는 제도적 자율성의 수준이 낮"은 편이며, 이것은 "이른바 문민 정부 시대에" 와서도 마찬가지라고 주장한다. 예를 들면 "국회의 수장인 의장이 공식

7) 같은 맥락에서 박우희 교수도 오늘날 한국 경제의 특징을 한민족의 "기마성(騎馬性)"으로 설명하면서 일종의 내재주의적 처방을 제시하고 있는 것은 흥미로운 대목이다.

적으로는 의회에서 선출된다고는 하지만 사실상 행정부의 수장인 대통령이 내부적으로 지명하고 있으며, 중요 사안에 대한 여당의 원내 전략이 대통령을 핵으로 하는 권력 중추부의 의사에 의해 좌우된다"고 본다. 이런 점에서 박교수는 한국 의회는 "능동적 active 의회"이거나 "반응적 reactive 의회"이기보다는 단지 "주변적 marginal 의회"로 보는 것이 적절하다고 논한다(박찬욱, 「한국 의회 정치의 특색」, 『의정 연구』 제1권 1호, 1995, pp. 14~38).

다른 한편 이정복 교수는 이와 같은 "의회의 행정부 의존 현상"은 "대통령 중심제"에 그 원인이 있다고 보고, "의원 내각제"로의 제도 개혁을 강력히 주장한다(이정복, 『한국의 정치적 과제』, 서울대학교 출판부, 1997, pp. 20~21). 특히 이 교수는 "한국의 역사적 발전 단계를 고려할 때 오늘날 우리가 당면한 시급한 과제는 사회적 혼란이 수반되더라도 독재를 막고 민주화를 추진하는 일"이라고 강조하면서 이렇게 부연한다: "오늘날의 한국은 20~30년 전의 한국과는 달리 어느 정도의 사회적 혼란은 감당할 수 있는 능력을 가지고 있는 것이다. 한국의 발전 단계가 이러할진대 우리가 의원 내각제를 택하고 그것이 못된다 하더라도 우리의 안보와 경제를 크게 위협하지는 않을 것이다. 그래도 안보와 경제가 걱정이 되는 경우에는 스위스의 경우와 같이 내각이 한 번 성립되면 4년의 고정 임기를 갖게 하든가, 혹은 서독의 '건설적 불신임제'를 도입함으로써 내각의 안정을 제도적으로 도모할 수도 있을 것이다"(이정복, 『한국 정치의 이해』, pp. 310~11).

그러나 필자의 생각으로는 "대통령 중심제" 또는 "내각 책임제"란 그 자체로 볼 때 단지 "무엇 what"에 해당하는 것으로서, 이것이 과연 민주화를 촉진할 것인지 또는 위축시킬 것인지는 그것이 구체적 상황에서 "어떻게 how" 작용하느냐에 달려 있는 불확실하고 모호한 문제라고 본다. 오늘날 사회과학자들이 흔히 범하는 오류 중의 하나는 사회 제도의 "how"가 그 제도의 "what"으로부터 필연적으로 도출된다는 믿음이다. 이와 같은 믿음은 우리로 하여금 "제도결정론" 또는 "제도공학"에 빠져들게 한다. 또한 이것은 정치적 입장에서 제도를 보는 것이 아니라 제도의 관점에서 정치를 보는 정치 외재적 입장에 속한다. 이와 같은 입장은 제도의 "what"과 "how" 간에 존재하는 깊은 단절을 간과하게 한다. 그러나 제도의 "how"는 "what"에서 도출될 수 없는 독지성 transcendency을 갖는 것으로서, 다분히 우연적인 역사적 맥락과 유동적인 인적 배합, 그리고 이들의 능력과 자질에 크게 의존한다는 점에 주목해야 할 것이다. 이런 점에서 "제도"를 포함한 정치적 사물들 political things이란 필연성과 명료성을 결여한 모호한 영역에 속한다는 점을 다시 한번 상기해볼 필요가 있다.

7-1) 박교수에 의하면, "기마족의 습성이란 목표를 정해놓고 돌진 정복 승리하면 축제를 벌이고 상(賞) 주고 전시한 뒤 이를 허물어뜨리고 곧 다음 장소로 옮기는 것이"다. 다시 말하면 기마 민족은 "한 곳에 오래 머물러 있으면서 기록하고 정리하고 응축하지 않"는다. 이들이 지닌 미덕은 "의욕, 진취, 자부심과 열성"으로서, 만약 이러한 "미덕"들이 "궁핍에서 벗어나기 위한 개인의 이익 추구와 결부될 때 지금 같은 경제 규모 거대화에 크게 기여할 수 있다."

7-2) 그러나, 기마 민족은 "한편 거칠게 너무 급하게 승부하고 뒤를 돌보지 않기 때문에, 차분히 한 자리에서 하나를 가지고 아끼고 정성 들이고 쌓아가는 습성을 지니고 있지 않"다. "위에서 명을 받아야만 움직이며 목표 지향적으로 승부를 걸면서 이기면 크게 거둬들이고 지면 버리는 것, 남의 것을 빌려서라도 겉치레로 크게 벌여놓은 뒤 곧 허물어버리는 것, 이러한 비정착성과 일과성은 모두 알뜰과 전통, 성실과 축적을 희생시킨다."

7-3) 여기에 바로 우리 "경제 내부"의 "불안 요소"가 있다고 박교수는 진단한다: "우리의 요즘 경제 사회에는 〔……〕 근대화에 잘 들어맞지 않는 구석이 너무 많이 노출되고 있다. 〔……〕 저축보다 소비, 자기 것보다 남의 빚, 근검보다 과시, 타협보다 아집, 절도보다 과도, 성실보다 조급, 질서보다 독주, 치밀보다 조잡, 남보다 자기만을 위한 경제" 행태들이 비일비재하게 자행된다. 그 결과 "해외 건설, 해운, 수출과 투자, 기업과 농촌, 어느 한 군데"도 "온전한 데가" 없고 "경제의 바깥"보다는 "안을 들여다보면 볼수록 희한한 데가 한 두 군데가 아니다."

7-4) 여기서 박교수의 처방은 경제적 내재주의로 모아진다: "앞으로만 달리고 세운 뒤 뜯어고치는 일" — 이것은 우리나라의 도로 공사와 하수도 공사에서, 그리고 교육 제도의 개혁 등에서 밥 먹듯이 반복되는 일이기도 하다 — "에서 벗어나 하나를 하더라도 깊이 생각

하고 상의해서 꾸준히, 그래서 한번 만들어놓으면 모두가 좋아하고 따르는 전통을 세워나가지 않으면 안 된다";"안에서 힘이 잉태되지 않는 한 어떠한 경제 성장도 겉치레에 그치게 될 것이다. 지금같이 계속 자본이 안에서 축적되지 않고선, 기술이 우리 손에 의해 스스로 키워지지 않고선 대기업과 중소 기업, 도시와 농촌, 외수와 내수, 부자와 빈자, 자본가와 노동자간의 불균형도 시정하기 어려울 것이다."[16]

8) 정치적 내재주의의 입장에서 볼 때 정치인이 된다는 것은 정치를 힘이나 전쟁, 경제나 사회, 종교나 역사, 문화나 정신 등과 같은 정치 외적 관점에서 보는 것이 아니라, 이와는 반대로 힘·전쟁·경제·사회·종교·문화·정신 등등을 정치의 관점에서 봄을 뜻한다. 아리스토텔레스는 그의 『수사학 Rhetoric』에서 "행복" "선과 효용" "미덕과 악덕" "고결함과 비열함" "쾌락" "심적 상황" "옳고 그름" "성냄 anger" "평온" "우정과 적의" "공포심" "신뢰" "염치와 파렴치" "친절" "동정심" "분노 indignation" "시기심" "겨루기 emulation" "인간의 여러 유형들" "가능성과 불가능성" 등의 여러 문제들을 "정치적 설득"이라는 관점에서 논하고 있다.[17] 심지어 그는 『정치학 Politics』에서 "수(數)"에 대한 일종의 정치적 옹호론을 전개한다. 그의 "다수 옹호론"은 5가지 주장으로 집약된다: i) 수 없이는 도시의 존립이 불가능하다; ii) 엄밀한 의미에서 수는 부(富)와 아울러 덕 그 자체이기보다는 덕의 조건에 불과하지만, 일반적으로 큰 수〔多數〕는 큰 덕〔大德〕을 나타낸다; iii) 수는 부(富) 또는 덕(德)의 배타적 요구를 서로 비교하게 함으로써, 각각의 주장을 조절 또는 중화시키는 역할을 수행한다; iv) 수는 모든 요구의 상대적 가치를 인정함으로써 절대성을

---

16) 박우희, 『과학, 철학과 한국 경제의 인식』(한국경제신문사, 1986), pp. 180~82.

17) Aristotle, *Rhetorica, The Basic Works of Aristotle*, ed. and with an intro. by Richard McKeon(New York: Random House, 1970), pp. 1339~1412(1360b6~1393a20).

배제하며, 상황에 따른 상호 적응의 길을 열어준다; v) 수에는 나쁜 다수뿐만 아니라 좋은 다수도 존재하기 때문에 "우민 정치 Democracy"와 같은 나쁜 다수와 아울러 "정치체 politeia"와 같은 좋은 다수도 가능하다.[18] 정치인이 된다는 것은 이처럼 정치의 관점에서 자신의 주위 세계를 보고, 말하고, 행동하는 일종의 코페르니쿠스적 관점의 전환을 경험하는 과정이라고 말할 수 있다.

셋째, 민주주의의 수준은 대화의 수준과 깊은 상관 관계를 갖는다는 점을 좀더 진지하게 생각해야 할 때가 되었다. 이와 관련하여 필자는 대화의 유형을 두 가지로 구분해야 한다고 본다. 그 하나는 "정보 교환으로서의 대화"이고 다른 하나는 "사건으로서의 대화"이다.

1) 정보 교환 속에서도 대화는 가능하다. 그러나 이것만으로는 대화의 "꽃"을 피울 수는 없다. 정보의 교환은 오히려 대화가 "꽃"을 피우지 못하도록 억압하는 경향마저 있다는 점을 인식할 필요가 있다.

2) 대화의 "꽃"은 "혼신의 힘을 다해 자신이 갖고 있는 것을 다 소진"[19]하는 행위를 모든 참여자가 균등하게 수행할 때 비로소 가능하다. 이러한 대화를 흔히 "사건으로서의 대화" 또는 "변화를 일으키는 사건으로서의 대화"라고 말한다.[20]

3) 정보 교환식 대화에 의해서도 민주주의는 가능하다. 그러나 이것만으로는 민주주의의 "꽃"을 피울 수는 없다.

4) 민주주의의 "꽃"을 피우기 위해서는 우선 대화의 "꽃"이 피어날 수 있어야 한다. 다음으로 이와 같은 사건으로서의 대화가 범사회적으로 가능해야 한다.

---

18) Aristotle, *Politica*, 같은 책, pp. 1186, 1190~97, 1224~25(1279b1~4, 1281a38~ 1284b34, 1297b2~28).

19) 강대인, 「삶의 문화, 삶의 정치: 새 문화를 여는 또 하나의 대안」, 정문길 외, 『삶의 정치: 통치에서 자치로』(대화출판사, 1998), p. 24.

20) 같은 책, pp. 27~29.

5) 전자 민주주의에서도 우리는 민주주의를 기대할 수 있을 것이다. 그러나 생생하게 살아 있는 민주주의의 "꽃"을 기대하기는 어렵다.

넷째, 이제 범사회적으로 일어나고 있는 변혁의 요구에 부응하여, 우리 민족 본래의 역량이 일깨워지도록 한국 정치에도 변화의 바람이 일어나야 한다고 보며, 이를 위한 진지한 노력도 경주되어야 한다고 생각한다. 그러나 다른 한편 이와 같은 상황일수록 더욱 요구되는 것은 구체적이고 개별적인 논의에 깊이 개입하기에 앞서 계속 있을 것으로 예상되는 "모든 개혁 논의의 기본틀"을 마련하여 하나의 전범을 제시하는 것일 것이다.

1) 모든 진지한 개혁의 논의에는 첫째 그에 앞서 있었던 개혁의 논의와 거기서 나온 실천 방안에 대한 반성과 평가가 먼저 선행되어야 한다. 이것을 흔히 개혁에 대한 "사적(史的) 성찰"이라 부를 수 있다. 그러나 대부분의 개혁의 논의들은 예외 없이 "사적 성찰"을 간과해버리고 있다. 예컨대 "정당법 및 정당 제도의 개혁 방향"21)에서도 "한국 정당의 역사와 현상황"에 대해 논의하면서도, 그러한 문제를 고민하고 해결하려는 개혁의 역사는 전혀 없었던 것처럼 "개혁의 전사(前史)에 대한 사적 성찰"은 거론조차 되고 있지 않다. 사실 이와 같은 몰역사적 개혁 논의는 식상할 정도로 너무나 많이 들어왔다. 물론 개혁에 대한 앞선 시도들을 정리하는 일 그 자체만으로도 엄청난 과제일 수 있다. 따라서 대부분의 논의들은 쉽고 간단한 길을 택하게 된다. 개혁의 논의에 관한 전사(前史)에 대해 전혀 언급하지 않고 자신의 방안만 제시하고 끝나는 것이다. 이것이야말로 그 동안 한국에 있어서의 정형화된 개혁 논의의 고질적인 문제였으며, 그 결과 개혁의 논의는 무한히 반복되면서도 질적으로는 아무런 변화도 없는 "빈말"

---

21) 정대화, 「정당법 및 정당 제도의 개혁 방향」(민주노총 · 참여연대 · 한국정당정치연구소 주최: 정당법 제도 개선을 위한 대토론회, 1998년 7월 23일).

들의 행렬들이 계속된 이유이기도 했다. 개혁에 관한 논의의 첫 출발
부터가 비판의 표적이 되고 있다는 점에서 우리는 깊은 좌절을 맛보
게 된다.[22]

22) 이런 점에서 손호철, 「정당 민주화를 위한 정치 개혁 방향: 공직 후보 추천 과정
의 민주적 제도화를 중심으로」나, 이영희, 「한국 정당 정치의 문제와 정당 개혁의
과제: 정당의 개혁인가 새로운 정당인가」도 같은 문제를 안고 있다고 보여지며,
제시된 개혁안은 "살아 있는 필요와의 대화"라기보다는 필자의 개인적 "프로젝
트"라는 인상을 강하게 준다. 반면 이와는 대조적으로 (이름을 밝힐 수 없는) 어
떤 PD의 「방송 개혁의 방향을 정리한다」는 무엇이 문제이고 어떻게 개혁할 것인
가를 구체적으로 보여주는(물론 필자가 여기에 전적으로 동의하는 것은 아니지
만) 하나의 사례로 생각된다: "첫째는 사장이다. 사장으로부터 권력은 나온다.
KBS에서 사장은 왕이다. 사장은 개혁의 절대 지표다. 개혁 시대의 사장은 절대적
권위로 아래를 다스리지 않아야 한다. 통치자가 아니다. 자신은 오류가 없다는 왕
정 시대의 사람이어서는 안 된다. 각 직종과 조직의 이해 관계를 충분히 경청하고
조정해내는 통치력이 있어야 한다. 민주적이되 지도력이 요구된다. 이끌며 격려
해야 한다. 단호해야 한다. 수동적으로 길들여진 아래를 자율적 판단과 결정에 의
해 움직일 수 있도록 만드는 지도력이 필요하다. 여기서 민주적인 것과 지도력은
모순될 수 있으나 조화시켜야 한다. 보수적이 된 회사의 간부들에게 정확한 개혁
방침을 전달하고, 다양한 이해 관계에 얽혀 있는 각 집단의 이해 관계를 조정해내
는 지도력을 발휘해야 한다. 자칫 자율은 방임을 부르기 쉬운 것이다.
　둘째는 조직의 통폐합이다. 분업과 전문화를 기초로 한 관료제는 대량 생산의
산업 사회에서 합리적이고 효율적이었다. 항목별 예산 회계 제도는 유용과 독직
을 방지하는 데 순기능이었으나 동시에 공금의 관리 자체를 불가능하게 하는 역
기능을 낳았다. 따라서 개혁은 규칙과 절차를 중시하는 관료주의 패러다임〔으로
부터〕 성과 지향적인 탈관료주의 패러다임으로의 전환을 의미한다. 기능별 본부
조직은 과정별 방송 중심 조직이 되어야 한다. 방송 현장 중심, 방송 현업 중심,
방송 제작 과정 중심의 통폐합이다. 방송하는 회사다. 방송을 상품으로 만들어 판
다. 경쟁력이 있어야 한다. 국가 기간 방송이고, 공영 방송이란 특수성이 있지만
자본주의 사회의 이윤을 추구하는 기업이다. 방송을 가장 효율적으로 잘할 수 있
는 조직이 필요하다. 변화가 극심하고 다양한 생각과 이해가 다기하고 갈등이 상
존하는 현사회를 반영해줄 방송 조직이 되어야 한다. 하나의 프로그램을 생산하
기 위해 어떤 과정을 거치고 있나 살펴보면 조직 개혁의 방향을 잡을 수 있다. 지
원 부서는 현업 부서의 반 정도가 상식이다. 방송 현업은 개혁의 중심이다. 현업
중심, 과정 중심의 조직 통폐합이 필요하다.
　셋째, 간부의 축소다. 간부는 많지만 전문가는 찾기 힘들고 간부는 많아도 일하

2) 모든 개혁은 예외 없이 개혁 과제의 무한성과 개혁에 동원될 시간과 인력과 자원간의 과도한 부족이라는 비대칭성에 봉착하게 된다. 개혁의 대상은 무한한 반면, 개혁의 수단은 극히 한정되어 있다.

는 사람은 적다. 위인설관식(爲人設官式) 조직 확대와 상위 보직의 과다로 비능률적인 공룡 조직이다. 장기 근속만으로 전문가 행세한다. 업무 전문가보다는 정권 홍보하는 해바라기성 간부만 양산하고 개혁 비판적인 간부는 없다. 조직의 폐쇄적·방어적 형태 탓으로 죽은 조직이 되었다. 비판적이고 말 안 듣는 사람은 없어졌다. 일하는 사람을 통제하는 관리 조직과 이에 따른 관리자만 늘었다. 방송 현업자들을 통제하는 부서와 사람들이 조직을 공룡으로 만들었다. 통제·관리·규제·간섭하는 조직과 간부는 없어지거나 줄여야 한다. 간부의 축소는 의사 결정의 민주화를 촉진할 것이다. 보수적이고 획일적인 간부에 의해 다양한 견해는 묵살되어왔다. 간부의 축소, 권한의 하부 이양은 다양한 의견이 방송될 수 있도록 할 것이다.

넷째, 민주적 제도의 정착이다. 인사 고과 평가 제도는 다자간 평가 방식이 되어야 한다. 인사권자 독단으로 직원에 대한 평가가 이루어질 경우 인사의 발탁에 정실이나 주관적 편견이 개입될 여지가 많고, 인물 중심의 권위주의적 조직 문화도 개혁하기 힘들다. 인사권자인 상사는 물론 동료나 부하 직원도 평가에 참여해 직원 평가에 객관성과 공정성을 담보하는 민주적 인사 관행이 정착되어야 한다. 다자간 인사 평가 제도는 지연·학연 등을 동원하여 이루어지는 줄서기 문화의 잘못된 관행 타파의 민주적 리더십의 확립에도 기여한다. 특히 승진 인사의 경우 반드시 동료나 부하의 의견이나 평가를 반영하면 진정한 권위와 신뢰성을 부여받는 민주적 리더십이 형성된다. 현재 조직의 관리자들은 아래의 동의와 설득보다는 권위와 직위로 군림하고 있다고 해도 과언이 아니다. 민주적 제도와 질서에 익숙하지 못한 관리자를 위해, 그리고 윗사람의 전횡이 판을 칠 수 없도록 상호 감시 혹은 의견 교환을 나눌 수 있는 제도를 만들어 훈련시켜야 한다. 의사 결정의 분점, 혹은 민주화가 개혁의 요체다. 다양한 생각들이 프로그램을 통해 방송될 수 있도록 의사 결정이 민주화되는 제도의 정착이 필요하다.

다섯째, 공정한 경쟁의 기회가 보장되어야 한다. 지금까지 기회는 폐쇄적이었다. PD는 다양한 장르의 프로그램을 경험하면서 훈련되어지고 그 과정에서 평가되고 성장할 기회가 주어져야 한다. 그러나 지금까지는 윗사람에게 순종하고 입맛에 맞게 생활하는 사람에게만 기회가 많이 주어졌다. 불공평한 경쟁이었다. 공정한 경쟁이 될 수 있도록 공개적이고 투명한 인사, 업무 조정이 이루어져야 한다. 필히 본인의 의사를 반영해야 한다. 자신의 앞날을 예측하고 자신의 성장을 위해 자발적이고 적극적으로 뛰어들 수 있어야 한다. 이렇게 될 때 결과에 대해 승복하게 된다. 〔……〕" 등.

그러나 모든 개혁은 바로 이 점을 직시하여 낭비나 연습을 삼가야 한다. 개혁에는 연습이 없다. 연습 그 자체가 이미 개혁 ― 실패한 개혁 ― 이기 때문이다. 이런 점에서 "개혁"은 "실험 experiment"보다는 "내기 wager"에 더 가깝다. 모든 "내기"에서의 위험 부담은 내기한 당사자의 "몫" ―이것을 흔히 "역사적 책임"이라 부른다― 인 것이다. 다시 한번 강조하거니와, 모든 개혁은 주어진 시간 안에, 주어진 인력에 의거하여, 주어진 자원의 테두리 내에서 이룩해야 한다는 철칙을 인식해야 한다. 돌이켜보면 그 동안의 개혁이나 개혁의 논의조차도 너무나 안이하게 느껴질 정도로 과욕적이었다. 어떤 점에서 모든 것을 다 개혁하려는 사람은 미친 사람이라고 할 수밖에 없다. 반면 아무것도 개혁하려 하지 않는 사람이 있다면 "나쁜 사람" ― "차라리 나쁜 놈" ―이라 할 수 있을 것이다. 중요한 것은 개혁의 적정 수준과 개혁의 "본(本)"과 "말(末)"을 설정하는 일이다. 이것은 개혁을 주도하는 사람의 역사 인식과 현실 감각에 의해 결정될 문제라고 본다. 여기서 하나의 지침으로서 성서의 말을 인용할 수 있을 것이다. 그것은 예수가 많은 것으로 대접하기 위해 애쓰는 "마리아"에게 준 권고이다: "네가 많은 일로 염려하고 근심하나 그러나 몇 가지만 하든지 혹 한 가지만이라도 족하다"(「마태복음」 10 : 42)(고딕체는 필자).

3) 개혁의 논의 과정은 주로 사용 가치보다 교환 가치가 주도하게 마련이다. 그러나 이들이야말로 개혁의 걸림돌이다. 이들은 일종의 "개혁 보부상"과 같은 존재이다. 만일 희소한 자원과 수단이 사용 가치의 증대를 위해 사용되지 못하고, 교환 가치의 "보부상"들에게 탈취당하거나 낭비되도록 방치돼버린다면, 그래서 『대학(大學)』의 말처럼 "후(厚)해야 할 때 박(薄)하고, 박해야 할 때 후하"게 된다면, 어떠한 개혁도, 심지어 개혁의 논의조차도, 성공하기 어렵다. 개혁의 진정한 열쇠는 개혁의 결과를 실제로 사용하고 소비해야 할 당사자

들의 목소리들 속에 숨겨져 있음을 알아야 한다. 개혁은 심술궂은 숨바꼭질과 같다. 왜냐하면 종종 개혁의 종말이 가까워서야 비로소 개혁되어져야 할 실체가 그 모습을 나타내기 일쑤이기 때문이다.

4) 끝으로 100여 년 전 독립신문에 실린 개혁에 관한 논설(1896년 5월 23일자 사설)을 참조해보면, 그때나 지금이나 계속해서 똑같은 문제가 반복되고 있다는 데에 놀라지 않을 수 없다:

목수가 헌 집을 고치려면 썩은 기둥과 서까래를 갈아내어야 할 터인데 그 기둥과 서까래를 베어내기 전에 새 기둥과 새 서까래를 준비하였다가 묵은 재목을 일변으로 새 재목을 대신 집어넣어야 그 집이 무너지지 않고, 네 기둥이 튼튼히 선 후에 도배와 장판과 유리창도 하고 좋은 물건도 방과 마루에 널어놓아야 일이 성실히 되고, 다된 후에 사람이 살게 되는 것이거늘, 만일 그 목수가 새 기둥도 준비하지 않고, 네 기둥이 썩었다고 그저 그 기둥을 베어버리기만 하면 그 보기 싫은 기둥이 없어졌으니 상쾌는 하나, 새 기둥이 옛것 대신 들어서지 못한 즉 집이 무너지기 쉬운지라. 또 기둥들은 모두 썩어 집이 언제 무너질는지 모르고 집 속과 마당과 문 앞에 더러운 물건이 가득 쌓였는데 그것을 치운다든지 새 기둥 세울 생각은 아니하고 다만 돈을 들여 장판과 화문석을 깐다든지 하는 것은 곧 어리석은 사람의 일이라. 무너질 집 속에 있는 새 장판과 화문석이 몇 일이 되어 없어지며 더러워지리요.

나라를 개혁하는 것도 목수가 헌 집을 고치는 것과 같은지라. 일이 선후가 있고 경중이 있는 것을 생각지 않고 뒤에 할 일을 먼저 한다든지 경한 일을 중한 일보다 더 힘쓴다든지 하는 것은, 다만 일이 안 될 뿐 아니라 이왕에 된 일도 없어질 터이니, 이 경계를 모르거든 다만 나라를 개혁하기는커녕 썩은 나라나마 썩은 대로도 견딜 수 없을 터이니, 차라리 건드리지 않는 것이 낫지 서투르게 건드리는 것은 어서 무너지기를 바라는 것이라.

조선서 개화한다고 한 후에 한 일을 보거드면, 서투른 목수가 헌 집 고치는 것과 같은지라. 이 목수들이 헌 기둥은 모두 베어버리고 새 기둥들은 준비도 안 하여놓았은즉, 나라가 튼튼하기는커녕 점점 더 허술하여지니 어찌 가이없지 안하리요. 그 한 일은 다 말할 수는 없으되 두어 가지 일을 말할 터이니 이것을 보거드면 다른 일을 가히 미루어 알리라.

각 부와 각 군에 본래 관포군이란 명색이 있고 군수와 관찰사들에게 장교 명색이 있어 그것들을 가지고 도적도 잡고 난민도 금하더니 근년에 이것을 다 없애버리고 그 대신 더 나은 것을 준비하지 안하였은즉, 난민이 나든지 도적이 생기면 금할 도리가 없는지라. 〔……〕 역말이라 하는 것이 이왕에 있어 그것을 인연하여 경향간에 통신이 되더니 우편 설시는 다 하지도 않고 역말부터 없애버렸은즉, 경향간 통신하기가 어려운지라. 일본 소식은 거즘 매일 들어도 조선 시골은 한 나라이건마는 한 달에 한 번씩 듣는 때가 드무니 정부와 백성 사이에 교제가 어찌 친밀히 되며 교제가 친밀히 아니 된즉 어찌 서로 사랑하는 마음이 생기리요. 우리가 역을 좋다고 하는 것이 아니라, 우편이 잘 돼야 어디든지 경향간에 통신이 날마다 되게 된 후에는 역을 없애도 무방하거니와 그나마 있던 것을 다른 것 준비 아니하고 없애버렸으니 어찌 서투른 목수가 새 기둥 준비 아니하고 헌 집 기둥만 베어버린 것과 다름이 있으리요.

머리를 깎고 양복을 입는 것은 집 다 고친 후에 장판과 도배하는 것과 같은지라. 기둥도 고치지 않고 마당도 쓸지 않고 문간에 더러운 물건도 치우기 전에 장판부터 고치려고 하니 그 장판이 마르기 전에 벌써 흙이 모두 떨어져 장판만 버릴 뿐 아니라 집 다 고친 후에 다시 장판 말기도 지금은 어렵게 되었으니 실상을 생각해보면 이것은 모두 그 서투른 목수들의 까닭이라.

5) 모든 개혁 때마다 끊임없이 제기되는 문제 중의 하나가 관료주의이다. 관료제란 단순화시켜 말하자면 대규모 조직체를 가리키며, 대규모 조직체가 갖는 병리 현상을 관료주의라 부른다.

5-1) 관료 조직이란 항상 해야 할 일감이 있어야만 안정감을 갖는 그런 조직체다. 만일 관료에게 아무런 일도 시키지 않는다면, 엉뚱한 일을 만들어서라도 하게 될 것이다. 따라서 모든 관료 조직은 과(過)-조직화의 경향을 나타낸다. 이와 같은 과-조직화의 경향은 학교의 과-교육화의 경향과 학문의 과-이론화의 경향과 발맞추어 현대 사회의 활기를 빼앗아가고 있다. 따라서 관료에게는 절대로 일을 맡겨서는 안 되며, 어디까지나 일을 시켜야 한다. 민주주의 체제란 각자가 자기의 일을 하고, 믿을 만한 친구에게 일을 맡기고, 유능한 관료에게 일을 시키는 체제이기 때문이다.

5-2) 흄 David Hume도 "모든 절대적 정부는 행정에 크게 의존하게 된다"[23]고 말하면서, 민주 정치에 있어서 행정 의존적 경향에 대해 경고한 바 있다. 흄의 말이 아니더라도, 민주 정치에서는 무엇보다도 일하는 방식에 있어서 변화가 일어나야 하며, 사실 이것만큼 정치적으로 큰 변화도 없을 것이다.

5-3) 그러면 민주 정치하에서의 일은 어떻게 해야 할 것인가? 정치는 "통일[統]"이기보다는 "공론[通]"이며 따라서 정치적인 일의 핵심에서는 항상 "소통"의 문제가 제기된다. 그것은 "대통령 president"이라는 말이 "사회자 presider"와 같은 어원이라는 데서도 짐작할 수 있다. 소통에 의해서 공적 영역은 비로소 열리게 되며, 가시적인 실체로서 현존화된다. 가다머 H.-G. Gadamer의 말을 빌리면, "실천적이고 정치적인 이성은 대화의 방식에 의해 비로소 실현될 수 있고 전달될

---

23) D. Hume, "That Politics may be reduced to a Science," David Hume, *Essays: Moral, Political and Literary*, ed. with a Foreword, Notes, and Glossary by Eugene F. Miller(Indianapolis: Liberty Classics, 1985), p. 15.

수 있다."[24] 그러나 소통과 관련하여 한 가지 주의할 것은, 사람들은 늘 소통을 그리워하면서도, 그 기회가 오면 이것을 쉽사리 부패시킨다는 사실이다.

5-4) 소통의 부패는 두 가지 양극화 현상 속에서 급속히 진행된다. 첫째는 담론에 대한 독점과 기피라는 양극화이고, 두번째는 "대항하는" 담론과 "위하는" 담론간의 양극화이다. 관료 조직은 이러한 양극화 현상에 대해 가장 취약한 조직체이다. 따라서 소통은 관료적 "마인드"에서 잘 이루어질 수 있는 일이 아니며, 또 이것은 관료화되어서도 안 된다. 한편으로는 관료가 소통하도록 힘써야 하겠지만, 다른 한편 소통이 관료화되지 않도록 경계를 게을리하지 말아야 한다.

5-5) 소통의 관료주의화는 소통 기회의 불균등으로부터 시작된다. 이런 점에서 소통 기회의 균등화는 소통의 제1원칙이며, 발언의 독점이나 기피는 관료주의화의 첫번째 원인이다. 되풀이 말하거니와, 소통의 기회는 균등화되어야 한다. 그러나 "동등자 가운데 1인자primus inter pares"의 존재는 필요하며, 또 유용하다. 동등자 가운데 1인자의 존재는 자유로운 소통을, 한편으로는 무정부적 소통과 구분하고, 다른 한편으로는 전제적 또는 관료적 소통으로부터 구분짓는 지표라 할 수 있다.

5-6) 문제는 동등자 가운데 1인자가 종종 동등자 없는 1인자로 부패해버린다는 데 있다. 그리고 이러한 부패의 방지 역시 소통 이외의 다른 길이 없다는 점이다. 어느 정치학 교수는 이렇게 말한 적이 있다: "대등한 친우(親友)가 없는 지도자와, 상관이나 부하만을 가진 국민에 의해 영위되는 정치란 참으로 황량한 것이다."[25]

다섯째, 사대주의.

1) 큰 자를 섬기는 것은 작은 자가 살아남기 위한 생존 전략일 수

---

24) R. Beiner, *Political Judgment* (Chicago: The Univ. of Chicago Press, 1983), p. 3에서 재인용.

25) 이홍구, 『李洪九文集 I: 인간화와 정치』(나남, 1996), p. 56.

있다. 그러나 우리 역사 속에서의 사대주의는 지속적인 생존 전략으로 고착화되는 과정에서 사대유일주의로 전락한 데 문제가 있다. 사대유일주의는 현재의 예속적 상황이 미래에도 지속되리라는 믿음에 뿌리를 두고 있다.

2) 또 사대유일주의는 큰 자만을 섬기고, 그외의 일체를 백안시하는 일방향성을 특징으로 한다. 그것은 먼저 세계를 큰 것과 작은 것, 주류와 비주류, 강자와 약자, 있는 자와 없는 자, 유리한 쪽과 불리한 쪽, 다수파와 소수파 등등 극도의 단순화된 도식으로 양분화시키고, 다음으로 큰 것—주류—강자—있는 자—유리한 쪽—다수파에게만 전념하고, 작은 것—비주류—약자—없는 자—불리한 쪽—소수파는 전적으로 무시해버리는 일방향적으로 편향된 태도를 가리킨다.

3) 뿐만 아니라, 사대유일주의에는 반응의 비용을 최소화하기 위한 일종의 저비용-고효율의 경제주의적 요소도 함축되어 있다. 이런 점에서 사대유일주의는 오늘날 우리 사회를 풍미하는 "약식주의 summary world view"의 원형 proto-type이라고도 생각된다. 이른바 "약식주의"는 "약식 정치" "약식 언론" "약식 지식인" 그리고 이들에 의해 끊임없이 재생산되는 "약식 담론 summary discourse" 등의 형태로 우리 사회의 깊이와 중심, 그리고 기초를 흔들어버리고 해체시키는 추동력이 되고 있다.

4) 이 중에서도 "시장주의"는 이와 같은 약식주의 담론의 최근의 형태라 할 수 있을 것이다. 그러나 많은 사람들이 오늘날의 시장주의 담론에 대해 특히 불안을 느끼는 것은 그것이 일방향적으로 편향된 시장유일주의로 변질되고 있다는 느낌 때문일 것이다. 여기서 우리는 시장이 원래는 광장(공론장)의 한 부분이었지, 그 반대가 아니었다는 너무나도 낭연한 사실을 다시 한번 상기해볼 필요가 있다.[26]

---

26) 옹 Walter J. Ong은 이 점을 다음과 같이 지적하고 있다: "일차적인 구술 문화 primary oral culture," 다시 말하면 "전혀 쓰기 writing를 알지 못하는 문화"에서는, "장사조차 단순하지 않다. 그것도 근본적으로는 수사법이다. 중동의 이슬람 시장

5) 행정학자 김광웅 교수도 시장유일주의를 부추기는 경영만능론
이 자칫 경영망국론으로 귀착될지도 모른다고 우려하면서 이렇게 말
한 바 있다: "사익성이 지선인 회계법인이나 외국 컨설팅 회사의 경
영 진단만으로는 공공성·형평성, 그리고 절차와 규칙의 준수 등 정
부의 본디 기능을 제대로 밝혀낼 수가 없다. 정부는 기업과 달리 손
해를 보면서도 서비스를 해야 하는 절명의 사명을 띠고 있는 것이다.
행정학도가 경영 교과서를 참고 삼아 대기업을 진단할 수 없듯이 경
영학도가 정부를 진단하는 것은 무리다." 그는 또 이렇게 일침을 놓
는다: "정부는 운영"에서나 "개혁"에 있어 "우체국 같은 사업성 조직
에나 타당한 '경영'이라는 관념에서 한시 바삐 벗어나"야 한다.[27]

6) 물건의 가격을 안다고 해서 반드시 그 물건의 값어치를 아는 것
은 아니다. 월저 Michael Walzer에 의하면, 오히려 "진정한 값어치를
무시할 때만 우리는 보편적으로 사고 팔 수" 있다. "우리가 가치에
주목하게" 되면, "사고 팔 수 없는 것들"을 발견하게 되고, 이러한 것
들은 "쉽게 가격으로 매겨질 수 없거나 매기기를 원하지 않는 가치
들"임을 알게 된다. 이런 점에서 월저는 급진적 시장 경제 체제를 일
종의 "전체주의 국가"와 다름없는 것으로, 즉 "다른 모든 영역"에
"침범해서 분배 과정을 장악해버리는 전체주의 국가"로, 또는 "모든

이나 상점에서 무엇을 사고 파는 것은 단지 경제적인 교환 거래를 하는 것만은 아
니다. 울워스Woolworth에서라면 상품 매매는 단순한 경제 행위가 될 것이고, 고
도 기술 문화에서도 사물의 본질상 역시 그렇게 여겨질 것이다. 그러나 구술 문화
에서 물건을 사고 파는 것은 오히려 일련의 목소리를 지르는(나아가서는 육체를
사용한) 수단, 은근한 결투, 기지의 대결, 그리고 구술적 논쟁의 하나의 작전 행동
인 것이다(월터 옹, 『구술 문화와 문자 문화』, 이기우·임명진 역, 문예출판사,
1997, pp. 9, 108).

27) 동아일보, 1998년 12월 17일. 오늘날 우리 사회에는 일종의 "과(過)-경영주의
over-managerialism"가 판을 치고 있다. "경영주의"의 근본적 오류는 인간의 "세
계"를 "삶의 세계"로 보는 것이 아니라 "경영의 대상"으로 보는 데 있다. "전인구
의 20%만 있으면 세계의 운영이 가능하다"는 이른바 "20 대 80 사회론"은 이러한
오류의 "화신"이라고 말할 수 있다.

사회적 가치"를 "상품으로," 다시 말하면, "가격"으로 "변형"시키는 "시장 제국주의"로 규정한다. 월저는 돈으로 살 수 없는 것들의 목록을 다음과 같이 규정한다(이 목록은 오쿤 Arthur Okun이 『평등과 효율성 *Equality and Efficioncy*』에서 밝힌 내용에 크게 의존하고 있다):[28]

6-1) "인간은 매매의 대상이 될 수 없다." 그러나 "그들의 노동력과 그들이 만든 상품은 매매될 수 있다."

6-2) "정치 권력과 정치적 영향력은 매매의 대상이 될 수 없다. 시민들은 자신의 투표권을 매매할 수 없으며 또한 공직자들도 의사 결정권을 매매할 수 없다."[29]

6-3) "형사적 정의가 매매의 대상이 되어서는 안 된다. 이것은 판사나 배심원이 뇌물을 받아서는 안 된다는 것을 의미할 뿐만 아니라〔……〕변호사들의 변론"도 "공동으로 부조 communal provision"될 문제라는 것이다.

6-4) "언론 · 집회 · 결사 · 종교의 자유를 위해 돈을 지불할" 수 없다. "또 이 중 어느 것도 경매될 수 없다."

6-5) 결혼과 출산의 권리는 매매의 대상이 될 수 없다. 시민들에게는 한 사람의 배우자만 허용되며 이들에게 "복혼 polygamy"을 허용하

---

28) 마이클 월저, 『정의와 다원적 평등: 정의의 영역들』, 정원섭 옮김(철학과 현실사, 1999), pp. 174, 178~82, 205.

29) Michael J. Sandel도 "Votes for Sale"(*The New Republic*, Nov. 18, 1996, p. 25)에서 이렇게 말한다: "'No body politic worthy of being called a democracy entrusts the selection of leaders to a process of auction or barter'〔Justice William〕. Brennan asserted, but did not defend, a sharp distinction between buying votes and appealing to voters' self-interest. 〔……〕If it is disreputable to sell my vote to a party boss for $ 500, why is it reputable to cast my vote for the sake of a $ 500 tax cut? 〔……〕The reason none of these distinctions succeeds is that they share the assumption, familiar in our time, that the purpose of democracy is to aggregate people's interests and preferences as accurately as possible and translate them into policy. According to this theory, citizens are consumers, and politics is economics by other means."

736

는 증서"를 판매할 수 없다.

6-6) "정치 공동체를 떠날 수 있는 권리는 매매될 수 없다. 〔……〕 모든 젊은이들이 빠짐없이 병역 의무를 마쳐야만 하는 사회의 경우에 이런 조건을 충족시켰다면 이민을 가고자 하는 사람들이 갈 수 있도록 허용해주는 것이 최선이다."

6-7) "병역 면제, 배심원의 의무의 면제 또는 공동체로부터 부과된 여하한 형태의 과업에 대한 면제를 정부가 팔 수 없을 뿐만 아니라 시민 또한 이런 면제들을 살 수도 없다."

6-8) "정치적 관직은 매매될 수 없다. 〔……〕 정치적 공동체와 교회는, 직무 수행이 그 공동체 구성원들에게 상당히 중요하다는 점에서, 그리고 그들의 직무 수행 능력이 돈의 유무에 의해 좌우되지 않는다는 점에서 동일"하다.

6-9) "경찰에 의한 보호나 초등·중등 교육 같은 기본적 복지 서비스는 최소한의 비용으로 구매될 수 있어야" 하지만, 그 "비용은 시민 개개인이 지불하는 것은 아니다. 경찰이 보호를 이유로 내세워 상점 주인에게 돈을 요구한다면 그것은 경찰이 마치 갱처럼 행동하는 것이다."[30]

6-10) "하루 8시간 노동, 최저 임금, 보건과 안전에 관한 규정 등"에 대한 거래나 교환은 금지된다. "직업은 경매될 수 있지만 위와 같은 한계 안에서만 그러하다."

6-11) "포상과 명예는 사적이건 공적이건 매매의 대상이 될 수 없다."

---

30) 다른 한편 노직 Rebert Nozick은 "극소국가 ultraminimal state"에 있어서는 이것의 "보호 및 집행 보험 증권을 구입하는 사람들에게만 보호와 집행의 서비스를 제공한다. 보호 계약을 체결하지 않는 사람들은 이로부터 보호를 받지 못한다"고 논한다(로버트 노직, 『아나키에서 유토피아로: 자유주의 국가의 철학적 기초』, 남경희 옮김, 문학과지성사, 1983, p. 49).

6-12) "종교적 은총도 매매의 대상이 될 수 없다."

6-13) "사랑과 우정은 매매의 대상이 되어서는 안 된다."

6-14) "범죄 행위도 돈으로 살 수 없다."

여섯째, 하이데거 M. Heidegger는 언어를 존재의 집이라고 말한 적이 있다. 그러나 따지고 보면, 언어야말로 정치(또는 정치적 행동)의 집이라 할 수 있다. 일반적으로 정치적 행동은 말을 수반한다. 그리고 말을 수반하는 정치적 행동은 물건이나 재물과 같은 특정한 "존재 Being"를 만들어내는 것이 아니라(이것은 행동 본래의 목적에 비추어 볼 때, 오히려 우연적이거나 부차적인 결과에 불과하다), 특유의 "이야기 story"를, 다시 말하면 독특한 스타일의 소통의 궤적만을 남기고 사라진다. 따라서 정치적 행동은 위대할지는 모르지만, 본질적으로 무상하다. 그것은 경험할 수는 있지만, 소유할 수는 없다. 로마의 건국자 로물루스 Romulus나 유태 민족의 지도자 모세 Moses의 "사라짐"도 정치적 행동의 이와 같은 무상함을 가장 극명하게 보여준 예라 할 수 있다. 어떤 점에서 『중용(中庸)』의 언명도 같은 맥락에서 이해되어야 할 것이다. 공자는 "그 사람들이 있으면 그 정사는 행해지고, 그 사람들이 없으면 그 정사가 식멸(息滅)한다〔其人存則基政擧 其人亡則其政息〕"고 갈파한 바 있다:

1) 여기서 먼저 역사상의 "영웅"이라는 말부터 정치학적 술어로 다시 풀어보면, 공적 영역이 특정한 개인의 신체와 인격 속에서 응집된 형태로 가시화된 현상이다. 그래서 로마인들은 그를 특별히 "푸블리콜라 Publicola" 즉 "인민을 사랑하는 사람 people-lover"이라 불렀다. 이처럼 공적 영역이 특정한 개인의 신체와 인격 속에 응집될 수 있는 것은 그가 주위 세계와 가장 이상적인 소통의 상태에 있기 때문이다. 그러나 대부분의 경우, 이와 같은 이상적 소통의 상태는 일시적이고 잠정적인 것으로 그치고 만다. 이런 의미에서 역사상 실재하는 것은 "영웅적 순간"뿐이며, "영웅적 인간"이란 사실 하나의 "허구"에 불과

하다("영웅적 순간"과 관련하여 황지우 시인이 말하는 "고압 전류와 같은" 시적 체험은 같은 의미로 새겨볼 수 있다).

2) 일반적으로 정치 세계가 "시간Time"보다 "존재Being"의 관점에서 파악되는 것은 정치의, 나아가서는 정치학의 위기로 이해된다. 그럼에도 불구하고, 정치적인 것은 극적 요소를, 그리고 때로는 악마적 요소마저 담고 있기 때문에, 특정한 순간을 넘어 초시간적 존재로 물신화되려는 강한 "존재 지향성"을 나타낸다. 특히 자본주의 사회는 "시간"을 "존재"로, 그리고 다시 "소유Having"로 전환시키려는 강한 지향성을 나타낸다. 괴테Goethe의 표현을 빌리면 "당신은 무엇인가 what art thou"라는 물음보다도 "당신은 무엇을 갖고 있는가what hast thou"라는 물음이 우선한다. 정치철학과 정치 사상, 그리고 정치 평론 등을 포괄하는 정치적 이성은 오늘날 자본주의 사회 내에서 정치적인 것이 당면하는 이와 같은 거대한 물신적 "존재 지향성"의 힘에 대항해서, "정치적인 것"을 "시간적인 것"으로, 보다 정확하게 말해서, "공동 시간 또는 시간의 공적 사용"의 의미로 재해석할 과제를 안고 있다.

3) 정치적 이성은 활발한 토론 속에서만 활성화된다. 따라서 토론을 배제한 정치란 물에서 나온 물고기나 다름없이 무기력하게 된다. 이런 점에서 와일러 Gershon Weiler의 말은 정곡을 찌른다. 그는 이렇게 말한다: "정치의 핵심으로서 토론을 대하는 태도는 정치를 믿는 사람과 반정치를 주장하는 사람 사이를 구분짓는 경계선이다"; "토론은 인간이 가질 수 있는 가장 합리적인 정치의 본질이다."[31]

반면 토론에 대한 반론 역시 만만치 않다. 예를 들면, 마키아벨리는 이렇게 말한다: "회의에 출석한 적이 있는 사람이라면 사람이란 그릇된 판단을 잘한다는 것을 많이 보았을 것이다. 어지간히 걸출한

---

31) Andreas Schedler, ed., *The End of Politics: Explorations into Modern Politics* (New York: St. Martin's Press, Inc., 1997), pp. 46, 50.

인물이 회의에 참가해 있지 않는 한 그 의결은 거의가 진리에서 동떨어진 방향으로 폭주해버리기가 일쑤인 것이다."[32]

오늘날의 대학은 특히 토론에 대해 부정적이다. 어느 한 학생은 이렇게 말한다: "나는 토론을 싫어한다. 내 생각을 남에게 말하는 것 자체가 싫다. 이런 성격을 버리고 싶지도 않다. 그저 다른 사람의 말을 듣고 내 생각을 머리에 복잡하게 정리해보는 것이 좋다." 또 다른 학생은 이렇게 덧붙인다: "모르는 것을 서로 물어가면서 알려고 하는 것이 토론이라면, 오히려 강의·독서 등을 통해 더 효과적으로 많은 지식을 단시간에 받아들일 수 있지 않은가? 또 강의를 듣거나 독서를 하면서도 충분히 비판적 듣기와 비판적 읽기가 가능하다고 본다. 그렇다면 비효율적인 토론을 굳이 해야 할 별다른 이유가 없는 듯하다." 세번째 학생은 오늘날 대학 강의실의 분위기를 나름대로 이렇게 분석한다: "대부분의 학생들은 수업을 듣는 것을 하나의 구매 행위로서 인식"한다; "한정된 수업료와 제한된 학점 내에서 최대의 만족을 얻을 수 있는 강좌를 선호하게 되는"데, "이때 최대의 만족이란 '실용적인 지식의 효율적인 습득'을 통하여 이루어진다"; 그러나 "토론에서 얻을 수 있는 실용적인 가치는 쉽게 떠오르지 않으니 토론이란 쓸데없는 말장난으로 느껴질 것이고, 황금과도 같이 귀중한 시간을 말장난으로 낭비하느니 차라리 그 시간에 다른 실용적인 지식을 '구매'하는 것이 더 유리하다고 생각하는 학생들이 대부분을 차지할 것이란 생각이 든다. 요컨대 대학 수업 자체를 지식을 구매하는 자본주의적인 메커니즘으로 인식하는 학생들의 사고 방식이 오늘날 대학 수업의 토론 부재를 일으키는 주요한 원인이라고 본다."

여기서 한 가지 유의해야 할 것은 우리의 유가적 전통에서도 토론은 매우 오랜 정치적 관행이었으며 특히 "유향소(留鄕所)"는 그러한

---

32) 마키아벨리, 『군주론·정략론』, 황문수 역(동서문화사, 1976), p. 440.

토론의 장이었다는 점이다.[33] 황현에 의하면 고종(高宗)도 이토 히로 부미(伊藤博文)와 만난 자리에서 이 점을 다음과 같이 환기시키고 있다: "조종 이래 입국 규모(立國規模)는 무릇 큰 일이 있으면 정부의 대소 관리 및 시원임대신 및 재야에 있는 유현과 대저 신사 인민과 함께 필수적으로 널리 알려서 의논하여 결정하는 것〔必須博采廣詢, 以決之〕이(었)지 짐 한 사람이 가히 마음대로 결정하는 것이 아니 (었)다."[34]

4) 그러나 토론과 관련하여 특별히 지적해야 할 것은 오늘날의 신문이나 텔레비전에 의해 정형화된 토론을 진정한 모습처럼 혼동해서는 안 된다는 점이다. 대부분의 경우, 신문식 또는 텔레비전식 좌담회는 이미 짜여진 시나리오에 의존하게 마련이며, 또 중요한 이슈가 부각되는 순간 재빨리 다른 이슈로 넘어가는 일종의 박람회식 "빈 토론thin discussion"에 가깝다. 이와 같은 토론은 넓은 의미의 "홍보"의 아류로서, 여기서는 참여자보다도 "패거리"나 구경꾼의 구미와 소비 성향에 맞추려는 세일즈맨십이 주도권을 장악하게 된다. 그 결과 진지성보다는 흥미 본위로 나가기가 일쑤이며 또 설정된 목표로의 밀어붙이기식이 되기 쉽다. 이와 같은 토론은 그 횟수를 거듭하면 할수록 반(反)토론적 · 반(反)민주적 천민 의식과 조야한 공작 지향성만이 높아지게 마련이다. 진정한 토론을 위해서는 엔지니어링으로부터 자유로운 열린 공간이 요구된다. 조선 시대의 "탕평책"도 그 외양에도 불구하고 내용을 따지고 보면 "공론"을 생산하는 데 실패했으며, 결국은 "부분적 엔지니어링piecemeal engineering"에서 크게 벗어나지 못했던 것으로 보인다.

일곱째, 필자가 생각하는 정치의 조건은 다음과 같다:

1) 어떠한 인간도, 인간이 하는 어떠한 것도 부분적이고 일시적이

---

33) 김용직, 『한국의 근 · 현대 정치론』(풀빛, 1999), pp. 49~65.
34) 황현, 『매천야록』, 이장희 역(대양서적, 1973), p. 314.

고 불완전하다.

2) 인간의 정치도 마찬가지다. 인간이 하는 모든 정치는 부분적이고, 일시적이며, 불완전할 수밖에 없다. 메를로-퐁티의 표현을 빌려 말한다면 "정치는 결코 전체를 직접 볼 수 없다"; 따라서 "정치는 항상 불완전한 종합과, 주어진 시간의 주기와 일단의 문제들을 목표로 삼는다."[35] 이 말은 정치 세계에는 교사가 없는 세계, 전문가가 없는 세계라는 말과 같다.

3) 보다 엄밀하게 말하면, 정치 세계에는 교사의 존재, 전문가의 존재가 판단 정지되어야 하는 세계라 할 수 있다. 물론 "정치학"에는 교사가 존재한다. 그러나 "정치"에는 교사가 존재할 수 없다.[36] 이것을 가리켜 "정치학"과 "정치" 간의 "근본적 단절 radical break"이라고

---

35) M. Merleau-Ponty, *Adventures of the Dialectic*, tr. by Joseph Bien(Evanston: Northwestern Univ. Press, 1973), p. 4.

36) 주의할 것은 정치를 "전문가주의"의 관점에서 접근하려는 경향이 오늘날 이른바 민주주의론자들 가운데서, 그리고 시민 운동가들 가운데서도 적지 않게 발견된다는 점이다. 오늘날 이와 같은 "전문가주의"의 대표적인 예로서 김성국 교수를 들 수 있다. 그는 「반정치의 정치: 탈국가 정치와 반권력 정치를 위하여」라는 발표(크리스챤 아카데미 대화 모임, 1997. 4. 12)에서 정치가의 "전문가화" 또는 "고급 월급쟁이화"를 부르짖으면서, 정치인의 자격 기준으로서 "30세 이전"의 "정치 고시 합격자"안을 제시한 바 있다. 최근에는 매일경제신문의 강영철 부장이 "정치 전문가 육성론" 주장한 바 있다. 중요 내용을 인용해보면 다음과 같다: "요사이 정치권에서 새 인물을 영입한다고 난리다. 그리고 과거 정치권에 영입됐다 스타일만 구기고 만 전문가들이 많다는 사실을 알고서도 적지 않은 사람들이 '나도 새 피인데' 하며 들떠 있다. 그러나 한 번만 곰곰이 생각해보면 비정치인들의 정치 입문은 자신을 위해서나 정치권을 위해서나 모두 백해무익한 일임을 알 수 있다. 소위 영입 대상인 변호사·의사·교수·음악가·기업인·벤처 경영인 등은 모두 자신의 영역에서 초일류가 되기 위해서 노력해야 할 사람들이다. 그러나 '정치인'으로 변신, 국회에 끌려다니다 보면 자신 본연의 일에 소홀하게 마련이다. 〔……〕 게다가 정치하는 기술이나 정치 역량이 떨어지는 사람들이 국회를 메우다 보니 정치 발전과 국민 이익에도 도움이 안 된다. 우리나라 국회가 제 기능을 못하는 이유 중 하나는 바로 이처럼 스스로 정치 역량을 키워서 국회의원이 된 사람보다는 그렇지 않은 사람들이 더 많기 때문이다. 정당들도 꼭 새로운 사람이 필요

말한다.

4) 정치 세계에는 때때로 "동등자 가운데 1인자"가 존재할 수 있다. 그러나 근본적으로는 모두가 동등한 세계이다. 정치 세계는 기본적으로 "과거와 현재와 미래"를 동시에 볼 수 있는 초인을 전제하지 않는다는 점에서 모두가 동등한 세계이다.

5) 이런 점에서 다음과 같은 주장, 예컨대 "정치 개혁에 대한 논의는 장기적 입장에서 진행되어야 한다"든가 "정치 개혁이 정권의 프로젝트가 되어서는 안 된다"[37]는 것과 같은 말은 비현실적 주장이라고 본다. 왜냐하면 모든 정치, 모든 정치 개혁은 어쩔 수 없이 단기적이고, 부분적이고, 과도적일 수밖에 없기 때문이다.

하다면 일본의 마쓰시다 정경숙(政經塾)과 유사한 '정치 학교'라도 설립해 애초부터 '정치 전문가'를 길러낼 생각부터 해야 할 것이다"(『서울대 동창회보』, 1999년 10월 15일, p. 21).

다른 한편 루소는 전문가주의를 비판하면서 이렇게 말한 적이 있다: "We have physicists, geometers, chemists, astronomers, poets, musicians, painters; we no longer have citzens"(J.-J. Rouseau, *The First and Second Discours*, ed. by Roger D. Masters, trs. by R. D. and J. R. Masters, New York: St. Martin's Press, 1964, p. 59).

플라톤 역시 그의 대화편 『프로타고라스 *Protagoras*』에서 다음과 같이 말한다: "Now I observe that when we are met together in the assembly, and the matter in hand relates to building, the builders are summoned as advisers; when the question is one of ship-building, then the ship-wrights; and the like of other arts which they think capable of being taught and learned. And if some person offers to give them advice who is not supposed by them to have any skill in the art, even though he be good-looking, and rich, and noble, they will not listen to him, but laugh and hoot at him, until either he is clamored down and retires of himself; or if he persist, he is dragged away or put out by the constables at the command of the prytanes. This is their way of behaving about professors of arts. But when the question is an affair of state, then everybody is free to have a say—carpenter, tinker, cobbler, sailor, passenger; rich and poor, high and low—anyone who likes gets up, and no one reproaches him, as in the former case, with not having learned, and having no teacher, and yet giving advice"(Plato, *Protagoras*, p. 319).

37) 김용복, 「정치 개혁과 권력 구조 논의」, 『사상』(1999년 여름호), p. 30.

6) 그러나 여기서 주의해야 할 것이 한 가지 있다. 그것은 다음과 같은 사실이다. 즉 단기적이고, 부분적이고, 과도적인 것 중에는 닫힌 것과 열린 것이 있을 수 있다는 점이다. 정치 세계는 단기성 · 부분성 · 과도성을 결코 극복할 수는 없다 하더라도, 열린 단기성 · 열린 부분성 · 열린 과도성은 지향할 수 있는 세계이다. 이 열림을 지향하는 몸부림이 바로 "토론"이요 "논쟁"이다.

7) 정치 세계는 좋은 토론과 논쟁을 통해서 발전할 수 있고, 또 그것들을 통해서밖에 발전할 수 없는 그런 세계이다. 밀 J. S. Mill은 유럽의 세계가 어떻게 이러한 토론과 논쟁에 의해 "오늘의 유럽"으로 만들어졌는지를 웅변적으로 밝히고 있다:

정열을 불태우기에 충분할 만큼 위대하고 중요한 주제를 다룬, 그리고 한 국민의 정신이 그 기초에서부터 각성되고, 가장 평범한 지성의 소유자조차도 사색가의 위엄을 지니는 수준으로 향상하려는 자극을 준 논쟁이 근대 유럽에서는 세 차례 있었다. 첫번째는 종교 개혁 직후의 기간 동안이었고, 두번째는 18세기 후반의 사상 운동이었고, 세번째는 괴테와 피히테 시대 동안의 기간이었다. 이 세 기간 동안에 발전된 의견들은 많은 차이점을 보여주었지만, 권위의 굴레를 깨뜨린 점에서는 동일하다. 이 기간 동안에 낡은 정신적 전제주의로부터 벗어났으나 아직 새로운 형태의 전제주의는 나타나지 않았다. 이 세 기간 동안에 주어진 자극이 유럽을 오늘의 유럽으로 만들었다.[38]

8) 그러나 월저 Michael Walzer는 "토론"과 "논쟁"이 아무리 중요하다 할지라도, 그것은 결코 "독립적 위치 an independent place, so to speak, of its own"를 가질 수 없다고 경고한다. 그는 말하자면 "토론

---

38) J. S. Mill, *On Liberty*, ed. by David Spitz(New York: W. W. Norton & Company, Inc., 1975), p. 34.

유일주의"의 위험성에 대해 경종을 울리고 있는 셈이다. 그는 이렇게 말한다:

> 민주주의는 토론을 요구한다. 이런 점에서 민주주의는 논쟁의 문화라 할 수 있다. [……] 민주주의는 적어도 원칙적으로 (그리고 경우에 따라서는 실제에 있어서) 최선의 논의에 개방된 시민적 집단을 요구한다. 그러나 '논의하는 행위'는 시민들이 하는 다른 모든 것으로부터 분리될 수 없다. 순수 논의 pure argument, 즉 토론-그-자체 deliberation-in-itself란 존재하지 않으며, 맡은 일이 순전히 토의하는 그런 집단은 존재하지 않으며, 존재할 수도 없다. [……]
>
> 토론의 합당한 위치는 그것이 구성하지 않은 또는 통제하지 않은 다른 활동에 의존되어 있다는 데 있다.
>
> [……] 공동선과 평등 그리고 평등을 증진시키기 위한 전략에 관한 논의는 보다 구체적인 정치적 활동에 개입하는 것과 더불어서 그리고 그것과 함께 alongside and together 행해져야 한다.[39]

---

39) 마이클 월저, 「토론 정치와 그 한계」, 1999년 다산 기념 철학 강좌 제2강연(1999년 10월 27일, 한국철학회, pp. 28~29).
　　　정약용(丁若鏞)이 그의 "직관론(職官論)"에서 강력하게 주장하는 관각(館閣), 즉 홍문관(弘文館)과 예문관(藝文館), 그리고 대간(臺諫) 즉 사헌부(司憲府)와 사간원(司諫院)의 "폐지론"도 따지고 보면 월저가 제기하는 "순수 논의"와 "토론-그-자체"의 문제점과 맥락을 같이한다고 보여진다. 정약용은 이렇게 말한다: "천하(天下)를 어찌하면 다스려질까. 관각(館閣)과 대간(臺諫) 따위 관직(官職)을 없애면 천하는 다스려질 것이다. 백성을 어찌하면 편하게 할까. 관각과 대간 따위 관직을 없애면 백성이 편해질 것이다. [……]
　　　대저 관각과 대간이라는 벼슬이 아주 예전에는 없었던 것인데, 후세의 패자(覇者)들이 즐겨하던 것이다. [……]
　　　임금이 관각을 맡은 신하를 두었은즉, 무릇 조정 신하로서 이 벼슬이 아닌 자는 비록 문학과 사장(詞章)이 무리에서 뛰어나고 보통보다 우뚝하더라도 감히 관각에 간여하지 못하게 되며, 관각 일에 감히 간여하지 못할 줄을 알므로 또한 관심

여덟째, 마지막으로 바람직한 정치 세계를 위한 구성의 원칙을 제시해보면 다음과 같다:

1) 공동 세계의 우선성: 정치가 살아나려면 공동 세계가 살아나야 하며, 그러기 위해서는 공동선이 세계 내적 속성으로부터 결코 벗어나지 말아야 한다. 일반적으로 공동선이 공동 세계를 대체하는 경우, 이와 더불어 정치도 실종된다. 이것은 또한 전체주의의 특징이기도 하다. 다시 말하면 전체주의 사회에서는 공동 세계는 없어지고, 공동선만이 비대해진다.

2) 활성화의 중심성: 정치의 중심은 "생산(만듦)"도 "소비(이용)"도 아닌 "활성화energeia"에 있다. 활성화는 "행동" 또는 "실천"의 핵심적 의미이기도 하다. 정치적 능력이란 주어진 제약의 영역 내에서 가능한 재량의 영역을 확인 활용할 수 있는 능력을 가리킨다. 따라서 모든 문제를 "풍속"이나 "문화" 또는 "정치 문화" 또는 "체제"나 "구조" 그리고 "제도"의 탓으로 돌리는 데서는 이와 같은 능력이 자라날 수 없다.

을 두지 않는다. 임금이 대간이라는 신하를 두었은즉 무릇 조정 신하로 이 벼슬이 아닌 자는 비록 충분(忠憤)과 나라를 걱정하고 사랑하는 정성이 심중(心中)에 쌓이고 맺혔더라도 감히 논의(論議)하는 한마디 말도 내지 못한다. 논의하는 한마디 말도 감히 내지 못하게 되는 것을 알므로 또한 관심을 두지 않는다. 〔……〕

〔……〕 옛적에는 설어(褻御)하는〔근시(近侍)하는〕 신하로 잠규(箴規)하는 일이 있고, 여분(旅賁)하는〔창과 방패 따위를 가지고 임금의 수레 주위를 경호하는〕 사람도 계고(戒告)하는 일이 있었으며, 비방(誹謗)하는 목패(木牌)를 세우고, 감간(敢諫)하는 북〔鼓〕을 설치하였으니, 그 간쟁하는 길을 넓힘이 이와 같이 주밀하였다.

지금에는 두어 사람에게 언론(言論)하는 지위를 주어서, 위는 공경(公卿)에서 아래로 위포(韋布)에 이르기까지 무릇 할말이 있어도 문득 머리를 흔들며, '이것은 대간의 할 일인데, 하며 말하기를 좋아하지 않는다. 이에 온 세상 사람이 입을 다물고 제 책임이 아닌 말은 하지 않으니, 그 천하 사람의 입을 막는 것으로 이보다 더 심한 것이 무엇이겠는가. 〔……〕

까닭에 '관각과 대간을 전담(專擔)하는 관직을 없애야만 천하가 다스려진다' 고 말하는 것이다"(丁若鏞, 『茶山論叢』, 李翼成 譯, 乙酉文化社, 1984, pp. 29~32).

3) 가계(家計)Oikos와의 이질성: 정치의 영역은 가계와는 근본적으로 다른 이질적 영역에 속한다. 그러나 이들과의 차이점을 강조할 경우, 불행한 의식도 이에 따라 고양되게 된다. 반면 이들간의 차별성을 인정하지 않을 경우, 공적 영역은 침체에 빠지게 되고, 정치 그 자체마저 고사 상태에 이른다.

4) 합금의 원칙: 정치는 합금의 예술이다. 여기서 말하는 합금은 단순한 제도나 원칙의 종합이 아닌 구성원 모두의 자질과 능력의 종합, 즉 덕 또는 장점의 종합이어야 한다. 이를 위해서는 엔지니어링으로부터 자유로워야 한다. 여기서 합금의 원칙은 "공동 세계의 우선성"이라는 정치의 제1원칙과 만나게 된다.

5) 책임의 원칙: 정치인은 모든 구성원의 부패를 막을 수 있는 사람이 아니다. 그러나 지도층의 부패만은 막아야 한다. 그렇지 못할 경우, 그 공동체는 무너지게 되며, 이에 대해 정치인은 책임을 져야 한다.

6) 정치 세계의 근본적 취약성: 정치 세계는 세우기는 어렵고 허물기는 쉬운 근본적으로 취약한 세계이다. 예컨대 200여 년에 걸쳐 세운 로마의 왕정을 파괴하는 데는 단 한 사람의 타르퀴니우스Tarquinius로 충분했다.[40] 그 이유를 생각해보면 정치 세계를 세우는 데는 그것을 허무는 것과는 달리 한 가지 덕성이 더 특별히 요구되기 때문이다. 그것은 "섬세성"(또는 정약용의 표현을 빌리면 "주밀함")이라는 덕성이다.

---

40) 1989년 4월 중국의 천안문 사태 당시, 천안문과 대학 캠퍼스에 나돌던 「호요방Hu Yaobang 추모시」에서도 바로 이러한 "취약성"을 탄식하는 구절이 발견된다: "It is difficult for one man to illuminate the country. But one man is enough to make the country perish"(Han Minzhu and Hua Sheng, eds., *Cries for Democracy: Writings and Speeches from the 1989 Chinese Democracy Movement*, Princeton, N. J.: Princeton University Press, 1990), p. 7.

색인